UTB 8038

Eine Arbeitsgemeinschaft der Verlage

Böhlau Verlag · Köln · Weimar · Wien
Verlag Barbara Budrich · Opladen · Farmington Hills
facultas.wuv · Wien
Wilhelm Fink · München
A. Francke Verlag · Tübingen und Basel
Haupt Verlag · Bern · Stuttgart · Wien
Julius Klinkhardt Verlagsbuchhandlung · Bad Heilbrunn
Lucius & Lucius Verlagsgesellschaft · Stuttgart
Mohr Siebeck · Tübingen
Orell Füssli Verlag · Zürich
Ernst Reinhardt Verlag · München · Basel
Ferdinand Schöningh · Paderborn · München · Wien · Zürich
Eugen Ulmer Verlag · Stuttgart
UVK Verlagsgesellschaft · Konstanz
Vandenhoeck & Ruprecht · Göttingen
vdf Hochschulverlag AG an der ETH Zürich

Friedrich W. Kron

Grundwissen Pädagogik

7., vollst. überarbeitete und erweiterte Auflage
Mit 29 Abbildungen und 12 Tabellen

Ernst Reinhardt Verlag München Basel

Dr. phil. Friedrich W. Kron, Universitätsprofessor (em.) für Pädagogik, Pädagogisches Institut der Johannes-Gutenberg-Universität Mainz.

Außerdem vom Autor im Ernst Reinhardt Verlag erschienen:
Kron, Grundwissen Didaktik
(UTB-Bestellnummer 978-3-8252-8073-4)
Kron, Wissenschaftstheorie für Pädagogen
(UTB-Bestellnummer 978-3-8252-8178-6)
Kron/Sofos, Mediendidaktik
(UTB-Bestellnummer 978-3-8252-2404-2)

Bibliografische Information der Deutschen Nationalbibliothek

Die Deutsche Nationalbibliothek verzeichnet diese Publikation in der Deutschen Nationalbibliografie; detaillierte bibliografische Daten sind im Internet über <http://dnb.d-nb.de> abrufbar.

UTB-ISBN 978-3-8252-8038-3
ISBN 978-3-497-02032-4
7., vollst. überarbeitete und erweiterte Auflage

© 2009 by Ernst Reinhardt, GmbH & Co KG, Verlag, München

Dieses Werk einschließlich seiner Teile ist urheberrechtlich geschützt. Jede Verwertung außerhalb der engen Grenzen des Urheberrechtsgesetzes ist ohne schriftliche Zustimmung der Ernst Reinhardt, GmbH & Co KG, München, unzulässig und strafbar. Das gilt insbesondere für Vervielfältigungen, Übersetzungen in andere Sprachen, Mikroverfilmungen und die Einspeicherung und Verarbeitung in elektronischen Systemen.

Einbandgestaltung: Atelier Reichert, Stuttgart
Satz: ew print & medien service gmbh, Würzburg
Druck: Friedrich Pustet, Regensburg

Printed in Germany
ISBN 978-3-8252-8038-3 (UTB-Bestellnummer)

Ernst Reinhardt Verlag, Kemnatenstr. 46, D-80639 München
Net: www.reinhardt-verlag.de E-Mail: info@reinhardt-verlag.de

Inhalt

Vorworte 11
Hinweise zur Arbeit mit diesem Buch........................... 15

1.0 Erste Begegnungen mit dem Fach 17

1.1   Das Fach im Studienfeld................................. 17
1.1.1 Das „Kerncurriculum Erziehungswissenschaft" als Studieninhalt.... 17
1.1.2 Gegenstandsbereiche der Disziplin 18
1.1.3 Pädagogik und ihre Teildisziplinen 24
1.1.4 Pädagogik und ihre Nachbardisziplinen................... 26
1.1.5 Pädagogische Handlungsfelder............................ 29
1.2   Das Fach in der Grundlegung dieses Buches............... 31
1.2.1 Vier Betrachtungsebenen pädagogischer Phänomen 31
1.2.2 Methodischer Standpunkt und erkenntnisleitende Interessen 34
1.2.3 Erste Bestimmung des Faches 35

2.0 Grundbegriffe der Pädagogik und ihrer Teildisziplinen 37

2.1   Enkulturation 37
2.1.1 Begriffliche Bestimmungen 37
2.1.2 Die pädagogische Bedeutung von Enkulturation 38
2.2   Sozialisation 40
2.2.1 Begriffliche Bestimmungen 40
2.2.2 Sozialisation als Teilprozess der Enkulturation 41
2.2.3 Pädagogische Schlussfolgerungen 42
2.3   Erziehung 44
2.3.1 Begriffliche Bestimmungen 44
2.3.2 Erziehung als Teilprozess von Sozialisation 46
2.3.3 Erziehung als symbolische Interaktion................... 47
2.4   Institution 47
2.4.1 Begriffliche Bestimmungen 47
2.4.2 Zum Begriffsgebrauch 49
2.4.3 Organisation als Strukturmerkmal von Institutionen 49
2.5   Handeln, soziales Handeln 50
2.5.1 Begriffliche Bestimmungen 50
2.5.2 Idealtypische Klassifizierung von Handeln 52
2.5.3 Pädagogische Schlussfolgerungen 52

2.6	Verhalten	53
2.6.1	Begriffliche Bestimmungen	53
2.6.2	Die pädagogische Bedeutung des Verhaltensmodells	54
2.7	Lernen	55
2.7.1	Begriffliche Bestimmungen	55
2.7.2	Soziales Lernen	59
2.7.3	Neurobiologische Erkenntnisse zum Lernen	61
2.8	Bildung	66
2.8.1	Begriffliche Bestimmungen	66
2.8.2	Der Bildungsbegriff in der geisteswissenschaftlichen Denktradition	66
2.8.3	Der Bildungsbegriff in den Sozialwissenschaften	70
2.8.4	Die Dialektik der Bildung	71
2.9	Entwicklung	73
2.9.1	Begriffliche Bestimmungen	73
2.9.2	Forschungs- und Erklärungsansätze	74
2.9.3	Entwicklungsabschnitte	76
2.9.4	Entwicklung als Soziogenese	77
3.0	**Der Sozialisationsprozess**	**78**
3.1	Einführung in den Gegenstandsbereich	78
3.1.1	Zur grundlegenden Bedeutung des Lernens	78
3.1.2	Überblick über Erklärungsansätze für Sozialisation	83
3.2	Der verhaltenstheoretische Erklärungsansatz	86
3.2.1	Historisch-systematische Voraussetzungen	86
3.2.2	Die Bedeutung der Umwelt	88
3.2.3	Verinnerlichung, Selbstverstärkung und Selbststeuerung	92
3.2.4	Selbstlernprogramme	94
3.3	Der rollen- oder systemtheoretische Erklärungsansatz	95
3.3.1	Historisch-systematische Voraussetzungen	95
3.3.2	System als zentraler Begriff	95
3.3.3	Zentrale Annahmen	96
3.3.4	Soziales Handeln als systembedingtes Rollenhandeln	99
3.3.5	Sozialisation und psychosexuelle Entwicklung: S. Freud	101
3.3.6	Die Narzissmusdiskussion	109
3.4	Der interaktionstheoretische Erklärungsansatz	111
3.4.1	Historisch-systematische Voraussetzungen	111
3.4.2	Theoretische Grundlegungen	114
3.4.3	Sozialisation und Identitätsentwicklung: E. H. Erikson	124
3.4.4	Stadien der Identitätsentwicklung	130
3.4.5	Schlussfolgerungen	135
3.5	Der strukturgenetische Erklärungsansatz	136
3.5.1	Historisch-systematische Voraussetzungen	136

3.5.2	Der Zusammenhang von Handeln und Denken	137
3.5.3	Struktur, Funktionen und Genese von Strukturen	140
3.5.4	Das Struktur- und Funktionsmodell	144
3.5.5	Strukturgenese und Soziogenese	147

4.0 Der Erziehungsprozess ... 153

4.1	Einführung in den Gegenstandsbereich	153
4.1.1	Bilder von der Erziehung	153
4.1.2	Anthropologie als Voraussetzung pädagogischer Reflexion über Erziehung	163
4.2	Modellvorstellung: Funktionale–intentionale Erziehung	167
4.2.1	Die klassische Auffassung	167
4.2.2	Die ideologische Auffassung	169
4.3	Modellvorstellung: Das pädagogische Verhältnis	172
4.3.1	Begriffliche Bestimmungen	172
4.3.2	Die klassische Formel: Der pädagogische Bezug	173
4.3.3	Das erzieherische Verhältnis	178
4.4	Modellvorstellung: Erziehung als Verhaltensmodifikation	180
4.4.1	Einführung in die Thematik	180
4.4.2	Erziehung als Steuerung von Verhalten	182
4.4.3	Lernen am Modell	188
4.5	Modellvorstellung: Erziehung als symbolische Interaktion	192
4.5.1	Erziehung als Strukturierung von Situationen	193
4.5.2	Kommunikation als Grundstruktur von Erziehungshandeln	195
4.5.3	Der Zusammenhang von Erziehungshandeln und Interessen	199
4.5.4	Erziehungshandeln als Förderung moralischer Entwicklung	203

5.0 Institutionen der Erziehung und Bildung ... 209

5.1	Einführung in den Gegenstandsbereich	209
5.1.1	Pädagogische Institutionen im Lebenslauf	209
5.1.2	Das gegenwärtige Erziehungs- und Bildungswesen im Überblick	212
5.1.3	Zur geschichtlichen Entwicklung einer Institution: Das Beispiel Schule	218
5.2	Pädagogische Institutionen in sozialwissenschaftlichen Perspektiven	224
5.2.1	Ansätze zur Analyse pädagogischer Institutionen	224
5.2.2	Die organisationstheoretische Perspektive	225
5.2.3	Die systemtheoretische Perspektive	232
5.2.4	Die interaktionstheoretische Perspektive	239
5.2.5	Die soziogenetische Perspektive	242
5.3	Pädagogisch relevante Struktur- und Funktionsmerkmale	245
5.3.1	Rolleninterpretation	245

5.3.2 Leistung 250
5.3.3 Kompetenz 253

6.0 Wissenschaftstheoretische Ansätze 257

6.1 Einführung in den Gegenstandsbereich 257
6.2 Begriffliche Bestimmungen 259
6.2.1 Wissenschaftstheorie 259
6.2.2 Theorie 262
6.2.3 Wissenschaft 268
6.2.4 Erkenntnistheorie 271
6.2.5 Konzepte von Erkenntnis 274
6.2.6 Der archimedische Punkt der Erkenntnis 276
6.3 Wissenschaftstheoretische Positionen 277
6.3.1 Einführung in den Gegenstandsbereich 277
6.3.2 Klassische Ansätze 279
6.3.3 Aktuelle Ansätze 285
6.3.4 Schlussfolgerungen 288
6.4 Paradigmen in der Pädagogik/Erziehungswissenschaft 290
6.4.1 Begriffsbestimmung und -gebrauch 290
6.4.2 Funktionen eines Paradigmas 293
6.4.3 Der Paradigmenwechsel 296
6.4.4 Das geisteswissenschaftliche Paradigma und seine wissenschaftlichen Leistungen 297
6.4.5 Das sozialwissenschaftliche Paradigma und seine wissenschaftlichen Leistungen 305

7.0 Forschungsmethodische Grundlagen 314

7.1 Einführung in den Gegenstandsbereich 314
7.1.1 Denktraditionen und Forschungsmethoden 314
7.1.2 Der Zusammenhang von Gegenstand und Methode 316
7.2 Die Empirie 318
7.2.1 Empirie als Denktradition 318
7.2.2 Die Rezeption der Empirie in der Pädagogik 326
7.2.3 Quantitative und qualitative Sozialforschung 329
7.2.4 Drei Kernmethoden quantitativer und qualitativer Sozialforschung .. 331
7.2.5 Vier Planungsmodelle für quantitative und qualitative Sozialforschung 335
7.3 Die Phänomenologie 339
7.3.1 Phänomenologie als Denktradition 339
7.3.2 Das klassische Konzept: E. Husserl 342
7.3.3 Phänomenologie in sozialwissenschaftlicher Perspektive 344

7.3.4	Phänomenologie in pädagogischer Orientierung	347
7.3.5	Methodische Grundregeln zur Erarbeitung einer phänomenologischen Studie	352
7.4	Die Hermeneutik	354
7.4.1	Verschiedene Formen von Hermeneutik	354
7.4.2	Das klassische Konzept: W. Dilthey	357
7.4.3	Grundstrukturen der Hermeneutik	361
7.4.4	Regeln zur Interpretation von Texten	363
7.4.5	Ein aktuelles Konzept: Die „objektive Hermeneutik"	365
7.5	Die Dialektik	369
7.5.1	Begriffliche Klärungen	369
7.5.2	Formen der Dialektik	370
7.5.3	Dialektik als Gespräch und Gesprächsführung	372
7.5.4	Dialektik als logisch begründete Erkenntnistätigkeit	373
7.5.5	Dialektik als methodischer Schematismus	375
7.5.6	Dialektik als Grundstruktur sozialer Wirklichkeit und ihrer Erkenntnis	376
Literatur		378
Namensregister		393
Sachwortregister		396

Vorwort zur siebten Auflage

Jede Wissenschaft basiert auf einem Grundwissen. In einem Grundwissen sind u. a. Regelwerke wissenschaftlicher Erkenntnis, Auffassungen von der Disziplin, Themen wie z. B. Theorien, Modelle und Konzepte zur Strukturierung der Gegenstände und Gegenstandsfelder der Disziplin und Begriffe versammelt, die sich in der wissenschaftlichen Arbeit bewährt haben. Im ständigen Diskurs, den die Wissenschaftsgemeinschaft führt, wird das Grundwissen immer wieder transformiert. Dennoch bleibt ein Kern bestehen, den die Wissenschaftsgemeinschaft akzeptiert. Er bildet auch das Reservoir, aus dem die Studieninhalte und -pläne entwickelt werden.

Das „Grundwissen Pädagogik", das hier in der 7. revidierten Auflage vorliegt, präsentiert dementsprechend zentrale sozialwissenschaftlich begründete Themen des Faches, deren Auswahl sich an den neuen „Kerncurricula" und den „Standards für die Lehrerbildung" orientiert.

Der Kern des Buches ist – wie in den Auflagen zuvor – von vier Gegenstandsbereichen bestimmt: von den Grundbegriffen, dem Sozialisations- und Erziehungsprozess sowie den pädagogischen Institutionen. Erweitert wurde dieser Kern um die Darstellung wissenschaftstheoretischer Ansätze und um forschungsmethodische Grundlagen. Die beiden Themenbereiche wurden in Anlehnung an Ausführungen in meinem Buch „Wissenschaftstheorie für Pädagogen" neu entwickelt.

Die Darstellungen sind von dem erkenntnisleitenden Interesse an zentralen Inhalten des Faches bestimmt, Strukturen, Funktionen und Funktionszusammenhänge herauszuarbeiten, die allem pädagogischen Handeln und Denken zugrunde liegen. Dies macht die enge Bindung an die Originalarbeiten und -texte der Forscher und Forscherinnen erforderlich, aber auch die nachgehend verstehende Erschließung ihres Sinns. Eingestreute Beispiele regen dabei zum eigenen Weiterdenken an.

Meine Position gründet in der Denk- und Forschungstradition der Phänomenologie im Spannungsfeld von Geistes- und Sozialwissenschaften. In pädagogischer Hinsicht ist dabei die Perspektive des symbolischen Interaktionismus leitend. Hier gelten Erklären und Verstehen als zwei sich ergänzende Erkenntnistätigkeiten. Sie sind zur Erschließung des sehr differenzierten pädagogischen Gegenstandsfeldes sinnvoll und sachnotwendig. Die interaktionistische Perspektive eröffnet und entwickelt das Interesse an den handelnden Personen. Daher stehen auch die Handlungsorientierung und die interpersonalen Beziehungen der Akteure auf der Mikroebene und die damit einhergehenden intrapersonalen Prozesse und Sichtweisen der interagierenden Individuen im Zentrum der Erörterungen. Die institutionelle Ebene wird – wo immer notwendig – thematisiert, die makrosoziale Ebene ist selbstverständlich stets mitgedacht.

In diesem phänomenologisch bestimmten Horizont tritt auch immer wieder die anthropologische Frage nach der gesellschaftlichen und institutionellen Befindlichkeit der Menschen auf und damit das Interesse an der Verbesserung der Praxis und ihren Erklärungsmodellen. Dieses zeigt sich in der verstärkten Handlungsorientiertheit dieser Auflage und an der implizit immer wieder aufkommenden Frage nach dem „cui bono", wem denn alle diese pädagogischen Bemühungen letztlich zum Guten gereichen.

Bei der Revision dieses Buches wurde ich in vielfacher Hinsicht gefördert und unterstützt. Ich danke meinen Gesprächspartnerinnen im Ernst Reinhardt Verlag Frau Hildegard Wehler und Frau Christina Henning, meinen Kollegen Alivisos Sofos, University of the Aegean, Witold Tulasiewicz, University of Cambridge, Stefan Aufenanger, Detlef Garz und Franz Hamburger, Universität Mainz, sowie Herrn Dipl.-Päd. Raimund Fender, Frau Annette Leicht-Kron, M.A., und Frau Christine Kron, Pfarrerin.

Mainz, Oktober 2008   Friedrich W. Kron

Vorwort zur ersten und zweiten Auflage

Das vorliegende Buch ist Studenten zu verdanken. Sie haben mich in den vergangenen Jahren auf mannigfache Art dazu ermuntert, den Kanon von Themenbereichen, mit denen sie sich in ihrem pädagogischen Grundstudium – gleichviel in welchem Studiengang – zu befassen haben, über meine Lehrveranstaltungen hinaus einmal schriftlich niederzulegen. Dies habe ich nun getan.

Von den in der Bundesrepublik Deutschland gängigen Prüfungs- und Studienordnungen ausgehend, konnten sechs bis acht relevante Themenkreise festgestellt werden. Von diesen kommen vier in eigenständigen Kapiteln zur Darstellung: Sozialisation, Erziehung, Organisation und Didaktik. Drei weitere Hauptbereiche, nämlich Anthropologie, Lernen und Schule sind in die Kapitel Sozialisation, Erziehung und Organisation integriert. Hierfür gibt es systematische Gründe.

Die Anthropologie kann meines Erachtens nicht Grundlage der Pädagogik sein, wenn Pädagogik als verstehende und erklärende Sozialwissenschaft – wie ich dies tue – begriffen wird. Die anthropologische Frage, d. h. die Frage nach den Menschenbildern, ist – ebenso wie die Frage nach den Welt- und Gesellschaftsbildern – für pädagogische Praxis, Theorie und Forschung konstitutiv. Indem diese Fragen ausdrücklich gemacht werden, zeigen sich die impliziten Anthropologien und Gesellschaftslehren und damit zugleich der kritische Anspruch der Pädagogik. Anthropologisches Fragen ist daher ein durchgängiges Fragen.

Lernen wird als ein intrapsychischer Prozess aufgefasst. Das Phänomen gehört daher primär zum Forschungsbereich der Psychologie. Die Kenntnis von Lernprozessen und Lerntheorien ist für die Pädagogik aber insofern von großer Bedeutung, als sie zur Erklärung pädagogisch relevanter Prozesse, wie z. B. Sozialisation und Erziehung, unbedingte Voraussetzung ist. Daher werden die wichtigsten Lerntheorien auch in den Kapiteln Sozialisation und Erziehung vorgestellt.

Die Schule wird in dem Kapitel über pädagogische Organisationen abgehandelt, insofern an ihr in exemplarischer Weise organisatorische Probleme in pädagogischen Handlungsfeldern erörtert werden können. Dabei wird zugleich der Versuch unternommen, einige in den Kapiteln über Sozialisation und Erziehung herausgearbeitete Erklärungsansätze und Modellvorstellungen zu erproben.

Mit dem vorliegenden Buch soll ein „Grundwissen" angeboten werden. Dabei wird in besonderer Weise darauf geachtet, dass ein breites Spektrum pädagogischer Forschungen, Theorien und Forderungen für die Praxis zur Darstellung kommt. Diese Absicht verbindet sich mit meiner tiefen Überzeugung, dass der erkenntnistheoretische Standort einer verstehenden und erklärenden Pädagogik die bekannten Antinomien und Dichotomisierungen pädagogischer Fragestellungen zu überwinden hat. Wir müssen eine Toleranz entwickeln lernen, die die Pluralität der Forschungs- und Theorieansätze sowie deren Vielfältigkeit und Widersprüchlichkeit in Theorie und Praxis zunächst als positive Phänomene begreift und bearbeitet, um dadurch den gemeinsamen Horizont zu erweitern.

Nach diesen konzeptionellen und fachlichen Anmerkungen muss ich noch eine didaktische Bemerkung machen. Dieses Buch ist zum Lesen und Nach-Denken geschrieben. Ich habe daher auf grafische Verdeutlichungen bestimmter Textstellen verzichtet, weil ich der Meinung bin, dass eine komplizierte und undurchdringliche sprachliche Darstellung durch keine noch so klare Grafik kompensiert wird. Beides verstellt eher das Denken. Ich habe mich daher um eine verständliche, aber sach- und problemangemessene Sprache bemüht und Grafiken nur dann eingefügt, wenn sie der Information dienen. Wer vielleicht Fragenkataloge oder Leselisten am Ende eines Kapitels erwartet, wird enttäuscht sein. Aber das Konzept dieses Buches steht dieser Lernmethode entgegen, denn der Text ist nicht auf lernbare Ziele, sondern auf das reflektierende Lesen angelegt.

Die im Text angegebene Literatur zeigt bei Zitaten die Fundstelle an und bietet somit immer den Hinweis für weiteres, vertiefendes Arbeiten mit Originaltexten.

Ich habe bei der Arbeit mit dem Manuskript in vielfältiger Weise kritischen und freundschaftlichen Zuspruch sowie aktive Unterstützung erfahren dürfen. Ich danke daher zu allererst meiner Frau, die mich in allen Belangen bei der Anfertigung des Manuskripts geduldig und verständnisvoll unterstützt hat; des Weiteren meiner Sekretärin, Frau Marlies Jungkenn, die mir bei der technischen Besorgung des Manuskripts eine große Hilfe war; sodann Herrn Dipl. Päd. Rainer Jung, Herrn Vikar Tilmann Kron und Herrn Dr. Christian Wulf, die die ersten Teilmanuskripte aus der Sicht der Studenten kritisch durchgesehen und mir auf diese Weise geholfen haben, bei der Sache zu bleiben; allen Mitgliedern meiner Arbeitsgruppe, insbesondere meinem langjährigen Mitarbeiter Herrn Dr. Ulrich Aselmeier, der mich nicht nur auf wichtige Korrekturen hingewiesen, sondern der mir auch mit fachlichem Rat zur Seite gestanden hat; meinen Studenten und Doktoranden sowie befreundeten Lehrern, die das Manuskript aus ihrer Perspektive gelesen und mich bei den Korrekturen tatkräftig unterstützt haben: Herrn Wolfgang Bauer, Herrn Oliver Bayerlein, Herrn Raimund Fender, Herrn Pfarrer Herbert Fischer, Frau Avigail Hochstädt, Frau Annette Leicht-Kron, Herrn Oberstudienrat Gerfried Scheuermann. Außerdem danke ich meinen Kollegen und Freunden für die vielfältigen Fachgespräche, die ich mit ihnen führen konnte: Frau Ben-Peretz (Haifa), Herrn Aufenanger (Mainz), Herrn Bruen (Haifa), Herrn Hamburger (Mainz), Herrn Meueler (Mainz), Herrn Tulasiewicz (Cambridge), Herrn Velthaus (Mainz).

Ich bin sicher, dass trotz der intensiven Bearbeitung des Manuskripts noch sachliche, gedankliche, sprachliche und grammatische Fehler im Text verblieben sind. Für jeden Hinweis und für jede Kritik bin ich dankbar.

Friedrich W. Kron   Mainz, im April 1987

Hinweise zur Arbeit mit diesem Buch

1. Marginalien: Sie sind Bemerkungen am Rand eines laufenden Textes. Ich verwende zwei Arten von Marginalien: Symbole und Wörter. Die Symbole sollen den Lesern „ins Auge fallen" und sie zum Lesen anreizen. Die Wörter haben die Funktion von Leitbegriffen, deren Erklärung im Text zu finden ist.

Die angegebene **Literatur** dient der Vertiefung der im Text angesprochenen Thematik. Sie kann benutzt werden, wenn das Thema z. B. Gegenstand eines Referates oder einer Hausarbeit ist.

In einem **Schlüsselbegriff** (engl. keyword) ist ein komplexer Gedanke auf den Punkt gebracht. In der Logik und im wissenschaftlichen Arbeiten bilden die Begriffe die Basis für die Formulierung von Urteilen, Schlussfolgerungen, Hypothesen, Theorien. Schlüsselbegriffe sollte man lernen und im eigenen gedanklichen Netzwerk verorten. Ihre Kenntnis ist die beste Vorbereitung für Prüfungen, Klausuren und Diskussionen.

Unter einer **Definition** (lat. Begrenzung) wird im allgemeinen Wissenschaftsverständnis die Darstellung eines Begriffs (z. B. auch eines Schlüsselbegriffs) verstanden, indem seine wichtigsten Merkmale aufgezählt werden. Daher wird eine Definition stets in Form eines Satzes oder mehrerer Sätze ausgedrückt.

Beispiele dienen der anschaulichen Erläuterung und mögen anregen, Ideen für die eigene Praxis zu entwickeln.

2. In den **Kästen** werden zum einen am Anfang eines jeden Kapitels die Intentionen skizziert, die in den einzelnen Kapiteln thematisiert werden. Im laufenden Text präsentieren sie zusätzliche „auf den Punkt" gebrachte Informationen.

1.0 Erste Begegnungen mit dem Fach

> Im ersten Kapitel wird in die Gegenstandsfelder des Faches eingeführt. Dabei spielen die neuen Kerncurricula eine besondere Rolle, ebenso die Gegenstandsbereiche der Pädagogik, die nicht immer mit den Kerncurricula identisch sind. Auch werden die Teil- und Nachbardisziplinen von Pädagogik sowie die Handlungsfelder vorgestellt. Bereits hier wird deutlich, dass sich pädagogische Fragestellungen und Diskussionen immer auf vier Erkenntnisebenen abspielen.

1.1 Das Fach im Studienfeld

1.1.1 Das „Kerncurriculum Erziehungswissenschaft" als Studieninhalt

In der jüngsten Zeit werden die Beschlüsse der Kultusministerien der 16 Bundesländer in Deutschland rechtswirksam, das Studium der Erziehungswissenschaft mit den Abschlüssen Bachelor of Arts (BA) und Master of Arts (MA) zu organisieren. Dadurch werden die bisherigen Magister- und Diplomstudiengänge langsam abgelöst. Die inhaltlichen Vorgaben für die neuen Studiengänge sind von Vertretern der Hochschulen erstellt worden. Sie finden sich in dem „Kerncurriculum für das Hauptfachstudium Erziehungswissenschaft" (2008), das von der Deutschen Gesellschaft für Erziehungswissenschaft (DGfE), der Standesorganisation der Pädagogen und Erziehungswissenschaftler, erstellt worden ist. Es handelt sich dabei um Empfehlungen, die von den einzelnen Hochschulen vor Ort in der Lehr- und Studienpraxis in Module umgesetzt werden.

Ein Modul ist eine aus mehreren Elementen bestehende Einheit. **Modul**

Die DGfE hat außerdem analoge Empfehlungen für das Studium der Pädagogik als Schulfach, z. B. in Fachschulen und sozialpädagogischen Zweigen gymnasialer Oberstufen, und für die Lehrerbildung herausgegeben (DGfE 2005, Kron 2008, 15ff). Zusätzlich hat die Kultusministerkonferenz (KMK) eigene Empfehlungen für die Lehrerbildung, die so genannten „Standards für die Lehrerbildung: Bildungswissenschaften" herausgegeben (KMK 2004, Kron 2008, 17). Allen Empfehlungen ist gemeinsam:

- Sie basieren auf dem Beschluss, den die Ländervertreter in der Europäischen Union 1998 in Bologna gefasst haben, das Studium an den Hochschulen der EU-Länder als Bachelor- und Masterstudiengänge zu organisieren. Zwecksetzungen dieser für Deutschland neuen Studienorganisation sind die Standardisierung und die damit verbundene Vergleichbarkeit der Qualifikationen

und Abschlüsse sowie die damit angezielte Mobilität der Studierenden innerhalb Europas.
- Sie bieten Studieneinheiten oder Kompetenzbereiche an, die auf die BA- und MA-Studiengänge verteilt sind.
- Die in den Empfehlungen festgeschriebenen Studieninhalte bilden die Grundlage für die Erstellung von Modulen vor Ort.

Kerncurriculum Alle Empfehlungen der DGfE basieren auf dem Kerncurriculum für das Hauptfachstudium Erziehungswissenschaft. Die Empfehlungen der KMK konzentrieren sich auf die Lehrerbildung und entwickeln von daher auch eigenständige Themen. Das Kerncurriculum für das Hauptfachstudium Erziehungswissenschaft wird im Folgenden vorgestellt. Es besteht aus vier Studieneinheiten, die durch je drei Themenbereiche repräsentiert sind. Die **fett** gedruckten Themenbereiche werden in diesem Buch explizit, die *kursiv* gedruckten Themenbereiche implizit behandelt. Die Themeneinheiten und -bereiche werden in gekürzter Fassung wiedergegeben.

- **Wissenschaftliche Grundlagen der Erziehungswissenschaft**

- Grundbegriffe der Erziehungswissenschaft und ihrer Teildisziplinen
- *Geschichte und Theorie der Erziehung und Bildung*
- Wissenschaftstheoretische Ansätze

- **Gesellschaftliche Grundlagen der Erziehungswissenschaft**

- Institutionen der Erziehung und Bildung
- *Gesellschaftliche Bedingungen pädagogischer Institutionen*
- Gesellschaftliche Differenzierungen

- **Forschungsmethodische Grundlagen**

- Qualitative und quantitative Methoden
- Forschungs- und Denktraditionen
- Bildungsforschung

- **Einführung in erziehungswissenschaftliche Studienrichtungen**

- Erziehungswissenschaft und ihre Teildisziplinen
- Einführung in eine Studienrichtung
- Die Studienrichtung als Handlungsfeld

1.1.2 Gegenstandsbereiche der Disziplin

Die Gegenstände oder Inhalte, die in den Kerncurricula erscheinen, gründen sich in den Forschungen der Pädagogik in der Vergangenheit und in der Gegenwart. Sie bilden also lediglich die „Spitze eines Eisbergs".

Die Wissenschaftsgeschichte der Pädagogik zeigt, dass sich in verschiedenen Epochen und angesichts gesellschaftlicher Veränderungen neue Fragestellungen ergeben, die wiederum zu neuen Forschungen und zur Findung neuer Forschungsmethoden führen. Neue Erkenntnisse sind die Folge. Sie müssen in das bestehende Wissen eingearbeitet werden. Forschung und Lehre unterliegen daher einer inneren Dynamik und einem ständigen Wandel.

Dennoch lässt sich eine Reihe von Gegenstandsbereichen der Pädagogik herausfiltern, denen eine gewisse Konstanz im Wandel zugesprochen werden kann und die deshalb von grundlegender Bedeutung für das Fach sind. Sie werden ergänzt und erweitert durch neue Bereiche, die in den letzten Jahren als Antworten auf gesellschaftliche, politische und ökologische Veränderungen entstanden sind. Einen ersten Überblick über die vielfältigen Bereiche liefert das folgende Werk:

Lenzen, D. (Hrsg.) (1998): Enzyklopädie Erziehungswissenschaft. Handbuch und Lexikon der Erziehung. 12 Bde.

Im Folgenden werden einige Bereiche vorgestellt, ohne dass dabei der Anspruch auf Vollständigkeit erhoben wird (Tab. 1).

Tab. 1: Gegenstandsbereiche der Pädagogik

Gegenstandsbereich	Fragestellung
1. Anthropologie und Erziehung	Individuelle Entwicklungsbedingungen
2. Sozialisation und Erziehung	Gesellschaftliche Entwicklungsbedingungen
3. Institutionen und Organisationsformen	Gesellschaftliche Einrichtungen zur Entwicklungsförderung
4. Entwicklung und Lernen	Individuelle Prozesse der Selbstorganisation
5. Erziehung in früher Kindheit	Sozialisationsbedingungen in allen betreffenden Einrichtungen
6. Theorien der Erziehungswissenschaft	Pädagogik als Wissenschaft
7. Denktraditionen und Forschungsmethoden	Verfahren wissenschaftlicher Erkenntnis
8. Geschichte der Pädagogik und Erziehung	Geschichte des Faches und der Gegenstände
9. Vergleichende Erziehungswissenschaft	Länder- und Kulturvergleich auf allen Gegenstandsfeldern
10. Pädagogische Diagnostik	Ursachenforschung von Entwicklungsbeeinträchtigungen
11. Medienarbeit	Umgang mit modernen Medien

1. Anthropologie und Erziehung. Hier werden der Mensch und – unter Erziehungsaspekten – der Heranwachsende auf jene Bedingungen hin untersucht, die ihre Existenz gattungsmäßig und individuell begründen. An diesen Bedingungen ist die Pädagogik von Anfang an in Kooperation mit ihren Nachbardisziplinen interessiert.

In diesem Gegenstandsbereich kooperieren so bedeutsame Wissenschaften wie die Humanbiologie, die Anthropologie, die Medizin, die Psychologie, die Philosophie und die Theologie mit der Pädagogik. In dem ersten Gegenstands- und Forschungsbereich werden viele Themen angesprochen: z. B. die Grundsatzfragen nach dem Wesen des Menschen und seiner Bestimmung, nach seiner Abstammung und Abgrenzung zu anderen Lebewesen, nach seiner Bildsamkeit und Erziehbarkeit. Es stehen aber auch Spezialfragen zur Beantwortung an, z. B. die Frage nach der Erziehungsbedürftigkeit des Kindes und den Möglichkeiten und Grenzen der Erziehung; die Fragen nach der Anlage-Umwelt-Problematik; die Frage nach dem pädagogischen Bezug oder dem erzieherischen Verhältnis; die Fragen nach der Bedeutung der pädagogischen Situation und des menschlichen Lernens; die Frage nach der Identitätsentwicklung oder der Selbstinterpretation; die Fragen nach den Normen und Werten sowie ihrer Verbindlichkeit oder die Frage nach Autorität und Freiheit. Allen diesen Fragen ist ein erkenntnisleitendes Interesse immanent, nämlich das nach dem heranwachsenden Menschen in seiner Individualität als einem Sonderfall des bereits erwachsenen Menschen, dem Reife und Mündigkeit unterstellt wird.

Der Klassiker: Roth, H. (1971 u. 1976): Pädagogische Anthropologie. Bd. 1 u. Bd. 2
Hamann, B. (1998): Pädagogische Anthropologie
Weber, E. (1995): Pädagogik. Eine Einführung. I. Bd. Grundfragen und Grundbegriffe

2. Sozialisation und Erziehung. Hier gilt das Interesse der Pädagogik den gesellschaftlichen und Gruppen-Prozessen sowie den Face-to-face-Beziehungen, die die Voraussetzung bilden, damit Menschen und insbesondere Heranwachsende lernen, gesellschaftlich handlungsfähig zu werden. Erziehung realisiert sich in diesem Bedingungs- und Beziehungszusammenhang, kann ihn verstärken oder zugunsten des Heranwachsenden intervenieren. Hier kann an das Kleinkind gedacht werden, das der Pflege durch eine Bindungsperson bedarf, an die damit verbundenen Spiele, Einstellungen und Wertorientierungen der Mutter, des Vaters, der Geschwister, der Familie, der umgebenden Umwelt. Es kann an das Schulkind gedacht werden, die Art und Weise, wie es in Beziehung zu seinen Mitschülern, den Lehrern und zum System Schule tritt. In diesem Forschungs- und Gegenstandsbereich zielen die Fragen insbesondere auf die Werte, Normen, die Wertorientierungen, die durch die einzelnen Personen dargestellt werden, mit denen der Heranwachsende in Beziehung tritt, oder die Moralen, Regeln und Normen, die in den verschiedensten Organisationsformen ihren Niederschlag finden, z. B. in Kirche und Schule. Der zweite Gegenstands- und Forschungsbereich kann so präzisiert werden als Bereich von Sozialisation und Erziehung (Fend 1971; Wurzbacher 1968 u. 1974).

Der Klassiker: Roth, H. (1976): Pädagogische Anthropologie. Bd. 2
Fend, H. (1971): Sozialisierung und Erziehung. Eine Einführung in die Sozialisationsforschung
Geulen, D. (1989): Das vergesellschaftete Subjekt. Zur Grundlegung der Sozialisationstheorie

3. Institutionen und Organisationsformen. In diesem Bereich wird die Frage gestellt, welche Veranstaltungen eine Gesellschaft trifft, um die junge Generation und die einzelnen Individuen zu integrieren. Institutionen und Organisationsformen stehen hierfür bereit.

Institutionen und Organisationsformen können als die konkretisierten Fassungen von Sozialisations- und Erziehungsprozessen angesehen werden. Sie stellen eine außerordentliche kulturelle Leistung dar, sind z. T. staatlich kontrolliert und geschützt und für alle Heranwachsenden unumgänglich.

Hierzu sind auch die Medien zu rechnen, wie z. B. das Fernsehen, der Film, das Internet. Neben den Institutionen und Organisationen sind nicht zuletzt deren ökonomische und rechtliche Bedingungen zu nennen (Baethge/Nevermann 1995).

Das pädagogisch Bedeutsame an den Institutionen und Organisationsformen der Erziehung ist nun, dass sie gesellschaftlich konstituiert und legitimiert sind, d. h., dass die darin erzieherisch Handelnden ihr Tun und Handeln auf allgemeine Erziehungsgrundsätze (Normen und Regeln) oder gar auf Gesetze gründen und durch diese legitimieren können. In ihnen sind daher auch ganz bestimmte Rollen und Positionen vorgegeben, an die sich die Heranwachsenden zu halten haben und in die sie hineinfinden müssen. Dabei taucht in der Gegenwart für den Heranwachsenden das Problem auf, warum auch er bestimmte Rollen lernen soll, auf welche Art und Weise er sie lernt, akzeptiert oder gar ablehnt, und für die Rollenvertreter wird es oft fraglich, ob es ihnen gelingt, die Rollen, die die Heranwachsenden zu übernehmen haben, auch plausibel zu machen, welche Ziele sie anstreben und mit welchen Mitteln und Methoden sie vorgehen. Wie unschwer zu erkennen ist, bricht in diesem Feld erzieherischer Realität der Gegensatz von Institution und Organisation einerseits und handelndem Subjekt andererseits in ganzer Schärfe auf.

Hurrelmann, K. (1975): Erziehungssystem und Gesellschaft

4. Entwicklung und Lernen. In den organisierten Bereichen der Erziehung wird auch die Frage nach der Anthropologie und der Sozialisation wieder gestellt. Dies führt dazu, dass die grundlegenden Prozesse in diesen Bereichen in den Mittelpunkt rücken. Es handelt sich dabei um die „Entwicklungs- und Lernprozesse" (Roth 1976). Entwicklung und Lernen müssen deshalb in einem eigenen Bereich thematisiert werden, weil in dem Bereich der Sozialisation und Erziehung in erster Linie strukturelle und gesellschaftlich bedingte Zusammenhänge erörtert, dabei die Gesichtspunkte der Entwicklung und des Lernens aber vernachlässigt werden. Da menschliches Leben der Entwicklung unterliegt und da der Mensch von der Geburt bis zu seinem Tod ein Lernender ist, muss der Zusammenhang von Entwicklung und Lernen thematisch ausdrücklich gemacht werden; dies auch deshalb, weil die Lernprozesse alle erzieherisch relevanten Bereiche bestimmen und weil ohne die Kenntnis von Lernprozessen und Entwicklungsabläufen pädagogisch kompetentes und professionalisiertes Handeln nicht sinnvoll und begründet realisiert werden kann.

Die beiden Klassiker: Roth, H. (1976): Pädagogische Anthropologie. Bd. 2. Entwicklung und Erziehung
Roth, H. (1983): Pädagogische Psychologie des Lehrens und Lernens
Lefrancois, G. R. (1994): Psychologie des Lernens
Bednorz, P., Schuster, M. (2002): Einführung in die Lernpsychologie

5. Erziehung in früher Kindheit. Dieser Gegenstandsbereich spielt eine große Rolle in den empirischen Forschungen und in den Diskussionen um die Erziehungsaufgaben in der Familie, den Wandel der Kernfamilie und die Bedeutung der familienergänzenden Einrichtungen, wie z. B. Kinderkrippe, Kindergarten und Hort. Hierzu gehören aber auch die Einrichtungen der sozialpädagogischen Arbeit, wie z. B. die Familienhilfen und die Familienbildung, die u. a. zu den pädagogischen Handlungsfeldern zählen (Kap. 1.1.5).

Der Klassiker: Neidhardt, F. (1979b): Frühkindliche Sozialisation. Theorien und Analysen
Behnken, I., Zinnecker, J. (Hrsg.) (2001): Kinder, Kindheit, Lebensgeschichte. Ein Handbuch

6. Theorien der Erziehungswissenschaft. Alle aufgeführten Gegenstands- und Forschungsbereiche bzw. Teildisziplinen der Pädagogik können auf einer Metaebene wieder reflektiert werden. Diese Form der Reflexion ist in jeder Wissenschaft notwendig und üblich. In diesem Bereich der „Wissenschaftstheorie" geht es um Begriffe, Ziele und Zwecke der Forschung, um die Kritik der impliziten Ideologien und Interessen; hier geht es auch um wissenschaftstheoretische Positionen, ob etwa die Erkenntnis der Pädagogik sich mehr von der Empirie oder mehr von der Hermeneutik leiten lassen soll oder ob sich die Pädagogik mehr an philosophische Fragestellungen oder an sozialwissenschaftliche anschließen soll u. a. m.

Kron, F. W. (1999): Wissenschaftstheorie für Pädagogen
Schülein, J. A., Reitze, S. (2008): Wissenschaftstheorie für Einsteiger

7. Denktraditionen und Forschungsmethoden. Aus dem vorgenannten Bereich entwickelt sich eine besondere Disziplin, ohne die Wissenschaft und Forschung, Systembildung und Lehre nicht realisierbar wären. Es handelt sich dabei um die Methodologie (Haft/Kordes 1995). Die Pädagogik versichert sich, wie jede Wissenschaft, einer Vielzahl von Forschungsmethoden; seien dies die so genannten geisteswissenschaftlichen Denktraditionen bzw. Methoden, wie die Hermeneutik, die Phänomenologie oder die Dialektik, oder seien es empirische Methoden, wie z. B. das Experiment, das Interview oder die Beobachtung. Alle Methoden müssen ständig in Bezug auf ihre Leistungsfähigkeit überprüft und kritisch hinterfragt werden. Nur auf diese Weise vermag die Pädagogik die notwendige Selbstreflexion zu leisten, die es ihr wiederum ermöglicht, in den kritischen Gedankenaustausch mit den anderen Wissenschaften zu treten. Und nur auf diese Weise bringt sie sich, ihre Forschungserkenntnisse, Theorien und Systeme voran und bleibt dem wissenschaftlichen Fortschritt verpflichtet. Zwei aktuelle Forschungsbereiche, die auch im Kerncurriculum Erziehungswissenschaft genannt werden, sind noch hinzuzufügen: Bildungsforschung und Inhaltsanalyse.

Kron, F. W. (1999): Wissenschaftstheorie für Pädagogen
Krüger, H.-H. (1997): Einführung in Theorien und Methoden der Erziehungswissenschaft

8. Geschichte der Pädagogik und Erziehung. Die vorgenannten Bereiche können nun auch hinsichtlich ihrer geschichtlichen Entwicklung untersucht werden. Die Geschichte der Pädagogik kann in zweifacher Weise aufgefasst werden, einmal als „Geschichte der Erziehung und Bildung" (Ballauff 1969; Ballauff/Schaller 1970 u. 1973) und zum anderen als „Wissenschaftsgeschichte" (Thiersch u. a. 1978) des Faches. Man findet in der Literatur sehr viele Werke darüber, wie sich Erziehung und Bildung von der Antike an bis zur Gegenwart konkret ausgeformt haben und wie diese Ausformungen mit mehr oder weniger exakten Methoden in eine logische oder begründbare Aussageform zu fassen versucht worden sind.

Der Klassiker: Blankertz, H. (1992): Die Geschichte der Pädagogik von der Aufklärung bis zur Gegenwart
Harney, K., Krüger, H.-H. (Hrsg.) (1997): Einführung in die Geschichte von Erziehungswissenschaft und Erziehungswirklichkeit

9. Vergleichende Erziehungswissenschaft. Alle vorgenannten Bereiche können in einem internationalen Vergleich gesehen werden. Man erkennt an diesem Bereich die Spannweite der pädagogischen Forschung und ihre internationalen Verflechtungen.

Mitter, W. (1996): Pädagogik, vergleichende
Brock, C., Tulasiewicz, W. (Hrsg.) (2000): Education in a Single Europe
Anweiler, O. u. a. (1996): Bildungssysteme in Europa

10. Pädagogische Diagnostik. Dieser Forschungsbereich zählt zu den zentralen Aufgabengebieten und Gegenstandsfeldern. Hier geht es um die Ursachenforschung von Sozialisations-, Erziehungs- und Entwicklungsbeeinträchtigungen, aber auch um Leistungsdiagnostik, insbesondere im schulischen Bereich. Die Untersuchungsergebnisse werden der Entwicklung von Therapie- und Handlungskonzepten zugrunde gelegt, die in den entsprechenden Praxis- bzw. Handlungsfeldern angewendet werden.

Ingenkamp, K., Lissmann, U. (2008): Lehrbuch der pädagogischen Diagnostik

11. Medienarbeit. Hier geht es zunächst um die Erforschung des Umgangs, insbesondere der jungen Generation, mit den modernen Medien; sodann darauf fußend um die Erarbeitung von Konzepten für Medienerziehung, Jugendmedienarbeit und Mediendidaktik. Aus diesem Gegenstandsfeld hat sich bereits die Medienpädagogik als eigenständige Teildisziplin der Pädagogik entwickelt.

Hüther, J. u. a. (1997): Grundbegriffe Medienpädagogik
Kron, F. W., Sofos, A. (2003): Mediendidaktik

In allen Bereichen wird interdisziplinär und empirisch geforscht. Kein Zweifel mag aber auch über die Notwendigkeit zur philosophisch geleiteten Reflexion aufkommen. Bereits hier ist zu erkennen, dass die Pädagogik als Fach sich mehr und mehr in Forschung und Lehre ausdifferenziert und sich damit der allgemeinen Wissenschaftsentwicklung anpasst, die in den sich zunehmend differenzierenden Wirklichkeitsbereichen ihren Grund haben mag. Diese Differenzierung zeigt sich u. a. in jenen Bereichen der Pädagogik, die sich in den letzten Jahren zu eigenständigen Teildisziplinen entwickelt haben, wie z. B. die Medienpädagogik, die Interkulturelle Pädagogik, die Freizeitpädagogik. Dieser Prozess ist in vollem Gange und noch nicht abgeschlossen. Schließlich ist unverkennbar, dass die Pädagogik neben ihrem wissenschaftsanalytischen Auftrag sich auch einer normativen Aufgabenstellung verpflichtet weiß, die nicht selten in ideologische Positionen einmündet. Dies macht die enorme innere Spannung dieses Faches aus und die Herausforderung, die das Fach an den Studierenden wie an den Lehrenden und Forschenden stellt.

1.1.3 Pädagogik und ihre Teildisziplinen

Vom 19. Jahrhundert an haben sich alle modernen Wissenschaften aufgrund neu hinzukommender Gegenstands- und Forschungsbereiche und der Entwicklung neuer Forschungsmethoden und Aufgabenstellungen differenziert. Es entstehen die Teildisziplinen. Dies gilt auch für die Pädagogik.

Im Zuge dieser Entwicklung haben sich zunächst zwei wissenschaftliche Grundauffassungen der Disziplin herausgebildet, aus denen die neuen Teildisziplinen erwachsen sind. Es handelt sich dabei um die klassische „historisch-systematische Pädagogik" und um die „empirische Erziehungswissenschaft". Beide gründen sich auf zentrale Erkenntnis- und Forschungsmethoden: die eine auf historisch-systematische Auslegung von Texten und von Erziehungs- und Unterrichtswirklichkeit mit den zentralen Methoden der Phänomenologie und Hermeneutik und die andere auf der empirisch begründeten quantitativen und qualitativen Erforschung von pädagogisch relevanter Wirklichkeit.

Die ersten Teildisziplinen, die sich vom 19. Jahrhundert an herausgebildet haben, sind u. a. die Folgenden:

1. Didaktik. Hier widmet sich die pädagogische Fragestellung den Denk- und Handlungsmodellen von Lehr- und Lernprozessen (Peterßen 1996). In besonderer Weise befassen sich die Forschungen mit den Zielen und Inhalten von Unterricht (Haller/Meyer 1995) und mit den Methoden und Medien (Otto/Schulz 1995) einschließlich aller damit im Zusammenhang stehender Phänomene. Von den 1960er Jahren an hat sich in der Erforschung und Bestimmung von Unterrichtsinhalten und -zielen und Lehrplänen als Sonderbereich die „Curriculumforschung und -entwicklung" herausgebildet (Frey u. a. 1975).

Kron, F. W. (2008): Grundwissen Didaktik

2. Schulpädagogik. Mit dem organisierten Bereich der Schule und ihrer pädagogischen Bedeutung befasst sich die Schulpädagogik (Kunert 1980). Diese Teildisziplin der Pädagogik widmet sich der gesamten Schulwirklichkeit in Forschung, Theoriebildung und Lehre. Sie hat z. B. die Organisation, die Akteure, den Unterricht als soziales Geschehen und die Vielfalt aller Implikationen ebenso im Auge wie z. B. die gesellschaftlichen, rechtlichen, bildungspolitischen Zusammenhänge von Schule oder ihr Zusammenspiel mit außerschulischen Bereichen, wie z. B. Familie, außerschulische Jugendbildung, Aus-, Fort- und Weiterbildung der Lehrer.

Helsper, W., Stelmaszyk, B. (2008): Grundriss der Pädagogik/Erziehungswissenschaft: Einführung in die Schulpädagogik. Bd. 22
Apel, H. J., Sacher, W. (2007): Einführung in die Schulpädagogik

3. Sonderpädagogik. Hier wird in vielfältiger Weise der Frage nach Behinderungen, Gefährdungen und Benachteiligungen von Heranwachsenden und Erwachsenen sowie nach der Behebung oder Verbesserung ihrer individuellen und gesellschaftlichen Situation nachgegangen. Die Forschungen der pädagogischen Teildisziplin Sonderpädagogik umfassen dabei alle pädagogisch relevanten Sozialisations- und Erziehungsorganisationen und -felder. Im Bereich von Kindergarten, Vorschule, allgemein bildenden und berufsbildenden Schulen haben sich im Laufe der Jahre eine Reihe pädagogischer Richtungen herausgebildet, wie z.B. die Geistigbehinderten-, die Lernbehinderten-, die Sprachbehinderten-, die Verhaltensbehinderten-, die Körperbehinderten-, die Gehörlosen- und die Blindenpädagogik.

Opp, G. u.a. (2006): Einführung in die Sonderpädagogik
Bundschuh, K. u.a. (Hrsg.) (2007): Wörterbuch Heilpädagogik
Eberwein, H. (Hrsg.) (1994): Behinderte und Nichtbehinderte lernen gemeinsam. Handbuch der Integrationspädagogik
Fornefeld, B. (Hrsg.) (2008): Menschen mit komplexer Behinderung

4. Sozialpädagogik. In diesem Gegenstands- und Forschungsbereich taucht die Frage nach der außerfamilialen und -schulischen Sozialisation und Erziehung auf. Dies sind gerade in der Gegenwart in Bezug auf die soziale und personale Entwicklung von Heranwachsenden sehr sensible gesellschaftliche Bereiche, insofern sie in engem Zusammenhang zu industriellen, wirtschaftlichen, technologischen, elektronisch-medienpolitischen, ökologischen, multikulturellen und gesellschaftspolitischen Entwicklungen stehen.

Hamburger, F. (2008): Einführung in die Sozialpädagogik
Rauschenbach, Th., Gänger, H. (Hrsg.) (1992): Soziale Arbeit und Erziehung in der Risikogesellschaft
Chassé, K.A., von Wensierski, H.-J. (Hrsg.) (1999): Praxisfelder der sozialen Arbeit

5. Berufs-, Wirtschafts- und Betriebspädagogik. Auch für den Bereich des Berufslebens, der Wirtschaft und des Betriebs hat sich eine pädagogische Richtung entwickelt, die sich den darin auftauchenden Fragen des Lehrens und Lernens, der Sozialisation und des sozialen Lernens widmet (Dörschel 1971; Voigt 1975; Preyer 1978).

Arnold, R., Gonon, Ph. (2006): Einführung in die Berufspädagogik
Rebmann, K. u.a. (2003): Berufs- und Wirtschaftspädagogik. Eine Einführung in Strukturbegriffe
Greinert, W.-D. (1998): Das „deutsche System" der Berufsbildung

6. Erwachsenenbildung. Die pädagogische Forschung nimmt sich auch der Erwachsenen an. Diese Teildisziplin befasst sich mit den Problemen der Weiterbildung und des Weiterlernens von Erwachsenen.

Tippelt, R. (Hrsg.) (1994): Handbuch der Erwachsenenbildung/Weiterbildung

Weitere Disziplinen sind:

- Hochschuldidaktik,
- Freizeitpädagogik,
- Pädagogik der Dritten Welt,
- Interkulturelle Pädagogik,
- Friedenspädagogik,
- Entwicklungspädagogik,
- Ökologische Pädagogik und
- Feministische Erziehungswissenschaft.

Der Prozess der Bildung von Teildisziplinen ist in der Gegenwart noch nicht abgeschlossen. Dafür sprechen neue Lehrgebiete, die insbesondere in Fachhochschulen eingerichtet werden. Sie haben ihren Grund in vielen neuen Anforderungen der Gesellschaft, Pädagogik beziehungsweise Erziehungswissenschaft als Problemlösepotenzial in Forschung und Praxis einzusetzen.

1.1.4 Pädagogik und ihre Nachbardisziplinen

Im Vergleich zur Tradition vieler Nachbardisziplinen kann die Pädagogik als junge Wissenschaft bezeichnet werden. Der erste Universitätslehrstuhl für Pädagogik wurde 1779 an der Universität Halle eingerichtet und mit Ernst Christian Trapp (1745–1818), einem Gymnasiallehrer und Philosophen der Aufklärung, besetzt, der diese Professur bis 1783 innehatte. Bis vor 200 Jahren und noch bis in die ersten Jahrzehnte des letzten Jahrhunderts hinein wurde die Pädagogik – denn der Lehrstuhl Trapps blieb viele Jahre eine Ausnahme! – von der Theologie oder Philosophie „mitverwaltet". In dieser Zeit wird Pädagogik als eine „Kunstlehre",

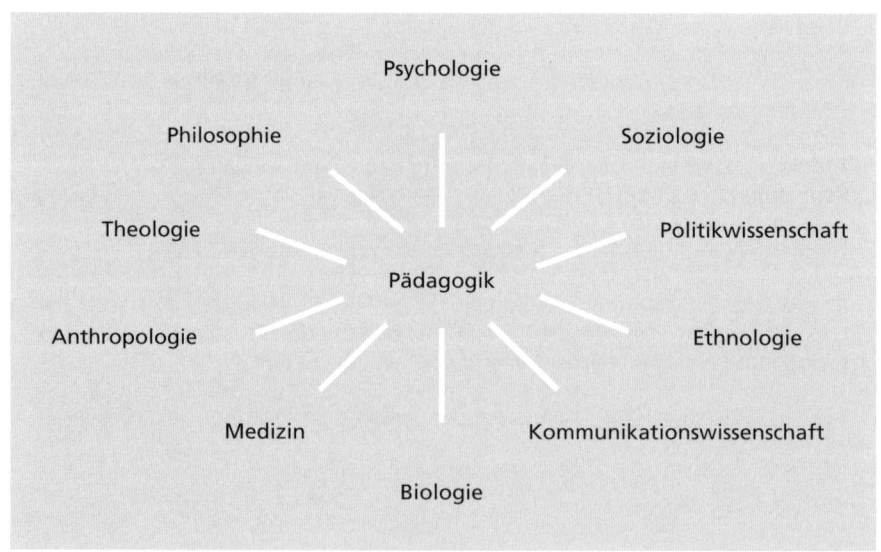

Abb. 1:
Nachbardisziplinen der Pädagogik

d.h. als eine praktische „Wissenschaft" angesehen; bestenfalls als eine Art Anthropologie, also als eine Lehre vom Menschen und seiner „sittlichen" Bildung.

Im Zuge der Konsolidierung der Pädagogik als Universitätsdisziplin und ihrer Ausdifferenzierung in Teildisziplinen vom 19. Jahrhundert an emanzipiert sich das Fach von Philosophie und Theologie, die nun zu Nachbardisziplinen der Pädagogik werden. Auch wenn die philosophische Tradition noch in dem klassischen Methodenrepertoire als Hermeneutik, Phänomenologie und Dialektik präsent ist, so rücken nun die empirischen Verfahren mehr und mehr in den Vordergrund. Damit im Zusammenhang werden auch die Forschungen der empirisch begründeten Sozialwissenschaften für die Pädagogik von Interesse. Psychologie, Soziologie, Humanbiologie, biologische Anthropologie, Medizin, Ethnologie und Kommunikationswissenschaften treten als neue Nachbardisziplinen neben Philosophie und die sich mit dieser verbindenden philosophischen Anthropologie und Theologie (Abb. 1).

Da der Gegenstand aller dieser Wissenschaften der Mensch in seiner gesellschaftlichen und individuellen Entwicklung – im weitesten Sinne – ist, überschneiden sich auch die Forschungen, die Theorien- und Modellbildungen sowie die Entwicklung von Handlungskonzepten. So bilden sich bis in die Gegenwart hinein Kooperationsfelder, die die Pädagogik und ihre Teildisziplinen mit den verschiedensten Nachbardisziplinen teilen.

Die Kooperation findet auch im Studium ihren Niederschlag, insofern z.B. Themengebiete aus Philosophie, Psychologie und Soziologie zu zentralen Studieninhalten gehören (Tab. 2).

Pädagogik	**Philosophie**	**Psychologie**	**Soziologie**
Der Mensch • Erziehung • Bildung • Sprache	Anthropologie • Wesen des Menschen		
Normen • Handlungsnormen • Erziehungsnormen • Begründungsnormen	Etik • Normen/ Begründungen • Werte/ Begründungen		
Forschungsmethoden • Hermeneutik • Phänomenologie • Dialektik • Qualitative und quantitative Sozialforschung	Logik • Regeln • Regelwerk • Grundelemente • Kategorien • Prinzipien • Analytik • Sprache		

Tab. 2: Themengebiete der Pädagogik und ihrer Nachbardisziplinen

Pädagogik	Philosophie	Psychologie	Soziologie
Erkenntnis- und Wissenschaftstheorie • Erkenntnisgewinnung (Konzepte) • Konstitutionsproblematik • Paradigmen (Funktion)			
Entwicklung • Sozialstation • Erziehung • Sprache		Entwicklungspsychologie • Entwicklungsmodelle • Lebensalter • Persönlichkeit • Devianz	
Sozialstation • Rollen und Regeln • Indentität • Handlungsfähigkeit		Sozialpsychologie • Interaktionen • Persönlichkeit • Arbeit und Leistung • Organisationen	Systematische Soziologie • Gesellschafts- und Sozialisationstheorien • Kategorien/ Grundbegriffe: Herrschaft, Macht, Autorität, Rolle, Interaktion, Identität, Verhalten, Handeln
Institutionen und Organisationsformen • Kultur • Sprache • Familie • Schule • Gesellschaft			Organisationssoziologie • Organisationstheorien • Migration • Institutionen: Familie, Peergroup, Schule
Lehren und Lernen • Vermittlung von Wissen und Wissenschaft • Leistung • Curriculum		Lernpsychologie • Lerntheorien • Verhaltensmodifikation • Kognition	Wissenssoziologie • Entstehung und Funktion von Wissen und Wissenschaft

Fortsetzung von Tabelle 2

Die Praxis zeigt, dass die Pädagogik sich zu einer Disziplin entwickelt hat, die sowohl von ihrer Entstehungsgeschichte her gesehen als auch in wissenschaftlicher Hinsicht auf Nachbardisziplinen verwiesen ist, mit denen sie kooperiert. Insofern kann die Pädagogik als eine interdisziplinäre Wissenschaft bezeichnet werden.

1.1.5 Pädagogische Handlungsfelder

Unter dem Begriff pädagogische Handlungsfelder werden Arbeitsbereiche, z. B. Institutionen und Organisationen, verstanden, in denen Pädagoginnen und Pädagogen professionell tätig sind. Pädagogische Handlungsfelder sind immer mehrdimensional strukturiert. In ihnen treffen gesellschaftliche, institutionelle, gruppenspezifische und individuelle Interessen und Perspektiven aufeinander und verknüpfen sich miteinander.

Der Begriff wird ausdrücklich im „Kerncurriculum Erziehungswissenschaft" als eigenständiger Themenbereich vorgestellt. Er scheint geeignet, die klassischen Begriffe pädagogische Praxis- und Berufsfelder abzulösen. Der Begriff setzt sich aus den beiden Wörtern Handeln und Feld zusammen. In der näheren Bestimmung als „pädagogisches Handeln" und „pädagogisches Feld" werden in der Literatur mit den beiden Begriffen strukturelle Grunddimensionen pädagogischer Arbeit definiert.

Phänomenologisch gesehen ist jede pädagogische Tätigkeit ein Handeln. Daher gehört Handeln auch zu den Grundbegriffen der Pädagogik in Forschung und Theorienbildung. Zur Begründung hierfür kann durchaus an die Entwürfe einer Handlungstheorie gedacht werden, wie sie von Max Weber, Talcott Parsons, George Herbert Mead und Jürgen Habermas entwickelt worden sind (Kap. 2.3, 3.3, 3.4 u. 6). So hat Weber die Soziologie als „verstehende Soziologie" und als „Handlungswissenschaft" bezeichnet und Handeln als Grundbegriff der Soziologie bestimmt. Den Akzent zur Bestimmung von Handeln bzw. sozialem Handeln legt er dabei auf den von den Akteuren gemeinten „subjektiven Sinn", in dem Handeln gründet oder – wie Habermas es gesehen hat – der im Handeln von den Akteuren hervorgebracht wird. An diesen Bestimmungen wird schon die Theorie- und Praxisrelevanz des sozialen Handelns und damit auch des pädagogischen Handelns ersichtlich. Und: Die Pädagogik könnte somit – wie bei Max Weber die Soziologie – auch als Handlungswissenschaft bezeichnet werden, die sowohl zur Erforschung und Erklärung als auch zum Verstehen pädagogischen Handelns der Handlungstheorien bedarf (Kap. 6 u. 7).

Handeln

Der Begriff pädagogisches Feld wurde von Kurt Lewin in seinen sozialwissenschaftlichen Forschungen verwendet. Dabei interessierte Lewin in erster Linie der Einfluss von Wirkungsfaktoren aus der gesellschaftlichen Umwelt und der Lebenswelt auf das Verhalten und Handeln von Individuen. Situation und Feld werden dabei zu zentralen Begriffen, die ihren Niederschlag in der „Feldtheorie" gefunden haben (Lewin 1982).

pädagogisches Feld

In der Feldtheorie werden mindestens vier Faktoren empirisch untersucht und miteinander in Beziehung gesetzt: 1. die interagierenden Personen, 2. die Umwelt, wie sie von den Personen wahrgenommen und interpretiert wird, 3. die die

Abb. 2:
Pädagogische Handlungsfelder
[Krüger, H.-H./ Rauschenbach, Th. (2000, 7f)]

Behindertenarbeit	*Medien- und Kulturarbeit*	*Soziale Randgruppenarbeit*	*Gesundheitsarbeit*
Interkulturelle Arbeit			*Jugendämter*
Mädchen-Frauen-Arbeit	ERWACHSENENBILDUNG		
Frauenprojekte			
Frauenselbsthilfe			
Mädchenbildung			
Stationäre Erziehungshilfe	HOCHSCHULE		
Kinder-Jugend-Arbeit	BERUFSBILDUNG		*Jugendsozialarbeit*
Aktions- und Erholungsräume			
Reha	SCHULE		
Bildungs- und Jugendzentren			*Schulsozialarbeit*
Freizeitzentren			
Öffentl. Kindererziehung	FAMILIE		*Sozialarbeit*
Hort			*Familienbildung*
Kindergarten			*Familienhilfe*
Krippe			

Interaktionen mitbestimmenden Faktoren in ihrer mikrosozialen Interdependenz und 4. die makrosozialen Einflussfaktoren.

Dabei geht Lewin von der dynamischen Interdependenz der Faktoren und von ihrer strukturellen sozialen Bedingtheit aus, die von den gesellschaftlichen und politischen Machtstrukturen bis in die Mikrostrukturen der Interaktion und Kommunikation und die Personstruktur hineinreicht.

Im Horizont dieser Ausführungen sind bei der folgenden Skizzierung pädagogischer Handlungsfelder noch einige Gesichtspunkte zu beachten:

- Alle Handlungsfelder sind in Institutionen verankert und in der Regel an Organisationsformen gebunden. Das bedeutet, dass die kulturellen und sozialen Inhalte und Zielstellungen und die Sprachregelungen vorgegeben sind. Sie bilden die Rahmenbedingungen, mit denen sich pädagogisch Handelnde auseinandersetzen müssen, in denen sich pädagogisches Handeln entfalten muss und die auch akzeptiert werden müssen.
- Die Institutionen und Organisationsformen werden durch Träger legitimiert und finanziert; z.B. sind Kommunen, Kirchen, Landkreise, Bundesländer Träger von Kindergärten, von Kinder- und Jugendsozialarbeit, von Jugendämtern und Erwachsenenbildung. Es sind auch die Träger, die die pädagogischen Leitideen vorgeben.
- In pädagogischen Handlungsfeldern sind in der Regel auch Personen tätig, die nicht in Pädagogik, sondern in anderen Disziplinen qualifiziert sind: z.B.

Juristen, Verwaltungsbeamte, Seelsorger, Wirtschaftsexperten. Aus diesem Personenkreis kommen wichtige Kooperationspartner.

Homfeldt, H. G. (Hrsg.) (2003): Handlungsfelder der sozialen Arbeit

Die Abbildung 2 gibt einen Überblick über die verschiedenen Handlungsfelder. Den Kern bilden die Familie, die Schule, die Berufsbildung, die Hochschule und die Erwachsenenbildung.

Krüger, H.-H., Rauschenbach, Th. (Hrsg.) (2000): Einführung in die Arbeitsfelder des Bildungs- und Sozialwesens

1.2 Das Fach in der Grundlegung dieses Buches
1.2.1 Vier Betrachtungsebenen pädagogischer Phänomene

Die bisherigen Erörterungen haben gezeigt, dass pädagogisches Denken, Forschen und Handeln einen sehr differenzierten und komplexen Zusammenhang bilden. Nun besteht die wissenschaftliche Arbeit im Wesentlichen darin, differenzierte Zusammenhänge in ihrer Komplexität zu reduzieren, d. h. zu ordnen, zu klassifizieren und auf Begriffe zu bringen. Hierfür steht ein vielfältiges Methodenrepertoire zur Verfügung. Im Folgenden wird ein Modell zur Klassifizierung von pädagogischen Phänomenen vorgestellt, das von D. Ulich (1976) entwickelt worden ist. Mit seiner Hilfe lassen sich komplexe Zusammenhänge auf drei Ebenen klassifizieren:

1. auf der makrosozialen, 2. der mikrosozialen und 3. der intrapersonalen Ebene (Ulich, D. 1974, 40). In einem Vier-Ebenen-Modell fügt Klaus-Jürgen Tillmann den genannten drei Ebenen eine vierte, die institutionelle Ebene hinzu (1993, 16ff). In der interpretativen Zusammenschau stellen sich die vier Ebenen zur Betrachtung pädagogischer Phänomene wie folgt dar:

(1) die makrosoziale Ebene	gesellschaftliche Konstitutionsbedingungen regelgeleiteten Handelns; ökonomische, politische, kulturelle, soziale Strukturen und Funktionszusammenhänge
(2) die institutionelle Ebene	kulturelle und gesellschaftliche Einrichtungen und Organisationen: Schulen, Betriebe, Universitäten, Massenmedien, Kirchen
(3) die mikrosoziale Ebene	Interaktion und Kommunikation, interpersonale Beeinflussung: Eltern-Kind-Beziehung, Familie, Unterricht, Erziehung, Handeln, Peergroup
(4) die intrapersonale Ebene	Lern-, Bildungs-, Entwicklungsprozesse der handelnden Subjekte/Individuen, Konstitution von Regelbewusstsein, Konstruktion von Wissen, kognitive, emotionale Strukturen, Einstellungen und Erwartungen

Zu 1) Die sozialwissenschaftlich orientierten pädagogischen Forschungen zeigen, dass pädagogisch relevantes Handeln und Denken durch gesellschaftliche Entscheidungsprozesse bedingt ist. So gründet sich z.B. schulisches und unterrichtliches Handeln auf entsprechenden Ländergesetzen, Verordnungen für die Versetzung von Schülern und Schulordnungen, auf vom Staat genehmigten Prüfungsordnungen, Lehrplänen oder Curricula und Lehrbüchern sowie auf der staatlich kontrollierten Ausbildung der Lehrer. Damit ist die Frage nach den gesellschaftlichen Zielen, Institutionen und Organisationsformen von Erziehung und Unterricht gestellt, oder es ist nach „Struktur und Dynamik des gesellschaftlichen Konstitutionszusammenhangs" (Ulich, D. 1976, 18) von Erziehung und Unterricht gefragt. Dieser Zusammenhang wird als die erste, die gesellschaftliche oder die „makro-soziale" Ebene pädagogischer Forschung und Theorienbildung bestimmt. Auf dieser Ebene der

makrosoziale Ebene

> „gesellschaftlichen Konstitutionsbedingungen regelgeleiteten sozialen Handelns werden Bestimmung und Durchsetzung von Regeln und Regelsystemen als Grundlagen der Normierung, Standardisierung und Organisation von Erziehungs- und Unterrichtsprozessen untersucht. Hier geht es um die Frage nach der möglichen Über-Situativität und Stabilität der Geltung und Wirksamkeit von gesellschaftlichen Strukturen (z.B. Schichtung), Verteilungsprozessen (Macht, Güter, Privilegien, Einfluß, ‚Lebenschancen')" (Ulich, D. 1976, 40).

institutionelle Ebene

Zu 2) Die Ebene der Institutionen, die von Tillmann dem Drei-Ebenen-Modell von Ulich hinzugefügt wurde, ist gerade in pädagogischer Hinsicht von großer Bedeutung. Mit dieser Ebene ist u.a. das gesamte Erziehungs- und Bildungssystem mit allen Institutionen und Organisationsformen umfasst. Erst in jüngster Zeit hat Hans Merkens die Notwendigkeit dargelegt, dass sich Pädagogik und Didaktik mehr den Institutionen als Gegenstand in Forschung und in Diskussionen annehmen müssen, seien die Institutionen und ihre Organisationsformen doch die Bedingungen von pädagogischen und didaktischen Prozessen überhaupt (Merkens 2004, 18ff; 2006a).

Auf dieser Ebene wird deutlich, dass jede Gesellschaft Institutionen und Organisationen eingerichtet und legitimiert hat, deren grundlegende Funktion es ist, die Gesellschaft im Großen und Kleinen zu stützen und zu reproduzieren. So ist z.B. die Schule als Institution ausschließlich zum Zweck der Enkulturation und Sozialisation eingerichtet worden, in anderen Institutionen, z.B. in Betrieben und Krankenhäusern, laufen diese Prozesse sozusagen „naturwüchsig" ab – also ohne ausdrückliche Zwecksetzung –, liegen ihre Hauptfunktionen doch in anderen Prozessen, z.B. der Produktion oder Dienstleistung, begründet.

Auf der Grundlage von gesellschaftspolitischen Setzungen haben pädagogische Institutionen eine Grundstruktur entwickelt, deren Elemente die Funktion erfüllen, ihre Klientel zu assimilieren, d.h., sie an die kulturellen und sozialen Werte und Normen anzupassen. Hans Merkens konkretisiert in seinem Lehrbuch „Pädagogische Institutionen. Pädagogisches Handeln im Spannungsfeld von Individualisierung und Organisation" diesen Sachverhalt:

> „Wenn beispielsweise Institutionen durch das Tradieren von Typen pädagogischer Verhältnisse entstanden sind, dann haben sich in ihnen in der Folge Routinen ausgebildet, die den Alltag bestimmen. ... Die Kinder, Jugendlichen oder andere Adressaten müssen sich in diese Routinen einbinden. Ihnen wird häufig nicht nur bedeutet, was sie zu lernen haben, sondern auch das Wie wird für sie von Dritten vorgegeben" (Merkens 2006a, 80f).

In der Gegenwart wird dieser Prozess der organisierten Enkulturation und Sozialisation, insbesondere von der jungen Generation häufig als Überanpassung und Restriktion erlebt. Als Folge geht die Klientel innerlich und äußerlich aus dem Feld, oder sie reagiert mit Obstruktion. An diesem Dilemma setzen Ruf und Forderung nach Öffnung der Institutionen für die Lebenswelt ihrer Klientel an. Aus institutioneller Perspektive müssen zur Auflösung dieses Dilemmas zumindest die normativen institutionellen Vorgaben gelockert, zurückgenommen oder in die Verfügbarkeit der Akteure gegeben werden.

Zu 3) Die empirischen und hermeneutischen Forschungen und Erörterungen zeigen, dass die Individuen in den Erziehungs- und Unterrichtsprozessen sozial und kulturell handeln und sich dabei einseitig oder gegenseitig beeinflussen. Daher können die Erziehungs- und Unterrichtsprozesse auch als Prozesse der „interpersonalen Beeinflussung" interpretiert werden. *[mikrosoziale Ebene]*

Diese Ebene des sozialen und kulturellen Handelns und der direkten einseitigen oder gegenseitigen sozialen „Beeinflussung vor Ort" wird die „mikrosoziale Ebene der interpersonalen Beeinflussung" genannt. Hier

> „werden Prozesse des initiierenden und kontrollierenden sozialen Handelns untersucht. Geltungsansprüche von Regeln werden in Interaktionen durchgesetzt; bestimmte Interaktionsstrukturen werden als Rahmenbedingungen für Interaktionserfahrungen, die Grundlage vom Regelbewußtsein sind, geschaffen und aufrechterhalten. Hier geht es um die Frage nach der möglichen Dauerhaftigkeit und Stabilität von sozialen Handlungen, Einstellungen und Erwartungen, Beziehungen und Beziehungsstrukturen" (Ulich, D. 1976, 40).

Zu 4) So wie die makrosozialen Bedingungszusammenhänge auf die mikrosozialen, also die interpersonalen Abläufe, Einfluss haben, so wirken diese beiden Prozesse auch auf das handelnde Subjekt und seine „intrapersonalen" Vorgänge ein. Daher taucht hier die Frage auf, was denn die kulturellen und sozialen Prozesse beim Individuum bewirken; was sie zur Persönlichkeitsentwicklung des handelnden Subjekts beitragen; welche Lern- und Bildungsprozesse sie z. B. hervorrufen oder zu welcher „Verhaltensänderung" oder Herausbildung von „Handlungskonzepten" sie führen. *[intrapersonale Ebene]*

> „Auf der intra-personalen Ebene wird die Konstitution von Regelbewußtsein an bestimmten Rollenerwartungen und Interaktionserfahrungen untersucht. Auf dieser Ebene der ‚Wirkungen' von pädagogischen Handlungen interessiert die Frage, ob Persönlichkeitsstrukturen, Motive, ‚Eigenschaften', Fähigkeiten usw. Veränderungen der Situation, der sozialen Beziehungen und gesellschaftlichen Bedingungen überdauern können" (Ulich, D. 1976, 40).

Zur Erklärung der intrapersonalen Prozesse werden Lerntheorien herangezogen. In der neueren Literatur zählen dazu auch evolutionstheoretische und neurobiologische Erkenntnisse (Kron 2008).

Insgesamt betrachtet sind die vier skizzierten Ebenen in einer Interdependenz, d. h. in einem gegenseitigen Verweisungszusammenhang zu sehen.

1.2.2 Methodischer Standpunkt und erkenntnisleitende Interessen

Vor dem Hintergrund der vorangegangenen Erörterungen kann nun auch der eigene Standpunkt „verortet" werden. In dem vorliegenden Buch wird in erster Linie von der institutionellen, mikrosozialen und intrapersonalen Ebene her gedacht. Damit wird die Erziehungswirklichkeit in ihrer situativen Nähe, so wie sie tagtäglich erfahren wird, wissenschaftlich bedeutsam.

Die interpersonalen Beziehungen, die in ihrer Alltäglichkeit und zugleich in ihrer subjektiven Bedeutsamkeit für die Handelnden in den Blick genommen werden, sind stets als „symbolisch", also durch Gestik, Mimik, Sprache und Verhalten, vermittelte Beziehungen zu betrachten. Sie sind also keine Fakten – wie z. B. Vaters gebrochener Arm –, sondern sozial und/oder erzieherisch relevante Äußerungen von Menschen, die in einer bestimmten Situation miteinander handeln. Diese Äußerungen, über Symbole vermittelt, muss der Forscher beobachten und interpretieren. Dieser Verstehensprozess kann durch Erklärungen ergänzt werden, die aus empirischen Untersuchungen gewonnen worden sind. „Gegenstände" dieser Art sollen Phänomene genannt werden. Das methodische Vorgehen in diesem Buch soll dementsprechend als phänomenologisch bezeichnet werden. Ohne des Näheren auf den Denkhorizont des Begründers der Phänomenologie Edmund Husserl (1859–1938) einzugehen (Husserl 1950ff), muss angedeutet werden, dass von den vier Formen der Phänomenologie an die zweite, die so genannte eidetische Phänomenologie angeknüpft wird. Phänomenologie in dieser Form ist bereits durch O. F. Bollnow, M. J. Langeveld, W. Loch und St. Strasser in der pädagogischen Forschung bekannt gemacht worden (Kap. 7).

Phänomenologie Phänomenologie geht von der Lebens- und Erziehungswirklichkeit aus und macht diese ausdrücklich zum Thema wissenschaftlicher Untersuchung. Die erkenntnisleitenden Interessen zielen dabei auf die Aufdeckung der in den konkreten Sachverhalten selbst liegenden Strukturzusammenhänge ab. Dabei gilt die wissenschaftstheoretische Unterstellung, dass soziale und damit menschliche Wirklichkeit nicht nur in einer empirischen Weise erklärt werden kann, sondern dass diese auch auf der Grundlage eines mit logischen Mitteln kontrollierbaren Auslegungsprozesses, also der Hermeneutik, strukturell zu verstehen ist. Ganz in diesem Sinne kann man Langeveld verstehen, wenn er davon spricht, dass „Phänomenologie Beziehung des Menschen zu seiner Welt sichtbar macht", und dass sie damit Sinnbezüge innerhalb der menschlichen Welt und des sozialen Handelns aufdeckt, „in denen sich das menschliche Dasein faktisch vollzieht" (Langeveld 1965a, 745 u. 1965b). In Bezug auf die pädagogische Forschung heißt dies, dass die Phänomenologie eine Mittelstellung zwischen der empirischen Dimension und der theoretischen Ebene einnimmt (Loch 1962) und damit für beide Hinsichten eine erkenntnis- und methoden-kritische Funktion besitzen kann. Im Zusammenhang damit gewinnt auch die Situation als Forschungseinheit an Bedeutung. Ebenso wird die Alltagswirklichkeit zum Ausgang und zur möglichen gesellschaftskritischen „Rückmeldung" phänomenologischer Forschung (O'Neill 1977).

Als kritische Momente in einer phänomenologischen Betrachtungsweise sind die Einbeziehung von empirischen Untersuchungen über die soziökologischen, soziökonomischen und soziokulturellen Bedingungen für Erziehung, die Beachtung kritischer Theorien, das Achten auf die impliziten Moralen und Leitwerte anzusehen. Dabei sind auch die organisierten Formen der Durchsetzung von Erziehung sowie die institutionalisierten Kontrollmechanismen aufzuzeigen, mit denen Erziehung u. a. erzwungen, aber auch an emanzipatorischen Zielen oder am Subjekt ausgerichtet werden kann.

Kritische Phänomenologie

Gerade an Letzteren setzt das besondere pädagogische Interesse an, insofern in einem phänomenologischen Denkhorizont eine weitere folgenreiche, nämlich eine anthropologische Unterstellung wirksam wird. Es wird die Entwicklung des Menschen als einer Person unterstellt, d. h., die Personwerdung wird nicht als ein mechanischer Prozess, sondern als ein Prozess betrachtet, der „auf einer selbstkreativen Basis" ruht und in dem „die Person und ihre Welt … sich aneinander in einem dialogischen Prozeß (bilden)" (Langeveld 1965b, 24). Diese Betrachtung kann anthropologisch-kritisch genannt werden. Sie ist das dialektische Gegenstück zur gesellschaftskritischen Betrachtung, insofern Mensch und Welt in einem unauflösbaren Interaktions- und Interpretations-, aber auch Herrschafts- und Anpassungszusammenhang stehen.

Eine kritische Erörterung dieses Sinn- und Weltbezugs wird auch dessen Verhinderungen und Behinderungen vortragen und Ansätze und Möglichkeiten für neue Formen diskutieren müssen.

Nicht zuletzt wird dabei erforderlich, die impliziten eigenen Wertvorstellungen ausdrücklich zu machen. Dabei ist stets das erkenntnisleitende pädagogische Interesse im Auge zu behalten, nämlich die Bedingungen, Ziele, Inhalte, Methoden und Medien zu erforschen und an deren Verbesserung mitzuarbeiten, aufgrund derer junge Menschen in einem reflektierten Prozess ihrer Sozialisation zu sich selbst als Persönlichkeit gelangen können (Kron 1980). Insofern ist die Position des Autors auch normativ mitbestimmt. Der Autor muss sich neben seiner Rolle als Forscher auch als „Anwalt der Heranwachsenden" verstehen.

1.2.3 Erste Bestimmung des Faches

Im Rahmen der bisherigen Erörterungen lässt sich eine erste Bestimmung des Faches geben, wie sie diesem Buch zugrunde liegt. Die Pädagogik ist eine interdisziplinär arbeitende Sozialwissenschaft. Sie kann auch als Handlungswissenschaft begriffen werden. Sie bedient sich dabei unterschiedlicher Forschungsmethoden. Die in diesem Buch vertretene Auffassung kann am ehesten der kritisch-konstruktiven Theorienbildung (Klafki 1971) zugerechnet werden (Kap. 6), in der sich klassische Verfahren der Erkenntnisgewinnung und empirische Methoden gegenseitig ergänzen (Kap. 7). Aufgrund des anthropologisch-kritischen Erkenntnisinteresses, das diesem Ansatz zugrunde liegt, ist auch das gesellschaftskritische Interesse immer implizit.

Pädagogik

Pädagogik kann daher – in Anlehnung an Max Webers Bestimmung der Soziologie (Weber 1972) – als eine Wissenschaft verstanden werden, die erzieherisches Handeln deutend verstehen und in seinem Ablauf, seinen Wirkungen, Strukturen und Funktionen ursächlich erklären will. Darüber hinaus muss sie in ideologiekritischer Absicht diesen Gesamtzusammenhang immer wieder ebenso prüfen wie ihre pädagogischen Zwecksetzungen. Pädagogik kann so – wiederum in Anlehnung an Max Webers Bestimmung der Soziologie – *als erklärende und verstehende Sozialwissenschaft bestimmt werden (Kap. 6.4).* Die Begriffe Pädagogik und Erziehungswissenschaft werden synonym verstanden; der klassische Begriff der Pädagogik wird diesem Buch zugrunde gelegt.

2.0 Grundbegriffe der Pädagogik und ihrer Teildisziplinen

> Begriffe sind Werkzeuge für wissenschaftliches Arbeiten und präzise Rede über Phänomene der Lebenswelt und für rational begründete Diskussion. Sie müssen gelernt werden. Die in diesem Kapitel vorgestellten Begriffe werden von der Wissenschaftsgemeinschaft als Grundbegriffe verstanden. Ihre Kenntnis ist daher wichtig für Studium, Forschung und Diskussion in Wissenschaft und im Alltag.

2.1 Enkulturation
2.1.1 Begriffliche Bestimmungen

Die kürzeste Definition lautet: Enkulturation ist das Lernen von Kultur. Diese an Helmut Fends differenzierte Bestimmung (Fend 1971, 44ff) angelehnte Formel beinhaltet die Tatsache, dass alle Menschen im Laufe ihres Lebens kulturelle Kompetenzen erwerben müssen, um kulturell handlungsfähig zu sein.

Enkulturation

Der Begriff Enkulturation wird zum ersten Mal 1947 von dem US-amerikanischen Kulturanthropologen M. H. Herskovits (1960, X) vorgestellt. Im deutschsprachigen Raum wurde er zunächst von D. Claessens (1962) verwendet. Auch G. Wurzbacher (1974) befasst sich ausführlich mit dem Begriff und rückt ihn in einen Zusammenhang mit den Begriffen Sozialisation und Personalisation. Schließlich haben sich W. Loch (1969) und H. Fend (1971) mit dem Begriff auseinandergesetzt.

Enkulturation ist ein Grundbegriff der Soziologie, insbesondere der Kultursoziologie und -anthropologie. Der Begriff wird in dreifacher Weise verwendet:

1. In einem weiten Sinn werden damit Lernprozesse bezeichnet, die jedes Individuum einer Gesellschaft leisten muss, um kulturell handlungsfähig zu sein. In diesen Prozessen bilden die Individuen ihre soziokulturelle Grundpersönlichkeit aus, nämlich zu sein wie alle anderen. Diese „Grundpersönlichkeit" wird als „basic personality" oder „basic personality structure" bezeichnet (Fend 1971, 68ff).

Grundpersönlichkeit

2. In der zweiten Auffassung wird die strukturelle Herausbildung einer Grundpersönlichkeit im Laufe der Enkulturation unterstrichen. Es wird aber auf die aus den anthropologischen Forschungen beschriebene dynamische Grundstruktur der Persönlichkeit hingewiesen. Danach bildet sich mit der Persönlichkeitsdimension „zu sein wie alle anderen" auch die Persönlichkeitsdimension „zu sein wie kein anderer" heraus.

Personalisation

Damit wird die Grundpersönlichkeit zu einer je einmaligen unverwechselbaren Gesamtpersönlichkeit. Gerade aufgrund dieser Dimension ist es Individuen möglich, auch Kultur zu gestalten, zu beeinflussen und zu verändern (Loch

1969). Mit diesen erweiterten Strukturdefinitionen kann auch die Annahme gelten, dass im Enkulturationsprozess ein Personalisationsprozess stattfindet. Danach verläuft Enkulturation also nicht als kultureller Anpassungsprozess, dem die Individuen ausgesetzt sind, sondern als aktiver Gestaltungsprozess.

primäre Sozialisation

3. In einem engen Sinn wird der Begriff zur Bezeichnung von Lernprozessen im frühen Kindesalter (von der Geburt bis zum 6./7. Lebensjahr) benutzt. Dieser Prozess wird auch als „primäre Sozialisation" oder als „Soziabilisierung" (Claessens 1962) bestimmt. Dabei wird unterstellt, dass im Laufe dieser Lebensphase jedes Kind einer Gesellschaft die geltenden gesellschaftlich-kulturellen Wertorientierungen, Handlungsnormen und Verhaltensmuster lernt. Dementsprechend wird in diesem Prozess die soziokulturelle Grundpersönlichkeit ausgebildet. Darauf aufbauend kann durch Erziehung und Unterricht die Entfaltung und Entwicklung einer soziokulturell eigenverantwortlich handelnden Persönlichkeit gefördert werden.

2.1.2 Die pädagogische Bedeutung von Enkulturation

Die zweite Auffassung von Enkulturation ist für die folgenden Ausführungen leitend. Einer ihrer herausragenden Vertreter ist Werner Loch. In einem längeren Beitrag über „Enkulturation als anthropologischer Grundbegriff der Pädagogik" (1969) hebt Loch die pädagogische Bedeutung von Enkulturation hervor. Zwei Gedanken sind dabei leitend:

Kultur

1. Kultur ist das umfassende Medium menschlicher Lebenstätigkeit.
    Unter Zugrundelegung dieser Kurzformel macht Kultur die inhaltliche Dimension menschlichen Handelns und Lernens aus. Für Loch ist Kultur aber weit mehr als ein bloßer Inhalt. Sie ist „umfassendes Medium". Das bedeutet, dass alle Formen und Darstellungen von Kultur, die Menschen vornehmen, Verlebendigungen menschlicher Kultur sind und dass zugleich die Darsteller und Sprecher von Kultur sich im Vollzug von kulturellem Handeln selbst kultivieren. Diesen polaren Prozess, der dem Bildungsprozess ähnelt, bezeichnet Loch als „Lebensform des Menschen". Zu dieser sehr weiten, anthropologisch begründeten Auffassung von Kultur zählt Loch u. a.

    „die Sprache,
    die moralischen Normen und Verhaltensmuster,
    die emotionalen Ausdrucksweisen,
    die sozialen Organisationen, Rollen und Spielregeln,
    die Einrichtungen des Rechts und der Politik,
    die Arbeits- und Wirtschaftsformen,
    die Technik,
    die Einrichtungen und Tätigkeiten zur produktiven Ausweitung (menschlicher) Lebensmöglichkeiten: die Künste und Wissenschaften, die Weisen der geselligen Selbstdarstellung, z. B. Spiel, Sport,
    die religiösen Kulte" (Loch 1969, 127).

Handeln

2. Handeln ist die „normierende und führende Leistung der Kultur".
    Das bedeutet, dass aus Lochs Perspektive der Mensch nicht wie ein Objekt mit anderen Objekten dem Objekt Kultur gegenübersteht, sondern dass er sich grundlegend auf dem Weg zur Kultur befindet, nämlich beim Lernen und durch Lernen von Kultur.

> „Durch diesen Lernproß der ‚Enkulturation' wächst der einzelne in die typische Kulturgestalt hinein, die ... für ihn bereitsteht ... (und entwickelt sich) zum Träger einer bestimmten Kultur, zur ‚Persönlichkeit' (und) zugleich seine Anlagen als ‚Individualität'" (Loch 1969, 129).

Bereits hier wird die bedeutende Rolle des Lernens erkennbar. In der Literatur werden mehrere Lerntheorien verwendet, um den Lernprozess von Kultur zu erklären (Kap. 3).

Nach Loch ist die Enkulturation daher kein Prozess der bloßen Anpassung oder der Integration, sondern ein Prozess aktiver und die Entwicklung stimulierender Lebensleistungen eines jeden Menschen. An zwei Beispielen macht Loch deutlich, wie wichtig das Lernen der Muttersprache im Enkulturationsprozess ist.

1. „So ergreift schon das kleine Kind lallend die Sprache, die es von der Mutter hört, und lernt dabei allmählich ihren vollkommenen Gebrauch; und spielend ahmt das größere Kind die Verhaltensweisen seiner Eltern nach und wächst dadurch in die Kulturgebilde hinein, die seine Eltern in ihrem Verhalten repräsentieren."
2. „So ist z. B. jeder Sprechvorgang ein geistiger Vorgang. Das Erlernen der Muttersprache differenziert nicht nur die Wahrnehmungen des Kindes, sondern auch seine Begriffe und damit sein Denken. Die Sprache als Kulturgebilde ist so eine geistige Energie, an der der einzelne Mensch in dem Maße teilhat, wie er sich die Sprache aneignet. Was hier am Beispiel der Sprache angedeutet worden ist, gilt grundsätzlich für jedes Kulturgebilde" (Loch 1969, 130–132).

„Das Lernen der Kultur ist der eigentümliche und ganze Gegenstand der Pädagogik, zu dessen Bezeichnung wir von der Kulturanthropologie den Terminus ‚Enkulturation' übernehmen" (Loch 1969, 126). Dieses Zitat kann als eine Art Fazit von Lochs Ausführungen angesehen werden. Aus ihm wird nicht nur die grundlegende Bedeutung des Lernens ersichtlich, sondern auch die mit dem Begriff des Lernens verbundenen anderen Grundbegriffe der Pädagogik. Es wird auch deutlich, dass das Phänomen der Enkulturation so umfassend für die Entwicklung des Menschen ist, dass es von allen vier Betrachtungsebenen pädagogischer Phänomene untersucht und beleuchtet werden kann. Nicht zuletzt ist der Begriff grundlegend für die Pädagogik und ihre Nachbardisziplinen. So kann z. B. die Didaktik als Enkulturationswissenschaft bezeichnet werden (Kron 2008).

Enkulturation (Loch)

Claessens, D. (1962): Familie und Wertsystem
Erikson, E. H. (1999): Kindheit und Gesellschaft

2.2 Sozialisation

2.2.1 Begriffliche Bestimmungen

Sozialisation

Die allgemeine Formel lautet: Mit dem Begriff Sozialisation wird die Gesamtheit aller sozialen Prozesse bezeichnet, in denen der einzelne Mensch zum Mitglied einer Kultur und Gesellschaft wird.

Der Begriff ist ein soziologischer und wird zum ersten Mal von Emile Durkheim 1902/1903 in seinen Vorlesungen an der Sorbonne in Paris verwendet (Durkheim 1973).

Er gewinnt seine inhaltliche Ausgestaltung und auch seine formale Präzisierung durch Forschungen in den USA von den 20er Jahren des letzten Jahrhunderts an. Erst in den 1960er Jahren werden die Forschungsergebnisse dieser Epoche in der Bundesrepublik rezipiert; in der Pädagogik insbesondere im Zuge der „realistischen Wendung" (Roth 1971, 87).

Von den 90er Jahren des vergangenen Jahrhunderts an hat sich die Sozialisationsforschung in Deutschland stark differenziert. Dabei treten im methodischen Bereich immer mehr qualitative Verfahren der empirischen Sozialforschung in den Vordergrund; in Korrespondenz zu dieser Entwicklung richtet sich das Erkenntnisinteresse mehr und mehr an der Frage der Subjektkonstitution im sozialen Handeln der Akteure und im Rahmen der aktuell herrschenden gesellschaftlichen, kulturellen, wirtschaftlichen und politischen Bedingungszusammenhänge aus.

In gewisser Analogie zum Enkulturationsbegriff sind auch hier drei Weisen der Verwendung des Begriffs zu erkennen.

Grundpersönlichkeit

1. In einem weiten Sinn wird ein Individuum im Prozess der Sozialisation handlungsfähig und bildet dabei eine Grundpersönlichkeit aus. Zur Erklärung des Lernprozesses, der hierbei stattfindet, wird das psychoanalytische Lernmodell verwendet. Unter der Annahme, dass dieser Prozess zwangsläufig und ohne Intervention des Individuums verläuft, wird Sozialisierung als „Vergesellschaftung" des Menschen bzw. als Anpassungsprozess bezeichnet. Verstärkt wird diese Modellvorstellung durch die Annahme, dass die Inhalte des Lernprozesses, nämlich die sozialen Rollen und ihre Interpretationen, gesellschaftlich festgelegt und für die Individuen verbindlich sind (Kapitel 3.2 und 3.3).

Personalisation

2. In der zweiten Auffassung und Begriffsverwendung wird der Vergesellschaftungsprozess als dynamischer Prozess verstanden, in dem das Individuum auch immer die Chance hat, sich individuell mit den gesellschaftlichen und kulturellen Einflüssen und Angeboten auseinanderzusetzen. Hier wird die Chance des Individuums zur aktiven Übernahme der vorgegebenen Rollen, Werten und deren Interpretationen gesehen und damit die Chance zur Personalisation eingeräumt. Diese strukturellen Vorgaben in der zweiten Modellvorstellung von Sozialisation haben zur Folge, dass zu der psychoanalytischen Lerntheorie mit der Unterstellung einer totalen Internalisierung als Lernprozess noch andere, flexiblere Lernkonzepte treten (Kap. 3.1.1), in denen die Bedürfnisse und Interessen des Individuums Berücksichtigung finden (Kap. 3.3.4), und dass die Rollentheorie durch die Hineinnahme von Entwicklungstheorien dynamisiert wird (Kap. 3.3.2). Mit diesen beiden Zusatzannahmen muss Sozialisation als ein Prozess aufgefasst werden, in dem die Individuen einer Gesellschaft über die Grundpersönlichkeit hinaus eine unverwechselbare Gesamtpersönlichkeit ausbilden.

3. Die dritte Verwendungsweise des Begriffs unterscheidet sich strukturell von den beiden vorgenannten Ansätzen. Hier wird Sozialisation als ein lebenslanger gesellschaftlicher und individueller Entwicklungsprozess angesehen. Dieser Auffassung liegt die Modellvorstellung von der Ontogenese des Menschen als lebenslanges Lernen zugrunde. Entsprechend den unterschiedlichen Leistungen, die das Individuum im Laufe seines Lebens in den verschiedenen Entwicklungsphasen zu erbringen in der Lage ist, wird von primären, sekundären und tertiären Sozialisationsphasen gesprochen.

Sozialisationsphasen

In der ersten Phase von der Geburt bis zum 6./7. Lebensjahr lernt das Kind, seine Grundbedürfnisse in Einklang mit den sozialen Anforderungen zu bringen. Es wird in den vorgegebenen Institutionen handlungsfähig. Dieser Prozess wird auch als Soziabilisierung bezeichnet. Daran knüpft sich die zweite Phase, in der das Individuum in der Regel in der Schule und in der ersten Berufstätigkeit kulturell und gesellschaftlich handlungsfähig und aktiv wird. Die dritte Phase entspricht der Weiter-, Fort- und freiwilligen Bildung und Persönlichkeitsentfaltung bis ins Alter hinein. Weitere interessante Verwendungszwecke des Begriffs zeigt die Geschichte der Sozialisationsforschung (Danziger 1974; Geulen 1998).

Soziabilisierung

Erikson, E. H. (1997): Identität und Lebenszyklus
Hurrelmann, K., Ulich, D. (1998): Handbuch der Sozialisationsforschung
Hurrelmann, K. (1976): Sozialisation und Lebenslauf

2.2.2 Sozialisation als Teilprozess der Enkulturation

In seinem Buch „Sozialisierung und Erziehung" definiert Fend (1971, 48) Sozialisation als Teilprozess der Enkulturation. Das zentrale Definitionskriterium zur Abgrenzung der beiden Begriffe ist der unterschiedliche Inhalt. Im Enkulturationsprozess lernt der Mensch die kulturellen Inhalte überhaupt, z. B. die materialen Inhalte, z. B. im Unterricht die Sprache, die Geschichte, die Mathematik; im Sozialisationsprozess lernt er die moralischen Ordnungen, z. B. den Gebrauch der Sprache in den verschiedenen Lebens- und Handlungsfeldern zur Regulierung von sozialen Interaktionen.

Sozialisierung (Fend)

Für die Abgrenzungen der beiden Begriffe gibt Fend ein treffendes Beispiel (1971, 47f):

„Der Mensch lernt im Prozeß der Enkulturation ein bestimmtes Lautmaterial: das seiner Muttersprache. Weiters lernt er die Kombinationen dieses Lautmaterials in Wörtern. In unzähligen kleinen Schritten kommt er dazu, diese Wörter zu ‚richtigen' Sätzen zu kombinieren. Er lernt implizit die Regeln für die Flexion der Wörter und für den Satzbau, er lernt Morphologie und Syntax der Sprache. In der Schule werden ihm sogar einige wichtige Regeln bewußt gemacht. Mit der Zeit soll er lernen zu unterscheiden, was gutes und was schlechtes Deutsch ist.
Im Prozeß der Sozialisierung lernt der Mensch, die Sprache in Übereinstimmung mit sozialen, insbesondere moralischen Normen zu gebrauchen. Er lernt, daß bestimmte Wörter unanständig sind und nicht gesagt werden dürfen. Das Kind soll nicht fluchen. Weiter lernt es, in gewissen Situationen nur in einer

bestimmten Tonstärke zu reden. Es soll auf öffentlichen Plätzen nicht herumschreien. Das Kind soll aber auch Respektpersonen mit einer bestimmten Sprache anreden; es muß zu einem Lehrer anders sprechen als zu einem Mitschüler. Im Freundeskreis wird anders gesprochen werden müssen als bei öffentlichen Feiern. Es gibt somit einen ‚moralischen' Code für den Gebrauch der Sprache. Mit dem Lernen dieses Codes muß sich die Forschung über die Sozialisierung u. a. befassen."

2.2.3 Pädagogische Schlussfolgerungen

Vor dem Hintergrund der vorangegangenen Ausführungen lassen sich folgende pädagogische Schlussfolgerungen ziehen:

- Der Sozialisationsprozess kann wie die Enkulturation von vier Ebenen betrachtet werden. In der Regel wird er aus soziologischer Sicht von der Makro- und der institutionellen Ebene her beschrieben. Die pädagogischen Implikationen sind auf der intrapersonalen und der Interaktionsebene sowie auf der institutionellen Betrachtungsebene zu sehen. Dafür spricht, dass Sozialisation

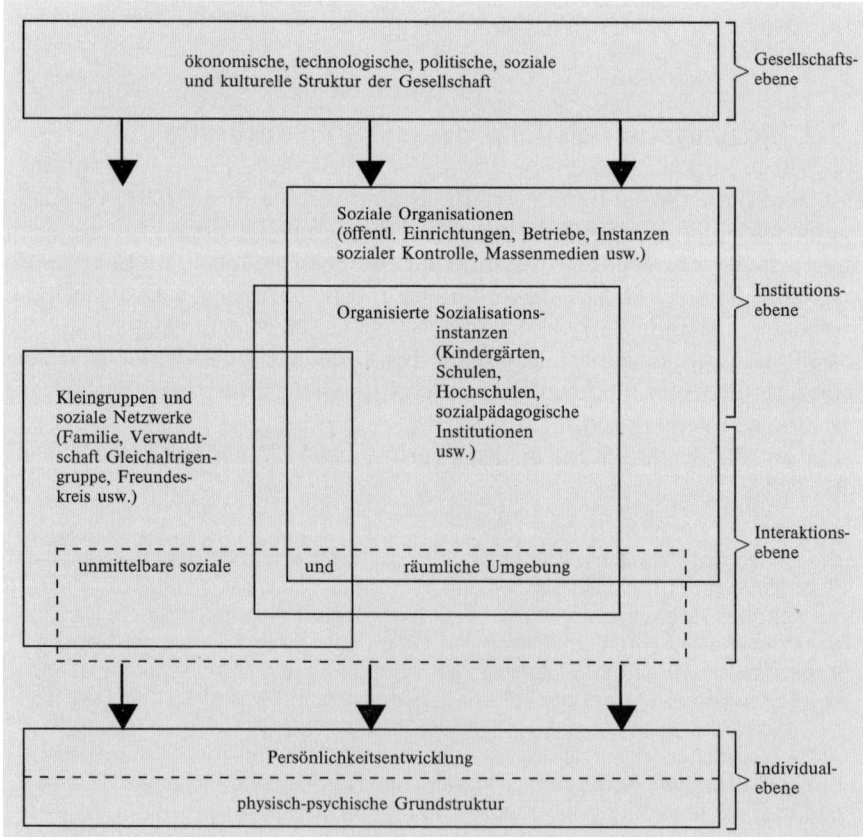

Abb. 3:
Komponenten und Ebenen eines Strukturmodells der Sozialisationsbedingungen (Geulen/Hurrelmann 1982, 65)

strukturell durch Lernen und Handeln bedingt ist und in Institutionen und Organisationsformen abläuft. Dieser Zusammenhang wird in dem „Strukturmodell von Sozialisationsbedingungen" veranschaulicht (s. Abb. 3, Geulen/Hurrelmann 1982, 65).

An dem Modell ist sehr gut die Verschränkung der institutionellen Ebene mit der „Gesellschaftsebene" und der „Individualebene" zu erkennen. Bei letzterer wird noch einmal zwischen sozialorientierter Entwicklung und endogenen Faktoren unterschieden, die aber in Interdependenz mit sozialen Prozessen zu sehen sind.

Das Modell bringt auf sehr anschauliche Weise nicht nur die dialektische Verschränkung von Individuum und Gesellschaft im Sozialisationsprozess zum Ausdruck, sondern auch die komplexe Binnenverschränkung der Struktur des sehr weit gefassten Sozialisationsprozesses sowie die daraus sich ergebende Vielfalt von Forschungsfragen und -aufgaben bzw. die Fülle der Variablen für die empirische Forschung.

- Sozialisation als Vergesellschaftungsprozess des Individuums und zugleich als Chance für den Einzelnen zu seiner Personalisation macht Erziehung strukturell erforderlich, wenn der gesellschaftliche Konsens gilt, dass die Individuen auch die Gesellschaft verantwortungsbewusst mitgestalten sollen.
- Mit dem Begriff Sozialisation wird eine Vielzahl von Prozessen beschrieben, die auch in der Sozialisationsforschung thematisch werden, wie die folgende Aufzählung zeigt:

    - Sozialisation und Sprache
      - Entwicklung
      - Literatur
    - Geschlechtsspezifische Sozialisation
      - Frauen
      - Männer
      - Ältere Menschen, speziell Frauen
    - Biografische Sozialisation
    - Kulturspezifische – vergleichende Sozialisation
      - Sozialisation in den neuen Bundesländern
    - Interkulturelle Sozialisation
    - Sozialisation und Kindheit
      - Wandel
      - Schüler
    - Sozialisation und Jugend/Jugendliche
    - Berufliche Sozialisation
      - ErzieherInnen
      - LehrerInnen
      - Krankenschwester/-pfleger
    - Sozialisation und Neue Medien
      - Fernsehen
      - Computer
      - Internet
    - Sozialisation und Sport
    - Sozialisation und Familie
      - Ersatzfamilie, Patchworkfamilie

- Sozialisation in der Fremde
- Politische Sozialisation
- Sozialisation von Randgruppen
  — Homosexuelle
- Sozialisation in der Schule
- Sozialisation in der Hochschule

Der Klassiker: Walter, H. (1973–1975): Sozialisationsforschung
Hurrelmann, K., Ulich, D. (1998): Handbuch der Sozialisationsforschung
Fend, H. (1971): Sozialisierung und Erziehung

2.3 Erziehung

2.3.1 Begriffliche Bestimmungen

Erziehung

Die Kurzformel für eine Definition lautet: Erziehung ist die bewusste und/oder geplante Beeinflussung von Personen, insbesondere von Heranwachsenden.

Der Begriff wird seit Jahrtausenden in vielen Kulturen und Gesellschaften in unterschiedlichen Sprachen und mit vielen Deutungen gebraucht. Er kann als der klassische Grundbegriff der Pädagogik bezeichnet werden, auch wenn er von anderen Wissenschaften, z. B. von der Philosophie, Theologie, Psychologie und Soziologie, übernommen und zu bestimmen versucht worden ist. Eine einheitliche Definition gibt es nicht. Versuche, über Etymologien den Begriff zu bestimmen (Dolch 1969), sind zwar interessant, liefern aber keine hinreichende Grundlage für wissenschaftliches Arbeiten und empirische Forschung. Gleichwohl kann Erziehung als universales Phänomen bezeichnet werden, das vielfältigen Interpretationen und Verwendungszusammenhängen unterliegt.

Eine formale Bestimmung des Erziehungsbegriffs hat W. Brezinka vorgenommen.

Erziehung (Brezinka)

In seinem Buch „Grundbegriffe der Erziehungswissenschaft" präsentiert Brezinka eine Definition der sowjetrussischen Autoren Koroljow und Gmurman, in welcher der Begriff Erziehung für sieben unterschiedliche Inhalte Verwendung findet (1990, 40f). Der Begriff Erziehung wird gebraucht:

1. für einen Prozess,
2. für das Resultat dieses Prozesses,
3. für eine Tätigkeit des Educanden,
4. für die Tätigkeit des Erziehers,
5. für den Einfluss der Verhältnisse,
6. für das Zusammenwirken von Erzieher und Educanden, d. h. „für ein System sozialer Interaktionen" und
7. für das Ziel der Tätigkeit des Pädagogen.

Zu 1) In dieser Definition wird festgestellt, dass Erziehung als Prozess angesehen werden soll. Diese Feststellung kann unter folgenden Maßnahmen gelten: 1. Alle Beobachtungen zeigen, dass Erziehung als eine Erscheinung in der Zeit abläuft und daher durchaus als Prozess bestimmt werden kann. In der räumlichen Ebene kann Erziehung als Situation beschrieben werden. 2. Die Beobachtungen eröffnen aber auch, dass im Erziehungsprozess – strukturell gesehen – mindestens zwei Personen beteiligt sein müssen: eine erwachsene und eine noch nicht erwachsene Person, die in einer wie auch immer gearteten symbolischen Interaktion zueinander stehen. Diese Interaktion läuft in der Zeit ab. Sie ist zu beobachten und zu dokumentieren. Daraus folgt, dass die Aussage, Erziehung sei ein Prozess, gelten kann.

Zu 2) Nach dem, was bisher gesagt worden ist, kann die Aussage „Erziehung sei Resultat eines sozialen Prozesses" nicht gelten. Als Resultat des Erziehungsprozesses wird in der Literatur allgemein die „Erzogenheit" oder Kompetenz angesehen, gleichviel zunächst, woran diese gemessen wird und worin diese besteht.

Zu 3) „Erziehung sei die Tätigkeit des Educanden" kann nach den bisherigen Erörterungen keinesfalls gelten. Soll aber die Tätigkeit des Educanden, sich selbst zu erziehen, gemeint sein, dann wird dies in der Literatur einhellig als „Selbsterziehung" bezeichnet.

Zu 4) Die vierte Auffassung, dass Erziehung als eine Tätigkeit des Erziehers anzusehen sei, kann bejaht werden. Hierbei muss allerdings ebenso auf die Bestimmung der Tätigkeit des Erziehers und die dabei unterstellten Intentionen geachtet werden wie auf den anthropologischen Horizont, von dem her der Erzieher und seine Tätigkeit sowie der Educandus gesehen werden. So kann z. B. die Intentionalität des Erziehers als einseitig und auf die Veränderung psychischer Dispositionen im so genannten Zögling gerichtet, definiert werden (Brezinka 1990). Der anthropologische Horizont, von dem her diese Bestimmung vorgenommen worden ist, kann als Gegenüber von Subjekt – Objekt aufgefasst werden, wobei dem Erzieher die Subjektrolle, dem Educandus die Objektrolle zugeschrieben wird, insofern der Educandus als Objekt der erzieherischen Bemühungen des Erziehers angesehen wird (Kap. 4.4).

Die Tätigkeit des Erziehers kann aber auch von einem anthropologischen Horizont her bestimmt werden, in welchem Erzieher und Educandus in einem Subjekt-Subjekt-Verhältnis gesehen werden. Dem Educandus werden dabei auch „Intentionen" unterstellt, aufgrund derer er in dem Erziehungsprozess agiert (Kap. 4.3 u. 4.5).

Zu 5) Die Auffassung, dass Erziehung als Einfluss der Verhältnisse bezeichnet wird, kann keine Geltung finden, denn der „Einfluss von Verhältnissen" z. B. sozioökologischer oder -ökonomischer Bedingungen, wie z. B. Klima oder Gebirgslage der Siedlung, in welcher Erzieher und Educandus wohnen, oder der Verdienst der Eltern und die materielle Kultur der Wohnung wird unter dem Begriff Sozialisation gefasst (Kap. 2.2, 3 u. 4.2).

Zu 6) Die Auffassung, dass Erziehung als das Zusammenwirken von Erzieher und Educandus, d. h. als ein System sozialer Interaktionen bezeichnet wird, muss gelten, wie die bisherigen Erörterungen zeigen.

Zu 7) Die Auffassung, dass Erziehung Ziel der Tätigkeit des Pädagogen sei, kann wohl nicht gelten, denn eine Tätigkeit und ihr Ziel können logischerweise nicht mit demselben Begriff belegt werden (Kap. 3).

Die Erörterungen führen zu folgenden Schlussfolgerungen:

1. Von Erziehung kann in einem logischen Sinne nur von folgenden Auffassungen gesprochen werden: a) Erziehung als sozialer Prozess; b) Erziehung als Tätigkeit des Erziehers; c) Erziehung als symbolische Interaktion. Diese Bestimmungen sollen für die weiteren Erörterungen Geltung haben.
2. Wissenschaftliches Arbeiten mit dem Begriff Erziehung kann nur sinnvoll und erfolgreich auf einer Definition beruhen, deren Elemente oder Bausteine rational und empirisch zu überprüfen sind. Implizite Wertvorstellungen müssen dabei explizit, d. h. kritisierbar gemacht werden.
3. Mit Etymologie ist eine moderne Begriffsbildung nicht zu begründen. Dennoch ist die Kenntnis etymologischer Zusammenhänge ebenso sinnvoll wie das Wissen um die „Bilder" von Erziehung und die Klärung des eigenen Vorverständnisses, bieten diese doch Material an, mit dessen Hilfe der Grad an Rationalität in Forschung und Lehre erhöht werden kann.
4. Wenn über Erziehung begründet gesprochen und diskutiert werden soll, dann kann dies nur sinnvoll aufgrund der Kenntnis von Modellvorstellungen oder wenigstens einer Modellvorstellung geschehen.

2.3.2 Erziehung als Teilprozess von Sozialisation

Bei der Betrachtung des Zusammenhangs von Erziehung, Sozialisation und Enkulturation kann Erziehung als Teilprozess der Sozialisation bezeichnet werden.

Bei der inhaltlichen Betrachtung des Sozialisationsbegriffs markiert Fend zwei strukturelle Prozesse: die „Sozialwerdung" und die „Sozialmachung".

Erziehung als Sozialmachung

Der Prozess der „Sozialwerdung" spielt sich als Enkulturations- und Sozialisationsvorgang ab, dem der Heranwachsende stets und ständig ausgesetzt ist und in dessen Verlauf er gesellschaftlich-kulturell handlungsfähig gemacht wird. Jenen Aspekt dieses Prozesses aber, in dem es speziell um persönlichkeitsbildende und reflexive, von dem handelnden Individuum selbst bestimmte Lernvorgänge geht, bezeichnet Fend als „Sozialmachung" und setzt diesen Begriff inhaltlich mit dem der Erziehung gleich. Sozialmachung als Erziehung wird als ein „intentionaler" Prozess verstanden. In diesem Prozess versucht ein Individuum, Einfluss auf ein anderes zu nehmen bzw. auf ein anderes einzuwirken. Neben der Merkmalsdimension der einseitigen Intentionalität gibt es noch Merkmale, die strukturell auf eine gegenseitige Intentionalität im Erziehungsprozess hinweisen.

In diesem Zusammenhang muss auch E. Durkheim erwähnt werden. Auch er sieht Erziehung als Teilprozess der Sozialisation, wenn er Erziehung als „socialication méthodique" (1973, 46), als planmäßige Sozialisation bezeichnet.

2.3.3 Erziehung als symbolische Interaktion

Vor dem Hintergrund von Sozialisationsforschung, die auf dem „interpretativen Paradigma" (Kap. 6 u. 7) beruht, erfährt der Erziehungsbegriff eine neue Bestimmung, die Klaus Mollenhauer bereits 1976 formuliert hat.

Danach kann Erziehung als symbolische Interaktion der Handelnden oder als „symbolisch vermitteltes kommunikatives Handeln" (Mollenhauer 1976, 168) oder als ein an gegenseitigem Sinnverstehen orientiertes soziales Handeln aller in einer Erziehungssituation befindlichen Individuen bezeichnet werden.Diese Bestimmung weist über die Alltagsdefinitionen, Bilder und formalen Definitionen hinaus. Unter kritisch phänomenologischer Betrachtung kann daher formuliert werden: Erziehung sei ein dem Sinne nach aufeinander bezogenes gegenseitiges soziales Handeln oder ein Prozess symbolischer Interaktion zwischen mindestens zwei Personen – im Regelfall einer älteren, wissenderen oder kompetenteren Person und einer jüngeren, weniger wissenden oder noch nicht kompetenten –, in welcher es um die gegenseitige Aufhellung und Aufklärung von Rollen, Positionen und Wertorientierungen, Normen, Intentionen und Legitimationen des sozialen Handelns und des dieses mitbedingenden sozialen und gesellschaftlichen Feldes geht. Erziehung ist somit an den demokratischen Grundwerten der Emanzipation und Verantwortung für das Ganze (gesellschaftlicher Aspekt des Erziehungsprozesses) und der Individuation (subjektiver Aspekt des Erziehungsprozesses) orientiert. Der in Bezug auf das Individuum aufklärende und an sich aufklärerische Anspruch von Erziehung – im Hinblick auf die Gesellschaft – und auf diese auch dysfunktional wirkend – bezielt also primär den Prozess der Individualisierung und Personwerdung (vgl. Sozialmachung).

Dies gilt auch dann, wenn Erziehung als „Mittel" zur Verstärkung der ohnehin ablaufenden Vergesellschaftungsprozesse z. B. in Familie, Kindergarten und Schule „eingesetzt" wird.

Erziehung (Mollenhauer)

Erziehung als symbolische Interaktion

Die Klassiker: Brezinka, W. (1990): Grundbegriffe der Erziehungswissenschaft
Roth, H. (1971): Pädagogische Anthropologie. Bd. 1, Entwicklung und Erziehung
Mollenhauer, K. (1976): Theorien zum Erziehungsprozeß
Baumgart, F. (Hrsg.) (2007): Erziehungs- und Bildungstheorien

2.4 Institution
2.4.1 Begriffliche Bestimmungen

Die Kurzdefinition kann lauten: Institutionen sind Einrichtungen der Gesellschaft, in denen Menschen aufgrund von vorgegebenen und vereinbarten Regeln und Rollen dauerhaft und vorhersehbar handeln (Hillmann 1994, 375, Stichwort: Institution).

In dieser aus soziologischer Perspektive formulierten Bestimmung werden die Institutionen als Bedingung verstanden, damit Sozialisation, Enkulturation und Erziehung überhaupt stattfinden können. Institutionen machen sozusagen die ge-

Institution

sellschaftlich vorgegebenen und definierten Handlungsfelder aus, in denen die Mitglieder einer Gesellschaft und Kultur interagieren, also leben, lieben, arbeiten, lernen usw. Zu den Kerninstitutionen einer Gesellschaft gehören u. a. die Familie, die Schule, die Ausbildung, die Arbeit, die Einrichtungen des Rechts, der Kunst usw. (Kap. 2.1.2). Man könnte auch sagen, dass die Institutionen Schnittflächen bilden, in denen sich Individuum und Gesellschaft zwangsläufig begegnen.

In philosophisch-anthropologischer Sicht bieten die Institutionen nach A. Gehlen selbstverständliche und verbindliche Handlungs- und Verhaltensmuster an, die jedes Mitglied der Gesellschaft lernen muss, um „angepasst" und damit von der Sorge der Daseinsfristung entbunden, leben zu können. Demzufolge ermöglicht die kollektive Selbsterhaltung zugleich die relative persönliche Freiheit. Daher fasst Gehlen (1975) die Institutionen als „wirtschaftliche, politische, soziale, religiöse Ordnungen". Sie finden ihre symbolische Repräsentation in der materiellen Kultur, wie z. B. in Gebäuden, Skulpturen, Büchern oder Friedhöfen. Aktuell und konkret aber sind sie in den symbolischen Interaktionen und Handlungen von Menschen und Menschengruppen; in und mit den kulturellen Institutionen im Allgemeinen, in und mit der besonderen Klasse kultureller Inhalte, nämlich den Werten, Normen und Regeln einer Gesellschaft. Im ersten Fall ist von Enkulturation, im anderen von Sozialisation zu sprechen.

Aus der Sicht einer strukturfunktionalistisch orientierten Soziologie sieht T. Parsons die Funktion von Institutionen z. B. von Familie und Erziehung, Schule und Unterricht, Arbeitsstätte und Arbeit darin, dass deren Mitglieder „Wertmuster" (value-orientation standards) lernen, um mit allen Mitgliedern der Gesellschaft konform handeln und leben zu können (Kapitel 3.3 u. 5.3.2). Konformität wird damit zur Leitvorstellung und Norm für alles Handeln und Verhalten.

Aus pragmatischer Sicht können Institutionen auch als „Handlungsfelder" (Bellebaum 1994, 57) bezeichnet werden.

> „Solche Handlungsfelder sind bzw. können verschieden nach Gesellschaften sein: Produktion und Verteilung von Gütern: Institution Wirtschaft; Ordnung politischer und staatlicher Beziehungen: Institution Herrschaft; Sicherung der Nachkommenschaft: Institution Ehe, Familie, Verwandtschaft; Verkehr mit überirdischen Mächten: Institution Religion; Heilung von Krankheiten: Institution Medizin; Verbreitung von Informationen: Institution Journalismus; außerfamiliäre Erziehung: Institution Schule. Existenz und Funktionieren einzelner Gesellschaften hängen im Prinzip davon ab, daß die entsprechenden sozialen Beziehungen eindeutig geregelt sind. Institutionen sind also in bestimmten Knotenpunkten einer Gesellschaft angesiedelt. Institutionen bezeichnen besonders bedeutsame Gruppen bzw. Sektoren sozialer Ordnungen."

Das Gesellschaftsspezifische dieser Handlungsfelder ist, dass Handeln und Verhalten durch kulturelle und soziale Normen bestimmt sind, die z. B. durch Tradition, Recht und Gesetz, Religion legitimiert sind und von entsprechenden Institutionen z. B. Parlamenten, Bürokratien, Behörden kontrolliert werden. „Zuwiderhandeln" wird sanktioniert. Damit kommen die Organisationen und Organisationsformen ins Spiel.

2.4.2 Zum Begriffsgebrauch

Der strukturelle Zusammenhang von Institutionen und Organisationen bzw. Organisationsformen hat dazu geführt, dass in der Literatur oft in einem Atemzug von „Institutionen und Organisationsformen" gesprochen wird. Hier ist darauf zu achten, ob die beiden Begriffe synonym gebraucht oder ob sie unterschiedlich bestimmt sind. Bei A. Gehlen (1975) z. B. findet sich die folgende Unterscheidung: Institutionen werden als Kulturobjekte angesehen, die zugleich Grundmuster menschlicher Beziehungen enthalten. Sie bedingen die Enkulturations-, Sozialisations-, Erziehungs- und die Lehr- und Lernprozesse. Nach dieser Unterscheidung sind z. B. Recht, Erziehung, Unterricht, Religion, Sport die Institutionen und das Gericht, die Familie, die Schule, die Kirche, der Verein die entsprechenden Organisationen.

In der Literatur werden im Anschluss an Parsons (Kap. 3.3) und Scott (Kap. 5.2.2) die Begriffe System, Institution und Organisation synonym gebraucht.

Unterschiedliche Begriffsbestimmungen zur Bezeichnung eines Phänomens sind in den Sozialwissenschaften üblich. Der Grund ist darin zu sehen, dass die Forschungsfragen und -methoden auf unterschiedlichen erkenntnisleitenden Interessen und Theorien (Kap. 6) beruhen. Vor Verwendung der Begriffe ist es daher sinnvoll, ihren Entstehungszusammenhang und die entsprechenden Begriffsbestimmungen zu prüfen.

2.4.3 Organisation als Strukturmerkmal von Institutionen

In der Literatur und in Diskussionen werden Institutionen und Organisationsformen sehr häufig in einem Atemzug genannt. Der Grund ist darin zu sehen, dass Organisationen bzw. die Formen der Organisation die Grundstruktur der Institutionen bilden, um die Grundfunktionen durchzuführen, nämlich die Umsetzung der vorgegebenen Regeln und Normen zu kontrollieren und die Abweichungen zu sanktionieren. Im Bild gesprochen, machen die Organisationsformen die Installation der Institutionen aus. Organisation ist ein soziologischer bzw. organisationssoziologischer Begriff.

Unter Organisation kann verstanden werden: Ein Zusammenschluss von Menschen zur Erreichung gemeinsamer Ziele, z. B. ein Verein, eine Bürgerinitiative, eine Arbeitsgruppe, oder ein System von vorgegebenen Handlungseinheiten (Muster), für deren Ausführung Personen aufgrund bestimmter Positionen zuständig sind, z. B. ein Betrieb, eine Schule oder Instrumente zur Durchsetzung von Zielvorgaben in sozialen Systemen, z. B. Heer, Gefängnis (Hillmann 1994, 638ff, Stichwort Organisation).

Organisation

Organisationsformen können als Regelsysteme begriffen werden, die auf Normsystemen beruhen und durch diese legitimiert sind. Zur Funktionsfähigkeit von Organisationen gehören u. a. folgende Systemelemente:

- eine bestimmte (z. T. festgelegte) Anzahl von Mitgliedern,
- definierte Binnen- und Außenbeziehungen,
- ausgebildetes oder als kompetent bestimmtes Personal,

- vorgegebene Ziele und Funktionen,
- arbeitsteilige Rollen- und Positionsgliederung,
- Rechtsverordnungen oder Satzungen als Grundlagen und
- formalisierte Verhaltensweisen oder Handlungen.

Die Mitglieder solcher organisierten Gruppen oder Organisationen handeln auf

„genau fixierte Gruppenziele hin. So etwa in einer Fabrik für die Herstellung von Krippenfiguren oder Waschpulver, in einer Baufirma für die Erstellung von Raketensilos oder Kirchen, beim Militär für die Verteidigung von Handelsinteressen oder die Bewahrung staatlicher Einheit, in Kirchen für die Beeinflussung der Parteien oder die Pflege von Kontakten zwischen Diesseits und Jenseits. Jedes Gruppenmitglied hat seinen Arbeitsplatz, sein genau umschriebenes Arbeitsgebiet. Die im Außendienst tätige Fürsorgerin besucht einen Klienten und schreibt einen Bericht, der Sachbearbeiter im Innendienst liest den Bericht und hakt ab, der Abteilungsleiter liest ebenfalls und genehmigt, die Sekretärin schreibt die Zahlungsanweisung …" (Bellebaum 1994, 33f).

Unter pädagogischer Perspektive produzieren Institutionen ein ständiges Dilemma. Dieses besteht darin, dass Heranwachsende einerseits über Enkulturation, Sozialisation und Erziehung in die bestehenden Institutionen eingefädelt werden müssen, damit sie ihre „Grundpersönlichkeit" (Kap. 2.1 u. 2.2) herausbilden können; dass aber andererseits sie auch zu eigenverantwortlichen Persönlichkeiten erzogen werden sollen, ein Prozess, der in vielen Fällen auch gegen die bestehenden Vergesellschaftungsprozesse durchgesetzt werden muss, der aber von den offiziellen Vertretern der Organisationen auch verhindert werden kann. Das Organisationssystem und seine Vertreter sind geradezu als ein „Durchsetzungsapparat" (Parsons u. Kap. 3.3) anzusehen, mit dem auch gegen Widerstreben der einzelnen Personen die Einhaltung der gesetzten Regeln und Normen durchgesetzt werden kann und z. T. unter Anwendung legitimer Gewalt durchgesetzt wird (Weber 1972). Damit ist eine systemadäquate Lösung aufgezeigt, die E. Goffman „Totale Institution" nennt (Goffman 1973), zu denen er nicht nur die Heere und Gefängnisse, sondern auch die Internate und die Schulen zählt.

Merkens, H. (2006): Pädagogische Institutionen
Esser, H. (2000): Soziologie. Spezielle Grundlagen. Bd. 5 Institutionen
Goffman, E. (1973): Asyle

2.5 Handeln, soziales Handeln

2.5.1 Begriffliche Bestimmungen

Handeln

Eine Kurzfassung des Begriffs kann lauten: Handeln ist ein gegenseitig sinnhaft aufeinander bezogenes „Sich-Verhalten" von Personen und Gruppen, das sich in Institutionen abspielt.

Der Begriff ist ein soziologischer und wurde in seinem modernen Verständnis von Max Weber in seinem Werk „Wirtschaft und Gesellschaft" (1972) vorgestellt. Weber gibt bereits im ersten Teil seiner „soziologischen Kategorienlehre" eine klare Definition:

„'Handeln' soll dabei ein menschliches Verhalten (einerlei ob äußeres oder inneres Tun, Unterlassen oder Dulden) heißen, wenn und insofern als der oder die Handelnden mit ihm einen subjektiven Sinn verbinden. ,Soziales' Handeln aber soll ein solches Handeln heißen, welches seinem von dem oder den Handelnden gemeinten Sinn nach auf das Verhalten anderer bezogen wird und daran in seinem Ablauf orientiert ist" (Weber 1972, 1).

Handeln (Weber)

In dieser Definition sind mehrere Merkmale unterstellt:

1. Das von Weber so definierte Handeln bzw. soziale Handeln gründet sich auf der Soziologie als einer „Wissenschaft, welche soziales Handeln deutend verstehen und dadurch in seinem Ablauf und seinen Wirkungen ursächlich erklären will" (Weber 1972, 1).

   Das Phänomen des menschlichen Handelns bzw. sozialen Handelns wird von Weber offensichtlich als grundlegend, ja universal für die gesellschaftliche Existenz des Menschen angesehen. Es ist daher mit einem breiten Methodenrepertoire, nämlich verstehenden und erklärenden Methoden, zu erforschen. Danach hat sich auch der wissenschaftliche Status der Soziologie zu richten. Dies gilt auch für die Pädagogik (Kap. 6 u. 7).

   In dieser Definition des *Handelns* sind Individuen unterstellt, die aufgrund von Bedeutungen handeln. Diese Bedeutungen von Menschen, Dingen, Institutionen, Normen usw. werden überhaupt erst in Handlungen erworben und sie werden durch Handeln auch verändert.

   Die Entwicklung von Bedeutungen kann aber auch eingeschränkt oder verweigert werden. Trotzdem wird hier eine positive Anthropologie unterstellt, wenn die Produktion von Bedeutungen und damit die Zulassung von individuellen Interpretationen von Welt durch die Mitglieder einer Gesellschaft als Definitionskriterium angenommen ist und gilt.

2. Der Begriff der Bedeutung verbindet sich in besonderer Weise mit dem sozialen Handeln. Darauf weisen Webers Begriffe von „Sich-Verhalten", als reflexive auf Interpretationen und Bedeutungen beruhende symbolische Interaktion hin. Insofern gewinnt Webers Ansatz im Horizont des modernen symbolischen Interaktionismus (Mead 1998) aktuelle Bedeutung.

   „Menschen handeln nämlich nicht stimuliert durch bloße ,Dinge', sondern durch ,soziale Objekte', das können Gegenstände, Personen, Einrichtungen, Normen oder Situationen sein – also in Ansehung der Bedeutung, die Dinge für diese Menschen haben. Diese Bedeutungen entstehen und ändern sich in sozialen Handlungsprozessen, die diese Menschen vereinigen, weil gemeinsames Handeln davon abhängt, daß die Beteiligten zu miteinander verträglichen Interpretationen von sozialen Objekten gelangen. In dieser Sicht ist soziale Interaktion nicht nur ein Wirkungsfeld, auf dem sich vorformulierte Erwartungen der anderen und festgelegte Dispositionen der Beteiligten treffen und in ihrem Wechselspiel ein Handlungsresultat hervorbringen, sondern erst in sozialer Interaktion werden durch die Aktivität der Interaktionsteilnehmer gemeinsame Handlungspläne erarbeitet. Auch individuelles Verhalten wird in ihr erst geformt" (Krappmann 1974, 14).

3. Soziales Handeln kann als eine besondere Form des Handelns verstanden werden, wenn Handeln der Interaktion mit Objekten vorbehalten wird. Die nähere Bestimmung des Handelns als soziales Handeln weist darauf hin, dass es auf dieser Ebene des Handelns um Menschen und nicht um Objekte geht.

Soziales Handeln

2.5.2 Idealtypische Klassifizierung von Handeln

Nach Weber kann idealtypisch zwischen Klassen von Handeln unterschieden werden. In seinem Grundlagenwerk „Wirtschaft und Gesellschaft" unterscheidet er vier Klassen (Weber 1972, 12f).

Zweckrationales Handeln

1. **Zweckrationales Handeln.** Es ist an einem Zweck, den Mitteln zur Erreichung des Zwecks und den „Nebenfolgen" – zusammengenommen oder einzelnen – orientiert und strebt den Erfolg an. Dabei setzt es die Erwartungen der Akteure als Bedingung voraus. Es kann sich mit der wertrationalen Orientierung des Handelns überschneiden.

Wertrationales Handeln

2. **Wertrationales Handeln.** Dieses gründet in einem „bewussten Glauben" an den „Eigenwert eines bestimmten Sich-Verhaltens allein als solchem und unabhängig vom Erfolg". Der Eigenwert, der das wertrationale Handeln bestimmt, kann ethisch, ästhetisch, religiös und – von heute aus gesehen – auch politisch und wirtschaftlich begründet sein.

Affektuelles Handeln

3. **Affektuelles Handeln.** Weber nennt diese Klasse des Handelns auch emotional. Es ist durch „aktuelle Affekte und Gefühlslagen" bestimmt, d. h. durch das Handeln im Vollzug selbst. Dabei kann z. B. an Handeln im Affekt aus Rache, aus Wahnvorstellung oder im Rausch gedacht werden.

Traditionelles Handeln

4. **Traditionelles Handeln.** Weber sagt hierzu lapidar, dass es „durch eingelebte Gewohnheit" bestimmt ist. Es kann dabei an Alltagshandeln gedacht werden, das auf konventioneller „rationaler" Moral und entsprechenden Rolleninterpretationen und Handlungskonzepten beruht. Sozialisationstheoretisch gesprochen, gründet es in dem „verallgemeinerten Anderen" bzw. in dem Impuls „zu sein wie alle anderen".

2.5.3 Pädagogische Schlussfolgerungen

Diese Klassifizierungen sind durchaus von pädagogischer Bedeutung.

Als Definitionen können sie Forschungsvorhaben zugrunde gelegt werden, und in der pädagogischen Praxis können sie als Kriterien herangezogen werden, um Handlungssituationen analysieren zu können.

Durch ihren gesellschaftlichen Begründungs- und Anwendungszusammenhang, z. B. in Politik, Wirtschaft, Bildungseinrichtungen, erhalten sie auch ihre institutionelle Bedeutung. Dies gilt insbesondere in Bezug auf Rationalität als Strukturmerkmal von drei Klassen von Handeln. In der neueren bildungspolitischen und -ökonomischen Diskussion wird Rationalität als ein bedeutendes Strukturmerkmal pädagogischer Institutionen und Organisationsformen, aber auch der pädagogischen Handlungsfelder und des pädagogischen Handelns selbst angesehen. Gerade in der Gegenwart wird in Bezug auf die Bildungs- und Schulreform immer wieder Rationalität als Strukturmerkmal von institutionalisiertem pädagogischem Handeln eingefordert.

Mit der idealtypischen Klassifizierung von Handeln wird auch der einzelne Mensch ins Zentrum gerückt, insofern Handeln auf Wertorientierungen, Intentionen, Sinnverstehen, Gegenseitigkeit beruht und durch das Denken und z. T. auch durch die Sprache „voraufgebaut" wird. Dies zeigen in besonderer Weise die Untersuchungen von Piaget und der Neurobiologie (Kap. 3.4.4 u. 3.5.2 u. Kron 2008).

Die Untersuchungen zeigen, dass Handeln auf der kognitiven Entwicklung von Handlungskonzepten beruht. Unter einem Handlungskonzept wird ein gedanklicher Plan oder Entwurf verstanden, aufgrund dessen Individuen einsichtig sowie umsichtig handeln können.

Handlungskonzept

Die zur Bildung von Handlungskonzepten erworbenen Fähigkeiten werden Handlungskompetenz genannt (Kap. 5.3.3).

Handlungskompetenz

Der Klassiker: Weber, M. (1972): Wirtschaft und Gesellschaft
Esser, H. (2000): Soziologie. Spezielle Grundlagen. Bd. 3 Soziales Handeln

2.6 Verhalten
2.6.1 Begriffliche Bestimmungen

Die Kurzformel kann lauten: Mit Verhalten werden alle beobachtbaren Aktivitäten eines Organismus (einschließlich Mensch) bezeichnet, die aufgrund von Reizkonstellationen der Umwelt entstehen.

Der Begriff Verhalten kommt aus der Psychologie und ist in der US-amerikanischem Forschungsrichtung des Behaviorismus entstanden. In der Psychologie wird Verhalten (behavior) als eine allgemeine Bezeichnung verstanden

Verhalten

> „für die Gesamtheit aller beobachtbaren, feststellbaren oder meßbaren Aktivitäten des lebenden Organismus, meist aufgefaßt als Reaktionen auf bestimmte Reize oder Reizkonstellationen, mit denen der Organismus in experimentellen oder lebensweltlichen Situationen konfrontiert wird bzw. konfrontiert ist" (Wörterbuch Psychologie 2005, 498, Stichwort Verhalten).

Im klassischen Behaviorismus wird eine möglichst „objektive" Betrachtungsweise des Verhaltens angestrebt. Daher gilt, dass nur das äußerlich vom Organismus gezeigte, beobachtbare und messbare Verhalten oder Verhaltenseinheiten, also „Tatsachen", wissenschaftlich akzeptierbar sind. Innere Prozesse in einem Objekt (z. B. im Menschen), aufgrund derer auch Verhalten gezeigt, beobachtet und gemessen werden kann, gelten nicht. Daher hat der US-amerikanische Psychologe John B. Watson (1878–1958) zwischen offenem Verhalten (overt behavior) und verdecktem Verhalten (covert behavior) unterschieden.

Als Ursache für das Zustandekommen von offenem Verhalten wird ein Reiz-Reaktions-Mechanismus (stimulus – response) angenommen. Dies gilt auch für den Menschen.

Im modifizierten Behaviorismus – so auch bei Skinner – und beim Lernen am Modell (Kapitel 3.1, 3.2 und 4.4) wird auch verdecktes Verhalten erforscht, insofern geistige, affektive und moralische Tätigkeiten bzw. psychische Dispositionen im Organismus Mensch als Ursachen für das gezeigte Verhalten angenommen werden. Hier finden sich Begriffe wie z. B. extrinsische oder intrinsische Motivation, Einstellungen und Erwartungen, Strebungen, Wertungen und Haltungen, mit denen die inneren psychischen Energien eines Individuums bezeichnet werden. Diese Richtung hat große Akzeptanz in der Pädagogik gefunden. Dies zeigt sich insbesondere durch die Hinzunahme des Faktors der „Verstärkung" in dem Reiz-Reaktions-Mechanismus (Kap. 4.4).

Motivation

Die Tatsache, dass Verhalten gut in definierten Einheiten zu beobachten ist, hat dazu geführt, dass Klassen von Verhalten entstanden sind, so z. B. artspezifisches, autochthones, deviantes, emotionales, rationales, Imitations-, moralisches, tolerantes, rigides, spontanes, symbolisches, verbales und zielorientiertes Verhalten. Die Klassifizierungen haben nicht nur zu differenzierteren Forschungen geführt, sie werden auch – besonders in schulpädagogischer Absicht – als Beurteilungseinheiten für das Verhalten von Schülern benutzt.

Verhalten ist von Handeln zu unterscheiden; abgesehen von dem Begriff Sich-Verhalten, der für ein reflexives Verhalten steht und als Handeln angesehen werden kann. Beide Begriffe beruhen in ihrem Kern auf unterschiedlichen Wissenschaftskonzepten und Vorstellungen vom Menschen.

Der intrapsychische Prozess, auf dem Verhalten beruht, wird als Lernen beschrieben (Kap. 2.2 u. 4.4), der von Handeln als Denken.

2.6.2 Die pädagogische Bedeutung des Verhaltensmodells

Die Auffassung von Verhalten als einer beobachtbaren Reaktion eines Organismus oder Individuums auf einen Stimulus, von außen etwa durch eine andere Person, in Form einer Aufforderung etwas zu tun oder zu unterlassen, wurde in der Erziehungswissenschaft von der Mitte der 1960er Jahre an sehr bevorzugt (Brezinka 1990; Tausch/Tausch 1968). Sie hatte den bis dahin gängigen mehr philosophisch orientierten Auffassungen von Erziehung gegenüber den Vorteil, dass sie die Operationalisierbarkeit von Definitionen und damit empirisches Arbeiten ermöglichte. Erziehungsprozesse konnten daher in Bezug auf ihre verschiedenen Variablen und Faktoren sowie auf ihren Final- oder Kausalzusammenhang hin untersucht werden (Kap. 4.4).

Dieser wissenschaftliche Vorteil hat jedoch auf der Lebens- und Alltagsebene zu einer negativen „Übertragung" geführt. Die Forschungen und ihre Ergebnisse wurden – z. T. auch schon im Design – für Abbildungen der Wirklichkeit und damit für diese „stellvertretend" angesehen und nicht als Ergebnisse, die aufgrund von Prüfmodellen und unter strenger Beachtung des methodologischen Vorgehens gewonnen worden sind.

Man erkennt an dieser Übertragung sehr deutlich, wie in einen Begriff aus der Alltagssprache – man vergleiche hierzu auch den Begriff der Erziehung – wissenschaftliche Modellvorstellungen induziert werden und wie dabei der Alltagsgehalt des Begriffs verändert wird und der so veränderte Begriff eine gesellschaftliche Funktion gewinnt. So zeigen sich in dem Begriff des Verhaltens die handelnden Subjekte als Objekte. Demzufolge werden ihre Beziehungen auch mechanistisch interpretiert und ihr Verhalten als steuerbar angesehen. Diese Auffassung hat sich insbesondere in den organisierten pädagogischen Bereichen wie z. B. der Schule gezeigt: u. a. in der harten Lernzielorientierung der Lehrpläne und Unterrichtsstunden, in der Leistungsmessung und ihrer Objektivierung. Diesen behavioristischen und mechanistischen Grundinterpretationen pädagogisch bedeutsamer Prozesse steht auch eine Praxis zur Seite, die sich z. B. in der Einklagbarkeit von Noten vor Gericht zeigt.

2.7 Lernen
2.7.1 Begriffliche Bestimmungen

Die kurze Definition kann heißen: Lernen ist die innere Organisation von Wissen und Fertigkeiten, die sich das Individuum in Interaktion mit seiner Umwelt aneignet, um handlungs- und leistungsfähiger zu werden.

Lernen

Lernen ist ein Alltagsphänomen und unterliegt daher vielfältigen Deutungen und Bestimmungen. Ein Gleiches gilt für die Wissenschaft, insbesondere für die Psychologie, die das Phänomen des menschlichen Lernens vom 19. Jahrhundert an erforscht.

Aus den vorangegangenen Erörterungen ist unschwer die große Bedeutung zu erkennen, die dem Lernbegriff zukommt. Enkulturation, Sozialisation und Erziehung werden häufig mit Lernprozessen gleichgesetzt, oder das Lernen wird zum Basisprozess für die vorgenannten Prozesse erklärt. Beim sozialen Lernen ist der Lernbegriff geradezu zentral.

Aus pädagogischer Sicht ist der Lernbegriff auch mit dem Begriff des Lehrens eng verknüpft. Dies gilt nicht nur für den Unterricht, sondern auch für alle außerschulischen pädagogischen Tätigkeiten, in denen Pädagogen Situationen schaffen müssen, die Klientel zum Lernen anzuregen. Hier ist der große Bereich der Didaktik und des Lehrens und Lernens angesprochen (Seel 2000).

In der Literatur wird eine Fülle von Lernvorstellungen, -modellen und -theorien vorgestellt (Kron 2008). Daraus ist zu erkennen, dass es eine Einheitsdefinition von Lernen nicht gibt. Man muss sich – wie in Bezug auf die anderen Begriffe auch – damit abfinden, dass es dem sozialwissenschaftlichen Wissenschaftsverständnis entsprechend zu einem Phänomen stets mehrere begriffliche Fassungen gibt und dass man daher den Begriffsinhalt definieren muss, will man rational und erfolgreich damit arbeiten.

Im Folgenden werden drei Auffassungen von Lernen vorgestellt, die von interdisziplinärer und damit auch pädagogischer Relevanz sind.

(1) *Heinrich Roth* widmet in seinem bereits 1957 erschienenen Werk „Pädagogische Psychologie des Lehrens und Lernens" ein ausführliches Kapitel der pädagogischen und didaktischen Auswertung lernpsychologischer Forschungsergebnisse. Dabei weist er mit Nachdruck darauf hin, dass die Kultur und die aus ihr entspringende Tätigkeit des Lehrens notwendige Grundbedingungen sind, damit Lernen überhaupt in Szene gesetzt und/oder organisiert werden kann und damit Lernen zugleich eine gesellschaftlich bestimmte Funktion, z. B. in Form bestimmter Qualifikationen, und eine individuelle Befriedigung, z. B. in Form einer Entwicklungsförderung, haben kann. In diesem Sinn formuliert er:

> „Pädagogisch gesehen bedeutet Lernen die Verbesserung oder den Neuerwerb von Verhaltens- und Leistungsformen und ihren Inhalten. Lernen meint aber meist noch mehr, nämlich die Änderung bzw. Verbesserung der diesen Verhaltens- und Leistungsformen vorausgehenden und sie bestimmenden seelischen Funktionen des Wahrnehmens und Denkens, des Fühlens und Wertens, des Strebens und Wollens, also eine Veränderung der inneren Fähigkeiten und Kräfte, aber auch der durch diese Fähigkeiten und Kräfte aufgebauten inneren Wis-

Lernen (Roth)

sens-, Gesinnungs- und Interessensbestände des Menschen. Die Verbesserung oder der Neuerwerb muß auf Grund von Erfahrung, Probieren, Einsicht, Übung oder Lehre erfolgen und muß dem Lernenden den künftigen Umgang mit sich oder der Welt erleichtern, erweitern oder vertiefen. Das Lernen muß ihm helfen, sich selbst besser zu verwirklichen, d.h. sich selbst besser in die Welt hineinzuleben, und das Lernen muß ihm auch helfen, die Inhalte und Forderungen der Welt angemessener zu verstehen und zu erfüllen, d.h. ihnen besser gewachsen zu sein. Wir hoffen nach dem gelungenen Abschluß eines Lernprozesses, daß wir gleiche, ähnliche und neue Aufgaben des Lebens besser lösen können. Lernen umfaßt auch den Abbau von Verhaltens- und Leistungsformen, die dem Lernenden den Umgang mit sich oder der Welt erschweren, beengen oder verflachen" (Roth 1962, 205).

In diesem Zitat ist eine Reihe von Bezugsphänomenen angedeutet, deren pädagogische Bedeutung Roth im Fortgang seiner Darlegungen heraushebt (Roth 1962, 195ff). In Bezug auf das Lehren markiert er, dass sich dieses nicht nur an dem Schwierigkeitsgrad des Lehrgegenstands und an den Lernzielen, sondern auch an dem Entwicklungsstand, den Interessen und Bedürfnissen der Lernenden zu orientieren hat, wenn es auf Akzeptanz bei den Lernenden stoßen soll. Hier ist ein zentraler pädagogischer Bezug zu erkennen: die Orientierung der Lehre an dem Entwicklungs- und Lernfortschritt der Lernenden einerseits und die Orientierung an den kulturellen Darstellungsformen, die mit dem Lehren erzielt werden soll, andererseits (Roth 1962, 217).

Bedingungsfelder für Lernen (Gagné)

(2) *Robert M. Gagné* weist in seinem Buch „Die Bedingungen des menschlichen Lernens" (1980) zwei wichtige Bedingungsfelder für das Lernen auf, die beim Lehren Berücksichtigung finden müssen. Es handelt sich dabei um: 1. individuelle und 2. Umweltbedingungen.

Individuelle Bedingungen. Diese können als intrapsychische Mechanismen verstanden und durch psychologische Lernarten erklärt werden. Gagné zählt entsprechende Lernarten auf und ordnet sie hierarchisch in Analogie zur motorischen, affektiven und kognitiven Entwicklung Heranwachsender (Gagné 1980, 78ff).

Umweltbedingungen. Diese sind in den kulturellen Angeboten, i.e.S. in den spezifischen Gegenständen verschiedener Fächer angesiedelt, und sie werden in dem Lehrarrangement sowie in der Person der Lehrenden repräsentiert. Ihre wissenschaftliche oder sachlogische Struktur muss in Bezug auf das Lehren aber so beschaffen sein, dass sie dem jeweiligen Entwicklungsstand der Lernenden, für die das Angebot gelten soll, angepasst ist. Mit vielen Beispielen belegt Gagné diesen Entwicklungsbezug des Lehrangebots und damit den konstitutiven individuellen und kulturellen Bedingungszusammenhang von Lehren und Lernen.

(3) *Jerome Seymour Bruner* eröffnet die sozialpsychologische Perspektive vom Lernen, insofern er in die Bestimmung vom Lernen ausdrücklich die Umwelt der lernenden Personen und die daraus entstehenden Interaktionen einbezieht. Zu dieser Umwelt gehören in organisierten Bereichen des Lernens selbstverständlich die Lehrenden und die entsprechenden kulturellen Angebote, die z.T. von den Lehrenden präsentiert und repräsentiert werden.

Bruner legt dar, dass die Menschen von ihrer Geburt an handelnde, denkende und sprechende Wesen sind; m.a.W.: Die Grundlagenbedingung aller Überlegungen zum menschlichen Lernen ist die Tatsache eines Zusammenspiels von Handeln, Denken und Sprache. Mit dieser anthropologisch bedeutsamen Unterstellung wird dem Lernen Lebensbedeutsamkeit, z. B. zur Lösung aktueller oder zukünftiger Probleme und Aufgaben, und Lustbetontheit zugesprochen. Lebensbedeutsamkeit und Lust am Lernen haben aber einen zentralen Sitz im Menschen, psychoanalytisch gesprochen: in der Libido, d. i. Vitalenergie. Diesen Tiefensitz vom Lernen gilt es im organisierten Lernen in jedem Lernenden zu treffen und zu aktivieren. Bruner weist in diesem Zusammenhang darauf hin, dass dieses pädagogische Unterfangen unter den gegebenen gesellschaftlichen und organisatorischen Verhältnissen mehr als schwierig ist, dass aber diese Erkenntnis als Antizipation für eine moderne Auffassung und Planung von Lehren und Lernen gilt.

Bruner weist ebenso darauf hin, dass gerade in Schulen aufgrund ihrer derzeitigen organisatorischen, curricularen und personellen Struktur des Lehrens und Lernens diese aus ihrem ursprünglichen Lebenszusammenhang herausgelöst und akademisiert worden sind. Damit wird Lernen zu einem separierten Gegenstand pädagogischer Bemühungen und in der Praxis zu einer „eigenständigen Handlung" (Bruner 1973, 139), das in reduktionistischer Weise lediglich noch auf die Ziele und die Fachinhalte des Unterrichts bezogen bleibt, deren Einlösung die Lehrer/-innen zu garantieren haben. Zusammenhänge zum Erleben und Forschen und zur Alltagswelt der und/oder zu den kulturellen, sozialen und politischen Entwicklungen geraten dabei zur Randbedingung.

Lernen bestimmt sich nach Bruner in erster Linie von den Erfahrungen und vom Handeln der Schüler/-innen und von den sachlogischen Strukturen der kulturellen Inhalte her, die es zu lernen gilt.

Wenn also nach Bruner von der Tatsache ausgegangen wird, dass Lernen von Anfang an mit dem Inhalt des Lernens verknüpft ist, dann tritt die Frage auf, wann und wie dieser Inhalt gelernt wird. Nach Bruner bestimmt sich das Was von der Struktur des Inhalts. „Die Struktur lernen, heißt lernen, wie die Dinge aufeinander bezogen sind" (Bruner 1980, 22). Es werden mithin in erster Linie z. B. Beziehungen, Relationen, Regeln gelernt. Fakten treten als Lernziele hierbei in den Hintergrund. Diese Tätigkeit vollzieht jeder Einzelne auch in seiner Alltagspraxis. In organisierten Bereichen des Lernens kann also durch die Erkenntnis von Strukturen das Leben in die Organisation zurückgeholt werden. Dieser Lebensbezug von organisiertem Lernen ist auch gemeint, wenn Bruner an vielen Stellen seines Buches betont, dass das Lernen bzw. Erkennen von Strukturen ein forschendes Lernen sei und dass es daher maßgeblich vom Denken bzw. der Kognition bestimmt sei. Hierbei beruft sich Bruner ausdrücklich auf die strukturgenetischen Forschungen von Piaget (Kap. 3.5). Es kann aber auch an die Beiträge der US-amerikanischen Psychologen Kelly (1986) und Bannister/Fransella (1981) gedacht werden, die alle Menschen als Forscher ansehen (Kron 1999); denn jeder einzelne Mensch konstruiert seine Welt, indem er die verschiedenen Elemente, die er wahrnimmt, erstens bestimmt, zweitens in Beziehung zueinander setzt und drittens prüft. Bei der Prüfung geht es einerseits um die Erkenntnis der Sache selbst und ihres Zusammenhangs im sachlichen Ganzen und andererseits um die Bewertung des persönlichen Lebensbezugs, der der gelernten Sache zugesprochen werden soll.

Lernen (Bruner)

In diesem Sinne spricht Bruner von drei Teilprozessen, die u. U. simultan ablaufen und die den Lernprozess ausmachen:

„Das Lernen einer Sache scheint drei fast simultane Prozesse einzuschließen: Erstens, die *Aneignung neuer Information* – oftmals einer Information, die dem zuwiderläuft oder das ersetzt, was die Person vorher stillschweigend oder ausdrücklich gewußt hat. Zumindest aber bedeutet sie eine Verfeinerung früheren Wissens. ... Einen zweiten Aspekt des Lernens kann man *Umwandlung* (transformation) nennen; gemeint ist hier der Prozeß des Ummodelns von Wissen, um dieses für neue Aufgaben tauglich zu machen. Wir lernen, Wissensstoff zu ‚demaskieren' oder zu analysieren, um ihn so zu ordnen, daß wir ihn extrapolieren oder interpolieren oder in eine andere Form bringen können. Der Ausdruck ‚Transformation' beinhaltet die Art und Weise, in der wir mit Information umgehen, um über sie hinauszugelangen. Eine dritte Seite des Lernens ist *Wertung* (evaluation), d. h. Prüfung, ob die Art, wie wir Information zurechtgemacht haben, dem neuen Anwendungszweck adäquat ist. Ist die Verallgemeinerung angemessen? Haben wir richtig extrapoliert? Operieren wir genau genug? ..." (Bruner 1980, 57ff).

> Simultane Teilprozesse des Lernens (nach Bruner 1980, 57ff)
> 1. Aneignung neuen Wissens (acquisition of knowledge)
> 2. Umwandlung des Wissens (transformation of knowledge)
> 3. Bewertung des Wissens (evaluation of knowledge)

In allen Lehr- und Lernbereichen kommt den drei Teilprozessen besondere Bedeutung zu. Dabei sind die Auseinandersetzungen verschieden. In der behavioristischen Perspektive stehen primär Aneignung und Transfer von Kenntnissen und Fertigkeiten im Vordergrund. Hier kommt es auf die system- oder umweltadäquate Anwendung an. Dieser Bestimmung von außen ist die Bewertung implizit. Von ihr aus wird auch das Individuum in seinem „Endverhalten" bewertet und mit anderen in seiner „Endleistung" verglichen. Die strukturgenetische und konstruktivistische Betrachtung von Lehr- und Lernprozessen eröffnet dem gegenüber die Gleichrangigkeit der drei Teilprozesse. Sie rückt sogar die Transformation und Bewertung von Wissen in den Vordergrund. Genauer gesagt: In diesen Erklärungsansätzen wird die Erkenntnis- und Denktätigkeit des Individuums in den Vordergrund gerückt. Lernen wird gleichgesetzt mit Denken und Erkennen.

Der Klassiker: Bower, G. H., Hilgard, E. R. (1983 u. 1984): Theorien des Lernens
Bednorz, P., Schuster, M. (2002): Einführung in die Lernpsychologie
Lefrancois, G. R. (1994): Psychologie des Lernens

2.7.2 Soziales Lernen

Im Phänomen des sozialen Lernens sind die beiden Strukturelemente, die auch den Begriff kennzeichnen, von großer pädagogischer Bedeutung. Es geht um das Lernen als Prozess und um die sozialen Inhalte, die in diesem Prozess transportiert werden, also die sozialen Normen und Regeln (Kapitel 2.2). Insofern hängen Phänomen und Begriff mit Sozialisation, Erziehung, Enkulturation und Institution zusammen.

Der Begriff soziales Lernen ist den Zentralbegriffen der Schulreformdiskussion der 1960er Jahre zuzurechnen. Er findet seine Begründung auf dem Hintergrund der bildungspolitischen Einsicht, dass die Schule in der demokratischen Leistungsgesellschaft auch dem Individuum eine Chance zu geben hat, seine eigenen Interessen und Bedürfnisse ins Spiel zu bringen, und dass sie daher nicht nur allein der „sozialen Integration" zu dienen, sondern sich auch an den Leitzielen der „Emanzipation" oder „Selbstverwirklichung", der „Demokratisierung" und der „Chancengleichheit" auszurichten habe (Strukturplan 1971; von Hentig 1971b). In dem bildungspolitischen Dokument, das den Schlussstein unter diese Diskussion setzt, dem „Strukturplan für das Bildungswesen", ist der Begriff soziales Lernen an mehreren Stellen präzisiert (1971, 37 u. 86f). An der letztgenannten Fundstelle heißt es:

> „Da produktive Leistungen zunehmend durch Zusammenarbeit bedingt sind, hat auch die Schule vielfach Arbeitsformen gefunden, die in Zusammenarbeit einführen und sie einüben. Der Lernprozeß wird dann zu einem Gruppenlernprozeß. Hierher gehört, daß Schüler gemeinsam an einem Experiment oder Projekt arbeiten, arbeitsteiliges Lernen erlernen, soziale Rollen ausüben, Regeln des Zusammenarbeitens und Zusammenlebens aufstellen, Konflikte aushaltbar und austragbar machen, sich in sachlicher Diskussion als in einem Lernprozeß eigener Art einüben. So müssen Schüler zum Beispiel die Möglichkeit haben, ihre spezifischen Gruppeninteressen zu artikulieren, sie zum Gegenstand gemeinsamer Diskussionen mit den Lehrern zu machen und so das Zusammenleben in der Schulwirklichkeit mitzugestalten. Das alles muß gestützt und verstärkt werden durch die Zusammenarbeit der Lehrer und des Lehrerkollegiums und durch einen Unterricht, der das soziale Lernen bewußt macht."

Heinrich Roth (1976, 314ff u. 480ff) kann zu den ersten Wissenschaftlern gerechnet werden, die dem Begriff über seine bildungspolitische Bedeutung hinaus eine pädagogische Fundierung gegeben haben. Im Zuge der Diskussion über das Phänomen des sozialen Lernens haben sich bis in die Gegenwart fünf Auffassungen herausgebildet (Prior 1976, Kron 1980). Diese sind:

1. soziales Lernen als „soziale Integration",
2. soziales Lernen als „angstfreies Lernen",
3. soziales Lernen als „Sozialerziehung",
4. soziales Lernen als „soziale Interaktion",
5. soziales Lernen als „Lernen durch Erfahrung".

Zu 1) Die Auffassung von sozialem Lernen als „soziale Integration" (Stubenrauch 1973) wird in erster Linie im Rahmen der bildungspolitischen Diskussion aus dem Postulat der Chancengleichheit abgeleitet. Theoretisch verbindet sie sich

„soziale Integration"

mit den verschiedensten lerntheoretischen Positionen, z. T. auch mit rollentheoretischen und interaktionistischen Konzepten sowie mit marxistischen Wertvorstellungen. Sie wurde vorwiegend auf der Ebene der Institutionalisierung und Organisation von Erziehung und Unterricht sowie auf der politischen Ebene, insbesondere im Zuge der Planung und Einrichtung von Gesamtschulen vertreten (Keim 1973). Die Ziele eines so verstandenen sozialen Lernens liegen daher eher auf der gesellschaftlichen Ebene. Im Rahmen dieses Grundverständnisses bewegen sich folgende Auffassungen: soziales Lernen als „politisches Lernen" (Keim 1973), soziales Lernen als „strategisches Lernen" (Rolff u. a. 1974), soziales Lernen als „emanzipatorische Erziehung" (Frohn 1972).

„angstfreies Lernen"

Zu 2) Soziales Lernen als „angstfreies Lernen" (Keim 1973) wird theoretisch mit der Psychoanalyse Sigmund Freuds und mit aufklärerischen Wert- und Normsetzungen begründet. Als doppeltes Ziel eines so verstandenen sozialen Lernens wird die Orientierung der Schülerindividualität an seinen Nahbedürfnissen und der Abbau von zusätzlichen Repressionen und Zwängen angesehen. Zum ersten Mal ausgeformt wurde diese Auffassung in der antiautoritären Erziehungsbewegung (Kron 1973). Synonym zu diesem Begriffsverständnis wurden u. a. folgende Wendungen gebraucht: soziales Lernen als „affektives Lernen" (Brocher 1967), soziales Lernen als „experimentelles Lernen" (Schwäbisch/Siems 1974), soziales Lernen als „Aggressionserziehung" (Röhm 1973).

„Sozialerziehung"

Zu 3) Hinter der Auffassung von sozialem Lernen als „Sozialerziehung" (Hielscher 1977) können sowohl lerntheoretische und ganzheitspsychologische als auch rollentheoretische und interaktionistische Theorieansätze stehen und sich mit funktionalen und emanzipatorischen Wertvorstellungen verbinden. In ihrer Zielstellung ist diese Auffassung Schüler-, situations- und organisationsorientiert sowie handlungs- und verhaltensbezogen. Anthropologische und sozialethische Fundierungen sind daher auch eher gefragt als gesellschafts- und sozialpolitische. Folgende Synonyme sind hierzu in der Literatur zu finden: soziales Lernen als „sozialintegratives Verhalten" (Tausch/Tausch 1968), soziales Lernen als „affektive Sozialbildung" (Schraml 1974) und soziales Lernen als „moralische Bildung" (Reichwein 1973).

„soziale Interaktion"

Zu 4) Die Auffassung von sozialem Lernen als „soziale Interaktion" (Heinze-Prause/Heinze 1980) ist in erster Linie theoretisch durch den symbolischen Interaktionismus und durch die durch diesen ausgelöste Normdiskussion und Wertsetzung im Sinne von Identitätskonzepten (Mollenhauer 1976) bestimmt. Besonders hervorgehoben wurden erste Vorstellungen vom sozialen Lernen dieser Art in der Diskussion um den „heimlichen Lehrplan" (Jackson 1973; Zinnecker 1975). Im Horizont dieses Theorie- und Wertverständnisses wird auch analog die Formulierung „soziales Handeln" (Mollenhauer 1976) verwendet. Gerade dieser Begriff weist auf eine für Schule und Unterricht zentrale Perspektive hin, nämlich auf das Zusammenspiel von fachlichem und sozialem Lernen. So zielt diese Auffassung vom sozialen Lernen denn auch in erster Linie auf die reflektierte Situations- oder Handlungsebene ab.

Zu 5) John Dewey war der Erste, der darauf hingewiesen hat, dass soziales Lernen allein auf Erfahrung beruht. In der Gegenwart wird soziales Lernen unter handlungs- und kommunikationstheoretischen Gesichtspunkten diskutiert (Wöll 1998, Bönsch 1994, Kap. 3.3). Das bedeutet, dass soziales Lernen auf den verschiedensten Ebenen der Schule und mit den unterschiedlichsten Methoden und Medien realisiert werden kann. Im Folgenden werden einige Ebenen und Möglichkeiten des sozialen Lernens vorgestellt:

„Lernen durch Erfahrung"

Schulebene: Beispielsweise in jahrgangsübergreifenden Projekten: Lernen von Wertorientierungen und Handlungsnormen, Kooperation, Beratung, Helfen, Mut machen, an einen Projektpartner glauben, ihm vertrauen; bei der öffentlichen Vorstellung eines Projekts: Erleben von Freude („Werkfreude") Stolz, Gemeinschaftsgefühl.

Schulebene

> Emer/Lenzen (2005): Projektunterricht gestalten – Schule verändern
> Endler (2006): Projektmanagement in der Schule

Weitere Möglichkeiten: Schulfest, Schulfahrten, Exkursionen, Freizeiten, Betriebserkundungen, Hospitationen, Sozialpraktika.

Klassenebene: Beispielsweise in Simulationsspielen: Lernen durch Selbsterfahrung von Erwartungen, Einstellungen, Vorurteilen, Statusgebärden anderer in den vorgegebenen Rollen, Lernen moralischer Urteilsbildung auf verschiedenen Ebenen (Kohlberg); in problemorientierten Rollenspielen: Lernen von Unterscheidungen in Bezug auf verschiedene Handlungstypen (instrumentell, kommunikativ, emanzipatorisch).

Klassenebene

> Wöll (1998): Handeln, Lernen durch Erfahrung
> Aufenanger u. a. (1981): Erziehung zur Gerechtigkeit

Weitere Möglichkeiten: Gespräche z. B. über Unterrichtsverhalten, Kommunikationsförderung, Förderung gegenseitiger Verständigungsbereitschaft.

> Langmaack (2004): Einführung in die themenzentrierte Interaktion

Individualebene: z. B. Beratung, Coaching.

Individualebene

> Migge, B. (2007): Handbuch Coaching und Beratung

2.7.3 Neurobiologische Erkenntnisse zum Lernen

In den letzten Jahren häufen sich Publikationen über neurobiologische Forschungen, in denen auch das Lernen eine neue Bestimmung erhält (Roth, G. 1997 u. 2001, Singer 2002). Dabei werden die strukturgenetischen und konstruktivistischen Befunde über das Lernen bestätigt (Kap. 3.5). Zwei Prozesse spielen eine zentrale Rolle, damit Lernen überhaupt zustande kommen kann. Diese sind 1. die Wahrnehmung und 2. das Gedächtnis.

Wahrnehmung

Zu 1) Wahrnehmung wird als Konstruktionsprozess und seine Ergebnisse als Konstrukte bezeichnet (Singer 2002, G. Roth 1997).

Die individualgenetischen und psychologischen Forschungen zum Wahrnehmungsprozess zeigen, dass Wahrnehmung als Konstruktion von Wirklichkeit bezeichnet werden kann.

> „Uns stellt sich Wahrnehmung als ein hochaktiver, hypothesengesteuerter Interpretationsprozess dar, der das Wirrwarr der Sinnessignale nach ganz bestimmten Gesetzen ordnet und auf diese Weise die Objekte der Wahrnehmung definiert" (Singer 2002, 80).

Die Gesetzmäßigkeiten, die den Wahrnehmungsprozess als Konstruktionsprozess lenken, sind vielfältig (G. Roth 1997, 95ff u. 207ff).

Am Zustandekommen dieses Prozesses sind insbesondere das Gehirn und die Sinnesorgane beteiligt. Dabei spielt das Gehirn eine zentrale Rolle, insofern es die Funktion hat, „die von den Sinnesorganen kommenden Erregungen zu interpretieren. Dies geschieht nach sehr unterschiedlichen Prinzipien" (249). Es kann in diesem Zusammenhang nicht auf die Prinzipien eingegangen werden, aufgrund derer das Gehirn die Sinneserregungen „interpretiert" (249ff). Für den vorliegenden Erörterungszusammenhang ist bedeutsam, dass diese Prinzipien als „bedeutungskonstituierende Regeln" (256) aufgefasst werden können, die aus den Vorerfahrungen des kognitiven Systems entwickelt worden sind. Die Wahrnehmungen werden durch Konstrukte geleitet und gefiltert, damit sie ihre Funktion zur Systemerhaltung der individuellen Wirklichkeit erfüllen.

Beim Wahrnehmungsprozess werden zuerst die Umweltreize über die Sinnesrezeptoren in innere Erregungszustände transformiert. Dabei „feuern" die Sinneszellen in unterschiedlicher Intensität pro Zeiteinheit ihre Informationen ab. Die Informationen werden im Gehirn weiterverarbeitet. Da das Gehirn ein auf sich selbst bezogenes (= selbstreferenzielles) System ist, muss es durch differenzierte Prozesse die Informationen entschlüsseln. Dabei werden die vorhandenen neuronalen Netze aktiviert, die die neuen Signale „einordnen". Damit aber die alten und die neuen Informationen nicht miteinander vermischt werden, werden sie an verschiedene Netzwerke weitergegeben, dort bearbeitet und wieder zusammengefügt. Durch diese Prozesse entsteht ein differenziertes und zugleich sehr komplexes neuronales Netzwerk, in dem die Konstruktionen von Wirklichkeit repräsentiert sind.

Dabei spielen auch Emotionen, Affekte und Motivationen und die damit verbundene gerichtete Aufmerksamkeit des Individuums eine Rolle; ebenso Gedächtnisinhalte, also Erinnerungen, die mit Bewertungen und Bedeutungszuweisungen versehen sind. Diese kanalisieren die zukünftigen Wahrnehmungen. Jedes Kind geht auf diese Weise mit einer gerichteten Wahrnehmung auf die Suche in seiner Umwelt und auch im Unterricht und selektiert auf diese Weise die angebotenen Informationen.

Des Weiteren sind körperliche Befindlichkeiten wichtig, die schon in der symbolischen Interaktion von zwei Personen unterschiedlich sind und die zu nicht vorhersehbaren Interventionen führen können. Wahrnehmung ist daher immer selektiv und lückenhaft. So zeigt sich beim Menschen auch das Bedürfnis, die in seiner Wahrnehmung notwendigerweise auftretenden Lücken zu schließen. Dies geschieht, indem er Kausalbeziehungen zwischen einzelnen Elementen herstellt und damit in seinem Bewusstsein ein sinnvolles Ganzes konstruiert, das ihn handlungsfähig und überlebensfähig macht. Auf diese Weise werden Wissen, Emotionen, Bilder usw. konstruiert. Als konstruktive, individuelle Wirklichkeiten sind sie stets unvollkommen und subjektiv, jedoch individuell und authentisch. Konstrukte sind daher auch nicht lehrbar (Klimsa 1998).

Die Schlussfolgerungen, die sich hieraus für Erziehung und Unterricht ergeben, sind u. a. folgende (Klimsa 1998):

- Konstrukte können als subjektiv bedeutsame Lerninhalte verstanden werden.
- Lernen ist eine aktive, konstruktive Tätigkeit.
- Lerninhalte werden von den Lernenden individuell konstruiert.
- Erziehen und Lehren heißt demzufolge, Lernsituationen zu arrangieren, in denen Lernende konstruktiv tätig werden können.
- Lehrpläne – da sie bildungspolitisch nicht abzuschaffen sind – bedürfen der Transformation auf subjektorientiertes Lernen hin.

Zu 2) „Das Gedächtnis ist unser wichtigstes Sinnesorgan" (Roth 1997, 261). Wahrnehmungsprozesse aus der Sicht des neurobiologischen Konstruktivismus sind nicht nur durch die angeborenen und in der frühen Ontogenese „verfestigten" Prozesse bestimmt, sondern auch durch Erfahrungen mit der Welt und mit uns selbst. Die dabei gewonnen und z. T. zu Wissen verarbeiteten Informationen werden im Gedächtnis niedergelegt. Sie bestimmen die Wahrnehmungsprozesse mit. Insofern haben sie im übertragenen Sinn eine Funktion, die den Sinnesorganen vergleichbar ist. Lange Zeit wurde das Gedächtnis als eine Art Speicher angesehen, in den Wissen mengenmäßig eingebracht und aus dem es wieder hervorgeholt werden konnte. In den neueren psychologischen und neurobiologischen Theorien und Untersuchungen wird Gedächtnis hingegen als neuronales Zentrum aufgefasst, das mit den Wahrnehmungsprozessen verbunden ist. Man kann es sich auch als ein Netzwerk vorstellen. Es bildet die Grundlage des Lernens. Aktuelle Informationen hierzu mit Selbsterfahrung bietet die nachstehende Internetadresse an: www.regiosurf.net/supplement/gedaech/gedh.htm.

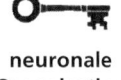

neuronale Organisation

Die neuronale Organisation des Gedächtnisses und des Erinnerns hat eine Besonderheit, die kein technisches oder elektronisches Gerät und auch kein Computer oder Internet haben kann. Nach wiederholtem Erinnern sind die Engramme nicht mehr identisch mit denen, die beim vorangegangenen Erinnerungs- oder Lernprozess hinterlassen wurden (Singer 2002, 84f). Jedes neue Erinnern zieht neue Spuren, die die Engramme verändern. Mit jeder Erinnerung wird der Kontext fortgeschrieben und verändert sich dadurch der Text, also das Wissen. Aufgrund dieser Erkenntnis ist auch das bekannte Phänomen von der Verblassung der Erinnerung zu erklären. Je häufiger man sich z. B. an einen geliebten verstorbenen Menschen erinnert, umso mehr verändert sich die Vorstellung. Man behält also kein zeitübergreifendes Bild in Erinnerung, sondern ein durch vielfältige Rekonstruktion subjektiv bedeutsames Bild.

Für welche Inhalte und in Bezug auf welche Art von Lern- bzw. Wahrnehmungsprozessen gilt diese Erkenntnis? Es kann vermutet werden, dass bei narra-

Erinnerung

tiv organisierten Inhalten eine Fortschreibung von Text und Kontext stattfindet, hingegen bei kausal-rational organisierten Inhalten eine gewisse Konstanz angenommen werden kann. Da die beiden Organisationsformen des Lernens und Behaltens auch die Wahrnehmung und die Aufmerksamkeit beeinflussen, bestimmen sie auch als beeinflussende Elemente den Wahrnehmungsprozess mit.

Das Erinnern ist also weder eine Technik noch eine Episode. Erinnern wird neuronal mitgeschrieben, und es bestimmt damit auch die Wahrnehmung und das Lernen. Die neuronale Organisation des Gedächtnisses macht es möglich, dass kein Wissen verschwinden kann.

> „Das liegt daran, dass neuronale Speicher als Assoziativspeicher ausgelegt sind, in denen Inhalte als dynamische Zustände weitverteilter, miteinander vernetzter Nervenzellverbände definiert sind und nicht wie in Computern einen adressierbaren Speicherplatz belegen …
>
> Was jedoch bei Assoziativspeichern zum Problem wird, ist das Überschreiben des Alten durch Neues. In Assoziativspeichern werden durch Lernprozesse Gruppen von Neuronen in immer neuen Konstellationen zusammengebunden, deren gemeinsame Aktivierung dann die Repräsentation für den jeweiligen Gedächtnisinhalt darstellt" (Singer 2002, 84f).

Die synthetischen Leistungen des menschlichen Gehirns aufgrund neuronaler Prozesse und Organisationen bedingen die Konstruktionen von Wirklichkeit und ihre Speicherung im Gedächtnis und damit das Lernen, insbesondere das Lernen von Lerntechniken, wie z. B. die Mnemotechnik, das Abspeichern und Assoziieren von Lerninhalten. Im Folgenden werden einige Lerntechniken vorgestellt:

Lerntechniken

1. Mündliches und schriftliches Wiederholen von überschaubaren Wissensinhalten und Fertigkeiten.
2. Gruppieren und Organisieren von Inhalten und bestimmten Fertigkeiten oder Techniken in hierarchisch geordneten Strategieplänen, wie sie z. B. in guten Bedienungsanleitungen eines Computers anzutreffen sind.
3. Codieren von Wissensinhalten und bestimmten Fertigkeiten nach binomischen Merkmalen, wie z. B. klein – groß, lang – kurz u. a. m.
4. Um- und Weiterverarbeitung von Informationen auf der Grundlage der Herausarbeitung von Oberbegriffen oder Prinzipien, wie dies u. a. beim Lesen von Texten der Fall ist.
5. Nutzung der Prinzipien zur Gliederung und Strukturierung längerer Texte oder Gedankengänge.
6. Herausfiltern und Speichern von Hauptideen, indem z. B. ein Schlüsselbegriff gefunden werden muss, um ihn in einer neuen Situation zur Lösung eines Problems anwenden zu können.
7. Die Nutzung von Hinweisen beim Reproduzieren von komplexen Sachverhalten (hierzu werden einfache Hinweise gelernt, z. B. Begriffe, Bilder oder Vorstellungen, aufgrund derer dann die Lernumwelt abgesucht und geordnet wird).
8. Bildung von Superzeichen.

Gedächtnisstrategien dieser Art können nur in Lernprozessen, die auf konkreten Situationen beruhen, eingeübt werden. Auch muss hierzu genügend verfügbare Zeit vorhanden sein, um das Gelernte einzuprägen.

Zur Vertiefung der vorgestellten Forschungsergebnisse werden im Folgenden drei Formen des Gedächtnisses vorgestellt. Sie zeigen eine unterschiedliche Zeitstruktur, d. h. unterschiedliche Speicherzeiten und -mechanismen (Seel 2000, 39ff, Roth 2001, 165ff). Es handelt sich dabei um a) das sensorische Gedächtnis, b) das Kurzzeitgedächtnis und c) das Langzeitgedächtnis.

a) Das sensorische Gedächtnis wird auch Ultrakurzzeitgedächtnis genannt, denn es wird nur für wenige Sekunden reizspezifisch erregt. In dieser kurzen Zeitspanne werden die Erregungen auch mit anderen eintreffenden Reizen und mit inneren Zuständen verknüpft. Dank des sensorischen Gedächtnisses sind Menschen in der Lage, eben Erlebtes sofort wiederzugeben. **sensorisches Gedächtnis**

b) Das Kurzzeitgedächtnis, auch Arbeitsgedächtnis genannt, ist eng mit dem Wahrnehmungsprozess verbunden und seine Kapazität ist begrenzt (Singer 2002, 81). Es dient dem Behalten und Verarbeiten aktueller Informationen zu Wissen, und zwar zur Bewältigung aktueller Situationen. Dabei kommt auch das Vergessen ins Spiel. Das Vergessen und seine psychoanalytisch erklärbaren Formen der Verdrängung, Verschiebung und Sublimation dienen dazu, nicht verwertbare und unaktivierte Inhalte im Unbewussten zu erhalten. Was der Mensch also einmal gelernt hat, verliert er nicht. **Kurzzeitgedächtnis**

c) Das Langzeitgedächtnis hat eine sehr große Speicherkapazität. Es übernimmt vom Kurzzeitgedächtnis Gelerntes und hält es für weitere Aufgaben zur Verfügung. Der Prozess der Überführung von Gelerntem vom Kurzzeit- in das Langzeitgedächtnis wird als Konsolidierung bezeichnet. Er kann durch die Anwendung von Lerntechniken unterstützt werden. In das Langzeitgedächtnis gelangen allerdings nur Inhalte, die – wie bei der Wahrnehmung – bewusst registriert, d. h. der selektiven Aufmerksamkeit unterzogen worden sind. **Langzeitgedächtnis**

Die neuronale Organisation des aus Informationen konstruierten Wissens ist insofern bedeutsam, als sie es dem Menschen ermöglicht, über Einzelerinnerungen das benötigte Wissen aus dem Gedächtnis hervorzuholen und zu rekonstruieren. In diesem Prozess kann die Verwendung von Mnemotechniken eine Hilfe sein. So genügt z. B. die Erinnerung an einen Ort, an dem bestimmte Personen eine heiße Debatte geführt haben, um die Namen der Beteiligten aus dem Langzeitgedächtnis hervorzuholen. Der Vorgang des Erinnerns ist mit einer Reihe kognitiver und auch emotionaler Vorstellungen verbunden.

Roth, G. (2001): Fühlen, Denken, Handeln. Wie das Gehirn unser Verhalten steuert
Singer, W. (2002): Der Beobachter im Gehirn
Lindemann, H. (2006): Konstruktivismus und Pädagogik

2.8. Bildung

2.8.1 Begriffliche Bestimmungen

Phänomen und Begriff der Bildung sind Gegenstand von zwei Wissenschaftstraditionen. Aus diesem Grund werden hier zwei Kurzdefinitionen vorgestellt.

Bildung

Die Kurzfassung des Bildungsbegriffs, wie er aus der Perspektive der geisteswissenschaftlichen Denktradition formuliert werden kann, lautet: Bildung ist die harmonische Entfaltung aller Kräfte im Menschen.

Dieser Kurzdefinition, die an eine Formulierung Johann Friedrich Herbarts (1776–1841) angelehnt ist (Herbart 1959, 44), unterscheidet sich wesentlich von den vorausgegangenen Kurzfassungen. Sie ist vom Inhalt her gesehen eine Idealdefinition, im Unterschied zu den vorangegangenen deskriptiven Definitionen.

Die Kurzfassung im Horizont der sozialwissenschaftlichen Forschungstradition kann lauten: Unter Bildung werden unterschiedliche gesellschaftlich anerkannte Qualifikationen verstanden, die die Mitglieder einer Gesellschaft in verschiedenen Institutionen erwerben und durch die ihre Stellung in der Gesellschaft bestimmt wird.

Diese zweite Kurzfassung des Bildungsbegriffs ist als deskriptive Definition zu verstehen. Diese Art von Definition wird in verschiedenen Variationen in der empirischen Bildungsforschung angewendet.

Beide Grundauffassungen von Bildung als Gegenstand pädagogischer Theorienbildung und als Objekt erziehungswissenschaftlicher Sozial- und Bildungsforschung können als zwei konkurrierende und/oder sich ergänzende wissenschaftliche Zentren oder Paradigmen (Kap. 6) angesehen werden, die zurzeit den Diskurs der Wissenschaftsgemeinschaft bestimmen.

Im Folgenden werden exemplarische Beispiele aus den beiden Wissenschaftstraditionen und vorgestellt, in denen das Phänomen der Bildung zu bestimmen und zu erforschen versucht worden ist bzw. noch erforscht wird.

2.8.2 Der Bildungsbegriff in der geisteswissenschaftlichen Denktradition

In dieser Denktradition steht die Bildung als erstrebenswertes Ideal menschlicher Selbstverwirklichung im Zentrum der Theorienbildungen. Von der Aufklärung an wird aber auch das Phänomen der Bildung als Aneignung von Wissen und Fertigkeiten bzw. gesellschaftlicher Qualifikationen gesehen. Es wird aber nicht empirisch erforscht und entsprechend definiert, sondern als dialektisches Umschlagen der Idee der Bildung in die Formen ihrer Materialisierung als Aneignung von Wissen und Fertigkeiten interpretiert. Dabei werden verschiedene Formen der Dialektik (Kap. 7.5) als Verfahrensweisen angewendet, um den Materialisierungsprozess der Bildung zu beschreiben und zu verstehen. Von heute aus gesehen, könnten diese Bemühungen auch als die Aufdeckung eines Dilemmas mit geisteswissenschaftlichen Mitteln bezeichnet werden, das als „Dialektik der Bildung" bezeichnet werden kann. Hier setzen die soziologisch orientierte Bildungsforschung und die Soziologie der Bildung an. Sie machen nämlich die „Materialisierungen" der Bildung zum Thema. Ihre Forschungen führen zu Erkenntnissen, die das Wissen um die „Dialektik der Bildung" wesentlich erweitern.

> Löw, M. (2003): Einführung in die Soziologie der Erziehung und Bildung
> Merkens, H. (Hrsg.) (2006): Erziehungswissenschaft und Bildungsforschung

Dilemma

Das Dilemma besteht darin, dass Bildung einerseits als Idee gedacht werden kann oder muss und dass Bildung andererseits in Institutionen unter real gegebenen gesellschaftlichen Bedingungen verwirklicht werden muss bzw. wird. Auf beiden Seiten hat Bildung eine unterschiedliche Qualität, wie die Geschichte der Bildung (Ballauff 1969, Ballauff/Schaller 1970 u. 1973), die als Idealgeschichte begriffen wird, zeigt.

Als Lehrbeispiel hierfür kann das Wirken Wilhelm von Humboldts (1767–1835) als Bildungstheoretiker und als Schulreformer angesehen werden. In seinem Fragment zur „Theorie der Bildung des Menschen" beschreibt Humboldt anschaulich eine Idealvorstellung von Bildung.

> „Im Mittelpunkt aller besonderen Arten der Tätigkeit nämlich steht der Mensch, der ohne alle, auf irgend etwas Einzelnes gerichtete Absicht, nur die Kräfte seiner Natur stärken und erhöhen, seinem Wesen Wert und Dauer verschaffen will. Da jedoch die bloße Kraft einen Gegenstand braucht, an dem sie sich üben, und die bloße Form, der reine Gedanke, einen Stoff, in dem sie, sich darin ausprägend, fortdauern könne, so bedarf auch der Mensch einer Welt außer sich. Daher entspringt sein Streben, den Kreis seiner Erkenntnis und seiner Wirksamkeit zu erweitern, und ohne daß er sich selbst deutlich dessen bewußt ist, liegt es ihm nicht eigentlich an dem, was er von jener erwirbt, oder vermöge dieser außer sich hervorbringt, sondern nur an seiner inneren Verbesserung und Veredlung, oder wenigstens an der Befriedigung der innern Unruhe, die ihnen verzehrt" (von Humboldt 1964b, 5f).

Humboldt gehört zu jenen wenigen Bildungstheoretikern, die ihre Idee der Bildung auch in die gesellschaftliche Wirklichkeit umgesetzt haben. Daher kann man das von Humboldt formulierte Bildungsideal an seinen Tätigkeiten und Veröffentlichungen als Leiter der Sektion für Kultus und Unterricht im preußischen Innenministerium messen. In dieser administrativ-politischen Eigenschaft hat Humboldt zwischen 1793 und 1810 mehrere Entwürfe zur Institutionalisierung von Bildung vorgelegt. In den verschiedenen „Schulplänen" (Humboldt 1964b) vertritt er ein Bildungssystem, das in drei „Stadien" realisiert werden soll: Elementarunterricht, Schulunterricht und Universitätsunterricht. Die Möglichkeit, die Idee der Bildung zu realisieren, sieht Humboldt am ehesten im Schulunterricht, d.h. im Gymnasium und selbstverständlich in der Universität gegeben. Mit dieser exklusiven Festlegung, in der alle anderen Schularten, z.B. die Elementarschule oder die Realschule, von der Möglichkeit der Bildung ausgenommen sind, wird die Idee der Bildung gesellschaftlich manifest. Die Ungleichheit der Chancen am Zugang zu jenen Institutionen, in denen Bildung „vermittelt" wird, ist die Folge.

Das Beispiel eröffnet zwei strukturelle Merkmale des Materialisierungsprozesses der Bildungsidee: 1. die Institutionalisierung der Bildung in Schule und Unterricht und 2. die Vergegenständlichung der Bildung im Lehrplan. Beide

Merkmale sind auch in der derzeitigen Diskussion um die Reform des Bildungswesens und die Curriculumreform zu beobachten.

Das Beispiel zeigt weiter, dass die Qualität der Bildung als Ideal in der Praxis des institutionalisierten Handelns in den Erwerb von Wissen und entsprechenden Verfahren der Wissensaneignung umschlägt. Entsprechend wird in der Folge auch zwischen Bildung als Produkt und Bildung als Prozess unterschieden.

Bildung als Produkt und als Prozess

In der Aneignung von Bildung als Produkt personalisiert sich der materiale Aspekt der Bildung: Gebildet ist die Person, die viel weiß; der Polyhistor. Bruner nennt diesen Prozess „acquisition of knowledge" (Kap. 2.7). Bildung als Produkt ist aber auch in Form der gesamten Literatur, als Theater, Film usw. zu finden. Unter der Maßgabe von Bildung als Produkt muss der intrapersonale Prozess als Lernprozess begriffen und entsprechend definiert werden (Kap. 2.7).

materiale und formale Bildung

Im Zuge des Materialisierungsprozesses wird auch zwischen materialer und formaler Bildung unterschieden. Im ersten Fall geht es um die transportierten und abfragbaren Inhalte, die auch im Zusammenhang mit der Leistung als Produkt (Kron 2008) stehen. Im zweiten Fall sind die Darstellungsformen der Inhalte gemeint: z. B. die Sprache, die Schrift, das Bild und in der jüngsten Zeit das Lernen und das Lernen des Lernens.

Das Beispiel zeigt die Notwendigkeit der empirischen Sozial- und Bildungsforschung und der Soziologie der Bildung (Löw 2003), die gesellschaftlichen Manifestationen von Bildung aufzudecken.

In der kritischen Auseinandersetzung mit dieser Bildungstradition hat Klafki den Bildungsbegriff neu bestimmt (1974, 27ff). Zunächst weist Klafki darauf hin, dass zwischen materialer und formaler Seite des Bildungsprozesses ein grundsätzlicher Verweisungszusammenhang besteht, wie ihn das klassische Phänomen auch zeigt. Ein Gleiches gilt für Bildung als Produkt und Prozess. Wenn dieser Zusammenhang gesprengt wird, gerät eine materiale Bildung ins Abseits einer durch Bildungsinhalte angefüllten Instrumentalisierung des Bildungsprozesses; andererseits gerät eine Ausuferung der formalen Bildung ins Extrem einer reinen Kräfte-, Fertigkeits- und Lernschulung. Bildung ist also als ein Ganzes zu sehen (Klafki 1974, 38f).

kategoriale Bildung

Klafki bezeichnet nun diesen grundsätzlichen Verweisungszusammenhang der beiden Aspekte der Bildung in einem ganzheitlichen Konzept als „*kategoriale Bildung*" (Klafki 1974, 38). Damit ist der Entwurf eines neuzeitlichen Bildungsbegriffs markiert. Aus der Optik der Subjekte, die in die Bildungsprozesse eingelassen sind, realisiert sich kategoriale Bildung als „doppelseitige Erschließung" der Individuen.

> „Diese doppelseitige Erschließung geschieht als Sichtbarwerden von allgemeinen, kategorial erhellenden Inhalten auf der objektiven Seite und als Aufgehen allgemeiner Einsichten, Erlebnisse, Erfahrungen auf der Seite des Subjekts. Anders formuliert: Das Sichtbarwerden von ‚allgemeinen Inhalten', von kategorialen Prinzipien im paradigmatischen ‚Stoff', also auf der Seite der ‚Wirklichkeit', ist nichts anderes als das Gewinnen von ‚Kategorien' auf der Seite des Subjekts" (Klafki 1974, 43).

Kategoriale Bildung meint dem Worte nach, dass Menschen in der Lage sind, von der Welt begründete, d. h. durch Erkenntnis, geprüfte Aussagen zu machen. Diese Fähigkeit ist stets an die Inhalte gebunden, die zur Aussage stehen. Formales und materiales Moment bilden damit eine Einheit, die auch den Bildungsprozess ausmacht, in dem die Fähigkeit zur Aussage und die Aussage selbst gewonnen werden.

kategoriale Bildung

Es bleibt hinzuzufügen, dass sich dieser Konkretisierungszusammenhang der Bildung im Individuum stets in den vielfältigsten Formen des Handelns, der Interaktion des Gestaltens und der sprachlichen Darstellungen äußert. Nicht zuletzt erwachsen aus diesem Prozess überhaupt erst Verantwortungsbewusstsein und konkrete Verantwortung in den vielfältigsten Bereichen (Klafki 1974, 46–71 u. 135ff) bzw. für die globalen Probleme der Welt (Klafki/Braun 2007).

Eine Sonderstellung nehmen die bildungstheoretischen Arbeiten von Theodor Ballauff (1911–1995) ein, die in seinem Werk „Pädagogik als Bildungslehre" (2000) auf den historisch-systematischen Punkt gebracht sind. Ballauff entwirft hier eine „antithetische" Pädagogik. Die Geschichte der Erziehung und Bildung lehrt, so Ballauff, dass es in der Praxis aller Erziehung und Bildung und ihrer Reflexion immer der Mensch ist, der zum Gegenstand und Objekt der Bemühungen gemacht wird. Für Ballauff aber soll der Mensch nicht zum Gegenstand aller Bemühungen gemacht werden. Es soll im Gegenteil um die Freigabe des einzelnen Menschen zur Selbstständigkeit im Denken und zum selbstlos verantworteten Handeln gehen. Die Herausgeber der „Pädagogik als Bildungslehre" sagen im Vorwort daher mit Recht:

> „Die pädagogische Antithese lautet: Niemand hat sich ein autonomes Selbst anzumaßen und ist dementsprechend zu erziehen. Die ausgezeichnete Möglichkeit von uns Menschen, die Erziehung und Bildung eröffnen können, ist es vielmehr, uns in ‚selbstloser Verantwortung der Wahrheit' vom Denken leiten zu lassen. Das Denken ist allerdings in sich problematisch und keineswegs das ‚Heil'" (Ballauff 2000, 6).

Und Ballauff sagt gegen Ende seiner Abhandlung:

> „Wir haben den Gedanken vertreten, daß es nicht so sehr um ‚Freiheit' als vielmehr um eine Selbstständigkeit im Denken geht, die nicht besagt, denken zu können, was ich will – das wäre kein Denken –, sondern der Einsicht in ihrer Begründbarkeit, aber auch Fragwürdigkeit zu folgen. Dieser Selbstständigkeit im Denken muß eine Demokratie korrespondieren, die gestattet, Einsicht erlangen, sie aussprechen und ihr folgen zu können in der steten Bereitschaft, sich ‚eines Besseren' belehren zu lassen.
> Allerdings ein Weg muß ausgeschlossen werden: der der Aufhebung jener Selbstständigkeit.
> An dieser Stelle mag ein gewichtiger, oft erhobener Einwand Platz finden:
> Die These lautet: zur Menschlichkeit gehört die Selbstständigkeit im Denken und die selbstlose Verantwortung der Wahrheit.
> Die Frage stellt sich: sind alle Menschen dazu in der Lage oder zu befähigen?" (Ballauff 2000, 194)

Diese Frage weist auch auf die sozialwissenschaftliche Forschungstradition hin, deren Forschungsergebnisse auf dem Gebiet der gesellschaftlich und institutionell bedingten Bildung Ballauff ausdrücklich aufgreift.

2.8.3 Der Bildungsbegriff in den Sozialwissenschaften

Von Beginn dieses Jahrhunderts an wird Bildung auch aus soziologischer Sicht untersucht (Löw 2003). Damit werden jene oben angesprochenen Materialisierungsprozesse zum Gegenstand soziologischer und bildungssoziologischer Forschung. Bildung wird hier über Formen von Bildungs- und Ausbildungssystemen definiert, die mit anderen Systemen der Gesellschaft, z.B. den ökonomischen und politischen Systemen, in funktionaler Abhängigkeit gesehen werden.

In Anlehnung an die Arbeiten von Pierre Bourdieu weist Martina Löw in diesem Zusammenhang auf den „Stellenwert von Bildung im Prozess der sozialen Reproduktion" hin (Löw 2003, 48). Das bedeutet, dass es in den Forschungen darum geht, die Strategien zu untersuchen, „mittels derer Individuen ihre soziale Position in einer Gesellschaft behaupten oder verbessern wollen". Zu diesem Zweck müssen die Individuen Bildungsinstitutionen durchlaufen, in denen sie bestimmte Bildungsinhalte erwerben können, die durch Bildungszertifikate bestätigt werden. Da die Institutionen aber von sehr unterschiedlichem Bildungsanspruch und -niveau sind, werden die Individuen mithin unterschiedlich qualifiziert. Die von ihnen erworbene Bildung ist zwar ein gesellschaftliches und kulturelles Kapital, durch die unterschiedlichen Standards aber z.B. Sonder-, Haupt-, Real-, Berufs- oder Gymnasialschulabschluss sind ihnen sehr unterschiedliche Chancen eröffnet, soziale und berufliche Lebensformen und Positionen zu erreichen. Bildung, gleichviel ob materiale oder formale oder Bildung als Produkt oder Prozess oder gar als kategoriale Bildung, die Idee der Bildung hat sich unter dem Druck der kapitalistischen Wissenschaftsgesellschaft in Ware verwandelt.

Fatke, R., Merkens, H. (Hrsg.) (2006): Bildung über Lebenszeit
Löw, M. (2003): Einführung in die Soziologie der Bildung und Erziehung

Daher sind auch die sozialen Ungleichheiten, die über Bildungs- und Ausbildungssysteme produziert und reproduziert werden, Gegenstand bildungssoziologischer Forschung.

Wenn aber über Politik, Wissenschaft und Kultur an der Aufhebung von gesellschaftlich erzeugter Ungleichheit gearbeitet werden soll, oder wenn es auch nur um den institutionellen Abbau von Verhinderungen für gleiche Bildungschancen aller Bürger gehen soll, dann kann auf die Antizipation der Idee der Bildung allerdings nicht verzichtet werden. Daher ist auch das Wissen um die Geschichte der Bildungsidee und ihrer Verkehrung die conditio sine qua non für die Funktion der Bildung als regulative Idee für gesellschaftliches und pädagogisches Handeln.

2.8.4 Die Dialektik der Bildung

In den 60er Jahren des vergangenen Jahrhunderts hat eine bildungs- und gesellschaftskritische Diskussion stattgefunden, die maßgeblich von den „Kulturkritikern" der „Frankfurter Schule" Theodor W. Adorno und Max Horkheimer geführt worden ist.

Die vorgenannten Autoren interpretieren die gegenwärtige Gesellschaft – den Menschen als Individuum eingeschlossen – in allen Bereichen als „arbeitsteilig" und daher „parzelliert". Vor dem Hintergrund dieser Interpretation sind der Mensch und sein Bildungsprozess instrumentalisiert. Ein Rückgriff auf eine harmonische Entfaltung aller Kräfte im Menschen erscheint daher unmöglich. Aufgrund dieser gesellschaftskritischen Einsicht einerseits, aber andererseits in der Hoffnung auf die prinzipielle Bildungsfähigkeit des Menschen, halten sie eine neue Form der Bildung für möglich. Hier ist die Dialektik zu erkennen.

Die Bedingung der Möglichkeit für diese neue Form der Bildung wird im Wesentlichen darin gesehen, dass das Verhältnis von Bildung und ihren gesellschaftlichen Bedingungen im Großen und im Kleinen als „Negative Dialektik" zu begreifen ist. Dialektisch kann in diesem Kontext als der Verweisungszusammenhang von individueller Bildung und gesellschaftlichen, d.h. sozio-ökologischen, -ökonomischen und -kulturellen Gegebenheiten und Chancen verstanden werden. Dabei sind die Erfahrungen und die Erkenntnis leitend, dass Bildung noch lange nicht – und vor allem überall noch nicht – zu jener Allgemeinbildung transformiert werden konnte, wie sie in der Aufklärung und z.B. von Klafki charakterisiert worden ist.

Negativ ist diese Dialektik deshalb, weil die derzeitigen Bildungsprozesse auf gesellschaftlichen Bedingungen beruhen, die ihre aufklärerische Funktion behindern oder gar unmöglich machen. Adorno spricht als gesamtgesellschaftliche Verhinderungsgründe für das Entstehen einer neuen Form von Allgemeinbildung u.a. folgende Momente an (1984, 168–192): die Zweckorientierung und Parzellierung der Bildungsprozesse in den verschiedensten Bereichen der Kunst, Wissenschaft und Philosophie; der ausschließliche Verwertungsaspekt, dem alle Bildungsprozesse unterworfen werden: „Was bringt es mir?"; die Vermarktung von Kultur durch die Kulturindustrie und der dadurch entstehende Verlust an unmittelbarer Erfahrung. Die „negativen" Folgen solcher instrumentalisierter Bildungsprozesse fasst Adorno mit dem Begriff der „Halbbildung" (1984, 168).

Aus einer eher geschichtsphilosophischen Sicht thematisiert Horkheimer den gleichen Sachverhalt (1981, 107–125): die Trennung von allgemeiner und besonderer Bildung; den Mangel an politischer Kultur; der Verlust an ästhetischen Grunderfahrungen, z.B. durch die Absonderung des Musischen in den Schulen oder in dessen Trivialisierung in den Medien.

Demzufolge muss in der Gegenwart jener von Adorno herausgestellte Ansatz mitgedacht werden, dass nämlich Bildung einer geschichtlich-gesellschaftlich bedingten Dialektik unterliegt, in der sie sich einerseits ins Esoterische verlieren oder in Herrschaft bzw. in Unterdrückung jener umschlagen kann, die aufgrund mangelnder Chance nicht an der Bildung teilhaben können. Die Dialektik offenbart aber auch, dass Lernen ohne Bildung ebenso in Herrschaft und Unterdrückung umschlagen oder in vordergründigen Pragmatismus aufgehen kann. Die Leistungsdiskussion der vergangenen Jahre mag als ein Indiz dafür angesehen werden.

Die „Negative Dialektik" bezielt in der Hoffnung auf die grundsätzliche Bildungsfähigkeit und Aufklärung des Menschen die Negierung des Negativen und führt zu einer Antizipation, d. h. einer gedanklichen und ideenhaften Vorwegnahme einer gelungenen Bildung oder einer besseren Welt. Dies kann z. B. auf der mikrosozialen Ebene realisiert werden: in einer Lerneinheit von ästhetischem, sittlichem und politischem Lernen; auf der institutionellen Ebene: in neuen Formen von Unterricht und Schule. In diesem Sinne formuliert Horkheimer in seinem Aufsatz „Der Bildungsauftrag der Gewerkschaften" treffend:

> „Bildung, im Sinne der Gewerkschaften, so sagte ich, gründet im Verständnis der Gesellschaft, in der Erkenntnis der eigenen Möglichkeiten und des richtigen Ziels. So verstanden heißt Theorie nicht Verkündigung einer fertigen Lehre, sondern die fortschreitende Analyse, kritische Erkenntnis" (Horkheimer 1981, 121).

Zugleich wird die Gesellschaft in ihrer politischen und kulturellen Organisation in die Pflicht genommen, entsprechende Bedingungen zu schaffen, die diese neuen Bildungsprozesse ermöglichen können, die nicht nur die Einzelnen, sondern auch die Gesellschaft im Ganzen weiter zu entwickeln vermögen. Dementsprechend formuliert der marxistisch orientierte Gesellschafts- und Bildungskritiker Heydorn:

> „Mit jedem Menschen, der ihr zum Gegenstand wird, ist Bildung auf Zukunft gerichtet; sie vermittelt sich den historischen Prozessen durch anhebendes Menschsein. Damit werden wir frei, überwinden wir die Ängste, die wir über Jahrhunderte verinnerlicht haben, fassen wir Vertrauen zu uns selber. Erst damit hören wir auf, Opfer zu sein, das zum Mörder wird, weil es den Mord wehrlos verinnerlichen mußte, lassen wir unsere eigene Vergangenheit durch wirklich neue Erfahrung hinter uns. Bildung zielt auf Gegengesellschaft, um über sie neues Land zu finden. Das ist ihr Beitrag. Nur wenn wir selbst um ein geringes menschlicher sind, es damit aushalten in der Unmenschlichkeit, die uns stets wieder unter sich zwingt, wird die Zukunft menschlicher sein" (Heydorn 1972, 148ff).

Der Klassiker: Klafki, W. (2007): Neue Studien zur Bildungstheorie und Didaktik
Benner, D. (2008): Bildungstheorie und Bildungsforschung
Ballauff, Th. (2000): Pädagogik als Bildungslehre
Löw, M. (2003): Einführung in die Soziologie der Bildung und Erziehung

2.9 Entwicklung

2.9.1 Begriffliche Bestimmungen

Die Kurzfassung lautet: Unter Entwicklung wird die ständige Differenzierung eines Organismus bei immer höherer Integration verstanden.

Entwicklung

Mit dieser formalen Bestimmung ist ein höchst komplizierter und komplexer Prozess gefasst, der zudem auf verschiedenen Ebenen des menschlichen Lebens als Spezies und als Einzelwesen abläuft und der im Übrigen für alles, was lebt, gilt.

Die Bedeutung des Entwicklungsgedankens für die Wissenschaften wird für die Moderne zum ersten Mal von dem englischen Philosophen, Empiristen und Positivisten Herbert Spencer (1820–1903) hervorgehoben. Ähnlich wie Charles Darwin (1809–1882) sieht Spencer in der Evolution die Grundtatsache allen Lebens und dessen Höherentwicklung im Großen und im Kleinen. Damit gewinnt der Entwicklungsbegriff den logischen Status der universalen Erklärung des gesamten menschlichen Daseins. Nach Spencer kann Entwicklung („evolution") als ein Prozess verstanden werden, in welchem sich Materie – gleichviel welcher Art – teilt („dissipation") und sich wieder – in einer höher organisierten Weise – zusammenfindet („integration"). Da dieser Entwicklungsprozess von Dissipation und Integration zu höher entwickelten Organismen führt, wird er auch Evolution genannt.

Evolution

Unter Evolution sei in einem allgemeinen Sinn die biologisch begründete stammesgeschichtliche Entwicklung (Phylogenese) von Arten von Lebewesen von einfachen Grundformen zu höher entwickelten Formen verstanden. Dabei erzeugen Mutations- und Selektionsprozesse den Druck, dass Evolution stattfinden kann (Fröhlich 2005, 181, Stichwort Evolution). Die Theorie, die von Charles Darwin (1809–1882) entwickelt worden ist, wurde auch auf menschliche, soziale und gesellschaftliche Entwicklungen übertragen und wird „Sozialdarwinismus" bzw. „Evolutionismus" genannt.

In den evolutionstheoretischen Forschungen seiner Zeit wird u. a. festgestellt, dass Phylogenese, d. h. Menschheitsgeschichte, und Ontogenese, d. h. Lebensgeschichte des Einzelnen, dem Entwicklungsgesetz vom einfachen zum komplexen Leben folgen. Die ganzheitspsychologischen Forschungen zeigen die Geltung der „Aktualgenese". Sie besagt u. a., dass der Wahrnehmungsprozess von anfänglich diffuser Gestaltwahrnehmung zur präzisen Wahrnehmung und Bestimmung der Endgestalt hin verläuft. Aus der Psychoanalyse wird ersichtlich, dass unbewusste seelische Vorgänge in einem komplexen Prozess zur differenzierten Bewusstheit transformiert, d. h. entwickelt werden können.

Danach ist Lernen – bereits von Spencer in seinen Aufsätzen von 1861 über „Education, intellectual, moral and physical" vorgeschlagen – als ein Prozess zu verstehen, der mit der Ontogenese im Zusammenhang steht. Erziehung und Unterricht müssen sich daher an den Zeichen und Anzeichen der körperlichen, seelischen und intellektuellen Entwicklung des einzelnen Kindes orientieren, wenn sie im Sinne einer Höherentwicklung des Kindes in diesen Bereichen und im Ganzen der Gesellschaft und Menschheit erfolgreich sein sollen. Das Beobachten der kindlichen Regungen, Bedürfnisse, Triebe und Interessen, seiner Lebens-

Entwicklung

äußerungen und Tätigkeiten wird damit zur Grundlage aller pädagogischen und didaktischen Konzeptbildung erklärt. Entsprechend diesen Lebensäußerungen ist die erzieherische und unterrichtliche Umgebung und Umwelt zu gestalten.

In einem allgemeinen Sinn werden unter Entwicklung jene Veränderungen im Leben eines Menschen verstanden, die mit dem Lebensalter verbunden werden können.

Viele Entwicklungsmodelle sind nach dieser Definition erarbeitet worden. Nun kann das Lebensalter aber nicht als eine spezifisch psychologische Kategorie angesehen werden; es dient zwar der Beschreibung von Veränderung, nicht aber ihrer Erklärung, warum sich etwas verändert. Hierfür kann die Psychologie eine Reihe von stichhaltigen und empirisch nachweisbaren Variablen nennen, wie z. B. das Konditionieren, das Internalisieren, die Verdrängung, das Sublimieren, die Strukturierung, das Lernen. Wie zu erkennen ist, enthalten die genannten Erklärungen für Entwicklung einerseits Elemente aus der Umwelt als auch Elemente von endogen bestimmten Prozessen. Allen Erklärungen liegt aber das Moment der Zeit zugrunde. Daher kann, auf dieses Grundmoment gestützt, eine erste pädagogische Bestimmung vorgenommen werden.

Unter Entwicklung werden Veränderungen verstanden, die sich auf die Dimension der Zeit, z. B. der Lebensalter oder biografischer Abschnitte im Leben eines Menschen, beziehen (Oerter/Montada 1998, 23). Dabei erweist sich der Lebenslauf als Zeit- und Forschungsdimension als sinnvoll.

Oerter, R., Montada, L. (1998): Entwicklungspsychologie
Fend, H. (2003): Entwicklungspsychologie des Jugendalters

2.9.2 Forschungs- und Erklärungsansätze

Viele Forschungsansätze mit eigenen Begriffen und Modellvorstellungen, unterschiedlichen Erkenntnisinteressen und Zugangsweisen sowie eine Vielzahl von Theorien werden auf dem Feld der Entwicklung angeboten. Oerter und Montada präsentieren eine Klassifikation entwicklungspsychologischer „Schulen", die einen informativen Kurzüberblick bietet. Ihr liegt der Zusammenhang von Gesellschaft und Individuum zugrunde. Daher ist sie in dem vorliegenden Erörterungszusammenhang von besonderem Interesse. In Anlehnung an Oerter und Montada (1998) lassen sich vier Theoriefamilien unterscheiden, deren Schwerpunkte entweder bei den Subjekten oder den Umweltbedingungen oder bei den Aktionen zwischen Subjekt und Umwelt liegen. Diese sind:

1. interaktionistische,
2. konstruktivistische,
3. exogenistische und
4. endogenistische Theorien.

interaktionistische Theorien

Zu 1) Der interaktionistische Theorieansatz geht von der gegenseitigen Beeinflussung von Mensch und Umwelt aus. Dabei wird der Mensch als handelndes Subjekt verstanden, das einerseits von seiner kulturellen und sozialen Umwelt bestimmt wird und das andererseits seine Umwelt gestaltet. Dieses Grundverständnis von Entwicklung ist in allen Sozialisations- und Erziehungstheorien anzutreffen: insbesondere aber im symbolischen Interaktionismus (Kap. 3.4 u. 4.5) und in den konstruktivistischen Auffassungen von Entwicklung wie die strukturgenetischen und sozialpsychologischen Entwicklungstheorien von J. Piaget, L. Kohlberg, Carol Gilligan, F. Oser und D. Garz zeigen (Garz 1984, 2006 sowie Kap. 4.5.4).

> Der Klassiker: Roth, H. (1976): Pädagogische Anthropologie. Bd. 2, Entwicklung und Erziehung. Grundlagen einer Entwicklungspädagogik
> Garz, D. (2006): Sozialpsychologische Entwicklungstheorien
> Aufenanger, St. (1992): Entwicklungspädagogik. Die soziogenetische Perspektive

Zu 2) Die Grundannahme in der konstruktivistischen Theoriefamilie ist die, dass der Mensch zwar mit seiner Umwelt interagiert, diese aber in sich selbst konstruiert, d.h. kognitiv hervorbringt. Dabei wird der Mensch als Organismus betrachtet, der die Angebote der Umwelt in einem aktiven Sinn aufgreift und für sich „organisiert", „konstruiert" oder „konzeptualisiert". Entwicklung erscheint hier als eine Art biografischer Selbstkonstruktion.

konstruktivistische Theorien

Die Selbstkonstruktion der Welt durch das Individuum durchläuft Stadien oder Stufen, wie dies z.B. in der strukturgenetischen Theorie von J. Piaget gezeigt worden ist (Kap. 3.5). Damit ist zum Ausdruck gebracht, dass sich Problemfelder oder -zonen in der Auseinandersetzung des Einzelnen mit seiner Umwelt (Konstitutionsprobleme) ergeben. Ein vierjähriges Kind z.B., das gerade den funktionalen Zweck des „Warum"-Fragens entdeckt hat, dass nämlich seine Eltern eine – gleichviel wie geartete – Antwort geben, wird so lange die „Warum"-Fragen praktizieren, bis es in seinem Denken ein Handlungskonzept im wahrsten Sinn des Wortes entwickelt hat, das es befriedigt. Das Stadium der „Warum"-Fragen ist damit überwunden; Entwicklung hat stattgefunden.

Soll Entwicklung gefördert werden, dann ist es notwendig, Umwelt so zu organisieren, dass Kinder zum Handeln und Denken herausgefordert werden. In Familien und Kindertagesstätten kann dies durch entwicklungsstimulierende Angebote, wie z.B. kreative Spiele, Rollenspiele, geleistet werden. In einem didaktischen Sinn geschieht dies in der Schule, z.B. durch Projektarbeit oder durch die Transformation klassischer Lerninhalte in Lernfelder, kurzum durch die „Schülerorientierung" der Schule (Kron 2008).

Dieser Theorieansatz wird durch die neurobiologischen Forschungen zum Lernen bestätigt (Kap. 2.7.3).

Zu 3) Exogenistische Theorien gehen von einer doppelten Annahme aus: 1. der Mensch wird als ein Organismus angesehen, der bei der Geburt eine Art „Tabula rasa", also ein „blanker Tisch" oder ein „unbeschriebenes Blatt" ist. 2. Alles, was der Mensch werden soll, muss er daher von seiner Umwelt durch Erfahrung lernen. Die Umwelt wird damit zum großen Einflussfaktor in der Sozialisation des Menschen. Diese Position wird am stärksten in behavioristischen Theorieansätzen vertreten; am augenfälligsten von Skinner und seinem Modell vom operanten Lernen (Kap. 3.2) und in abgeschwächter Form von Bandura und Walters mit ihrem Ansatz vom Lernen am Modell (Kap. 4.4).

exogenistische Theorien

endogenistische Theorien

Zu 4) Der endogenistische Theorietyp stützt sich im Wesentlichen auf Vorgang und Begriff der Reifung. Entwicklung wird mit Reifungsprozessen gleichgesetzt. Unter Reifung sei ein Wachstum auf der Grundlage eines angelegten Planes verstanden. Viele so genannte Phasenlehren stützen sich auf Reifungshypothesen. Sie weiten die Definition über körperliche Prozesse hinaus auch auf geistig-seelische Entwicklungen aus. Im Regelfall wird dabei auch mit der Unterstellung gearbeitet, dass dem Reifungsprozess eine Entelechie, also eine „innere", z. B. göttliche oder gattungsmäßige, Bestimmung innewohne und dass daher der Zweck der Entwicklung durch anlagemäßig vorgegebene Daten primär bestimmt sei. Zutreffend an dieser Modellvorstellung ist die Annahme der zunehmenden Differenzierung von Funktionen, z. B. des Körpers bzw. seines geistig-seelischen Zusammenhangs – etwa Gehen und Sprechenlernen. Phasenlehren arbeiten daher auch im Regelfall mit Altersangaben und den damit verbundenen Leistungen, die für universal erklärt werden, wie z. B.: „Kinder lernen im Regelfall bis zum zweiten Lebensjahr gehen und sprechen". Vertreter von Phasenlehren können von diesen und anderen Maßstäben her denn auch Entwicklungsretardierungen, also Verlangsamungen oder Verfrühungen, feststellen.

Mit der Gleichsetzung von Entwicklung als Reifung wird der Einfluss der Umwelt auf den sich entwickelnden Menschen sehr eingeengt.

2.9.3 Entwicklungsabschnitte

Zum Schluss muss noch auf eine begriffliche Problematik hingewiesen werden. In den verschiedenen Entwicklungstheorien werden unterschiedliche Begriffe zur Kennzeichnung von Entwicklungsfortschritten gebraucht: Stufen, Phasen, Abschnitte. Ohne auf die Definitionen im Einzelnen einzugehen, wird im Kontext dieses Buches dem Vorschlag von Fröhlich (Wörterbuch Psychologie 2005, 166f, Stichwort Entwicklung) gefolgt. Dies geschieht im Unterschied zu Piaget, der dem Ordnungsschema „Stufe" den Vorzug gibt, wie weiter unten gezeigt wird. Fröhlich gibt aus pragmatischen Gründen dem Begriff „Abschnitt" den Vorrang, da mit diesem Begriff Phänomene allgemeiner Art bezeichnet seien, die als konsensfähig erscheinen. Zur Verdeutlichung werden die Entwicklungsabschnitte in der nachfolgenden Übersicht vorgestellt.

1. Säuglingsalter (von der Geburt bis zum 1. Lebensjahr)
2. Kindesalter (1.–12. Lebensjahr)
    a) frühe Kindheit (1.–6. Lebensjahr)
    b) mittlere Kindheit (6.–10. Lebensjahr)
    c) späte Kindheit (10.–12. Lebensjahr)
3. Jugendalter (12.–21. Lebensjahr)
    a) Vorpubertätsalter
    b) Pubertätsalter
    c) Nachpubertätsalter
4. Erwachsenenalter (21.–65. Lebensjahr)
5. Alter

Der Klassiker: Oerter, R., Montada, L. (1998): Entwicklungspsychologie
Fend, H. (2003): Entwicklungspsychologie des Jugendalters
Garz, D. (2006): Sozialpsychologische Entwicklungstheorien

2.9.4 Entwicklung als Soziogenese

Die pädagogische Bedeutung der Entwicklung liegt in der ontogenetischen Betrachtung. Damit rücken die Individuen in ihrem Lebenslauf und den darin eingebetteten Aktivitäten in das Zentrum pädagogischer Forschung, Theorienbildung und Praxis.

Von der Aufklärung an bis zur Gegenwart kreisen pädagogische Reflexion und Praxis um das Entwicklungskonzept. So hat J. J. Rousseau (1712–1778) in seinem 1762 zum ersten Mal veröffentlichten Entwicklungsroman „Emile" anschaulich beschrieben, dass sich die Erziehung an der Entwicklung des Heranwachsenden orientieren muss, wenn sie dessen Selbstständigkeit und Mündigkeit fördern soll. In fünf Entwicklungsstufen zeigt Rousseau an vielen Beispielen, auf welche unterschiedliche Art und Weise der heranwachsende Emile mit seiner Umwelt interagiert und aus diesen Interaktionen „von der Umwelt" lernt, mehr und mehr sich selbst zu organisieren. Trägt dieses Konzept der Entwicklung noch ganz die rationalen Züge der Aufklärung, so schlägt im Entwicklungskonzept Maria Montessoris (1870–1952) der Enthusiasmus der Entdeckung der „Natur im Menschen" und „im Kinde" durch. Auch Montessori geht von der Interaktion von Individuum und Umwelt als Strukturzusammenhang aus. Aber sie gibt der „natürlichen" Entwicklung des Kindes Priorität. Sie entdeckt „sensible Phasen", in denen das heranwachsende Kind besonders offen für „entwicklungsgemäße" Spiel- und Lernangebote ist. Sie „passt" daher die Umgebung der Entwicklung des Kindes an. Sie lässt architektonisch „kindgemäß" gestaltete Kindertagesstätten bauen, erfindet altersgemäßes „Spielmaterial" und schafft handlungsorientierte Bedingungen für das Kind, mit den Dingen, der Natur, den Menschen und mit Gott umzugehen. Sie nennt diese erzieherisch bedeutsamen Maßnahmen „vorbereitete Umgebung". Und sie stellt fest, dass Kinder in altersstufengemäß gut vorbereiteten Arbeits- und Spielsituationen „ganz bei der Sache" sind. Sie nennt dieses in der Literatur „Montessori-Phänomen" bezeichnete Phänomen „Polarisation der Aufmerksamkeit".

Montessoris Auffassung von entwicklungspädagogischer Arbeit ist bis heute wirksam, wie die Vielzahl der Montessori-Kindergärten und -Schulen zeigt.

Die erste systematische Darstellung des Zusammenhangs von Entwicklung und Pädagogik bzw. Erziehung und Unterricht hat Heinrich Roth (1906–1983) in seinem zweibändigen Werk „Pädagogische Anthropologie" (1971 u. 1976) vorgelegt. In der neueren Literatur wird dieser Zusammenhang auch als Soziogenese beschrieben (Aufenanger 1992). Roth hat das Phänomen der Entwicklung aus zwei Gründen als bedeutsam für die Pädagogik angesehen:

1. In der Entwicklung des Kindes verbinden sich Handeln, Denken und Erleben, die die Grundlage für die Persönlichkeitsentwicklung bilden. Mit der Herausbildung der Persönlichkeit kommen die kulturellen und sozialen Umweltbedingungen ins Spiel, in denen das Kind seine Erfahrungen macht und lernt.

Erfahrung und Lernen werden damit zu weiteren zentralen Phänomen, mit denen sich Entwicklung verbindet. Erziehung hat daher diesen strukturellen Gesamtzusammenhang von Entwicklung als offene und unabschließbare Aufgabe zu begreifen und zu realisieren. Daher muss in allen Entwicklungsphasen die Mündigkeit des Heranwachsenden als Ziel der erzieherischen Bemühungen unterstellt werden. Mündigkeit versteht Roth als Kompetenz.
2. Zur Begründung und Verwirklichung dieser Aufgaben hat Roth daher die vielfältigen Forschungen aus Pädagogik und ihren Teil- und Nachbardisziplinen zu einer systematischen Gesamtschau zusammengefasst, die er als „integrale Anthropologie" bezeichnet.

Entwicklungspädagogik

Mit dem Begriff „Entwicklungspädagogik" werden nun die Aufgaben für Forschung, Theorienbildung und Praxis belegt, die sich aus dem in der integralen Anthropologie gesammelten Wissen heraus stellen. Dies gilt in Bezug auf alle pädagogischen Institutionen.

Ihre Weiterführung hat die Entwicklungspädagogik durch die vielfältigen Sozialisationsforschungen und –theorien erfahren, insbesondere durch jene, die von der Interaktion von Individuum und Umwelt ausgehen und die das Lernen der Kultur und sozialen Regeln und Normen mit der Entwicklung der Persönlichkeit verbinden. Dies gilt insbesondere für die interaktionistischen Entwicklungstheorien. Als Beispiele können hierfür die in den Kapiteln 3 und 4 vertretenen Autoren (T. Parsons u. S. Freud, J. Piaget, G. H. Mead u. E. H. Erikson sowie L. Kohlberg) angesehen werden.

In neueren Untersuchungen richten St. Aufenanger (1992) und D. Garz (2006) ihr erkenntnisleitendes Interesse auf die Kommunikationsstrukturen in den Sozialisationsstrukturen der oben genannten Autoren. Sie zeigen auf, dass Strukturen von Kommunikation (Kap. 4.5.2 bis 4.5.4) Einfluss auf die verschiedenen Dimensionen der Entwicklung, z. B. kognitive, emotionale, moralische, soziale, haben. Ebenfalls sind die Gruppen oder Institutionen, in denen Heranwachsende leben, bedeutsame Stimulantia für die verschiedenen Dimensionen der Entwicklung. In Anlehnung an Aufenanger kann daher auch von der Entwicklung der Soziogenese gesprochen werden (Kap. 3.5.5).

Aufenanger, St. (1992): Entwicklungspädagogik. Die soziogenetische Perspektive
Garz, D. (2006): Sozialpsychologische Entwicklungstheorien
Noack, W. (2007): Anthropologie der Lebensphasen

3.0 Der Sozialisationsprozess

> In diesem Kapitel werden Theorien und Modelle verschiedener Autoren vorgestellt, mit denen jene Prozesse erklärt und verstanden werden können, in denen Heranwachsende und Erwachsene in die Gesellschaft integriert werden (makrosoziale und institutionelle Ebene). Dabei wird auf die Herausarbeitung der wichtigsten Grundstrukturen und Elemente geachtet. Es werden zudem Dimensionen in den Sozialisationsprozessen aufgezeigt, in denen die eigenständige Persönlichkeitsentwicklung der Akteure sichtbar wird (mikrosoziale und intrapersonale Ebene).

3.1 Einführung in den Gegenstandsbereich

3.1.1 Zur grundlegenden Bedeutung des Lernens

Mehrfach wurde bereits auf die zentrale Bedeutung des Lernens für Sozialisationsprozesse hingewiesen. Lernen fungiert dabei als eine Modellvorstellung, mit deren Hilfe der intrapersonale Vorgang im Individuum erklärt werden kann, der angenommen werden muss, wenn sich Sozialisation realisiert. Einen ersten Überblick geben die folgenden Werke:

Seel, N. M. (2000): Psychologie des Lernens. Lehrbuch für Pädagogen und Psychologen
Bednorz, P., Schuster, M. (2002): Einführung in die Lernpsychologie

Im Folgenden werden fünf der gebräuchlichsten Lernmodelle vorgestellt:

1. behavioristisches Lernmodell: operantes Lernen (Skinner 1973 u. 1985),
2. psychoanalytisches Lernmodell (Freud 1988a u. b),
3. Imitationsmodell/Lernen am Modell (Bandura/Walters 1963),
4. Lernen als Strukturierungsprozess (Piaget 1972),
5. gestaltpsychologisches Lernmodell (Köhler 1947).

Die vorgenannten lerntheoretischen Modelle gehen alle von der Interaktion zwischen Organismus und Umwelt als Grundstruktur aus, wie dies auch bei den Entwicklungstheorien der Fall ist. Darin ist auch ihre pädagogische Bedeutung zu sehen (Kap. 2.9.2).

Zu 1) Die behavioristische Modellvorstellung, die sich mit den Forschungen zum „operanten Lernen" (Skinner 1973 u. 1985) verbindet, ist zur Erklärung von Sozialisationsprozessen insofern von Bedeutung, als Sozialisation als ein durch Steu-

behavioristisches Lernmodell

erung von Verhalten realisierter Prozess erklärt werden kann. Dabei kann – auf der makrosozialen und der institutionellen Ebene, für die der Sozialisationsbegriff primär Geltung haben soll – durchaus an soziale Systeme wie z. B. die Familie, die Freizeitgruppe, das Arbeitsteam oder die Schulklasse gedacht werden. Es ist aber auch an soziale Großsysteme wie z. B. Schulen, Betriebe und Verwaltungen zu denken, in denen die Prozesse des Lernens von Wertorientierungen, Normen und Regeln sowie die Steuerung von Verhaltensweisen und -sequenzen ganzer Gruppen mit der Modellvorstellung vom operanten Lernen erklärt werden kann.

operantes Lernen

Der Prozess des operanten Lernens ist in Kapitel 4.4 ausführlich in Bezug auf den mikrosozialen Bereich der Erziehung beschrieben. Die dort entwickelten Kriterien und Mechanismen, insbesondere die Mechanismen der Steuerung haben auch für den makrosozialen Bereich der Sozialisation Geltung. Hier sind sie für den Einzelnen jedoch im Regelfall hinter Hierarchien von Kompetenz- und Entscheidungsträgern versteckt und durch die Separierung der Kompetenzen und Entscheidungen in spezielle Sachbearbeiter oder „Referate" undurchschaubar und unangreifbar gemacht.

Das soziale System genügt damit sozusagen sich selbst; der Einzelne ist lediglich Element des Gesamtsystems und wird von diesem gesteuert. Aus der Sicht einer kritischen Sozialisationsforschung oder Anthropologie taucht hier für den Einzelnen das Problem des Erlebens der eigenen Ohnmacht gegenüber dem allmächtigen System, das Scheitern mit den eigenen Ideen, das Aufbegehren gegen die Undurchschaubarkeit der Mechanismen des Systems oder die Flucht aus dem System auf.

Sozialisationsforschung, die unter der Modellvorstellung vom operanten Lernen betrieben wird, muss daher diese Problematik im kritischen Nachgang ihrer Forschungen stets bedenken. Sie vermag dies, wenn sie ihre eigenen methodologischen Implikationen sowie die in ihren erkenntnisleitenden Interessen versteckten Normen und Wertvorstellungen im Diskurs – also auf einer reflexiven Metaebene des Nachdenkens über ihre eigenen Voraussetzungen – ausdrücklich macht.

psychoanalytisches Lernmodell

Zu 2) Die psychoanalytischen Modellvorstellungen von Lernen und Entwicklung (Freud 1988a u. b) sind in der Sozialisationsforschung weit verbreitet. Diese Tatsache hat mehrere Gründe.

Talcott Parsons

Bei der Entwicklung seiner strukturfunktionalistischen Rollentheorie, die grundlegende Bedeutung für die Sozialisationsforschung sowie für die Theorienbildung gewonnen hat, hat Talcott Parsons die psychoanalytische Modellvorstellung vom Lernen zum zentralen Element seiner Theorie erhoben. Er hat damit den Vorgang der Rollenübernahme als Lernen von Rollen erklären können und mit den psychoanalytischen Begriffen der Identifikation und Internalisierung belegt.

psychischer Apparat (S. Freud)

Dabei war es unumgänglich, die freudsche Modellvorstellung vom „Aufbau des psychischen Apparates" (Freud 1988) in Es, Ich und Über-Ich mit zu übernehmen, um den intrapsychischen Mechanismus zu kennzeichnen, in und durch welchen Identifikation beim Individuum mit den Normen, Werten, Personen usw. der Außenwelt vonstattengehen kann. Die Außenwelt bietet jene für das Leben und die Entwicklung des Individuums sozial bedeutsamen Normen, Regeln, Wertorientierungen usw. an, die das Individuum über die Identifikation „verinnerlichen" – im Terminus der Psychoanalyse ausgedrückt: internalisieren, d. h. von außen nach innen nehmen – kann.

Der Lernprozess – psychoanalytisch betrachtet – ist also als ein Prozess von zwei gegenläufigen, sich aber ergänzenden Prozessen – Identifikation und Internalisierung – anzusehen. Eine zentrale Rolle kommt dabei dem Ich als „dem Tor zur Welt" zu.

Lernen

In der psychoanalytischen Sicht von Entwicklung rückt die „psychosexuelle Entwicklung" des Heranwachsenden in den Vordergrund und verbindet sich mit dem Lernen. Die Phase der psychosexuellen Entwicklung umfasst nach Freud die Zeit von der Geburt bis zum 5./6. Lebensjahr, also die frühkindliche oder primäre Sozialisation. Auch diese Modellvorstellung hat Parsons übernommen (Kap. 3.3), um das Rollenlernen als Entwicklungsgeschehen erklären zu können.

Entwicklung

Dies gilt auch für Erikson (Kap. 3.4.3), in dessen soziogenetischem Konzept das Lernen in psychoanalytischem Sinn als ein Prozess verstanden wird, der sich von der Geburt bis in die Erwachsenenzeit hin erstreckt.

Soziogenese (E. H. Erikson)

Zu 3) Das Imitationsmodell oder die Vorstellung vom Lernen am Modell (Bandura/Walters 1963) hat ebenfalls eine weite Verbreitung gefunden, insbesondere zur Erklärung von Erziehungsprozessen (Kap. 4.4.3). Aber auch Sozialisationsprozesse können mit dem Prozess des Lernens am Modell näher erklärt werden. So können z. B. Prozesse auf der Makroebene durch die Anwendung des Modelllernens in der Sprache und der Religion Aufklärung finden. Beim Lernen ihrer Sprache lernen die Heranwachsenden den Code – also die für die Gruppe, in der die Einzelnen leben, spezifische Bedeutung des Sprechens bzw. der Sprache. Diese drückt sich in Wortwahl und syntaktischer Bewegung, im Timbre der Stimme, in der Tonlage usw. aus. Modell für diesen Lernprozess ist die Gruppe oder die soziale Schicht, repräsentiert durch die Erwachsenen in ihren Handlungen, durch die Medien aller Art, kurzum durch das Leben in seinen Aktionen selbst. Ein Gleiches gilt für die Religion. Die Rollenvorschrift, z. B. in dem vierten Gebot – Du sollst Deinen Vater und Deine Mutter ehren … –, findet ihren Niederschlag in den Alltagshandlungen der Eltern mit ihren Kindern. Dabei halten die Eltern den Kindern sozusagen den Spiegel des gegenseitigen Rollenhandelns vor und spiegeln ihnen wider, dass sie z. B. gehorsam sein sollen, damit sie den Eltern „gefallen" und umgekehrt: dass die Eltern sich freuen, wenn das Kind sie bzw. ihre Anweisungen und Handlungen achtet oder akzeptiert. Sie spiegeln also dem Kind wider, wie es sein soll: durchaus freundlich – aber gehorsam und wie sie selbst sind bzw. zu sein haben: liebevoll dem Kind gegenüber – aber bestimmend auf es einwirkend.

Imitationsmodell

In Kapitel 4 sind die Mechanismen des Näheren beschrieben, aufgrund derer das Lernen am Modell „funktioniert".

Zu 4) Das Strukturierungsmodell (Piaget 1972) wird in Kapitel 3.5 näher erörtert. Zur Eröffnung eines Vorverständnisses sei jedoch angemerkt: Piagets Grundvorstellung von Lernprozessen ist der psychoanalytischen Modellvorstellung strukturell ähnlich.

Strukturierungsmodell

Interaktion

Akkomodation, Assimilation, Äquilibration, Interiorisation, Homöostasie

Auch Piaget geht von einer Art psychischem Organismus aus, der in Interaktion mit der sozialen und kulturellen Umwelt steht.

Dabei passen sich einerseits die psychischen Strukturen bzw. der psychische Organismus den Umweltanforderungen an; dieser Prozess wird „Akkomodation" genannt. Andererseits muss der psychische Organismus seine Umweltgegebenheiten in sich aufnehmen; dieser Prozess heißt „Assimilation"; und schließlich muss der psychische Organismus die neuen Elemente in das vorhandene „System" integrieren. Dieser Prozess wird als „Aequilibration" bezeichnet. Das Zusammenwirken der Teilprozesse zu einem Gesamtprozess hat die Bezeichnung „Interiorisation" gefunden (Furth 1972). Interessant an diesem Zusammenspiel des individuellen Organismus mit seiner Umwelt ist, dass Piaget 1. das biologische Bild des Organismus verwendet, 2. mit der biologischen Unterstellung arbeitet, dass der Organismus in seiner Tätigkeit stets nach innerer Balance oder nach Gleichgewicht (Homöostasie) drängt, 3. den Organismus stets in Auseinandersetzung mit seiner Umwelt sieht, 4. damit die kulturelle und soziale Umwelt als Grundbedingung für die Veränderung des individuellen Organismus ansieht und 5. daraus schlussfolgert, dass sich der Organismus stets in Entwicklung, im Handeln und im Lernen befindet.

gestaltpsychologisches Lernmodell

Zu 5) Obwohl das gestaltpsychologische Lernmodell (Köhler 1947) zur Erklärung von Sozialisations- und Erziehungsprozessen kaum eine Anwendung findet, soll es hier vorgestellt werden, denn es zeigt die Grenzen und die Ergänzungsbedürftigkeit der anderen Modelle auf. Bei dem gestaltpsychologischen Modell wird angenommen, dass die Wahrnehmung vom Menschen ganzheitlich geschieht. Hier wird nicht die kognitive Ebene zum alleinigen Grund aller Wahrnehmung und aller Lernprozesse erklärt, sondern die Gefühlsebene tritt hinzu.

Wahrnehmung, Aktualgenese

Wahrnehmung aller Art – die Sinne werden zum Tor zur Welt des Individuums erklärt – beruht daher auf Gefühl und Stimmung. Erst auf dem Weg einer allmählichen Strukturierung des Wahrnehmungsfeldes kommt der Gegenstand allmählich zur Klarheit und Endgestalt, wird er auch kognitiv erfasst. In diesem Prozess der „Aktualgenese" (Sander 1928) entwickelt das wahrnehmende Individuum seine Vorstellung, z. B. von einem „ausländischen Mitbürger" in vielen Begegnungen mit diesem allmählich von einer „Vorgestalt" mit Sympathien und Antipathien, mit Ängsten vor den noch unbekannten Gesten des Ausländers zu einer „Endgestalt", in der die Beziehung zu dem Betreffenden klar bestimmt werden kann, die Gesten verstanden werden, d. h. interpretiert und gegenseitig festgelegt sind, kurzum die Offenheit für das Anderssein des anderen überwiegt. In diesem Modell wird – wie bei den vorangegangenen Modellen – wieder ein Organismus unterstellt, der lernt und sich entwickelt. Aber die Strukturen, die Elemente und der Funktionszusammenhang werden anders bestimmt. Es wird unterstellt, dass der Organismus einen Tiefengrund hat, der als Gefühl bezeichnet wird (Wellek 1966) und dessen korrespondierende Erfahrung das Erlebnis ist. Wenn das Erleben als Grunderfahrung angesetzt wird, auf der alle weiteren Erfahrungen bis hin zur kognitiv repräsentierten Endgestalt ruhen, dann muss auch das Gefühl in der Personstruktur als jener Tiefengrund bezeichnet werden, auf dem alle weiteren Persönlichkeitsebenen,

Tab. 3: Dimensionen der Grundmodelle des Lernens

Grundmodelle / Betrachtungsebenen	Behavioristisch	Psychoanalytisch	Imitation	Strukturgenetisch	Gestaltpsychologisch
Zentrale Annahme	Verhalten (außen)	Psychischer Apparat (innen)	– Verhalten – Handeln (außen/innen)	Kognition (innen)	Gefühl (innen)
Funktion des Sozialisations- und Erziehungsprozesses	Anpassung	– Unterdrückung – Aufklärung	Erfahrungen	Arbeiten an und mit Normen (aktive Anpassung)	Entwicklungshilfe
Funktion der Erzieher/-innen	Verstärkung	Autorität	Vorbild/Modell	Aufklärung	Zeit und Raum geben
Sozialer Kontext	– Umwelt – Situationen – Personen	– Umwelt – Situationen – Personen	– Personen – Situationen	– Situationen	– Situationen

wie z. B. die kognitive, die motivationale und die psychomotorische aufruhen bzw. sich von diesem her speisen.

Unter den vorgestellten Annahmen beruht das Verhältnis des Menschen zur Welt und damit auch der Prozess der Sozialisation – ebenso der Enkulturation – auf Handlungen oder Erfahrungen, als deren individuelle Grundbedingung das Erleben zu bezeichnen ist. Die entsprechende Ebene oder Instanz in der Persönlichkeitsstruktur soll als Gefühl bezeichnet werden. Die aktualgenetische Betrachtungsweise führt nun zu der Schlussfolgerung, dass der Sozialisationsprozess auf dem Erleben sozialer Handlungen beruht, und dass über das Erleben hinaus ein Verstehen einsetzt, in welchem allmählich die noch neben- oder nacheinander stehenden Erlebnisse geordnet werden. Dieser Ordnungsprozess beruht auf Sinngebung, d. h. auf Verstehen.

Tabelle 3 gibt eine optische Veranschaulichung der Darlegungen. Dabei werden die fünf Grundmodelle des Lernens vier Betrachtungsebenen unterzogen, aufgrund derer noch einmal zentrale Dimensionen der Lernmodelle realisiert werden können.

3.1.2 Überblick über Erklärungsansätze für Sozialisation

Neben der empirischen Forschung und der sich mit ihr verbindenden Literatur zur Sozialisation gilt das Interesse der beteiligten Wissenschaften wie z. B. der Soziologie, Sozialpsychologie, Ethnologie und Pädagogik auch der Theorienbildung. Forschung geschieht nicht nur auf methodologischer Grundlage, z. B. auf systematischer Beobachtung unter kontrollierten Bedingungen, sondern sie beruht auch auf einer Theorie. Methodologie und Theorie gehören also zusammen. Ohne des Weiteren auf Ziel und Zweck einer Theorie, auf die verschiedenen Theorieverständnisse oder auf den Erklärungswert von Theorien einzugehen, sei in einem allgemeinen Sinn gesagt, dass Theorien die notwendige Voraussetzung für jede Forschung, insbesondere für die empirische Sozial- und Sozialisationsforschung sind. Ihr Zweck ist, systematisch Tatsachen oder Fakten zu erkunden und für eine systematische Interpretation zur Verfügung zu stellen. Da Letztere nur aufgrund einer Theorie plausibel und nachprüfbar geschehen kann, muss an Sozialisationstheorien gearbeitet werden. Ihre Kenntnis ist daher wichtig.

Theorien dienen aber auch der Analyse von Phänomenen jeglicher Art. Daher haben sie auch einen Platz in einem Lehrbuch wie diesem. Im Folgenden werden zunächst aus der Fülle von Theorieangeboten in der Literatur einige Theorien vorgestellt, die in einem Erklärungszusammenhang mit den Sozialisationsprozessen stehen.

Erklärungsansatz

Unter einem Erklärungsansatz sei der Versuch verstanden, zentrale Grundannahmen, Hypothesen und Elemente einer Theorie so zusammenzufassen, dass die Grundintention der Theorie erkannt werden kann. Zurzeit lässt sich eine Reihe von Erklärungsansätzen feststellen, mit deren Hilfe die Komplexität des Sozialisationsprozesses aufgehellt und durchsichtig gemacht werden kann.

entwicklungspsychologischer Erklärungsansatz

1. Der entwicklungspsychologische Erklärungsansatz (Oerter/Montada 1998). In diesem Ansatz werden zeitlich bestimmbare und voneinander abgrenzbare Reifungsphasen vorgestellt, die „auf körperliche Wachstumsrhythmen zurückgeführt werden können" und die bei der Sozialisation eine Rolle spielen.

verhaltens- oder lerntheoretischer Erklärungsansatz

2. Der verhaltens- oder lerntheoretische Erklärungsansatz (Skinner 1973 u. 1985). Hier handelt es sich um die behavioristische Auffassung von Lernen als individuelle und z. T. soziale Bedingung für Sozialisationsprozesse.

ethologischer Erklärungsansatz

3. Der ethologische Erklärungsansatz (Eibl-Eibesfeld 1972 u. 1999; Hassenstein 1972). Aus dem Vergleich zwischen angeborenem tierischen und menschlichen Verhalten werden Schlussfolgerungen in Bezug auf die Rekonstruktion von phylogenetischen und ontogenetischen Sozialisationsprozessen gezogen.

humanbiologischer Erklärungsansatz

4. Der humanbiologische Erklärungsansatz (Aselmeier 1973; Griese 1976; Hassenstein 1973). Hier wird dargelegt, dass die Fähigkeit zur Sozialwerdung und Sozialmachung sich in der Evolution der Spezies Mensch herausgebildet hat und für die Menschwerdung im Großen (Phylogenese) wie im Kleinen (Ontogenese) bestimmend ist. Sozialisation kann ohne diesen Bedingungszusammenhang nicht verstanden und erforscht werden. Bei diesem Erklärungsversuch werden Forschungsergebnisse über den Menschen und sein Verhältnis zu Welt und Natur aus den verschiedensten Wissenschaften vom Menschen – z. B. biologische Anthropologie, vergleichende Verhaltensforschung, Medizin, Psychologie, Soziologie, Philosophie und Theologie – zu einem „integrativen" Grundkonzept verarbeitet.

psychoanalytischer Erklärungsansatz

5. Der psychoanalytische Erklärungsansatz (Freud 1988a u. b; Erikson 1997; Fromm 1988). Die Bedeutung der psychosexuellen Entwicklung des Kindes im Zusammenhang mit seiner Umwelt einerseits und dem Aufbau seines „psychischen Apparates" andererseits bilden hier das theoretische Lernkonzept, mit dem Sozialisationsprozesse erklärt werden können.

6. Der interaktionstheoretische Erklärungsansatz (Mead 1998; Krappmann 2000). In diesem Ansatz wird der besondere Beitrag des in einer sozialen und kulturellen Welt handelnden Subjektes unter dem Anspruch seiner Identitätsbildung herauszuarbeiten und zu erforschen versucht. Hierzu sind auch die Forschungen von Erikson zu rechnen (1997 u. 1998).

   interaktionstheoretischer Erklärungsansatz

7. Der rollen- oder systemtheoretische Erklärungsansatz (Parsons 1973 u. 1997). Hier wird die große Bedeutung des sozialen und kulturellen Systems und der in ihnen wirkenden Rollensysteme, in denen die Handlungsnormen für die Individuen organisiert sind, in Bezug auf die Entfaltung der individuellen Persönlichkeitssysteme untersucht.

   rollen- oder systemtheoretischer Erklärungsansatz

8. Der strukturgenetische Erklärungsansatz (Piaget 1972 u. 1973b u. 1992). Sozialisation wird hier als ein Prozess der Entwicklung von kognitiven Strukturen eines Individuums erklärt. Dieser Prozess ruht auf der ständigen Auseinandersetzung des Individuums mit seiner sozialen Umwelt, in welcher das Individuum Kompetenzen verschiedenster Art erwirbt. Dieser Ansatz könnte daher auch als kompetenztheoretischer Ansatz bezeichnet werden.

   strukturgenetischer Erklärungsansatz

9. Der materialistische Erklärungsansatz (Pressel 1971; Lorenzer 1973; Ottomeyer 1998). Hier wird von marxistischen Interpretationen des Verhältnisses von Mensch und Welt her die Sozialisation als Entfremdungsprozess des Menschen von seiner wahren Natur und Bestimmung interpretiert.

   materialistischer Erklärungsansatz

10. Der ökologische Erklärungsansatz (Bronfenbrenner 1976; Fatke 1977; Walter 1982). In dieser Richtung wird die „Ökologie menschlicher Entwicklung", d. h. die wechselseitigen Beeinflussungsprozesse zwischen menschlichem Organismus und den unterschiedlichsten Systemen der Umwelt – unter Einschluss der Natur – untersucht. Das erkenntnisleitende Interesse ist dabei einmal auf die Evolution dieses Wechselzusammenhangs und auf die Erforschung der Zukunftsbedingungen und zum anderen darauf gerichtet, die Erkenntnisse für die Schaffung optimaler Voraussetzungen für die Ökologie menschlicher Entwicklung und die Ökologie der Umweltentwicklung einzusetzen.

    ökologischer Erklärungsansatz

Mühlbauer, K. R. (1980): Sozialisation. Eine Einführung in Theorien und Modelle
Tillmann, K.-J. (1999): Sozialisationstheorien. Eine Einführung in den Zusammenhang von Gesellschaft, Institution und Subjektwerdung
Hurrelmann, K., Ulich, D. (Hrsg.) (1998): Handbuch der Sozialisationsforschung
Zimmermann, P. (2000): Grundwissen Sozialisation
Faulstich-Wieland, H. (2000): Individuum und Gesellschaft. Sozialisationstheorien und Sozialisationsforschung

Im Folgenden werden vier Erklärungsansätze vorgestellt, die als Basismodelle zu bezeichnen sind:

1. der verhaltenstheoretische Erklärungsansatz,
2. der rollen- oder systemtheoretische Erklärungsansatz,
3. der interaktionstheoretische Erklärungsansatz,
4. der strukturgenetische Erklärungsansatz.

3.2 Der verhaltenstheoretische Erklärungsansatz

Um den Voraufbau von Kenntnissen in diesem Ansatz zu erleichtern, wird aus der Fülle der Lern- und Verhaltenstheorien in der Sozialisationsforschung (Ulich, D. 1998) lediglich ein Erklärungsansatz in den Vordergrund gerückt. Es handelt sich dabei um den klassischen verhaltens- oder lerntheoretischen Ansatz des US-amerikanischen Behaviorismus, wie er hauptsächlich von Burrhus Frederic Skinner (1904–1990) vertreten wird und durch seine Publikationen in Europa bekannt geworden ist.

3.2.1 Historisch-systematische Voraussetzungen

Behaviorismus

Mit dem Begriff Behaviorismus wird eine psychologische theoretische Position bezeichnet, in der primär ein beobachtbares äußeres Verhalten als wissenschaftliches Faktum gilt. Im klassischen Behaviorismus, wie er u. a. von Watson vertreten wurde, werden daher auch Bewusstseinsprozesse als Bedingungen für menschliches Verhalten ausgeschlossen. Es ist das Verdienst von Skinner, dass er neben dem offen gezeigten Verhalten bzw. den Reaktionen auf äußere Stimuli auch innere Prozesse, z. B. Einstellungen, Erwartungen und Kognitionen, gelten lässt. Diese Position, die als Neobehaviorismus bezeichnet wird, hat sich im wissenschaftlichen Diskurs zu einer breiten wissenschaftlichen Strömung entwickelt, in der auch die Positionen des amerikanischen Pragmatismus und des Positivismus integriert worden sind.

Pragmatismus

Für den Pragmatismus gilt nämlich ein Verhalten oder Handeln solange als gültig, wie der Handelnde oder Sich-Verhaltende damit erfolgreich ist.

Positivismus

Der Positivismus stellt eine Denktradition dar, in der nur das gilt, was real beobachtbar und verifizierbar ist, also über die fünf Sinne und den sich damit verbindenden Hilfsinstrumenten aussagbar ist. Interpretationen werden als ungültig zurückgewiesen (Kap. 6.4.5).

Eine Wissenschaft vom menschlichen sozialen Verhalten, die sich in diesem Sinne versteht, muss daher nicht nur die Realität in dem vorgemeinten Sinn erforschen und analysieren, sie muss auch das Verhalten des Menschen in diesem Sinne aufklären und daher zur Verbesserung bzw. Optimierung von Verhaltensweisen beitragen. Sie hat überdies noch Vorhersagen zu treffen, „auf welche Art und Weise welches Verhalten unter welchen Bedingungen" externer Art eintreten kann. Sie hat also die Aufgabe, auch als Wissenschaft Verhaltensweisen in einer Gesellschaft vorherzusagen und damit für die Gesellschaft sozusagen ordnend zu wirken. Sie ist „produktorientiert", d. h., dass sie an dem gewünschten Endverhalten von Individuen und Gruppen interessiert ist und nicht an dem Prozess der Aneignung oder der Entwicklung von Verhalten selbst wie Theorien, die vom menschlichen Handeln ausgehen. In diesem Sinne wird von Skinner in „Futurum zwei" argumentiert:

„Wir brauchen eine Regierung, die sich auf die Wissenschaft der menschlichen Verhaltensweisen stützt. Das und nichts anderes kann eine dauerhafte Sozialstruktur hervorbringen ... Wir haben nichts zu tun mit Weltanschauungen, die von eingeborener Veranlagung zum Guten – oder zum Bösen, wenn sie wollen – überzeugt sind, wohl aber glauben wir an unsere Macht, das menschliche Verhalten zu ändern. Wir können Menschen für ein Gemeinschaftsleben geeignet machen – zur Zufriedenheit aller" (Skinner 1985, 180) ... „Unser Begriff vom Menschen ist nicht von der Theologie abgeleitet, sondern von einer wissenschaftlichen Durchprüfung des Menschen selber" (183). Die Schlußfolgerung lautet daher: „Wir bieten ihnen neue Methoden des Lernens und Nachdenkens, eine ausgezeichnete Übersicht, abgeleitet von der Logik, Statistik, Psychologie, Mathematik" (115), und „Wir lehren lediglich die Technik des Lernens und Nachdenkens. Geographie, Literatur, Wissenschaften – wir geben den Kindern Gelegenheit und Anleitung – dann lernen sie von selber" (114).

Das behavioristische Verhaltensmodell hat somit nichts mit dem Begriffsverständnis von Verhalten zu tun, wie es in der Ethologie, d.h. in der Lehre vom angeborenen Verhalten (Eibl-Eibesfeld 1999) oder in der Verhaltens- bzw. Humanbiologie (Hassenstein 1973; Gadamer/Vogler 1972a u. b) üblich ist. Der Behaviorismus, der von den ersten Jahrzehnten des letzten Jahrhunderts an von den USA aus die ganze wissenschaftliche Welt stark beeinflusst hat, setzt auf den gezielten Einfluss der Umwelt.

Daher kann unter Behaviorismus eine theoretische Position verstanden werden,

Behaviorismus

„die eine möglichst objektive Betrachtungsweise der beobachtbaren, offenen Reaktionen von Mensch und Tier anstrebt. In klassischen Extremen (Watson) sollten bewußte Prozesse und das Bewußtsein überhaupt ausgeklammert werden, da sie sich für den angestrebten Typus der Analyse als irrelevant erweisen. Diese Forschungsrichtung wie auch der wesentlich abgemilderte Neubehaviorismus (Hull, Tolman u. a.) brachte entscheidende Fortschritte auf dem Gebiet der Erforschung der Bedingungen und Formen der Verhaltensänderungen" (Wörterbuch Psychologie 2005, 96f, Stichwort Behaviorismus).

Vor allem konnte mit diesem Ansatz Lernen als Verhaltensänderung begriffen werden.

Damit sind nicht nur die intraindividuellen Prozesse, sondern auch die Interaktionen der Individuen untereinander (soziale Welt) und mit den Dingen und Symbolen (kulturelle Welt) Gegenstand der Verhaltensforschung. Das so erweiterte Verständnis dieser Richtung wird den weiteren Ausführungen zugrunde gelegt. Es bietet am ehesten die Möglichkeit, Verhalten nicht nur als individuellen und psychologischen Prozess, sondern auch – und in diesem Kapitel primär! – als sozialisationstheoretisch erklärbares Phänomen zu begreifen. Daher können Zusammenhänge zwischen Verhalten und Sozialisation auf der makrosozialen Ebene ebenso wie Zusammenhänge zwischen Verhalten und Erziehung auf der mikrosozialen Ebene dargestellt und erörtert werden. Werden beide Ebenen zusammen gesehen, dann erweitern sie entscheidend das Wissen über die pädagogisch bedeutsamen Phänomene, insbesondere dann, wenn die Betrachtung der intraindividuellen Ebene hinzugenommen wird.

3.2.2 Die Bedeutung der Umwelt

In Bezug auf die Erklärung von Sozialisationsprozessen ist Skinners Begriff der Umwelt von konstitutiver Bedeutung. Dabei geht es auch um die sich mit dem Umweltbegriff verbindenden Funktionen. Im Folgenden steht daher die Erörterung dieses Zusammenhangs im Mittelpunkt:

1. Zunächst wird der Begriff der Umwelt behandelt. Hierbei ist zu bemerken, dass die sich mit den Umwelteinflüssen auf Seiten des Individuums verbindenden Lernprozesse wie z. B. das „operante Lernen" oder das „Lernen am Modell" aus systematischen Gründen an späterer Stelle abgehandelt werden (Kap. 4.4.3).
2. Sodann wird nach den Steuerungsmechanismen in der Umwelt in Bezug auf die Individuen – also nach der Sozialisation – gefragt.
3. Dabei taucht das Phänomen der Selbststeuerung auf, dem im Anschluss an die Erörterung der Steuerungsmechanismen die Aufmerksamkeit geschenkt wird.
4. Schließlich muss noch kurz auf das programmierte Lehren und Lernen eingegangen werden.

Die Punkte 1 und 2 werden im Folgenden, die Punkte 3 und 4 in eigenen Unterkapiteln dargestellt.

Zu 1) Der Argumentationszusammenhang sei mit Skinners berühmtem – aber in der einschlägigen Literatur nur selten rezipierten – Standardwerk „Wissenschaft und menschliches Verhalten" (1973) eröffnet:

Ordnen als Lernprinzip

„Wenn wir lernen, menschliches Verhalten von einem objektiven Standpunkt aus gewissenhaft zu beobachten und so zu begreifen, wie es ist, können wir vielleicht vernünftiger handeln ... Die Anwendung der Wissenschaft auf menschliches Verhalten ist nicht so einfach, wie man meinen möchte ... Wissenschaft ist mehr als die bloße Beschreibung von Vorgängen. Sie ist der Versuch, Ordnungen zu erschließen und aufzuzeigen, daß bestimmte Vorgänge in gesetzmäßiger Relation zu anderen Vorgängen stehen. Eine praktische Technologie kann erst dann auf der Wissenschaft aufgebaut werden, wenn diese Relationen herausgearbeitet worden sind. Doch ist Ordnung nicht nur das mögliche Endergebnis; sie ist die Arbeitshypothese, an die man sich von Beginn an halten muß. Wir können die Methoden der Wissenschaft nicht auf einen Gegenstand anwenden, von dem anzunehmen ist, daß er sich willkürlich verhält. Die Wissenschaft beschreibt nicht nur, sie sagt vorher. Sie befaßt sich nicht nur mit der Vergangenheit, sondern auch mit der Zukunft. Doch auch die Vorhersage ist nicht der letzte Schluß: In dem Maß, wie relevante Bedingungen geändert oder anders ausgedrückt, kontrolliert werden können, kann auch die Zukunft kontrolliert und gesteuert werden. Wollen wir die Methoden der Wissenschaft auf die Probleme des Menschen anwenden, müssen wir voraussetzen, daß Verhalten gesetzmäßig und determiniert sei. Wir müssen vorbereitet sein auf die Entdeckung, daß das, was der Mensch tut, ein Ergebnis spezifizierbarer Bedingungen ist und daß wir, wenn wir diese Bedingungen einmal formuliert haben, seine Handlungen vorhersagen und bis zu einem gewissen Grad determinieren können" (Skinner 1973, 15f).

Die Wissenschaft vom Verhalten geht von der Umwelt der Individuen aus und fragt, wie diese Umwelt funktioniert, damit Individuen zu bestimmten Verhaltensweisen gelangen und diese Verhaltensweisen auf Dauer stellen können. Die implizite Unterstellung, dass damit in den Individuen Lernprozesse ablaufen, wird vernachlässigt. Die Vernachlässigung der intraindividuellen Lernprozesse führt nicht zu der Schlussfolgerung, „dass diese etwa nicht existierten, sondern ... dass sie für eine funktionale Analyse nicht relevant sind" (Skinner 1973, 41).

Dieser Satz bzw. diese darin zum Ausdruck gebrachte Auffassung von der Bedeutung von Lernprozessen und Lernexperimenten mit Tieren und Menschen zur Optimierung von Lernprozessen kann als Schlüssel für das Verständnis von Verhalten bzw. Verhaltensänderung als Sozialisation verstanden werden. Wenn also in der Literatur immer wieder die Lernexperimente und Lerntheorien dargestellt und promiscue mit Sozialisationsprozessen gebraucht oder zur Erklärung derselben herangezogen werden, dann geschieht damit eine unzulässige Individualisierung und Psychologisierung des Sozialisationsgeschehens. Folgt man Skinners oben geäußerter Auffassung, dann können diese intraindividuellen Prozesse gewiss nicht geleugnet werden, aber sie dürfen nicht in einen Erklärungszusammenhang gebracht werden, in welchem Funktionen von Individuen und Umwelt untersucht werden; oder anders gesagt: In welchem Umwelteinflüsse auf das Verhalten bzw. die Verhaltensänderung von Individuen im Hauptinteresse der wissenschaftlichen Erkenntnis stehen. Eine „funktionale Analyse" hat also diesen externen, d. h. sozialen Zusammenhang zu untersuchen, und sie muss daher auch streng bei diesem Zusammenhang bleiben.

Das Ensemble sozialer Bedingungen, das für die Veränderungen oder Steuerung von Verhalten maßgeblich ist, wird als „Umwelt" (Skinner 1973, 126ff) markiert. Sie wird damit zum zentralen Begriff, mit dem Sozialisation erklärt werden kann.

> „Wir können die Probleme, die eine Wissenschaft des Verhaltens aufwirft, nicht umgehen, indem wir einfach abstreiten, daß es möglich ist, die notwendigen Bedingungen zu kontrollieren. In der Wirklichkeit begegnen wir einem beachtlichen Ausmaß an Steuerung in bezug auf viele relevante Bedingungen. In Strafanstalten und militärischen Einrichtungen wird ein hohes Maß an Verhaltenssteuerung ausgeübt. Wir steuern die Umwelt des menschlichen Organismus im Kindergarten und in Institutionen, die sich um Leute kümmern, für die die Bedingungen des Kindergartens auch im späteren Leben unerläßlich sind. Einer weitgehenden Kontrolle und Steuerung von Bedingungen, die für menschliches Verhalten relevant sind, begegnen wir in der Industrie in Form von Löhnen und Arbeitsbedingungen, in der Schule in Form von Klassen und Unterrichtsbedingungen, im Handel in Form von Geld oder Gütern, im Staatswesen in Form von Polizei und Militär, in der klinisch-psychologischen Praxis in Form eines Einverständnisses desjenigen, dessen Verhalten gesteuert wird usw. Eine ebenfalls wirksame, wenn auch weniger leicht erkennbare Verhaltenssteuerung ruht in den Händen von Conferenciers, Schriftstellern, Inserenten und Werbefachleuten. Durch diese Kontrollen, die, was ihre praktische Anwendung anlangt, häufig nur zu evident sind, sind wir hinreichend legitimiert, die Resultate einer Wissenschaft aus dem Labor auf die Interpretation von Verhalten im Alltag auszuweiten – zu theoretischen oder zu praktischen Zwecken. Da eine Wissenschaft des Verhaltens zu einer verstärkten Nutzung dieser Kontrollen

Kontrolle und Verhaltenssteuerung

führen wird, ist es heute wichtiger denn je, die impliziten Prozesse zu verstehen und auf die Probleme vorzubereiten, die gewiß nicht auf sich warten lassen werden" (Skinner 1973, 29f).

Die Umwelt, in die jedes Individuum von Geburt bis zu seinem Tod eingelassen ist, kann als kulturelle und im engeren Sinn als soziale Umwelt bezeichnet werden.

Kultur als Umwelt

„Man bezeichnet die soziale Umwelt gewöhnlich als ‚Kultur' einer Gruppe. Dieser Begriff soll häufig auf einen Geist, eine Atmosphäre oder einen Zustand mit ähnlichen nichtphysikalischen Dimensionen verweisen ... im breitesten Sinne setzt sich die Kultur, in die die Einzelperson hineingeboren wird, aus all den Variablen zusammen, von denen die Person beeinflußt wird und die von anderen arrangiert werden. Die soziale Umwelt ist teilweise das Ergebnis jener Gruppenpraktiken, die ethisches Verhalten erzeugen, sowie der Ausdehnung dieser Praktiken auf Sitten und Gebräuche" (Skinner 1973, 382).

Die Vielfalt der Umwelteinflüsse oder -faktoren wird in vier Kategorien gefasst (Skinner 1973, Kap. III–V): 1. Sachen, 2. Personen, 3. Gruppen, 4. Instanzen. An einigen Beispielen wird schnell deutlich, was Skinner konkret unter diesen vier Umweltfaktoren versteht. Wenn z. B. eine Mutter ihrem Baby mit einem Fläschchen zu trinken gibt, so kann z. B. das Fläschchen eine Verstärkung für das Baby sein, wenn es lernt, das Fläschchen in der richtigen Position zu halten, so dass die Milch fließt (Kap. 4.4.1). Damit wird eine Sache zum Verstärker des Verhaltens des Kindes. Es kann die Mutter aber auch durch ein aufforderndes Lächeln das Kind zum Trinken ermuntern. In diesem Fall ist die Mutter als Verstärker für das kindliche Verhalten zu betrachten.

Unterricht als Lernwelt

Eine Gruppe mit Verstärkerfunktion ist z. B. in der Familie zu sehen; aber auch in einer Lerngruppe in der Schule. In dieser werden mit entsprechenden Mechanismen wie z. B. konkurrierendem Lernen oder Gruppenlernen inklusive der Aussicht, dass das gelernte Wissen mit einem Lob, einer guten Note oder mit Punkten bestätigt wird, verstärkt. Als Instanzen betrachtet Skinner u. a. den Staat und die Gesetze, die Religion, die Psychotherapie, die wirtschaftlichen Voraussetzungen und die Erziehung.

Die kulturelle und soziale Umwelt übt also einen direkten Einfluss auf die Individuen aus, insofern die Individuen stets und ständig handeln bzw. sich verhalten. Die Tatsache, dass Menschen in eine soziale und kulturelle Welt hineingeboren und dort tätig werden, ist also der Grund dafür, dass diese Gesellschaft durch bestimmte Umweltfaktoren auf das Verhalten einwirkt. Dieser Prozess der kulturellen und insbesondere sozialen Einwirkung wird als Sozialisation aufgefasst werden.

Zu 2) Im Horizont der bisherigen Erörterungen gewinnen die Organisation der Umwelt und ihre Steuerungsmechanismen zur Beeinflussung und Kontrolle von Verhalten („Verhaltenssteuerung") einzelner Individuen und Gruppen größte Bedeutung. Dabei ist auf das Phänomen der Verstärkung zu achten.

Verstärkung von Verhalten

In einem allgemeinen Sinn wird von positiver und negativer Verstärkung gezeigten Verhaltens gesprochen. Dabei kann einmal das Verhalten als Reaktion (response) auf einen äußeren Reiz (stimulus), z. B. eine gestische Aufforderung, dass das Kind seiner Oma die rechte Hand geben soll, definiert werden.

Zum anderen unterstellt Skinner aber auch dem menschlichen Organismus, dass er selbst spontane Äußerungen, z. B. das Greifen des Babys nach dem Fläschchen, zeigt. Sind diese spontanen Äußerungen erwünscht, dann werden sie positiv verstärkt; z. B. wird das Baby mit freundlichem Nicken und sprachlicher Zustimmung „belohnt". Allmählich lernt das Kind, die Hand gezielt zum Fläschchen zu führen und dieses sogar in jenem Winkel zu halten, der ihm ein optimales Absaugen der Milch ermöglicht (Kap. 4.4.1).

Die Mutter hat eine ganze Reihe solcher Verstärker bzw. Steuerungsmechanismen in ihrem sozialen Repertoire. Es sei hier unentschieden, woher sie diese hat. Sie hat sogar – wie jeder Mensch – für viele andere Situationen Steuerungsmechanismen, ja sogar ganze Pläne zur Steuerung von Einzelpersonen und Gruppen parat. Sie aktualisiert diese Steuerungsmechanismen je nach Konstellation einer Situation auf das von ihr gewünschte bzw. in dem Steuerungsplan oder -konzept vorgegebene Verhaltensziel hin. Als Mittel zur Erreichung der gesetzten Ziele werden Dinge benutzt, z. B. das Fläschchen, oder Symbole, wie z. B. Gesten, Mimik und Sprache.

positive Verstärkung

Bisher war von der Steuerung die Rede, die auf einer positiven Verstärkung beruht. Skinner spricht aber auch von negativer Verstärkung oder „Extinktion". Diese zweite Art der Verstärkung wird dann angewendet, wenn gezeigtes Verhalten nicht erwünscht ist und wenn die Umwelt darauf Wert legt oder gar darauf besteht, dass das unerwünschte Verhalten nicht mehr gezeigt werden soll. Sie soll aber in keinem Fall auf Dauer angewendet werden, da negative Verstärkung, wie z. B. Tadel und Strafen, als Zwang angesehen werden, und weil Zwang als ein völlig ungeeignetes Mittel angesehen wird, um Verhalten zu erzeugen, bei dem sich betreffende Menschen auch wohlfühlen. Diese Auffassung, von Skinner in seiner Erziehungs- und Gesellschaftsutopie „Futurum zwei" vorgetragen, gipfelt denn auch in dem Satz: „… Wir wenden keinen Zwang an! Alles, was wir anwenden, ist eine sinnvolle Steuerung der Verhaltensweisen" (Skinner 1985, 150).

negative Verstärkung

Auf Seiten des Individuums unterstellt Skinner, dass der Mensch mit einem Organismus zu vergleichen ist, der aus einer Fülle von Elementen besteht, die in einer assoziativen Verbindung miteinander stehen. Wird z. B. ein Verhalten gezeigt, das nicht erwünscht ist, und wird es entsprechend negativ sanktioniert, dann geraten die Elemente sozusagen in Unordnung. Das Individuum „lernt". Es organisiert seine Elemente derart assoziativ um, dass in einer nachfolgenden ähnlichen Situation das gewünschte Verhalten gezeigt wird. Es lernt sich damit in einer Weise zu organisieren, dass sein Verhalten Erfolg für es hat, d. h., dass der Organismus nicht in Unordnung gerät und dann wieder neu oder umlernen muss. Hinter dieser Auffassung eines assoziativen, aus Elementen bestehenden Organismus steht der Gedanke der Homöostasie, d. h. des Gleichgewichts eines Organismus, wie er aus der Biologie bekannt ist. Ebenso ist festzuhalten, dass die Assoziation als Erklärungsprinzip für das Lernen der mechanistischen Vorstellung vom „psychischen Apparat" folgt.

Der Mensch als Organismus

Immerhin kann Skinner darauf verweisen, dass in seiner Erziehungs- und Gesellschaftsutopie die Motivationen, die die Kinder, Jugendlichen und Erwachse-

Motivation

nen spontan oder auch aufgrund von vorangegangenen Lernprozessen – die Spaß gemacht haben! – gezeigt haben, echt sind und auch realisiert werden können. Dieser in der Literatur als „intrinsische Motivation" (Correll 1974, 181ff) beschriebene Antrieb zum Lernen und Verhalten bzw. zur Auseinandersetzung mit der Welt, also zur Sozialisation, auf Seiten des Individuums führt zur produktiven und schöpferischen Arbeit; zu beharrlichen Entdeckungen und zur permanenten Neugier (Skinner 1985, 118). Eine „extrinsische Motivation", wie sie z. B. in den Kindergärten und Schulen über viele didaktische Brücken und methodische Hilfskonstruktionen in der pädagogischen Absicht erzeugt wird, wäre in einer auf die Verhaltenslehre gestützten Erziehung bzw. in einem darauf beruhenden Unterricht also nicht vonnöten.

> „Die Motive im Erzieherischen ... sind die gleichen wie in allem menschlichen Verhalten. Erziehung sollte einfach das Leben selbst sein. Wir brauchen keine Motive zu finden. Wir vermeiden die unechten akademischen Motive ... und desgleichen vermeiden wir das Ausweichen vor Bedrohungen, das in den staatlichen Institutionen so reichlich angewandt wird. Wir appellieren an die Neugier, die dem unverdorbenen Kind wie dem gesunden wißbegierigen Erwachsenen eigen ist" (Skinner 1985, 118).

Vor dem Hintergrund der bisherigen Erörterungen wird ersichtlich, dass die Gesellschaft als ein großes, differenziertes und geordnetes soziales System angesehen wird, das über eine Vielzahl von „Verstärkern" – Dinge, Personen, Gruppen, Institutionen – soziales Verhalten regelt, kontrolliert und steuert. Die diesem gesamten sozialen System zugrunde liegenden Werte, Normen und Regeln werden allerdings als gegeben vorausgesetzt und nicht mehr problematisiert. Dieser Punkt ist aus dem Entstehungszusammenhang der Modellvorstellung vom Verhalten zu verstehen. Im Zusammenspiel von Pragmatismus, Positivismus und Behaviorismus werden nämlich die gegebenen Grundordnungen der Gesellschaft und des Staates nicht problemhaltig, insofern der Erfolg in wirtschaftlicher, gesellschaftlicher und damit auch in erzieherischer Hinsicht gewährleistet ist. Und dieser ist gemäß den Grundideen der oben genannten Richtungen der „Vater alles Guten".

Letztlich aber funktioniert das externe soziale System nur dann optimal, wenn die einzelnen Individuen die grundlegenden Verhaltensweisen oder -pläne selbst sozusagen in ihrem internen System „haben".

3.2.3 Verinnerlichung, Selbstverstärkung und Selbststeuerung

In einem modifizierten Behaviorismus wird die Hineinnahme von Verhaltensregeln und -weisen in das „innere" Personsystem als „Internalisierung" bzw. „Verinnerlichung" bezeichnet. Der Begriff stammt aus der Psychoanalyse von S. Freud. Dort benutzt Freud den Begriff zur Kennzeichnung eines Prozesses, in welchem Menschen, insbesondere Heranwachsende, eine innere Kontrolle, das so genannte „Über-Ich" oder das Gewissen, aufbauen, um ihr Denken und Handeln kultur- und gesellschaftskonform zu kontrollieren. Das Über-Ich besteht aus den Regeln und Normen der Umwelt, die im Inneren der Person die Funktion der Außenkontrolle als Selbstkontrolle übernehmen. Dabei kann sich der Mensch auch selbst sanktionieren bzw. bestrafen, sein Handeln selbst verstärken und schließlich sich selbst steuern. Hat er diese Mechanismen gelernt, dann hat seine Sozialisation als Anpassungsprozess an die bestehende Gesellschaft und Kultur „geklappt". Die Etablierung dieses Mechanismus kann auch als ein zentrales Ziel vieler Erziehungsprozesse angesehen werden (Kap. 4.4.2).

In diesem Vorgang haben „Selbstkontrolle" und „Selbststeuerung" eine große pädagogische Bedeutung. Dieses Moment wird auch „Selbstverstärkung" des Organismus genannt. Zu seiner Realisierung steht dem Menschen eine Reihe von Techniken zur Verfügung.

Selbstkontrolle

> „Wenn ein Mensch sich selbst kontrolliert, sich zu einer bestimmten Handlungsweise entschließt, die Lösung eines Problems ausarbeitet oder vermehrt selbst Kenntnis anstrebt, verhält er sich. Er kontrolliert und steuert sich selbst, ebenso wie er das Verhalten einer anderen Person kontrollieren und steuern würde – durch die Manipulation von Variablen, deren Funktion das Verhalten ist. Sein ‚Sich-so-Verhalten' kann durch eine Analyse ohne weiteres erfaßt werden und muß letztlich mit Variablen begründet werden, die außerhalb der Einzelperson liegen" (Skinner 1973, 214).

Die Selbstkontrolle kann als ein Mittel zum Zweck der Funktionalität des Systems gesehen werden. Sie dient dann nicht dazu, die Einzelperson in eine irgendwie geartete Freiheit zum System zu setzen, um sich selbst kritisch und distanziert verhalten zu können.

Die Selbstkontrolle wird aber in allen Erziehungs- und Bildungssystemen, z.B. Familie, Kindertagesstätte, Schule oder im Sport, als ein hohes Ziel pädagogischer Arbeit angesehen. Daher tragen auch die positiven Verstärkungen der Klientel durch die Vertreter der Umwelt wesentlich zum Entwickeln von Selbstkontrolle oder intrinsischer Motivation bei. In pädagogisch progressiv eingestellten Systemen tritt daher auch an die Stelle der Kontrolle durch das System das Lernen von Selbstkontrolle, Selbstverstärkung, Selbstmotivation und Selbststeuerung. Aus einer umfassenden Sicht verschiedener Lerntheorien heraus gesehen bleibt hierbei das Lernen als Stimulus-, Response-Reinforcement-Ablauf durchaus grundlegend. Es muss aber angenommen werden, dass die Klientel auch andere Lernarten erwerben, in denen die Bewertung der zu lernenden Inhalte und Formen eine Rolle spielt. Dadurch wird die Klientel in die Lage versetzt, auch selbstverantwortlich zu handeln, was u. U. bedeuten kann, Inhalte und Formen des geforderten Verhaltens zu verweigern oder aber aktiv und selbst geprüft aufzugreifen. Damit ist der Zirkel der Verstärkung durchbrochen und wird durch andere Lernarten ergänzt oder abgelöst.

Lernen

3.2.4 Selbstlernprogramme

schulisches Lernen

Wenn es vollkommene Gesellschaften und Sozialisationsprozesse nicht gibt und geben kann, so kann doch der Versuch gemacht werden, auf einem Teilgebiet des menschlichen Handelns die Idee von der optimalen Beeinflussung zum Zweck der Optimierung von erwünschtem Verhalten zu realisieren. Für Skinner bot sich hier das organisierte schulische Lernen an. Die Frage, die sich hier stellte, war, auf welche Art sich der Lehr- und Lernprozess optimieren lässt, damit sich die Lernleistung vom Individuum und zugleich dessen Beitrag zur Funktion der Gesellschaft steigern lassen – in einer Weise, die dem Betreffenden auch noch Freude bereitet. Die Antwort war die Erfindung des „programmierten Lehrens und Lernens" oder des „programmierten Unterrichts". In der Gegenwart sind weithin die Selbstlernprogramme bekannt und akzeptiert. Eine entsprechende Forschung und Theorienbildung, die „kybernetische Didaktik", ist etabliert (Kron 2008). Eine „Lehrmaschine" oder ein Lernprogramm

> „führt zu dem gewünschten Erfolg, indem sie den Lernenden durch eine sorgfältig zusammengestellte Folge von Aufgaben führt ... die so ausgewählt ist, daß er gewöhnlich jeden Schritt erfolgreich bewältigt. Die Schritte am Anfang der Aufgabenreihe bereiten ihn auf den später folgenden schwierigen Stoff vor" (Holland/Skinner 1971, V).

So heißt es im „Vorwort für den Lehrenden" zum Selbstlernprogramm über das Verhalten. Die den Lehr- und Lernprogrammen zugrunde liegenden Prinzipien stammen aus der Verhaltenstheorie und den entsprechenden Forschungen. Die darin entwickelten Techniken orientieren sich am Erfolg, an der positiven Verstärkung des Lernenden und streben die Selbstverstärkung an. Der Lernende soll sozusagen mit „Lust und Liebe" die Programme lernen. In der jüngsten Gegenwart werden im Vertrauen auf diese sich bildende intrinsische Motivation die Computer und ihre Spiel- und Lernprogramme angeboten.

> „Programme für Lernmaschinen sind vielen anderen Unterrichtsmethoden insofern überlegen, als sie viele Vorteile bieten, die sonst nur im Einzelunterricht gegeben sind
> **(1).** Jeder Schüler arbeitet nach seinem eigenen Tempo: ...
> **(2).** Der Schüler geht erst dann zu schwierigerem Lernstoff über, wenn er die davorliegenden Schritte erfolgreich bewältigt hat
> **(3).** Aufgrund dieses allmählichen Fortschreitens und aufgrund bestimmter Techniken, Hinweise und Hilfen für die Aufgabenbeantwortung ... macht der Schüler fast keine Fehler
> **(4).** Der Schüler ist ständig aktiv und erhält eine sofortige Bestätigung für seinen Erfolg
> **(5).** Die Aufgaben sind so angelegt, daß der Schüler die kritischen Punkte verstehen muss, um die Antwort zu finden
> **(6).** Das ‚Konzept' wird in dem Programm an vielen Beispielen und in vielen syntaktischen Anordnungen dargestellt, um eine größtmögliche Generalisation auf andere Situationen zu erzielen
> **(7).** Eine Aufzeichnung der Antworten, die die Schüler geben, liefert dem, der das Programm entwickelt hat, wertvolle Hinweise für spätere Revisionen" (Holland/Skinner 1971, V/VI).

3.3 Der rollen- oder systemtheoretische Erklärungsansatz

3.3.1 Historisch-systematische Voraussetzungen

Im Unterschied zum verhaltenstheoretischen Ansatz geht der rollen- oder systemtheoretische Ansatz vom Handeln aus. Er zielt darauf ab, Struktur und Genese menschlichen sozialen Handelns als allgemeine (universale) oder als individuelle (partikulare) Phänomene zu erforschen und hinreichend zu erklären. Auch hier ist bei der Vielzahl der vorliegenden Rollen- und Interaktionstheorien in der Sozialisationsforschung (Joas 1998, 137–152) wieder eine Beschränkung angesagt.

Der hier vorzustellende Ansatz soll durch seinen Hauptvertreter, den US-amerikanischen Forscher Talcott Parsons (1902–1979), repräsentiert werden. Parsons hat sich mit den geistigen und wissenschaftlichen Hauptströmungen seiner Zeit eingehend auseinandergesetzt. Daher müssen die Gedanken von Parsons und sein rollen- oder systemtheoretischer Erklärungsansatz im historisch-systematischen Kontext verschiedener Denktraditionen und wissenschaftsgeschichtlicher Entwicklungen vom 19. Jahrhundert an gesehen werden (Brandenburg 1971, 17ff). Da sind u. a. zu nennen: die Diskussion um den gerechten Staat und seine demokratische Ordnung in den USA; die Arbeiten von Emile Durkheim (1858–1917) und Max Weber (1864–1920) zur Begründung einer verstehenden und erklärenden Soziologie sowie ihre Beiträge zur „Synthese individualistisch-utilitaristisch und idealistisch-kollektivistischer Denkansätze" (Brandenburg 1971, 18); die Auseinandersetzung vieler Forscher mit Fragen biologischer „Systeme", ihrer „Struktur" und „Funktion" sowie die Epoche machenden Arbeiten Sigmund Freuds (1856–1939) zum Zusammenspiel zwischen Aufbau der Persönlichkeit und psychosexueller Entwicklung des heranwachsenden Menschen. Nicht zuletzt hat sich Parsons mit dem „symbolischen Interaktionismus" von George Herbert Mead (1863–1931) eingehend auseinandergesetzt; doch war offenbar der Einfluss der „System- und Ordnungstheoretiker" größer – wie noch zu zeigen sein wird – als der des symbolischen Interaktionisten G. H. Mead. Parsons hat – wie G. H. Mead – an der Frage nach dem Zusammenwirken von Gesellschaft und ihren Individuen gearbeitet und bei der Erklärung des Sozialisationsprozesses als Ausdruck dieses Zusammenwirkens das Gewicht seines erkenntnisleitenden Interesses auf Struktur und Funktion des gesellschaftlichen Systems gelegt – im Unterschied zu G. H. Mead, dessen Erkenntnisinteresse auf die symbolische Interaktion von Individuen und Gruppen und die dabei zustande kommende Identität gerichtet war.

Talcott Parsons

3.3.2 System als zentraler Begriff

Ein System beruht auf zwei „Elementen": der „Struktur" und der „Funktion".

> „Struktur ist der ‚statische' Aspekt der Beschreibung eines Systems. Strukturell gesehen setzt sich ein System aus ‚Einheiten' zusammen, aus potentiell voneinander unabhängigen Untersystemen und ihren wechselseitigen strukturellen Beziehungen zueinander" (Parsons 1973, 34).

Struktur

Funktion

Dies gilt auch für die Erklärung von Sozialisationsprozessen. Mit Funktion wird die auf der Zeitleiste ablaufende prozesshafte Entwicklung und Dynamik von sozialen Strukturen definiert. Es erscheint uns daher logisch, dass die

„statischen Strukturkategorien und die jeweiligen, sich aus ihnen ergebenden Tatsachenfeststellungen auf irgendeine Weise mit den dynamisch variablen Elementen des Systems verknüpft werden. Diese Verknüpfung wird durch den zentralen Begriff der Funktion erreicht. Seine entscheidende Rolle besteht darin, Kriterien für die Wichtigkeit der verschiedenen dynamischen Faktoren und Prozesse innerhalb des Systems zu setzen" (Parsons 1973, 38).

Das Theoriesystem von Struktur und Funktion hat „teleologischen" Charakter, d.h., es zielt auf einen optimalen Endzustand aller Systeme ab, wobei die Teilsysteme untereinander in Wechselwirkung stehen und auf das Gesamtsystem hin wirken. Insofern kann z.B. auch der Sozialisationsprozess als Teilprozess des gesamtgesellschaftlichen Prozesses definiert und seiner Struktur und Funktion nach in Bezug auf das Gesamtsystem funktional oder dysfunktional wirken. Im ersten Fall trägt er zur Erhaltung oder Entwicklung bei, im zweiten Fall wird die Integration aller Teilsysteme zum großen Gesamtsystem beeinträchtigt (Parsons 1973, 38).

Man erkennt an diesen Ausführungen bereits die logische Grundstruktur der Gedankenführung. Sie gipfelt in der Aussage, dass das von ihm beschriebene „allgemeine theoretische System" seinem „logischen Typus nach als ‚strukturfunktionales System' bezeichnet werden" (Parsons 1973, 39) kann – eine Bezeichnung, die in der Literatur auch oft synonym für den Begriff Rollen- oder Systemtheorie verwendet wird.

3.3.3 Zentrale Annahmen

Die Grundunterscheidung in Struktur und Funktion durchzieht den gesamten Argumentationszusammenhang. Sie findet auch ihren Niederschlag in den zentralen Annahmen zur Voraussetzung der strukturfunktionalistischen Theorie.

System und soziales Handeln

Zu einer der wichtigsten zentralen Annahmen gehört der Zusammenhang von System – in einem allgemeinen und besonderen Sinne – und sozialem Handeln. Parsons kennt eine Vielzahl von Systemen. Sie bilden sozusagen die Grundstruktur des menschlichen Daseins. Dabei figuriert das soziale Handeln in einem doppelten Sinne. Einmal ist es ein System wie viele andere auch, zum anderen ist es ein Subsystem, also jenes System, in dem der Handelnde, also der konkrete Mensch, als Person zum Vorschein kommt. Vier Subsysteme sozialen Handelns spielen eine Rolle:

1. das System des Organismus,
2. das System der Persönlichkeit des Individuums,
3. das soziale System und
4. das kulturelle System (Parsons 1980, 79 u. 1986, 14 u. 17).

Zu 1) Zu dem Organismussystem zählt Parsons sowohl den Organismus selbst in seiner physiologisch-physikalischen Ausstattung und Darstellung als auch die auf seiner Grundlage zu verrichtenden Handlungen, wie z. B. handwerkliche Tätigkeiten. An einigen Stellen spricht er auch davon, dass das Verhalten direkt aus dem Organismus entspringe. Diese Art von Handeln grenzt er allerdings vom sozialen Handeln scharf ab.

Zu 2) Das Persönlichkeitssystem enthält eine Vielzahl sozialer und kultureller Systemmerkmale, die auch für alle anderen Individuen der gleichen Kultur gelten.

Zu 3) Das Sozialsystem ist gekennzeichnet durch das Handeln von Individuen, also durch Interaktion. Dabei verfolgen die einzelnen Mitglieder von Sozialsystemen Ziele – sie sind also aktiv Handelnde –, sie sind aber zugleich auch Objekt der Orientierung für andere Handelnde. Dabei können sie auch noch über sich selbst reflektieren, d. h. ihr eigenes Handeln zum Gegenstand ihrer Betrachtung erheben (Parsons 1973, 17ff u. 37). Hierbei ist anzumerken, dass nach Parsons alle Interaktionen symbolischer Natur sind und sich im Regelfalle in der Sprache realisieren.

Zu 4) Das kulturelle System besteht aus alledem, was die Kultur in inhaltlicher Hinsicht ausmacht. Die Funktionen dieser Systeme sind:

> „1. Alles, was mit der Aufrechterhaltung der höchsten ‚regierenden' und kontrollierenden Formen des Systems zu tun hat;
> 2. die innere Integration des Systems;
> 3. seine Ausrichtung auf das Erreichen von Zielen in bezug auf sein Milieu;
> 4. seine allgemeine Anpassung an die generellen Bedingungen des Milieus – z. B. Nicht-Handeln, physisches Milieu. Innerhalb der Systeme des Handelns sind kulturelle Systeme auf die Funktion der Erhaltung von Formen, Sozialsysteme auf die Integration der handelnden Einheiten (menschliche Individuen oder, genauer gesagt, Persönlichkeiten, die Rollen spielen), Persönlichkeitssysteme auf das Erreichen von Zielen und der Verhaltensorganismus auf die Anpassung spezialisiert" (Parsons 1986, 17).

Mit diesen letzten Ausführungen sind Struktur und Funktion miteinander in Zusammenhang gebracht (vgl. Abb. 4). Es gibt aber noch andere Systeme, z. B. das soziale Handeln.

> „Handeln definiere ich als ein System des Verhaltens von lebenden Organismen, das auf der symbolischen Ebene durch Systeme von kulturellen Bedeutungen organisiert und somit kontrolliert wird. Das setzt generalisierte Codes voraus, die einzelnen Symbolen und deren Kombination, welche Information verkörpern und transportieren, Bedeutungen verleihen" (Parsons 1980, 74).

soziales Handeln (Parsons)

An anderer Stelle wird aber auch von einem System „der letzten Realität zu sinnvollen Orientierungen" (Parsons 1986, 20) gesprochen. Gemeint sind hierbei offenbar die Ideen und Prinzipien, die sozusagen als „regulative" Systeme alles menschliche Leben letztendlich legitimieren und bestimmen.

Abb. 4:
AGIL-Schema von Parsons; analytisch differenzierende Darstellung grundlegender Funktionen sozialer Systeme in Bezug auf die gesellschaftliche Integration ihrer Individuen durch soziales Handeln

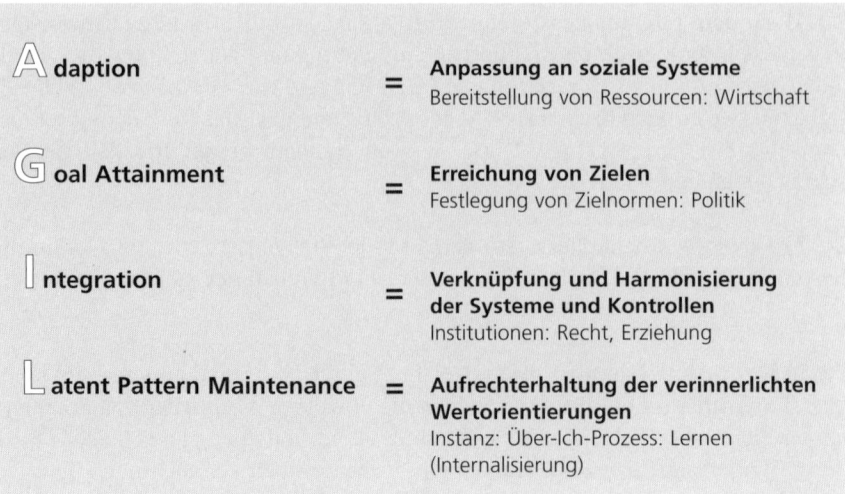

Aber auch die Gesellschaft selbst wird als ein System bezeichnet. Sie kann als „die geformte normative Ordnung, welche das Leben einer Population kollektiv organisiert" (Parsons 1986, 21), angesehen werden. Als Ordnung enthält sie Werte sowie differenzierte und partikularisierte Normen und Regeln, die sämtlich, um sinnvoll und legitim zu sein, kultureller Bezüge bedürfen. Aus alledem folgt, dass die einzelnen Systeme bzw. Subsysteme in einem interdependenten Zusammenhang stehen. Aus dem Gesagten gilt es folgende Gesichtspunkte festzuhalten:

1. Gemäß seinem Anspruch, ein logisches System zu erstellen, mit dem soziale Wirklichkeit besser erklärt werden kann, versucht Parsons mit dem Systembegriff die Fülle aller Merkmale sozialen Handelns einzufangen. Hier muss noch einmal herausgestellt werden, dass es Parsons um die Erarbeitung eines analytischen Modells geht und nicht um die Explikation konkreter Vorstellungen von Handlungen oder inhaltlicher Auffassungen von Menschen, Interaktionen, Kulturgütern oder Normen. Seine Auffassung unterscheidet sich „deutlich von unserer alltäglichen Vorstellung, daß die Gesellschaft sich aus konkreten menschlichen Individuen zusammensetzt" (Parsons 1986, 19).
2. Mit dieser Erkenntnis kann nun insofern weitergearbeitet werden, als eine Reihe von Systemen oder Subsystemen vernachlässigt werden kann, um dadurch an den pädagogisch relevanten Kern der Theorie heranzukommen. Dabei geht es um das Handlungssystem selbst und die darin sich gründenden Subsysteme: das Persönlichkeitssystem einerseits und das Sozialsystem andererseits. Parsons könnte in diesem Zusammenhang vielleicht sagen, dass das soziale Handeln sozusagen das Milieu oder die Umgebung ausmacht, da es immer kollektives Handeln ist, d. h. von einer Gruppe oder Vielzahl von Menschen realisiert wird. Darin liegt gerade die gesellschaftliche Konstitution allen menschlichen sozialen Handelns (Parsons 1980, 80 u. 1986, 21). Daher gilt die gleiche Vorstellung auch in Bezug auf das System der „letzten Realitäten" und das Gesellschaftssystem selbst. Auch sie bilden das Milieu oder die Umgebung für das soziale Handeln.

3. Vor dem Hintergrund dieser Erkenntnis wird jetzt auch deutlich, inwiefern in einem strukturell-funktionalistischen Gesamtsystem, in dem nicht nur die Strukturen aufeinander bezogen sind, sondern auch die Funktionen den dynamischen Aspekt dieses Beziehungssystems konstituieren und sozusagen garantieren und realisieren, jenes System die Oberhand und die normsetzende Kraft hat, die von Parsons auch als geformte normative Ordnung bestimmt wird, die über die Normen wacht, die auch die Mittel gegen den Verstoß von Normen, nämlich die Sanktionen einzusetzen hat: die Gesellschaft und ihre Repräsentanten. Sie machen letztlich den „Durchsetzungsapparat" (Parsons 1986, 27) aus, mit dem sie sich gegenüber allen anderen Subsystemen durchsetzten können.

3.3.4 Soziales Handeln als systembedingtes Rollenhandeln

Nach diesem Zwischenschritt kann in den nachstehenden Erörterungen das soziale Handeln selbst sowie der strukturelle und funktionale Zusammenhang von sozialem System und Persönlichkeitssystem in den Mittelpunkt gerückt werden. Die oben vorgestellte Definition macht deutlich, dass Handeln als ein System angesehen wird, in dem in und über kulturelle Bedeutungen agiert und verhandelt wird, die bereits organisiert sind und die einen generalisierten Code voraussetzen; mit anderen Worten: Der symbolische Gehalt, aufgrund dessen gehandelt wird, ist bereits durch andere Subsysteme festgelegt und bestimmt.

Dies zeigt sich sehr gut an der Rolle. Die Rolle kann als ein Aggregat oder als eine Zusammenfassung sozialer Regeln angesehen werden, die z. B. in einem sozialen System und in Bezug auf die unterschiedlichen Persönlichkeitssysteme gilt (Coburn-Staege 1973). In anderen Systemen wiederum können Rollen zu Systemen umfassenderer Art gebündelt sein (Wörterbuch der Erziehung 1989, 499ff, Stichwort Rolle). Handelnde sind also Rollenträger, die aufgrund vorgegebener Rollenbedeutungen in Beziehungsmustern handeln. Genau dies macht die Struktur des sozialen Systems aus, wie umgekehrt das Rollensystem die handelnden Personen miteinander zu einem Handlungssystem verknüpft. Von den jeweils übergeordneten Systemen her gesehen, z. B. vom Sozialsystem in Bezug auf das Persönlichkeitssystem, sind die Rollen also Träger festgelegter symbolischer Bedeutung. Mit ihnen können so auch Position und/oder Status der handelnden Personen geregelt werden.

Rolle

Unter Position sei der soziale Rang eines Rollenträgers verstanden, d. h. jener Rang, der der Person kraft eines Amtes oder einer Ausbildung zugestanden wird. Unter Status sei die informelle Wertschätzung einer Person verstanden, aufgrund derer diese einen sozialen Rang erhält.

Position und Status

In Rolle, Position und Status drücken sich nun die Normen der Gesellschaft aus, d. h. jene Vorschriften, die im Handeln durchgesetzt werden sollen oder die die Ziele der Handelnden bestimmen. Dabei muss man sich noch einmal an die vorherigen Darstellungen erinnern, dass sich nämlich mit dem Persönlichkeitssystem das Erreichen von Zielen verbindet. Dieses lässt sich aber nur in der Form einer Rolle oder einer Position oder eines Status ausdrücken und durch die

**Norm
Kodifizierung
Regeln**

Umsetzung von Normen erreichen. Unter Norm sei hier eine Vorschrift für erwünschtes oder systemgerechtes Verhalten verstanden, die in einem allgemeinen oder auch speziellen Sinn, etwa in einem Gesetz, kodifiziert ist.

Kodifizierung meint hier eine Vereinbarung, die z. B. traditional oder legal getroffen worden sein kann.

Von Normen kann man Regeln oder Regelwerke unterscheiden. Darunter sind die dynamischen Aspekte, also die Beziehungsaspekte der Normen verstanden. Geben die Normen nur die inhaltlichen Ziele vor, so geben die Regeln das soziale Verhalten oder die Handlungsmuster vor, aufgrund derer die Ziele erreicht werden.

Damit drücken sich in den Rollen und Normen usw. die normativen Erwartungen aller Gruppenmitglieder oder der höheren Systeme aus. Sie kommen in den sozialen Traditionen zum Ausdruck, aber auch in den Vereinbarungen und Gesetzen (Parsons 1973, 55).

**Rolle und
Institution(Parsons)**

„Vom Standpunkt des Handelnden her gesehen definiert sich eine Rolle durch die normativen Erwartungen der Gruppenmitglieder, die in den sozialen Traditionen zum Ausdruck kommen. Diese Erwartungen von seiten der Mitmenschen bilden ein wesentliches Merkmal der Situation, in die sich jeder Handelnde gestellt sieht. Es bringt Folgen für ihn mit sich, ob er diesen Erwartungen entspricht oder nicht: im einen Fall Anerkennung und Belohnung, im anderen Ablehnung und Bestrafung. Und was noch mehr ist: Sie bilden einen Teil seiner eigenen Persönlichkeit. Im Verlauf des Sozialisierungsprozesses nimmt er – in mehr oder weniger starkem Maße – die Verhaltensmaßstäbe und Ideale der Gruppe in sich auf. Auf diese Weise werden sie unabhängig von äußeren Sanktionen zu wirksamen Motivierungskräften für sein eigenes Verhalten … Wenn derartige Systeme von Erwartungsmustern so fest in das Handeln eingegangen sind, daß sie ganz selbstverständlich als legitim betrachtet werden, so bezeichnet man sie im Hinblick auf ihren Platz in dem gesamten sozialen System zweckmäßigerweise als ‚Institution'" (Parsons 1973, 55f).

An diesem Punkt wird deutlich, was Sozialisation heißt (Abb. 5). Das Persönlichkeitssystem lernt im Laufe seines Lebens, jene durch das Sozialsystem und die anderen übergeordneten Systeme repräsentierten Norm- und Wertorientierungen bzw. Erwartungen in sich aufzunehmen und zu bewahren. Das Medium, in dem dieses Lernen geschieht, ist die symbolische Interaktion oder das soziale Handeln. Klar ist nun auch, dass die Persönlichkeiten jene Ziele zu verfolgen haben, die ihnen durch das System bzw. die übergeordneten Systeme gesetzt sind. In der Umkehrung wird jetzt aber auch deutlich, dass das Sozialsystem eine Integrationsfunktion hat – wie vorher bereits dargestellt – nämlich die Funktion, auch die Subsysteme in das Persönlichkeitssystem zu integrieren.

Lernen

Der pädagogisch interessante Punkt ist also nun, dass die einzelnen Mitglieder einer Gesellschaft allmählich lernen müssen, die Perspektiven, die die Gesellschaft festgelegt hat und die sie über ihre gestuften und interdependenten Systeme anbietet, zu lernen oder, wie es im Terminus der Psychoanalyse heißt, zu „internalisieren". Dabei muss die Persönlichkeit sich so zu organisieren lernen, dass ihre inneren Motivationen den äußeren Erwartungen entsprechen und dass sie ihre Persönlichkeitsstruktur, d. h. auch ihre Identität so ausbildet, dass sie mit den gesellschaftlichen Erwartungen konform ist.

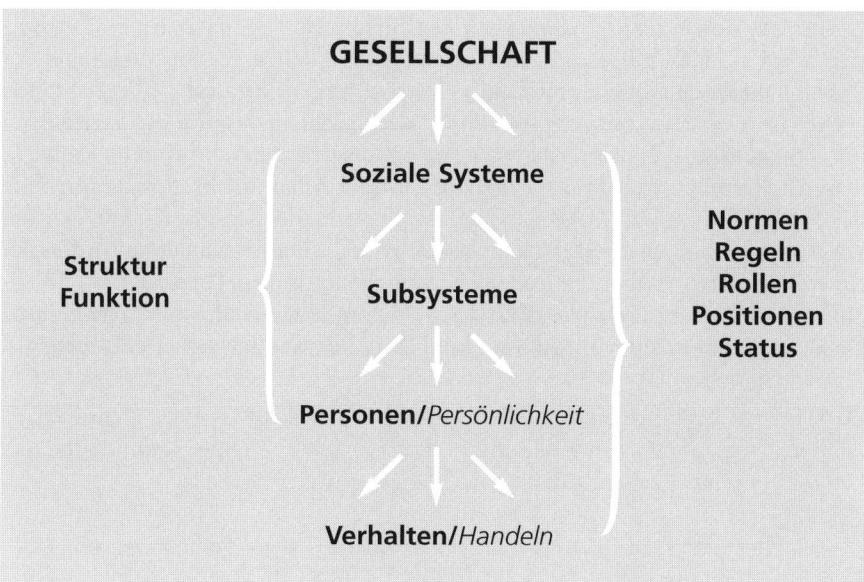

Abb. 5:
Zusammenhang zentraler Begriffe in der Sozialisationstheorie von T. Parsons

„Das wichtigste funktionale Problem hinsichtlich des Verhältnisses des sozialen Systems zum Persönlichkeitssystem involviert lebenslanges Lernen, Entwickeln und Aufrechterhalten einer adäquaten Motivation zur Partizipation an sozial bewerteten und kontrollierten Formen des Handelns. Umgekehrt muß eine Gesellschaft auch ihre Mitglieder durch solche Formen des Handelns adäquat befriedigen und belohnen, wenn sie langfristig auf deren Leistungen angewiesen ist, um als System zu funktionieren. Diese Beziehung konstituiert ‚Sozialisation' – den gesamten Komplex von Prozessen, durch welche Personen zu Mitgliedern der gesellschaftlichen Gemeinschaft werden und diesen Status beibehalten.

Da Persönlichkeit die erlernte Organisation des sich verhaltenden Individuums ist, ist der Sozialisationsprozeß immer wesentlich für deren Entstehen und Funktionieren. Die erfolgreiche Sozialisation erfordert, daß das soziale und kulturelle Lernen stark durch das Engagement der Lustmechanismen des Organismus motiviert ist. Daher ist sie auf relativ stabile intime Beziehungen zwischen Kleinkindern und Erwachsenen angewiesen, deren eigene erotische Motive und Beziehungen ebenfalls meist stark engagiert sind. Dieser Komplex von Erfordernissen, die wir seit Freud besser verstehen, ist ein wesentlicher Aspekt des Funktionierens ..." (Parsons 1986, 24).

Persönlichkeit (Parsons)

Mit diesen Ausführungen ist der Punkt erreicht, an welchem die strukturfunktionalistische Erklärung von Sozialisation noch der Erklärung für die Genese oder die Entwicklung von Sozialisation bedarf.

3.3.5 Sozialisation und psychosexuelle Entwicklung: S. Freud

Parsons bedient sich zur Erklärung der Entwicklung bzw. Genese von Strukturen, Funktionen und Systemen der psychoanalytischen Theorie von Sigmund Freud (1856–1939). Damit kann der strukturfunktionalistische Ansatz, der ein soziologischer ist, durch eine psychologisch begründete Entwicklungstheorie dynamisiert werden; denn mit dem Modell der psychosexuellen Entwicklung kann der Systembeitrag, den das einzelne Individuum in seiner Sozialisation leisten muss, erklärt werden. Zwei zentrale Annahmen der Psychoanalyse Freuds werden von ihm übernommen: 1. der Aufbau der Person und 2. die psychosexuelle Entwicklung der Personenstruktur. Eine weitere zentrale Annahme Freuds, nämlich die Bedeutung der „Libido" und des sich damit verbindenden Narzissmus bei der Ich-Entwicklung, wird von Parsons vernachlässigt. Dieser Annahme wird in der neueren Diskussion über die Rolle der psychoanalytischen Theorien in der Sozialisationsforschung (Schütze 1982, 123–145) ein hoher Stellenwert eingeräumt. Daher erscheint es sinnvoll, auf sie am Ende dieses Kapitels näher einzugehen.

psychische Instanzen

Zu 1) Freud (1988a) kennzeichnet die Persönlichkeitsstruktur eines Menschen als „psychischen Apparat" und teilt ihn in drei Ebenen ein. Diese sind: Es, Ich und Über-Ich. Freud bezeichnet diese auch als „psychische Instanzen".

Es

„Die älteste dieser psychischen Provinzen oder Instanzen nennen wir das Es: sein Inhalt ist alles, was ererbt, bei Geburt mitgebracht, konstitutionell festgelegt ist, vor allem also die aus der Körperorganisation stammenden Triebe … Dieser älteste Teil des psychischen Apparates bleibt durch das ganze Leben der wichtigste … Unter dem Einfluß der uns umgebenden realen Außenwelt hat ein Teil des Es eine besondere Entwicklung erfahren. Ursprünglich als Rindenschicht mit den Organen zur Reizaufnahme und den Einrichtungen zum Reizschutz ausgestattet, hat sich eine besondere Organisation hergestellt, die von nun an zwischen Es und Außenwelt vermittelt. Diesem Bezirk unseres Seelenlebens lassen wir den Namen des Ichs.

Ich

Die hauptsächlichen Charaktere des Ich. Infolge der vorgebildeten Beziehung zwischen Sinneswahrnehmung und Muskulation hat das Ich die Verfügung über die willkürlichen Bewegungen. Es hat die Aufgabe der Selbstbehauptung, erfüllt sie, indem es nach außen die Reize kennenlernt, Erfahrungen über sie aufspeichert (im Gedächtnis), überstarke Reize vermeidet (durch Flucht), mäßigen Reizen begegnet (durch Anpassung) und endlich lernt, die Außenwelt in zweckmäßiger Weise zu seinem Vorteil zu verändern (Aktivität); nach innen gegen das Es, indem es die Herrschaft über die Triebansprüche gewinnt, entscheidet, ob sie zur Befriedigung zugelassen werden sollen, diese Befriedigung auf die in der Außenwelt günstigen Zeiten und Umstände verschiebt oder ihre Erregungen überhaupt unterdrückt." (Freud 1988a, 7f)

Über-Ich

Eine der zentralsten Aussagen das Ich betreffend lautet: „Das Ich strebt nach Lust, will der Unlust ausweichen … Als Niederschlag der langen Kindheitsperiode, während der der werdende Mensch in Abhängigkeit von seinen Eltern lebt, bildet sich in seinem Ich eine besondere Instanz heraus, in der sich dieser elterliche Einfluß fortsetzt. Sie hat den Namen des Über-Ichs erhalten. Insoweit dieses Über-Ich sich vom Ich sondert und sich ihm entgegenstellt, ist es eine dritte Macht, der das Ich Rechnung tragen muß.

Eine Handlung des Ichs ist dann korrekt, wenn sie gleichzeitig den Anforderungen des Es, des Über-Ichs und der Realität genügt, also deren Ansprüche miteinander zu versöhnen weiß" (Freud 1988a, 8).

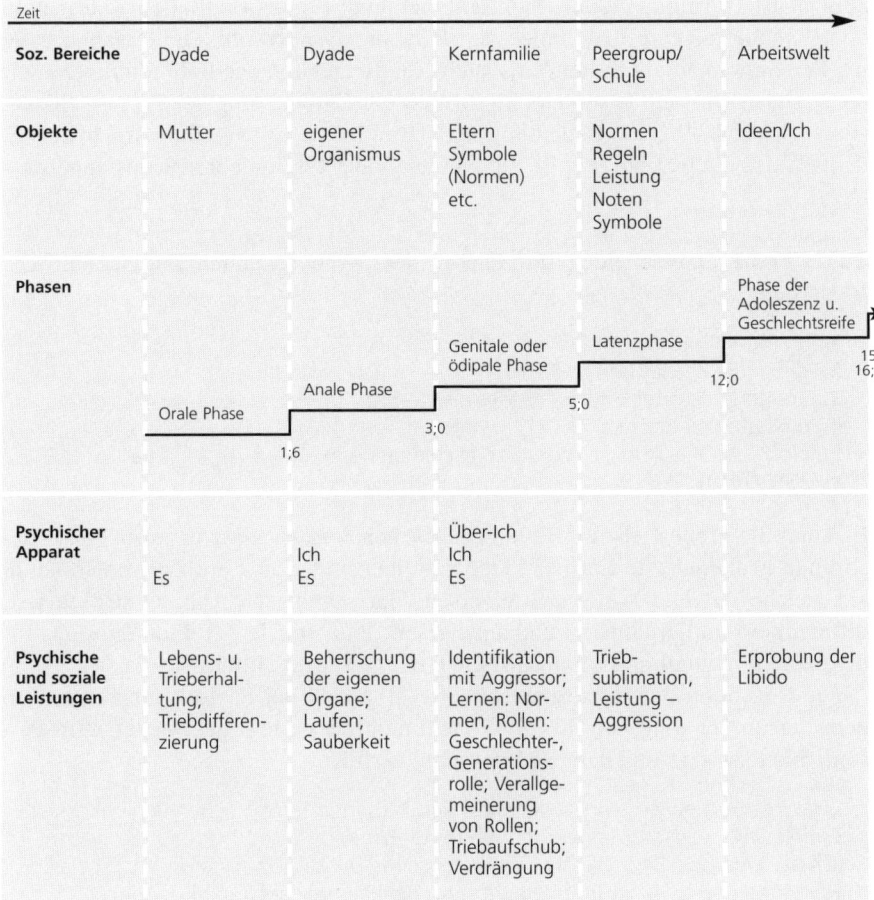

Abb. 6:
Aufbau und Entwicklung des „psychischen Apparats" und „psychosexuelle Entwicklung" (nach S. Freud)

Es ist wichtig zu sehen, dass Freud dem Ich eine zentrale Stelle im Gesamtaufbau der Persönlichkeit zuweist und die Herausbildung des Über-Ichs sowie die strukturelle Entwicklung des Es an das Ich bindet. Er sagte einmal, dass das Ich das „Tor zur Welt" sei, und damit gewinnt auch das Ich jene bedeutende Funktion, nämlich das Persönlichkeitssystem mit dem Gesellschaftssystem zu verknüpfen, aber auch das Persönlichkeitssystem mit dem Organsystem des Menschen in Beziehung zu setzen. Mit diesem Hinweis ist bereits die Terminologie Parsons ins Spiel gebracht und die für den Sozialisationsprozess bedeutsamen Systeme, nämlich das Organ-, das Person- und das Sozialsystem, das Freud bezeichnenderweise als „Realität" bezeichnet.

Von Parsons Ansatz aus gesehen machen Es, Ich und Über-Ich nicht nur die Struktur der Persönlichkeit aus, sondern sie haben sich im Laufe des menschlichen Lebens auch derart differenziert und in jener Weise organisiert, die es dem Individuum ermöglicht, sich in jedem sozialen System so einzuleben, dass auch sein organisches System und sein Ich befriedigt werden. In seinem Aufsatz

„Sozialstruktur und Persönlichkeitsentwicklung: Freuds Beitrag zur Integration von Psychologie und Soziologie" sagt Parsons, dass sowohl „die Organisierung der Persönlichkeit als System" als auch „die Beziehung des Individuums zu seiner sozialen Umwelt, besonders im Prozess der Entwicklung der Persönlichkeit" (Parsons 1997, 99f) von Bedeutung sei. Damit ist die Entwicklung und in besonderer Weise die psychosexuelle Entwicklung oder Phasenlehre Freuds angesprochen.

Zu 2) Freud unterscheidet fünf Phasen der psychosexuellen Entwicklung des Menschen:

1. die orale Phase (von der Geburt bis ca. 1;6)
2. die anale Phase (bis ca. 3;0)
3. die genitale oder ödipale Phase (bis ca. 5;0)
4. die Latenzphase (bis 12;0/13;0) und
5. die Phase der Adoleszenz und Geschlechtsreife (ab ca. 12;0 bis ca. 15;0/16;0).

Es kann als große Leistung Freuds angesehen werden, dass er jeder Phase bestimmte grundlegende Lernvorgänge zuordnet, mit denen erklärt werden kann, auf welche Art und Weise sich einerseits der psychische Apparat strukturiert, differenziert und organisiert und andererseits, auf welche Art und Weise das Individuum ein handlungsfähiges Mitglied der Gesellschaft wird.

Die Rezeption der freudschen Theorie lässt sich bei Parsons am ehesten an dem Zusammenhang von drei Systemen, nämlich dem Organsystem, dem Persönlichkeitssystem und dem Sozialsystem, verfolgen.

„Das Schwergewicht wird jedoch auf den Beziehungen zwischen Persönlichkeit und sozialem System liegen. Ich werde die Ansicht vertreten, daß die wesentlichen Züge der Persönlichkeitsstruktur zwar durch Sozialisation von sozialen Systemen und der Kultur abgeleitet sind, die Persönlichkeit aber dennoch durch ihre Beziehungen zu ihrem eigenen Organismus und durch die Einzigartigkeit ihrer Lebenserfahrung ein unabhängiges System wird; sie ist kein bloßes Epiphänomen der Gesellschaftsstruktur" (Parsons 1997, 103).

Verfolgt man diesen Ansatz an der psychosexuellen Entwicklung Freuds und zugleich an der darin sich organisierenden Persönlichkeitsstruktur, dann kann Folgendes zu den einzelnen Phasen gesagt werden:

1. Die orale Phase. In dieser Phase ist das Kind „ganz Mund" oder Trieb. Die Interaktion zwischen Mutter und Kind kann als „Vermittlung der Befriedigung organischer Bedürfnisse des Kindes für dessen Wohlergehen" (Parsons 1997, 106) angesehen werden. Da ist z. B. der Saugreflex. Er ist als Disposition angeboren, aber die Ausformung des Saugens in den jeweiligen spezifischen Situationen muss das Kind sehr früh lernen;

„wie es seine Lippen bewegen muß, welche Haltung die beste ist, wann es Anstrengung aufwenden und wann es sich anspannen muß, usw., denn die Milchmenge, die es erhält, und die Leichtigkeit, mit der es sie erhält, sind in beträchtlichem Maße von seinem eigenen zielorientierten Handeln abhängig" (Parsons 1997, 107).

Daraus folgt Parsons, dass die elementaren Beziehungen der Mutter zwischen ihrem Kind in der oralen Phase bereits als ein echter Prozess der sozialen Interaktion anzusehen sind. Prozesse dieser Art werden allgemein und in der Pädagogik als Fürsorge oder als Pflege bezeichnet. Sie finden ihr Ziel in der Befriedigung der physiologischen Bedürfnisse des Kindes. Aber diese Befriedigung ist nur eine Komponente des komplexen Vorgangs. Die andere Komponente ist die, dass das Kind allmählich eine Bindung an diejenige Person entwickelt, im Regelfall an die Mutter, die die Befriedigung der Lust des Kindes beständig und konstant organisiert. Die Mutter wird dadurch zu einem festen Objekt im sozialen Umfeld des Kindes, das der Ich-Organisation des Kindes entgegenkommt und dem Kind zugleich Lust bereitet.

Die Lernleistung, die das Kind in dieser Phase und in diesem Beziehungszusammenhang vollzieht, wird von Freud als Identifizierung bezeichnet. Die Identifizierung des Säuglings mit dem Objekt Mutter gehört damit einerseits zu dem ersten Aspekt der Integration der Persönlichkeit in ein soziales System und andererseits dient sie der Herausbildung der Persönlichkeitsstruktur und der weiteren Instanzen.

Lernen als Identifizierung

„Faßt man die Hauptmerkmale zusammen, so ergibt sich als Grundlage dieses Lernprozesses die Errichtung einer bestimmten Struktur von Beziehungen zwischen einer Reihe angeborener Mechanismen des Organismus – die sich sowohl auf den Stoffwechsel als auch auf das Verhalten beziehen – und einer Reihe von Stimuli der Umgebung. Es gibt Besonderheiten der organischen und triebbedingten Befriedigung einerseits und der Fürsorge für das Kind andererseits, aber auf beiden Seiten ist gleichermaßen Generalisierung vorhanden. Es gibt Gründe für die Annahme, daß auf seiten des lernenden Kindes der Lustmechanismus das wichtigste Vehikel der Generalisierung ist, der nicht mit bloßer organischer oder triebhafter Befriedigung im partikularisierten Sinn verwechselt werden darf; während ganz offensichtlich auf seiten der Umwelt die Strukturierung des Sanktionssystems das Element der Generalisierung darstellt. Die Übereinstimmung dieser beiden Muster der Generalisierung ist die entscheidende Ausgangsbasis einer neuen Motivationsstruktur, die Ich genannt werden kann. Der äußere, umweltorientierte Prozeß dieser neuen Struktur, der ‚Zielbefriedigung' genannt werden kann, betrifft die Beziehung des Kindes zu einem sozialen Objekt außerhalb seiner selbst. Der innere organismusorientierte Prozeß betrifft die Beziehung des Kindes zu einem generalisierten neurologischen Mechanismus, wobei eine Vielzahl von Befriedigungen organisiert werden, um das zu erzeugen oder vielleicht zu maximieren, was als Lust bezeichnet wurde" (Parsons 1997, 111).

Lernen als Generalisierung

Von zentraler Bedeutung in dieser Phase sind die Lernleistungen der Identifizierung und Generalisierung. In der Identifizierung des Kindes mit jenen „Objekten" seiner Umwelt, die seine Triebwünsche befriedigen, wird die Grundlage zum Aufbau der Ich-Struktur gelegt. Dabei können die Generalisierungen einzelner Triebhandlungen als jene Leistungen angesehen werden, die die Ich-Formation aufbauen.

Generalisierungen können als Verallgemeinerungen, d. h. als kulturelle Überformung der individuellen Triebwünsche verstanden werden. So wird aus dem anfänglichen Saugreflex mehr und mehr ein sich in selbstständigem Handeln manifestierendes Suchen der Milchquelle und schließlich das „gekonnte" Absaugen derselben als „erster" kultureller Leistung des Babys. Damit entfaltet das Baby seine Persönlichkeitsstruktur und leistet mit dieser Entwicklung zugleich die Integration seines Persönlichkeitssystems in dieses kleine kulturelle und soziale System der Familie, in das es von Geburt an eingebettet ist.

Generalisierung

2. Die anale Phase. Konsequent in seinem Systemdenken bleibend argumentiert Parsons weiter, dass eine Handlung des Ichs erst dann als Handlung zu bezeichnen ist, wenn das Ich wählen kann (Kap. 2.5). Infolgedessen hat seiner Meinung nach das Neugeborene auch noch kein Ich. Je mehr sich aber in der oralen Phase das Kind zu generalisieren und damit auch zugleich seine Umwelt zu differenzieren lernt, tritt es mit anderen Objekten seiner Umwelt in Beziehung (Objektbesetzung). Dies sind nicht nur andere Personen, sondern auch die Dinge der Umwelt und in Sonderheit die Symbole wie z. B. Gestik, Mimik und Sprache, über die es in der Umwelt kommuniziert. Aber auch seine eigenen Bewegungen in Raum und Zeit lassen das Kind sich selbst mehr und mehr zum Objekt werden. Es lernt – wie Freud es nennt –, nicht nur seine Ausscheidungen mit Unterstützung seiner Umwelt zu kontrollieren. Das Kind lernt auch, sich aufzurichten, seinen Körper auf die Beine zu stellen und zu gehen. Freud belegt diesen Vorgang mit dem Begriff der Objektbesetzung.

Objektbesetzung

„Objektbesetzung bezeichnet die primäre Basis für eine Art Differenzierungsprozeß in der Struktur der Persönlichkeit. Der Ausgangspunkt dieses Prozesses ist die ‚verinnerlichte Mutter' als Resultat früherer Identifizierung" (Parsons 1997, 118).

Das Kind wird also mehr und mehr in die Objektwelt seiner Umwelt hineingezogen. Das hat zur Folge, dass es mit Objekten seiner Umwelt nicht nur in Beziehung tritt, sondern diese Objekte handgreiflich und sprachlich besetzt.

Die Objektbesetzung gehört damit neben der Identifizierung und Generalisierung zu einem dritten Aspekt der Integration der Persönlichkeit in das soziale System.

Verinnerlichung

3. Die ödipale Phase. Nach der Identifizierung und der Objektbesetzung kommt ein vierter Lernaspekt oder „Mechanismus" ins Spiel; es handelt sich dabei um den der Verinnerlichung oder der Introjektion. Mit der ödipalen Phase sind die vorangegangenen Prozesse und Phasen auf ein neues Plateau gehoben. Das Kind, bereits längst Mitglied einer Gruppe, die auch als Kernfamilie bezeichnet wird, erbringt in einem komplexen Prozess der Introjektion in der ödipalen Phase folgende Leistungen:

1. Es lernt, die Regeln und Rollen sowie die Normen des Kollektivs, in denen es lebt, für es selbst verbindlich zu machen und zu realisieren (Identifizierung mit der Familie als Kollektiv).
2. Es lernt seine generalisierte Geschlechterrolle, d. h., der Junge lernt zu sein wie alle Jungen und das Mädchen zu sein wie alle Mädchen (Identifizierung mit dem Geschlecht).
3. Es lernt seine Generationenrolle, d. h. den Abstand in Rolle, Position und Status zwischen sich selbst, der Kindergeneration, und der Generation der Eltern und der Großeltern und die damit verbundenen Wertorientierungen (Identifizierung mit der Generation).

In der ödipalen Phase ist das entscheidende Objekt der Identifizierung nicht das Individuum, sondern das Kollektiv bzw. die Rollen, die in dem Kollektiv zu spielen sind: also die Geschlechterrolle und die Generationenrolle. Hierzu erscheint es hilfreich, dass das Kind bereits in den vorangegangenen Phasen Identifikation, Generalisierung und Objektbesetzung gelernt hat. In der ödipalen Phase muss es lernen, sich von der starken Identifikation mit seiner Mutter zu lösen, d. h. seine Rolle auf einer kollektiven Stufe noch mehr zu generalisieren als auf der der individuellen und exklusiven Beziehung zu seiner Mutter. Das bedeutet, dass es sein eigenes Selbstverständnis und seine Interaktion in der Welt auf einem „höheren" Niveau durch erneute Generalisierung organisieren muss. Nichts anderes bedeutet das Lernen der Rollen und der mit den Rollen gegebenen Normen, Positionen und Status. Dabei ist bedeutsam, dass in diesem Prozess die Komplexität der kulturellen und sozialen Welt, in die das Kind nun hineingewachsen ist, durch Generations- und Geschlechtsrollenvorschriften reduziert wird. Dies erleichtert dem Kind die Introjektion mit den generalisierten anderen; es macht es aber auch dem Sozialsystem leichter, das Kind zu integrieren.

Waren in der bisherigen psychosexuellen Entwicklung das Ich und das Es bereits in Aktion, so tritt in dieser Phase das Über-Ich in Funktion.

„Das Über-Ich ist ... primär, das übergeordnete normative Muster, welches das Verhalten der verschiedenen Mitglieder in ihren verschiedenen Rollen innerhalb der Familie als System beherrscht" (Parsons 1997, 121).

Das Über-Ich kann damit als jene Instanz im psychischen Apparat oder im Aufbau der Persönlichkeit angesehen werden, in welchem die Werte, Normen und Regelsysteme des Sozialsystems oder der Umwelt oder der Gesellschaft internalisiert, d. h. von außen nach innen genommen werden. Diese Internalisierung wird von Freud Introjektion, d. h. Verinnerlichung, genannt. Damit wird im Individuum sozusagen die Normstruktur der Gesellschaft etabliert. Sie wirkt über das Über-Ich auf das Ich und das Es ein. In Bezug auf das Ich heißt dies, dass das „Tor zur Welt" sein Gitter mehr und mehr nach dem Plan des Über-Ich, d. h. der Gesellschaft, schmiedet als nach den Wünschen und Bedürfnissen des Es, denn die Steuerungsinhalte und -ziele sind keine anderen als die der Gesellschaft. Dadurch kann der Prozess der Integration des Individuums als Anpassung begriffen werden. Zugleich nimmt das Über-Ich aber auch Einfluss auf das Es. Es kann die Triebdynamik entsprechend der Moral der Gesellschaft steuern und damit zu einem Instrument werden, das Ich und Es sowie das gesamte Handlungspotenzial und das aktuelle Handeln eines Menschen maßgeblich bestimmen kann. Dabei kann ein Punkt erreicht werden, an dem ein rigides und überstarkes Über-Ich eine normale Ausbildung des Ich oder des Es verunmöglicht und die normalen Es- und Ich-Anforderungen unterdrückt. In autoritären Gesellschaften oder in pathologischen Beziehungs- und Handlungszusammenhängen kann daher ein rigides Über-Ich zum Unterdrücker der gesamten Persönlichkeitsstruktur und damit des Handelns werden.

Internalisierung

Mit dem Ablauf dieser drei Phasen, die von der Geburt bis zum 5./6. Lebensjahr reichen, ist die in den Sozialisationstheorien und -forschungen bezeichnete primäre Sozialisation des Kindes abgeschlossen (Kap. 2.2). Die Ausführungen lassen die große Bedeutung stabiler Beziehungen des Kleinkindes zu Personen seiner Umwelt und zu einer Kerngruppe deutlich werden (Kap. 5).

4. Die Latenzphase. In der Latenzzeit tritt das heranwachsende Kind in ein neues Kollektiv, nämlich die „Peergroup" oder die Gruppe der Gleichaltrigen ein. In der Literatur wird der Peergroup eine besondere Bedeutung zugemessen, insofern sie es nämlich dem Kind ermöglicht, 1. andersartig strukturierte Beziehungen kennenzulernen und 2. das Leistungsverständnis auf eine neue Ebene zu heben.

1. Bisher war das Kind in hierarchischen Rollenbeziehungen eingebettet, die im Regelfall zwischen ihm und den Eltern bestehen. In der Peergroup wird es in egalitäre Rollensysteme hineingezogen. Es lernt, dass Regeln nicht statisch und traditional verankert und nicht nur einseitig legitimiert sind, sondern dass Regeln und Normen ausgehandelt werden können. Sie werden so als

geschichtlich und gesellschaftlich und damit als grundsätzlich veränderbar erlebt. Piaget hat in seinen Untersuchungen zur moralischen Entwicklung des Kindes (1954) nachgewiesen, dass dadurch die Peergroup in entscheidender Weise die Entwicklung der Autonomie des Kindes befördert.

2. Das Kind lernt im Bereich der Schule eine neue Form der Objektbesetzung, nämlich die Leistung, kennen. Motivation und die Fähigkeit, Leistungen zu erbringen, hat das Kind in den vorangegangenen Phasen bereits „gelernt". Aber das soziale Umfeld hat die Leistungen mit „Gesten" jener Art honoriert, die für das Kind konkret und angenehm und daher von größter Bedeutung für seine Entwicklung waren. Im Lehr- und Lernsystem der Schule jedoch wird Leistung auf eine höchst abstrakte Art und Weise von dem Kind abverlangt und verstärkt. Es erlebt die Anforderungen an schulische Lernleistungen zunächst als fremd und von seinen Bedürfnissen und der sozialen Nähe losgelöst und abgesprengt. Sodann erfährt es, dass Leistung im System der Schule – im Unterschied zum System Familie – auf eine neue Weise „belohnt", nämlich beurteilt und benotet wird. Dabei wird die abstrakte Note im System der Schule als harte Valuta gehandelt: Sie entscheidet u. a. über Position und Status sowie Auf- oder Abstieg im sozialen System (Kap. 5). Zunächst gilt es für das Kind, sich mit dieser Gegensätzlichkeit auseinanderzusetzen und sie für sich zu regeln.

Es besteht kein Zweifel, dass die Latenzphase als ein Prozess angesehen werden kann, in welchem eine Vielfalt neuer Objektwahlen stattfindet.

„Meine Hauptthese zur Analyse von Objektbeziehungen lautet, daß eine vollständige Kontinuität des grundlegenden Begriffsrahmens zwischen der Identifizierung in der oralen Phase und der Objektwahl in der nach-oralen Phase einerseits und der Latenzzeit und Sozialisation in der Adoleszenz andererseits besteht. Das Erlernen von Rollen in der Schule und in der ‚Peer-group' erfolgt durch die Mechanismen der Objektwahl, die durch frühere Identifizierungen motiviert ist. Zunächst aber sind eindeutig Kollektive, nicht Einzelpersonen die wichtigsten Objekte. Dann bilden sich – ebenso wie sich in der Kernfamilie wichtige neue dyadische Beziehungen neben derjenigen zur Mutter entwickeln – wichtige neue Dyaden in der Schule und in den ‚Peer-groups': mit dem Lehrer und einzelnen Gleichaltrigen. Aber die Bedeutung dieser Dyaden muß im Zusammenhang der neuen Gemeinschaftsstrukturen verstanden werden, in denen das Kind eine Rolle oder einen Rollenkomplex auszuüben lernt" (Parsons 1997, 132f).

Mit dem Abschluss der Latenzphase hat das Kind nun nicht nur eine Fülle von Objektbesetzungen neu gelernt, sondern auch eine Integration mit drei wesentlichen Gemeinschaftstypen vollzogen: Es handelt sich dabei um

„1. die gesellschaftliche Gruppe der Gleichaltrigen als Gesamtheit, welche die Werte der sogenannten Jugendkultur verkörpert; 2. die Schule als Prototyp der Organisation, die dem Erreichen eines spezifizierten Ziels durch disziplinierte Leistung gewidmet ist; 3. die Vereinigung der Gleichaltrigen als Prototyp gemeinschaftlicher Organisation zur Befriedigung und zum Ausgleich gegenseitiger Interessen" (Parsons 1997, 133f).

5. Die Phase der Adoleszenz und Geschlechtsreife. In dieser Phase kommen alle so genannten Lernleistungen voll zum Tragen, und sie erhalten eine neue Chance zur Transformation. Dabei handelt es sich um „die neu entstehende intersexuelle Dyas als Prototyp der einzigen Beziehung Erwachsener, in der erotische Faktoren offen zum Ausdruck gelangen dürfen" (Parsons 1997, 134).

Mit diesen Andeutungen zur Adoleszenzphase soll die Darstellung der psychosexuellen Entwicklung abgeschlossen werden, von der für den vorliegenden Erörterungszusammenhang insbesondere die Phasen 1 bis 4 von Bedeutung sind.

3.3.6 Die Narzissmusdiskussion

Die Narzissmusdiskussion wird seit der Mitte der 1970er Jahre geführt. Sie bezieht sich auf die Bedeutung der Psychoanalyse in der Sozialisationstheorie (Ziehe 1979; Miller 1983; Rolff/Zimmermann 1997; Fromm 1988, 64–103).

Unter Narzissmus wird „übersteigerte Selbstbezogenheit bzw. Selbstliebe (Autoerotizismus)" verstanden (Wörterbuch Psychologie 2005, 334, Stichwort Narzißmus). Nach Freud entsteht narzisstisches Verhalten durch die Libido, die der Einzelne den sozialen Beziehungen entzieht und ausschließlich sich selbst zuführt.

Narzissmus

Von heute aus gesehen und weitergedacht (Rolff/Zimmermann 1997; Fromm 1988, 64–103) kann gesagt werden, dass Narzissmus engstens mit der Libido, d.h. mit der „Vitalenergie" des Menschen und mit ihrer Entwicklung von der oralen Phase an verbunden ist. Gleichviel, ob das Es oder das Ich als das „große Reservoir" für diese dynamische Triebenergie angesehen wird, der Mensch entwickelt von der Geburt bis zum Tode Libido und libidinöse Beziehungen zu seiner Welt, auch „Objektbesetzungen" genannt.

Bei diesem Gedankengang ist die Vorstellung leitend, dass sich die Libido des Kindes bereits im Mutterleib entwickelt. Sobald das Kind zur Welt kommt, ist es in Objektbeziehungen gestellt – gleichviel ob diese „Objekte" die Brust der Mutter, das Fläschchen, das Lachen und später die Dinge, die Sprache, die Symbole oder die Menschen und Gruppen sind. Die Beziehungen des Kindes und des späteren Erwachsenen können dank der Libido ausgestaltet werden. Sie machen jene grundlegenden Prozesse aus, in denen das Kind kulturell und sozial handlungsfähig wird.

Freud hat nun sehr früh das Problem der libidinösen Beziehungen – am drastischsten an den Geisteskrankheiten – studiert und erkannt. Bei Fromm heißt es darüber:

> „Seine Grundauffassung hat Freud nie geändert, daß nämlich der ursprüngliche Zustand des Menschen in seiner frühen Kindheit der des ‚primären Narzißmus' sei, in dem noch keinerlei Beziehungen zur Außenwelt bestünden, daß das Kind dann im Laufe seiner normalen Entwicklung anfange, seine (libidinösen) Beziehungen zur Außenwelt weiter auszudehnen und zu intensivieren, daß es aber häufig vorkomme (am drastischsten bei Geisteskrankheit), daß die an Objekte angehängte Libido zurückgenommen wird und sich wieder auf das eigene Ich richtet (,sekundärer Narzißmus')" (Fromm 1988, 65).

Dieser Prozess der Rückbeziehung und Ausrichtung der Libido auf sich selbst vollzieht sich nach Freud bei allen Menschen lebenslang. Er lässt sich in dem Wort „Selbstliebe" gut begreifen.

Bei nicht wenigen Menschen verstärkt sich aber dieser normale, lebensnotwendige und gesunde Narzissmus (Miller 1983, 60ff). Kann er sich nicht entwickeln, dann kann dies zur psychischen Erkrankung führen, die weitreichende soziale Folgen haben kann. Umgekehrt vermögen soziale und gesellschaftliche Bedingungen zu übersteigerten Formen der Narzissmusentwicklung mit negativen Folgen für Individuum, Gruppe und Gesellschaft führen (Ziehe 1979, 56ff; Miller 1983, 63ff). Es wird daher in der Literatur auch von der Entstehung eines „Neuen Sozialisationstyps" (Rolff/Zimmermann 1997) gesprochen.

Einige Beispiele sollen dies belegen. Im Alltag ist häufig die Situation zu beobachten, dass Menschen über sich selbst – als ihr eigenes geliebtes Objekt – erzählen und in dieser Form der Selbstdarstellung sich selbst bewundern. Andere Menschen wiederum hören ihren Gesprächspartnern überhaupt nicht zu und „antworten" scheinbar zum Thema – aber ausschließlich aus ihrer eigenen Perspektive. Sie sind nur bedingt oder überhaupt nicht fähig, die Perspektive des anderen einzunehmen und z. B. Empathie zu zeigen. Schließlich sind auch Menschen zu beobachten, die ihr geliebtes Selbstbild aus Angst vor Kritik, Angriff oder Beleidigung durch Dritte schützen wollen. Sie verwenden ihre ganze Energie darauf, sich zu „verstecken", die „graue Maus" zu spielen, sich zu unterwerfen oder gar demütigen zu lassen. Andere wiederum übersteigern ihre Selbstliebe durch aggressive Selbstdarstellung nach außen: Sie nehmen Menschen wie Dinge in Besitz – z. B. die Mutter „ihr" Kind, der Mann „seine" Frau –, unterdrücken in autoritärer Weise Einzelne und Gruppen als Führer, Verführer und Erpresser; sie wenden Gewalt an; sie spielen sich auf, z. B. als Held oder Star. Gleichzeitig schätzen sie alle und alles, was sie selbst nicht sind, als negativ, minderwertig, feindlich usw. ein. Sie befinden sich in ständigem Zustand der „Selbstaufblähung" (Fromm 1988, 79).

Wie immer diese Ausformungen von Narzissmus sich zeigen, sie lassen sich auf einem breiten Band darstellen, dessen Enden als Unterwerfung und als Unterdrückung, als Depression und Aggression oder als individueller und kollektiver Narzissmus bezeichnet werden können. So benötigt der aggressive Bandenanführer die ihm bedingungslos nachfolgenden Mitglieder der Gruppe. Beide Seiten befriedigen sich dabei gegenseitig. Der Anführer setzt seine Libido in autoritäre Führungskräfte um, die sein Selbstbild vor den Augen der anderen und vor seinen eigenen erhöhen; die Gefolgsleute hängen ihre Libido an ihre Identifikation mit der Komplementärrolle zu ihrem Anführer; sie wenden ihre ganze Kraft auf, sich ihrem Führer zu unterwerfen. Indem sie in diesem gegenseitigen Prozess der Objektbeziehung von „ihrem Führer" angenommen sind, gewinnen sie ihre Selbstachtung und Selbsterhöhung.

Individuen und Gruppen mit übersteigertem Narzissmus sind somit eine ständige Quelle der Unruhe, Aggression und Gewalttätigkeit, des Hasses, Rassismus und des Krieges in jedweder Form. Daher ist Narzissmus – wie Fromm plausibel darlegt (1988, 77ff u. 83ff) – 1. evolutionstheoretisch und biologisch gesehen ein Paradox: Er erhält den Menschen als Gattungswesen im wahrsten Sinn des Wortes am Leben, und er kann in der extremen Form zur Vernichtung von Menschen, Gruppen und Nationen führen, wie z. B. die vielen Pogrome im Laufe der Geschichte zeigen. 2. ist der Narzissmus eine paradoxe Erscheinung, insofern er zeigt, dass die Normalität menschlichen Daseins in der Gratwanderung zwischen gutartiger und bösartiger Herausbildung der Libido besteht und daher stets und bei allen Menschen in pathologische Züge verfallen kann. 3. ist die Übertragung des individuellen in den gruppen- und gesellschaftlichen Narzissmus in der negativen Ausformung stets die gesellschaftliche Quelle für Gewalttätigkeit und Krieg; in den positiven Formen kann Narzissmus dagegen die Quelle für die von Habermas erörterten emanzipatorischen Sozialisationseffekte sein; aber auch für die Herausbildung von Vernunft, Fremdenliebe, Minderheitenschutz, verantworteter Selbstbestimmung, Weltbürgertum und humaner Erziehung.

Die pädagogische Bedeutung des Narzissmusphänomens kann darin gesehen werden, dass Narzissmus gelernt wird. Als ein zentraler Lernprozess ist hierbei die Identifikation anzusehen. Die Erziehungspersonen und die Sozialisationsinstanzen bilden dabei die Medien und Modelle, in welchen Narzissmus stets und ständig entsteht. Erziehung ist bei der Entstehung von Narzissmus immer mit im Spiel. Gesellschaftskritische Ansichten unterstellen dabei, dass in der derzeitigen Verfassung aller Gesellschaften auf dieser Erde eher ein pathologischer Narzissmus gefördert wird, der zu jenen oben geschilderten negativen Ausformungen führt. Eine Erziehung, die als Aufklärungsprozess verstanden wird, müsste daher neue Formen der Rolleninterpretation und der angenommenen Selbstdarstellung, den Einbezug neuer individueller und kollektiver Ausdrucksformen für Gefühle und Gedanken, für Arbeit und Leistung entdecken, anbieten und fördern.

Identifikation

3.4 Der interaktionstheoretische Erklärungsansatz

Lag das erkenntnisleitende Interesse im rollen- oder systemtheoretischen Ansatz auf dem Phänomen des menschlichen Handelns in Bezug auf seine Funktion für das gesamtgesellschaftliche System, so ist das Erkenntnisinteresse im interaktionstheoretischen Erklärungsansatz eher auf das soziale menschliche Handeln in Bezug auf die Interaktion selbst und auf die handelnden Individuen gerichtet (Joas 1998, 137–152). Damit tritt gegenüber der makrosozialen und institutionellen Erklärungsebene (Ottomeyer 1998, 153–188) eher die mikrosoziale und intraindividuelle Ebene in den Blick. Sozialisationsprozesse, die vor dem Hintergrund des interaktionstheoretischen Erklärungsansatzes zu verstehen versucht werden, haben daher immer auch etwas mit dem Zusammenhang von Interaktion und Erziehung zu tun (Kap. 4.5).

3.4.1 Historisch-systematische Voraussetzungen

In dieser Forschungsrichtung wendet sich das Erkenntnisinteresse der Forscher mehr und mehr auf die sozialen Interaktionen der handelnden Subjekte selbst. Die damit im Zusammenhang stehenden gesellschaftlichen Implikationen geraten dabei eher zur Randbedingung. Dieses Interesse lässt sich unter dem Sammelbegriff und Schlagwort „Symbolischer Interaktionismus" zusammenfassen, ein Begriff der 1937 von Herbert Blumer eingeführt wurde.

symbolischer Interaktionismus (Blumer)

„Der Begriff des ‚symbolischen Interaktionismus' hat sich zur Kennzeichnung eines relativ klar abgegrenzten Ansatzes zur Erforschung des menschlichen Zusammenlebens und des menschlichen Verhaltens durchgesetzt. Zahlreiche Wissenschaftler bedienen sich dieses Ansatzes bzw. trugen zu seiner geistigen Grundlegung bei. Unter ihnen finden sich solche hervorragenden Persönlichkeiten Amerikas wie George Herbert Mead, John Dewey, W. I. Thomas, Robert E. Park, William James, Charles Horton-Cooley, Florian Znaniecki, James Mark Baldwin, Robert Redfield und Louis Wirth" (Blumer 1976, 80).

Alle Forscher, die im Horizont der Theorie des symbolischen Interaktionismus arbeiten, verbindet,

„daß sie Handeln nicht kausal erklären, sondern in erster Linie verstehen wollen. Das impliziert auf seiten des Theoretikers eine kontemplative Haltung: Sein Problem ist es nicht, soziales Handeln zu beeinflussen, verallgemeinert: die Gesellschaft zu verändern, sondern er betrachtet das, was da geschieht, mit einem gewissen Staunen und einer gewissen (von ihm oft erst mühsam herbeigeführten) Fremdheit, und fragt sich, was da eigentlich vor sich geht und wie man da Sinn hineinbringen kann" (Steinert 1977, 79).

Nimmt man diese Aussage ernst, dann hat dies Konsequenzen für die Betrachtungsweise des Phänomens vom sozialen Handeln:

„Wenn soziale Interaktion als ein interpretativer Prozeß angesehen wird, dann können Beschreibungen von Interaktionen nicht als abbildende betrachtet werden, und soziologische Erklärungen von Handlungsmustern können nicht als deduktiv in irgendeinem strengen Sinn behandelt werden" (Wilson 1976, 68).

Das hat zur Folge, dass die Analyse von sozialen Handlungen und Interaktionen aus der Sicht des Handelnden wahrgenommen und interpretiert werden muss. Dies bedeutet nicht nur eine neue Aufgabenstellung der Forschung, sondern auch eine neue Einstellung der Forscher hinsichtlich der Prozesse, die im sozialen Kontext ablaufen. In Bezug auf die Forschung heißt dies, dass die Konzepte abbildender Beschreibung, wie sie in den Naturwissenschaften üblich sind, durch Konzepte einer interpretativen Beschreibung abgelöst werden müssen (Wilson 1976, 62f). Das heißt, dass der Forscher seine Aufmerksamkeit darauf richten muss, auf welche Art und Weise das Handeln für die Handelnden selbst zustande kommt, und wie sie selbst es regeln und sich darüber Rechenschaft geben. Gemäß diesem interpretativen Prozess müssen auch die methodischen Instrumentarien erstellt werden. Für viele Forscher hat dies die Hinwendung zu qualitativen Methoden der Sozialforschung zur Folge; und nur den bedingten Einsatz klassischer quantitativer Verfahren. Dabei werden auch methodische Verknüpfungen zu den klassischen Denktraditionen Phänomenologie und Hermeneutik und z. T. Dialektik hergestellt (Kap. 7).

In Bezug auf die Handelnden selbst wird dabei eine Anthropologie unterstellt, die die handelnden Subjekte als Interpreten ihrer Wirklichkeit sieht, also als Individuen, die nicht einer Objektwelt oder einer Umwelt sozusagen objektiv gegenüberstehen, sondern die in einer geschichtlich ausgelegten Welt leben und handeln. Demgemäß transformieren sie ihr Handeln nicht nur immer wieder in neuen Situationen sinnentsprechend, sondern es wird zudem unterstellt, dass sie dieses Handeln auch in Bezug auf sich selbst, also reflektiv realisieren können.

Eine Forschung, die sich unter dieser anthropologischen Prämisse und unter den oben skizzierten erkenntnisleitenden und methodologischen Intentionen realisiert, folgt dem „interpretativen Paradigma" im Unterschied zu dem normativen Paradigma der Naturwissenschaften bzw. jener Sozialwissenschaften, die von einem Gegensatz von Subjekt und Objekt ausgehen und nicht von einem Handlungszusammenhang von Subjekten in einer geschichtlich und gesellschaftlich ausgelegten Welt.

normatives vs. interpretatives Paradigma

Mit der Position des symbolischen Interaktionismus werden Begriff und Phänomen des Handelns an die Stelle von Begriff und Phänomen des Verhaltens gesetzt. Handeln kann dem interpretativen Paradigma – im Sinne Wilsons – zugeordnet werden, Verhalten hingegen dem normativen Paradigma. Damit ist eine Zuspitzung erfolgt, die sich allerdings dahingehend modifizieren lässt, dass man den Begriff der Handlung als übergreifend setzt und den Begriff des Verhaltens unterordnet (Kap. 2.6 u. 3.2).

Handeln vs. Verhalten

Zum Schluss der einführenden Bemerkungen muss noch ein bedeutsames Faktum vorgetragen werden. Historisch gesehen geht die Theorie Meads der von Parsons voraus. Parsons gründet seine strukturfunktionalistische Theorie in den Arbeiten von Mead. Er verschärft – wie im vorausgegangenen Kapitel gezeigt werden konnte – die Sichtweise des Systems und drückt dies auch in einer klaren Systematisierung seiner Theorie aus. Systematisch und von einem gewandelten Wissenschaftsverständnis der Sozialwissenschaften her gesehen – wie sich an der Orientierung am interpretativen Paradigma zeigt – müssen allerdings die Ausführungen Meads denen von Parsons nachgestellt werden, denn sie überholen den starren Systemansatz von Parsons hinsichtlich der „Einholung" des handelnden Subjekts in die Forschung. Die Gefahr freilich, die in einer solchen Fokussierung des handelnden Subjekts und der Interaktionen selbst gegeben ist, muss im Auge behalten werden: nämlich die Idealisierung der handelnden Subjekte und der Forschung und damit das Hintanstellen von gesellschaftlichen Bedingungszusammenhängen. Angesichts dieser Gefahren, in denen der dialektische Zusammenhang von Individuum und Gesellschaft, der geradezu konstitutiv für die Sozialisationsforschung ist, aufgesprengt wird, erscheint es hilfreich, sich an den Ausführungen von Mead selbst zu orientieren, denn diese stellen zwar den Aspekt des Individuums in den Vordergrund, lösen diesen aber nicht aus dem Gesamthorizont der gesellschaftlichen Einbettung heraus.

Schließlich muss noch darauf hingewiesen werden, dass die Arbeiten von Mead nicht nur Parsons zu der von ihm begründeten Richtung des Strukturfunktionalismus angeregt haben, sondern dass sie auch weitere „Richtungen" heraufgeführt haben. Da sind u. a. zu nennen: 1. die Labeling-Theorie (Meltzer/Petras 1970), 2. die an den „Labeling-Approach" anschließenden empirischen Untersuchungen von Vaughan/Reynolds (1968), 3. die Verknüpfung der meadschen Theorien mit der Phänomenologie (Berger/Luckmann 1977) sowie 4. die Ethnomethodologie (Arbeitsgruppe Bielefelder Soziologen 1976). Es müssen aber auch jene Forschungen erwähnt werden, wie sie z. B. von Goffman (1973) und McCall/ Simmons (1974), Brumlik (1973), Steinert (1973), Geulen (1989) u. a. vorgelegt worden sind. In Bezug auf die Identitätsthematik kann das Werk von Krappmann über „Soziologische Dimensionen der Identität" (2000) genannt werden. Aber auch an das Werk von Haeberlin/Niklaus über „Identitätskrisen" (1978) ist zu denken.

3.4.2 Theoretische Grundlegungen

Drei Prämissen (Blumer)

Herbert Blumer bringt den Ansatz Meads auf drei Prämissen:

> „Die erste Prämisse besagt, daß Menschen ‚Dingen' gegenüber auf der Grundlage der Bedeutungen handeln, die diese Dinge für sie besitzen. Unter ‚Dingen' wird hier alles gefaßt, was der Mensch in seiner Welt wahrzunehmen vermag – physische Gegenstände, wie Bäume oder Stühle; andere Menschen, wie eine Mutter oder einen Verkäufer; Kategorien von Menschen, wie Freunde oder Feinde; Institutionen, wie eine Schule oder eine Regierung; Leitideale, wie individuelle Unabhängigkeit oder Ehrlichkeit; Handlungen anderer Personen, wie ihre Befehle oder Wünsche; und solche Situationen, wie sie dem Individuum in seinem täglichen Leben begegnen. Die zweite Prämisse besagt, daß die Bedeutung solcher Dinge aus der sozialen Interaktion, die man mit seinen Mitmenschen eingeht, abgeleitet ist oder aus ihr entsteht. Die dritte Prämisse besagt, daß diese Bedeutungen in einem interpretativen Prozeß, den die Person an ihrer Auseinandersetzung mit den ihr begegnenden Dingen benutzt, gehandhabt und abgeändert werden" (Blumer 1976, 81).

Zu 1) Aus Meads theoretischem Grundlagenwerk „Geist, Identität und Gesellschaft" (1998) geht an vielen Stellen hervor, dass der Mensch in einer Welt von Dingen lebt, die für ihn eine Bedeutung haben und die damit sein Handeln mitbestimmen. Für die Vielzahl der Objekte hat Blumer eine Dreierordnung vorgeschlagen.

Objekte (Blumer)

> „Der Einfachheit halber kann man Objekte in drei Kategorien einordnen: (a) physikalische Objekte, wie Stühle, Bäume oder Fahrräder; (b) soziale Objekte, wie Studenten, Priester, ein Präsident, eine Mutter oder ein Freund; und (c) abstrakte Objekte, wie moralische Prinzipien, philosophische Lehrmeinungen oder Ideen wie Gerechtigkeit, Ausbeutung oder Mitleid. Ich wiederhole, daß ein Objekt jedes beliebige Ding sein kann, das man anzeigen oder auf das man sich beziehen kann. Die Beschaffenheit eines Objektes – und zwar eines jeden beliebigen Objekts – besteht aus der Bedeutung, die es für die Person hat, für die es ein Objekt darstellt. Diese Bedeutung bestimmt die Art, in der sie das Objekt sieht; die Art, in der sie bereit ist, in bezug auf dieses Objekt zu handeln; und die Art, in der sie bereit ist, über es zu sprechen. Ein Objekt kann eine unterschiedliche Bedeutung für verschiedene Individuen haben …" (Blumer 1976, 90).

Physikalische Objekte mögen für viele Menschen eine gleiche Bedeutung haben. Über einen Stuhl wird es im Alltag kaum Diskussionen geben. Das handelnde Subjekt kann sich sogar vorstellen, dass der Stuhl ein Objekt ist, zu dem es als Subjekt in Beziehung tritt. Anders jedoch sieht die Beziehung des Subjekts zu Menschen sowie zu Ideen aus.

Die sozialen Objekte, wie z. B. die Priester und Studenten, befinden sich stets in einer Rolle oder Position, oder sie gehören einem bestimmten Status an; anders ausgedrückt: Sie handeln stets auf der Grundlage von Rollen, die gesellschaftlich vorgegeben sind, bzw. sie handeln aufgrund von Rolleninterpretationen, die gesellschaftlich in einem gewissen Sinn allgemein verbindlich sind – sei dies in Bezug auf eine Gruppe oder für die Gesellschaft im Ganzen. Diese Rollen werden üblicherweise in der Sprache, in Gestik und Mimik ausgedrückt. Sie sind niedergelegt in Traditionen, die wiederum im Verhalten der Menschen zum Ausdruck kommen, in Gesetzen und Anordnungssystemen, aber auch in Ideen wie z. B. Gerechtigkeit, Autorität u. a. m.; kurzum sie sind bei allen Akteuren in einer Handlung oder einer Gesellschaft symbolisch präsent. Sie selbst sind gleichsam die Symbole, aufgrund deren Menschen handeln.

Mead kennzeichnet die kleinste Einheit menschlichen Handelns als Geste. Die Geste entspringt einem Organismus. Dies kann im sozialen Objektbereich z. B. der Student sein.

Geste (Mead)

> „Die Geste eines Organismus ruft in jeder gesellschaftlichen Handlung eine Reaktion eines anderen Organismus hervor, die zur Handlung des ersten Organismus und ihrem Ergebnis in direkter Beziehung steht; und sie ist ein Symbol für das Ergebnis der jeweiligen gesellschaftlichen Handlung eines Organismus (des Organismus, der sie setzt), insoweit ein anderer Organismus (der dadurch auch in diese Handlung hineingezogen wird) darauf reagiert und somit auf das Ergebnis hinweist".

Indem die Geste des einen Organismus, z. B. des Studenten, auf einen anderen, z. B. den des Professors, trifft, ergibt sich aus der Reaktion des letzteren ‚Sinn'. „Die Wandlung oder anpassende Reaktion des zweiten Organismus gibt der Geste des ersten Organismus ihren jeweiligen Sinn" (Mead 1998, 117).

Wird dieser Sinn auch vom ersten Objekt geteilt, so entsteht eine Symbolisation von Sinn etwa in Form eines sprachlichen oder handlungsmäßigen Ausdrucks; z. B. kann der Student sagen „Ach, ja" und aufmerksam zuhören. Der sprachliche und aktionsmäßige Ausdruck repräsentiert damit eine symbolisierte Objekt- oder Sinnbeziehung zwischen zwei handelnden Subjekten oder zwei Organismen. Die Geste des ersten Organismus wird damit für den zweiten und durch diesen für alle beide signifikant. Damit wird die Geste zu einem signifikanten Symbol, das sich des Weiteren in sprachlicher oder handlungsmäßiger Form repräsentiert. Damit sind Geste und signifikantes Symbol sozusagen bewusst geworden.

Die Skizzierung der Entstehung einer signifikanten Geste oder eines signifikanten Symbols mit Bedeutungsverleihung und Bedeutungsfestlegung des Bedeutungsgehaltes sollte erkennen lassen, dass der Prozess der Interpretation und der interpretativen Festlegung von Gesten

> „im Grunde kein Prozeß (Anm. Kron: ist), der im Denken als solchem abläuft oder notwendigerweise Geist voraussetzt. Sie ist ein äußerlicher und objektiv gegebener psychischer und physiologischer Prozeß, der im realen gesellschaftlichen Erfahrungsbereich abläuft. Sinn kann durch Symbole oder Sprache in ihrem höchsten und kompliziertesten Entwicklungsstadium (dem Stadium, das sie in der menschlichen Erfahrung erreicht) beschrieben, erwogen oder erklärt

werden, doch greift die Sprache aus dem gesellschaftlichen Prozeß nur eine Situation heraus, die logisch oder implizit bereits vorhanden ist. Das Sprachsymbol ist einfach eine signifikante oder bewußte Geste" (Mead 1998,118).

signifikante vs. nicht-signifikante Gesten

Gesten können also entweder unbewusst sein, d. h. nicht signifikant, oder bewusst, d. h. signifikant. In dem erörterten Kontext heißt „bewusst", dass die Gesten eine Bedeutung im sozialen Handeln gewinnen; es heißt also nicht, dass sie in einem Bewusstsein – etwa im Sinne der Psychologie oder des deutschen Idealismus – sozusagen produziert werden.

> „Es ist absurd, Geist einfach aus der Sicht des einzelnen menschlichen Organismus zu sehen. Denn obwohl dort sein Sitz ist, handelt es sich um ein wesentliches gesellschaftliches Phänomen; sogar seine biologischen Funktionen sind primär gesellschaftlicher Natur" (Mead 1998, 174).

Bewusstsein oder Geist sind daher keine psychologischen Aktivitäten oder Substanzen, sie sind Ausdruck signifikanter Gesten und signifikanter Symbole bzw. signifikanter Handlungen. Das bedeutet, dass in Bezug auf die soziale Welt Menschen miteinander aufgrund eingespielter oder festzulegender Bedeutungen handeln und interagieren. Dabei unterstellt Mead jedoch, dass unter der Prämisse der Geschichtlichkeit des gesellschaftlichen Daseins des Menschen, sich die Bedeutungsfestlegung und die Interpretationen nicht nur situativ, sondern auch gruppenspezifisch und gesamtgesellschaftlich ausformen und verändern. Er sieht geradezu in der Geschichtlichkeit der Gesellschaften sowie in der Spontaneität der einzelnen Individuen die beiden grundlegenden Momente für die Entwicklung vor allem: neuer Interpretationen im Kleinen und der Gesellschaft im Großen. Damit wird auch schon klar, dass im Unterschied zu Parsons Erkenntnisinteresse an der Gesellschaft und ihrer Reproduktion bei Mead das Erkenntnisinteresse an der Gesellschaft und ihrer Entwicklung bzw. Fortentwicklung liegt. Den Akteuren kommt dabei eine entscheidende Rolle zu.

Zu 2) Die Entstehung, Ableitung, Bedeutungsverleihung sowie die Festlegung der symbolhaft repräsentierten Objekte geschieht notwendigerweise in Interaktionen; genauer gesagt: in symbolischen Interaktionen.

symbolische vs. nicht-symbolische Interaktion

„Mead unterscheidet zwei Formen oder Ebenen sozialer Interaktion in der menschlichen Gesellschaft. Er bezeichnet sie als ‚Konversation von Gesten' bzw. als ‚den Gebrauch signifikanter Symbole'; ich werde sie ‚nicht-symbolische Interaktion' und ‚symbolische Interaktion' nennen. Nicht-symbolische Interaktion findet statt, wenn man direkt auf die Handlung eines anderen antwortet, ohne diese zu interpretieren; symbolische Interaktion beinhaltet dagegen die Interpretation der Handlung. Nicht-symbolische Interaktion ist am leichtesten in reflexartigen Reaktionen erkennbar wie im Fall eines Boxers, der automatisch seinen Arm hochreißt, um einen Schlag zu parieren. Wenn der Boxer jedoch durch Nachdenken den bevorstehenden Schlag seines Gegners als eine Finte identifizieren würde, die ihn täuschen soll, so würde er eine symbolische Interaktion eingehen. In diesem Fall würde er versuchen, sich der Bedeutung des Schlags zu vergewissern, d. h. herauszubekommen, was der Schlag in bezug auf den Plan seines Gegners zu erkennen gibt. In ihrem Zusammenleben gehen die Menschen häufig nicht-symbolische Interaktionen ein, wenn sie sofort oder unreflektiert auf körperliche Bewegungen des anderen, seinen (Gesichts-) Ausdruck und seine Stimmlage reagieren, aber ihr charakteristischer Interaktionsmodus liegt auf der symbolischen Ebene, wenn sie die Bedeutung der Handlung des jeweils anderen zu verstehen suchen" (Blumer 1976, 87f).

Im Klartext bedeutet symbolische Interaktion die Übernahme von Rollen und Rolleninterpretationen. Aber durch das Adjektiv symbolisch wird zum Ausdruck gebracht, dass die Übernahme weder willkürlich noch zwangsläufig geschieht, sondern dass sie auf der Interpretation der Gesten und der daraus erwachsenen Symbolik beruht. So kann gesagt werden, dass die Rollenübernahme von den interagierenden Subjekten ausgehandelt wird. Diese Einsicht führt zu zwei Schlussfolgerungen: 1. Wenn es im sozialen Interaktionsbereich hochgradig auf Interpretation ankommt, dann muss mit der Unterstellung gearbeitet werden, dass soziale Beziehungen und Situationen grundsätzlich als instabil zu gelten haben, oder anders gesagt, dass Missverständnisse, die bis zu Konflikten reichen können, Grundbedingungen der alltäglichen Beziehungen bilden. 2. Wenn dies der Fall ist, dann bedarf es, um gemeinsames Handeln – z. B. durch Verabredung und Konvention – herbeizuführen und auf Dauer zu stellen, einer immensen gegenseitigen Interpretationsarbeit oder der Kooperation aller in einem Handlungsprozess beteiligten Subjekte; zunächst einer Kooperation in Bezug auf die einzelnen Interpretationen sowie der Ermittlung eines gemeinsamen Sinnes, der für eine bestimmte Situation zu gelten hat; erst danach kann auf der Handlungsebene – sozusagen auf einer zweiten Ebene – eine Kooperation stattfinden. Auch hieran ist wieder die Bedeutung zu erkennen, die Mead den einzelnen Subjekten und ihrer kooperativen und geistigen Tätigkeit zuspricht. Mead macht diese Erkenntnisse und ihre Schlussfolgerungen an drei Phänomenen deutlich: a) an der Sprache, b) am Spiel und c) am Wettkampf. Im Folgenden soll kurz darauf eingegangen werden.

Zu a) Die Sprache beruht im Wesentlichen auf signifikanten Gesten vokaler Art. Durch sie können Tätigkeiten herbeigeführt und durchgeführt werden. Die Sprache „funktioniert" allerdings nicht monokausal, sondern in einem höchst komplizierten Sinn. Wenn ein Lehrer einem Schüler z. B. eine Anweisung gibt, etwas zu tun, dann muss der Schüler den rolleninterpretativen Gehalt der sprachlichen Geste „wissen" oder blitzschnell entziffern. Dabei muss er u. a. folgende Leistungen vollbringen: Er muss sich nicht nur die eigene Rolle vergegenwärtigen können, sondern diese Rolle auch in Bezug auf seinen Lehrer vorstellen können, z. B. wie der Lehrer die von ihm realisierte Rolle auffasst, d. h. bewertet. Der Junge verhält sich damit reflektiv zu seiner eigenen Rolle, zur Rolle des Lehrers und zur gemeinsamen Rollenbeziehung in dieser Situation. Er tritt hier sozusagen aus seiner Rolle, den Rollenerwartungen des Lehrers an ihn und der Realbeziehung heraus und bewertet das gesamte Rollenensemble. Er kann dabei sogar die Reaktion des Lehrers auf sein mögliches Verhalten vorwegnehmen oder antizipieren. Diese Leistung macht die Reflektivität der Rolleninterpretation aus, und sie meint, dass alle Akteure nicht nur die eigene Rolle und die Rolle der anderen, sondern auch die jeweilige Rolleninterpretation vom Standpunkt des andern her sozusagen im Kopf haben oder produzieren müssen; und dieses zudem als gesamtes Rollenensemble und noch einmal in der sprachlichen und gestischen Symbolik. Hier wird verständlich, welche großartige Leistung Kinder beim Lernen der Sprache und der damit verbundenen Rollen vollbringen. Sie organisieren nämlich in diesem Prozess ihre soziale Persönlichkeit. Fehl- und Missinterpretationen, aber auch das Experimentieren mit Symbolen und Rollen sind daher an der Tagesordnung. In traditionellen und klassischen Sozialisations- und Erziehungsprozessen werden diese aber im Regelfall durch Erziehungsmaßnahmen unterdrückt und für ein intentionales reflektives Lernen nicht fruchtbar gemacht (Kap. 4.5).

Zu b) Im Spiel organisieren Kinder ihre Rollen und darin die Handlungen oder Reaktionen der anderen Personen für sich selbst. Sie rufen dabei die Reaktionen der anderen in sich selbst hervor; die Mädchen z. B. beim Puppenspiel die Reaktion der Mutter auf die Kindpuppe oder des Vaters oder der Freundin usw. Ähnlich ist es, wenn das Kind die Mutter, den Lehrer oder den Polizisten spielt. Es muss dabei die Rollen der jeweiligen Bezugsperson antizipieren, also ein aufeinander abgestimmtes Rollenensemble einschließlich der jeweiligen Interpretationen in sich hervorbringen, ehe es handelt. In dem Spiel kann es nun sein, dass das Kind die Rolleninterpretationen wechselt oder Situationen umkippen lässt und dabei neue Interpretationen hervorbringt. Hier wird Spiel kreativ und explorativ.

„Kinder rotten sich zusammen, um ‚Indianer' zu spielen. Das bedeutet, daß das Kind eine ganze Gruppe von Reizen in sich hat, die in ihm selbst die gleichen Reaktionen wie in anderen auslösen und die einem Indianer entsprechen. Während der Spielperiode nützt das Kind seine eigenen Reaktionen auf diese Reize, um eine Identität zu entwickeln. Die Reaktion, zu der es neigt, organisiert diese Reize, auf die es reagiert. Es spielt z. B., daß es sich etwas anbietet und kauft es; es gibt sich selbst einen Brief und trägt ihn fort; es spricht sich selbst an – als Elternteil, als Lehrer; es verhaftet sich selbst – als Polizist. Es hat in sich Reize, die in ihm selbst die gleiche Reaktion auslösen wie in anderen. Es nimmt diese Reaktionen und organisiert sie zu einem Ganzen. Das ist die einfachste Art und Weise, wie man sich selbst gegenüber ein anderer sein kann" (Mead 1998, 192f).

Lernen als Internalisierung von Rollen

Das Kind nimmt also im Spiel Rollen und Rollenbeziehungen an und entwickelt diese in seinem Bewusstsein. Dieser Lernprozess kann u. a. als Internalisierung beschrieben werden. Das Kind lernt aber nicht die Rollen und Rollenbeziehungen zu kontrollieren, sondern es versucht diese auch – wann immer möglich – zu variieren. Insgesamt gesehen lernt das Kind jedoch die generalisierten Interpretationen, d. h. die Haltung der anderen, und somit den Sinn des gesamten sozialen Systems. In ihm organisiert sich somit seine eigene Rolle und Persönlichkeit in Bezug auf das soziale Gebilde. Es entwickelt seine Identität. Etwas abstrakter gesprochen entwickelt das Kind seine Identität also im sozialen Prozess durch den Prozess der Generalisierung der Interpretationen bzw. der Übernahme generalisierter Interpretationen.

„Die organisierte Gemeinschaft oder gesellschaftliche Gruppe, die dem einzelnen seine einheitliche Identität gibt, kann ‚der (das) verallgemeinerte Andere' genannt werden. Die Haltung dieses verallgemeinerten Anderen ist die der ganzen Gemeinschaft. So ist z. B. bei einer gesellschaftlichen Gruppe wie bei der Spielmannschaft eben dieses Team der verallgemeinerte Andere, insoweit es – als organisierter Prozeß oder gesellschaftliche Tätigkeit – in der Erfahrung jedes einzelnen Mitgliedes eintritt" (Mead 1998, 196f).

Zu c) In einem besonderen und verstärkten Maß wird der Prozess der Identitätsbildung, d. h. der Konstituierung des verallgemeinerten anderen, am Wettkampf deutlich. Kann im Spiel das Kind zwar die verschiedenen Rollen einnehmen und aus der jeweiligen Rollenperspektive auch interpretieren und sich locker an die Spielregeln halten, so muss sich das Kind in einem Wettkampf strikt an die verschiedenen Rollen und Rolleninterpretationen halten. Diese Strenge wird durch die Macht der Regeln hervorgerufen, die den Wettkampf bestimmen, aber auch durch den den Regeln vorausliegenden Wert des Sieges und eventuell der Prämien, die letztlich das Regelwerk und den Wettkampf legitimieren.

„Macht es (Anm. Kron: das Kind) beim Baseball einen bestimmten Wurf, so muß es die Reaktionen jeder betroffenen Position in seiner eigenen Position angelegt haben. Es muß wissen, was alle anderen tun werden, um sein eigenes Spiel erfolgreich spielen zu können, es muß alle diese Rollen einnehmen" (Mead 1998, 193).

Das Kind muss also alle Rollen in seinem Bewusstsein repräsentieren, d. h., es muss das Ensemble der Rollen und Rollenbezüge sowie alle in den Regeln festgelegten Interpretationen und daraus abgeleiteten Handlungen kennen. Die Organisation des Wettkampfes ist also in den Spielregeln niedergelegt, und die Regeln, die die einzelnen Wettkampfmitglieder realisieren müssen, sind in ihrem Kopf repräsentiert und drücken sich in ihren gezielten Handlungen aus. Mead spricht in diesem Sinne von organisierten Rollen, die über Spielregeln konstituiert werden. Auch in diesem Falle konstituiert sich der allgemeine andere oder der verallgemeinerte andere in der Persönlichkeit der einzelnen Spieler.

„Der grundlegende Unterschied zwischen dem Spiel und dem Wettkampf liegt darin, daß in letzterem das Kind die Haltung aller anderen Beteiligten in sich haben muß" (Mead 1998, 196).

Die Ausführungen zeigen die große Bedeutung der Identitätsbildung als Soziogenese (Mead 1969, 282f u. 286, Kap. 2.9.4 u. 4.5.4).

Zu 3) Nach diesen Erörterungen mag sich die Einsicht auftun, dass nur aufgrund der Auseinandersetzung mit den verschiedensten Arten der Dinge und der damit verbundenen Bedeutungsverleihung sowie in den Interaktionen, in denen der verallgemeinerte andere entsteht, sich die Person bzw. die Persönlichkeit des Menschen herausbildet. Dieser Vorgang soll noch in Bezug auf Struktur und Entwicklung näher mit den Begriffen Meads erläutert werden.

Zuvor sind einige Bemerkungen über Sprachregelungen notwendig. Mead gibt zur Kennzeichnung von Struktur und Entwicklung der Persönlichkeit drei Momente an. Er nennt sie das „self", das „me" und das „I". In der Nachbemerkung zur Übersetzung von „Geist, Identität und Gesellschaft" schlägt der Übersetzer Ulf Bacher eine Sprachregelung vor, die sich allgemein eingebürgert hat. Der Begriff „self" wird mit dem modernen soziologischen Begriff Identität übertragen, obwohl man im nichtwissenschaftlichen Sprachgebrauch auch durchaus von „Persönlichkeit" oder vom „Selbst" sprechen könnte. Bei dem letztgenannten Begriff erbringt die Pluralbildung allerdings ein Problem – es müsste von „Selbsten" gesprochen werden – das durch den Gebrauch des soziologischen Begriffs

Identität beseitigt wird. Auch werden durch den Gebrauch des Identitätsbegriffs Missverständnisse hinsichtlich des geisteswissenschaftlich verwendeten Persönlichkeitsbegriffs vermieden. Nicht zu beseitigen ist allerdings

> „das Problem, das die Gegenüberstellung von ‚I' und ‚me' mit sich bringt. Im Deutschen gibt es dafür, anders als im Französischen (‚je' und ‚moi'), kein Äquivalent: substantivisch gebraucht, heißen beide Ausdrücke eben ‚Ich'. Deshalb wurde jedem willkürlichen Ersatz- oder Kunstwort eine rein technische Lösung vorgezogen: ‚Ich' (für ‚I') und ‚ICH' (für ‚me')" (Mead 1998, 442).

Der soziale Prozess, dem das Individuum ausgesetzt ist und der sich von der Sinngebung und Bedeutungsverleihung über die Bezeichnung der Symbole als signifikante Symbole über signifikante andere zu generalisierten anderen entwickelt, schlägt sich in der Persönlichkeitsstruktur des Individuums als me oder ICH nieder.

ICH

> „Das ‚ICH' ist ein von Konventionen und Gewohnheiten gelenktes Wesen. Es ist immer vorhanden. Es muß jene Gewohnheiten, jene Reaktionen in sich haben, über die auch alle anderen verfügen; der einzelne könnte sonst nicht Mitglied einer Gesellschaft sein" (Mead 1998, 241).

Und in einem anderen Werk heißt es:

> „Das ‚Mich' entspricht den organisierten Haltungen, die wir definitiv von anderen übernehmen und dementsprechend unser Verhalten, insofern es sich seiner selbst bewußt ist, bestimmen … Soziale Kontrolle ist … der Ausdruck des ‚Mich'" (Mead 1969, 302f).

> „Dem ‚ICH' steht das ‚Ich' gegenüber (Anm. Kron: das ‚I'). Der einzelne hat nicht nur Rechte, sondern auch Pflichten. Er ist nicht nur ein Bürger, ein Mitglied der Gemeinschaft, sondern reagiert auch auf diese Gemeinschaft und verändert sie, wie wir bei der Übermittlung von Gesten gesehen haben, durch seine Reaktionen. Das ‚Ich' ist die Reaktion des einzelnen auf die Haltung der Gemeinschaft, so wie diese in seiner Erfahrung aufscheint" (Mead 1998, 240).

In seinem Buch „Sozialpsychologie" lässt sich Mead lang und breit über das „I" (Ich) aus. Er nennt es dort das „Ich an sich" und stellt es dem „Mich" (me) oder „ICH" gegenüber.

I

Es ist sehr schwer, Meads Aussagen über das Ich zu systematisieren. Soviel scheint aber erkennbar, dass das I (oder Ich) sozusagen die Spontaneität des handelnden Individuums in einer Situation ausmacht. Wiewohl eine Person durch das me (bzw. ICH) in Situationen konstant zu handeln vermag, so kann diese Konstanz nur in einer gewissen Weise Eigenständigkeit und eigene Perspektive und damit Veränderungscharakter und Bedeutungsgehalt für das Individuum selbst gewinnen, wenn ein gewisses Maß an Spontaneität, an Einfall und Triebkraft in das Handeln eingespeist wird, also das I oder Ich zur Geltung kommt. Etwas irreführend, aber durchaus verständlich vergleicht Mead an mehreren Stellen das Ich mit dem Trieb von Freud, hingegen das Mich oder ICH bzw. me mit dem Über-Ich. Dies soll hier nur erwähnt, aber nicht systematisch bewertet werden.

Das „Ich an sich", also das spontane I oder das Ich, ist für Mead sozusagen lebens- und gesellschaftsnotwendig.

> „Das ‚Ich an sich' ist gewissermaßen das, womit wir uns selbst identifizieren.
> Es in die Erfahrung einzubeziehen, ist bei den meisten unserer Erfahrungen ein
> Problem; das ‚Ich an sich' ist nicht direkt in der Erfahrung gegeben. Das ‚Ich
> an sich' ist die Reaktion des Organismus auf die Haltungen der anderen (Anm.
> Kron: in mir); das ‚Mich' ist die organisierte Gruppe von Haltungen der anderen,
> die man selbst annimmt. Die Haltungen der anderen bilden das organisierte
> ‚Mich', und man reagiert darauf als ein ‚Ich an sich'" (Mead 1969, 294).

Somit bildet auf der einen Seite das me die kognitiven und affektiven Bindungen an die Werte, Normen und Regeln der Gesellschaft, und auf der anderen Seite steht das triebhafte organismische I, die eigentliche Grund-, Trieb- und Lebenskraft des handelnden Individuums, die immer wieder auf die Veränderung der auf Konstanz drängenden me-Struktur drängt.

> „Manchmal ist es die Reaktion des Ego oder ‚Ich' auf eine Situation, die Art, wie
> man sich ausdrückt, was einem das Gefühl größter Wichtigkeit gibt. Man be-
> hauptet sich dann gegenüber einer bestimmten Situation, wobei die Betonung
> auf der Reaktion liegt. Die Forderung lautet auf Freiheit von Konventionen, von
> Gesetzen. Natürlich ist eine solche Situation nur möglich, wo sich der einzelne
> sozusagen von einer engen und begrenzten Gesellschaft an eine umfassendere
> wendet, umfassender in dem logischen Sinne, daß es in ihr Rechte gibt, die
> weniger beschränkt sind. Man wendet sich von starren Konventionen ab, die
> für eine Gemeinschaft, in der die Rechte durch die Öffentlichkeit anerkannt
> werden sollen, keinen Sinn mehr haben, und appelliert an andere unter der
> Annahme, daß es eine Gruppe organisierter Anderer gibt, die auf den eigenen
> Appell reagieren – sogar wenn dieser an die Nachkommen gerichtet sein soll-
> te. Hier haben wir die Haltung des ‚Ich' im Gegensatz zu der des ‚ICH'. Beide
> Aspekte, das ‚Ich' und ‚ICH', sind für den vollen Ausdruck der Identität absolut
> notwendig" (Mead 1998, 243).

Diese Auffassung hat auch Folgen in Bezug auf die Auffassung der Identität.

> „Die Identität ist nicht nur so sehr eine Substanz als ein Prozess, in dem die
> Übermittlung von Gesten in einen Organismus verlegt wurde. Dieser Prozess
> existiert nicht für sich allein, er ist nur eine Phase der ganzen gesellschaftlichen
> Organisation, deren Teil der Einzelne ist. Die Organisation der gesellschaftlichen
> Handlung wurde in den Organismus hineinverlegt und wird damit zum Geist
> des Einzelnen. Sie schließt immer noch die Haltungen anderer ein, die nun aber
> so hoch organisiert sind, dass sie zu sogenannten gesellschaftlichen Haltungen
> statt zu Rollen einzelner Individuen werden.
>   Dieser Prozess der Verknüpfung des eigenen Organismus mit den anderen
> innerhalb der bestehenden Wechselwirkungen, insoweit sie das Verhalten des
> einzelnen in den Dialog zwischen ‚Ich' und ‚ICH' hereingenommen werden,
> macht die Identität aus" (Mead 1998, 222).

Identität

Das self oder die Identität ist somit die selbstbewusste Persönlichkeit, ein Mensch also, der aus selbst verantworteter Freiheit heraus zu handeln in der Lage ist. Dabei bleibt zunächst unerörtert, ob gesellschaftliche Realität und die Lebensumstände, in denen das Individuum lebt, ein solches Handeln auch zulassen. Immerhin ist hiermit eine Struktur gegeben, in der der Mensch als vergesellschaftetes Wesen zwar innerhalb der gesellschaftlichen Strukturen verankert ist, aber dennoch in ihnen Spielräume für selbst verantwortetes freies Handeln zu eröffnen vermag.

Identitäts-entwicklung

Sodann ist zu sehen, dass sich die Identität entwickelt. Sie entwickelt sich im Laufe der Ontogenese in der Vielfalt der einzelnen Situationen von einer mehr oder weniger unbewussten zu einer mehr oder weniger bewussten Ausprägung und Leistung. Es kann auch vermutet werden, in der Gesellschaft z. B. Gruppen als Identitäten anzunehmen, die die Gesellschaft – ungleich mehr als einzelne Individuen dies vermögen – auf den Weg der Veränderung bringen könnten.

Die Tatsache, dass Mead ein Selbst oder eine Identität postuliert, beruht auf der anthropologischen Unterstellung, dass der Mensch im Unterschied zum Ansatz von Parsons nicht als System oder Subsystem, sondern als ein Organismus interpretiert wird.

> „Wir haben jetzt eine Vorstellung vom Menschen als eines Organismus, der mit sich selbst durch einen sozialen Proßeß interagiert, indem er sich selbst etwa anzeigt. Dies ist eine grundsätzlich andere Betrachtungsweise vom Menschen als diejenige, die die zeitgenössische Sozialwissenschaft und Psychologie beherrscht" (Blumer 1976, 93).

Der Mensch kann nämlich in dieser Interpretation sozusagen auch sich selbst zum Gegenstand seiner Handlungen machen. Dieser Vorgang ist allerdings sehr kompliziert, wie vorher skizziert wurde. Mit diesem Prozess der Reflektivität auf sich selbst wird der Mensch als ein sich selbst interpretierendes und verstehendes Wesen aufgefasst, und dieses Verständnis kann selbst als ein Wert oder als eine Norm in den Sozialisations- und Forschungsprozess eingebracht werden.

Sozialisation (Mead)

Insofern bedeutet Sozialisation im Anschluss an die Theorie von Mead nicht mehr allein die Einpassung der handelnden Subjekte an jeweils übergeordnete soziale Systeme, sondern bei aktiver Einpassung an die sozialen Systeme zugleich die Bedingungen zur Herausbildung jener Reflektivität und Selbstreflektivität zu entwickeln, als deren organismische Grundlage im Subjekt das I oder die Spontaneität angesehen wird. Im Horizont dieses Ansatzes kann es daher auch als die wichtigste Zielstellung und Wertvorstellung eines Sozialisationsprozesses, z. B. eines schulischen Sozialisationsprozesses, angesehen werden, Spontaneität in Kindern und Schülern zu fördern, um ihnen die Chance zu geben, Reflexions- und Selbstreflexionsprozesse in sich auszulösen. Man erkennt hieran – zumindest für den Bereich der Schule – die große Bedeutung, die einer Schüler- und Handlungsorientierung des Unterrichts zuzuweisen ist (Kron 2008).

Zum Schluss der Erörterung des theoretischen Zusammenhangs muss noch auf die Frage eingegangen werden, mit welcher Lerntheorie der Identitätsbildungsprozess zu erklären ist. Wie sicher bereits erkannt worden ist, ist das Theoriemodell von Mead sehr offen. Daher lässt es mehrere lerntheoretische Erklärungen zu. Nähert man das Modell an die Vorstellung von Parsons an und ersetzt man den Handlungsbegriff durch den Verhaltensbegriff, dann könnte das Lernen am Modell (Kap. 4.4.3) durchaus als Erklärung für die Identitätsbildung angesehen werden. Dabei kann sehr gut die Entstehung des me, wohl aber nicht oder nur bedingt die Spontaneität des Organismus erklärt werden.

Mead selbst gebraucht an einigen Stellen zur Erklärung des Prozesses den aus der Psychoanalyse Sigmund Freuds bekannten Begriff der Internalisierung. In der Tat kann man mit Freuds Theorie der psychosexuellen Entwicklung bzw.

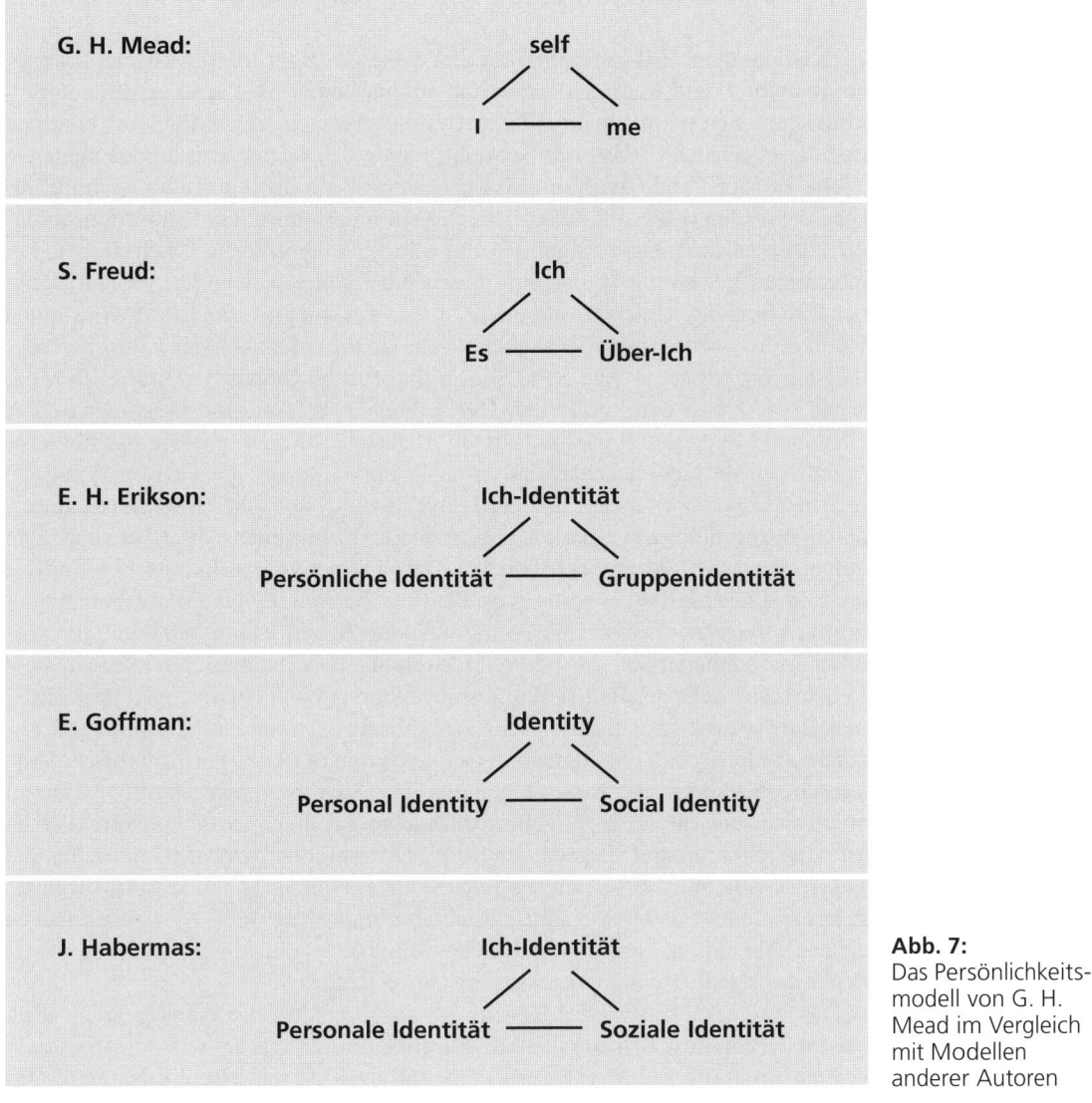

Abb. 7:
Das Persönlichkeitsmodell von G. H. Mead im Vergleich mit Modellen anderer Autoren

dem Aufbau des psychischen Apparates die Entstehung von me und I sowie self durchaus erklären. Allerdings muss dann mit der oben herausgearbeiteten anthropologischen Unterstellung gearbeitet werden, und es müssen behavioristische Vorstellungen zur Seite bleiben. Hinsichtlich der ontogenetischen Frage müsste das Modell allerdings erweitert werden.

Hier bietet sich die Theorie der Identitätsentwicklung von E. H. Erikson an, auf die im Folgenden eingegangen wird.

Ein Vergleich von Meads Persönlichkeitsmodell mit Modellen anderer Autoren zeigt strukturelle Übereinstimmungen, wie Abbildung 7 zeigt.

3.4.3 Sozialisation und Identitätsentwicklung: E. H. Erikson

Erik Homburger Erikson hat in seinem Werk versucht, die klassische Psychoanalyse von Freud weiterzudenken und auszuarbeiten. Wie er in seinen autobiografischen Bemerkungen im Vorwort zur 1. Auflage seines Buches „Kindheit und Gesellschaft" (1950/1999) schreibt, hat er sich nicht nur mit verschiedenen „Schulen" der Psychoanalyse befasst. Erikson kann auch auf eine reiche klinische Erfahrung sowie auf Feldarbeiten in der amerikanischen Kulturanthropologie zurückblicken. Daher stand für ihn sehr früh der einzelne Mensch in seiner lebendigen Beziehung zu der ihn umgebenden Kultur sowie die Art und Weise der Entwicklung seiner unverwechselbaren, d.h. biografisch relativ konstanten Identität im Vordergrund der Forschungen. Ursprünglich von der Kunst herkommend, zeigt er zudem eine hohe Sensibilität für die Gestaltungskräfte im Menschen, wie sie in den kulturellen Darstellungen, Werken und Leistungen eines einzelnen Menschen ihren sinnfälligen Ausdruck für diesen selbst und für seine soziale Umwelt finden. Dieses erkenntnisleitende Interesse am aktiven Menschen in seiner Lebenswelt teilt er mit Vertretern des „symbolischen Interaktionismus", deren Werke ihm zwar bekannt waren, deren strukturellen Ansatz er aber nicht aufgegriffen hat (Schweizer 1985, 52). Daher treten zu den klassischen Formen der klinischen Methoden empirische Feldforschungen mit quantitativen und qualitativen Verfahren sowie Interpretationen von Situationen und Texten als Ausdruck menschlicher Selbst- und Weltdarstellung. Hier interessieren ihn besonders Lebensläufe. Sehr bekannt sind u.a. seine biografischen Forschungen über Hitler und Gorki sowie über Luther. Sein methodischer Ansatz ist weit gespannt: klinische, empirische, phänomenologisch-anthropologische, hermeneutische und existenzphilosophische Forschungen ergänzen sich (Schweizer 1985, 42). Damit erhält Eriksons Interesse am ganzen Menschen in dessen sozialem Umfeld einen interdisziplinären und im gewissen Sinn „systemischen" und der Geschichte und Lebenswirklichkeit zugewandten Zug. Seine Forschungen – wie wohl sie intraindividuelle und makrosoziale Bedingungen stets einschließen – zielen daher in erster Linie auf die Aufhellung der Entwicklung des einzelnen Menschen in seinen mikrosozialen und institutionellen Beziehungen.

Sozialisation (Erikson)

Das Interesse, das in der Gegenwart an dem Werk Eriksons gezeigt wird, beruht darauf, dass Erikson den Sozialisationsprozess als Entwicklung der Identität auffasst, die auch Krisen als konstitutiv mit einschließt, ein Moment, das auch aus der existenzphilosophisch orientierten Pädagogik bekannt ist (Bollnow 1959).

Für den vorliegenden Erörterungszusammenhang der Sozialisation erhalten insbesondere drei Momente des Gesamtkonzepts von Erikson Bedeutung. Es handelt sich dabei um 1. den Identitätsbegriff, 2. das Phänomen der Identitätskrise und 3. die Entwicklung der Identität im Lebenszyklus.

Zu 1) Der Schlüssel zum Verständnis des Identitätsbegriffs bei Erikson kann in der Interpretation von zwei Phänomenen gesehen werden. Dabei handelt es sich zunächst um einen Brief von William James (1842–1910) an dessen Frau, der 1920 posthum veröffentlicht wurde. James war Philosoph und Psychologe, lehrte an der Harvard-Universität und kann als der Begründer des amerikanischen Pragmatismus angesehen werden. Er befasste sich bereits mit dem Ich-Begriff und unterschied zwischen Ego und Me. In dem Brief heißt es u. a.:

> „Der Charakter eines Mannes ist an der geistigen oder moralischen Haltung erkennbar, in der er sich, wenn sie ihn erfaßte, am tiefsten und intensivsten aktiv und lebendig fühlte. In solchen Augenblicken gibt es in unserem Inneren eine Stimme, die spricht und sagt: ‚Dies ist mein wirkliches Ich! ... Solch ein Erlebnis enthält immer ... ein Element der Spannung, als wäre man sozusagen sich selbst gewachsen und traute den äußeren Dingen zu, daß sie ihre Rolle spielen, so daß eine volle Harmonie entsteht, aber ohne jedoch jede Garantie, daß sie es tun werden ... (Anm. Kron: Dies ist ein Gefühl) ... das sich mir als das tiefste Prinzip aller aktiven und theoretischen Entschlossenheit, die ich besitze, verbirgt'" (Erikson 1998, 15f).

In der Auslegung dieser Briefstelle hebt Erikson die aktive Spannung des Ichs hervor, die eine Art „Herausforderung" an die Welt und an die eigene Person ist und kein Ausweichen zulässt. Man kann diese Spannung sowohl als Prozess als auch als Zustand des Ichs interpretieren.

Das andere Phänomen ist in einer „Ansprache an die Mitglieder des Vereins B'na Brith", die Freud 1926 in Wien gehalten hat, zu finden. Vor dem wahrscheinlich ausschließlich jüdischen Publikum will Freud seine eigene Rollenproblematik verdeutlichen, in der er steht. Er stellt dar, dass er sich einerseits mit dem kulturellen Reichtum, der Tiefsinnigkeit und Geschichtlichkeit der jüdischen Kultur „identifiziert", in der er auch zugleich zum fragenden Individuum „sozialisiert" und erzogen worden sei. Andererseits sei er in die Machtstrukturen einer bürgerlichen Gesellschaft eingebunden, in welcher seine jüdisch kulturelle Identität eher seinem beruflichen Fortkommen „hinderlich als förderlich" sei. Dies gelte auch für die Wissenschaft, in welcher forschendes und kritisches Fragen, das zu neuen Erkenntnissen führen kann, eher unterdrückt als gefördert würde. Freud legt dabei ein Spannungsverhältnis offen, das mit den Begriffen „Krise" und „Identitätsgewinn" bezeichnet werden kann.

Konnte bei James der spannungsreiche Prozess und Zustand des Gefühls der Identität oder der Selbstbewusstheit gesichert werden, so wird bei Freud die „Einheit der persönlichen und der kulturellen Identität" (Erikson 1998, 16) deutlich.

Die phänomenologischen Studien Eriksons zeigen die Identität als eine lebendige und lebenslange Kraft, als einen Prozess und als einen Zustand, in welchen der Mensch sich selbst und seine kulturelle und soziale Welt mehr oder weniger geordnet („Harmonie oder Homöostasie") in Wort und Tat, Bild und Geste zur Darstellung bringt.

Identität (Erikson)

> „Wir haben es mit einem Prozeß zu tun, der im Kern des Individuums ‚lokalisiert' ist und doch auch im Kern seiner gemeinschaftlichen Kultur, ein Prozeß, der faktisch die Identität dieser beiden Identitäten begründet" (Erikson 1998, 18).

Diese beiden Momente nennt Erikson die „Gruppenidentität" und die „persönliche Identität" (1997, 15 u. 18; 1998, 47). Beide Identitäten machen die grundlegenden Existenzweisen menschlichen Daseins aus.

Von der Geburt an steckt der Mensch in dem Prozess der Herausbildung seiner Gruppenidentität, die ihn kulturell und sozial bzw. gesellschaftlich, d.h. religiös, künstlerisch, technisch, moralisch usw., handlungsfähig macht. Dieser Prozess macht sozusagen die Enkulturation und Sozialisation, unterstützt oder gebrochen durch Erziehung, soziales Lernen usw. aus. Er beginnt mit den ersten dyadischen Beziehungen in der oralen Phase. Im Laufe des Lebens differenziert er sich mehr und mehr aus. Erikson nennt diese Entwicklung daher „Differenzierung". Sie ist als ein „umfassender" Prozess anzusehen. Außerdem ist sie stets inhaltlich bestimmt. Es geht in ihr um kulturelle Werte und soziale Normen; sie ist in diesem Sinne „normativ". Und schließlich verläuft sie nicht stetig, sondern unstetig, also krisenhaft (Erikson 1998, 19).

Personagenese

Aufgrund der sozialen Einbindung und der Erfahrung von Gruppenidentität bildet der Mensch aber zugleich die Existenzweise seiner persönlichen Identität heraus. Dies ist von der Struktur des Sozialisationsprozesses her bekannt. Die persönliche Identität kann als die Erfahrung des heranwachsenden und erwachsenen Menschen angesehen werden, die er in der persönlichen Auseinandersetzung mit den Personen, Dingen und Symbolen seiner Umwelt und Welt im Laufe seiner Entwicklung macht; die er in Lernprozessen strukturiert; deren kulturellen Inhalte er aufnimmt, speichert (Akkumulation von Wissen), in neuen Situationen anwendet (Transfer) und auch hinsichtlich ihrer Bedeutung für sein Leben bewertet (Evaluation) und in einen größeren moralischen, sittlichen, religiösen, politischen, biografischen, zukunftseröffnenden Zusammenhang stellt, an dem er selbst aktiv wirkt – nicht im Sinne eines Spiegel- oder Abbildes der Gruppenidentität, sondern im Kontext derselben als eigenständige, persönliche Leistung (Kap. 2.7).

Identitätskrise

Eriksons mikrosozialer Betrachtungsansatz rückt im Unterschied zu Mead nicht primär die Perspektive des Subjekts in seiner symbolischen Interaktion in den Vordergrund, sondern die Perspektive der Personagenese des Individuums, das seine beiden Existenzweisen in irgendeiner Weise noch einmal aufeinander beziehen oder austarieren muss, je nach Situation, individuellem Entwicklungsstand oder geschichtlich-gesellschaftlicher oder kultureller Eingelassenheit. Würde nämlich die Gruppenidentität, z.B. in Form der Unterwerfung unter eine religiöse Ideologie, überhandnehmen, so würde die persönliche Identitätsbildung unterdrückt. Die Identitätskrise wäre da. Das Individuum, ganz im Banne der Ideologie, würde sich der übermächtigen Gruppenautorität „willenlos" unterwerfen (Konformismus) und damit selbst zum Teil der Unterdrückung werden. Im gegenteiligen Fall fehlte das „kritische" Korrektiv und Gegengewicht der Kultur und der Gruppe; die persönliche Identität uferte aus – im Extrem verlöre sie sich im „infantilen", d.h. kulturell und gesellschaftlich verantwortungsreduzierten bzw. -losen Narzissmus (Kap. 3.3.5). Auch hier ist die Identitätskrise angesagt. In beiden Fällen steht die Identitätsentwicklung in einem umfassenden Sinne sozusagen still, denn die Energien gehen in die Krise ein und/oder werden zu deren Bearbeitung eingesetzt.

Identitätsentwicklung

Identitätsentwicklung läuft hier als Krisenbewältigung ab. Das bedeutet: Krisen können also überwunden werden. Zur Erklärung dieses Prozesses, der zugleich die „Homöostasie" oder das Gleichgewicht zwischen den beiden Existenzweisen wieder herstellt, führt Erikson den Begriff „Ich-Identität" ein und rückt ihn neben die persönliche Identität.

„Es sollte damit ein spezifischer Zuwachs an Persönlichkeitsreife angedeutet werden, den das Individuum am Ende der Adoleszenz der Fülle seiner Kindheitserfahrungen entnommen haben muß, um für die Aufgaben des Erwachsenenlebens gerüstet zu sein" (Erikson 1997, 123).

Unter diesem Begriff ist kein systematischer Terminus zu verstehen, der die beiden Existenzweisen möglicherweise überhöht; die Beschreibung der Ich-Identität darf auch nicht als mechanistisch oder elementistisch missdeutet werden. Es handelt sich bei der Gesamtbeschreibung von Identität weder um eine Art sozialpsychologischen Mechanismus noch um ein theoretisches Konstrukt. Vielmehr sind die Begriffe und ihre Interdependenz als heuristische Begriffe zu verstehen, die den klinischen, psychologischen und pädagogischen Praktikern zum besseren Verständnis von Problemen verhelfen können, die ihnen die Menschen, mit denen sie professionell zu tun haben, darstellen (Erikson 1997, 123). Daher spricht Erikson auch von dem „Gefühl" von Ich-Identität, das Menschen erwerben (Erikson 1997, 17). Es ist anzunehmen – wie das nachfolgende Beispiel zeigt –, dass sich dieses Gefühl der Ich-Identität oder Selbstbewusstheit schon in den frühesten Entwicklungsphasen im Ansatz ausbildet und in der Adoleszenz seine erste und in Bezug auf den Übergang in das Erwachsenenalter und die gesellschaftlichen Aufgaben des Einzelnen seine zentrale Verdichtung findet.

So entdeckt z. B. das Kind, wenn es in der analen Phase laufen lernt,

„daß es mit der neuen Körperhaltung einen neuen Status bekommen hat: ‚einer der laufen kann', mit all den Nebenbedeutungen, die diese Kunst innerhalb des Lebensplanes seiner Kultur besitzen mag: ‚einer der zu weit gehen wird' … Dieses Gefühl möchte ich ‚Ich-Identität' nennen" (Erikson 1997, 17).

Ich-Identität

Aus dieser anthropologisch-phänomenologischen Darstellung, die die gegenwartsbezogene Existenz und die zukunftsbezogene Perspektive des kindlichen Zustandes und seiner Entwicklung aufgreift, wird zugleich klar, dass die Identitätsbildung immer drei stets aufeinander bezogene Bedingungs- und Ausdrucksdimensionen hat: eine körperliche, eine seelische und eine gruppendynamische (Erikson 1997, 17f).

„So ist Ich-Identität unter diesem subjektiven Aspekt das Gewahrwerden der Tatsache, daß in den synthetisierenden Methoden des Ichs eine Gleichheit und Kontinuierlichkeit herrscht und daß diese Methoden wirksam dazu dienen, die eigene Gleichheit und Kontinuität auch in den Augen der anderen zu gewährleisten" …

Und:

„Was wir hier Ich-Identität nennen wollen, meint also mehr als die bloße Tatsache des Existierens, vermittelt durch persönliche Identität; es ist die Ich-Qualität dieser Existenz" (Erikson 1997, 18).

Zu 2) Nun sind Erschütterungen im menschlichen Leben unausweichlich. Sie bestimmen auch die Sozialisations- und Entwicklungsprozesse der Einzelnen und der Generationen. Identitätskrisen – auch und gerade als Ausdruck von Gruppenkrisen und -problemen – sind daher an der Tagesordnung. Durch Identitätskrisen wird Entwicklung überhaupt erst konstituiert; sie ermöglichen Wachstum und

Reifung des Individuums, soziale und persönliche Verantwortung, kurzum die Persönlichkeitsentwicklung des Menschen.

Auch in Bezug auf Eriksons Auffassung von Krise ist der Schlüssel wieder im Feld der Phänomene zu finden: hier im klinischen Bereich. Erikson schildert die „nervöse Krise bei einem kleinen Jungen namens Sam" (1999, 19–31) und „Eine Kampfkrise bei einem Marinesoldaten" (1999, 32–41). Auf das erste Beispiel wird im Folgenden näher eingegangen, um aus ihm die Struktur der Identitätskrise und ihrer Bewältigung zu entwickeln.

Sam war drei Jahre, als er krampfartige Anfälle bekam. Diesem körperlich gezeigten Phänomen steht ein körperlich konstitutives zur Seite. Sam war ein kleiner, schmächtiger Junge. Er wuchs in einer multikulturellen Umgebung auf, in welcher für Jungen die Regel galt „zuerst draufschlagen". In diesem sozialen Kontext lernte Sam, auf alles einmal zuerst zu hauen. Im „Normalfall" entsprach er damit den komplementären Erwartungen der Umwelt. Sein Sozialisationsprozess „lief".

Als die Familie in eine andere Umgebung zog, in welcher die Moral der Mittelklasse galt, musste Sam umlernen. In der neuen sozialen Umwelt galt für Jungen die Regel, dass sie sich mit ihrer „Intelligenz" durchsetzen, ohne aufzufallen. Sam konnte diese differenzierte Struktur des Intelligenzgebrauchs nicht durchschauen. Er legt sich neue Rollen zu, von denen er „glaubte", dass sie intelligent seien, seinen Mitmenschen Freude machen und ihm selbst Akzeptanz verschaffen würden. Sam wurde zum Witzbold und Frager in allen Situationen bis hin zur Provokation. Da er von hoher Intelligenz war, übersetzte er seine physische und psychische Kraft und Aggressivität in penetrantes Fragen. Diese psychische Dimension war für ihn die einzige individuelle Möglichkeit, sich an die neue Umgebung aktiv anzupassen.

Moralität

Die Formen der Anpassung entsprachen aber zunächst nur jenen seelischen und körperlichen Möglichkeiten, die Kinder in der 3. Phase ihrer Identitätsentwicklung („Initiative gegen Schuldgefühle") leisten können. Initiative entwickelt sich in dieser Phase als Eindringlichkeit, Neugier und Wissbegier in allen Bereichen. Wo dieses Wechselspiel „klappt", dort wächst das Kind, dort kann es seine soziale und individuelle Sensibilität in Verantwortung, d.h. auch in aktive Gewissensbildung umsetzen. In diesen Wechselprozessen „ist der Grundstein für die Moralität im individuellen Sinne" (Erikson 1997, 94) zu sehen. Auf der Grundlage der sozialen Akzeptanz seiner intellektuellen und körperlichen Tätigkeiten und Einlassungen mit den Dingen, Menschen und Symbolen seiner Welt kann es lernen, persönliche und Gruppenidentität auszubilden und „Bausteine" für den Aufbau seiner Ich-Identität in der Adoleszenz zu formen. Es kann, wie Erikson sagt, „eine friedliche Kultivierung von Initiativen und freiem Unternehmungsgeist entstehen" (1997, 97).

Identitätsentwicklung durch Krisen

Es soll in diesem Zusammenhang nicht auf die psychoanalytische und klinische Aufbereitung dieses Dilemmas eingegangen werden. Vielmehr soll der Gedanke der Identitätskrise verfolgt werden. In diesem Beispiel zeigt sich nämlich sehr deutlich, dass der Entstehungs- und Wirkungszusammenhang einer Entwicklungskrise stets auch als eine Identitätskrise anzusehen ist und dass diese sich in drei Prozessen zeigt: als somatischer Prozess, als Ich-Prozess und als

Gesellschaftsprozess (Erikson 1999, 30). Alle drei Prozesse stehen in einer Interdependenz. Wird eine Prozessdimension gestört, hat diese Störung auch Auswirkungen auf die anderen.

> „Infolgedessen können wir also die Aufgabe des Ichs (und vielleicht das Ich) neu formulieren, indem wir es als einen der drei unerlässlichen und unaufhörlichen Prozesse erkennen, durch die das Dasein des Menschen kontinuierlich in der Zeit und organisiert in der Form wird und bleibt. Der erste der drei … ist der biologische Prozeß, durch den ein Organismus eine hierarchische Organisation von Organsystemen wird, die seinen Lebenszyklus überleben. Der zweite ist der soziale Prozeß, durch den die Organismen in Gruppen organisiert werden, die geographisch, historisch und kulturell definiert sind. Was wir als Ich-Prozeß bezeichnen können, ist das Organisationsprinzip, das durch das Individuum sich selbst als eine zusammenhängende Persönlichkeit aufrechterhält, mit einer Selbst-Gleichheit und Kontinuität sowohl in der Selbsterfahrung wie in seiner Aktualität für andere" (Erikson 1998, 71f).

Daher weisen Störungen im körperlichen Bereich, z. B. bei Schulkindern, die Erbrechen und/oder Angst haben, auf Beziehungsprobleme und damit auch auf die Gruppenmitglieder hin; Aggressionen und heftige Trotzreaktionen deuten z. B. auf Liebesentzug oder Nicht-Angenommensein hin. Immer wird dabei die jeweilige Ich-Qualität, die die beiden Existenzweisen für das Kind haben, also die Ich-Identität erschüttert. Die Herausbildung einer Ich-Identität und die Herstellung von Chancen hierzu können daher als eine conditio sine qua non für die humane Entwicklung von Menschenkindern und deren Sozialisation angesehen werden.

Identitätskrisen im Sinne von Disbalancen innerhalb der drei Prozesse sind dann zu bewältigen, wenn die soziale Umwelt verständnisvoll dabei hilft, dem Kind Mut für die Entfaltung der eigenen Libido und Kräfte macht, ihm „etwas zutraut". In pädagogisch organisierten Bereichen ist es daher sinnvoll, die Heraus- und Anforderungen an die Kinder stets so hoch zu stellen, dass Kinder diese – unter sinnvoller Aufbietung aller ihrer Kräfte, die sie zu diesem Zeitpunkt ihrer Entwicklung haben – auch bewältigen können.

Von der pädagogischen Aufgabe her gesehen hat H. Roth ganz im Sinne der Entwicklungsförderung, wie sie von Erikson beschrieben wird, davon gesprochen, dass Erziehung und Unterricht „Entwicklungsangebote und -hilfen" sein sollten. Entsprechend hat er die Pädagogik auch als Entwicklungspädagogik verstanden (Roth, H. 1971 u. Kap. 5.3.3).

Zu 3) Es kann als großes Verdienst Eriksons angesehen werden, dass er den strukturellen Zusammenhang von Identitätskrise und -bildung bzw. von persönlicher und Gruppenidentität sowie der Interdependenz der drei Prozesse auch einer ontogenetischen Betrachtung unterzogen hat. Hierbei gewinnt der Entwicklungsbegriff in seiner Auffassung als „Interaktion zwischen Person- und Umweltveränderungen" (Oerter/Montada 1998, 28 u. Kap. 2.9) seine sozialisationstheoretische Bedeutung. Erikson nennt dieses Prinzip „epigenetisch" (1998, 92f).

Dabei unterstellt er einen angelegten Grundplan von Wachsen des Organismus, der aber – als Ergebnis der menschlichen Evolution – eine Entwicklung in der Interaktion mit dem sozialen Kontext voraussetzt. Entwicklung – auch die der

Entwicklung
(Erikson)

Identität – vollzieht sich daher „in sukzessiven Zuwachsraten und Veränderungen, die durch Wechselwirkungen mit Umwelteinflüssen hervorgerufen werden" (Wörterbuch Psychologie 2005, 171, Stichwort Epigenesis). Dementsprechend sagt Erikson:

> „Während diese Wechselwirkung von Kultur zu Kultur variiert, muß sie innerhalb ‚des richtigen Maßes und der richtigen Reihenfolge' bleiben, die in jeder Epigenese herrschen. Man kann daher von der Persönlichkeit sagen, daß sie sich entsprechend einer Stufenfolge entwickelt, die in der Bereitschaft des entsprechenden Organismus prädeterminiert ist, *auf einen sich erweiternden Radius bedeutsamer Individuen und Institutionen zugetrieben zu werden, sich seiner bewußt zu werden* und mit ihm in Wechselwirkung zu treten" (1998, 93/ Hervorhebung durch Kron).

In den jeweils aufeinanderfolgenden Stadien gewinnt die Identitätsentwicklung im Rhythmus von Krise und deren Überwindung eine innere Differenzierung und Integration auf einer höheren Stufe der Persönlichkeits- oder Identitätsorganisation (Kap. 2.9). Sie bedeutet einen Zuwachs an innerer Konsistenz, die auch die Konstanz und Kontinuierlichkeit des Handelns im sozialen Feld mitbestimmt. Gerade hierin ist die pädagogische Relevanz des Entwicklungsmodells von Erikson zu sehen.

3.4.4 Stadien der Identitätsentwicklung

Erikson greift zur Darstellung der Identitätsentwicklung auf die Phasenlehre Freuds zurück, führt diese aber weiter. So kennt er fünf Stadien der Entwicklung der Identität und drei Stadien der Darstellung von Identität im Erwachsenenalter; insgesamt also acht „Stadien" (Erikson 1997, 55–122; 1998, 91–144; 1999, 241–270). Synonym zum Stadienbegriff verwendet Erikson oft auch den Begriff „Phasen". Im vorliegenden Zusammenhang wird der Begriff Stadien verwendet. Zwei „Diagramme", die Erikson zur Verdeutlichung der Stadien entwickelt hat, sollen einen Überblick geben.

Das eine Diagramm (Tab. 4 u. Erikson 1997, 149ff) „zeigt die Aufeinanderfolge der psychosozialen Krisen" und die Komponenten, die in den einzelnen Stadien zum Tragen kommen und im fünften und zentralen Stadium kumulieren. Das zweite Diagramm veranschaulicht die „Entwicklungsbereiche und -stadien" (Tab. 5 u. Erikson 1997, 213ff) in ihrer psychosozialen Verflechtung und den darin auftretenden wichtigsten Komponenten und Funktionen.

Jedes Stadium ist durch zwei „Komponenten" (Erikson 1997, 60) charakterisiert. Diese Komponenten kennzeichnen das jeweilige positive Gefühl einer bestimmten – eben stadienspezifischen! – Identitätsleistung und deren Gegenteil. Die „Gegenspieler" der positiven Komponenten markieren die Signale der Identitätskrise in dem jeweiligen Stadium. Die Kenntnis der negativen Komponenten ist insofern von Bedeutung, als an ihnen u. a. auch die Probleme im sozialen Umfeld erhellt und gegebenenfalls behoben werden können. Auch hier wird wieder die pädagogische Tendenz des Entwicklungsmodells von Erikson ersichtlich.

Tab. 4: „Epigenetisches Diagramm" (Erikson 1997, 150f)

	1	2	3	4	5	6	7	8
I Säuglingsalter	Urvertrauen gg. Misstrauen				Unipolarität gg. vorzeitige Selbstdifferenzierung			
II Kleinkindalter		Autonomie gg. Scham u. Zweifel			Bipolarität gg. Autismus			
III Spielalter			Initiative gg. Schuldgefühl		Spielidentifikation gg. (ödipale) Phantasie-Identitäten			
IV Schulalter				Werksinn gg. Minderwertigkeitsgefühl	Arbeitsidentifikation gg. Identitätssperre			
V Adoleszenz	Zeitperspektive gg. Zeitdiffusion	Selbstgewissheit gg. peinliche Identitätsbewusstheit	Experimentieren mit Rollen gg. negative Identitätsauswahl	Zutrauen zur eigenen Leistung gg. Arbeitslähmung	Identität gg. Identitätsdiffusion	Sexuelle Identität gg. bisexuelle Diffusion	Führungspolarisierung gg. Autoritätsdiffusion	Ideologische Polarisierung gg. Diffusion d. Ideale
VI Frühes Erwachsenenalter					Solidarität gg. soziale Isolierung	Intimität gg. Isolierung		
VII Erwachsenenalter							Generativität gg. Selbstabsorption	
VIII Reifes Erwachsenenalter								Integrität gg. Lebens-Ekel

Tab. 5:
„Entwicklungs-
bereiche und
-phasen" (Erikson
1997, 214f)

	A Psychosoziale Krisen	B Umkreis der Beziehungspersonen	C Elemente der Sozialordnung	D Psychosoziale Modalitäten	E Psychosexuelle Phasen
I	Vertrauen gg. Misstrauen	Mutter	Kosmische Ordnung	Gegeben bekommen, Geben	Oral-respiratorisch, sensorisch kinästhetisch (Einverleibungsmodi)
II	Autonomie gg. Scham, Zweifel	Eltern	„Gesetz und Ordnung"	Halten (Festhalten), Lassen (Loslassen)	Anal-urethral, Muskulär (Retentiv-eliminierend)
III	Initiative gg. Schuldgefühl	Familienzelle	Ideale Leitbilder	Tun (Drauflosgehen), „Tun als ob" (=Spielen)	Infantil-genital Lokomotorisch (Eindringend, einschließend)
IV	Werksinn gg. Minderwertigkeitsgefühl	Wohngegend, Schule	Technologische Elemente	Etwas „Richtiges" machen, etwas mit anderen zusammen machen	Latenzzeit
V	Identität und Ablehnung gg. Identitätsdiffusion	„Eigene" Gruppen „die Anderen", Führer-Vorbilder	Ideologische Perspektiven	Wer bin ich (wer bin ich nicht), Das Ich in der Gemeinschaft	Pubertät
VI	Intimität und Solidarität gg. Isolierung	Freunde sexuelle Partner, Rivalen, Mitarbeiter	Arbeits- und Rivalitätsordnungen	Sich im anderen verlieren und finden	Genitalität
VII	Generativität gg. Selbstabsorption	Gemeinsame Arbeit, Zusammenleben in der Ehe	Zeitströmungen in Erziehung und Tradition	Schaffen, Versorgen	
VIII	Integrität gg. Verzweiflung	„Die Menschheit", „Menschen meiner Art"	Weisheit	Sein, was man geworden ist, wissen, daß man einmal nicht mehr sein wird.	

Die acht Stadien (Erikson 1997, 62–122):

1. Stadium – ca. 1. Lebensjahr – Säuglingsalter: Urvertrauen gegen Urmisstrauen
2. Stadium – ca. 2. und 3. Lebensjahr – Kleinkindalter: Autonomie gegen Scham und Zweifel
3. Stadium – ca. 4. und 5. Lebensjahr – Spielalter: Initiative gegen Schuldgefühle

4. Stadium – ca. 6 bis 11/12 Jahre – Schulalter: Werksinn gegen Minderwertigkeitsgefühle
5. Stadium – ca. 12/13 bis 15/16 Jahre – Adoleszenz: Identität gegen Identitätsdiffusion
6. Stadium: Intimität und Distanzierung gegen Selbstbezogenheit
7. Stadium: Generativität gegen Stagnierung
8. Stadium: Integrität gegen Verzweiflung und Ekel

Eine Kurzcharakteristik soll in die jeweilige Bedeutung der einzelnen Stadien einführen.

1. Stadium. Mit dem Gefühl des Urvertrauens meint Erikson das, „was man im Allgemeinen als ein Gefühl des Sich-verlassen-Dürfens kennt, und zwar in Bezug auf die Glaubwürdigkeit anderer wie Zuverlässigkeit seiner selbst" (1997, 62). Da das Kind in diesem oralen Stadium „ganz Mund" ist, und noch nicht vom Nehmen im Sinne des Sich-Beschaffens leben kann, ist das Kind auf „Geben – Bekommen" und „Annehmen" angewiesen. Wärme und Konstanz in der Begegnung mit dem Kind fördern die „Gegenseitigkeit der Beziehung" und damit den einsetzenden Verselbstständigungsprozess des Kindes. Wenn sich Vertrauen (trust) entwickeln kann, dann entfaltet sich im Kind auch die Zuversicht (confidence) auf die soziale Welt. Die eigenen Aktivitäten werden ermöglicht.

Urvertrauen

Eine Gefahr ist hier die mangelnde soziale Chance für das Kind, ein Gefühl des Urvertrauens zu entwickeln. Störungen in der Identitätsbildung stellen sich ein, wie u. a. R. Spitz gezeigt hat. Sie bilden die Basis für das Urmisstrauen, das die Epigenese gefährdet.

2. Stadium. In diesem analen Stadium entwickelt das Kind die sehr komplizierten und komplexen Akte des „Festhaltens und Loslassens". Im Lernen dieser Akte in einer Vielzahl von Aktionen mit allen Dingen, Menschen und Symbolen der nahen sozialen Welt, lernt es die lebens- und gesellschaftsbedeutsamen Normen von „ich" und „du", „mein" und „dein", von „wollen" und „sollen". Es erwirbt dabei zunächst das Gefühl der Autonomie. Voraussetzung für die Fruchtbarkeit dieser Arbeit sind Erfahrung und Gefühl von Urvertrauen.

Die soziale Umwelt tritt nun in Gestalt von Gebot und Verbot mit der Macht ihrer Moralen, Werte, Normen und Vorschriften als „Gegenüber" auf und wird auch so vom Kind erlebt. Das erste Zeichen der Autonomie, die Selbstregulierung, z. B. des Analbereichs oder bestimmter Handlungen, und die damit einhergehende Herausbildung des „Über-Ichs", also des Gewissens, können durch übermächtiges Einfordern der „geltenden Regeln" erstickt bzw. in ihrer identitätsstiftenden Entwicklung behindert werden. Scham und Zweifel können die Folge sein. Beschämung des Kindes, z. B. in Form von Bloßstellung beim Lernen von Rollen, gehört zu den Giftstacheln der Erziehung in diesem Stadium, weil dadurch auch Zweifel unnötig verstärkt und fixiert und die autonomen Bestrebungen des Ichs, „das Tor zur Welt" zu werden, unterjochen können.

Gewissen

3. Stadium. „Das Kind weiß jetzt sicher, daß es ein Ich ist; nun muß es herausfinden, was für eine Art von Person es werden will. Und dabei greift es gleich nach den Sternen. Es will so werden wie Vater und Mutter, die ihm sehr mächtig, sehr schön, obwohl ganz unvernünftig gefährlich erscheinen. Es ‚identifiziert' sich mit den Eltern, d. h. es spielt mit der Idee, wie es sein würde, wenn es Vater oder Mutter wäre" (Erikson 1997, 87).

Das Kind entwickelt Initiativen in Bezug auf seine Geschlechter- und Generationenrolle, und es lernt, Beziehungen zu generalisieren. In diesem – ödipalen

Rollen

– Stadium erprobt es die Rollen, es macht, was „es selbst" will („being on the make"). Es kann das neue Gefühl, initiativ zu sein, auf den in den vorangegangenen Stadien gemachten Erfahrungen von Urvertrauen und Autonomie entwickeln. Es kann aber auch auf seine Erfahrungen mit den negativen Komponenten zurückgreifen. Insofern entwickelt sich seine Moralität weiter. Konnte das Gewissen in dem zweiten Stadium relativ flexibel entwickelt werden, dann erfährt es nun eine weitere Differenzierung und Dimensionierung.

4. Stadium. Für dieses Stadium gibt Erikson eine sehr anschauliche Charakteristik, die die vorangegangenen Stadien einschließt:

„Man könnte sagen, daß sich die Persönlichkeit in ihrem ersten Stadium um die Überzeugung kristallisiert: ‚Ich bin, was man mir gibt'; im zweiten um die: ‚Ich bin, was ich will'. Das dritte kann charakterisiert werden durch: ‚Ich bin, was ich mir zu werden vorstellen kann'. Nun nähern wir uns dem vierten: ‚Ich bin, was ich lerne'" (1997, 98).

Das Kind entdeckt, dass Dinge, Menschen und Symbole ihre Gesetzmäßigkeiten bzw. Gesetze haben. Es beginnt mit der selbst gesteuerten Ausgestaltung und Erkenntnis dieser Momente; es lernt und lernt zu leisten; es sammelt und ordnet; es produziert und vollendet. Spiel steht noch unvermittelt neben Arbeit. Es entwickelt einen Sinn für das Gestalten von Welt in den verschiedensten Inhalten und Ausdrucksformen. Zugleich taucht es mehr und mehr in die Gleichaltrigengruppe ein. Dort erfährt es neue Formen der gegenseitigen Achtung, der Führung bzw. Autorität und der Solidarität.

Personen als Modell

Diese Erfahrungen treten neben die Beziehungserfahrungen mit den Eltern und bringen neue „Modelle" zur Identifikation ins Leben des Kindes.

Aber die organisierte und geregelte Welt fordert bereits die ersten Anpassungen; das Kind muss – oft unter Krisen und Regressionen – lernen, Spiel und Arbeit zu trennen; Bewertungen seiner Leistungen – auch subjektiv ungerechte – auf sich zu nehmen und damit fertig zu werden, auch mit den Gefühlen der Minderwertigkeit, die sich in diesem Prozess einstellen.

In diesem Stadium der Latenzzeit, in welcher Freud annahm, dass normalerweise die Triebe ruhen und sich zum Sturm in der Pubertät rüsten, können heftige Kämpfe zwischen Kind und Umwelt entstehen, die zu ernsthaften Krisen führen. Kinder müssen in diesem Stadium die Chance erhalten, sich selbst zu wagen, um sich dabei selbst zu gewinnen: sich als eine produktive Stelle im System, in der Gruppe, in der Gestaltung eines Werkes zu erleben.

5. Stadium. „Die Adoleszenz ist das letzte und abschließende Stadium der Kindheit" (Erikson 1997, 136). Dieser Prozess kann nach Erikson aber nur dann als Ich-Leistung angesehen werden, wenn die bisherigen Identitätsausbildungen sich zu einer neuen Qualität von Identität zur „Ich-Identität" formieren. Hierzu muss die Umwelt Chancen und Gelegenheiten anbieten, und der Heranwachsende muss durch seine bisherigen Erfahrungen auch dazu in der Lage sein.

Ich-Identität

Diese neue Qualität der Ich-Identität ist „mehr als die Summe der Kindheitsidentifikationen" (Erikson 1997, 167). Sie ist als eine Integrationsleistung von besonderer Art anzusehen und kann als eine Art „Ich-Synthese" interpretiert werden. „Die Ich-Identität entwickelt sich also aus einer gestuften Integration aller Identifikationen" (Erikson 1997, 108) bzw. aller positiv erlebten Komponenten oder anders gesagt: aller gemeisterten Krisen.

Der junge Mensch tritt in die Gesellschaft und in neue Formen der sexuellen Beziehung ein. In diesem Zusammenhang werden Utopien als „Modelle" zur Identifikation von Bedeutung. Die Gefahr in diesen Stadien ist die Identitätsdiffusion, das Unvermögen, sich für eine Identifikation zu entscheiden. Gründe hierfür können in der sozialen Isolierung, aber auch in der mangelhaften Auflösung von Konflikten und im Versagen in den vorangegangenen Stadien liegen. Hieraus wiederum ist die Anfälligkeit zu erklären, sich autoritären Doktrinen und Ideologien zu unterstellen. Narzisstische Entwicklungen fördern diese Entwicklung zur negativen Komponente hin.

Am geglückten Endpunkt in diesem Lebensstadium mag dann die „selbst gemachte Identität" (Erikson 1997, 112) stehen, die sich in der Grundfähigkeit zur verantwortungsbewussten Selbstbestimmung zeigt.

6.–8. Stadium. Im 6. Stadium finden feste, intime Freundschaften ihren identitätsverstärkenden und -differenzierenden Ausdruck. In heterosexuellen Freundschaften können Stereotypenbildungen überwunden, aber auch neu fixiert werden. Es findet eine intellektuelle und gefühlsmäßige Öffnung in Gesprächen statt, die der Intimität unterliegen. Vertrauensbildung im partnerschaftlichen Bezug und im sexuellen Verkehr kann die positive Folge sein: das Vertrauen, eine Beziehung auf Dauer zu stellen und für diese gesellschaftliche Verantwortung zu übernehmen.

3.4.5 Schlussfolgerungen

Die Erörterungen zum interaktionstheoretischen Ansatz von Sozialisation und dem darin implizierten Modell der Identitätsentwicklung führen zu folgenden Einsichten:

1. Die Persönlichkeitsentwicklung spielt sich im Spannungsverhältnis von geforderter Gruppenidentität und selbst erarbeiteter persönlicher Identität ab.
2. Dabei gerät das Individuum immer wieder in psychosoziale Krisen, in denen der Umkreis der Beziehungspersonen und die darin aktivierten Elemente der Sozialordnung eine zentrale Rolle spielen (Tab. 5).
3. Bei der Überwindung der Krisen können die Bezugspersonen und -gruppen eine große Hilfe sein, wenn sie ihr Augenmerk darauf richten, den Heranwachsenden in seiner Selbsttätigkeit unterstützen, neue psychosoziale Modalitäten zu entwickeln (Tab. 5). Anpassungsversuche, das Individuum auf äußere Zielsetzungen zu verpflichten, sind keine Hilfe. Der Familie, der Gruppe und anderen Institutionen kommt allerdings eine große Bedeutung zu, wenn sie die Entwicklung fördern, in der sich Lernen und Entwicklung in den Interaktionen verschränken. Die Epigenese kann somit in gewisser Weise als Soziogenese interpretiert werden (Kap. 3.5.5).
4. Das Konzept der Identitätsentwicklung leistet die Dynamisierung des sozialisationstheoretischen Ansatzes. Damit kann verstanden werden, dass sich die Persönlichkeit eines Menschen im Sozialisationsprozess herausbildet (Kap. 2.2).
5. Die gesellschaftliche Triebfeder für diesen Prozess liegt für Mead und Erikson in der demokratisch verfassten Gesellschaft. Das bedeutet: mit der Vielfalt der Rolleninterpretationen, Wertorientierungen, Einrichtungen und den in der Gesellschaft lebendigen Ideen zu rechnen, diese gelten zu lassen und für die Entwicklungsförderung der einzelnen Mitglieder zu aktivieren.
6. Über drei grundlegende Ideen gibt es für die beiden Autoren – so auch bei J. Dewey, T. Parsons u. L. Kohlberg – keine Debatte. Gerechtigkeit, gegen- **regulative Ideen**

seitige Achtung und gleiche Chance (Freiheit) werden als jene regulativen Ideen verstanden, an denen sich die Konformität des Alltagshandelns immer wieder zu orientieren hat.
7. Aus der zusätzlichen Perspektive des symbolischen Interaktionismus heraus bedeutet dies mehr und mehr, eine kommunikative bzw. diskursive Moral oder Ethik im Unterschied zu einer positionalen Moral oder Ethik zu praktizieren (Mieth 2005). Für Erziehungshandeln heißt dies, das Interesse an gegenseitiger Verständigung in den Vordergrund zu rücken.

3.5 Der strukturgenetische Erklärungsansatz
3.5.1 Historisch-systematische Voraussetzungen

Der hier vorzustellende Ansatz unterscheidet sich in vieler Hinsicht von den vorangegangenen Ansätzen. Mit dem interaktionistischen und dem rollen- und systemtheoretischen Ansatz hat er gemeinsam, dass er grundlegend auf das Handeln aufbaut, und er setzt – wie diese – den Verhaltensbegriff des verhaltenstheoretischen Ansatzes außer Kraft bzw. lässt diesen lediglich als Unterbegriff für spezifische Handlungsarten gelten. Ist aber das erkenntnisleitende Interesse, das im rollen- oder systemtheoretischen Ansatz zum Tragen kommt, primär auf das Funktionieren sozialer Systeme gerichtet, so zielt der strukturgenetische Ansatz auf die – im sozialen und kulturellen Kontext – handelnden und denkenden Individuen ab. Er verstärkt damit die Position des interaktionistischen Ansatzes, der eher auf die Interaktionsstrukturen abhebt, wohingegen der strukturgenetische Ansatz die Genese von Strukturen betont. Dabei hebt er Prozesse im Individuum hervor und sucht somit nach intraindividuellen Konstitutions- und Lernbedingungen für soziales Handeln und Denken.

Individuum und Gesellschaft

Die zwei Sphären, die die Sozialisation bestimmen, nämlich die von Gesellschaft und Individuum, werden im strukturgenetischen Ansatz auf eine sozusagen intellektuell-pfiffige Art und Weise zusammengebracht. Werden in den vorgenannten Ansätzen auf eine mechanistische Art Vergesellschaftungsprozesse mit Lernprozessen „gekreuzt" oder miteinander „verschnitten", so entsteht der strukturgenetische Ansatz zur Erklärung von Sozialisationsprozessen aus einem einheitlichen Gesamtentwurf heraus.

Jean Piaget

Jean Piaget (1896–1980) kann als der Hauptvertreter dieser Richtung bezeichnet werden. Er hat seine lebenslangen Forschungen der Frage gewidmet, auf welche Art und Weise menschliches Erkennen entsteht und wie es sich vollzieht. Dabei stößt er auf den unmittelbaren Zusammenhang von Erkennen (Denken) und Handeln, ein Zusammenhang, den er für alle Bereiche empirisch untermauern konnte und der auch in Bezug auf das soziale Handeln – und auch den Sozialisationsprozess! – gilt.

Zuvor müssen jedoch der Entstehungszusammenhang des strukturgenetischen Denkansatzes skizziert und Begriff und Theorie der Entwicklung erörtert werden.

Mit seinen Forschungen steht Piaget in verschiedenen Wissenschaftstraditionen. Da ist zunächst der deutsche Idealismus des 18. Jahrhunderts mit den Philosophen

Immanuel Kant (1724–1804) und Georg Wilhelm Friedrich Hegel (1770–1831) zu nennen. Piaget hat sich insbesondere mit deren Fragen nach den realen Bedingungen und den Bedingungen der Möglichkeit von Erkenntnis im Allgemeinen und der wissenschaftlichen Erkenntnis im Besonderen befasst. Sein epistemologisches, d. h. erkenntnistheoretisches Interesse rührt daher (Piaget 1974a). Piaget war aber in erster Linie Naturwissenschaftler und Philosoph. Daher hat er sich sowohl mit den Problemen der empirischen Forschung als auch mit dem Phänomen des Denkens bzw. der Erkenntnis befasst. Dabei kam es ihm auf die Erfassung von Strukturen, d. h. von Systemen und den in den Systemen nach bestimmten Gesetzmäßigkeiten wirkenden Elementen – nicht auf deren Eigenschaften! – an. Als Biologe, auch als auf entwicklungspsychologischem und pädagogischem Gebiet arbeitender Forscher interessierte ihn darüber hinaus die Entstehung und Entwicklung, d. h. die Genese von Strukturen im Denken. Auf fast allen Gebieten, die den handelnden und denkenden bzw. erkennenden Menschen – sei es z. B. im Umgang mit mathematischen, physikalischen, moralischen und sozialen Problemen – betreffen, hat Piaget empirisch geforscht. Seine Stärke liegt daher sowohl in der weiten Spannung und Offenheit seines wissenschaftlichen Horizonts als auch in der Verbindung von theoretischer und empirischer Forschung. So mag die

> „geistesgeschichtliche Bedeutung Piagets darin gesehen werden, daß er eine bemerkenswerte wissenschaftliche Fundierung für ein Selbstverständnis des Menschen als eines mit spontaner Konstruktionsaktivität und Kreativität begabten sowie zu Rationalität und Autonomie entwicklungsfähigen Wesens geliefert hat – ohne daß ihr Autor je die Absicht zur Entwicklung einer expliziten Anthropologie gehabt hätte. Der Mensch erscheint bei ihm primär als Handelnder, Konstrukteur und Veränderer seiner Welt und allenfalls sekundär als Schnittpunkt innerer und äußerer Determinismen. Er ist nicht so sehr Objekt heteronomer und irrationaler Kräfte wie subjektrationalen und autonomen Handelns, Agierens und Interagierens" (Wetzel 1980, 13).

Mit dem strukturgenetischen Ansatz kommt neben der Sozialpsychologie die Kognitionspsychologie ins Spiel, die in den vorher abgehandelten Ansätzen keine oder nur eine untergeordnete Rolle gespielt hat. Im „Handbuch der Sozialisationsforschung" (1998) wird Piagets sozialisationstheoretischer Ansatz den kognitiven Entwicklungstheorien in der Sozialisationsforschung zugeordnet. Dort wird gezeigt, dass Piaget alle Gesichtspunkte, die von den gängigen Entwicklungstheorien z. B. isoliert dargestellt werden, zusammengefasst hat (Seiler 1998, 99–120).

3.5.2 Der Zusammenhang von Handeln und Denken

Der pädagogische und sozialisationstheoretische Schlüssel für den strukturgenetischen Erklärungsansatz zur Sozialisation liegt in Piagets erkenntnistheoretischem oder epistemologischen Ansatz, der ein mathematischer, psychologischer, soziologischer und pädagogischer Ansatz zugleich ist. Auf eine Formel gebracht kann gesagt werden: Piaget geht von dem Zusammenhang von Handeln und Denken bzw. Erkennen aus. Betrachtet man die Phänomenebene, dann ist zu beob-

koordinierte Handlungen

achten, dass Menschen stets und ständig handeln, von der Geburt an bis zum Tode. Piaget unterscheidet zwei Typen von Handlungen: 1. isolierte Handlungen, wie z. B. Steine werfen oder Dinge berühren oder Fensterscheiben putzen, und 2. koordinierte Handlungen, wie z. B. mit Dingen hantieren oder mit Menschen interagieren. Auf diese kommt es im Folgenden an. Koordinierte Handlungen sind stets mit dem Denken bzw. dem Erkenntnisprozess verbunden.

> „Nun haben alle diese Koordinationsformen Parallelen in logischen Strukturen, und mir scheint, daß es derartige Koordinationen auf der Ebene der Handlung sind, die die Grundlage der sich später im Denken entwickelnden logischen Strukturen bilden. Genau dies ist unsere Hypothese" (Piaget 1992b, 26f).

Piaget wendet sich damit gegen die Auffassung, dass das Denken in der Sprache entstehe.

> „Genau dies ist unsere Hypothese: Die Wurzeln des logischen Denkens dürfen nicht allein in der Sprache gesucht werden, obwohl sprachliche Koordinationen wichtig sind, sondern müssen allgemeiner in der Koordination von Handlungen gesucht werden, die die Grundlage der reflektierenden Abstraktion bilden" (Piaget 1992b, 26f).

Logisches Denken oder das Erkennen – synonym gebrauchte Begriffe bei Piaget – entstehen im Handeln. Aus genetischer Sichtweise kann aber auch gesagt werden, dass aus logischen Strukturen Handlungen voraufgebaut oder antizipiert werden. Die an diesem Zusammenhang aufspringende Frage nach dem Ei und dem Huhn umgeht Piaget. Er hinterläuft die Frage, ob das Denken oder das Handeln zuerst sei, indem er postuliert, dass das menschliche In-der-Welt-Sein grundsätzlich beide voraussetzt. Insofern kann gesagt werden, dass das Erkennen in einem logischen, psychologischen und sozialen Zusammenhang zum Handeln steht und umgekehrt. Beide sind gleichursprünglich.

Lernen: figurativer und operativer Aspekt

Für Piaget ist Denken/Erkennen ein aktiver Prozess, in welchem kulturelle oder soziale Realität transformiert wird. Das bedeutet, dass die Gegenstände oder Symbole der Welt, wie z. B. die Normen oder die sprachlichen Zusammenhänge, sowohl ihrem Inhalt nach als auch hinsichtlich der Beziehungen, in denen sie zu dem erkennenden Subjekt stehen, betrachtet werden können. In dem klassischen Wissenschaftsverständnis und in der traditionellen Erkenntnistheorie von Psychologie, Pädagogik oder Soziologie ist das erkenntnisleitende Interesse auf die Erkenntnis der Inhalte der Gegenstände selbst aus. Dieser „figurative Aspekt" des Erkennens (Piaget 1992b, 21) zwingt den erkennenden und handelnden Menschen sozusagen dazu, sich die Qualität und die Quantität der Gegenstände, nicht aber deren Relation untereinander anzueignen. Das bedeutet in der wissenschaftlichen Schultradition, dass z. B. pädagogische Lernprozesse primär darauf angelegt sind, Wissen, also Qualität und Quantität von Gegenständen, in sich aufzunehmen, d. h. diese zu akkumulieren und entsprechende Fertigkeiten zur Bewältigung dieses Lernprozesses zu lernen. Die lernpsychologischen Erklärungen, auf welche Art und Weise denn diese Lernprozesse im Individuum vonstattengehen, können nur durch Assoziationsgesetze bzw. durch assoziationistische Theorien erklärt werden. Piaget hält dem entgegen, dass für Lernprozesse, in denen der Mensch das erkennende und handelnde Subjekt ist, eher die Relationen oder die Beziehungen der Gegenstände zueinander in den Blick kommen. Er nennt dies den „operativen Aspekt" (Piaget 1992b, 21), der sich im Handeln des Subjekts mit den Gegenständen zeigt und der sowohl Erkenntnis produziert als auch aufgrund von Erkenntnisstrukturen Handeln entsprechend entwirft und realisiert. Piaget spricht daher an vielen Stellen auch analog zur Handlung von Operation, wobei Operation stets den kognitiven und den handlungsmäßigen Aspekt einschließt.

Indem Piaget das Augenmerk auf die Operationen lenkt, bringt er ein noch wenig beachtetes Phänomen zutage, dass nämlich nicht nur menschliches Handeln und Denken gleichursprünglich sind, sondern dass die Operationen zugleich auch als nach innen verlegte Handlungen angesehen werden können, die die Erkenntnis strukturieren. In diesem Sinne kann von einem äußeren und einem inneren Handeln (Operation) gesprochen werden.

Operationen

> „Der operative Aspekt des Denkens bezieht sich nicht auf Zustände, sondern auf Transformationen von einem Zustand in einen anderen. Er umfaßt die Objekte oder Zustände transformierenden Handelns selbst, ebenso wie die intellektuellen Operationen, die im Grund Transformationssysteme darstellen ... Erkennen heißt (Anm. Kron: daher), Realität an Transformationssysteme zu assimilieren. Erkennen heißt, Realität zu transformieren, um zu verstehen, wie ein bestimmter Zustand zustande kommt. Durch diesen Gesichtspunkt befinde ich mich im Gegensatz zur Abbildtheorie der Erkenntnis, die Erkenntnis als ein passiv empfangenes Abbild der Realität auffaßt ... Erkenntnis ist also ein System von Transformationen, die allmählich immer adäquater werden" (Piaget 1992b, 22f).

Denken als Transformationsprozess von Realität

In dem sehr instruktiven Buch von F. G. Wetzel „Kognitive Psychologie. Eine Einführung in die Psychologie der kognitiven Strukturen von Jean Piaget" heißt es daher auch:

> „Seine Theorie ist keine Bewußtseins-, sondern eine Handlungstheorie, die das wesentliche am Erkennen, am Denken und an der Intelligenz in Strukturen des Verhaltens, des Operierens und des Interagierens sieht. Sie legt die von ihr untersuchten Strukturen daher nicht im Bewußtsein, sondern dem konkreten und davon abstrahierten Verhalten (Anm. Kron: bzw. Handeln oder Interagieren) zugrunde" (Wetzel 1980, 47).

In dem vorgestellten Zitat spielen zwei Begriffe eine bedeutende Rolle: Operation und Transformation. Sie sind konstitutiv für das Verstehen des Zusammenhangs von Handeln und Denken.

Piagets akademischer Schüler Hans Aebli definiert Operation folgendermaßen: „Die Operation ist das aktive Element des Denkens. Sie ist es, welche die wesentlichen Fortschritte der Intelligenz sichert" (Aebli 1967, 56f). Operationen entwickeln sich im Laufe des Lebens eines Menschen. Aebli formuliert:

Operationen (Aebli)

> „Bei der Entwicklung des kindlichen Denkens kann man beobachten, wie sich Operationen, ausgehend von einfachen Handlungsschemata, mehr und mehr differenzieren, um immer komplexere beweglichere Systeme heranzubilden, die schließlich fähig sind, das ganze Universum zu deuten" (1967, 21f).

Das Zitat macht deutlich, dass Operationen nicht Selbstzweck sind, sondern dass sie sich selbstverständlich auf das Handeln beziehen. Operationen schließen also stets den kognitiven und den handlungsmäßigen Aspekt ein. Piaget konstatiert daher:

Transformation

„Einen Gegenstand erkennen heißt in bezug auf ihn handeln und ihn transformieren, um die Mechanismen dieser Transformation in Verbindung mit den transformierenden Handlungen selbst zu erfassen. *Erkennen bedeutet also die Wirklichkeit an Transformationsstrukturen zu assimilieren und eben diese Strukturen entwickelt die Intelligenz im Sinne einer direkten Fortsetzung des Handelns*" (Piaget 1972, 38f, Hervorhebung durch Kron).

Transformationssysteme und Entwicklung

In den Operationen werden also Erkenntnisse zu immer höheren Systemen organisiert und koordiniert, die Piaget Transformationssysteme nennt und die den Menschen in die Lage versetzen, sich mit neuen und komplizierteren Sachverhalten gezielter zu befassen. Hierin ist die Funktion der Entwicklung, in diesem Fall von Strukturen zu sehen. Auf diese Weise kann die Entstehung von Wissen in und durch das handelnde Subjekt erklärt werden. Wissen konstituiert sich als Erkenntnisprozess und als ein Ergebnis desselben. Jeder Mensch schafft und repräsentiert also Wissen, das für sein gesellschaftliches und kulturelles Handeln und Denken bedeutsam ist. In dieser Erklärung ist die gesellschaftliche Bedeutung und Funktion von Wissen nicht eingeschlossen. Auf dreifache Weise kann nach Bruner die individuelle Repräsentation von Wissen gegeben sein:

„durch eine Zahl von Handlungen, die geeignet sind, ein bestimmtes Ziel zu erreichen (enaktive Repräsentation), durch eine Reihe zusammenfassender Bilder oder Graphiken, die eine bestimmte Konzeption versinnbildlichen, ohne sie ganz zu definieren (ikonische Repräsentation), und durch eine Folge symbolischer oder logischer Lehrsätze, die einem symbolischen System entstammen, in dem nach Regeln oder Gesetzen Sätze formuliert und transformiert werden (symbolische Repräsentation)" (Bruner 1974, 49).

Wissen als Prozess

Und er zieht die bedeutsame Schlussfolgerung: „Wissen in diesem Sinne ist kein Produkt, sondern ein Prozeß" (Bruner 1974, 74).

3.5.3 Struktur, Funktionen und Genese von Strukturen

Piaget geht es nicht darum, Phänomene zu beschreiben, sondern diesen auf den Grund zu gehen. Daher richtet sich sein Forschungsinteresse darauf, Strukturen und Funktionen, d. h. allgemeine Regeln und Muster oder universelle Kompetenzen und deren Entwicklung, aufzudecken, aufgrund derer Menschen zu handeln und zu denken in der Lage sind. Daher gewinnt der genetische Strukturbegriff eine fundamentale Bedeutung für Piagets System. Der Zusammenhang von Struktur und Funktion wird von Piaget an einem treffenden Beispiel demonstriert:

„An einem ... einfachen Beispiel läßt sich zeigen, daß Erkenntnis nicht nur von Objekten, sondern auch von Handlungen, von der Koordination von Handlungen abstrahiert wird. Auf dieses Beispiel, eines, das wir an vielen Kindern sehr gründlich studiert haben, bin ich von einem befreundeten Mathematiker gebracht worden, der es als Ausgangspunkt seines Interesses an der Mathematik anführte. Als kleines Kind hatte er einmal Kieselsteine gezählt: er hatte sie in eine Zeile gelegt, von links nach rechts gezählt und war auf zehn gekommen. Nur so zum Spaß zählte er sie anschließend von rechts nach links, um zu sehen, welche Zahl er jetzt erhalten würde, und war erstaunt, als er wieder auf zehn kam. Er legte die Kiesel dann in einen Kreis, zählte sie, und wieder waren es zehn. Er zählte den Kreis in der anderen Richtung durch, und zählte auch auf diese Weise zehn. Und wie auch immer er die Kiesel anordnete, wenn er sie zählte, jedesmal kam er bis zur Zahl zehn. Er entdeckte hier, was in der Mathematik Kommutativität (Vertauschbarkeit) genannt wird: Die Summe ist unabhängig von der Ordnung der Elemente. Aber wie entdeckte er dies? Ist diese Kommutativität eine Eigenschaft der Kieselsteine? Die Kieselsteine ließen es zu, sie in verschiedenen Weisen anzuordnen; mit Wassertropfen hätte er das nicht genauso tun können. In diesem Sinne war also zweifellos ein sinnlicher Aspekt in seiner Erkenntnis enthalten. Aber die Ordnung war nicht in den Kieselsteinen begründet; sie wurde von ihm hergestellt, er, das Subjekt, legte die Kiesel in eine Zeile und dann in einen Kreis. Darüber hinaus steckte die Summe nicht in den Kieselsteinen selbst; er, das Subjekt, vereinigte sie. Die Erkenntnis, die dieser künftige Mathematiker an jenem Tage entdeckte, hatte ihren Ursprung also nicht in den sinnlich wahrnehmbaren Eigenschaften der Kieselsteine, sondern in den Handlungen, die er mit ihnen ausführte" (Piaget 1992b, 24f).

Nach diesen Darlegungen wird deutlich, wie Piaget den Strukturbegriff versteht. In einem allgemeinen Sinn wird unter Struktur das Aufeinanderbezogensein von Elementen eines Sachverhalts verstanden. Synonym wird der Begriff daher auch mit den Begriffen System und Organisation verwendet. Piaget legt folgende Definition vor:

Struktur (Piaget)

„In erster Annäherung ist eine Struktur ein System von Transformationen, das als System (im Gegensatz zu den Eigenschaften der Elemente) eigene Gesetze hat und eben durch seine Transformationen erhalten bleibt oder reicher wird, ohne daß diese über seine Grenzen hinaus wirksam werden oder äußere Elemente hinzuziehen. Mit einem Wort: eine Struktur umfaßt die drei Eigenschaften: Ganzheit, Transformation und Selbstregulation … In zweiter Annäherung … muß sich die Struktur zu einer Formalisierung eignen. Doch muß man daran denken, daß diese Formalisierung das Werk des Theoretikers ist, während die Struktur von ihm unabhängig ist, und daß sich diese Formalisierung unmittelbar in logisch mathematischen Gleichungen äußern oder durch ein kybernetisches Modell vermittelt werden kann" (Piaget 1973, 8f).

Vor diesem Hintergrund kann der Zusammenhang von Handeln und Denken noch einmal auf einer höheren Wissensstufe beleuchtet werden.

Da Erkennen und Handeln gleichursprünglich sind, bilden sich nicht nur Erkenntnis-, sondern auch zugleich Handlungsstrukturen oder -konzepte heraus. In einem logischen und mathematischen Sinn geschieht diese Herausbildung von Strukturen aufgrund von zwei Gesetzmäßigkeiten: 1. aufgrund der Reversibilität von Handlungen und 2. aufgrund der Hierarchisierung oder Strukturierung von Handlungen. Die Reversibilität bedeutet, dass Operationen – und dies gilt auch für soziale Handlungen! – reversibel sein müssen. Im sozialen Bereich würde das bedeuten, dass Rollenkomplementarität ausgewechselt oder ausgetauscht werden, d.h. oszillieren kann. Die Hierarchisierung von Handlungen bedeutet, dass sich die jeweiligen Strukturen von einfacheren zu höheren organisieren, also eine Art Klassifizierung bilden, ähnlich wie dies aus der Logik oder der Biologie bekannt ist.

Für den sozialen Bereich heißt das, dass sich soziale Handlungsstrukturen unter dem Aspekt der moralischen Kompetenz von Mal zu Mal oder mit zunehmender Erfahrung bzw. zunehmendem Alter komplexer organisieren. Am Beispiel des kindlichen Spiels bedeutet dies – wie Piaget erforscht hat – Folgendes: Die sozialen Spielhandlungen des Kleinkindes sind zunächst „egozentrisch" organisiert, d. h., das Kind braucht zwar einen sozialen Kontext und Kontakt, aber es handelt sozusagen lediglich für sich selbst. Mit dem Eintritt in die mittlere und späte Kindheit und mit den Erfahrungen in der Peergroup lernt das Kind seine sozialen Beziehungen nach dem Prinzip der „Gleichheit" zu organisieren. Soziales Handeln wandelt sich vom Egozentrismus zur Gegenseitigkeit; es verliert den Bezug auf die eigene Person und Perspektive und gewinnt eine Orientierung an allgemeinen – und damit für alle Menschen geltenden! – Prinzipien (Piaget 1990). Auch die Untersuchungen von Lawrence Kohlberg weisen in die Richtung der Strukturerweiterung und -differenzierung der Kompetenzen (Kohlberg 1974 u. Kap. 4.5).

Erkennen als inneres Handeln

Aus diesen Darlegungen ergibt sich eine wichtige Schlussfolgerung: Erkennen kann als eine spezifische Form von Handeln angesehen werden. Es wird als eine Art inneres Handeln verstanden. Handeln kann also sowohl konkret, sozusagen im Außenbereich oder in der Interaktion vollzogen werden, als auch im Menschen selbst, also mental bzw. geistig. Diese Unterscheidung ist von großer Bedeutung, denn aus ihr kann abgeleitet werden, dass Erkennen und Handeln nicht nur einen beobachtbaren Zusammenhang bilden, sondern dass sie auch im Menschen selbst ablaufen.

Transformationsprozess

Die Art und Weise, wie Handeln von außen nach „innen" gelangen kann, nennt Piaget Transformation oder Transformationsprozess (1972, 39). In den Transformationsprozessen werden die Strukturen gebildet, die das Erkennen und Handeln organisieren, ein Prozess, aufgrund dessen der Mensch überhaupt handlungs- und erkenntnisfähig wird und zukünftiges Handeln und Denken voraufbauen, d. h. antizipieren kann. Diese Art von „Bereitschaft" macht die situative Freiheit oder Situationssicherheit des Menschen aus. An anderer Stelle wird dieser Prozess auch Interiorisation genannt, d. h. die Ablösung

> „der allgemeinen Form einer Koordination vom besonderen Inhalt eines externen Verhaltens. Interiorisation führt von ‚praktischer' zu operationeller Intelligenz und ist die Vorbedingung von objektiver Erkenntnis ebenso wie für symbolische Repräsentation" (Furth 1972, 365, Glossar).

Die zentrale Bedeutung der Transformation von Handlungs- zu mentalen Strukturen und umgekehrt liegt nun darin, dass die in den Handlungen gewonnenen Einzelerkenntnisse generalisiert, d. h. nicht nur in höheren logischen Systemen komplexerer Art zusammengefügt, sondern dass sie durch die Generalisierung auch in einer solchen Abstraktion gefasst werden können, um für eine Vielzahl zukünftiger Fälle Geltung zu haben. Nur so können Antizipationen für Handeln vorgenommen werden, kann Handeln voraufgebaut werden, d. h. also Menschen in die Lage versetzt werden, in immer wieder neuen Situationen sozusagen situationsadäquat zu handeln.

Mit dieser Vorstellung ist eine Gegenposition zur Verhaltenstheorie bezogen. Jene behauptet, dass je nach Situation durch äußere Reize spezifische Reaktionen hervorgebracht werden, die vorher durch Verstärkung im Organismus etabliert worden sind. Situationssicher hieße in diesem Verständnis, auf entsprechende Reize zu antworten. Im Unterschied hierzu eröffnet Piaget eine ganz andere Sichtweise. In ihr wird zum Ausdruck gebracht, dass Menschen in Situationen die Vielzahl der auf sie einströmenden Reize oder Anforderungen mit ihrem Strukturpotenzial kognitiv prüfen und filtern, um dann jenes Handeln in einer Situation zu zeigen, das ihnen und ihrer Kompetenz gemäß ist. Handlungen dieser Art kommen daher eher aus der Mitte des Menschen oder der Identität heraus, und sie müssen nicht unbedingt den vorgetragenen Erwartungen entsprechen. Hieraus erklärt sich in gewisser Weise bereits die hohe pädagogische Relevanz der piagetschen Theorie. Ähnlich wie die Theorie von der symbolischen Interaktion wird in ihr eine ständige Dynamik des sozialen Handelns unterstellt, die in den Alltagssituationen stets und ständig von Irritationen begleitet ist, die bis zum Konflikt reichen können. Die Handelnden sind daher immer auch gezwungen, aus ihren organisierten Vorerfahrungen und aus ihren Erkenntnissen heraus zu handeln und sich nicht allein aufgrund eines eingeübten Antwortverhaltens zu verhalten. Mögliche Folgen für Erziehung und Unterricht liegen auf der Hand.

Ein weiterer zentraler Gedanke von Piaget ist der, dass sich Strukturen entwickeln. Struktur muss also mit Genese verbunden werden.

„In erster Annäherung ist eine Struktur ein System von Transformationen, das als System (im Gegensatz zu den Eigenschaften der Elemente) eigene Gesetze hat und eben durch seine Transformationen erhalten bleibt oder reicher wird, ohne daß diese über seine Grenzen hinaus wirksam werden oder äußere Elemente hinzuziehen. Mit einem Wort: eine Struktur umfaßt die drei Eigenschaften: Ganzheit, Transformation und Selbstregulation … In zweiter Annäherung … muß sich die Struktur zu einer Formalisierung eignen. Doch muß man daran denken, daß diese Formalisierung das Werk des Theoretikers ist, während die Struktur von ihm unabhängig ist, und daß sich diese Formalisierung unmittelbar in logisch mathematischen Gleichungen äußern oder durch ein kybernetisches Modell vermittelt werden kann" (Piaget 1973, 8f).

Strukturgenese

Bei der Auslegung des Zitats kommen sechs Kriterien zur näheren Charakterisierung des Strukturbegriffs zum Vorschein.

1. Struktur kann als eine Ganzheit betrachtet werden. Die ihr zugrunde liegenden Elemente stehen untereinander in einer dynamischen Verbindung. Durch diese innere Dynamik bilden sie mehr als die Summe ihrer elementaren Teile. Die Dynamik, die sich ganzheitlich zeigt, kann als Prozess oder als Genese verstanden werden.
2. Die Strukturen transformieren sich. Sie stellen nicht statische Abbildungen bestimmter Situationen dar, die in einer Art Gedächtnis gesammelt werden. In ihrer Elementenhaftigkeit werden sie durch die Handlungs- und Erkenntnisprozesse miteinander verknüpft und von einfacheren zu komplexeren, höheren und abstrakteren Strukturen transformiert.
3. Strukturen als Organismus streben danach, die einzelnen Elemente in einen Gleichgewichtszustand zu bringen, d. h. in eine relative Homöostasie. Das bedeutet, dass sie als Folge von Interaktionsprozessen angesehen werden können, die sozusagen eine interne Zentrierung externer Interaktionen vornehmen und die damit auch wesentlich zur Identitätsbildung beitragen.

4. Darüber hinaus haben Strukturen die Eigenschaft der Offenheit. Sie sind nicht abgegrenzt gegeneinander. Nur aufgrund dieser Unterstellung ist zu erklären, dass sie sich verändern, Hierarchien bilden und ihre Elemente austauschen können.
5. Strukturen bilden in der Regel Hierarchien. Sie bilden sich von einfachen zu komplexen oder von anschaulichen zu abstrakten. Dabei ist zu bemerken, dass die komplexeren und höheren Strukturen Verallgemeinerungen von Erfahrung darstellen bzw. theoretisierte Verallgemeinerungen von Erfahrungen und dass sie damit als Prinzipien von Regeln angesehen werden können. Gerade das letztgenannte Moment ist für den Sozialisierungsprozess von besonderer Bedeutung.
6. Eine Struktur unterliegt besonderen Gesetzen oder Regeln. Zwei Gesetzmäßigkeiten wurden weiter oben schon genannt, nämlich die Reversibilität und die Hierarchisierung. Sie bedingen die Funktion von Strukturen in Bezug auf ihre Genese. Strukturen dienen so der Entwicklung des Menschen. Sie liegen jeder Motivation zugrunde, sie bedingen die Interaktion und die Gleichgewichtsformationen von innen und außen, von Menschen und Menschengruppen, sie führen zu verschiedenen Verdichtungszentren in der Entwicklung von Menschen und damit zu Kennzeichnung von Stadien, und schließlich begründen Strukturen die Wahrnehmung und damit die Interpretationsleistungen und Sinngebungen.

3.5.4 Das Struktur- und Funktionsmodell

Organisation von Strukturen

Die bisherige Beschreibung des Strukturzusammenhangs von Erkennen und Handeln hat im Wesentlichen eine Grundfunktion zur Erörterung gebraucht. Piaget nennt diese „Organisation". Alles organismische Leben, das biologische wie das soziale, die psychologischen Prozesse wie die Austauschprozesse des Menschen mit den sozio-kulturellen, -ökonomischen und -ökologischen Gegebenheiten unterliegen der Organisation von Strukturen und Systemen, d.h. der Organisation der einzelnen Subsysteme zu Systemen immer höherer Ordnung und Klasse, die immer reicher und komplexer und komplizierter sind und die damit auch einen höheren Grad an Intelligenz zeigen müssen.

Intelligenz

Unter Intelligenz wird in diesem Kontext „ein System von lebendigen und aktiven Operationen" (Ginsburg/Opper 1975, 28) verstanden. Das Prinzip der Organisation kann also als die erste Grundfunktion aller Organismen und damit auch des Menschen und seiner sozialen Tätigkeit angesehen werden.

Als zweite Grundfunktion kann die der Anpassung angesehen werden (Ginsburg/Opper 1975, 32ff). Alle Organismen werden – so die Unterstellung auch in den Sozialisationstheorien von Skinner, Parsons und Mead – mit der angeborenen Tendenz geboren, sich ihrer Umwelt anzupassen.

Assimilation und Akkommodation

Piaget fasst diesen Anpassungsprozess im Unterschied z.B. zu Skinner und Parsons als einen Prozess komplementärer Unterprozesse auf, und er bezeichnet diese Unterprozesse als Assimilation und Akkommodation.

„Akkommodation – Der nach außen gerichtete Prozeß eines operativen Aktes, der sich auf einen besonderen Realitätszustand bezieht. Die Akkommodation wendet eine allgemeine Struktur auf eine besondere Situation an; als solche enthält sie immer ein Element von Neuheit. In einem eingeschränkten Sinne führt die Akkommodation an eine neue Situation zur Differenzierung einer schon ausgebildeten Struktur und somit zum Auftreten neuer Strukturen."

„Assimilation – Der inkorporierende Prozeß eines operativen Aktes. Ein In-sich-Aufnehmen von Umweltdaten, nicht in einem kausalen, mechanistischen Sinne, sondern als Funktion einer internen Struktur, die kraft ihrer eigenen Natur – durch Assimilation potentiellen Materials aus der Umwelt – nach Betätigung strebt" (Furth 1972, 362f, Glossar).

Zur abrundenden Einführung in die im Folgenden zu erörternde Funktion von Akkommodation und Assimilation muss noch eine Begriffsbestimmung des Wortes Äquilibration gegeben werden, das Piaget häufig in diesem Zusammenhang verwendet.

Äquilibration

„Äquilibration – Der interne Regulationsfaktor einer biologischen Organisation; er manifestiert sich in allen Lebensäußerungen, besonders deutlich in der Entwicklung der Aktivität der Intelligenz. Die Intelligenz macht die einer Organisation immanenten Regulationen explizit. Als Prozeß ist die Äquilibration der Regulationsfaktor, der Evolution und Entwicklung miteinander verbindet; als Zustand (als ein Gleichgewicht) ist sie ein immer neues Ausgleichen aktiver Kompensationen" (Furth 1972, 363, Glossar).

Assimilation kann als ein Prozess oder als ein Mechanismus verstanden werden, der von dem handelnden Individuum – strukturell gesprochen: von einem Ich – ausgeht. Mit seiner Hilfe werden Objekte – seien dies Naturobjekte, physische Objekte oder Symbole, wie z. B. Normen und Erwartungen – an die Handlungs- und Erkenntnisstrukturen herangetragen und mit diesen verbunden. An einigen Stellen benutzt Piaget hierfür den etwas missverständlichen Begriff „einverleibt". Mit dieser sehr bildlichen Darstellung ist wohl gemeint, dass mit dem Assimilationsvorgang neue Erkenntnisse in bereits vorhandene Strukturen integriert werden und dass damit die Strukturen angereichert und auf höhere Niveaus geführt, kurzum weiterentwickelt werden.

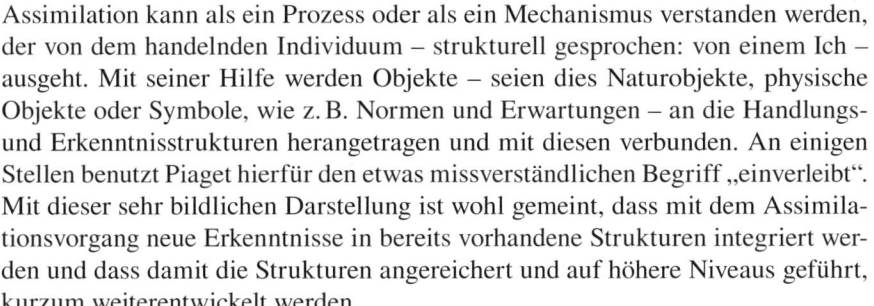
Assimilation

Akkommodation

Unter Akkommodation ist jener Prozess oder Mechanismus zu verstehen, in welchem das handelnde und erkennende Individuum – wiederum strukturell gesprochen: das Ich – seine Strukturen an die Handlungs- und Erkenntnisprozesse aktueller Art heranträgt und damit Probleme löst, d. h. Umwelt gestaltet. An einigen Stellen benutzt Piaget hierfür auch die Begriffe „Scheme" oder „Plan", mit deren Hilfe aktives erkennendes Handeln und handelndes Erkennen überhaupt erst möglich sind.

Piaget kann nun so verstanden werden, dass Assimilation und Akkommodation jene Prozesse sind, mit deren Hilfe erklärt werden kann, dass und auf welche Art und Weise sich Strukturen, Schemata oder Pläne bilden. Das Individuum oder das handelnde Subjekt muss daher einerseits nach außen wirken und bereits vorhandene Strukturen sozusagen anwenden (Akkommodation), und es muss andererseits – durch Anregungen von außen genötigt – diese Anregungen aufnehmen, prüfen und in bestehende Strukturen aufnehmen, d. h. transformieren. Dabei werden selbstverständlich auch die Strukturen selbst transformiert, also zu höheren Organisationsgraden hin entwickelt. Piaget gebraucht denn auch des

Öfteren in diesem Zusammenhang den Begriff Transformationsstruktur anstelle von Struktur. Dabei wird deutlich, dass Strukturen in einer ständigen Bewegung, Entwicklung und Genese sind. Akkommodations- und Assimilationsprozesse tragen nun zum Gleichgewicht des Organismus bei, gleichviel ob sich mit der Vorstellung von Organismus ein physiologisch-physischer Zusammenhang oder ein psychisch-sozialer Zusammenhang verbindet.

Es kann geradezu gesagt werden,

Entwicklung

„daß die Theorie der Entwicklung sich notwendigerweise auf den Gleichgewichtsbegriff stützt, da jegliches Verhalten ein Gleichgewicht zwischen den inneren und den äußeren Faktoren oder, allgemeiner, zwischen Assimilation und Akkommodation einzunehmen trachtet. Doch dies ist noch nicht alles. Das Gleichgewicht muß in Wahrheit als ein vierter Faktor neben den drei genannten (Reifung, psychisches und soziales Milieu) betrachtet werden. Er tritt freilich nicht additiv auf, da er als notwendige Koordination zwischen den elementaren Faktoren wirkt, von denen keiner isolierbar ist" (Piaget 1972, 284).

Äquilibration

Aus der großen Bedeutung des Doppelprozesses von Assimilation und Akkommodation für den Organismus wird schließlich deutlich, dass sich der Organismus auch immer wieder äquilibrieren muss, d. h. dass er seine Unruhe und Unordnung immer wieder ausgleichen und austarieren muss, in die er in seiner Auseinandersetzung mit der Umwelt stets und ständig gerät (Piaget 1972, 157).

Sozialisation

Durch den Doppelprozess von Assimilation und Akkommodation lässt sich Sozialisation als ein aktiver Anpassungsprozess des Individuums erklären. Wenn und insofern das Individuum lebt, ist es sozusagen zum Handeln und Erkennen gezwungen. Es muss immer wieder neu handeln, immer wieder neue Strukturen aufbauen; es ist in ständiger Bewegung. Und diese Bewegung macht schließlich seine Entwicklung aus, bedeutet die Chance zum Lernen (Piaget 1972, 192).

„Man kann in dieser Hinsicht sagen, daß jedes Bedürfnis trachtet, 1. die Dinge und Personen der Aktivität des Ich einzuverleiben, also die Außenwelt an die bereits erstellten Strukturen zu ‚assimilieren', und 2. diese letzten je nach den eingetretenen Veränderungen neu abzustimmen, sie also an die äußerlichen Objekte zu ‚akkommodieren'. Solcher Art sucht das gesamte psychische Leben, so wie übrigens das organische Leben selbst, die Umwelt nach und nach zu assimilieren, und es verwirklicht diese Einverleibung mit Hilfe von Strukturen – oder psychischen Organen –, deren Aktionsbereich immer ausgedehnter wird: Die Wahrnehmung und die elementaren Bewegungen (Greifen usw.) setzen sich und ihren momentanen Zustand zunächst Gegenständen der unmittelbaren Umgebung aus, dann erst gestatten es Gedächtnis und praktische Intelligenz, zugleich ihren Zustand von knapp zuvor wiederherzustellen und ihre nächsten Veränderungen zu antizipieren. Das intuitive Denken verstärkt später diese beiden Fähigkeiten. Die logische Intelligenz schließt in der Form konkreter Operationen und endlich abstrakter Schlußfolgerungen ganz diese Entwicklung, indem sie das Individuum die in Zeit und Raum fernsten Ereignisse beherrschen läßt. Auf jeder dieser Stufen erfüllt der Verstand die gleiche Funktion, nämlich die Welt dem Ich einzuverleiben, doch variiert die Struktur diese Assimilation, d. h. die sukzessiven Einverleibungsformen der Wahrnehmung und der Bewegung bis zu den höheren Operationen.

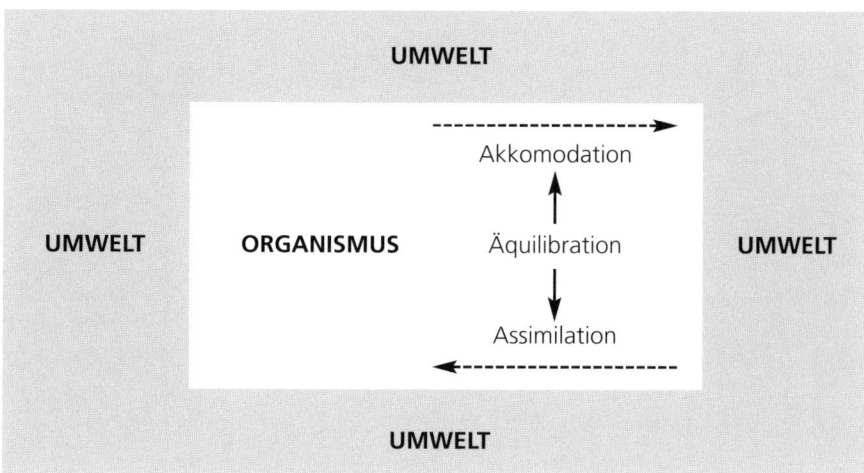

Abb. 8:
Das Struktur- und Funktionsmodell nach Jean Piaget

Nun, bei einer solchen Assimilation der Objekte sind Handeln und Denken genötigt, sich an diese zu akkomodieren, d. h. sich bei jeder äußerlichen Änderung auf sie neu einzustellen. Das Gleichgewicht dieser Assimilationen und Akkomodationen kann man ‚Anpassung' nennen: Sie ist die allgemeine Gestalt des psychischen Gleichgewichts, und die geistige Entwicklung äußert sich mithin in ihrer zunehmenden Organisierung einfach als eine immer bessere Anpassung an die Wirklichkeit" (Piaget 1972, 192f).

In systematischer und vergleichender Hinsicht (Wetzel 1980, 41f) kann schließlich noch gesagt werden: Der Assimilationsbegriff bedeutet für Piaget vielleicht so viel wie der Assoziationsbegriff für die Behavioristen; denn mit ihm wird die Grundfunktion des Organismus beschrieben, nämlich die Kontinuität von Handeln und Erkennen sowie die Entwicklung neuer Strukturen, die Handeln zu besserem Handeln und Erkennen führen, zu ermöglichen. Das Struktur- und Funktionsmodell wird in der Abbildung 8 zur Veranschaulichung dargestellt.

3.5.5 Strukturgenese und Soziogenese

Aus den vorangegangenen Erörterungen dürfte deutlich geworden sein: Entwicklung kann als ein Strukturierungsprozess beschrieben werden, der im Wesentlichen auf der Entwicklung der Intelligenz beruht, und von daher lassen sich auch erst alle anderen Strukturierungsprozesse in spezifisch anderen Kulturfeldern, wie z. B. im sozialen Bereich, im Gefühlsleben, in der Religion, im Glauben, im Spiel usw., erklären. Intelligenz, ihre Ausformung und Entwicklung ist aber wesentlich psychosozial, d. h. durch Interaktionen bedingt. Soll also die Stufenlehre und die Entwicklungstheorie strukturell im Sinne Piagets verstanden werden, dann muss der Zusammenhang von Intelligenz und Handeln erkannt sein. Dies soll im Folgenden vorgetragen werden. Es werden vier Stufen oder „Perioden" der Entwicklung der Intelligenz genannt:

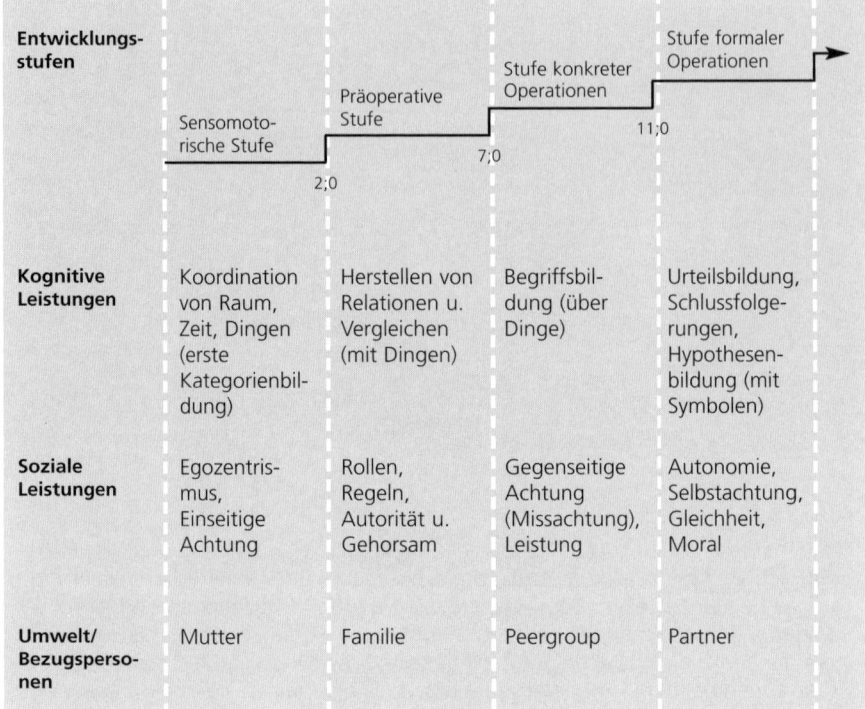

Abb. 9:
Entwicklung der Intelligenz und des moralischen Urteilens (Stufen) nach Jean Piaget

1. die sensomotorische Stufe (von der Geburt bis etwa zwei Jahre)
2. die präoperative Stufe (zwei bis ca. sieben Jahre)
3. die Stufe der konkreten Operationen (sieben bis ca. elf Jahre)
4. die Stufe der formalen Operationen (elf Jahre und älter) (Piaget 1972, 40ff, Ginsburg/Opper 1975, 43ff).

Man kann die einzelnen Stufen nur vor dem Hintergrund der Kenntnis der verschiedenen Funktionen verstehen, die in den jeweiligen Zeitspannen ablaufen bzw. sich entwickeln. Hierzu wurde eine interessante allgemeine Charakteristik vorgelegt, wie Abbildung 9 zeigt.

„1. Jede Stufe umfaßt eine Periode der Bildung (Genesis) und eine Periode des Erreichens. Das Erreichen ist durch die fortschreitende Organisation einer aus inneren Operationen zusammengesetzten Struktur gekennzeichnet.
2. Jede Struktur stellt gleichzeitig das Erreichen der einen Stufe und den Ausgangspunkt der nächsten Stufe eines neuen evolutionären Prozesses dar.
3. Die Reihenfolge der Stufen ist konstant. Das Alter bei ihrem Erreichen kann innerhalb bestimmter Grenzen in Abhängigkeit von Motivationsfaktoren, Übung, kulturellem Milieu usw. variieren.
4. Der Übergang von einer früheren zu einer späteren Stufe folgt in Analogie zu dem Prozeß der Integration einem Gesetz der Implikation, d. h.: frühere Strukturen werden zu einem Teil späterer Strukturen" (Furth 1972, 51).

Die 1. Stufe. Hier zeigt sich der Zusammenhang von Handeln und Erkennen als sensomotorische Intelligenz. Es ist dies die Stufe der „gänzlich praktischen Intelligenz, die als Mittel einzig die Wahrnehmungen und die Bewegungen benützt, ohne bereits zu Vorstellungen oder zum Denken fähig zu sein" (Piaget 1972, 4). Diese Aussage Piagets darf jedoch nicht zu der Schlussfolgerung verleiten, dass in dieser Zeit kein Erkennen stattfindet. Das Baby verfügt – wie Beobachtungen zeigen – durchaus über ein „Situationsverständnis". Das Kleinkind lernt auf dieser Stufe durch sein Handeln mit den primären Bezugspersonen allmählich die Kategorien von Raum, Zeit und Dingen erkennen und koordinieren. Es erwirbt also ohne Zweifel bereits Schemata, Pläne oder Strukturen, die es ihm gestatten, sich mehr und mehr „planvoll" oder intentional in Interaktion mit den ersten Bezugspersonen zu begeben.

Auf dieser Stufe bezieht das Kleinstkind allerdings alle Umweltgegebenheiten im Regelfall auf seinen Körper. Es gewinnt ein raum-zeitliches Funktions- und Gegenstandsverständnis über seinen eigenen Körper. Er kann als kleines „Universum" verstanden werden. Auch die ersten sprachlichen Äußerungen und die ersten Handlungsregeln, die sich im Zusammenwirken mit den Bezugspersonen entwickeln, bezieht das Kind auf sich selbst. Es hat z. B. gern, in der sozialen Wolke gewohnter Geräusche, Atmosphären und Umgebungen zu spielen.

Dabei bezieht es diese auf sich selbst und meint, durch so genannte magische oder mythische Handlungen diese auch für sich dienstbar machen zu können, „wann es will". Der soziale Ausdruck dieser Daseinsweise wird daher sinngemäß „Egozentrismus" genannt, eine Form des In-der-Welt-Seins, in der das Kind alles auf sich selbst bezieht und die noch in die 2. und 3. Stufe hineinreicht (Piaget 1990).

Die 2. Stufe. Sie reicht bis zum 7. Lebensjahr. Hier geht die sensomotorische Intelligenz allmählich in ein symbolisches Denken über. Dieses ist maßgeblich durch zwei symbolische Medien hervorgerufen bzw. mitbedingt: 1. durch die Sprache und 2. durch das Spiel. In der Sprache lernt das Kind allmählich die Beziehungen zwischen sich und den Dingen sowie den Symbolen der Welt „festzumachen", d.h. zu benennen. In sozialer Hinsicht wird der geltende Sinn von Regeln, Erwartungen und Einstellungen erkannt, aus- und eingeübt. Das Kind beginnt im Spiel, die Welt zu vergegenständlichen und Beziehungen herzustellen. Der Zusammenhang von Handeln und Erkennen bleibt aber noch – wie Piaget es nennt – präoperativ.

Auf sozialem Gebiet vermag das Kind die Rollen in ihrer Komplementarität einzusehen und damit Geschlechter- und Generationenrolle sehr wohl in ihren komplementären Funktionen zu erkennen und zu realisieren. Es gibt sich auch mit seiner Position zufrieden, aber es experimentiert bereits mit den gelernten Regeln und Rollen. In dem so genannten und immer wieder fälschlicherweise bezeichneten Trotzalter operiert das Kind mit den Regeln, probiert neue aus, stößt aber immer wieder an die Grenzen der Konvention, die durch die Eltern vertreten werden. Im Regelfall „schalten" die Eltern das Experimentieren „ab" und bringen damit die Kinder in die geregelten Bahnen der Konvention.

Damit gewinnt die Autorität der Erwachsenen eine große Bedeutung. Die Erwachsenen werden als Quelle der Regeln und Rollen angesehen, denen das Kind

sensomotorische Intelligenz

Egozentrismus

symbolische Intelligenz

Sprache, Spiel, Rolle

Autorität vs. Gleichheit

Achtung entgegenbringt – obwohl es bereits sozial zu experimentieren beginnt. Dieses Phänomen macht deutlich, dass sich das Kind noch nicht die intellektuelle Fähigkeit erworben hat, Handlungen zu interiorisieren, d. h. zu höheren und generalisierteren Strukturen aufzubauen. Daher – und aus dem Mangel an Umgang mit Gleichaltrigen – fehlt dem Kind auch noch die Vorstellung von Gleichheit.

Dies alles wird in besonderer Weise am Spiel deutlich. Lässt man zunächst einmal unentschieden, ob das Fehlen des Gleichheitsbegriffs bzw. einer Gleichheitsvorstellung an mangelnder Erfahrung liegt oder an dem Entwicklungsdrang der Strukturen selbst, so kann so viel gesagt werden, dass das Kind auf dieser Stufe noch keine operative Reversibilität (Inversion und Reziprozität) herstellen kann. Dies zeigt sich nicht nur in Experimenten mit mathematischen Strecken, sondern auch im sozialen Bereich. So kann sich z. B. das Mädchen noch nicht ausdenken oder in die Lage versetzen, dass es selbst Mutter sein kann, obwohl das Kind bereits in symbolischen Rollenspielen z. B. mit Puppen die Mutter nachahmt. Im Spiel zeigt sich zwar nicht mehr primär die reine Assimilation des Realen an das Ich, also die Sensomotorik. Aber das Kind ist – strukturell gesehen – doch keinen Schritt weitergekommen. Es haben sich lediglich die Formen des Spiels und die Gegenstände, mit denen das Kind spielt, sowie die Möglichkeiten zu spielen geändert. Insofern kann das symbolische Spiel auch als eine Assimilation des Realen an das Ich gedeutet werden; aber es dient dennoch schon der Ich-Entfaltung in dem Sinn, dass das Kind mehr und mehr die Realität assimiliert und seine Struktur an das zu akkommodieren lernt, was die Realität der Gesellschaft oder der Gruppe ausmacht (Piaget 1972, 202ff u. 158ff). Zwar findet also eine gewisse Dezentralisierung des In-der-Welt-Seins des Kindes statt, das Kind verlässt in gewisser Weise seinen Egozentrismus; aber es ist noch nicht voll in der Lage – wohl aufgrund des Fehlens von Gleichheitsbegriffen – Handeln und Erkennen reversibel zu machen (Kap. 4.5).

konkret operative Intelligenz

Die 3. Stufe. In Bezug auf die weitere Entwicklung des Kindes führt Piaget das Phänomen ins Feld, dass sich das Kind auf dieser Stufe eine neue soziale Welt erschließt. Neben die Familie treten Schule und insbesondere die Peergroup. In seinen Untersuchungen über „Das moralische Urteil beim Kinde" (1990) kann Piaget empirisch verdeutlichen, dass die Peergroup das Kind zwingt, Regeln auszuhandeln und neu zu durchdenken, also Regelstrukturen zu transformieren. Dabei lernt es den Austausch von Rollen und Positionen und damit das Prinzip der Gleichheit kennen. Es beginnt also mehr und mehr, über seine Beziehungen nachzudenken.

> „An Stelle des impulsiven Verhaltens der Kleinkindheit, das mit dem unmittelbaren Glauben und intellektuellen Egozentrismus einhergeht, denkt das Kind ab sieben oder acht Jahren nach, bevor es handelt, beginnt also, sich die schwierige Verhaltensweise ‚Überlegen' anzueignen. Doch eine Überlegung ist nichts anderes als eine innerliche Diskussion, die man so führt, als ob man sie mit Gesprächspartnern oder realen, äußeren Gegenspielern abhalten würde" (Piaget 1972, 226f).

In Untersuchungen zur Intelligenzentwicklung kann Piaget feststellen, dass das Kind sich nun mit konkreten Operationen an Gegenständen befasst und dabei auch schon Vorstellungen entwickeln kann, die zwar daran erinnern, dass der Zusammenhang von Handeln und Erkennen konstitutiv ist, die aber auch deutlich machen, dass sich das Erkennen mehr und mehr auf abstrakter Ebene vollziehen kann.

Die 4. Stufe. Auf dieser Stufe schließlich kommt das Kind dahin, dass es ein allmähliches Gleichgewicht auf der Stufe der Adoleszenz findet. Nicht mehr allein konkrete Operationen mit Objekten und das Aufschließen der Erkenntnis an diesen stehen im Vordergrund. Der Heranwachsende kann auch jetzt mit Ideen arbeiten. Erkennen und Handeln beziehen sich auch auf „Hypothesen",

formal operative Intelligenz

> „das heißt auf Aussagen, aus denen die notwendigen Folgerungen gezogen werden können, ohne daß über ihre Richtigkeit oder Falschheit entschieden werden müßte, ehe das Ergebnis überprüft ist. Man beobachtet also die Entwicklung der sogenannten ‚Aussagen'-Operationen zusätzlich zu den konkreten Operationen: Implikationen (‚wenn … dann'), Disjunktionen (‚entweder … oder'), Inkompatibilitäten, Konjunktionen usw. Und diese Operationen weisen zwei neue Merkmale auf: Erstens enthalten sie eine Kombinatorik, was bei den ‚Gruppierungen' von Klassen und Relationen der vorhergehenden Stufen nicht der Fall ist: diese Kombinatorik ist ohne weiteres auf Objekte oder physische Faktoren ebenso anwendbar wie auf Ideen und Aussagen. Zweitens bringt jede Aussagenoperation eine inverse und eine reziproke Komponente mit sich; so sind diese beiden bislang voneinander getrennten Formen der Umkehrbarkeit (die Inversion für die Klassifizierungen und die Reziprozität für die Relationen) von nun an in einem Gesamtsystem vereint, das die Gestalt für eine ‚Gruppe' von vier Transformationen hat" (Piaget 1972, 43).

Im sozialen Bereich haben sich die Strukturen in Bezug auf die „Autonomie" des Individuums umstrukturiert bzw. höher organisiert. Der Herangewachsene ist jetzt in der Lage, nach Prinzipien zu urteilen, von Zufälligkeiten abzusehen und die Idee der Gleichheit nicht nur zu denken, sondern auch anzuwenden – u. U. gegen die Intentionen der Erwachsenen (Kap. 4.5).

Vor dem Hintergrund der bisherigen Ausführungen kann abschließend skizzenartig resümiert werden: Auch der Sozialisierungsprozess, so wie er von Piaget konzipiert ist, wird von der Verschränkung von Individuum und kultureller und sozialer Umwelt getragen. Er kann als ein Prozess der Genese von kognitiven Strukturen (Strukturgenese) aufgefasst werden, in denen einfache und konkrete Elemente zusammengefügt werden. Dabei werden die Strukturen mehr und mehr generalisiert und abstrakter. Dadurch wird es dem Kind möglich, auch zunehmend prinzipiengeleiteter zu handeln, d. h. auch ohne Aufsicht und Kontrolle des Erwachsenen. In Bezug auf das Lernen von Regeln und Rollen kann gesagt werden, dass sich das Kind in den ersten beiden Stufen seiner Sozialisation an die Normen der Gesellschaft assimiliert. Gleichzeitig wird es durch seinen Organismus und durch die Chancen, die die Umwelt bietet, z. B. durch Erziehung, in die Lage versetzt, in und mit der sozialen Welt Strukturen aufzubauen, die über das konforme Handeln hinausgehen. Auf diese Weise differenziert sich die Persönlichkeit in der Auseinandersetzung mit den kulturellen und sozialen Angeboten der Umwelt. Der Heranwachsende wird aktiv in seiner Umwelt tätig (Soziogenese). Allerdings taucht hier das Problem auf, dass in Erziehungsprozessen, die als Anpassung an die Umwelt verstanden werden, Kinder sehr schnell verlernen können, ihre non-konformen Strukturen in ihrer sozialen Welt, z. B. in Familie und Schule, zu erproben. Daher ist es sicher in Bezug auf eine offene Entwicklung und Sozialisierung des Kindes zunächst wichtig, dass neben die Familie andere Institutionen treten, wie z. B. die Schule und in besonderer Weise die Peergroup. In aller Regel verstärkt die Schule allerdings noch die soziale Anpassung des Kindes. Die Peergroup hingegen bietet die Chance, soziale Evolutionsprozesse im Sinne der Gleichheit zu realisieren. Hierin sieht Piaget denn auch die grundsätzliche Bedeutung der Peergroup im Sozialisationsprozess, obwohl auch festgehalten werden muss, dass in der Realität Peergroups oft nach den gleichen moralischen Grundprinzipien des „oben und unten" und der Anpassung und Unterdrückung handeln wie die anderen Organisationsformen.

Erziehung und Unterricht, die sich als Intervention in Sozialisationsprozessen begreifen, stehen daher in der Pflicht, Lernmaterialien und eine Lernumwelt anzubieten, durch die und in denen die Heranwachsenden zu selbstständigen Operationen im kulturellen und sozialen Bereich angeregt werden. In diesem Sinne ist auch die „Schule der Gerechtigkeit" (Kohlberg 1974) und der Versuch einer „Erziehung zur Gerechtigkeit" (Aufenanger u. a. 1981) zu verstehen. Piagets akademischer Schüler Hans Aebli hat seine Erkenntnisse mit großem Erfolg für erzieherisches und unterrichtliches Handeln fruchtbar gemacht (Aebli 1967). Dies gilt auch für L. Kohlberg in Bezug auf die Stimulierung moralischer Urteilsbildung in der Entwicklung des Kindes (Kap. 4.5.4).

4.0 Der Erziehungsprozess

> In diesem Kapitel wird der Frage nachgegangen, wie Kinder und Jugendliche als Individuen die Welt und Gesellschaft erfahren (institutionelle, mikrosoziale und intraindividuelle Ebene). Das Erkenntnisinteresse gilt daher dem individuellen Entwicklungsprozess und denjenigen Bedingungen, Personen und Interaktionen, die diesen Prozess fördern oder vernachlässigen. Zur Beschreibung und Analyse dieses Erziehungsprozesses sind im Alltag eine Reihe von Bildern von der Erziehung zu finden. In der wissenschaftlichen Diskussion spielen dagegen Modelle eine große Rolle, mit denen das Erziehungsphänomen begriffen werden kann. Einige ausgewählte Bilder und vier zentrale Modellvorstellungen von Erziehung werden diskutiert.

4.1 Einführung in den Gegenstandsbereich

Im Folgenden werden mehrere Zugänge der Beschreibung und ersten Systematisierung des Alltagsphänomens Erziehung eröffnet. Sie liegen auf verschiedenen Erfahrungs- und Erkenntnisebenen und zeigen, dass das uralte Menschheitsphänomen nur schwer zu systematisieren ist. Dennoch sind immer wieder Versuche unternommen worden, das Phänomen Erziehung zu begreifen und begrifflich oder auf andere Art und Weise zu fassen.

4.1.1 Bilder von der Erziehung

Seit das kollektive Bewusstsein einer Gruppe oder Gesellschaft das Generationenverhältnis bedenkt, werden Bilder über das Verhältnis von älterer und jüngerer Generation produziert. Alltagsreflexion ist in der Regel konkretes, engagiertes und ikonisches Nachdenken über das Verhältnis der Menschen zu den Phänomenen ihrer Lebenswelt. Daher richtet sich das Interesse auch weniger auf ein abstraktes Generationenverhältnis, sondern auf konkrete Beziehungen zwischen Eltern und Kindern, Lehrern und Schülern, Lehrlingen und Meistern. Erziehung als konkrete Face-to-face-Beziehung kommt in den Blick, der Einfluss eines älteren, erfahreneren auf einen jüngeren, weniger erfahrenen Menschen. Dabei werden die individuellen Erfahrungen in Erziehungsverhältnissen zu verallgemeinern versucht. Eine klassische Form der Verallgemeinerung ist in der ikonischen Repräsentanz der individuellen Erfahrungen zu sehen. Sie äußert sich in der sprachlichen Wiedergabe der Bilder. Nach E. Weniger kann die Beschreibung von Bildern von der Erziehung als eine erste Form der Theorienbildung angesehen werden. Alltagserfahrung verdichtet sich in Bildern und deren sprachlicher Darstellung. Weniger nennt diese Form daher „Theorien ersten Grades" (Weniger 1964, 7ff). Bilder von der Erziehung geben daher u. a. auch Aufschluss über Kriterien, Zielvorstellungen, Werte, Mittel, Medien und Begründungen. Es sind in der Regel die Erwachsenen, die Bilder von der Erziehung formulieren – und nicht die Heranwachsenden. Folgende Bilder werden vorgestellt:

1. Erziehung als Ziehen,
2. Erziehung als Führung,
3. Erziehung als Regierung und Zucht,
4. Erziehung als Wachsenlassen,
5. Erziehung als Anpassung,
6. Erziehung als Lebenshilfe.

Zu 1) Das Bild von der Erziehung als Ziehen ruft zwei Grundassoziationen hervor. In der ersten wird das heranwachsende Kind mit einer Pflanze oder einem Bäumchen verglichen, das „hochgezogen" werden muss. Es genügt in dieser Grundassoziation nicht, Pflanze oder Bäumchen und Kind bloß wachsen zu lassen: Sie müssen auch gestutzt und gestützt, beschnitten und gepfropft werden, damit sie „gute Früchte" tragen. Diese Grundassoziation hat im Zusammenhang mit dem Bild von der Erziehung als Regierung und Zucht weitgehend die vergangenen Jahrhunderte bestimmt. Bei nicht wenigen Laien, Eltern und professionellen Erziehern wirkt es noch heute nach.

Die zweite Grundassoziation zu diesem Bild ist differenzierter und hat sich auch in der pädagogischen Literatur durchgesetzt. Da steht zunächst eine Reihe von Fragen am Anfang: Zu welchem Zweck und auf welche Ziele hin soll überhaupt erzogen werden? Lässt sich der „Zögling" überhaupt erziehen? Welche Widerstände sind dabei zu überwinden? Und auf welche Bedingungen kann Erziehung zurückgreifen? Auf genetische, individuelle, gesellschaftliche?

Höhlengleichnis (Platon)

Der Blick in die pädagogische Literatur zeigt, dass ein Bild von der Erziehung als Ziehen im Sinne dieser zweiten Grundassoziation bereits von Platon (427–347 v. Chr.) gezeichnet worden ist. Es handelt sich dabei um das bekannte Höhlengleichnis in der „politeia" (Platon 1958).

Dort wird geschildert, wie Menschen an Kopf, Händen und Füßen gefesselt in einer Höhle sitzen und an der ihnen gegenüberliegenden Wand wandernde Schattenbilder verfolgen, interpretieren und dabei eine Welt – ihre Welt in der Höhle – aufbauen, in der sie sich heimisch und sicher fühlen. Platon lässt nun einen Menschen – den Philosophen – von außerhalb der Höhle den langen Gang in die Höhle hinunterkommen und die Menschen entfesseln, sie umdrehen, damit sie mit ihrem Gesicht zum Ausgang der Höhle blicken können. Sie entdecken dabei eine Mauer, hinter der ein Feuer brennt, und dass zwischen Mauer und Feuer Menschen Gerätschaften tragen, die jene Schattenbilder an die Innenwand der Höhle werfen, aufgrund derer die Menschen in der Höhle ihre Welt interpretiert haben. Die Menschen werden ängstlich und wollen in die Höhle zurück. Aber der Philosoph, also derjenige, der sie entfesselt hat, nimmt sie bei der Hand, hält sie fest und beginnt, sie den steilen Gang hinaufzuziehen; denn sie sollen nicht nur das Feuer, sondern auch das hinter dem Ausgang der Höhle strahlende Sonnenlicht, nämlich die Welt der Wahrheit schauen und erkennen und damit die gleiche Befreiung von den Alltagsmeinungen in der Höhle erfahren wie der Philosoph, der sie hochzieht. Die Menschen aber leisten Widerstand. Der Philosoph muss daher über das An-die-Hand-Nehmen und Hochziehen hinaus auch Zwang anwenden, um die Menschen auf dem Weg der Erkenntnis zu halten.

Nach Platons Vorstellungen sollte der Philosoph der wahre Erzieher des Menschen sein. (Die griechische Bezeichnung „paidagogos" bezog sich nicht auf den Philosophen, sondern auf denjenigen – meist ein Sklave –, der die Knaben zur Schule führte.)

Der Sinn der Erziehung erscheint im Höhlengleichnis in mehrfacher Weise: Zunächst einmal als eine Befreiung der Menschen von ihren Zwängen, Gewohnheiten und Eingebundenheiten, von ihrer „selbstverschuldeten Unmündigkeit" (Kant) oder von ihrer Unkenntnis und Unwissenheit. Erziehung zeigt sich aber auch als Befreiung „für etwas", nämlich als Befreiung, den „aufrechten Gang" (Kant) zu lernen, sich nicht Schattenbildern anzuvertrauen, sondern die Sinne zu schulen, um die unterschiedlichen Differenzierungen der Welt auszumachen, die Schattenbilder von dem sie erzeugenden Licht unterscheiden zu lernen, ja sogar die Wahrheit zu erkennen. Erziehung führt in diesem Bild also zu Erkenntnis und Wahrheit, zum Gebrauch der eigenen Vernunft. Erziehung erscheint dabei als ein schweres Geschäft.

Dabei taucht die weitere Frage auf, was denn eigentlich den Erzieher veranlasst, sich in dieser Weise um die Menschen in der Höhle zu bemühen. Platon gibt hierauf eine klare Antwort: Es ist die Wahrheit, die der Philosoph oder Pädagoge selbst geschaut hat, um derentwillen er die anderen ebenfalls auf diesen Weg der Wahrheit bringen muss. Es geht also in diesem Prozess des Erziehens nicht um ihn selbst oder um irgendwelche Kulturgüter, gesellschaftliche Verhältnisse, um Vergegenständlichungen und Profite dieser Welt, sondern um das Vertrautwerden mit den Ideen, die der Welt zugrunde liegen, wie z. B. die Gerechtigkeit, das Gute, die gegenseitige Achtung (Ballauff 1952, Heidegger 1954).

In Platons Höhlengleichnis erscheint das Bild von der Erziehung als Ziehen und Hinaufziehen aus dem Dunkel in die Helle als sehr positiv. Es unterstellt, dass der Erzieher nicht aus Eigensucht oder im Dienste einer Obrigkeit und Macht seine Aufgabe erfüllt, sondern aus der Erkenntnis, dass Menschen erzogen werden müssen, um den Ideen auf die Spur zu kommen.

Das Bild der Erziehung als dem Ziehen unterstellt daher auch, dass jeder Mensch zu Mündigkeit, Wissen, Erkenntnis, Können und Einsicht gelangen kann und dass alle Menschen ebenso zur Emanzipation und Selbstbestimmung in dieser Welt befähigt werden können wie zu selbstverantworteter Anpassung. Dieses Bild macht aber auch deutlich, dass dieses Geschäft des Hinaufziehens oft gegen Widerstreben der Heranwachsenden oder der noch nicht Wissenden betrieben werden muss. Insofern steht der Erzieher immer auch in der Gefahr, über das Entfesseln hinaus die Menschen unter Anwendung von Gewalt hin auf den Weg des Lernens, des Sehens und Nachdenkens zu bringen. Modern gesprochen könnte man sagen, dass Erziehung in diesem Sinne gleich ursprünglich ist mit Anwendung von Macht. Diese kann sich allerdings – um im Bilde zu bleiben – relativieren, wenn es dem Erzieher gelingt, die Hinaufzuziehenden allmählich sehend zu

Erziehungsziele

machen und dadurch in ihnen Interesse und Wille zu wecken, sich selbst auf den Weg zu machen und diesen zu gehen. Hier ist eine positive Anthropologie unterstellt, dass der Mensch nämlich – auch wenn er gefesselt ist und im Reich der Schattenbilder lebt – eine innere Quelle hat, sich der Vernunft aufzuschließen, auch wenn er noch nicht in dieser selbst steht.

Erziehungsmittel

Viele Mittel der Erziehung wird der Philosoph (Erzieher) anwenden. Er mag die Hinaufzuziehenden loben und belohnen, sie tadeln oder zurechtweisen, sie strafen, sie miteinander wetteifern lassen, er mag mit ihnen sprechen, er mag mit ihnen spielen und arbeiten; er möchte sie allmählich an die verschiedenen Wege und Sichtweisen oder an die Helle des Lichtes gewöhnen. Welcher „Erziehungsmittel" (Netzer 1972; Geißler 1973) er sich auch immer bedient, er selbst wird im Einsatz seiner Person und in der direkten Beziehung zu den Hochzuziehenden ebenfalls zum Mittel.

Zweck der Erziehung

Die Anwendung aller dieser Mittel, einschließlich seiner selbst, ist für den Erzieher nur durch den höheren Zweck, dem die Erziehung dient, gerechtfertigt. Sie liegt in der Selbsterziehung der Menschen, d. h. in ihrer Fähigkeit, sich selbst und ihre Umwelt auf den Weg zur Wahrheit hin zu organisieren.

Demgegenüber findet man in der Gegenwart ein Verständnis von Erziehen vor, das von dem Wissen geleitet ist, dass Erziehungsziele in Normen, Regeln und Wertvorstellungen festliegen und dass damit Kinder deutlich und klar auf diese Ziele hin „gezogen" oder gebracht werden können. Man scheint sich auch im Klaren zu sein über die Anwendung der Mittel; nicht nur der üblichen Erziehungsmittel, sondern auch der Anwendung von Macht und Gewalt, um den Weg zu den Zielen dem Kinde gegenüber durchzusetzen. Auch werden neue Erziehungsmittel erfunden, um Wille und Motivation zu wecken, z. B. wenn Eltern ihren Kindern Geld für gute Noten und ordentliches Verhalten versprechen oder wenn in der Schule Rollen und Planspiele durchgeführt werden, um Verhalten zu trainieren oder bestimmte Einstellungen und Verhaltensweisen zu brechen oder zu erwerben.

Zu 2) Das Bild von der Erziehung als Führen oder als Verhältnis von Führendem und Geführtem ist möglicherweise so alt wie die Menschheit. Es geht von der sozialen Erfahrung aus, dass es immer ältere und jüngere Menschen gibt, erfahrene und unerfahrene oder wenig erfahrene, wissende und wenig wissende oder unwissende, die in einer sozialen Beziehung zueinander stehen. Führender und Geführter stehen also in einem Führungs-Nachfolge-Verhältnis, das die soziale Relation bestimmt (Strzelewicz 1972). Der Führer kennt die Ziele und Mittel, und er weiß um sein Motiv, das einerseits darin liegt, die Gefolgsleute aus ihrer Unwissenheit im sozialen Bereich herauszuführen zu den festgelegten Zielen hin und das andererseits darin besteht, die Geführten für den größeren Zusammenhang der Gemeinschaft dienstbar zu machen.

Bilder dieser Art sind von alters her realisiert in den Führungs-Nachfolge-Verhältnissen der Truppen und Heere, in den Hierarchien von Führungskräften in Wirtschaft und Verwaltung, im Jugend- und Freizeitbereich bei den Betreuern und Pflegern, die ihre Aufgabe oft auch als Aufgabe der Führung junger Menschen interpretieren, in den Großfamilien und Familien, in denen einzelnen, meistens älteren und männlichen Mitgliedern eine Führungsrolle im Sinne einer „Autorität" zugesprochen wird und dem sich alle anderen Mitglieder unterzuordnen haben.

In der pädagogischen Literatur findet sich eine interessante Übertragung dieses Bildes auf den schulischen Bereich. Sie ist in Peter Petersens „Führungslehre des Unterrichts" (1963, 20) zu lesen. Dort skizziert er die pädagogische Situation als Grundeinheit einer Lehr- und Lernsituation, in der sich soziales mit fachlichem Lernen verschränkt. Er bestimmt die pädagogische Situation als einen „Lebenskreis" um einen „Führer". Dem Jugendführer wird nun eine entscheidende Rolle zugewiesen, nämlich die pädagogische Situation als die Grundeinheit des Lehrens und Lernens zu organisieren.

pädagogische Situation (P. Petersen)

Auch aus der Kindheit mag das Bild des Führens bekannt und tief in der Erinnerung sein: das An-der-Hand-geführt-Werden durch Vater oder Mutter, z. B. beim Lernen, Treppen zu steigen oder auf dem Mäuerchen zu gehen. In der Gegenwart erwartet ein Trainer im Sport z. B. in einem Fußballverein Führungsanspruch seiner Mannschaft gegenüber und „Ein- oder Unterordnung" von „seinen" Spielern. Die Beispiele eröffnen eine Reihe von pädagogisch interessanten Momenten:

1. In dem Bild von Erziehung als Führung wird eine soziale Beziehung oder eine soziale Relation unterstellt, an der mindestens zwei Menschen beteiligt sind. Im Regelfalle werden aber mehrere Menschen einer Führungsperson als zugeordnet gedacht.
2. Die soziale Relation ist durch eine gesellschaftliche Differenz bestimmt, die dadurch definiert ist, dass dem Führenden ein „Mehrwert" (Lückert 1970) zugesprochen wird, der sich in Inhalt und Form von Alter, von Kenntnissen und Fertigkeiten, von Rollen, Positionen und Erwartungen im sozialen Bereich ausdrückt. Demgegenüber wird bei den anderen Personen unterstellt, dass sie, altersmäßig gesehen, entweder jünger sind, hinsichtlich von Fertigkeiten und Kenntnissen noch Defizite haben, dass ihre Rollen und Positionen dementsprechend bestimmt sind und dass sich ihre Erwartungen und Einstellungen an den Erwartungen der „Alpha-Person" zu orientieren haben.
3. In Bezug auf die individuelle Lage der einzelnen Personen kann man von einer „anthropologischen Differenz" sprechen. Diese Differenz gilt insbesondere in Bezug auf das Alter, die Physis und die durch Anlage bedingten Reifungsprozesse. Sie ist unaufhebbar, aber zugleich Bedingungsfaktor jeglicher Erziehung und ihrer Theorie, auch wenn sie in der Praxis z. T. missachtet oder in der Theorie vernachlässigt wird.
4. In Bezug auf die soziale Situation der Betreffenden kann von einer „sozialen Differenz" gesprochen werden. Sie ist in vorgegebenen Rollen- und Regelsystemen eingefangen, normiert und verbindlich gemacht. So gehört es zum sozialen und gesellschaftlichen Wissen der Eltern, Ziele, Mittel und Weisen der Kindererziehung zu kennen und gemäß dem „Common Sense" ihrer Gruppe oder Schicht zu realisieren. Sie wissen, „was ein Kind gesagt bekommt", wie Bertolt Brecht das nennt (Sperr 1970, 12f). Die soziale Differenz aber ist geschichtlich-gesellschaftlich bedingt und daher veränderbar.
5. Aus dem Gesagten geht hervor, dass Erziehung als Führen auf einer gesellschaftlich bedingten und formulierten Begründung oder Legitimation basiert, auf die „Führende" oder „Erziehende" im „Ernstfall" immer wieder zurückgreifen können.

6. Erziehung als Führen beinhaltet daher dem Sinne nach, dass die Führungsperson einem Auftrag entsprechend handelt. Dieser Auftrag kann von außen gegeben, selbst gesetzt oder mit einer Gruppe vereinbart sein. Im Regelfall ist der Auftrag extern, d. h. von außen durch ein gesatztes Regelsystem, etwa durch Gesetze, Verordnungen oder Lehrpläne, vorgegeben. Dies hat zur Folge, dass in Institutionen und Organisationsformen eine Hierarchie von Positionen entsteht, in der die unterschiedlichen Verantwortungsgrade für einen Auftrag festgelegt und geregelt sind. Solche Hierarchien von Positionen findet man z. B. auch im Schulbereich: Der Schulleiter hat im Regelfall eine größere Aufsichtspflicht als etwa ein Fachbereichsleiter, ein Oberstudienrat oder ein Referendar. Daher herrscht das Weisungs- und Delegationsprinzip; dieses bedeutet, dass der jeweilige Vorgesetzte seinem Untergebenen Weisungen erteilen und Aufgaben bzw. Teilaufgaben delegieren kann. Für den jeweiligen Untergebenen hat dieses Prinzip in der Umkehrung zur Folge, dass dieser – wenn er für seine Handlungen und Tätigkeiten Rechenschaft ablegen soll oder gar zur Rechenschaft gezogen wird – sein Tun mit dem Befehl oder der Weisung seines Vorgesetzten legitimieren, also begründen und rechtfertigen kann. Dabei kann die von dem Sach- oder Personbezug der Tätigkeit völlig losgelöste Legitimation zum großen Entschuldigungsprinzip für die durchgeführten Aufträge erhoben werden, insbesondere dann, wenn festgestellt wird, dass die Aufträge auch gegen Widerstreben durchgesetzt worden sind, also wenn Macht oder Gewalt angewendet worden ist.
7. Ein weiteres Moment muss angesprochen werden, nämlich das der Stufung. Führungs-Nachfolge-Verhältnisse sind gestuft. Kennt man aus dem Bild des Ziehens den nach oben verlaufenden und ansteigenden Weg, so ist im Bild des Führens die Treppe ein mögliches Bild; denn der implizite Erziehungsauftrag lautet ja, die Zu-Erziehenden zu einem höheren Können und Grad an Wissen und Fertigkeiten sowie zu einer größeren sozialen Kompetenz und zu einem höheren Status zu führen.

Autorität

8. Aus alledem kann erkannt werden, dass im Bild der Führung die Autorität und/oder die Macht bzw. die Herrschaft oder gar die Gewalt gleichursprünglich sind bzw. sein können. Erziehung als Führung wird als ein reales Geschäft verstanden, das unter realen Bedingungen, in einer realen, gestuften und arbeitsteiligen Gesellschaft betrieben wird. Erziehung als Führung ist daher in den bestehenden Gesellschaften wohl die üblichste und verbreitetste Form der Erziehung.

Zu 3) Begriff und Vorstellung vom Regieren als Erziehung oder Teil der Erziehung haben im 17./18. Jahrhundert ihre Wurzel. Die nähere Erörterung wird zeigen, dass sich die Erziehungspraxis in der Gegenwart oft mit der Vorstellung des Regierens deckt, auch wenn der Begriff nicht mehr geläufig ist. Es war Johann Friedrich Herbart (1776–1841), der die „Regierung" der Kinder als eine notwendige Vorstufe zur „Zucht" der Kinder und diese beiden Erziehungsformen zusammen als Grundlage des „Unterrichts" angesehen hat. Seine Systematisierung besagt, dass Unterricht – also organisiertes Lehren und Lernen im heutigen Verständnis – notwendig die Zucht der Kinder bzw. Schüler einschließt. Schüler müssen die Fähigkeit erwerben, sich ordentlich, anständig und aufmerksam zu verhalten und dem Unterricht interessiert zu folgen, kurzum, „freiwillig" zu lernen. Zucht, als die „eigentliche" Erziehung, wirkt somit auf den sittlichen Kern des Subjekts, auf Motivation und Wille.

Im Bild der Erziehung als Regierung und Zucht wird eine große Stufenleiter unterstellt, nach der sich die Gesellschaft formiert. So wie der König, z. B. der aufgeklärte Herrscher Friedrich II., sein Land regiert, so regieren in der großen Stufenfolge auch die Heerführer ihre Offiziere, die Offiziere ihre Mannschaften, die Beamten ihre Klientel, die Eltern ihre Kinder, die Lehrer ihre Schüler. Ein sozialer Kosmos von Gott über den König, von diesem zu den Untertanen, von den Erwachsenen zu ihren Kindern produziert die Vorstellung von der Erziehung als „Unterwerfung mit Leib und Seele". Diese Vorstellung ist konkret bei August Herrmann Francke (1663–1727) zu finden, der als evangelischer Theologe Erziehungsheime, die so genannten „Anstalten", in Halle errichtet hatte.

Auch wenn dieses Bild nicht immer in der Geschichte der Erziehung anzutreffen ist, wird dennoch der darin transportierte Sinn von Erziehung immer wieder reproduziert; sogar in der Gegenwart. Erziehung als Unterwerfung der Kinder unter den Willen der Eltern ist z. B. dort zu beobachten, wo Eltern ihren drei- bis vierjährigen Kindern im so genannten Trotzalter den „Eigenwillen" brechen; oder wenn sie dem Entdeckungsdrang ihrer Kinder hilflos und ohne „positive" Sensibilität gegenüberstehen und in ihrer Ratlosigkeit zu Mitteln greifen, die an physische und psychische Gewaltanwendung erinnern. Das In-die-Ecke-Stellen, der Liebesentzug, das Aussperren aus dem sozialen Handlungsraum, dies alles sind Methoden und Mittel, die auch heute noch anzutreffen sind (Horn 1967).

negative Anthropologie

Besonders auffällig an diesem Bild von Erziehung ist die negative Anthropologie des Kindes. Das Kind wird als ein Lebewesen angesehen, das noch roh und ungeschliffen ist – das Bild des zu schleifenden Edelsteins oder Soldaten als Aufgabe zur Verbesserung der Qualität kommt hier in den Sinn. Man kann auch an das Bild des „Zucht- und Schulmeisters" denken, wie es uns vom Mittelalter an bis in die Moderne überliefert ist (Alt 1960–1965). Auf diesen Bildern sieht man den Schulmeister auf einem Katheder über „seinen Zöglingen" thronen, die Schlagrute als sein „Standeszeichen" in der einen Hand haltend. In einer Vielfalt von ähnlichen Bildern, die auch noch die deutsche Gegenwartssprache beherrschen und die damit auch das Denken und Handeln mitbestimmen, ist die Vorstellung von Erziehung als Regierung und Zucht realisiert.

Jean Jacques Rousseau

Zu 4) In dem Bild von der Erziehung als Wachsenlassen wird das Kind als ein Geschenk der Natur oder Gottes beschrieben, das einer guten Pflanze gleicht. Die gute Pflanze entwickelt sich sozusagen aus sich selbst, aber durch die behutsame Versorgung, Pflege und Unterstützung durch gute Menschen und eine natürliche, d. h. gute Umgebung. Das Bild findet seine rationale Ausgestaltung in der Aufklärung. Jean Jacques Rousseau (1712–1778) hat das Zentrum des Bildes auf den Punkt gebracht. In seinem Werk „Emile oder über die Erziehung" (1762) beginnt er das erste Buch mit dem Satz: „Alles ist gut, was aus der Hand des Schöpfers kommt, alles entartet unter der Hand des Menschen." An späterer Stelle heißt es in Bezug auf die Erziehung, dass alles, was das Menschenkind braucht, um erwachsen zu werden, aus drei grundlegenden Quellen stammt: aus der Natur, von den Menschen und von den Dingen. Er fordert, dass die Erzieher ihre Tätigkeiten primär an der Natur ausrichten und dass die Grundlage aller Erziehung die Beförderung der inneren Entwicklungen, der Organe und Fähigkeiten des Kindes sei und dass Erziehung daher von Anbeginn an auf die Äußerungen und Bedürfnisse oder auf „die Natur" des Kindes zu blicken habe und sich von dieser leiten lassen müsse. Bereits im ersten Buch des „Emile" stellt er sich daher die entscheidende Frage und gibt zugleich die zentrale Antwort „Was haben wir zu tun, um diesen seltenen Menschen heranzubilden? Zweifellos viel, nämlich verhüten, dass etwas getan wird" (Rousseau 1963, 115).

negative Erziehung

Diese Formel, die in der pädagogischen Literatur als „negative Erziehung" bezeichnet wird, fordert vom Erzieher, dass dieser ein kluges und lernbegünstigendes Arrangement zwischen Kind und Natur, Kind und Mensch sowie Kind und Sache zu bewerkstelligen hat. Dabei wird unterstellt, dass auf diese Weise die Naturkräfte im Kind hervorgelockt und gestärkt werden. Es ist also das Vertrauen auf die Naturkraft des Kindes, auf die sich die negative Erziehung gründet.

Gegenüber den vorgenannten Bildern erfährt die Rolle des Erziehers und Lehrers eine entscheidende Wendung. Erzieher und Lehrer werden nicht mehr als Führer, Ziehende und Regierende gesehen oder als diejenigen, die die Kinder ein- und anpassen müssen, sondern als jene, die durch ein kluges Arrangement die Kräfte und Motive sowie den Willen in den Kindern wecken, sich der eigenen Vernunft zu bedienen (Kant) und die Welt zu entdecken. Erziehung als Wachsenlassen ist daher ein Bild, das den Erzieher in seine vornehmsten Funktionen hineinruft, in das Arrangieren guter Lernsituationen, das Beraten, Unterstützen und Helfen. Er muss daher nicht nur fachliche Qualitäten, sondern auch moralische Kompetenzen besitzen; er muss vor allem selbst von der Idee einer Erziehung des Wachsenlassens überzeugt sein.

Von Rousseau an hat dieses Bild die pädagogische Praxis immer wieder angeregt, insbesondere die Pädagogen in der „Deutschen Reformpädagogik" der 1920er Jahre (Flitner/Kudritzki 1995), die „Antipädagogik" (von Braunmühl 1975) oder die „Antiautoritäre Erziehungsbewegung" der 1960er Jahre (Kron 1973). Dieses Bild hat aber auch nachdrücklich das anthropologische Verständnis im Erziehungsbereich beeinflusst, insbesondere in der Familien-, Kindergarten- und Vorschulerziehung. So kann dort beobachtet werden, dass sich die Auffassung von dem Kind positiv entwickelt hat, dass Eltern, Erzieherinnen und Vorschulerzieher ihren Kindern mehr zutrauen und in ihnen nicht mehr allein kleine Erwachsene sehen, sondern eigenständige, selbstständige Wesen, die von sich aus ein Recht auf Mitsprache in der gemeinsamen Lebensgestaltung und in den Erziehungs- und Unterrichtsprozessen haben.

Pädagogik vom Kinde aus

Auf zwei Pädagoginnen muss allerdings noch hingewiesen werden, die zu Beginn des 20. Jahrhunderts das Bild von der Erziehung als Förderung des „natürlichen" Entwicklungsprozesses der Kinder in die Praxis umgesetzt haben: E. Key u. M. Montessori. Die Schwedin E. Key hat mit ihren Publikationen maßgeblich dazu beigetragen, dass die so genannte „Pädagogik vom Kinde aus" gesellschaftspolitisch wirksam geworden ist. Die Italienerin M. Montessori hat mit der Einrichtung der „Casa dei bambini" gezeigt, dass Kinder in einer pädagogisch „vorbereiteten Umgebung" zu eigenständigem Denken und Handeln angeregt werden.

Zu 5) Das Bild von der Erziehung als Anpassung ist insbesondere in der Moderne zu beobachten. Es kommt im Gewande psychologischer und soziologischer

Theorien in die Alltagsvorstellungen von Erziehung, aber auch in die pädagogische Theorienbildung sowie in die erziehungswissenschaftliche Forschung hinein. Da sind u. a. die psychologischen Lerntheorien zu nennen, die sich z. B. in der Position des Behaviorismus gründen (Kap. 3.2).

Im Horizont dieser Lerntheorie kann Erziehung als Einflussnahme auf das Verhalten oder als Einflussnahme auf die psychischen Dispositionen der Educanden verstanden werden.

Erziehung dient in diesem Sinne der Anpassung der Einzelnen an die gegebenen gesellschaftlichen Normen, Wertvorstellungen, Einstellungen und Rollen. Dabei werden die Normen selbst nicht mehr hinterfragt. Auch im Erziehungsprozess selbst erhält der Educandus kaum die Chance, die impliziten Regeln, die das Verhalten bestimmen, zu befragen, auch wenn dies in der Erziehungspraxis versucht wird (Tausch/Tausch 1968 u. 1998).

Auch von der soziologischen Seite sind Theorien zu nennen, die in ähnlicher Weise wie die psychologischen das Alltags- und Wissenschaftsdenken beeinflusst haben (Kap. 3.3). Es handelt sich dabei z. B. um jene Rollentheorien, die sich um den strukturfunktionalistischen Ansatz scharen. Erziehung im Horizont dieser Theorie und der damit verbundenen psychoanalytischen Lerntheorie kann als Teil und Verstärkung eines Sozialisationsprozesses verstanden werden, der sich als Anpassung des Individuums an bestehende Verhältnisse begreift. Das funktionale Zusammenwirken der Akteure aufgrund der definierten Rollenbeziehungen und die internalisierten Verhaltensnormen, die den Beziehungen Stabilität und Dauerhaftigkeit verleihen, garantieren eine systemimmanente Erziehung.

> Der Vater, der von seinem Sohn erwartet, dass er am Mittagstisch von der Schule erzählt, setzt bei seinem Sohn die Einstellung voraus, dass dieser um die Erwartung des Vaters weiß und entsprechend aus der Schule erzählt. Sind die Erwartungen des Vaters mit den Einstellungen des Sohnes komplementär, dann wird dieses Rollenspiel „klappen", d. h., das soziale System am Mittagstisch als Teilsystem des familialen Systems wird funktionieren. Nun kann es aber sein, dass der Sohn das alltägliche Szenarium am Mittagstisch als ein Ritual empfindet, dem er sich ausgesetzt sieht und das er als unterdrückend und frustrierend empfindet, weil es von ihm erzwungen wird. Er sieht keinen fruchtbaren Ausweg, um eine sinnvolle und lockere Konversation zu führen, und fügt sich. Seine eigenen Intentionen werden gebrochen und unterdrückt. So kann er dieses mittägliche funktionale Zusammenspiel der Rollen nur um den Preis des Konflikts mit seinem Vater aufbrechen.

Eine Erziehungspraxis und Theorie, die sich jahrhundertelang allerdings im Horizont der Bilder des Regierens, Ziehens und Führens entwickelt hat, wird auch den Konflikt zugunsten der Funktionalität des sozialen Systems lösen. Der Vater kann also seine Autorität einsetzen und dem Sohn befehlen, weiterzuerzählen. Er kann den Konflikt aber auch zum Anlass nehmen, auf die Vorstellungen seines Sohnes einzugehen.

An dem Beispiel kann deutlich werden, dass Erziehung als Anpassung über die Erzwingung von Rollenkomplementarität realisiert und wissenschaftlich begründet werden kann und dabei ebenso wirksam funktioniert wie die behavioristisch begründete Verhaltensbeeinflussung.

Liegen den vorher erörterten Bildern und Vorstellungen von Erziehung eher gesellschaftliche Erfahrungen zugrunde, so werden im Bilde der Erziehung als Anpassung zum ersten Mal wissenschaftliche Theorien konstitutiv. Daraus kann man erkennen, dass auch wissenschaftliche Theorien in das Alltagshandeln und -denken aufgenommen und in Bilder umgesetzt werden, mit deren Hilfe Erziehungshandeln interpretiert wird. Dieser Vorgang kann als durchaus aufklärerisch bezeichnet werden. Er birgt jedoch auch die Gefahr, dass die Theorien nur verkürzt in die Alltagswelt gelangen und aus diesem Grund eher restriktiv als aufklärerisch genutzt werden, indem sie der Anpassung und nicht der Reflexion dienen.

Humanität als Grundidee

Zu 6) Das Bild von der Erziehung als Lebenshilfe oder als Hilfe zur Selbsthilfe geht vom konkreten Menschen in seiner „Individuallage" (Pestalozzi), genauer von den Phänomenen seiner Hilflosigkeit, Gefangenheit in einer Krise oder Bedürftigkeit aus und nicht von der Ordnung des Systems wie z. B. im vorgenannten Bild der Erziehung als Anpassung. Hierbei wird ein Verständnis vom Menschen unterstellt, dass nämlich Kinder, Kranke, Behinderte keine „Halbmenschen" oder „Untermenschen" sind und daher einer „Sonderbehandlung" bedürfen, sondern dass diese Menschen als eine positive Aufgabe begriffen werden können. Die Geschichte der Kirchen zeigt hierbei nicht gerade eine Unterstützung, wenn es auch immer wieder Einzelne gab, die ihre pädagogischen Maßnahmen und Einrichtungen von Not des einzelnen Kindes her verstanden haben, wie z. B. Friedrich von Bodelschwingh (1831–1910), Giovanni Don Bosco (1815–1888) oder Father Flanagan (1886–1948). Es bedurfte der Renaissance und der Aufklärung in Verbindung mit christlicher Glaubenstradition, eine allgemein-gesellschaftliche Vorstellung zu entwickeln, dass Kinder, Kranke, Behinderte, Nicht-Ansässige, Menschen anderer Religion, Hautfarbe und Rasse der Lebenshilfe bzw. der Hilfe zur Selbsthilfe innerhalb der jeweils vorgegebenen Gesellschaft, ihrer Untergruppen und den allgemein geltenden Moralen, Regeln und Normen bedürfen. Hinter diesem Bild verbirgt sich die Grundidee der Humanität, wie sie auch 1948 in der „Allgemeinen Erklärung der Menschenrechte" für alle Menschen, Gesellschaften und Staaten festgeschrieben ist.

Johann Heinrich Pestalozzi

Johann Heinrich Pestalozzi (1746–1827) hat sie zum ersten Mal anschaulich in der pädagogischen Welt praktiziert und beschrieben. In seinem berühmten „Stanser Brief" von 1799 beschreibt Pestalozzi, wie er verwahrloste und herumstreunende Kinder gesammelt hat, um ihnen zu helfen. Seine pädagogisch orientierte Hilfe setzte dabei an den täglichen Bedürfnissen der Kinder an, z. B. an ihren Verletzungen, die er versorgt, an den Ängsten, in denen er die Kinder tröstet, an ihrer Trauer über den Tod ihrer Eltern, die er durch den Einsatz seiner ganzen Person zu lindern trachtet. Die Idee einer reinen Menschenerziehung, wie er sie in der Familienerziehung begründet sieht und auch beschrieben hat (Pestalozzi 1947), versucht er auf diese Weise auch in der öffentlichen Erziehung, also in Schule und in sozialpädagogischen Bereichen, zu realisieren. Infolgedessen ist er der Meinung, dass öffentliche Erziehung die Familienerziehung nachzuahmen habe.

Erziehung als Lebenshilfe setzt bei den Nahbedürfnissen der Kinder an, d. h., sie greift die negativen und positiven Erfahrungen der Kinder auf und bezieht ihre kognitiven, affektiven, sensomotorischen, motivationalen und moralischen Bewegungen und Anschauungen mit ein. Vor allem stellt sich der Erzieher nicht über die Kinder, sondern neben sie und in ihre Probleme hinein. Er lernt, mit den Augen der Kinder oder in deren Perspektive zu sehen. Nur dadurch findet er mit den Kindern zusammen auch Lösungen und neue Wege, die die Kinder mehr und mehr selbstständig gehen lassen.

So geht Erziehung als Lebenshilfe zwar von negativen Problemfeldern der Kinder, nicht aber von einer negativen Anthropologie aus. Sie nimmt die Negativsituation der Kinder zum Anlass für ihre Überwindung. Gerade die Problemsituation der Kinder macht die Offenheit der Erziehungssituation aus. Daher erfordert sie zunächst einmal das Hinhören auf die Probleme der Kinder, das Erkennen derselben und das gemeinsame Reden, Nachdenken und Festlegen neuer Regeln. Pestalozzi freut sich daher auch über jeden positiven Schritt, den die Kinder machen, und er baut seine Erziehungshilfen auf diesen positiven Schritten auf. Dabei entwickelt und verstärkt sich in ihm auch seine positive Anthropologie vom Kinde und vom Menschen.

positive Anthropologie

Daraus ergeben sich folgende Schlussfolgerungen:

- Jede Epoche, Kultur und Gesellschaft hat ihre Bilder von der Erziehung. In modernen, interkulturellen Gesellschaften führen die unterschiedlichen Bilder von Erziehung immer wieder zu Konflikten, z. B. in Familien, Kindertagesstätten, Schulen, die der Lösung bedürfen.
- Alle Bilder beruhen auf Wert- und Normvorstellungen, die in der Gesellschaft entweder konsensfähig oder allgemein üblich sind, d. h. gelten. Darauf weisen die impliziten Anthropologien ebenso hin wie die vorgetragenen Ziele, Mittel und Wege der Erziehung. Die Bilder haben also eine normative Funktion in der Gesellschaft, in den Sozialisations- und Erziehungsprozessen sowie im Bewusstsein der Individuen.
- Die Bilder können auch als „Gleichnisse" bezeichnet werden, d. h. als Bilder aus dem Alltag oder aus sozialen Kulturbereichen, mit denen das „Wesen des erzieherischen Tuns schnell und eindrucksvoll vor das innere Auge" (Litt 1972, 81) gestellt werden kann: das Aufziehen von Pflanzen und Tieren, das Führen des Heeres, das Regieren der Untertanen oder des Staates, das Wachsenlassen und Beschneiden der Bäume, die Anpassung jedweden Materials an die vorgegebene Form oder das Modell. Das Modell der Lebenshilfe fällt hier aus der Reihe.

Pädagogik als erklärende und verstehende Sozialwissenschaft kann ihre Theorie nicht auf Bilder und Gleichnisse aufbauen. Sie kommt aber nicht umhin, die Flut der Bilder und die auf diesen aufruhenden Alltagstheorien zu sehen und darzustellen.

4.1.2 Anthropologie als Voraussetzung pädagogischer Reflexion über Erziehung

In der pädagogischen Literatur werden anthropologische Fragestellungen üblicherweise in einem eigenen Kapitel abgehandelt. Dabei wird ihnen eine grundlegende Legitimationsfunktion für die Pädagogik zugespielt; Anthropologie oder im engeren Sinn pädagogische Anthropologie sammelt und systematisiert jene

Forschungserträge, auf deren Grundlage ein Bild vom Menschen entwickelt werden kann, das für die Erziehung und ihre Theorie eine konstitutive Bedeutung hat.

Wo dies geschieht, wird im Regelfall auch nach der „Bildsamkeit und Bestimmung" des Menschen (Roth 1971) sowie im Anschluss daran nach der Erziehungsbedürftigkeit und Erziehungsfähigkeit und nach der Bildsamkeit des Menschenkindes (Roth 1971 u. 1976) gefragt. Pädagogische Problemstellungen werden dann von den auf anthropologischem Gebiet gegebenen Antworten her entwickelt oder von diesen deduziert, d. h. abgeleitet.

Die Spannbreite solcher anthropologischer Grunddarstellungen reicht von biologistischen und nativistischen Ansätzen bis hin zu philosophisch und religiös begründeten Auffassungen vom Menschen (Nosbüsch 1977), gleichviel ob solche Anthropologien als Grundlagen der Pädagogik in Monografien (Zdarzil 1972; Gerner 1974; Lassahn 1983) oder Sammelwerken (Roth 1971 u. 1976; Höltershinken 1976; Becker 1977) vorgestellt werden. Demgegenüber wird im Horizont der in diesem Buch vertretenen Auffassung von Pädagogik als verstehender und erklärender Sozialwissenschaft die anthropologische Fragestellung durchgängig in allen Themenbereichen und Forschungen gesehen.

Damit wird über die Position Roths hinausgewiesen, der in seinem Sammelwerk (1971 u. 1976) noch für eine eigenständige „pädagogische Anthropologie" plädiert und diese als eine empirisch begründete und die philosophische Denktradition nicht vernachlässigende „Integrationswissenschaft" (1966) bezeichnet hat.

Die Position von Roth eröffnet darüber hinaus, dass in der pädagogischen Anthropologie nicht primär wie in den Sozialisationstheorien danach gefragt wird, wie es der Gesellschaft gelingt, die Heranwachsenden gesellschaftlich handlungsfähig zu machen, sondern danach, in welcher Situation sich der konkrete Heranwachsende in seiner körperlichen, geistigen und seelischen Entwicklung befindet und wie diese Entwicklung gefördert und Fehlentwicklungen vermieden werden können (Kap. 2.9). Das erkenntnisleitende Interesse richtet sich also auf den einzelnen Menschen in seiner Individualität und unverwechselbaren Einmaligkeit.

Diese Blick- und Interessenswendung hat Folgen für pädagogische Forschung, Theorienbildung und die Entwicklung von Handlungskonzepten. Nicht allein empirische quantitative und qualitative Verfahren der Sozialforschung werden – wie in der Sozialisationsforschung – angewendet, sondern auch phänomenologische und existenzial-hermeneutische Studien, die die Face-to-face-Beziehung in den Mittelpunkt rücken. Darin sind auch unmittelbare Begegnungen und Interaktionen eingeschlossen. Der Ausgang von Kindern und die Begegnung mit den Kindern werden damit zum Thema. Und mit diesen Interessen kommen die Fragen nach dem Wesen des Kindes auf, nach seiner individuellen Entwicklung und den individuellen Voraussetzungen für diese Entwicklung, seinem Lernen, seinen Leiden und seinen Ängsten. Diese Phänomene liegen der Erziehung – anthropologisch gesehen – voraus, gleichviel ob diese ausdrücklich gemacht werden oder nicht. Erziehung nimmt von diesen ihren Ausgang.

Aus der Fülle der Literatur, die zu einer anthropologischen Begründung pädagogischer Reflexion herangezogen wird, ragen die Forschungen von A. Portmann in besonderer Weise heraus. Sie werden im Folgenden skizziert. Portmanns Argumentationszusammenhang beruht auf einer Fülle empirischer Forschungsdaten aus der vergleichenden biologischen Anthropologie und Biologie, insbesondere auf Vergleichen der Physiologie von Mensch und Tier.

Portmanns zentrale Schlussfolgerung aus dem empirischen Material lautet, dass der Mensch „eine physiologische Frühgeburt" sei. Darunter versteht er, dass ein Menschenbaby im Unterschied zu den Tieren – und zwar zu den zwei Grundarten von Tieren, den Nesthockern einerseits und den Nestflüchtern andererseits – ungefähr ein Jahr zu früh zur Welt kommt. Dieses Ein-Jahr-zu-früh-zur-Welt-Kommen ist aber als die spezifische Entwicklungsbasis für das Menschenbaby anzusehen. Das erste Lebensjahr nennt Portmann demnach auch „extra-uterines Frühjahr". Dies bedeutet: 1. den aufrechten Gang zu erwerben, 2. die Sprache zu erlernen und 3. in Freiheit zu handeln, d. h. an der Konstitution der Umwelt mit tätig zu werden.

physiologische Frühgeburt

> „Wer die menschliche Eigenart tiefer erfassen will, muß unseren Geburtszustand sehr sorgsam prüfen. Vor allem muß er unseren Neugeborenen mit den Frühformen der anderen Tiere vergleichen. Schon ein erster Überblick zeigt zwei Gestalten, die sich immer wieder finden. Einmal gibt es weitentwickelte Geburtszustände wie etwa das junge Kücken oder eben geschlüpfte Enten, das Füllen oder das Hirschkalb. Wir können diese Nestflüchter nennen, wie wir das von den Vögeln her gewohnt sind. Aber alle kennen auch das Gegenstück, den Nesthocker, junge Amseln oder Spatzen etwa, junge Mäuse oder neugeborene Katzen. Niemand wird zögern, den Menschen in diese zweite Gruppe der hilflosen Nesthocker einzureihen. Sehen wir aber etwas sorgfältiger zu, dann stimmt schon etwas recht auffälliges nicht: Alle Vögel oder Säuger, die Nesthocker sind, haben bei der Geburt verschlossene Augen und ebenso ist der Gehörgang, das Ohr, verschlossen. Der neugeborene Mensch kommt aber mit offenen Augen und Ohren zur Welt" (Portmann 1964, 9).

Portmann nimmt dieses biologische Detail zum Anlass, um nachzuweisen, dass im Unterschied zum Nesthocker, der noch einen Augenschluss und einen Gehörgangverschluss hat, das Menschenbaby mit offenen Augen und Ohren zur Welt kommt. Streng genommen ist das Baby also – biologisch betrachtet – ein „Quasi-Nestflüchter", kommt es doch im Regelfalle nach neun Monaten zur Welt und müsste daher – gemessen an der Fähigkeit der Nestflüchter – bereits laufen können, also Dispositionen zeigen, die etwa Lorenz an dem Prägevorgang der Graugans so treffend vorgeführt hat.

Das Menschenkind verbringt somit eine weitaus kürzere Zeit als die Nestflüchter im Mutterleib. Es wird aber auch viel früher geboren, als es im Vergleich zu den Tieren bei den Nesthockern der Fall ist. Dieses merkwürdige Phänomen konnte erst 1942 sinnvoll eingeordnet werden.

> „Wir erkennen jetzt, daß unser Wachstum so lange embryonal ist, als die für ein höheres Säugetier kennzeichnende Entwicklung im Mutterleibe bei uns dauern würde, wenn wir nichts anderes als echte Säuger wären. Wäre der Mensch das Vollsäugetier, das wir eben konstruiert haben, dann müßte die Schwangerschaft etwa 20–21 Monate lang dauern. Wir wissen alle, daß sie nur 280 Tage währt. In dieser Tatsache begegnet uns eine der wichtigsten Eigenarten

unserer menschlichen Entwicklung. Wir überschreiten im Mutterkörper den Zustand niedrigster Säuger, den des Nesthockers. Wir bilden uns weiter aus auf dem Weg zum Nestflüchter. Auf diesem Weg aber tritt beim Menschen das ein, was ihn von allen höchsten Säugern unterscheidet: eine verfrühte Geburt. Unser Geburtszustand ist ein vom Nestflüchterwege abgebogener; wir wollen ihn deshalb als den sekundären Nesthocker bezeichnen; dieses Wort nennt eine unter allen Säugern einzigartige Entwicklungsweise" (Portmann 1964, 14).

Portmann argumentiert weiter, dass der Mensch in eine vom Menschen ausgelegte kulturelle Welt hineingeboren wird, die durch vielerlei Institutionen und Organisationsformen ausgelegt ist. Für Portmann ist die menschliche kulturelle Umwelt ein großartiges Anregungspotenzial, in das das Baby hineingeboren wird, insofern nämlich die einzelnen Gesellschaften Erziehungs- und Pflegeinstitutionen für das Baby erfunden und eingerichtet haben und nicht zuletzt spezielle Personen bestimmen und sogar ausbilden, die sich dem Kind im ersten Lebensjahr und den folgenden Jahren besonders annehmen. An erster Stelle ist hier die Institution der Familie zu nennen. Die menschliche Welt ist daher sozusagen auf die Interaktion mit dem Baby angelegt und regt als solche schon durch die Tatsache ihres Bestehens das Kind zur Interaktion an. Und in dieses Angebot eingreifend ist das Kind durch seine physiologische Frühgeburt auf Interaktion – dispositionell gesehen durch spontane Regungen und seine immense Lernfähigkeit – angelegt. Jede seiner Bewegungen – von den ersten Saugbewegungen angefangen – ruft Interaktion mit der primären Bezugsperson bzw. mit dem sozialen Kontext hervor.

> „Das höhere Tier reift in allen Eigenheiten der Gestalt des Verhaltens in seiner ganzen Weltbeziehung weitgehend im Mutterkörper heran. Erblich festgelegte Strukturen formen das gesamte Verhalten in feste Bahnen. Mag auch in der nachembryonalen Periode der Entwicklung noch manches dem Einfluss der Umwelt überlassen bleiben, die Körperhaltung ist doch völlig ausgeformt, die Bewegungsweise bereits fixiert, und der Umfang des Welterlebens ist festgelegt. Völlig anders beim Menschen! Unsere Sozialsphäre braucht eine Sprache; aber wir werden mit dieser Sprache nicht geboren, sondern nur mit einem Drang zum Sprechen. Die Lautgebilde selber, die Worte und ihren Sinn müssen wir im Sozialkontakt erlernen. Wir müssen beides aus der Überlieferung der Gruppe entnehmen. Die Gesellschaft, die Gruppe ist ein obligatorisches Glied dieses Spracherwerbs.
>
> Unsere Körperhaltung ist aufrecht; aber wir kommen nicht aufrecht zur Welt. Angeregt von der Umgebung, ermuntert und geführt von der Familie, der Gruppe lernen wir unsere menschliche Haltung. Auch die Körperhaltung des Menschen ist in hohem Grade ein sozial bedingtes Phänomen.
>
> Unser menschliches Wesen ist weltoffen; unsere Interessen können sich beliebigen Dingen zuwenden, d. h. aber, daß unsere ganze Erfahrung der Welt von anderen uns übergeben werden muß, daß wir durch die Tradition der Gruppe in die Weltbeziehung dieser Menschengruppe hineinwachsen, auch die Entwicklung unserer Verhaltensweise ist sozial bestimmt" (Portmann 1964, 14f).

Portmanns anthropologische Erkenntnisse werden hinsichtlich ihrer Bedeutung für die Sozialisationstheorie in besonderer Weise von Griese (1976) und Aselmeier (1973 u. 1974a u. b) erörtert. Dabei ist von Bedeutung, dass Aselmeier die Erkenntnis der biologischen Anthropologie in vier Kategorien formuliert, die für eine pädagogische Betrachtung von Bedeutung sein können: Umwelt, anatomisch-physiologische Basis, Individualität und Sozialität. Damit will Aselmeier deutlich machen, dass die Umwelt, in die das Kind hineingeboren wird, bereits eine typisch menschliche ist, die sogar auf das Kind eingerichtet ist, wie z. B. die Sozialisationsagentur Familie. Des Weiteren wird deutlich gemacht, dass die anatomisch-physiologische Basis des Babys eine in spezifischer Weise auf die menschliche Umwelt „disponierte" ist und sich mit dieser in den Interaktionen sozusagen „verzahnt".

Die Erörterungen der Untersuchungsergebnisse von Portmann geben der pädagogischen Diskussion eine positive anthropologische Wendung. Das Kind wird nicht als Mängelwesen, sondern als ein Lernwesen verstanden. Die Lernfähigkeit als empirische Kategorie wird damit neben die interpretativ-spekulative Kategorie der Erziehungsbedürftigkeit gestellt. Das Kind wird als ein Wesen gesehen, das von Anfang an lernfähig ist, das offen in dieser Welt steht und auf das sich die Erzieher und primären Bezugspersonen freudig einlassen können, weil sie seine Lernfähigkeit konkret und tagtäglich erfahren können.

Lernfähigkeit

4.2 Modellvorstellung: Funktionale-intentionale Erziehung

Das Begriffspaar funktionale-intentionale Erziehung findet sich in fast allen klassischen Lehrbüchern der Pädagogik, und es scheint zum Grundwissen eines jeden Pädagogen zu gehören. Es suggeriert Klarheit und Eindeutigkeit. Dabei trifft man in der pädagogischen Literatur immer wieder auf den Hinweis, dass die Doppelbezeichnung auf Ernst Krieck (1882–1947) zurückgehe. Nur wenig wird jedoch über den geschichtlich-gesellschaftlichen Entstehungszusammenhang und fast nichts über den historisch-systematischen Gebrauch der begrifflichen Doppelbezeichnung in Geschichte und Gegenwart gesagt. Daher soll im Folgenden das Begriffspaar auch in diesen Dimensionen vorgestellt werden.

4.2.1 Die klassische Auffassung

Eine erste Information gibt folgende Auskunft: Unter „funktionaler Erziehung" versteht man „den absichtslosen Einfluss der Verhältnisse und das Geflecht sozialer Interaktionen"; demgegenüber sind „nur von erklärter Erziehungsabsicht geleitete Akte" als „intentionale Erziehung" zu bezeichnen (Wörterbuch der Pädagogik 2000). In die gleiche Richtung, aber etwas ausführlicher, wird von Hans Netzer (1972) argumentiert. In Bezug auf die funktionale Erziehung sagt er,

> „daß von Sitten und Traditionen, von der schlicht und unaufdringlich wirkenden Atmosphäre menschlicher Gemeinschaftszusammenhänge in stärkstem Maß entwicklungsbestimmende Einflüsse ausgehen. Es kann keinem Zweifel unterliegen, daß ein Kind schon durch das einfache So-sein der Eltern und durch das bloße Dabei-sein bei deren Lebensbewältigung und Lebensbewegung meist weit nachhaltiger geformt wird als durch ausdrückliche Erziehungsakte, die

hiergegen vergleichsweise selten erfolgen und dann möglicherweise auch noch fehlerhaft sind. Dazu kommt die große Zahl jener prägenden Lebenseinflüsse, die von Theater, Film und der Presse jeder Art ausgehen, für den jungen Menschen auch von der ‚Straße' und von den vielen anderen sog. ‚geheimen Miterziehern', gegen deren Einfluß die bewußte Erziehung oft machtlos ist. Wenn wir also die Wirkungsbreite zum Maßstab nehmen, scheint der weitere Erziehungsbegriff, der zusammen mit den intentionalen auch alle diese funktionalen Elemente in sich enthält, der allein angemessene zu sein" (Netzer 1972, 17).

Die Trennung in funktionale und intentionale Erziehung soll zwei erzieherisch relevante und in gegenseitiger Abhängigkeit stehende aber unterschiedliche Einflusssphären auf die junge Generation bzw. den Educanden kennzeichnen:

1. Auf Seiten der funktionalen Erziehung sind gesellschaftlich wirksame Faktoren zu nennen, wie z. B. Medien aller Art, Illustrierte, Zeitung, Buch, Film, Fernsehen und Video, oder die sozialen Normen und Regeln, wie sie u. a. im Sport wirksam werden, d. h. Einfluss auf die Personwerdung, die Welt- und Selbstinterpretation oder das Dispositionsgefüge haben. Die in diesem Prozess der funktionalen Erziehung unterstellten „Intentionen" sind auf den ersten Blick nicht als „erzieherische" Intentionen zu erkennen. Sie sind in den verschiedenen Einflusssphären z. B. einer Fernsehsendung oder von darin agierenden Personen, z. B. dem Trainer in einer Sportsendung, nicht ausdrücklich zur Förderung der Persönlichkeitsentwicklung eines oder mehrerer junger Menschen „gemeint" und auch dementsprechend nicht erzieherisch-intentional eingesetzt. Der Mehrzahl der Einflusssphären kann auch keine planvolle und/oder „bewusste" Einflussnahme unterstellt werden. Pädagogische Absicht (Intention) und Planmäßigkeit der erzieherischen Tätigkeit werden im Regelfall also nicht angenommen. Ihnen wird aber eine erzieherisch bedeutsame Wirkung zugeschrieben. In der Gegenwart ist der Begriff vom Sozialisationsbegriff mit seinem höheren Erklärungswert abgelöst.

2. Demgegenüber rückt in der intentionalen Erziehung die Face-to-face-Beziehung in das Zentrum der Betrachtung. Der Erzieher nimmt bewusst und absichtlich – gleichsam in einem Erziehungsakt – Einfluss auf den Educanden. Er betätigt sich in der ausdrücklichen Absicht oder „Intention auf Wesensgestaltung sich entwickelnder Menschen" (Netzer 1972, 17).

Diese ausdrückliche intentionale Erziehung trägt daher eine zweifache Grundbestimmung, die der funktionalen Erziehung nicht zugesprochen werden kann:

„a) Ihr Grundverhältnis ist die Begegnung zwischen einem Erzieher und einem Zögling …
b) Erziehung ist immer ein Tun in Verantwortung" (Netzer 1972, 17f).

Und in Erweiterung der Abgrenzung zur funktionalen Erziehung kann eine Reihe weiterer Kriterien für die intentionale Erziehung ins Feld geführt werden (Esterhues 1962, 94f):

1. die „Erziehungsautorität" und ihr Auftrag,
2. die „Intentionen", z. B. „das Hineinstellen in die Ordnungen, auf das Gute also",
3. durch die „Rücksicht auf das Kind, sein Alter, seine Individualität usw." und
4. durch die bewusst „positive" Valenz der intendierten Normen und Wertvorstellungen".

Wie aus der näheren Bestimmung der intentionalen Erziehung unschwer zu ersehen ist, wird ihr die herausragende Bedeutung zugeschrieben. Dabei wird unterstellt, dass intentionale Erziehung immer zum Guten des Kindes gereiche und daher als positiv anzusehen und dementsprechend auch „theoretisch" einzustufen sei. Die Unterstellung der stets „guten" Absichten, die die Erzieher mit ihren „Zöglingen" haben, ist eine Norm, deren Geltung – ohne nähere Beweisführung – verallgemeinert wird. Von ihr her werden alle weiteren Handlungsnormen abgeleitet und begründet. Sie muss daher dann als Ideologie angesehen werden, wenn sie nicht mehr hinterfragt oder ausdrücklich gemacht wird. Aus diesem Grund bemühen sich auch viele Autoren um Rechtfertigungen dieser Unterstellung, d. h. um das Herausarbeiten von Beziehungen zwischen Erziehung und von ihr übergeordneten Werten, wie die Zitate zeigen, z. B. die Autorität, die Verantwortung, die Ordnung, das Gute, die Rücksicht auf spezifisch kindliche Wesensmerkmale, das Wesen selbst (was immer es auch sei!), die positive Valenz der Normen und Wertvorstellungen. Dabei wird vorausgesetzt, dass diese Werte allgemein – gesellschaftlich gesehen – akzeptiert und verbindlich und daher auch für die Erziehung maßgeblich sind. Diese Unterstellung ist durch die empirische Sozialforschung zur Interkulturalität und zum Wertpluralismus in einer demokratischen Gesellschaft nicht nur widerlegt, sondern auch als Ideologie entlarvt.

Es erscheint also sinnvoll, in der pädagogischen Diskussion dieses Begriffspaar bzw. die mit ihm transportierten Modellvorstellungen von Erziehung zu vermeiden oder klare Bestimmungen vorzunehmen. Mit den Begriffen Enkulturation, Sozialisation, Erziehung in einer neuen Fassung, Lernen usw. (Kap. 2.0) liegt ein brauchbares Repertoire für wissenschaftliches Arbeiten vor.

4.2.2 Die ideologische Auffassung

Wie eingangs dieses Kapitels bereits darauf hingewiesen worden ist, wird in der pädagogischen Literatur im Regelfall immer auf Ernst Krieck hingewiesen (Flitner 1974, Russ 1968), wenn von funktionaler und intentionaler Erziehung die Rede ist. Dabei wird nur sehr selten der historisch-systematische Kontext des begrifflichen Entstehungszusammenhangs aufgehellt. Die Kenntnis dieses Zusammenhangs ist aber von großer Bedeutung, wenn das „Modell" funktionale-intentionale Erziehung – auch in seinem gegenwärtigen besonderen Gebrauch – kritisch gesehen werden soll. Aus diesen Gründen wird im Folgenden näher auf den historischen Kontext eingegangen.

Die Quellenlage zeigt, dass das Begriffspaar nicht nur von Krieck, sondern u. a. auch von Peter Petersen (1884–1952) ausführlich diskutiert worden ist. Dabei ähneln sich ihre Argumentationsspiralen; ihre Letztbegründungen und Schlussfolgerungen sind jedoch unterschiedlich. Diese Tatsachen machen auf die Struktur der Modellvorstellung aufmerksam. Diese ist in der Formulierung – funktionale-intentionale Erziehung – bereits zu erkennen. Die Begriffe kennzeichnen gegensätzliche Auffassungen von Erziehung. Bei Krieck wird die intentionale der funktionalen untergeordnet.

Ideologie

Das hat zur Folge, dass die funktionale Erziehung in der Praxis verallgemeinert oder absolut gesetzt wird; die intentionale Erziehung wird von dieser Absolutsetzung her als Mittel zum Zweck der funktionalen Erziehung uminterpretiert. Wird dieser gesellschaftlich mitbestimmte Prozess noch in einen staatlichen Rahmen gefasst und von einer Staatsidee oder Ideologie her legitimiert, dann kann das Gesamtensemble erzieherischer Einwirkungen einer Gesellschaft auf die junge Generation als total bezeichnet werden, wie dies von 1933 bis 1945 in dem NS-Staat in Deutschland der Fall war.

> „Erziehung gilt fortab nicht mehr als ein einfacher, bewußten Erziehungsabsichten entspringender, eindeutiger Ablauf von einem eindeutigen Erzieher auf einen eindeutigen Zögling, auch nicht von Gruppen oder ganzen Geschlechtern von erziehenden auf Gruppen und Geschlechter erzogen werdender Menschen. An die Stelle dieses einfachen Vorgangs tritt die formende Wechselwirkung von Mensch zu Mensch, jede Art geistiger Wirkung, welche Werden, Gestaltung und Formung hervorruft oder beeinflusst, wo sie immer herstammen. Und in den Bereich der Erziehungsidee tritt auch die Gemeinschaft selbst sowohl als Objekt wie auch als Subjekt erzieherischer Tätigkeit: Die Erziehung der Gemeinschaft als eines Lebewesens überindividueller Art wie auch Erziehung durch die Gemeinschaft. Aus dem Begriffspaar ‚Gemeinschaft–Glied' ergeben sich vier vollkommen gleichberechtigte Formen der Erziehung: Die Gemeinschaft erzieht die Gemeinschaft; die Gemeinschaft erzieht die Glieder; die Glieder erziehen einander; die Glieder erziehen die Gemeinschaft. Dazu kommen noch zwei Eckpfeiler als äußere Flanken dieses Systems der Fremderziehung: die Gemeinschaft erzieht sich selbst; der Einzelne erzieht sich selbst. Alle diese Typen kommen im wirklichen Leben nicht als getrennte Gebiete vor: sie sind alle jederzeit vorhanden und wirksam, indem sie sich gegenseitig fördern oder hemmen, nebeneinander laufen oder sich überschneiden. Alle erziehen alle jederzeit" (Krieck 1925, 47).

Der letzte Satz des Zitats macht die Totalität der Erziehung deutlich. Diese kann allerdings nur in geschlossenen sozialen Systemen und totalitären Staaten zur Realität werden. Hinzu kommt die Absolutsetzung der Idee vom völkischen Staat und der damit verbundenen Rassenideologie. Beide dienen der Realisierung der völkischen Idee und Rasse (Krieck 1932, 17) und eines „Zuchtsystems", das der Züchtung einer neuen Menschenrasse und eines neuen Menschentums dient (Krieck o. J., 148).

Hier zeigt sich der Irrationalismus in der Auflösung der dialektischen Spannung von Individuum und Gemeinschaft. Das Individuum wird als „Gemeinschaftswesen" und als „Glied" der Gemeinschaft und der Gesellschaft definiert. Damit ist sein Eigenwert, seine Spannung zu Gemeinschaft und Gesellschaft sowie seine Bedeutung als kritisches Korrelat zu dieser aufgehoben. Die Abwehr jeglicher individueller Beziehungs- und Verantwortungsformen – wie der Anfang des obigen Zitats zeigt – ist die Folge. Der Einzelne wird zum „Stellvertreter" des Ganzen, d. h. derjenigen Werte und Normen oder derjenigen Kultur, denen der „Geist" – von welcher Macht auch immer – zugesprochen worden ist. Daher ist

> „‚der Mensch' ... nicht bloß Inbegriff des Einzelnen, sondern Menschheit und Menschentum schlechthin in allen ihren Erscheinungsarten, vor allem in den geistigen Organismen, die notwendige Voraussetzung für das Werden der Einzelnen sind. Erziehung ist am Formwerden jeder Art beteiligt" (Krieck 1925, 175).

Folgerichtig heißt es daher zum wiederholten Mal: „Erziehung ist jede Art Formung oder Bildung des Menschen, die aus geistiger Einwirkung hervorgeht" (Krieck 1925, 175).

Funktionale Erziehung in dem Sinne des „Alle erziehen alle jederzeit" erhebt die Gesellschaft und jeden Einzelnen in dieser zum Großfunktionär der Erziehung und damit ihrer Reproduktion. Gefühle und Handlungen, wie Dienst, reiner Gehorsam, Ehrfurcht usw., werden zu den Erziehungszielen, in denen sich der Staatsgeist und seine anthropologische, politische und pädagogische Ideologie von der Zucht einer höheren Menschenrasse auf allen Ebenen realisieren sollen. Hier zeigt sich ein Zirkel, der sich selbst autoritär ausformt und ebenso wirkt und der sich damit jeglicher Kritik entzieht bzw. diese unterdrückt. Erziehung erscheint daher als ein hervorragendes Mittel, alle jederzeit durch alle zu bestimmten Zielen zu führen, junge Menschen zu „züchten" und zu jenen Menschen zu „formen", die in der Lage sind, die Ideologie des Staates unter Aufbietung aller Kräfte „durchsetzen" zu können.

In der Legitimation der funktionalen Erziehung tauchen bekannte Bilder von der Erziehung als Führen und Ziehen, als Regierung und Zucht oder als Anpassung wieder auf. Auch in der Theoriegeschichte sind Affinitäten zu finden, die auch von Krieck (o. J. u. 1925) adaptiert worden sind. Hier ist insbesondere der gemeinsame Gebrauch der Begriffe Erziehung und Bildung vom 16. Jahrhundert an zu nennen. Bildung wurde in erster Linie als „formatio", als „innere Formung" verstanden. „Wenn der Mensch zum Menschen werden soll, muß er geformt werden. Hominem, si homo fieri debet, formari operet" (Ballauff/Schaller 1970, 180). Bildung erscheint als „innere Formung – formatio animi" –, Geistformung oder moderner ausgedrückt: Geistesbildung. Erziehung wird als die Weise der „äußeren Formung" oder als „Zucht" aufgefasst. Sie regt die „innere Formung" an, fördert diese und zwingt u. U. die jungen Menschen zu „ihrer Form". Auf die Bedeutung dieses Zusammenhangs für die Gegenwart weist u. a. auch Esterhues (1962, 55ff) hin.

Kriecks Erziehungsideologie wird durch die Umwandlung des Bildungswesens in ein „Lehr- und Lernsystem" verstärkt. Dieses konstituiert und konkretisiert sich nach Krieck auf drei Ebenen: 1. in der „Gesinnungszucht"; 2. in der „Werkweise"; 3. im „Unterricht" (Krieck 1927, 25ff).

Die Gesinnungszucht ist als die alle anderen Tätigkeiten überwölbende funktionale Erziehung anzusehen. In ihrem Dienst steht die Werkweise, also die Vermittlung handwerklicher Fertigkeiten sowie der Unterricht als Vermittlung von Kenntnissen und Kulturtechniken. Lehren und Lernen sind überhaupt nur realisierbar auf der Grundlage des alle „Gegenstände" durchflutenden „Geistes". Der Kreis schließt sich immer, an welchem Punkt man auch ansetzt.

In dieser Auffassung sind die Bilder von der Erziehung als Führung, Regierung und Zucht und Anpassung wiederzuerkennen. Das Bild der Erziehung als Lebenshilfe ist nicht zu finden.

4.3 Modellvorstellung: Das pädagogische Verhältnis
4.3.1 Begriffliche Bestimmungen

In der Modellvorstellung vom pädagogischen Verhältnis wird die aus der Modellvorstellung funktionale-intentionale Erziehung bereits bekannte intentionale Erziehung neu bestimmt. In Bezug auf das vorgenannte Modell besteht aber ein großer Unterschied, der sich auf verschiedenen Ebenen zeigt:

1. In der Modellvorstellung vom pädagogischen Verhältnis wird von der Geschichtlichkeit, d. h. vom Wandel der Erziehung aufgrund des gesellschaftlichen und kulturellen Wandels ausgegangen.
2. In den Blick rückt die Beziehung zwischen Erzieher und seinem „Zögling".
3. Ihr verbindendes Medium sind diese Beziehung und die Kultur in ihren ideellen und realen Ausformungen.
4. Die erzieherische Absicht, d. h. Intentionalität des Erziehers, wird ausdrücklich gemacht.
5. Der Heranwachsende in seiner Individualität und in seiner individuellen Entwicklung wird ins Zentrum aller erzieherischen Bemühungen und aller pädagogischen Reflexion und Theorienbildung gerückt.

Seit der ersten systematischen Bearbeitung des Phänomens vom pädagogischen Verhältnis durch Hermann Nohl (1879–1960) haben sich bis in die Gegenwart hinein eine Reihe synonymer Begriffe etabliert. Dies hat zu einer Begriffsverwirrung geführt, so dass vor einiger Zeit vorgeschlagen worden ist, als Oberbegriff für das Phänomen eines Face-to-face-Verhältnisses zwischen einem Erzieher und einem Educandus den Begriff „pädagogisches Verhältnis" zu gebrauchen (Klafki u. a. 1970 Bd. 1, 53; Kluge 1973, VII). Folgt man diesem sinnvollen Vorschlag, dann lassen sich unter dem Begriff „Pädagogisches Verhältnis" folgende weitere Begriffe subsumieren:

„Pädagogischer Bezug"
1. „Pädagogischer Bezug" (Nohl 1963; Helene Hertz 1932)
   Auf eine Kurzformel gebracht, kann unter dem pädagogischen Bezug ein sehr intensives persönliches, auf geistig-seelischer Grundlage beruhendes Verhältnis zwischen einem erwachsenen, gebildeten Menschen und einem jüngeren Menschen, der – durch sein Verhältnis zu dem Erwachsenen angeregt – ebenso nach Bildung strebt und daher – wie sein „erwachsenes" Vorbild – einen Bildungswillen entwickelt. Erziehung kann daher als ein grundlegender Prozess und als ein Medium angesehen werden, in welchem sich diese „Bildungs- und Erziehungsgemeinschaft" verwirklicht.

„Erzieherisches Verhältnis"
2. „Erzieherisches Verhältnis" (Nohl 1963; Kron 1970 u. 1971)
   Mit diesem Begriff wird das Verhältnis des Erziehers zu seinem Zögling, wie es im pädagogischen Bezug verstanden wird, auf die Existenz der beiden in Beziehung stehenden Personen hin radikalisiert. Sie werden des Schutzes ihrer pädagogisch „begründeten" Rollen entkleidet gesehen und stehen sich als Menschen z. B. in einer Krise oder einem Konfliktfall nicht mehr nur gegenüber – sie sind vielmehr in ihrer Existenz getroffen.

„Generationenverhältnis"
3. „Generationenverhältnis" (Schleiermacher 1957; Mollenhauer 1976)
   Mit diesem Begriff wird die Gegenposition zum Verständnis des erzieherischen Verhältnisses markiert. Es wird dabei hervorgehoben, dass alle Beziehungen zwischen Erzieher und Educandus auf der mikrosozialen Ebe-

ne in einem grundsätzlichen Bedingungszusammenhang zur makrosozialen Ebene, d. h. zu den geschichtlich-gesellschaftlichen Zusammenhängen stehen. Es wird darauf hingewiesen, dass die individuellen Normen und Wertvorstellungen, die in den Einzelverhältnissen realisiert werden, bereits als generalisierte Normen und Werte in der Gesellschaft gelten, d. h. für die verschiedenen Generationen eine ordnungsstiftende Funktion haben.

4. „Dialogisches Verhältnis" (Buber 1956)
Im Unterschied zu der anthropologischen Grunderfahrung von Menschen in einem „gegenseitigen" Umfassungsverhältnis, z. B. in der Liebe zueinander stehen zu können, hat Buber 1925 das dialogische Verhältnis als ein erzieherisches Verhältnis durch die „einseitige Umfassungserfahrung" gekennzeichnet. Damit wird die Tatsache, dass der Zu-Erziehende immer im Zustand des „noch nicht" ist, radikalisiert, aber zugleich durch die Fähigkeit des Erziehers ausgeglichen, sich in der „einseitigen Umfassung" auf die Seite des Kindes zu werfen und dieses in seinem Zustand des „noch nicht" mitzutragen.

„Dialogisches Verhältnis"

5. „Bildungsgemeinschaft" (Spranger 1928)
Mit diesem Begriff wird die Sichtweise des pädagogischen Bezugs in Bezug auf die Kulturgüter verstärkt. Dabei wird unterstellt, dass den Kulturgütern als „wertvolle Güter" eine Lebendigkeit innewohnt, die jeden, der sich mit ihnen befasst, anspricht, wenn er sich ihnen nur öffnet. Hierbei wird auf Seiten des Educandus eine Offenheit bzw. ein Bildungswille oder grundsätzlich seine Bildsamkeit unterstellt.

„Bildungsgemeinschaft"

Die kurze Charakteristik der Variationen vom pädagogischen Verhältnis zeigt, dass jeweils ein bestimmter Zug oder ein bestimmtes Moment an dem pädagogischen Grundverhältnis zwischen dem Erzieher und seinem „Zögling" betont wird. Es erscheint daher durchaus gerechtfertigt, den Oberbegriff pädagogisches Verhältnis zu verwenden. Im Folgenden werden zwei Variationen vertieft: 1. der pädagogische Bezug und 2. das erzieherische Verhältnis. Ihre Kenntnis ist sowohl für das wissenschaftliche Arbeiten als auch für die praktische Tätigkeit wichtig.

4.3.2 Die klassische Formel: Der pädagogische Bezug

Im klassischen Wissenschaftsverständnis hat zum ersten Mal 1894 Wilhelm Dilthey (1833–1911) den Sachzusammenhang des pädagogischen Bezugs für pädagogische Forschung und pädagogisches Handeln erörtert und pointiert formuliert:

> „Die Wissenschaft der Pädagogik kann nur beginnen mit der Deskription des Erziehers in seinem Verhältnis zum Zögling. Denn zunächst gilt es, das Phänomen selber hinzustellen und in einer psychologischen Analyse so deutlich als möglich zu machen" (Dilthey 1961, 190).

Wie nur wenige in der Tradition der Erforschung dieses Phänomens erkennt Dilthey auch bereits den Zusammenhang zwischen Individuum und Gesellschaft, wenn er formuliert: „Die Erziehung ist eine Funktion der Gesellschaft" (Dilthey 1961, 192). Zugleich legt er jedoch dar, dass sich diese Funktion immer in einem interindividuellen Verhältnis konkretisiert und zwar zwischen einem Erwachsenen und einem Heranwachsenden oder zwischen einem Gebildeten und einem sich noch in der „Aus-Bildung" befindlichen Menschen. Und er hebt besonders hervor, dass alle Aktivitäten des Erwachsenen sowie des Heranwachsenden in der Bildsamkeit des jungen Menschen ihren „Koinzidenzpunkt" haben, d. h. die Bildsamkeit des jungen Menschen fördern sollen.

Bildsamkeit

Mit Bildsamkeit ist in diesem Zusammenhang eine innere Kraft verstanden, die in der Auseinandersetzung mit der Umwelt die Personwerdung des Menschen realisiert.

Daraus erklärt sich auch Diltheys Feststellung, dass die Bildsamkeit des Menschen das Zentrum aller pädagogischen Bemühungen und zugleich das Zentrum der Eigentätigkeit des Educanden ist. Dieser Feststellung liegen zwei bildungstheoretische Annahmen zugrunde, die er aus der Tradition des Neuhumanismus gekannt haben mag: Die erste betrifft das Kulturgut. Er ist der Auffassung, dass die Kultur kein toter Steinbruch ist, aus dem man sich Stücke heraushauen kann, sondern dass sie verlebendigt, d. h. aus ihrer objektiven Gestalt in das subjektive Sprechen, Handeln und Denken transformiert werden muss, um lebendig zu sein und bildend zu wirken. Damit verbindet sich die zweite Annahme; sie betrifft den Menschen bzw. den Educandus. Es wird unterstellt, dass Mensch und Welt nicht als zwei sich gegenüberstehende Blöcke angesehen werden, sondern dass Menschen immer schon in der Welt, in der sie leben – die immer schon eine kulturelle ist –, denken, fühlen und handeln, also die Welt „sinnvoll" gestalten. In diesem Gestaltungsprozess, der sich an den Inhalten der Kultur vollzieht, entwickeln sich auch immer zugleich die inneren Kräfte des Menschen. Er wird also – um es in der Sprache Wilhelm von Humboldts zu sagen – gebildet.

Bildung

Diesem inneren Vorgang der Bildung, der sich im Menschen abspielt (Kap. 2.8), steht in einer unauflöslichen Verzahnung die Erziehung als ein Vorgang zur Seite, der sich zwischen Menschen vollzieht. Dieser Vorgang wird von Dilthey als so bedeutsam angesehen, dass er selbst zu einem kulturellen Medium wird. Dadurch erfährt die Erziehung eine große Aufwertung. Erziehung und Bildung werden in dieser Denktradition daher immer als zwei Seiten „ein und derselben Medaille" angesehen.

Herman Nohl hat die Grundauffassungen seines akademischen Lehrers Dilthey in den 1930er Jahren zusammen mit seiner Schülerin Helene Hertz auf eine wissenschaftliche Formel gebracht. Er führt 1935 den Fachterminus „pädagogischer Bezug" ein (Nohl 1963, 130) und charakterisiert ihn folgendermaßen: „Die Grundlage der Erziehung (ist) die Bildungsgemeinschaft zwischen dem Erzieher und Zögling mit seinem Bildungswillen" und:

> „Die pädagogische Wirkung geht nicht aus von einem System von geltenden Werten, sondern immer nur von einem ursprünglichen Selbst, einem wirklichen Menschen mit einem festen Willen … Die Grundlage der Erziehung ist also das leidenschaftliche Verhältnis eines reifen Menschen zu einem werdenden Menschen, und zwar um seiner selbst willen, daß er zu seinem Leben und seiner Form komme" (Nohl 1963, 132 u. 134).

Der pädagogische Bezug wird als ein „Wechselverhältnis" beschrieben (Nohl 1963, 136). Das bedeutet, dass nicht nur dem Erzieher eine entscheidende Rolle im Erziehungsprozess zukommt; auch dem Zu-Erziehenden oder – in der Sprache Nohls – dem Zögling wird eine entscheidende Rolle zugespielt. Da dieses Verhältnis aber ein geistig-seelisches Verhältnis ist, spielen die Inhalte, die in diesem Verhältnis zum Tragen kommen, eine besondere Rolle. Damit kommt ein dritter Faktor ins Spiel, nämlich die Kultur. Da Nohl noch nicht zwischen Enkulturation und Sozialisation und damit zwischen unterschiedlichen Klassen kultureller Inhalte unterscheiden kann, spricht er lediglich von Kulturgütern und meint damit sowohl soziale als auch kulturelle Inhalte zugleich, die aber „wertvoll" sein müssen. Damit entsteht eine Trias oder ein Dreigestirn von konstitutiven Momenten, die den pädagogischen Bezug ausmachen, nämlich: der Erzieher, der Zögling und das Kulturgut. Diese Trias erinnert an das aus der Didaktik bekannte „didaktische Dreieck" von Lehrer, Schüler und Sache (Kron 2008).

Die Ausführungen Nohls über den pädagogischen Bezug lassen eine Reihe von Kriterien erkennen, die nachstehend kurz skizziert werden sollen. Es handelt sich dabei um die Folgenden:

1. die zweifache Intentionalität,
2. die explizite Anthropologie,
3. die Doppelfunktion des Erziehers,
4. die „pädagogische Liebe",
5. die „pädagogische Autorität",
6. die „Aufhebung des pädagogischen Bezugs".

Zu 1) Die Intentionalität des Erziehers kann als ein grundlegendes Strukturmerkmal des pädagogischen Bezugs angesehen werden. Im Unterschied zu anderen Bestimmungen von der Erziehung ist diese Intentionalität aber zweifach gerichtet. Sie betrifft sowohl die Realität des jungen Menschen als auch die Antizipation seiner Idealität.

zweifache Intentionalität

> „Das Verhältnis des Erziehers zum Kind ist immer doppelt bestimmt: von der Liebe zu ihm in seiner Wirklichkeit und von der Liebe zu seinem Ziel, dem Ideal des Kindes, beides aber nun nicht als Getrenntes, sondern als ein Einheitliches: aus diesem Kind machen, was aus ihm zu machen ist, das höhere Leben in ihm entfachen und zu zusammenhängender Leistung führen, nicht um der Leistung willen, sondern weil in ihr sich das Leben des Menschen vollendet. Das pädagogische Ziel ist nicht einen Lebenstypus zu züchten" (Nohl 1963, 135f).

In der zweifachen Intentionalität des Erziehers ist somit nicht nur das Ansprechen des Kindes in seinen funktionalen Lebenszusammenhängen gemeint. Mit dem Ideal des Kindes, das der Erzieher immer wieder „vorwegnehmend" anstreben soll, ist auch klar und unmissverständlich auf den Bildungswillen und die Bildsamkeit des Kindes hingewiesen und nicht auf ein in irgendeiner fernen Zukunft liegendes Ideal. Alle Bemühungen des Erziehers haben darin einzumünden, dass sie die Kräfte, die Spontaneität, die Fantasie, kurzum, die geistige Tätigkeit des Kindes wecken; denn nur wenn und insofern diese Selbsttätigkeit geweckt wird und Erziehung und Bildung an sie anknüpfen, kann vom heranwachsenden Menschen Selbstverantwortung und Initiative erwartet werden. Daher dienen Erziehung und Bildung auch der „geistigen Erweckung" des jungen Menschen.

Durch die zweifache Intentionalität wird jene einseitige Auffassung von Erziehung gebrochen, wie sie in der Modellvorstellung von der funktionalen-intentionalen Erziehung zum tragen kommt.

explizite Anthropologie

Zu 2) Das Merkmal der expliziten Anthropologie zeigt ein Zweifaches: 1. Auch im pädagogischen Bezug wird der Educandus stets im Zustand des „noch nicht" gesehen. Zwar steht er in tätiger Auseinandersetzung mit seiner Welt, die auch immer eine kulturelle Welt ist; er muss aber noch lernen, diese bewusst geistig-seelisch zu gestalten. Dafür bedarf er der Anleitung durch den Erzieher. Von diesem Anspruch her gesehen ist der Erzieher nicht nur aufgrund seines Alters oder seiner physischen Kraft oder seines Wissens und Könnens dem Educandus ein Stück voraus, sondern auch aufgrund seiner Fähigkeit, die kulturelle Welt geistig und sittlich, d. h. verantwortlich zu repräsentieren. Demgegenüber besitzt der Heranwachsende noch nicht jene höheren Wertorientierungen, Verhaltensweisen und kulturellen Fähigkeiten und Einsichten, die vom Anspruch der Idee der Bildung her gesehen, ihn zu einem selbstständig und verantwortlich handelnden Individuum machen. Hier ist ohne Frage von einer negativen Anthropologie zu sprechen. 2. Diese wird aber wieder relativiert und zwar durch eine folgenreiche Unterstellung auf Seiten des Zöglings. Indem der Mensch und auch das Kind bereits als ein in seiner kulturellen Welt tätiges und verstehendes Wesen angesehen wird, kann Bildsamkeit vorausgesetzt werden, d. h. die Fähigkeit, sich gezielt und geordnet mit der Welt auseinanderzusetzen. Erziehung hat im pädagogischen Bezug diese Tätigkeit also zu unterstützen und sozusagen zu organisieren. Dies hat Folgen in Bezug auf die Rolle des Erziehers: Er muss sich immer wieder und letzten Endes überflüssig machen.

Doppelfunktion des Erziehers

Zu 3) Das Merkmal von der Doppelfunktion des Erziehers gründet in dem Phänomen oder in der Tatsache, dass der Erzieher zwischen Kind und Kultur zu vermitteln hat. Aus der Sicht der Gesellschaft kommen dem Erzieher Rolle und Position eines „Anwaltes der Kultur" oder eines „Anwaltes der Gesellschaft" zu. Im Argumentationszusammenhang von Nohl heißt dies, dass der Erwachsene als der lebendige Träger der Kultur, ihrer Werte und Sinngehalte anzusehen ist. Aufgrund dieser Eigenschaften ist er qualifiziert und kompetent, auf jüngere Menschen einzuwirken. Er muss also erziehen, um der Verwirklichung der Werte und Sinngehalte der Kultur willen, d. h. im modernen Sprachgebrauch um der „Reproduktion" von Kultur und Gesellschaft willen.

Aus der Sicht des Kindes oder in Stellvertretung der kindlichen Bedürfnisse und Interessen hat der Erzieher aber auch zugleich „Anwalt des Kindes" zu sein. Im Horizont der Bildungsidee Nohls kann dies nur bedeuten, dass der Erzieher die Kulturgüter „verflüssigen" muss, d. h., dass er das Kind mit seinen Ideen, Interessen und Bedürfnissen ins Spiel zu bringen hat. Das hat zur Folge, dass die „Objektivität" oder der „objektive Geist" der Kultur „resubjektiviert" werden muss. Folgerichtig muss das Kind mit der Welt der Kultur in Auseinandersetzung gebracht werden, es muss experimentieren, erproben, ordnen und neu formulieren lernen. Hierfür sind Experimentier- und Spielraum notwendig. Kultur ist also nur dann lebendig, wenn sie im Handeln, Denken und Sprechen der Menschen realisiert wird.

> „Bildung ist die subjektive Seinsweise der Kultur, die innere Form und geistige Haltung der Seele, die alles, was von draußen an sie herankommt, mit eigenen Kräften zu einheitlichem Leben in sich aufzunehmen und jede Äußerung und Handlung aus diesem einheitlichen Leben zu gestalten vermag" (Nohl 1963, 140f).

Bildung (H. Nohl)

Pädagogisches Handeln heißt nun, zwischen diesen beiden Ansprüchen zu vermitteln bzw. auszugleichen, d. h. die gesellschaftliche Funktion, Anwalt der Kultur zu sein, in ein rechtes Verhältnis zu der Aufgabe zu setzen, auch dem Kind im Erziehungs- und Bildungsprozess seine individuelle Chance zu lassen.

Zu 4) Das Merkmal der pädagogischen Liebe verstärkt die drei vorangegangenen Merkmale noch einmal. Mit dem Begriff pädagogische Liebe verbindet Nohl eine sehr weite Auffassung. Er will darauf aufmerksam machen, dass sich die Intentionen des Erziehers sowohl an der Lebensrealität als auch an der Idealität des Kindes ausrichten. Er fordert, dass sich der Erzieher in das Kind einfühlt und sich in es hineinversetzt, so wie es die Eltern auch tun. Aber sein Medium, an dem sich diese Zuneigungen und Aktivitäten realisieren, ist die Kultur, und damit zielt die pädagogische Liebe stets auf das Geistige im Zögling. Daher muss die „pädagogische Liebe" eine hebende, d.h. geistige Liebe sein; sie kann keine erotische oder karitative sein.

„pädagogische Liebe"

Von heute aus gesehen kann Nohl so verstanden werden, dass er mit Nachdruck darauf hinweisen will, dass pädagogisches Handeln ohne die elementare Zuneigung zum Menschen nicht möglich ist.

Zu 5) Das Merkmal der pädagogischen Autorität verstärkt das der pädagogischen Liebe. In der pädagogischen Autorität geht es zugleich um den Gehorsam des Zu-Erziehenden. Pädagogische Autorität hat nichts mit der Anwendung von Macht und Gewalt zu tun, sie verbindet sich vielmehr mit der pädagogischen Liebe in dem Ziel, den jungen Menschen zu seiner Selbstbildung gelangen zu lassen.

„pädagogische Autorität"

> „Autorität (ist) nichts anderes als das Gewissen jenes höheren Lebens und das Vorbild jener höheren Form, dem die Seele zugeführt werden soll ... Autorität heißt also nicht Gewalt ... und Gehorsam heißt nicht aus Angst tun oder blind folgen, sondern heißt freie Aufnahme des Erwachsenenwillens in den eigenen Willen, spontane Unterordnung als Ausdruck eines inneren Willensverhältnisses, das gegründet ist in der überzeugten Hingabe an die Forderungen des höheren Lebens, das durch den Erzieher vertreten wird" (Nohl 1963, 138f).

Autorität (H. Nohl)

Auch bei der pädagogischen Autorität und dem Gehorsam ist die Grundstruktur des pädagogischen Bezugs zu erkennen: die Wechselwirkung auf der willentlich-geistigen Ebene. So gestaltet denn das „höhere Leben", das in der erzieherischen Hinwendung des Erziehers zum Zögling zur Repräsentanz kommt, sogar die Autorität mit; und im Gehorsam des Zöglings zeigt sich die Akzeptierung des höheren Lebens, dessen erster Ausdruck die Zustimmung des Zöglings ist, sich in die

Bildung hineinziehen zu lassen oder sich selbstständig im Medium der Bildung zu bewegen, also Selbstbildung und Selbsterziehung zu realisieren.

„Aufhebung des pädagogischen Bezugs"

Zu 6) Das Merkmal der Aufhebung des pädagogischen Bezugs ist bereits 1826 von Schleiermacher (1957) aufgezeigt worden. Darauf bezieht sich Nohl (1963, 132):

> „Die Erziehung endet da, wo der Mensch mündig wird, das heißt nach Schleiermacher: wenn die jüngere Generation auf selbständige Weise zur Erfüllung der sittlichen Aufgabe mitwirkend der älteren Generation gleichsteht, die Pädagogik hat so das Ziel, sich selbst überflüssig zu machen und zur Selbsterziehung zu werden, die dann bis zu unserem Tode fortreicht …".

Mündigkeit

Die Erörterung der sechs Merkmale zeigt, dass mit dem pädagogischen Bezug ein ideales, aber nicht immer gelingendes gemeinsames Handeln von Erzieher und Zögling bezeichnet werden kann. Der pädagogische Bezug gewinnt daher eine positive, aber vielerorts als utopisch bezeichnete Struktur. An der Ausschließlichkeit dieser positiven und idealen Auffassung des pädagogischen Bezugs ist dann auch immer wieder Kritik geübt worden.

4.3.3 Das erzieherische Verhältnis

Ein Blick in die Wirklichkeit zeigt, dass pädagogisches Handeln nicht immer glückt, dass vielmehr Widerstreit und Streit, Dissens und Unterdrückung, Konflikt und Krise, also nicht gelungenes oder wenig gelungenes pädagogisches Handeln die Wirklichkeit bestimmen. Erfahrungen dieser Art können in einer doppelten Weise thematisch gemacht werden; zum einen kann man aus der Sicht der Gesellschaft und der makrosozialen Prozesse Bedingungen für das Fehlschlagen oder Missglücken von Erziehung erörtern. Auf der anderen Seite kann man auch die existenziale Betroffenheit der Handelnden untersuchen. Dabei treten die Handelnden selbst in den Blick, und das erkenntnisleitende Interesse richtet sich an der Existenzialität der Betroffenen aus. So kommen ganz andere Kategorien oder Merkmale ins Spiel, als die im pädagogischen Bezug vorgetragenen oder als jene, die bei der Erörterung von Sozialisationsprozessen eine Rolle spielen.

Die Blickwendung des erkenntnisleitenden Interesses auf die Betroffenen selbst, insbesondere auf deren Wirklichkeit, ist bereits bei Nohl festzustellen, wenn auch nicht weiter thematisiert. Wenn er z. B. die konkrete Beziehungsebene ansprechen will und in anthropologischer Absicht zugunsten des Educandus interveniert, verwendet er oft den Begriff des erzieherischen Verhältnisses (Nohl 1963, 134). In seiner in der Mitte der 1920er Jahre verfassten Abhandlung „Reden über die Erziehung" streicht Buber (1956) die personale Bedeutung der Beziehung heraus und spricht daher vom „dialogischen Verhältnis". Ein „existentiales Verhältnis" meint Rang (1964), wenn er den Begriff „Pädagogische Relation" einführt. Nicht zuletzt haben W. Flitner (1974, 69) mit dem Begriff „Erziehungsgemeinschaft" und Langeveld (1965b, 34ff) mit dem Begriff „Erziehungsverhältnis" den Realitätsbezug hervorgehoben.

Mit der Bezeichnung „erzieherisches Verhältnis" (Kron 1986b) kommen neue Momente ins Spiel. In Anlehnung an Bollnow (1959) sind hier u. a. zu nennen: die Angst, das Scheitern, die Sorge, die Stimmungen, die Geborgenheit, die Krise. Dabei ist von Bedeutung, dass diese „Existentialien" nicht nur den Educandus, sondern auch den Erzieher, also beide, oder alle in einer pädagogischen Beziehung Stehenden betreffen und z. B. in Unsicherheit stürzen bzw. die Beziehungen selbst in ihren eingespielten Ideal- und Machtstrukturen zum Einsturz bringen können; oder anders gesagt: Die im Modell des pädagogischen Bezugs unterstellte Stetigkeit der Beziehung wird als grundsätzlich gebrochen angesehen und in dieser Gebrochenheit als unstetig erlebt. Demzufolge wird auch die einseitige pädagogische Intentionalität, wie sie im pädagogischen Bezug noch gegeben ist, gebrochen. Noch werden ihr nicht – und kann aus systematischen Gründen auch nicht – wie in der Erziehung als symbolischer Interaktion die Intentionen des Heranwachsenden gegenübergestellt werden.

Existentielle Betroffenheit

Die Gebrochenheit der einseitigen pädagogischen Intentionalität zeigt sich daran, dass der Erzieher in und mit seiner pädagogischen Absicht scheitern kann. Das Scheitern, das für alle im pädagogischen Feld Tätigen – und dies gilt für die anderen Momente gleichermaßen – zur Urerfahrung gehört, ist – so Bollnow – im klassischen Sinn unseres Wissenschaftsverständnisses nicht mehr theoretisierbar, wohl aber existenzial erfahrbar und darum auch aussagbar. Es greift den Pädagogen in seiner Existenz an, bedroht ihn u. a. in seiner Berufsrolle und rüttelt an seiner Identität. Es gefährdet ihn und liefert ihn der Situation und damit natürlich seinem Klientel aus. Hilflosigkeit und Angst können aus dem Ausgeliefertsein entspringen, tiefe Betroffenheit und Ratlosigkeit, Handlungsunfähigkeit und Verzweiflung. Diese existenziale Betroffenheit darf aber nicht psychologisch verstanden, die oben genannten Begriffe nicht verhaltens- oder lerntheoretisch interpretiert werden. Damit würde der betroffene Pädagoge zum Gegenstand und Objekt seiner eigenen oder fremder wissenschaftlicher Betrachtungen. Genau das Gegenteil ist der Fall: In der Situation ist er betroffenes und getroffenes Subjekt zugleich, dieser Betroffenheit radikal, d. h. bis in den Kern seiner Existenz ausgeliefert und in sie gestellt. Nichts unterscheidet ihn in diesem Sinne von seinem Educandus oder den Mitbetroffenen in einer bestimmten Situation, z. B. den Schülern seiner Schulklasse. Die Gleichförmigkeit und Stetigkeit der Erziehung, die im pädagogischen Bezug unterstellt wird, wird durch die Plötzlichkeit des Einbruchs in die Situation unterbrochen und angehalten. Erziehung als eine Form sozialen Handelns, in der erwünschte Rollenerwartungen oder Einstellungen auf Dauer gestellt werden sollen, „bricht" mit seinen einseitigen Absichten sozusagen „ein".

Aus der gebrochenen Intentionalität folgt – anthropologisch gesehen –, dass auch das Kind vor dem existenzialen Anspruch steht wie der Erwachsene und umgekehrt. Ihre Rollen sind sozusagen offen, z. B. in der Angst, im Scheitern oder in der Krise. Der Erzieher und die Educanden sind auf eine im ursprünglichen Sinn des Wortes radikale Weise chancengleich in ihr Dasein gesetzt. Hierin werden jegliche intentionalen anthropologischen Unterstellungen sowie die Funktionen des Erziehers gebrochen. Pädagogische Liebe und pädagogische Autorität als Ausdruck stetigen pädagogischen oder gemeinsamen Handelns brechen zusammen.

Offenheit der Rollen

Diese Radikalisierung kann zu einer Krise führen: zur Selbstaufgabe und Verweigerung, zum Aus-dem-Felde-Gehen und zur Flucht. In der Radikalität können die „Radikalien", aber auch den Einzelnen und/oder beide oder alle Betroffenen aus der Krise heraus und zu einem neuen gemeinsamen Aufschwung führen, zu neuer Hoffnung und zu neuer Liebe, zu neuer Geborgenheit und zu neuer Gegenseitigkeit; zu neuen Vereinbarungen und Orientierungen und damit zu neuen Perspektiven.

Pädagogisch im klassischen Sinne sind diese „Radikalien" allerdings nicht mehr zu nennen. Sie sind auch nicht als „Kategorien" zu bezeichnen. Sie können sicher auch nicht als der notwendige Vorlauf für pädagogische Praxis angesehen werden; wohl aber reichen die Wurzeln des pädagogischen Handelns als einer Form des sozialen Handelns in diese hinein. Vielleicht ist in der Existenzialität des Menschen eine gesellschaftliche Ursache zu sehen, deretwegen pädagogische Praxis und ihre Theorie auf Stetigkeit des Handelns, auf Komplementarität der Rollen und auf Gleichgewicht des pädagogischen Systems ausgelegt werden, wobei oft auch vor der Anwendung von Macht und Gewalt und vor zusätzlicher Repression nicht zurückgeschreckt wird. Würden nur die Radikalien gelten, käme sinnvoll geordnetes menschliches Leben – auch partiell und temporär – nicht zustande.

Krise Mit der Erörterung des erzieherischen Verhältnisses sollte gezeigt werden, dass pädagogische Reflexion auch vom Scheitern von Erziehung auszugehen hat. Dabei kann mit der Chance gerechnet werden, dass Krisen zu einem neuen Aufschwung führen. Diese Kenntnis darf jedoch nicht dazu verführen, Krisen zu unterdrücken, zeigt die Erfahrung doch, dass unterdrückte und nicht aufgearbeitete Krisen oft in dem letzten Ausweg, nämlich dem totalen Aus-dem-Felde-Gehen, z. B. im Freitod, heranwachsender junger Menschen enden (Kap. 3.4.3).

4.4 Modellvorstellung: Erziehung als Verhaltensmodifikation

4.4.1 Einführung in die Thematik

Diese Modellvorstellung von Erziehung muss im Kontext des verhaltenstheoretischen Ansatzes zur Erklärung von Sozialisationsprozessen (Kap. 3.2) gesehen und diskutiert werden, um das Zusammenspiel von Sozialisation und Erziehung zu erkennen.

Zwei Grundrichtungen In der pädagogischen Diskussion nach 1945 haben sich zwei Grundrichtungen der Erziehung als Verhaltensmodifikation herausgebildet: **1.** die neopositivistische und -rationalistische Grundrichtung, wie sie insbesondere von Wolfgang Brezinka (1978 u. 1990) vertreten wird, und **2.** die behavioristische Grundposition, wie sie sich in den 1930er Jahren in den USA ausgeformt und wie sie seit 1945 in der deutschen Pädagogik insbesondere in den Forschungen von Werner Correll (1965), von Reinhard und Anne-Marie Tausch (1968), von Felix von Cube (1968) sowie von Friedrich Winnefeld (1970) zum Ausdruck kommt.

Zu 1) Zunächst wird Brezinkas Auffassung skizziert. Dabei wird deutlich, dass er seine Position mit behavioristischen Lern- und Verhaltensvorstellungen verknüpft. Ganz in diesem Sinne heißt es denn auch:

> „Die sozialen Handlungen, die als ‚Erziehung' bezeichnet werden, zielen darauf ab, in anderen Menschen psychische Dispositionen zu schaffen, vorhandene Dispositionen zu ändern oder (unter bestimmten Umständen) zu erhalten und den Erwerb unerwünschter Dispositionen zu verhüten" (Brezinka 1990, 84).

Folgerichtig heißt es in Bezug auf den Aufbau, die Änderung, Erhaltung oder Verhütung psychischer Dispositionen:

> „Der Zweck der Erziehung besteht in erster Linie darin, das Dispositionsgefüge der ‚Educanden' in mehr oder weniger großem Umfang zu ändern. Damit kann folgendes gemeint sein:
>
> a) Man will vorhandene, (angeborene oder erworbene) Dispositionen ausbauen, verstärken, stabilisieren oder differenzieren. Das gilt für jene Dispositionen, die als wertvoll beurteilt werden.
> b) Man will noch nicht vorhandene Dispositionen – auf der Grundlage der vorhandenen allgemeinen (z. B. Lernfähigkeit) oder spezifischen Dispositionen – schaffen, hervorbringen oder erzeugen. Auch bei diesen neuen Dispositionen handelt es sich um solche, die als wertvoll angesehen werden.
> c) Man will vorhandene Dispositionen beseitigen, abbauen, auflösen, ausschalten, schwächen oder in ihrer Wirkung einschränken. Das gilt für jene Dispositionen, die als schädlich bewertet werden" (Brezinka 1990, 84).

Zu 2) Der klassische Positivismus lässt lediglich die Erfahrung als eine gültige Quelle für wissenschaftliche Erkenntnisse gelten. Der Neu- oder Neopositivismus, als eine philosophisch-naturwissenschaftliche Richtung, der den Sozialwissenschaften sehr nahe steht, versucht, „die laufend eintreffenden und vorläufigen Ergebnisse modifizierenden Erkenntnisse der Einzelwissenschaften zu ordnen und die Richtlinien für Ordnungssysteme zu erarbeiten" (Wörterbuch Psychologie 2005, 373f, Stichwort Positivismus).

Der US-amerikanische Pragmatismus hat die Modellvorstellung von der Erziehung als Verhaltensänderung sowie deren Praxis wesentlich mitgeprägt (Dewey 1993), insofern in dieser stark pädagogisch relevanten Wissenschaftsrichtung die Werte und Normen einer demokratischen Leistungsgesellschaft als sinnvoll angesehen und für die Erziehung vorausgesetzt werden. Somit kann sich Erziehungshandeln und Verhalten an den gegebenen Normen und Werten orientieren. Dabei wird unterstellt, dass soziales „Handeln" und Verhalten solange sinnvoll gilt, als es erfolgreich ist. Erfolgreich heißt in diesem Zusammenhang, dass das gezeigte Verhalten der jeweiligen Situation gerecht wird. In der Praxis wird das angemessene Verhalten aber in der Regel durch Dritte beurteilt, bestätigt und bekräftigt. Erscheint hingegen soziales „Handeln" und Verhalten nicht erfolgreich, dann muss die betreffende Person „umlernen". Das bedeutet, dass sie – um erfolgreich zu handeln – das Verhaltensrepertoire verändern muss; d. h. dass sie sich erneut mit den Normen und Werten befassen wird und zwar so lange, bis sie deren „Richtigkeit" erkannt hat. Die Betreffende wird auch dann umlernen müssen und ihr Verhalten korrigieren, wenn sich die Normen und Wertvorstellungen ändern. Entscheidend an diesem Prozess ist die Orientierung des Individuums am Erfolg bzw. am erfolgreichen, d. h. situationsadäquaten Verhalten.

Man kann die Modellvorstellung von der Erziehung als Verhaltensänderung nur richtig vor dem Hintergrund der skizzierten Denktraditionen verstehen. Dabei ist für die Gegenwart hinzuzufügen, dass die Wissenschaft als Problemlösepotenzial auch das Alltagshandeln mitbestimmt. Daher gehen auch die Forschungsergebnisse der behavioristischen Verhaltenspsychologie, die positivistische Auffassung von Erziehung sowie das pragmatische Verhaltenstraining in den erzieherischen Alltag ein und prägen somit die Vorstellungen der handelnden Menschen mit. Mithin kann die Modellvorstellung von der Erziehung als Verhaltensänderung – wie bereits betont – sowohl in der Wissenschaft, z. B. in Trainingsseminaren für Lehrer oder Manager, als auch transformiert im Alltag wieder gefunden werden.

4.4.2 Erziehung als Steuerung von Verhalten

Dieser Ansatz wird sehr anschaulich von Friedrich Winnefeld in seinem Aufsatz „Erziehungswissenschaft – Utopie oder Wirklichkeit?" beschrieben. Dort heißt es:

> „Was aber ist Erziehung? Wir beantworten diese Frage nicht, indem wir uns a priori etwa durch Verwendung üblicher Formulierungen wie beispielsweise: Erziehung sei Menschwerdung, sei geistiges Werden, existentieller Durchbruch u. ä. m. festlegen, sondern wir fragen einfach und unvorbelastet, wo Erziehung vorkommt und wie sie sich in der menschlichen Wirklichkeit ereignet. Wir fragen nicht nach dem ‚Wesen' der Erziehung, sondern wir fragen konkret, welchen Funktionszusammenhang wir bei Erziehung in der Wirklichkeit vorfinden, welche Struktur in der Erziehungssituation gegeben ist … Ausgangspunkt für unsere Begriffsgewinnung sei wieder ein Modell [Abb. 10].
>
> Wir nehmen eine unkomplizierte Erziehungssituation, in der sich zwei Menschen gegenüberstehen, deren einer den Erzieher (E) und deren anderer den reifenden Menschen (R) darstellt. R zeigt im Zeitpunkt t_1 ein bestimmtes Verhalten, welches von E wahrgenommen und von ihm entsprechend seinem Normenverständnis – nehmen wir an – nicht gebilligt wird. Dieses Verhalten in t_1

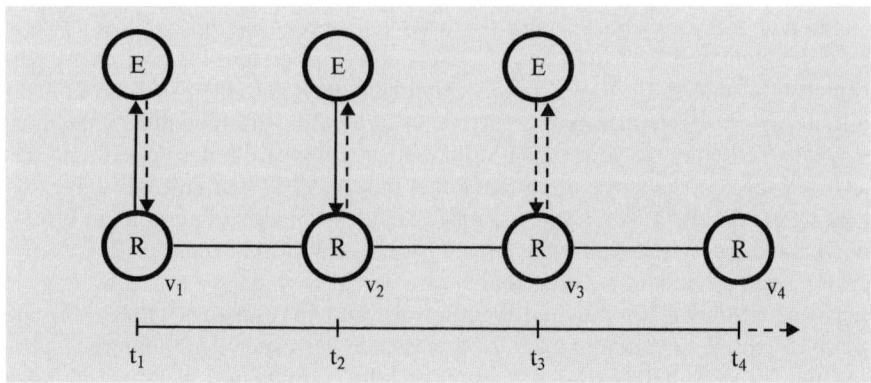

Abb. 10:
Erziehung als Steuerung von Verhaltensänderung

wird nun für E der Anstoß für einen Eingriff in das Verhalten von R im Zeitpunkt t_2. Im Zeitpunkt t_3 wird das neue Verhalten, in das R hineingesteuert worden ist, manifest, und es fixiert sich derartig, daß es im Zeitpunkt t_4 beharrt, ohne daß es neuer steuernder Eingriffe von E bedürfte. Natürlich kann die Abfolge der Verhaltensweisen in den einzelnen Zeitpunkten auch anders verlaufen. Ferner brauchen die Abstände zwischen den Zeitpunkten t_1, t_2, t_3, ... t nicht als metrisch gleich aufgefaßt zu werden. Wie groß diese Zeitabstände sind, das richtet sich nach dem jeweils vorliegenden Einzelfall. Aber der prinzipielle Tatbestand läßt erkennen, worauf es bei der Modelldarstellung ankommt: in der pädagogischen Situation geht es um das Verhalten des Menschen; freilich nicht um Verhalten an und für sich, was Sache der Psychologie ist. In der Erziehung geht es um Verhaltensbewahrung bzw. Verhaltensverstärkung und um Verhaltensänderung, um Steuerung und Umsteuerung des Verhaltens von Menschen durch andere.

Da wir den Verhaltensbegriff so fassen können, daß nicht bloß ‚äußeres' Verhalten getroffen wird, sondern auch ‚inneres', d. h. Erlebnis- und Bewusstseinsvorgänge, Emotionales, Antriebhaftes und Kognitives, so ist diese (vorläufige) Definition von Erziehung so weit, daß wir meinen, man könne mit ihr alle Erziehungserscheinungen von den einfachsten bis hin zu den kompliziertesten im Prinzip erfassen. Daß im Modell die Normenfrage nicht vernachlässigt ist, geht aus den Vorgängen der Billigung und Mißbilligung des Erziehers hervor, mit denen das Verhalten des Reifenden vom Erzieher nach Maßgabe seiner als verbindlich erlebten Wertmaßstäbe bewertet wird.

Jeder Erziehungsvorgang ist somit als ein Wirkvorgang innerhalb eines ganz bestimmt gearteten sozialen Kräftefeldes aufzufassen, bei dem eine spezifische Wechselwirkung zwischen E und R stattfindet. In der Sprache der Sozialpsychologie handelt es sich demnach um soziale Interaktionen besonderer Art. Erziehungsgeschehnisse sind soziale Interaktionen, welche auf Steuerung und Umsteuerung von Verhalten hinzielen" (Winnefeld 1970, 82–84).

Im Anschluss an dieses längere Zitat lassen sich zwei Grundfragen stellen, die im Folgenden Beantwortung finden sollen: 1. Welche Art von Lernprozess muss beim Individuum unterstellt werden, damit jene Verhaltensänderungen hervorgerufen werden, die von der sozialen Umwelt gewünscht werden? 2. Wie muss das soziale System beschaffen sein bzw. wie müssen seine Mitglieder sich verhalten, damit jene Art von Lernprozess hervorgerufen wird, der auch stringent zu der gewünschten Verhaltensänderung führt?

Folgt man den Ausführungen in den Werken von Robert M. Gagné „Die Bedingungen des menschlichen Lernens" (1980), dann kann Erziehung als Steuerung von Verhalten mit der klassischen Vorstellung von dem operanten Lernen sowie mit der Kettenbildung erklärt werden. Das operante Lernen (operant learning) wird von Gagné neben dem Signallernen und der Kettenbildung sowie der sprachlichen Assoziation zu den ersten vier von acht grundlegenden Lernformen gezählt. Die genannten vier werden in der Literatur als Gruppe der assoziationistischen Lernarten im Unterschied zu den kognitivistischen Lernarten geführt. Dabei ist jedoch zu bemerken, dass keine der Einzelnen rein auftritt. Daher erscheint es sinnvoll, mit dem operanten Lernen zugleich die Kettenbildung zu präsentieren.

Das operante Lernen, vor allem von Skinner (1938) experimentell erforscht und beschrieben, wird in der Literatur auch als Lernen nach „Versuch und Irr- **operantes Lernen** tum" (trial and error learning), so etwa von Thorndike (1898), oder auch als „instrumentelles Lernen" (instrumental learning), so von Kimble (1961), bezeichnet. Gagné benutzt den Begriff Reiz-Reaktions-Lernen und setzt diese Art des Lernens an die zweite Stelle hinter das Signallernen, das in den Grundzügen von Pavlov (1927) beschrieben worden und von daher auch bekannt ist, das aber im Bezug auf erzieherische Prozesse ohne Bedeutung bleibt.

Gagné betont zwar, dass auch das operante Lernen nach Skinner in reiner Form nur sehr selten im Alltagsleben vorkommt. Wohl aber spielt die darauf aufbauende Form des Lernens der „Kettenbildung" und später der „sprachlichen Kettenbildung" als der dritten und vierten Form des Lernens eine entscheidende Rolle (Gagné 1980, 78ff). Um deutlich zu machen, was unter operantem Lernen verstanden werden kann, greift Gagné auf das Verhalten eines Babys, das sein Fläschchen zu halten lernt, zurück. Auf welche Art und Weise lernt ein Kind, sein Fläschchen zu halten, welche Bedingungen sind im Individuum und welche in der Lernsituation zu erfüllen?

> „Zuerst ist da freilich das Stadium, wo derartiges Verhalten noch nicht gelernt ist. Die Mutter muß die Flasche im richtigen Winkel halten, damit das Saugen möglich wird. Im Laufe des Fütterns jedoch wird das Kind oft nach der Flasche in ihrer Hand greifen wollen, wenn auch noch sicher etwas unsystematisch. Nehmen wir nun einmal an, daß die Mutter ihren eigenen Griff um die Flasche zu lockern beginnt, damit ein stärkerer Druck auf die Hände des Kindes ausgeübt wird. Solange die Hände des Kindes die Flasche ausreichend fest in einer ausreichend erhobenen Stellung halten, kann es mit dem Saugen fortfahren. Sollte diese Muskelspannung nachlassen, wird die Flasche ihren Winkel derartig verändern, daß keine Nahrung den Mund mehr erreichen kann. Dann rückt die Mutter vielleicht die Flasche wieder in die richtige Stellung, und das Füttern kann weitergehen. Indem man dem Kind allmählich ‚hilft', die Flasche selbst zu halten, und durch langsamen Abbau der eigenen Hilfe dazu beiträgt, daß die Reaktionen des Kindes angemessen werden, wird die Reiz-Reaktions-Verbindung hergestellt. Schließlich kann das Kind, wenn man ihm die Flasche gegeben hat, die notwendige Reaktion vorweisen. Es hat dann ‚gelernt', die Flasche zu halten'" (Gagné 1980, 88).

Shaping

Das Baby lernt also durch immer wieder neue Versuche, die einmal gelingen und wieder nicht, somit durch Versuch und Irrtum, die Flasche allmählich zu halten. Es lernt dabei auch, seine Muskulatur zu koordinieren; es wird dabei auch befriedigt, sowohl oral als auch in Bezug auf seinen Gesamtorganismus: Sein Hunger wird gestillt, es beginnt einzuschlafen. Skinner nennt dieses sich allmähliche und stufenweise Ausformen eines relativ ungesicherten und unausgeformten Ausgangsverhaltens zu einem relativ sicheren Endverhalten hin „shaping", d. h. Ausformung.

Diskrimination

Bei dieser Ausformung als einem stufenweisen Lernprozess von einem unkoordinierten zu einem koordinierten Verhalten muss das Kind laufend zwischen richtigem und falschem Reiz unterscheiden und es muss seine entsprechenden Reaktionen koordinieren lernen, kurzum es muss diskriminieren, d. h. also zwischen richtigen und falschen Reizen unterscheiden und diese schließlich zu einem richtigen Verhalten koordinieren. Neben der Diskrimination, die das Kind leistet, ist es wichtig, dass es auch eine Befriedigung in dieser Situation erhält. Das Baby

z. B. bekommt diese Befriedigung, wenn es seinen Lernprozess so gestaltet, dass die Milch fließt, weil die Flasche im richtigen Winkel gehalten wird.

Entscheidend in diesem Zusammenhang – und deshalb kann dieser auch als Lernen bezeichnet werden – ist es, dass zur Erfüllung der Bedingungen, die das Kind in sich hervorbringt, nicht notwendig angeborene Reflexe unterstellt werden müssen. Das gezeigte Verhalten des Babys beruht nicht auf einem einmaligen Reiz, z. B. auf einem Lichtstrahl, auf den hin z. B. das Auge blinzelt; es beruht vielmehr auf koordinierten Reaktionen.

Die sozialen Bedingungen in der Lernsituation liegen darin, dass die Mutter, sobald sie beobachtet hat, dass das Kind die Flasche in dem richtigen Winkel greift und hält, diesen Vorgang auch unterstützt, d. h. verstärkt. Dabei muss sie eine erste wichtige Bedingung erfüllen: sie muss diesen Vorgang immer wieder unterstützen und zwar in jeder Situation. Dies wird in der Psychologie Bekräftigungskontingenz genannt. Die Stetigkeit der Bekräftigung oder Verstärkung ist eine wichtige Voraussetzung dafür, dass eine neue Reiz-Reaktions-Verbindung hergestellt werden und sich „shaping" realisieren kann. **Bekräftigungskontingenz**

Dabei spielt ein zweiter Faktor eine Rolle, nämlich der der Kontiguität. Kontiguität bedeutet, dass im Aufbau eines operanten Lernprozesses die Verstärkung durch die Mutter in der Situation sofort geschieht. Dies ist die zweite wichtige Bedingung für operantes Lernen. In Untersuchungen konnte festgestellt werden, dass die Bekräftigung dann optimal wirkt, wenn sie innerhalb von fünf Sekunden gegeben wird. Das bedeutet für die Mutter, dass sie nicht sehr lange zögern darf, wenn sie den Lernvorgang des Kindes auf Dauer stellen will. Ihre Aufmerksamkeit wird also voll auf das Baby gerichtet sein, wenn sie die Absicht hat, ihr Kind zum Lernen zu bewegen oder es zu erziehen. Ihre Intentionalität muss also – um es in der Sprache der Erziehungswissenschaft zu sagen – voll und ganz auf das Shaping gerichtet sein. **Kontiguität**

Eine dritte Bedingung ist schließlich von Bedeutung. Es handelt sich dabei um die Wiederholung. Eine Lernsituation, die spezifisch sein soll, sollte sich mehrmals am Tag wiederholen und über Wochen hin alltäglich vollziehen. In der Wiederholung liegt sozusagen die Chance für das Kind, allmählich den Aufbau der gewünschten Verhaltensweise, nämlich die Flasche zu halten, zu lernen. Dabei kann die Mutter auch bestimmte neu auftretende Verhaltensweisen, die z. B. das günstige Halten der Flasche durch das Kind gefährden, durch entsprechende negative Verstärkungen – „Händchen weg" – extingieren. Dies ist dann wichtig, wenn die Mutter einerseits den Aufbau der gelernten Verhaltensweise erhalten und andererseits verhüten will, dass Falsches gelernt oder dass der Aufbau des gelernten Verhaltens gestört wird. **Wiederholung**

Im Kontext der vorangegangenen Erörterungen kann diese Situation dahingehend erklärt werden, dass das Verhalten der Mutter auf die psychischen Dispositionen des Kindes einwirkt. Definiert wird diese Einwirkung als operantes Lernen, also als Stimulus-response-reinforcement-Kette. Dabei wird unterstellt, dass die sozialen Handlungen der Mutter, die man auch als „Erziehen" bezeichnen kann, dem Aufbau, der Erhaltung oder der Veränderung psychischer Dispositionen dienen. Die „Intentionen" der Mutter werden aber darauf gerichtet sein, dass das Kind das gewünschte Verhalten zeigt.

Man kann nun unterstellen, dass die Mutter diesen Vorgang nicht rein technisch oder instrumentell vollzieht, sondern mit einer Vielfalt liebevoller Maßnahmen begleitet. Gerade durch diesen sehr emotionalen Kontext wird das Lernverhalten des Kindes nicht nur verstärkt, sondern der in dem Modell des operanten Lernens doch sehr instrumentalisierte Prozess des Lernens erfährt so eine Einbindung in ein umfassenderes sozialintegratives und sozialemotionales Ensemble von Verhaltenselementen. Möglicherweise beruht darauf auch die besonders hohe Wirkung im Alltag.

Im Lebens- und Erziehungsalltag einer Familie spielt das operante Lernen des Weiteren eine große Rolle beim Lernen von Wörtern. So können Lautäußerungen des Kindes, die es spontan macht, wie z. B. „na-na", und die den Eltern zufällig zu Ohren kommen, korrigierend dadurch verstärkt werden, dass die Reaktion der Mutter „ma-ma" lautet. Die Mutter wird nun ihre erzieherischen Intentionen darauf richten, das Kind, sobald es spontan wieder „na-na" sagt, korrigierend mit „ma-ma" zu verstärken. Sie wird dies solange tun, bis das Kind die entsprechende sprachliche Form gefunden hat – von der Erfassung des Sinnes einmal abgesehen. Letzterer mag aufgrund der sozialemotionalen Einbettung des Lernvorgangs vom Kind antizipierend gefühlhaft erahnt werden. Dieses Faktum kann aber mit der Theorie vom operanten Lernen nicht mehr erklärt werden, sondern eher mit kognitiven Lerntheorien (Kap. 3.5, 4.5).

Kettenbildung Oben wurde bereits einmal von der Bedeutung der Kettenbildung gesprochen, diese wurde jedoch nicht näher thematisiert. Dies soll im Folgenden geschehen. Im Alltag spielt die Kettenbildung beim sozialen und sprachlichen Lernen bzw. Verhalten eine zentrale Rolle. Gagné (1980, 95) bringt ein Beispiel für den Erwerb von sozialen Normen bzw. darauf aufruhenden Verhaltensweisen aufgrund von Kettenbildung.

„Guthrie (1935) erzählt von einem jungen Mädchen, das sich angewöhnt hatte, ihren Mantel einfach auf den Boden fallen zu lassen, sobald sie das Haus betrat. Ihre Mutter war darüber verärgert, schalt sie häufig und verlangte dann, daß sie umkehre und den Mantel aufhebe. Das hatte keinerlei Wirkung auf das unerwünschte Verhalten. Die Mutter entdeckte jedoch ein wirksames Verfahren. Sie ließ das Mädchen mit angezogenem Mantel wieder hinausgehen, noch einmal hereinkommen und den Mantel ordentlich aufhängen. Dieses Beispiel zeigt die Bedeutung einer richtigen Abfolge von Vorgängen innerhalb einer Kette. Die ursprüngliche, die Mutter störende Kette war: das Haus betreten – Mantel fallen lassen – Mutter sehen – Mutter sagt: heb' den Mantel auf! – Mantel aufheben – Mantel aufhängen. Was aber aufgebaut werden mußte, war eine kürzere Kette mit einer ganz anderen Abfolge: Eintreten – Mantel anbehalten – zur Garderobe gehen – Mantel aufhängen. Die Mutter verhielt sich sehr weise, als sie sich klar machte, daß die zweite Kette nicht einfach durch Anfügen weiterer Glieder an die erste gelernt werden konnte. Es war notwendig, die gewünschte Kette von Anfang bis zum Ende mit richtigen Gliedern aufzubauen".

Das Beispiel kann vielleicht für ein fünf- bis siebenjähriges Kind gelten. Was kann die Mutter im Kind voraussetzen, wenn ihre Erziehungsanweisung, den Vorgang richtig, d. h. wie sie es wünscht, zu wiederholen, Erfolg haben soll? Auf Seiten des Kindes muss sie voraussetzen, dass das Kind bereits einzelne Ordnungsschemata sowie Teilverhaltensweisen kennt. Sie muss unterstellen, dass das Kind in der Lage ist, diese voneinander unabhängigen Ordnungsschemata zu einem Gesamtschema „Ordnung beim Mantelaufhängen, wenn ich mittags von der Schule nach Hause komme" zu synthetisieren, also zusammenzusetzen. Die Mutter muss also kognitive Leistungen des Kindes in Rechnung stellen, wenn das Kind ihrer Anordnung folgen soll. Diese Voraussetzungen sind z. B. bei jüngeren Kindern, etwa zwei- bis dreijährigen, noch nicht gegeben. Deshalb wird es diesen Kindern sehr schwer fallen, etwa wenn sie in den Kindergarten kommen, solche längere Sequenzen durchzuführen.

In der Situation muss die Mutter folgende Bedingungen erfüllen: Zunächst muss die Mutter dem Kriterium der Kontiguität folgen. Sie muss unmittelbar, wenn das Kind den Mantel fallen lässt – wie die Experimente zeigen, innerhalb von fünf Sekunden – das Kind „auf den Weg" nach draußen bringen, um die Verhaltenssequenz ordnungsgemäß wiederholen zu lassen. Sie muss dabei gleichzeitig die Anweisung geben, auf welche Art und Weise das Kind die Sequenz „richtig" machen soll. Diese Anweisung ist notwendig, damit sich im Kind die kognitiven Teilschemata reaktivieren und zu der gewünschten Ordnungsabfolge formieren können. Sodann ist das Moment der Wiederholung von Bedeutung, das die Mutter ja in jedem Fall realisiert. Schließlich muss sie das Kriterium der Bekräftigung einbringen, sie muss also am Ende einer „richtigen" Operation des Kindes das Kind loben.

Wenn diese Art der Erziehung als Verhaltensänderung von Erfolg gekrönt sein soll, dann muss die Mutter konsequent bleiben, d. h., sie muss das gleiche Verfahren so lange und immer wieder anwenden, bis das Kind die richtige Reiz-Reaktions-Verbindung in der Handlungssequenz gelernt hat. Ist dies täglich und über Wochen hin der Fall, dann kann sie hoffen, dass das Kind auch das gelernte Verhalten generalisiert, d. h. dass es die ausgeformten Dispositionen auch beim Besuch der Tante oder beim Besuch des Zahnarztes entsprechend realisiert und dort jeweils beim Eintreten den Mantel ordentlich aufhängt. Das Moment der Bekräftigungskontingenz wäre erfüllt.

Im Alltag besitzt das operante Lernen in Verbindung mit der Kettenbildung gerade in Bezug auf das Lernen von Normen und Wertorientierungen einen hohen Stellenwert. So werden Kinder in Bezug auf das Befolgen von Anweisungen erfolgreich „erzogen" oder „trainiert". Dabei ist es aber erzieherisch wichtig, dass folgende Bedingungen in der sozialen Umwelt erfüllt sind:

1. Der Erzieher muss sehr viel Geduld aufbringen, den gesamten Vorgang des operanten Lernens, der Kettenbildung und des Shapings in Gang zu halten. Er muss sozusagen „immer bereit" sein, um innerhalb weniger Sekunden seinen Educandus in der gewünschten Richtung zu verstärken. Das bedeutet praktisch, dass er allgegenwärtig sein müsste.
2. Hier zeigt sich bereits ein Dilemma, das verbietet, diese Arten von Lernen zur alleinigen Erklärung von Erziehungsprozessen heranzuziehen; der Erzieher kann nämlich im Regelfall nicht immer allgegenwärtig sein. Daher wird in der Literatur vorgeschlagen und insbesondere von Skinner in „Futurum zwei" (1985) auch exemplarisch vorgeführt, die Umwelt im Zusammenspiel des Verhaltens und in ihren Normen und Wertorientierungen derart konstant bzw. kontingent zu halten, dass das Kind überall und jederzeit die gleiche Verstärkung erhält (Kap. 3.2). Dies ist aber wohl nur in geschlossenen Gesellschaften oder in Erziehungsutopien möglich.

3. Der Erzieher muss auf die Reihenfolge der Abläufe bei dem Verstärkungsprozess bedacht sein. Vor allem muss darauf geachtet werden, dass der Bekräftigungseinsatz oder die Verstärkung auf das zu lernende Verhalten folgen muss; sie dürfen diesem nicht vorausgehen. „Die Bekräftigung muß ebenfalls sehr erfolgreich sein; d. h. sie muß einsetzen, wenn das erwünschte Verhalten auftaucht, und abgesetzt werden, wenn das erwünschte Verhalten sich nicht zeigt" (Gagné 1980, 94).
4. Über das soziale „Lernen" hinaus kann das operante Lernen auch bei älteren Kindern und sogar bei Erwachsenen eingesetzt werden, etwa wenn bestimmte Kulturtechniken oder das Lernen bestimmter als wertvoll erachteter Kulturgüter realisiert werden soll, z. B. das Lesen von guten Büchern, die Aufnahmebereitschaft für Musik, das Ausüben von Kunst, ja sogar das Lernen effektiver Verhaltenstechniken im Unterricht oder im Handwerk.

In diesem Zusammenhang lassen sich vier Grundarten des Verhaltens von Erziehern darstellen, die zu Änderungen von Verhaltensdispositionen und damit zu Änderungen des Verhaltens führen können. Nach Tausch/Tausch (1968, 27) sind dies:

- „Worte des Erziehenden". Diese lassen sich wie folgt klassifizieren. a) „Worte, die zu unmittelbaren Erfahrungen der Kinder über die eigene Person führen ... (z. B. Du bist ein freundliches Kind)", b) „Worte, die Anordnungen des Erziehenden beinhalten und die das Kind zu einem entsprechenden Verhalten motivieren sollen", z. B.: Hänge deinen Mantel auf, wenn du hereinkommst, c) „Worte, die Kindern überwiegend soziale Informationen zuteilwerden lassen", z. B. du weißt, Oma hat es gern, wenn wir mit Messer und Gabel essen, also denk daran!
- „Mimischer Ausdruck" z. B. das Spielen mit dem Gesichtsausdruck oder mit Gesten und körperlichen Signalen, die z. B. Angst oder Sympathie oder Vertrauen signalisieren.
- „Physischer Kontakt des Erziehenden mit Kindern", z. B. wenn ein Vater die Hand auf die Schulter seines Sohnes legt, um ihn zu beruhigen, oder wenn der Trainer dem Spieler zur Ermutigung mit der Hand einen Klaps auf die Schulter gibt. Dazu gehören auch alle Arten von Zärtlichkeiten und Liebkosungen bei Kleinkindern.
- „Das Verhalten des Erziehenden in der sozialen Interaktion mit anderen Personen oder im Umgang mit Gegenständen": Diese mehr indirekte Form der Einwirkung auf die Verhaltensdispositionen wird von Tausch/Tausch zwar in ihrem Verhaltenskatalog mit aufgeführt, sie wird in der Literatur aber auch gesondert beschrieben und soll daher auch im folgenden Kapitel besonders und näher abgehandelt werden.

4.4.3 Lernen am Modell

Diese Art des Lernens erfährt in der Literatur eine vielfache Bezeichnung: „Wahrnehmungslernen", „Imitationslernen", „Beobachtungslernen", „imitative learning, identificatory learning, observational learning" (Wörterbuch Psychologie 2005, 251, Stichwort Imitation). Gagné (1980, 219ff) spricht von „Modellernen"; Tausch/Tausch (1998, 32) sprechen von „Imitationslernen", „Identifikationslernen" sowie „Nachahmungslernen". Sie geben aber dem Begriff „Wahrnehmungslernen" den Vorzug. Gleichviel, wie diese Art des Lernens bezeichnet wird, entscheidend sind folgende Momente bzw. Unterstellungen:

1. Bei Tier und Mensch sind Tendenzen zu beobachten, durch Nachahmung oder Beobachtung des Verhaltens anderer in einer bestimmten Situation von diesem Verhalten zu lernen und ähnliches bzw. „vorbildkonformes" Verhalten zu zeigen.
2. Insbesondere Menschen können auch durch Beobachtung eines Modells – dies können andere Menschen, aber auch Bilder oder Situationen sein – nicht nur neue Reaktionen oder Verhaltensweisen lernen, sondern auch ihre alten modifizieren oder verstärken. Dabei ist es ohne Belang, ob der Betreffende sein neues Modellverhalten bereits in der Situation zeigt oder danach.
3. Das Modelllernen kann verstärkt werden. Bandura (1968), ein amerikanischer Psychologe, hat dieses Prinzip der „stellvertretenden" Verstärkung entdeckt. Es bedeutet Folgendes:

„Empfängt eine Modellperson für ein bestimmtes Verhalten Belohnung, so steigt unter geeigneten Bedingungen die Wahrscheinlichkeit des Auftretens dieser Reaktion (auch! Anm. Kron) beim Beobachter in ähnlichen Situationen. Das Verhalten wird relativ überdauernd. Wenn beobachtetes Verhalten einschließlich seiner Konsequenzen in das Einstellungs- oder Vorstellungssystem des Beobachters übernommen wird" (Wörterbuch Psychologie 2005, 251, Stichwort Imitation).

Der Begriff Einstellung unterscheidet sich von dem Begriff der Disposition, der den Vorstellungen vom operanten Lernen zugrunde liegt, maßgeblich. Unter Einstellungen werden innere Zustände verstanden, welche die Auswahl von Handlungsalternativen beeinflussen. Deshalb werden Einstellungen häufig als „Verhaltenstendenzen" oder als Zustände, die sich durch „Reaktionsbereitschaft" kennzeichnen lassen, beschrieben.

Einstellungen

„Eine nützliche Definition, die sich über lange Zeit gehalten hat, stammt von Allport (1935, 810): ‚Eine Einstellung ist ein mentaler und neuraler Bereitschaftszustand, der durch Erfahrung organisiert ist und einen direkten oder dynamischen Einfluß auf das individuelle Verhalten gegenüber allen Gegenständen und Situationen, auf die sie sich bezieht, ausübt'" (Gagné 1980, 219).

Im sozialen Bereich können unter Einstellungen z. B. Fair Play oder Pünktlichkeit, Sauberkeit und Höflichkeit, aber auch die gute Arbeitsmoral verstanden werden. Eine Liste von Beispielen, die für Unterricht und Schule von Bedeutung sind, wird von Gagné (1980, 221) vorgelegt:

- Achtung vor der Individualität anderer
- Bereitschaft zur Verantwortung der eigenen Handlungen
- positive Wertschätzung eines bestimmten Gegenstandsbereichs
- positive Einstellung gegenüber Klassenkameraden
- positive Einstellung gegenüber dem Lehrer
- Arbeitsfreude, Pünktlichkeit beim Arbeitsanfang
- Sorgfalt im Umgang mit eigenem und fremdem Besitz
- Bereitschaft zur Kooperation mit anderen
- Höflichkeit, sorgfältige Beachtung von Sicherheitsregeln.

Auch Tausch/Tausch (1998, 99ff) geben eine Reihe wesentlicher positiver Momente vor, die sie in vier Klassen unterteilen. Dabei handelt es sich um so genannte Dimensionen (Haltungen, Aktivitäten) von Person zu Person, die für die Persönlichkeitsentwicklung junger Menschen förderlich erscheinen:

1. „Achtung – Wärme – Rücksichtnahme"
2. „einfühlendes, nicht wertendes Verstehen"
3. „Echtheit"
4. „fördernde, nicht dirigierende Einzeltätigkeiten".

Beim Lernen am Modell müssen zwei zentrale Unterstellungen berücksichtigt werden. 1. Die Selbstachtung bzw. das Selbstkonzept eines Menschen, 2. die offene Auseinandersetzung einer Person mit dem eigenen Erleben (Tausch/Tausch 1998; Gagné 1980).

Selbstkonzept

Zu 1) Unter einem Selbstkonzept kann verstanden werden, dass der betreffende Mensch ein Bild von sich selbst hat, so wie es ihm im Regelfall von den anderen Menschen gespiegelt wird. Dieses Bild von sich selbst kann positiv oder auch negativ besetzt sein (Tausch/Tausch 1998, 52). Dies besagt, dass die Selbstachtung einer Person gering oder auch stark sein kann. Geht man nun von einem positiven Menschen- und Gesellschaftsbild aus, dann sollte im Selbstkonzept eines Menschen möglichst viel Selbstachtung enthalten sein. Das bedeutet für die Erziehung, Situationen so zu gestalten, dass die Selbstachtung eines Heranwachsenden nicht verletzt wird.

Zu 2) Die Auseinandersetzung mit der eigenen Person in einer gewissen Offenheit besagt, dass der Mensch die Fähigkeit hat, sich nicht nur mit seinem eigenen Selbstbild und den Wert- und Normimplikationen auseinanderzusetzen, sondern auch in der Begegnung von Person zu Person (Tausch/Tausch 1998, 99). Aufgrund der vier Dimensionen der Achtung, des Verstehens, der Echtheit sowie der fördernden, nicht dirigierenden Einzeltätigkeiten bzw. deren Gegenteil haben Tausch/Tausch die Entwicklung von Selbstkonzepten bei Heranwachsenden untersucht und die Bedeutung eines „sozialintegrativen" Verhaltens für erzieherisches Handeln herausgestellt.

Erwartungen

Aus dem Vorgetragenen geht bereits hervor, dass das Lernen am Modell stark im affektiven Bereich angesiedelt ist. Daher sind auch die Einstellungen eher affektiver Natur, ebenso wie ihr Gegenstück, die Erwartungen. Dabei sei unter Erwartung Folgendes verstanden: eine „Bezeichnung für eine Einstellung, die sich auf mehr oder weniger klare Zielvorstellungen bezieht" (Wörterbuch Psychologie 2005, 177, Stichwort Erwartung). Die Einstellungen auf Seiten des Heranwachsenden korrespondieren mit den Erwartungen auf Seiten des Erwachsenen vice versa oder, praxisbezogen ausgedrückt, die Erwartung des Erziehers ist auf die Einstellung des Educanden gerichtet und umgekehrt. Dabei müssen die gegenseitigen Einstellungen bzw. Erwartungen nicht unbedingt komplementär sein, wie bereits an anderer Stelle mehrfach betont. Alle Akteure aber müssen die aufeinander bezogenen Systeme von Erwartungen und Einstellungen sozusagen „im Kopf" haben, damit soziales Handeln „klappt".

Außerdem ist zu erkennen: „Modellernen tritt in vielen Situationen auf. Das Modell muß nicht leibhaftig erscheinen, sondern es kann in Bildern, Film- oder Fernsehszenen geboten werden" (Gagné 1980, 234). Modellernen findet aber auch z. B. beim Lesen von Romanen oder beim Besuch des Theaters oder im Atelier eines Malers, beim Lösen von Konflikten, bei der Selbstdarstellung von Politikern, Cowboys, Comic-Figuren u. a. m. statt. Immer wird von Bedeutung sein, dass dem Modell eine gewisse Glaubwürdigkeit zugrunde liegt bzw. unterstellt wird. Wichtige und zentrale Bedingungen für das Modellernen sind dabei, dass nicht eine einzelne Handlung gelernt wird oder eine bestimmte Verhaltensweise, sondern eine Gruppe von Verhaltensweisen und dass es dabei nicht nur um eine Person oder ein Element in einer Situation, sondern immer um die gesamte Situation selbst geht. Damit wird dem sozialen Kontext des Verhaltens sowie den Interaktionen der in einer Situation „handelnden" Personen eine besondere Bedeutung zugestanden. Auch hier sind wieder Bedingungen auf Seiten der Erzieher zu erfüllen:

- Zunächst muss darauf geachtet werden, dass der Lernende eine gewisse emotionale und kognitive Struktur hat, d. h., er muss die Begriffe, um die es in der Situation geht bzw. mit denen bestimmte Wert- und Normvorstellungen bezeichnet werden, kennen. Er muss also über den Begriff „der Klasse von Gegenständen, Ereignissen oder Personen verfügen ... auf die sich die neue (oder veränderte) Einstellung beziehen soll" (Gagné 1980, 236).
  Wenn also von gerechtem Verhalten gesprochen wird, etwa wenn der Vater seinen beiden Kindern sagt, sie sollen etwas gerecht teilen, dann muss der Begriff der Gerechtigkeit in Form der Gleichheit im kognitiven Repertoire der Kinder bekannt sein. Dies weist bereits auf ein Problem hin, dass Modellernen nicht nur über Gefühle abläuft und auf Gefühle konzentriert ist, sondern dass hierbei auch die Kognition und insbesondere die Sprache involviert sind. Mit Recht weist Gagné daher darauf hin, dass das Modellernen nicht allein auf affektiven Emotionen und Einstellungen beruht, sondern auch auf kognitiven Einstellungen sowie auf verhaltensmäßigen Dispositionen oder Bereitschaften zu handeln bzw. sich zu verhalten.
- Eine weitere Voraussetzung muss gegeben sein. Es handelt sich dabei darum, dass die einzelnen Elemente, die zu einem Handlungsvollzug bzw. zu einer Verhaltenssequenz gehören, als Merkmale identifiziert und gelernt worden sind.
- Die dritte Bedingung betrifft wiederum die Diskriminierung, d. h. die Tatsache, dass der Lernende in der Lage sein muss, zwischen unterschiedlichen Elementen zu unterscheiden. Diese Unterscheidung ist notwendig, damit überhaupt Variationen des Modellernens und Generalisierungen möglich werden.

Auch auf der situativen Seite, also an externen, sozialen Bedingungen sind nach Bandura und Walters (1963) folgende Momente aufzuzählen:

- persönliche Merkmale des Modells; Modelle mit hohem sozialen Status (relativ zu dem des Lernenden) werden (z. B. Anm. Kron) stärker imitiert.
- Ähnlichkeit des Lernenden mit dem Modell; je größer die erlebte Ähnlichkeit mit der eigenen Person, desto stärker die Imitation; die Nachahmung nimmt ab, je weniger das Modell einer realen Person ähnelt.

- Art des Modellverhaltens; beispielsweise werden feindselige oder aggressive Verhaltensweisen leicht imitiert.
- Konsequenzen des Modellverhaltens; ein beobachtetes Verhalten, das von anderen belohnt oder gebilligt ist, wird leichter übernommen. Die Wirkungen von Strafe sind nicht eindeutig.
- Merkmale des Beobachtenden; Individuen, die geringes Selbstvertrauen haben oder in ihrer bisherigen Lerngeschichte für konformes Verhalten häufig belohnt wurden, übernehmen leichter das Modellverhalten" (nach Skowronek 1975, 65/66).

Damit wird deutlich, dass beim Lernen am Modell sowohl die Imitation als auch die Identifikation eine Rolle spielen – so Bandura/Walters (1963) im Folgenden:

„... Beobachtungslernen wird in der experimentellen Psychologie im allgemeinen Imitation und in der Persönlichkeitstheorie Identifikation genannt. Beide Begriffe beziehen sich jedoch auf dasselbe Phänomen im Verhalten, nämlich die Tendenz eines Individuums, Handlungen, Einstellungen und emotionale Reaktionen zu reproduzieren, die von symbolisierten oder realen Modellen gezeigt werden. Der Unterschied gegenüber den Anfängen der Integration von imitativem Verhalten in die Reiz-Reaktions-Lerntheorie von Dollart und Miller (1941) ist, daß nach Bandura und Walters Beobachtungs- oder ‚stellvertretendes' Lernen auch ohne Verstärkung (Belohnung) zustande kommt" (Skowronek 1975, 65).

Daraus erhellt sich, dass Verstärkungen, wie sie beim operanten Lernen durch die Einzelperson als notwendig erachtet werden, beim Lernen am Modell wegfallen können. An die Stelle der einzelnen Person tritt das Ensemble von Elementen in einer Situation, wobei dann die Person sicher eine Rolle spielt, nicht aber ihre intentionale Ausgerichtetheit auf das Verhalten des Heranwachsenden. Daher erscheint auch das Rollenspiel als eine geeignete Form, Modelllernen zu realisieren, insofern die Akteure aufgrund bestimmter Wert- und Normvorgaben ihrer Rollen handeln. Dabei kann sozusagen „unauffällig" oder „nicht-intentional" gelernt werden.

4.5 Modellvorstellung: Erziehung als symbolische Interaktion

Im Kapitel 3.4 wurden bereits die zentralen Aussagen des „symbolischen Interaktionismus" vorgetragen und in den Zusammenhang mit dem Sozialisationsprozess gestellt. Darauf aufbauend wird im Folgenden der Erziehungsprozess als symbolische Interaktion diskutiert. Leitend für die Ausführungen sind die Werke von drei Autoren, die als Standards zu dieser Modellvorstellung als Erziehung angesehen werden können.

Mollenhauer, K. (1976): Theorien zum Erziehungsprozess
Ulich, D. (1976): Pädagogische Interaktion. Theorien erzieherischen Handelns und sozialen Lernens
Rumpf, H. (1976): Unterricht und Identität

4.5.1 Erziehung als Strukturierung von Situationen

Im Horizont des symbolischen Interaktionismus wird Erziehung als Handlungszusammenhang begriffen, der sich in erkennbaren Situationen vollzieht. Strukturell gesehen handeln die Akteure aufgrund ihrer Intentionen und Interessen, die individuell verschieden, in der Regel aber unterschiedlich und nicht selten gegensätzlich sind. Die Intentionen und Interessen der Erzieher – aber auch der Lehrer – sollen sich – pädagogisch gesehen – an der Persönlichkeitsentwicklung der Heranwachsenden orientieren und zugleich darauf richten, die in allen Institutionen vorgegebene eigene Dominanz in Rolle und Status an der Förderungsaufgabe zu relativieren. Dadurch erhält die Strukturierung von Situationen ihre pädagogische Bedeutung und das Erziehungshandeln seine Potenzen.

Erziehungshandeln

Aufgrund dieser strukturellen Annahmen kann Erziehung als eine spezifische Art von Handeln (Erziehungshandeln) definiert werden, das sich als Strukturierung von Situationen zeigt. Bei Mollenhauer liest sich diese Gedankenführung wie folgt:

> „Da Erziehung aber nichts anderes ist als Strukturierung von Situationen, also auch Umgang mit den Situationsdefinitionen aller an der pädagogischen Kommunikation Beteiligten, muß die Analyse solcher zwischen den im pädagogischen Feld interagierenden Individuen wirksamen Situationsdefinitionen als der erste praktische Schritt eines jeden pädagogischen Handelns behauptet werden. Gleiches gilt für die Forschung: Erst die Ermittlung der Situationsdefinitionen der Betroffenen kann uns Einblick in die Relevanz der wissenschaftlichen Fragestellungen verschaffen" (Mollenhauer 1976, 123f).

Zwei Beispiele können diese Auffassung von Erziehung beleuchten:

1. Ein Kind lernt laufen. Die Mutter führt ihr Kind an der Hand. Sie freut sich über jeden festen Tritt und freien Schritt, den ihr Kind selbstständig macht. Sie orientiert sich dabei gewiss an der allgemeinen gesellschaftlichen Leistungsnorm, dass Kinder möglichst früh, schnell und gut laufen lernen. Sie relativiert diese Norm aber sicher auch immer wieder an dem Fortschritt ihres eigenen Kindes und dessen individuellen Fähigkeiten, selbstständig und sicher zu gehen. Diese doppelte Orientierung leitet das Handeln der Mutter.

In der beschriebenen Kooperation zwischen Mutter und Kind führt die Mutter zunächst, und das Kind lässt sich führen. Dabei macht das Kind immer wieder – manchmal mit großer emotionaler Heftigkeit – den Versuch, sich von der Hand der Mutter zu lösen und selbstständig und sicher zu gehen, auch wenn es wackelt, stolpert und fällt. Und die Mutter lässt das Kind frei, diese Versuche zu machen, auch wenn sie Angst vor möglichen Schädigungen des Kindes hat.

Das Beispiel zeigt, wie die Mutter die Erziehungssituation strukturiert. Es wird deutlich, dass Führung und Nachfolge als Rollenspiel schon in den ersten Lebensjahren des Kindes ausgeübt und eingeübt werden. Im Nachfolgen und im Nachtun liegt die Entwicklungschance des Kindes. Dabei kann es auch seine eigenen Bedürfnisse befriedigen und eine erste physische Selbstständigkeit erreichen.

In diesem frühen Lebensabschnitt lernt das Kind also schon im Rollenspiel die Autoritätsrelation. Die emotionale Qualität dieses Lernprozesses verankert die Führungs-Nachfolge-Relation sehr tief in der kindlichen Persönlichkeit und macht sie unvergesslich. Beim Mangel an frühen und tiefen Primärbeziehungen und damit auch an Autoritätsbeziehungen wird das Vertrauen des Kindes, in Beziehungen zu seiner Umwelt überhaupt einzutreten, erschüttert, es kann in der Entwicklung seiner gesamten Persönlichkeit retardieren.

2. Das Aufräumen des Kinderzimmers. Das Aufräumen des Kinderzimmers gehört zu den zentralen Konfliktfällen vieler Familien. Dieses Problem nimmt seinen Anfang, wenn die Kinder zwischen dem dritten und fünften Lebensjahr sind. In dieser Phase kommt es wesentlich auf die Werte und Regeln sowie auf ihre Geltung, d. h. auf ihre Rangordnung und Realisierung in der Familie an. In der einen Familie werden z. B. die Werte Ordnung, Selbstständigkeit und Sauberkeit als Handlungsnormen in folgender Reihenfolge realisiert: 1. Ordnung, 2. Sauberkeit, 3. Selbstständigkeit. In einer anderen Familie lautet die Rangordnung, die das Handeln leiten soll, folgendermaßen: 1. Selbstständigkeit, 2. Sauberkeit, 3. Ordnung.

In der einen Familie steht ein systemorientierter Wert, die Ordnung, an oberster Stelle. Ihm wird ein hoher Grad an allgemeiner Geltung zugestanden, und die Familie schätzt ihn vielleicht deshalb auch sehr hoch ein. Die Eltern drängen daher auf der Handlungsebene auf die Realisierung dieses Wertes: die Handlungsnorm lautet daher: Abends muss das Kinderzimmer aufgeräumt werden. Diesem Ziel muss u. U. auch ein persönlich lieb gewordenes Bauwerk aus Bauklötzchen, das das Kind tagsüber mit großer Anstrengung gebaut hat, geopfert werden.

Die andere Familie orientiert ihr Handeln primär an dem Personwert der Selbstständigkeit. Sie wird daher das Bauwerk, das dem Kind lieb geworden ist, achten und auf die Durchsetzung des abendlichen Aufräumens verzichten oder das Kinderzimmer bis auf das Bauwerk aufräumen. Sie setzt also die beiden konkurrierenden Werte der Ordnung und der Selbstständigkeit in Beziehung zueinander und entscheidet sich auf der Handlungsebene für die Orientierung an dem Personwert Selbstständigkeit.

In diesen beiden Familien lernen die Kinder nicht nur einen unterschiedlichen Umgang mit Werten und Normen sowie eine unterschiedliche Bewertung, sondern zugleich auch ein wichtiges qualitatives Moment der Dominanz der Eltern, in der klassischen Literatur Personautorität genannt, als Hilfe bei der Strukturierung der Situation. Es ist die Achtung. Im ersten Fall lernt das Kind primär die einseitig vorgegebenen und vertretenen Werte, Normen und Regeln zu achten und sich selbst dabei nur wenig oder gar nicht ins Spiel zu bringen. Es lernt, sich unterzuordnen.

Im zweiten Fall lernt das Kind aus seiner eigenen Erfahrung heraus die gegenseitige Achtung. Seine Arbeit am Bauwerk und damit an sich selbst als Person wird von den Eltern respektiert.

Auf der Handlungsebene bedeutet dies, dass das Kind Erfahrungsräume braucht, in denen es in einer relativen Offenheit mit seiner Welt in Beziehung treten und diese mitorganisieren und selbstständig ordnen kann. So kann das Innere des Kindes sich in einer gewissen Entsprechung zum äußeren Handeln entwickeln, können sich sach- und personbezogene Verantwortung und damit selbstständiges moralisches Urteilen und Handeln entfalten. Eine penible Erziehungseinstellung, die die Kinder auf bestehende Normen festnagelt, und eine überstrapazierte Führungsrolle von Eltern und Erzieher verhindern eine Orientierung an der Situation des Kindes und lassen die Erziehung eher autoritäre Züge einnehmen, denen sich das Kind entweder unterwirft und die es dann für sich selbst und seine eigene Zukunft übernimmt oder gegen die es mit Trotz ankämpft. Der Trotz kann dabei als der offene Protest interpretiert werden, in dem Kinder in der ihnen zur Verfügung stehenden Symbolik um die Orientierung des Erwachsenenhandelns an ihren Bedürfnissen und Interessen bitten. Hier ist zu erkennen, dass Kinder gerade in bestimmten Brennpunkten ihrer Entwicklung die Erwachsenen als ihre Partner brauchen, die ihnen zu Halt und Hilfe, zu neuer Geborgenheit und neuen Einsichten verhelfen können.

Die Beispiele zeigen, dass die unterstellte Dominanz der Erzieher in der Chance liegt, die entsprechenden Situationen zu definieren, gleichviel ob der Erzieher sich diese Chance nimmt oder sich gegen Widerstreben des Kindes durchsetzt. Der Erzieher kann dem Kind auch die Chance zuspielen, die Situation mitzubestimmen und dabei neue Vereinbarungen für das gemeinsame Handeln mitzutreffen. Diese Möglichkeit ist insbesondere beim Aufräumen des Kinderzimmers gegeben. Unter der Annahme von Erziehung als symbolischer Interaktion haben also alle Akteure – strukturell gesehen – die Chance, die Situation und damit den Handlungszusammenhang zu definieren.

Eine Situation zu definieren heißt: „... die bewußte oder unbewußte Strukturierung der Bedeutungs-Komponenten der Situation gemäß den erworbenen kognitiven und Beziehungsschemata" (Mollenhauer 1976, 123). Aus der Sicht der Akteure bedeutet dies, dass sie gemäß den Angeboten auf der Beziehungs- und Inhaltsebene der Interaktion bzw. Kommunikation Akzente setzen, die ihr Handeln erfolgreich erscheinen lassen. Dazu wenden sie strukturiertes und für sie bedeutsames Wissen und entsprechende Fertigkeiten an. Sie interpretieren die Handlungen, sie bewerten, selektieren und entscheiden.

Situationsdefinition

Die Realisierungen der Situationsdefinitionen hängen also – strukturell gesehen – von einigen Gegebenheiten ab: Zum einen von den Kommunikationsstrukturen sowie von den Interessen der Beteiligten, sodann von den mitgebrachten, unterschiedlichen Rollenmustern und Handlungskonzepten und nicht zuletzt von den vorgegebenen Strukturen der Institution, in der gehandelt wird. Dieser Sachverhalt wird durch die Kommunikationstheorie, wie sie von P. Watzlawick entwickelt worden ist, anschaulich bestätigt.

4.5.2 Kommunikation als Grundstruktur von Erziehungshandeln

Der Begriff Kommunikation wird in Soziologie, Sozialpsychologie, Psychologie und Informationstheorie vielfältig benutzt (Kron/Sofos 2003, 57ff). In der für den vorliegenden Zusammenhang interessantesten Bestimmung wird unter Kommunikation verstanden: „die ‚Fähigkeit des Individuums, seine Gefühle u. Ideen einem anderen mitzuteilen, sowie die Fähigkeit von Gruppen, enge u. vertraul. Verbindungen miteinander zu haben'" (Wörterbuch der Soziologie 1994, 426, Stichwort Kommunikation).

Kommunikation

In dieser Definition, die insbesondere für den symbolischen Interaktionismus gilt, werden die Bedeutung einer Information und der Sinn der Informationsübermittlung in den Vordergrund gerückt. Dabei geht es allen an der Kommunikation beteiligten Akteuren um die Erfassung der in der Kommunikation vermittelten Bedeutungen und damit um gegenseitige Verständigung und um die Ermöglichung sinnverstehenden gemeinsamen Handelns. Dieser Kommunikationsbegriff unterliegt mithin nicht einem instrumentellen, sondern einem praktischen Erkenntnisinteresse. Es versteht sich dabei von selbst, dass die Akteure auf der Grundlage von Rollen und Rollenbedeutungen handeln. Damit ist die Beziehungsebene gekennzeichnet. Auf dieser Basis werden zugleich die kulturellen Inhalte thematisch gemacht, wie z. B. Normen, Vereinbarungen, Wissen über Geschichte oder Physik. Kommunikation ist also durch die Beziehungs- und die Inhaltsebene strukturiert.

In diesem Kontext ist Interaktion als eine erweiterte Kommunikation anzusehen (Watzlawick u. a. 1972, 50f), z. B. als Folge von Kommunikationssequenzen oder als der Oberbegriff von Kommunikation.

Aus den vorangegangenen Darlegungen geht unschwer die Bedeutung von Kommunikation hervor. Als symbolisch vermittelte Interaktion beruht Kommunikation nach Blumer, dem Begründer des symbolischen Interaktionismus, auf folgenden Prämissen (Blumer 1976, 81):

1. Menschen handeln aufgrund von Bedeutungen.
2. Die Bedeutungen entstehen in kulturellen und sozialen Interaktionen bzw. werden aus diesen abgeleitet.
3. Bedeutungen werden in den symbolisch vermittelten Interaktionen, also in kommunikativen Akten gelernt, kreiert, ausgehandelt und verwendet, z. B. in Form von Gesten, Mimik und Sprache.

Auf dieser Grundlage hat Mead strukturelle Merkmale von symbolischer Interaktion entwickelt (Mead 1998, 117ff):

1. Die kleinste Handlungseinheit in jeder Kommunikation ist die Geste. Dazu zählen auch Mimik und Sprache.
2. Aufgrund von Gesten können Menschen Bedeutungen entwickeln.
3. Wird die Bedeutung von allen Akteuren geteilt, dann ist sie signifikant, d. h., sie ist konzeptbildend und handlungsleitend.

fünf „pragmatische Axiome" (Watzlawick)

Auf diesen Vorgaben beruhen die bekannten fünf „pragmatischen Axiome", die P. Watzlawick und Mitarbeiter formuliert haben (Watzlawick u. a. 1972, 53ff). Diese Axiome werden im Folgenden an Beispielen in Bezug auf ihre pädagogische Relevanz vorgestellt.

> **Fünf pragmatische Axiome der Kommunikation (Watzlawick u. a. 1972, 50ff)**
> 1. „Man kann nicht *nicht* kommunizieren."
> 2. „Jede Kommunikation hat einen Inhalts- und Beziehungsaspekt."
> 3. „Die Natur einer Beziehung ist durch die Interpunktion der Kommunikationsabläufe seitens der Partner bedingt."
> 4. „Menschliche Kommunikation bedient sich digitaler und analoger Modalitäten. Digitale Kommunikationen haben eine komplexe und vielseitige logische Syntax, aber eine auf dem Gebiet der Beziehungen unzulängliche Semantik. Analoge Kommunikationen dagegen besitzen dieses semantische Potential, ermangeln aber die für eindeutige Kommunikationen erforderliche logische Syntax."
> 5. „Zwischenmenschliche Kommunikationsabläufe sind entweder symmetrisch oder komplementär, je nachdem, ob die Beziehung zwischen den Partnern auf Gleichheit oder auf Unterschiedlichkeit beruht."

1. „Man kann nicht nicht kommunizieren" (Watzlawick u. a. 1972, 53). Dieses Axiom besagt, dass die Tatsache des menschlichen In-der-Welt-Seins auch grundlegende menschliche Äußerungen jedweder Art, z. B. körperliche oder sprachliche, nach sich zieht. Gleichviel auf welcher Ebene, mit welchen Ausdrucksformen und unter welchen Bedingungen diese Äußerungen zustande kommen, das Grundaxiom beinhaltet, dass auch die Unterlassung, z. B. das Schweigen, kommunikationstheoretisch als eine Äußerung angesehen werden muss, dessen Wirkung als kommunikative Äußerung auch zu beobachten ist. Hierbei muss an Max Webers Bestimmung vom sozialen Handeln erinnert werden, in der Weber darauf hinweist, dass auch die Unterlassung oder die Duldung Arten von sozialem Handeln darstellen (Weber 1972, 1). Mit anderen Worten: Menschen handeln immer, und sie handeln immer aufgrund von Bedeutungen. Sie äußern sich also stets und ständig, reagieren und agieren in Bezug auf Äußerungen anderer. Sie sind sogar in der Lage, sich für sich selbst und vor sich selbst zu äußern. Darauf hat G. H. Mead hingewiesen. Er zeigt, dass Menschen auch sich selbst gegenüber ihre Ideen, Vorstellungen und Meinungen als Gesten anzeigen (Mead 1975, 192f).

2. Jede Kommunikation ist durch einen „Inhalts- und einen Beziehungsaspekt" (Watzlawick u. a. 1972, 53) strukturiert. Dieses Axiom besagt, dass auf der Inhaltsebene der Kommunikation jene Sachinformation vermittelt wird, von der der Kommunikant meint, dass sie, für andere oder für sich selbst zu wissen, von Bedeutung ist. Auf der Beziehungsebene kommt demgegenüber die Art und Weise zum Tragen, wie diese Information, z. B. sprachlich oder gestisch, „verpackt" ist, d. h. dargestellt wird. Die Autoren weisen mit Nachdruck darauf hin, dass die Beziehungsebene oft unbewusst zum Ausdruck kommt und auch auf dieser Ebene wahrgenommen wird. Nun ist die Beziehungsebene selbst aber auch eine Form von Information. Sie liefert nämlich die soziale Bedeutung, in der die inhaltliche Information gesehen wird oder gesehen werden soll.

3. „Die Natur einer Beziehung ist durch die Interpunktion der Kommunikationsabläufe seitens der Partner bedingt" (Watzlawick u. a. 1972, 61). Interpunktionen können als alltägliche und notwendige Regelungsmomente in Interaktionen angesehen werden.
   Im konkreten Vollzug heißt Interpunktieren Zeichen setzen, z. B. beim Sprechen oder durch Körpersprache, innerhalb eines Handlungsablaufs. Zeichen dieser Art sind kultur-, gruppen- und statusspezifisch; z. B. während eines Streitgesprächs sagt eine Person plötzlich: „Punkt" oder sie hält sich die Ohren zu. Beide Interpunktierungen bedeuten „Ende der Kommunikation!"

4. In dem vierten Axiom wird die Struktur der Kommunikation angesprochen. Damit sind die Weisen gemeint, in denen die Objekte dargestellt und zum Gegenstand von Kommunikation gemacht werden können.
   Unter digitaler Kommunikation wird eine differenzierte sprachliche Darstellung der Botschaft sowohl auf der Inhalts- als auch auf der Beziehungsebene verstanden. Danach ist eine Information und ihre Übermittlung, z. B. nach grammatischen und syntaktischen Gewohnheiten, geordnet. Analoge Kommunikationen bestehen demgegenüber aus Handlungen, Verhaltensweisen, wie z. B. Gesten und Mimik, oder aus Zeichnungen, in denen z. B. Gefühle der Lust oder Unlust in der Situation dem Beziehungspartner signalisiert oder zum Ausdruck gebracht werden. Dabei handelt es sich immer um

digitale und analoge Kommunikation

verallgemeinerte Symbole, die also von allen Menschen verstanden werden, deren Bedeutungszusammenhang in spezifischen Situationen aber nicht immer sofort gesehen wird. Daher muss der verallgemeinerte Sinn auf die spezifische Situation hin erst entschlüsselt und interpretiert werden.

„Wenn wir uns nun erinnern, daß jede Kommunikation einen Inhalt und einen Beziehungsaspekt hat, so wird deutlich, daß die digitalen und analogen Kommunikationsweisen nicht nur nebeneinander bestehen, sondern sich in jeder Mitteilung gegenseitig ergänzen. Wir dürfen ferner vermuten, daß der Inhaltsaspekt digital vermittelt wird, der Beziehungsaspekt dagegen vorwiegend analoger Natur ist" (Watzlawick u. a. 1972, 64).

5. Watzlawick beschreibt die Interaktionsabläufe wie folgt:

„Zwischenmenschliche Kommunikationsabläufe sind entweder symmetrisch oder komplementär, je nachdem, ob die Beziehung zwischen den Partnern auf Gleichheit oder auf Unterschiedlichkeit beruht" (1972, 70).

symmetrische und komplementäre Kommunikation

Unter symmetrischen Beziehungen innerhalb von Interaktionen werden Rollenverhältnisse verstanden. Diese sind dadurch gekennzeichnet, dass es den Interaktionspartnern möglich ist, ihr Rollen- und damit auch ihr Beziehungs- und Sprachspiel chancengleich zu gestalten. Dies bedeutet zugleich, dass sie auf die „Verminderung von Unterschieden zwischen den Partnern" (Watzlawick u. a. 1972, 69) aus sein können. Unter komplementären Interaktionen werden Rollenbeziehungen verstanden, deren Definition auf „sich gegenseitig ergänzenden Unterschiedlichkeiten" basiert (Watzlawick u. a. 1972, 69).

Komplementäre Kommunikation strebt nach Erhalt von Statusunterschieden (Lehrer – Schüler!), pocht auf Unterschiede, kann gleiche Chancen verhindern und wird Gleichheit – auch begrenzt – z. B. in einem Projekt nicht zulassen.

Aus dem oben Genannten lassen sich folgende Schlussfolgerungen ziehen:

1. Erziehungshandeln – und ein Gleiches gilt für Unterrichtshandeln – muss davon ausgehen, dass Situationen grundsätzlich durch symbolisch vermittelte Interaktionen strukturiert sind – auch dann, wenn sich auf der Aktionsfläche autoritäre bis autoritative Verhaltens- und Vermittlungsweisen bzw. einwegige Sender-Empfänger-Kommunikation zeigen (Kunczik/Zipfel 2001, 27).
2. Erziehungshandeln kann mit den fünf pragmatischen Axiomen erklärt werden. Ihre strukturellen Funktionen gelten auch dann, wenn diese nicht wahrgenommen werden.
3. In einer Erziehung, die sich als symbolisch vermittelte Kommunikation versteht, sollten Chancen eröffnet werden, symmetrische Beziehungen in Szene zu setzen. Zugleich müssen aber auch Fähigkeiten erworben werden, Beziehungsebenen und Metaebenen thematisch zu machen. Nicht zuletzt müssen organisatorische, rechtliche und andere Verhinderungen angegangen und aus dem Wege geräumt werden, damit einer symmetrischen Interaktion eine Chance gegeben werden kann.
4. Haben Watzlawick u. a. auf die sozialpsychologische Bedeutung des Kommunikationsbegriffs hingewiesen, so Mollenhauer auf die sozialpädagogische. Beide heben in der symbolischen Auffassung von Kommunikation und Interaktion die Chancen hervor, Erziehung sowie Lehr- und Lernprozesse offen zu gestalten, um den Reichtum und die Vielfältigkeit der Kultur und der Beziehungsformen zur Wirklichkeit zu bringen. Ihre Argumentationen gehen dabei stark vom Individuum aus, wobei sie aber – insbesondere Mollenhauer – den Einfluss der Gesellschaft nicht außer Acht lassen.

4.5.3 Der Zusammenhang von Erziehungshandeln und Interessen

Die Ausgangsthese für die folgenden Ausführungen lautet: Erziehungshandeln ist von individuellen und kollektiven Interessen sowie von institutionalisierten Herrschaftsinteressen bestimmt. Letztere sind nicht immer offenkundig, wie die Forschungen zum „hidden curriculum" zeigen (Zinnecker 1986). Die institutionalisierten Herrschaftsinteressen sind gesellschaftlich und politisch bedingt und sie manifestieren sich z. B. in den Rollenstrukturen der Familien, den Organisationsstrukturen von Kindertagesstätten, den Schulordnungen und Lehrplänen. Sie können von den jeweiligen Vertretern der Institutionen, z. B. den Eltern, Erziehern/Erzieherinnen und Lehrern/Lehrerinnen, jederzeit durchgesetzt werden. Das strukturelle Herrschaftsinteresse kann somit in Anlehnung an M. Weber (1972) als eine Form der legalen Herrschaft bezeichnet werden (Kap. 5.3.1). Um diesen Zusammenhang zu durchschauen, ist es hilfreich auf die Interessenslehre von Jürgen Habermas zurückzugreifen, wie sie in seinem Werk „Erkenntnis und Interesse" (1973a) erörtert wird.

Für Habermas sind die Interessen jedweder Art von Menschen und Gruppen ebenso wie die alltägliche und die wissenschaftliche Erkenntnis in Lebenszusammenhänge eingebettet. Habermas führt hierzu aus:

> „Die Einbettung von Erkenntnisprozessen in Lebenszusammenhänge macht auf die Rolle erkenntnisleitender Interessen aufmerksam: Ein Lebenszusammenhang ist ein Interessenszusammenhang" (Habermas 1973a, 260).

Wenn Interessen mit dem Leben zusammenhängen, dann hängen sie also nicht nur an der Erkenntnis, sondern auch an menschlichen Handlungen (Habermas 1973a, 261). Daher repräsentieren die Interessen sowohl die Bedürfnisse von Menschen als auch die Ausdrucksformen der Gesellschaft, wie sie z. B. in Herrschaft, Arbeit und Sprache vorliegen. In diesem Sinn sind die subjektiven Interessen der Individuen mit den Herrschaftsinteressen der Gesellschaft verknüpft. Auf die Handlungsebene bezogen lassen sich die Interessen wie folgt gliedern:

Erkenntnis- und handlungsleitende Interessen (nach Habermas 1973a)
(1) technisches,
(2) praktisches,
(3) emanzipatorisches Erkenntnis- und Handlungsinteresse.

Die einzelnen Interessen lassen sich wie folgt kennzeichnen.

Zu 1) Das technische Interesse zielt auf „die Wirklichkeit im Hinblick auf eine unter spezifizierten Bedingungen immer und überall mögliche technische Verfügung" (Habermas 1973a, 241).

Das bedeutet, dass die natürliche, die soziale und die kulturelle Wirklichkeit des Menschen für den Gebrauch erforscht, transformiert und damit verfügbar gemacht werden.

technisches Interesse

Das Erziehungshandeln, z. B. die Erziehungsziele (Kap. 4.4.2), die Unterrichtsstile oder die Sprache von Erziehern/Erzieherinnen und Lehrern/Lehrerinnen, können von diesem Interesse bestimmt sein. Die Interaktionen werden dann technisch zu regeln versucht.

Handeln wird in diesem Sinn in steuerbares und überprüfbares Verhalten transformiert.

> *„Im Funktionskreis instrumentalen Handelns* konstituiert sich die Wirklichkeit als Inbegriff dessen, was unter dem Gesichtspunkt möglicher technischer Verfügung erfahren werden kann: Der unter transzendentalen Bedingungen objektivierten Wirklichkeit entspricht eine restringierte Erfahrung" (Habermas 1973a, 236).

Das technische Erkenntnisinteresse, das mit dem instrumentalen Handeln korrespondiert, ist als die Grundfolie des institutionalisierten Handelns und damit auch der kulturellen Vermittlungsprozesse der Neuzeit anzusehen. Es ist zwar notwendige Bedingung zur Bewältigung alltäglicher Verrichtungen. Somit muss es auch gelehrt und gelernt werden. Aber es sollte weder verallgemeinert noch absolut gesetzt und ideologisch begründet werden. Mit den Einlassungen von Habermas ist auch auf die Chance zur Relativierung dieses die Praxis beherrschenden Handelns und Denkens aufmerksam gemacht. Diese Chance vermag das praktische Erkenntnisinteresse zu eröffnen, das im Zusammenhang mit dem kommunikativen Handeln zu sehen ist.

praktisches Interesse

Zu 2) Das praktische Interesse dient der Interpretation „der Wirklichkeit im Hinblick auf eine für eine hermeneutische Ausgangslage mögliche Intersubjektivität handlungsorientierender Verständigung" (Habermas 1973a, 241).

Mit dem Begriff des praktischen erkenntnisleitenden Interesses ist der Prozess der menschlichen Lebensbeziehungen in ihrer Intersubjektivität gemeint. Hierbei geht es in praktischer Absicht in erster Linie um handlungsorientierte Verständigung bzw. um das Verstehen der Intentionen der Handlungspartner, wie z. B. durch Interpretation, Deutung und Vereinbarung der Geltung von Sprachsymbolen, Gesten, Sätzen, syntaktischen Bewegungen der Sprache.

Mit der Realisierung des praktischen, erkenntnisleitenden Interesses soll also der Grad an intersubjektiver Verständigung erhöht werden. Damit tritt neben die technische Verfügung von Welt die Auslegung von Welt und neben das technische das hermeneutische Wissen. Strukturell gesehen konstituiert das kommunikative Handeln überhaupt erst jenen Prozess kultureller Vermittlung, in welchem das technische Interesse und das instrumentale Handeln eingebettet sind, oder anders ausgedrückt: Erfahrung und Erkenntnis, die die handelnden und erkennenden Subjekte im kommunikativen Prozess gewinnen, führen den Menschen über die technische Verfügbarkeit von Welt hinaus auch die Unabgeschlossenheit aller Vermittlungsprozesse vor Augen. Damit erfahren die Akteure die konstitutive Bedeutung der grundsätzlichen Unabgeschlossenheit aller Erkenntnis, Vermittlungs- und Tätigkeitsprozesse. Sie erfahren den Bildungsprozess (Habermas 1973a, 243).

In schulischen Vermittlungsprozessen und im didaktischen Feld z. B. bedeutet diese Erkenntnis, dass Unterrichtsprozesse so anzulegen sind, dass neben der Vermittlung technisch verfügbaren Wissens und Könnens die Akteure auch in die Lage versetzt werden, sich über die Formen, Inhalte und Bedingungen ihres Verhaltens und Handelns Klarheit zu verschaffen, d. h. also die kommunikativen Zusammenhänge ihres Daseins und ihrer Lernprozesse zu reflektieren und ihre Reflexionen auch kommunikativ in Szene zu setzen. Diese Arbeit erfordert allerdings neue Formen des Lehrens und Lernens, der Ordnung der kulturellen und sozialen Inhalte sowie eine neue Auffassung von Zeit, Raum und Leistung.

Aus diesen Darlegungen geht hervor, dass Habermas in seiner Interessenslehre auch mit zwei impliziten Auffassungen von der Kapazität des Menschen arbeitet. Auf der einen Seite ist der Mensch mit den Fähigkeiten ausgestattet, die Welt für sich verfügbar zu machen, eine Tatsache, die auch für Schule und Unterricht gilt; auf der anderen Seite haben Menschen die Fähigkeit zur Aufklärung ihrer Lebenswelt einschließlich der technischen Verwirklichungszusammenhänge. Dies bedeutet, dass der Mensch auch in der Lage ist, Frustrationstoleranz, d. i. die Fähigkeit, Rollenwidersprüche auszuhalten, Ambiguitätstoleranz, d. i. die Fähigkeit, Rollenwidersprüche aufzuweichen, und Rollendistanz, d. i. die Fähigkeit zu haben, z. B. Rollen zu interpretieren, insgesamt also Ich-Identität zu entwickeln (Habermas 1973a u. 1973b, 195ff u. Kap. 3.4.3).

Zu 3) Mit diesen Ausführungen ist auf das letzte, das emanzipatorische Interesse hingewiesen (Habermas 1973a, 244). Dem emanzipatorischen Erkenntnisinteresse entspricht auf der Handlungsseite das Begreifen der Welt mittels der menschlichen Vernunft; anders ausgedrückt: der Gebrauch der Vernunft wird als eine weitere Praxis des Menschen angesehen, die Wirklichkeit zu gestalten. Vernunftgebrauch ist also ebenso eine Art des menschlichen Handelns und der Strukturierung des Daseins wie die Auslegung der Symbole, das Lernen und die instrumentelle Handhabung der Welt.

emanzipatorisches Interesse

Bei der Entwicklung dieses Gedankenganges geht Habermas auf den deutschen Idealismus, also auf Kant, Hegel und Fichte zurück. Ohne im Einzelnen auf die Philosophiegeschichte einzugehen, kann in Bezug auf das emanzipatorische Erkenntnisinteresse gesagt werden: Der emanzipatorische Kern dieses Interesses drückt sich in der Erfahrung des Menschen als geschichtliches Wesen aus, das sich seiner Vernunft – entgegen allen äußeren Bedrückungen – vergewissern kann. Dies bedeutet, dass der Mensch zumindest im Vernunftbereich die Freiheit hat, alle Verhältnisse und Zusammenhänge auf ihren humanen und prinzipiellen Sinn hin zu überprüfen. Mit einem gewissen Recht weist Habermas daher in diesem Zusammenhang auf die neuhumanistische Position Fichtes hin. Fichte sah den tiefen Grund allen Interesses im Menschen selbst, nämlich in seiner Fähigkeit, für sich selbst, d. i. zugleich für die Gattung Mensch als dem höchsten Gut, da zu sein. Von da aus gesehen wird auch die Frage nach dem „cui bono", also nach dem, was dem Menschen zum Guten gereicht, verständlich. Auch wird der Verweisungszusammenhang vom Einzelnen – dem Subjekt, das Gute zu tun – und dem Ganzen – die Idee, das Gute zu denken – erneut deutlich.

Welche Antwort in der Geschichte der Menschheit auch immer auf diese Frage gegeben worden sein mag, der rote Faden einer Grundantwort lässt sich erkennen. Dieser signalisiert, dass das Gute in der Erhaltung des Lebens, der Gesundheit und der Umwelt gesehen wird.

Der Gebrauch der Vernunft als einer besonderen Form menschlichen Handelns zielt somit auf die Selbstreflexion des Individuums, die Reflexion der kommunikativen Zusammenhänge individueller Interaktionen und die der instrumentellen Beziehungen. Damit rückt eine Tätigkeit in den Vordergrund des emanzipatorischen Erkenntnisinteresses und des vernunftgemäßen Handelns, die in der Literatur als Ideologiekritik beschrieben wird.

Ideologiekritik

Ideologiekritik kann als eine Spielart des emanzipatorischen Erkenntnisinteresses und Handelns verstanden werden, insofern die Anstrengung des emanzipatorischen Erkenntnisinteresses und die Herausforderung des Menschen zu vernunftgemäßem Handeln auf die Herausarbeitung der allen vorgenannten Interessen und Prozessen zugrunde liegenden Werte und Normen abzielt, ja noch mehr: Sie zielt auf die vernunftgemäße Prüfung aller Prozesse und ihrer Inhalte ab, einschließlich des Vernunftprozesses selbst. Insofern ist diese Form vernünftigen Handelns eine sehr hohe Anforderung an die Anstrengung menschlicher Vernunft und menschlichen Handelns.

Die Ausführungen lassen die signifikante pädagogische Bedeutung einer Interessenslehre erkennen. Das Wissen über die Interessen, die in einem sozialen System herrschen, ist daher geradezu existenziell notwendig. Es kann zur gegenseitigen Aufklärung ebenso beitragen wie dazu, Fähigkeiten zu entwickeln, um Konflikte erkennen und lösen zu können. Insofern ist das Wissen über Interessen auch eine moderne und aktuelle Form sozialer Ethik.

Am Beispiel der Alltagssprache lässt sich die Interessenslehre von Habermas anschaulich illustrieren. Sprache kann in drei Funktionen benutzt werden:

1. die instrumentale Funktion,
2. die pragmatische Funktion,
3. die emanzipatorische Funktion.

Zu 1) Sprache kann in bestimmten Situationen, z. B. in Alltags- und Unterrichtsgesprächen, eine „instrumentale" Funktion haben. Sprache dient dann dazu, fachliche oder soziale Inhalte oder Ansichten zu „transportieren". Sie fungiert sozusagen als Mittel. Der instrumentelle Gebrauch von Sprache gehört zur notwendigen Regelhaftigkeit des menschlichen Daseins. In Lern- und Unterrichtsprozessen jedoch kann die instrumentalisierte Sprache, wenn sie ausschließlich in formalisierten Formen realisiert wird, zu Frustrationen führen. Lernende werden in die Rolle gedrängt, lediglich Wissen aufzunehmen, ohne es zu verarbeiten, anzuwenden, „umzuwenden" und zu „rekonstruieren". Im sozialen Umgang entstehen die bekannten Sprachrituale: die „Befragungs-", die „Bestrafungs-", die „Beratungs- und Belehrungsrituale", die den Jugendlichen im wahrsten Sinn des Wortes „den Nerv töten", sie also in vorgegebene Muster einzwängen. Lernen wird dabei subjektiv als Zwang oder als Langeweile erlebt.

Zu 2) Sprache kann auch in „praktischem" Interesse eingesetzt werden. Das bedeutet, dass das Alltagshandeln in seinen Vollzügen und Konflikten zu verstehen versucht wird. Sprache in diesem Verständnis bemüht sich um gegenseitige Verständigung bei Dissens und Konflikt, aber auch um gegenseitiges Einvernehmen und Einverständnis im Kontext eingespielter Regeln und Interpretationen. Dabei werden Abweichungen und/oder Neuinterpretationen nicht negativ sanktioniert, sondern in einen „gemeinsamen Horizont" einzuarbeiten versucht. Dies hat aber zur Voraussetzung, dass Sprachrituale „überholt", auf- oder abgebrochen werden und an ihre Stelle der Versuch der gemeinsamen sprachlichen Bewältigung einer Situation tritt. Hierzu bilden instrumentale Fertigkeiten gewiss eine technische Voraussetzung; eine andere Fähigkeit aber bildet die eigentliche Basis: das Verstehen. Es fordert den in einer Situation gemeinsam handelnden, denkenden und sprechenden Personen ab, dass sie einen gemeinsamen Horizont für ihre Tätigkeiten definieren, in den sie sich mit ihren – auch unterschiedlichen und gegenteiligen – Interpretationen einlassen und arbeiten können. Auch gute Gespräche, im Unterricht z. B. durch die Schaffung von Erfahrungsfeldern oder Projektarbeit, können als Möglichkeiten angesehen werden, „verstehen lernen" einzulösen.

Zu 3) Sprache kann auch in einem „emanzipatorischen" Sinn realisiert werden. Sie dient dann zur Reflexion. Das bedeutet zum einen, dass über die soziale Rolle von Sprache z. B. in einer Gesprächssituation oder auf gesamtgesellschaftlicher Ebene, d.h. über ihre normative Funktion nachgedacht wird. Dabei steht die Sprache in ihrer normen- und regelsetzenden Kraft und Mächtigkeit in Frage: nämlich ob und inwieweit bestimmte Sprachformen allen oder nur einzelnen in einem Gespräch anwesenden Personen die Chance zur angemessenen Beteiligung geben. Angemessen heißt in diesem Zusammenhang, dass es dem Einzelnen in seiner Bedürfnisdisposition gelingt, sich anderen mitzuteilen und mit seinem Sachinteresse zu Wort zu kommen und angehört zu werden, und vor allem, dass die anderen beteiligten Personen seinen Beitrag auch ernst nehmen, d. h. auf diesen eingehen und weiterverarbeiten.

Zum anderen können die Beteiligten fragen, auf welche Art und Weise sie in der Sprache, die gesprochen wird, vorkommen, wie sie sich erleben: ohnmächtig, sprachlos, hilflos, stotternd, stockend, bedächtig oder überlegen, wortgewaltig flüssig, eloquent, sachgemäß u. Ä. Auf dieser Ebene der Reflexion wird also nicht primär die Funktion, mithin die gesellschaftliche Seite von Sprache, sondern die individuelle Facette des Ausdrucks thematisch gemacht. Dabei tauchen – wie die Beispiele oben zeigen – bereits wieder Zusammenhänge zum Handeln und Denken auf; aber auch Verbindungen zu den beiden vorgenannten Interessen. Schließlich kann das Wissen um die Metabedeutung von Sprache auf der emanzipatorischen Ebene auch intentional zur Aufklärung von Menschen in Alltags- und Lernsituationen angewandt werden.

4.5.4 Erziehungshandeln als Förderung moralischer Entwicklung

Der Zusammenhang von Erziehung und Moral gehört zu den Grundthemen jeder Gesellschaft und er ist Gegenstand vielfältiger Forschung in den unterschiedlichsten Disziplinen.

Die verschiedenen Forschungstraditionen von Moral (Lickona 1976) zeigen, dass mit Moral das Verhalten oder Handeln von Menschen, einer Gruppe oder

Moral

Gesellschaft bezeichnet wird, das auf Werten, Normen oder Regeln beruht, die von allen Mitgliedern geteilt werden. So wird z. B. in der Tradition des Behaviorismus unter Moral ein Verhalten verstanden, das aus Gewohnheiten besteht, die im Lauf des Lebens gelernt werden. Die Steuerung des moralischen Verhaltens, z. B. durch Umwelt und Erziehung, geschieht durch Verstärkung (Kap. 3.2 u. 4.4.). Im modifizierten Behaviorismus bilden psychische Dispositionen und Motivationen die Voraussetzung für das Lernen von Regeln und ihre Umsetzung in moralische Eigenschaften, wie z. B. Ehrlichkeit oder Hilfsbereitschaft. In der psychoanalytischen Tradition wird die moralische Entwicklung durch Internalisierung erklärt. Als Zensor zum gewünschten moralischen Verhalten und Handeln wird das Über-Ich bzw. das Gewissen angesehen (Kap. 3.3.5 u. 3.3.6). In Forschungen, die dem symbolischen Interaktionismus, dem Pragmatismus und dem Strukturalismus verpflichtet sind, stehen der kognitive Umgang der Individuen mit den Regeln, Normen und Werten sowie mit den Ideen oder Problemen, wie z. B. Gerechtigkeit, Recht – Unrecht, gegenseitige Achtung und gleiche Chance (Freiheit) im Zentrum (Kap. 3.4 u. 3.5). Piaget kann hier zu den ersten Vertretern gezählt werden, die sich mit der empirischen Untersuchung der moralischen Entwicklung von Kindern befasst haben (1954). Eine Einführung in das Thema bieten die folgenden Werke:

Durkheim, E. (1973): Erziehung, Moral und Gesellschaft
Piaget, J. (1954): Das moralische Urteil beim Kinde
Oerter, R., Montada, L. (1982): Entwicklungspsychologie
Garz, D. (1984): Strukturgenese und Moral

In dieser Denktradition steht auch der US-Amerikaner Lawrence Kohlberg (1927–1987), dessen Forschungsarbeiten zur Erziehung als Stimulierung der moralischen Entwicklung von der Wissenschaftsgemeinschaft bis heute große Anerkennung erfahren haben. Daher liegt das Gewicht der folgenden Ausführungen auf den Forschungsarbeiten von Kohlberg sowie auf seinen erziehungspraktischen Tätigkeiten und Vorschlägen. Dabei sind die folgenden Werke leitend:

Kohlberg, L. (1974): Zur kognitiven Entwicklung des Kindes
Kohlberg, L. (2000): Die Psychologie der Lebensspanne
Garz, D. (1996): Lawrence Kohlberg zur Einführung
Aufenanger, St. u. a. (1981): Erziehung zur Gerechtigkeit. Unterrichtspraxis nach Lawrence Kohlberg

Das wissenschaftliche Verdienst von Kohlberg ist darin zu sehen, dass er Stufen der moralischen Entwicklung auf empirische Weise belegen konnte. Er benutzte dazu so genannte Dilemmata.

Dilemma

In einem Dilemma oder in einer Dilemmasituation treffen zwei oder mehrere Wertorientierungen aufeinander. Die betroffene Person oder die Personen müssen eine Entscheidung finden, welche Wertorientierung gelten und das Handeln leiten soll. Da die Folgen immer den Einzelnen in seiner Beziehung zu anderen oder überhaupt andere Menschen betreffen, werden die Entscheidungen moralisch genannt. In der Entscheidung wird also ein moralisches Urteil gefällt (Aufenanger u. a. 1981, 16ff). Dabei spielen kognitive, affektive und soziale Persönlichkeitsdimensionen eine integrative Rolle.

Das Paradebeispiel von Kohlberg ist das so genannte „Heinz-Dilemma", das den Probanden zur Beurteilung vorgelegt wird. Es lautet:

> „Irgendwo in Europa stand eine krebskranke Frau kurz vor dem Tode. Es gab ein Medikament, das sie hätte retten können, eine Radiumverbindung, die ein Apotheker in jener Stadt vor kurzem entdeckt hatte. Der Apotheker verlangte dafür 2000 Dollar, das Zehnfache dessen, was ihn die Herstellung des Medikaments kostete. Der Mann der kranken Frau, Heinz, bat alle seine Bekannten, ihm Geld zu borgen, aber er konnte nur etwa die Hälfte des Preises zusammenbringen. Er sagte dem Apotheker, dass seine Frau im Sterben liege, und bat ihn, ihm das Medikament billiger zu verkaufen oder ihn später bezahlen zu lassen. Aber der Apotheker sagte ‚Nein'. In seiner Verzweiflung brach der Ehemann in die Apotheke ein und stahl das Medikament für seine Frau. Sollte er das tun? Warum?" (Kohlberg 1974, 66)

Im Laufe seiner vielfältigen Untersuchungen hat Kohlberg ein Beurteilungs- und Auswertungsschema entwickelt. Es besteht aus drei Ebenen mit jeweils zwei – also insgesamt sechs – Stufen.

I. Präkonventionelle Ebene

Stufe 1   Stufe des heteronomen Urteilens
„Gerecht ist jene Handlung, für die ich belohnt werde."

Stufe 2   Individuelle Stufe, die auf instrumentelle Absichten und Austauschbeziehungen ausgerichtet ist
„Gerechtigkeit meint, daß ich jetzt etwas für dich tue, wenn du später auch etwas für mich machst."

II. Konventionelle Ebene

Stufe 3   Beziehungen und interpersonale Konformität
„Gerecht sind jene Handlungen, die in meiner Gruppe gutgeheißen werden."

Stufe 4   Stufe des sozialen Systems
„All jene Handlungen sind gerecht, die den vereinbarten Regeln der Gesellschaft folgen."

III. Postkonventionelle Ebene

Stufe 5   Stufe des Sozialvertrags, des sozialen Nutzens und der individuellen Rechte
„Gerechtigkeit bedeutet, daß Menschen ihre fundamentalen Rechte wahrnehmen können."

Stufe 6   Stufe universal ethischer Prinzipien
„Ideale Rollenübernahme"

Zur Illustration der einzelnen Stufen zum Heinz-Dilemma hat Kohlberg Beispiele gesammelt, die generalisierbar sind (Kohlberg 1974, 66ff). Kohlberg lässt dabei das Pro und Kontra der Stellungnahmen zu Wort kommen.

Zwei Beispiele werden im Folgenden exemplarisch vorgestellt. Sie können auf Jugendliche zwischen neun und 15 Jahren bezogen werden.

„Stufe 4.
Eine Handlung ist immer oder kategorisch falsch, ungeachtet der Motive und Umstände, wenn sie eine Regel verletzt und anderen absehbaren Schaden zufügt. (Unterscheidet Handeln aus Pflichtgefühl gegenüber einer Regel von generell ‚gutem' Handeln aus natürlichen Motiven.)
Pro. – Er sollte es stehlen. Wenn er nichts täte, ließe er sie sterben, und er wäre dafür verantwortlich, daß sie stirbt. Er muß es stehlen und sich vornehmen, es dem Apotheker später zu bezahlen.
Contra. – Es ist ganz natürlich, daß Heinz seine Frau retten will, aber dennoch ist es falsch, zu stehlen. Er weiß doch, daß er stiehlt und dem Hersteller ein wertvolles Medikament raubt.
Stufe 5.
Formelle Feststellung, daß die Umstände oder das Motiv zwar die Mißbilligung modifizieren, daß aber die allgemeine Regel gilt, daß der Zweck nicht die Mittel rechtfertigt. Die Umstände rechtfertigen zwar abweichende Handlungen bis zu einem gewissen Maß, doch sie lassen sie nicht richtig erscheinen und führen nicht zur Aufhebung der Kategorien der Moral. (Unterscheidet zwischen moralischem Tadel wegen der hinter der Regel-Übertretung stehenden Absicht und der legalen oder prinzipiellen Notwendigkeit, keine Ausnahmen von der Regel zu machen.)
Pro. – Das Gesetz sieht solche Fälle nicht vor. Das Medikament zu rauben ist zwar nicht richtig, doch es ist gerechtfertigt.
Contra. – Man kann ihn nicht wirklich verurteilen, weil er es gestohlen hat, aber auch extreme Umstände rechtfertigen nicht, daß man selbst das Gesetz in die Hand nimmt. Man kann nicht zulassen, daß jedermann stiehlt, sobald er verzweifelt ist. Der Zweck mag gut sein, aber der Zweck rechtfertigt nicht die Mittel." (Kohlberg 1974, 67)

Im Alltag treffen Heranwachsende immer wieder auf verbale oder ins Bild und in Szene gesetzte Dilemmata, seien diese real, fiktiv oder durch Medien vermittelt. Auf Stufe 4 z. B. können Heranwachsende bereits zwischen zehn und 13 Jahren mit Dilemmata umgehen. Sie lernen den Umgang mit diesen in besonderer Weise in der Gruppe der Gleichaltrigen, wenn z. B. für bestimmte Spiele oder Handlungen die Regeln ausgehandelt werden müssen, denen selbstverständlich Wertorientierungen zugrunde liegen, die aber von den Akteuren nicht immer ausdrücklich gemacht werden. In diesen Fällen geht es z. B. darum, in welchen Situationen ein Tor gilt oder nicht. Um Beurteilungen und Bewertungen für das Handeln der Gruppenmitglieder leisten zu können, haben Heranwachsende bereits ihre Subjektorientierung auch an den „anderen" (den „verallgemeinerten Anderen" im Sinne George Herbert Meads) zu orientieren gelernt. In diesem strukturellen Entwicklungsprozess erkennt der Heranwachsende, dass es neben seinen eigenen noch die Wertorientierungen der anderen gibt. Er muss daher lernen, diese oft entgegengesetzten Wertorientierungen für die Entwicklung eines eigenen Konzepts zu bearbeiten. Die Mittel hierfür liegen im Alltag bereit: Streit, Disput, Diskussion. Wichtig ist hinsichtlich dessen, dass eine Vereinbarung zwischen allen Beteiligten getroffen wird „was gilt und was nicht gilt".

In Dilemmata, in denen es um Wertorientierungen, wie z. B. Benachteiligung und Missachtung von Menschen, geht, können Heranwachsende in diesem Alter auch durchaus auf Stufe 5 argumentieren.

Kohlberg hat neben der strukturellen Betrachtung der Urteilsbildungen auch deren Entwicklungsbedingtheit untersucht (Kohlberg 1974 u. 2000). Daher hat er auch immer wieder auf die Begründung der Urteile Wert gelegt und nicht auf die Wiedergabe des Inhalts. Insofern sind die Begründungen für die Zuordnung der Urteile zu den einzelnen Ebenen und Stufen wichtig. Aus den Begründungen kann geschlossen werden, in welcher Perspektive die Probanden die Rollen und Regeln, die in dem Dilemma eine Rolle spielen, beurteilen (Kap. 3.4).

Das Wissen über die Perspektiven ist in zweifacher Weise für die pädagogische Praxis wichtig. Eltern und Lehrer können mit dem Angebot neuer Dilemmata die Entwicklung der Kinder auf die nächsthöhere Stufe stimulieren und die Kinder haben ein Wissen erworben, mit dem sie differenzierter soziale Beziehungen und Zusammenhänge beurteilen und entsprechende Handlungskonzepte entwickeln können. Viele Beispiele finden sich bei Aufenanger (1981).

Beim Erziehungshandeln als Förderung der moralischen Entwicklung kann es aber in keinem Fall darum gehen, die Heranwachsenden möglichst auf Stufen der postkonventionellen Ebene zu heben. Vielmehr stehen Förderung und Erweiterung des Beurteilungs- und Begründungsrepertoires der Heranwachsenden im Vordergrund. Erst dadurch erwerben sie eine soziale Kompetenz, die es ihnen ermöglicht, auch „vom anderen her" zu denken und flexibel je nach Situation urteilen und handeln zu können.

Die praktische Arbeit mit Dilemmata kann also alle Beteiligten in ihrer moralischen Entwicklung fördern. Es können aber nicht nur konstruierte, sondern auch konkrete Dilemmata aus dem Alltag zur Beurteilung herangezogen werden (Aufenanger u. a. 1981). Moralische Dilemmata können sogar in den verschiedenen Unterrichtsfächern behandelt werden, wie die Arbeiten von Carol Gilligan („Fürsorge-Moral"), Fritz Oser (Die religiöse Entwicklung) oder Michael J. Parsons (Die ästhetische Entwicklung) zeigen Garz (2006). Auch aktuelle Dilemmata können verwendet werden: die ungewollte Schwangerschaft der Fünfzehnjährigen, die verbale Beleidigung einer ausländischen Schülerin durch einen deutschen Schüler, der Bau eines umstrittenen Kohlekraftwerks.

Neben aller Beurteilungspraxis muss – pädagogisch gesehen – die Ergänzung durch das Handeln stehen. Hierzu eignen sich Rollen-, Plan- oder Strategiespiele. Auf wenige Akteure begrenzt und mit klarer Rollenvorgabe im angebotenen Dilemma kann dieses auch „durchgespielt" werden: Argument gegen Argument und Begründung gegen Begründung. Das Szenario sollte nicht länger als zwei Minuten dauern. Daher muss es gut vorbereitet sein. Wird das Spiel auch auf Video aufgenommen, dann kann mit der Aufnahme weitergearbeitet werden, können neue Argumente und Begründungen gefunden werden, die auf unterschiedlichen Stufen rangieren können. Diese Arbeit fördert und erweitert das Beurteilungs- und Begründungsrepertoire. Sie kann z. B. in Form eines Projekts durchgeführt werden.

Eine effektive Arbeit kann auch mit literarischen Texten geleistet werden. Die Belletristik ist reich an Dilemmata von der Antike an. Auch in Dokumenten, z. B. über die Mitwirkung von Physikern beim Bau einer Atombombe; aber auch in Biografien oder in Darstellungen in den Medien verschiedenster Art, z. B. Fernsehen und Film, lassen sich Dilemmata finden, mit denen im Sinne Kohlbergs in Familie, Freizeit, Seminaren oder im Unterricht gearbeitet werden kann.

Ein hohes Ziel im Erziehungshandeln als Förderung der moralischen Entwicklung kann sein, „eine gerechte Atmosphäre" in der Gruppe, Klasse oder gar Schule herbeizuführen. Dies ist, wie das Beispiel Kohlberg gezeigt hat, ein langer Prozess, dessen Gelingen von sehr vielen Faktoren abhängt. Kohlberg hat unter dieser Zielstellung die „Cambridge Cluster School" mitbegründet, in der versucht wurde, „just communities", „gerechte Gemeinschaften", innerhalb der größeren Institution Schule einzurichten und „eine gerechte Atmosphäre" zu schaffen. Der Versuch war an drei regulativen Ideen orientiert, die auch für die moralische Urteilsbildung und das soziale Handeln leitend waren: Gerechtigkeit, gegenseitige Achtung und gleiche Chance (Freiheit).

5.0 Institutionen der Erziehung und Bildung

> In diesem Kapitel werden die Einrichtungen vorgestellt, in denen sich Enkulturations-, Sozialisations-, Erziehungs- und Unterrichtsprozesse abspielen. Das erkenntnisleitende Interesse zielt dabei auf die Strukturen, Funktionen und Formen der Institutionen und zugleich auf die Chancen ab, die die Individuen haben, sich aktiv in die jeweiligen Organisationsformen einzubringen. Vier wissenschaftliche Perspektiven zur Erklärung von Struktur- und Funktionszusammenhängen stehen im Zentrum.

5.1 Einführung in den Gegenstandsbereich

Die Ausführungen in den vorangegangenen Kapiteln haben die fundamentale Bedeutung pädagogischer Institutionen für Sozialisation, Erziehung sowie Lehr- und Lernprozesse offenkundig werden lassen. Erste begriffliche Bestimmungen (Kap. 2.4) haben diese Bedeutung unterstrichen. Darauf bauen die folgenden Erörterungen.

5.1.1 Pädagogische Institutionen im Lebenslauf

Pädagogische Institutionen bestimmen neben vielen anderen den Lebenslauf eines jeden Mitglieds der Gesellschaft von der Geburt an bis zur Beerdigung. Die Vielfalt der Institutionen bildet eine Art Ensemble, in dem alle Akteure mitspielen müssen. Hier sind z. B. zu nennen:

1. Die Familie. Die Familie gehört zu den zentralen Sozialisationsinstanzen im Prozess der primären Sozialisation (Wurzbacher 1968; Kreppner u. a. 1982). Mit der Geburt tritt das Kind im Regelfall in die „Institution" Familie, d. h. in ein vorgegebenes Rollen- und Positions-, Erwartungs- und Normengefüge ein. Dieses soziale und kulturelle Gefüge bildet sozusagen das Gerüst, an dem sich das Handeln aller in diesem Feld zu orientieren hat. Das Kind lernt allmählich die gesetzten Orientierungen; es lernt entsprechend zu handeln, zu sprechen, sich selbst, die anderen und die Welt zu sehen und zu definieren, es lernt seine Geschlechter- und Generationenrolle (Kap. 3 u. 4). Alle diese Lernprozesse und Erfahrungen sowie ihre Zielsetzungen und Inhalte, ihre sozialen Dimensionen und die Ahnung von der Idee ihres gesamtgesellschaftlichen Zwecks sind im Familienverband oder ähnlichen Einrichtungen organisiert, und zwar derart, dass sie realisierbar, d. h. aus der Optik des Kindes gemäß lernbar und aus der Sicht der Erwachsenen und der Gesellschaft durchsetzbar sind.

Die Familie

Der Kindergarten

2. Der Kindergarten. Im Regelfall tritt der Kindergarten für das Kind vom 3. Lebensjahr an neben die Familie. Er ergänzt und unterstützt die Sozialisations- und Erziehungsprozesse der Familie und gehört zu dem großen Bereich der Kinder- und Jugendarbeit (Kossolapow 1982).

Die Schule

3. Die Schule. Sie ist als die zentrale Sozialisationsinstanz anzusehen (Ulich, K. 1998). Sie kann als jenes pädagogisch bedeutsame Feld bestimmt werden, in welchem sich mehrere Erwartungsrichtungen kreuzen. Hier sind zunächst die Eltern zu nennen, die aufgrund ihrer Leistungen und Beiträge zur familialen und damit auch zur primären und grundlegenden Sozialisation und Erziehung ihres Kindes große Erwartungen an die Schule richten: die Weiterführung ihrer Wertorientierungen und Erziehungspraktiken, die Vermittlung einer ihrem Kind und ihren eigenen Vorstellungen entsprechende Ausbildung und Bildung und die Qualifizierung mit einem Abschluss, der dem Kind möglichst gute Chancen in den weiterführenden Schulen oder im Berufsfeld verschafft. Diese Erwartungen an die Schule sind subjektiv und partikular: Sie gründen in dem Interesse am Lebenserfolg des einzelnen Kindes, Gruppen von Kindern oder verallgemeinert an „dem Kind". Die Schule wird hierbei als eine Einrichtung angesehen, die den Lebenserfolg des Kindes garantiert bzw. zu garantieren hat.

Diese Erwartungsrichtung wird in gewisser Weise von der Erwartungsrichtung der Berufswelt, z. B. von Industrie, Handel, Gewerbe, Dienstleistungsbetrieben, Verwaltung und Hochschulen, durchkreuzt (Hurrelmann 1975). In diesen mehr objektiven, kollektiven und politischen Bereichen organisierten Erwartungen herrscht u. a. die Grundvorstellung vor, dass Schüler, wenn sie die Schule verlassen und ins Berufsleben bzw. in die Hochschule eintreten, entsprechend vor- oder ausgebildet sind. Die Erwartungen richten sich dabei u. a. auf eine gute Allgemeinbildung, auf spezielle Kenntnisse und Fertigkeiten oder auf bestimmte Persönlichkeitsmerkmale, die Schüler in ihrem Verhalten oder in ihren Wertorientierungen zeigen sollen. In ihnen steckt das Interesse an der optimalen Verwertbarkeit der Qualifikationen, die der Einzelne in der Schule erworben hat. Dementsprechend soll die Schule selektieren. Unter Hinweis auf diese Interessen wird auf unterschiedlichen Wegen auf die Schule Einfluss genommen, aber auch auf ihre Organisationsstruktur, z. B. auf die Einrichtung neuer Schularten, die Differenzierung von Schulen, auf Lehrpläne und Curricula, die Lehrerbildung und die Leistungsanforderungen.

Neben diesen beiden externen Erwartungsrichtungen sind die internen Erwartungsrichtungen zu sehen, nämlich die der Teilnehmer selbst: der Schüler und Lehrer (Rumpf 1976). Es geht dabei auch um die Bedingungen, Formen, Inhalte und Ziele ihrer Interaktionen und deren Beeinflussung durch externe Erwartungsrichtungen (Fend 1980).

Die Gleichaltrigen-Gruppe

4. Die Gleichaltrigen-Gruppe. Die Peergroup (Krappmann 1998) wird neben der Familie und der Schule als sehr bedeutsam angesehen, insofern dem Einzelnen hier – im Unterschied zu Familie und Schule – die Chance gegeben ist, seine Rolle und seinen Status, das soziale Gesamtgefüge der Gruppe sowie die Ziele und die Modalitäten des sozialen Handelns mitzubestimmen. In Bezug auf die moralische Entwicklung des Kindes spricht Piaget der Gleichaltrigen-Gruppe geradezu eine Grundfunktion zu, insofern der Heranwachsende hier die Weisen autonomen Handelns (Autonomie) lernen kann, die neben die Weise des autoritativen Handelns treten (Piaget 1990 u. Kap. 3.5).

5. Die Kinder- und Jugendarbeit. Zu ihr sind Einrichtungen zu rechnen, die von der Geburt des Kindes an z. B. an die Stelle der Familie treten oder die Familie in ihrer Erziehungs- und Sozialisationsaufgabe unterstützen, die die Kindheit und Jugendzeit der Heranwachsenden durch organisierte Angebote vielfältiger Art, z. T. bis über den Berufseintritt hinaus, begleiten. Ihre Sozialisationsfunktion ist beträchtlich (Böhnisch/Schefold 1998). Sie machen von dem Angebot an Einrichtungen den umfangreichsten und differenziertesten Teil der Institutionen und Organisationsformen im Erziehungswesen aus (Belardi u. a. 1980). Es gehört zur Grundgegebenheit dieses pädagogischen Organisationsbereichs, dass er – im Unterschied zur Schule – die Vielfalt der individuellen Interessen und Bedürfnisse der Betroffenen selbst ins Spiel bringen und zu Worte kommen lassen kann. Das bedeutet, dass die außerschulische Jugendarbeit nicht allein als funktional zum Schulwesen und zur Gesellschaft begriffen werden kann. In ihrer primären Anwaltschaft für die junge Generation kann und muss sie auch dysfunktional zur Schule und zu den anderen Organisationen wirken. Diese Chance kann als ihre erzieherische Grundfunktion angesehen werden.

Die Kinder- und Jugendarbeit

6. Der Beruf. Dieser Begriff sei als Sammelbegriff für alle Organisationen in den gesellschaftlichen Produktionsbereichen von Industrie, Wirtschaft, Handel, Gewerbe, Dienstleistung, Verwaltung u. a. m. verstanden, in dem gegen Entgelt gearbeitet wird und in die der Heranwachsende nach den entsprechenden Abschlüssen im Schul- und Hochschulwesen oder in einer Berufsausbildung eintritt. Die pädagogische Relevanz dieses organisierten Großbereichs der Gesellschaft ist darin zu sehen, dass die Sozialisation auch im Beruf weitergeht und nicht vor diesem Halt macht (Heinz 1998). Gerade diese Tatsache macht deutlich, dass die Berufswelt auf die Schule Einfluss nehmen will und auch nimmt, denn in der Schule können Schlüsselqualifikationen fachlicher und sozialer Art erworben werden, die als wichtige Bedingungen und Voraussetzungen für eine optimale Ausnutzung der Berufskraft des Einzelnen angesehen werden.

Der Beruf

7. Die Erwachsenenbildung. Zu den klassischen Bereichen, die die schulische Ausbildung begleiten bzw. fortführen, zählen die Einrichtungen der Erwachsenenbildung. Neben dem berufsbildenden System, den Fachhochschulen, Hochschulen und Akademien dienen sie der Fort- und Weiterbildung; aber auch zunehmend der Aus- oder Grundbildung von Erwachsenen, da diese nach den derzeitigen gesetzlichen Regelungen nicht im Schulsystem, das nach Altersgruppen organisiert ist, aufgenommen werden können. Träger der Erwachsenenbildung sind in der Regel die Kommunen, die von den jeweiligen Bundesländern finanziell unterstützt werden, sowie freie Träger, wie z. B. die Gewerkschaften, die Kirchen, Verbände, Kammern, Wirtschaft und die Industrie. Als Grundprinzip der Erwachsenenbildung gilt das „lebenslange Lernen", das sich auf vielfältige

Die Erwachsenenbildung

kulturelle und soziale Felder erstreckt (Wittpoth 2006). Über weitere Einrichtungen, wie z. B. Hochschule, psychosoziale Einrichtungen und Massenmedien, informiert u. a. das „Handbuch der Sozialisationsforschung".

5.1.2 Das gegenwärtige Erziehungs- und Bildungswesen im Überblick

Bei dem Erziehungs- und Bildungswesen handelt es sich um eine Megainstitution, die aus zwei großen Feldern besteht:

1. das Bildungswesen und
2. die Kinder- und Jugendarbeit.

Bildungswesen **Zu 1)** Unter dem Bildungswesen wird das gesamte Schul- und Ausbildungssystem verstanden. Es ist durch folgende Struktur- und Funktionsmerkmale bestimmt:

Anmerkungen zu Abb. 11, Seite 213

Schematisierte Darstellung des Bildungswesens. Die Verteilung der Schülerzahlen in der Jahrgangsstufe 8 für das Jahr 2005 stellt sich im Bundesdurchschnitt wie folgt dar: Hauptschule 22,5%, Realschule 25,8%, Gymnasium 30,9%, integrierte Gesamtschule 8,5%, Schularten mit mehreren Bildungsgängen 6,3%, Sonderschulen 5,3%.

Die Durchlässigkeit zwischen den Schularten und die Anerkennung der Schulabschlüsse ist bei Erfüllung der zwischen den Ländern vereinbarten Voraussetzungen grundsätzlich gewährleistet. Die Dauer der Vollzeitschulpflicht (allgemeine Schulpflicht) beträgt neun Jahre, in vier Ländern zehn Jahre, und die anschließende Teilzeitschulpflicht (Berufsschulpflicht) drei Jahre.

1 In einigen Ländern bestehen besondere Formen des Übergangs vom Kindergarten in die Grundschule (Vorklassen, Schulkindergärten). In Berlin und Brandenburg umfasst die Grundschule sechs Jahrgangsstufen.
2 Beschulung von Behinderten entsprechend den Behinderungsarten in Sonderformen der allgemeinbildenden und beruflichen Schulen, teilweise auch integrativ zusammen mit Nichtbehinderten. Schulbezeichnung nach Landesrecht unterschiedlich (Sonderschule/Schule für Behinderte/Förderschule/Förderzentrum).
3 Die Jahrgangsstufen 5 und 6 bilden unabhängig von ihrer organisatorischen Zuordnung eine Phase besonderer Förderung, Beobachtung und Orientierung über den weiteren Bildungsgang mit seinen fachlichen Schwerpunkten.
4 Die Bildungsgänge der Hauptschule und der Realschule werden auch an Schularten mit mehreren Bildungsgängen mit nach Ländern unterschiedlichen Bezeichnungen angeboten. Hierzu zählen die Mittelschule (Sachsen), Regelschule (Thüringen), Sekundarschule (Bremen, Sachsen-Anhalt), Erweiterte Realschule (Saarland), Integrierte Haupt- und Realschule (Hamburg), Oberschule (Brandenburg), Verbundene oder Zusammengefasste Haupt- und Realschule (Berlin, Hessen, Mecklenburg-Vorpommern, Niedersachsen) und Regionale Schule (Mecklenburg-Vorpommern, Rheinland-Pfalz), Regionalschule (Schleswig-Holstein), Gemeinschaftsschule (Schleswig-Holstein) sowie die Gesamtschule.
5 Der Bildungsgang des Gymnasiums wird auch an Gesamtschulen angeboten. In der kooperativen Gesamtschule sind drei Bildungsgänge (der Hauptschule, der Realschule und des Gymnasiums) pädagogisch und organisatorisch zusammengefasst, in der integrierten Gesamtschule bilden sie eine pädagogische und organisatorische Einheit. Die Einrichtung von Gesamtschulen ist nach dem Schulrecht der Länder unterschiedlich geregelt.
6 Die allgemeinbildenden Schulabschlüsse nach Jahrgangsstufe 9 und 10 tragen in einzelnen Ländern besondere Bezeichnungen. Der nachträgliche Erwerb dieser Abschlüsse an Abendschulen und beruflichen Schulen ist möglich.
7 Zugangsvoraussetzung ist die formelle Berechtigung zum Besuch der gymnasialen Oberstufe, die nach Jahrgangsstufe 9 oder 10 erworben wird. Der Erwerb der Allgemeinen Hochschulreife erfolgt zurzeit in der Mehrzahl der Länder noch nach Jahrgangsstufe 13 (neunjähriges Gymnasium). Gegenwärtig findet jedoch in fast allen Ländern die Umstellung auf das achtjährige Gymnasium statt, in dem die allgemeine Hochschulreife bereits nach Jahrgangsstufe 12 erworben wird.
8 Die Berufsoberschule besteht bisher nur in einigen Ländern und bietet Absolventen mit Mittlerem Schulabschluss und abgeschlossener Berufsausbildung bzw. fünfjähriger Berufstätigkeit die Möglichkeit zum Erwerb der Fachgebundenen Hochschulreife. Bei Nachweis von Kenntnissen in einer zweiten Fremdsprache ist der Erwerb der Allgemeinen Hochschulreife möglich.
9 Die Fachoberschule ist eine zweijährige Schulart, die aufbauend auf dem Mittleren Schulabschluss mit Jahrgangsstufe 11 und 12 zur Fachhochschulreife führt. Für Absolventen mit Mittlerem Schulabschluss und einer beruflichen Erstausbildung ist der unmittelbare Eintritt in Jahrgangsstufe 12 der Fachoberschule möglich.
10 Berufsfachschulen sind berufliche Vollzeitschulen verschiedener Ausprägung im Hinblick auf Zugangsvoraussetzungen, Dauer und Abschlüsse. In ein- oder zweijährigen Bildungsgängen wird eine berufliche Grundausbildung, in zwei- oder dreijährigen Bildungsgängen eine Berufsausbildung vermittelt. In Verbindung mit dem Abschluss eines mindestens zweijährigen Bildungsgangs kann unter bestimmten Voraussetzungen die Fachhochschulreife erworben werden.
11 Zusätzlich zum berufsqualifizierenden Abschluss ggf. Erwerb des Hauptschulabschlusses oder des Mittleren Schulabschlusses.
12 Fachschulen dienen der beruflichen Weiterbildung (Dauer 1–3 Jahre) und setzen grundsätzlich den Abschluss einer einschlägigen Berufsausbildung in einem anerkannten Ausbildungsberuf und eine entsprechende Berufstätigkeit voraus. Unter bestimmten Voraussetzungen ist zusätzlich der Erwerb der Fachhochschulreife möglich.
13 Einschließlich Hochschulen mit einzelnen universitären Studiengängen (z. B. Theologie, Philosophie, Medizin, Verwaltungswissenschaften, Sport).
14 An Pädagogischen Hochschulen (nur in Baden-Württemberg) wird für verschiedene Lehrämter ausgebildet. Im Einzelfall ist auch ein Studium für Berufe im außerschulischen Bildungs- und Erziehungsbereich möglich.
15 Die Berufsakademie ist eine Einrichtung des tertiären Bereichs in einigen Ländern, die eine wissenschaftsbezogene und zugleich praxisorientierte berufliche Bildung durch die Ausbildung an einer Studienakademie und in einem Betrieb im Sinne des dualen Systems vermittelt.

Stand: Juli 2007

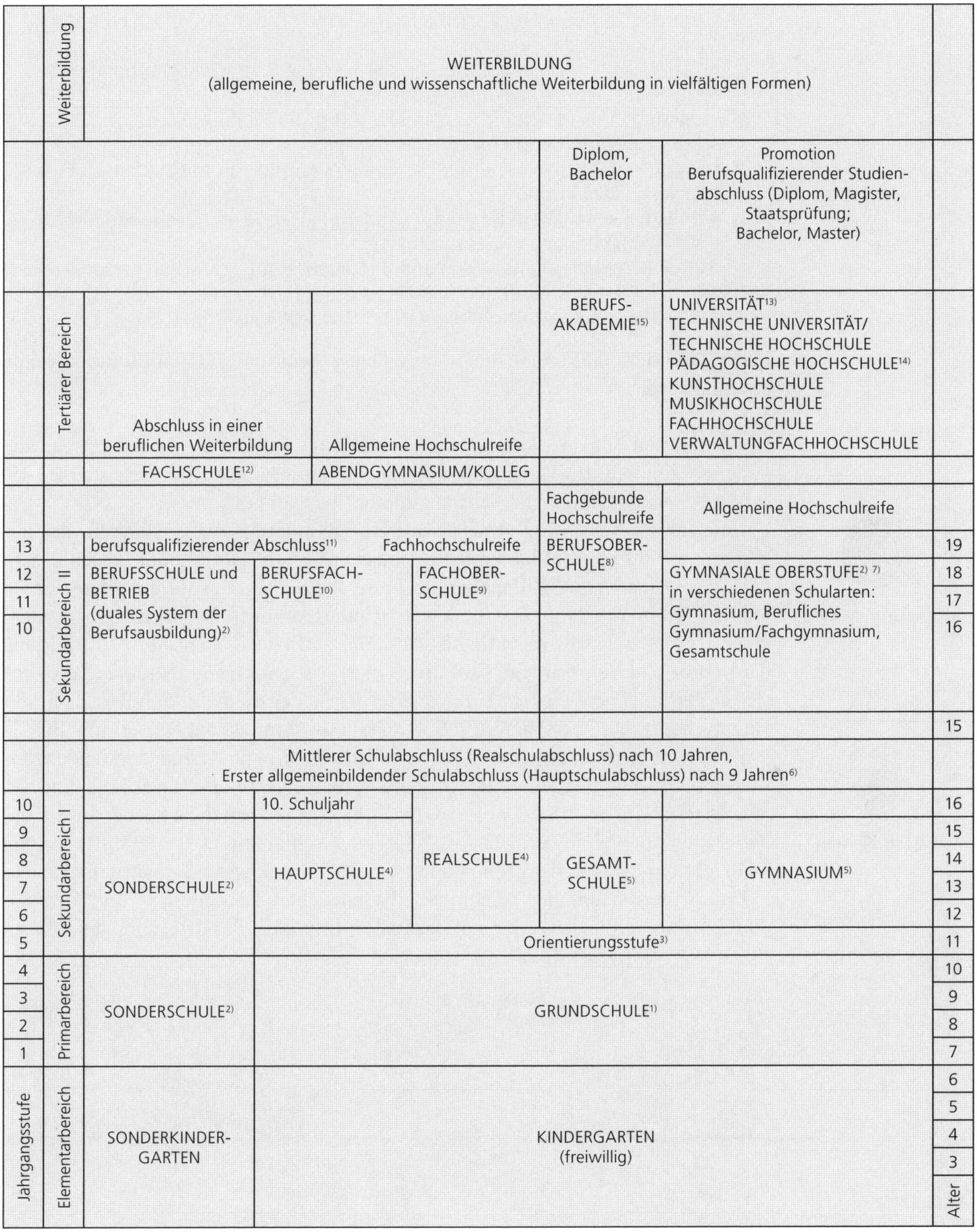

Jahrgangsstufe	Bereich						Alter
	Weiterbildung	WEITERBILDUNG (allgemeine, berufliche und wissenschaftliche Weiterbildung in vielfältigen Formen)					
	Tertiärer Bereich				Diplom, Bachelor	Promotion / Berufsqualifizierender Studienabschluss (Diplom, Magister, Staatsprüfung; Bachelor, Master)	
		Abschluss in einer beruflichen Weiterbildung		Allgemeine Hochschulreife	BERUFS-AKADEMIE[15]	UNIVERSITÄT[13] / TECHNISCHE UNIVERSITÄT/ TECHNISCHE HOCHSCHULE / PÄDAGOGISCHE HOCHSCHULE[14] / KUNSTHOCHSCHULE / MUSIKHOCHSCHULE / FACHHOCHSCHULE / VERWALTUNGFACHHOCHSCHULE	
		FACHSCHULE[12]		ABENDGYMNASIUM/KOLLEG			
					Fachgebunde Hochschulreife	Allgemeine Hochschulreife	
13	Sekundarbereich II	berufsqualifizierender Abschluss[11]		Fachhochschulreife	BERUFSOBER-SCHULE[8]		19
12		BERUFSSCHULE und BETRIEB (duales System der Berufsausbildung)[2]	BERUFSFACH-SCHULE[10]	FACHOBER-SCHULE[9]		GYMNASIALE OBERSTUFE[2)7] in verschiedenen Schularten: Gymnasium, Berufliches Gymnasium/Fachgymnasium, Gesamtschule	18
11							17
10							16
							15
		Mittlerer Schulabschluss (Realschulabschluss) nach 10 Jahren, Erster allgemeinbildender Schulabschluss (Hauptschulabschluss) nach 9 Jahren[6]					
10	Sekundarbereich I		10. Schuljahr				16
9							15
8		SONDERSCHULE[2]	HAUPTSCHULE[4]	REALSCHULE[4]	GESAMT-SCHULE[5]	GYMNASIUM[5]	14
7							13
6							12
5			Orientierungsstufe[3]				11
4	Primarbereich						10
3		SONDERSCHULE[2]	GRUNDSCHULE[1]				9
2							8
1							7
	Elementarbereich	SONDERKINDER-GARTEN	KINDERGARTEN (freiwillig)				6
							5
							4
							3

Abb. 11: Grundstruktur des Bildungswesens der Bundesrepublik Deutschland (Deutscher Bildungsserver. Stand: Juli 2007)

- Gesetze, Rechtsverordnungen, Verwaltungsvorschriften und Funktionsbeschreibungen als Grundlagen,
- hoher Grad an Ausdifferenzierung der verschiedenen Schulaufbahnen und festgelegte Definitionen ihrer Aufgaben,
- vorgegebene und verbindliche Inhalte (Curricula) und Ziele,
- schulartspezifisch ausgebildetes Personal,
- durch Verwaltungsvorschriften festgelegte Anzahl von Mitgliedern, z.B. für Gruppen, Schulklassen,
- arbeitsteilige Rollen- und Positionsgliederung, z.B. in verschiedenen Fächern, durch hierarchische Anweisungssysteme,
- formalisierte Verhaltensweisen und Handlungen, z.B. zwischen Personal und Klientel, Dienstvorgesetzten und Personal,
- definierte und kontrollierte Binnen- und Außenbeziehungen.

In der Abbildung 11 können die beschriebenen Struktur- und Funktionsmerkmale erkannt werden.

In der internationalen Literatur werden Bildungssysteme dieser Art „streaming systems" genannt. Im Unterschied hierzu werden gestufte Bildungssysteme, wie z.B. die Gesamtschule, als „setting systems" bezeichnet.

streaming system

Unter einem streaming system wird ein Bildungssystem verstanden, das aus getrennten und parallel laufenden Schularten besteht, die einmal gewählt, z.B. nach der Orientierungsstufe, bis zum Ende des Schulgangs durchlaufen werden müssen (Abb. 12). Die verschiedenen Schularten sind unterschiedlich gewichtet, z.B. in Bezug auf die Inhalte, Abschlüsse, Schulbesuchsjahre, Ausbildung der Lehrer und Lehrerinnen. Es wurden hierfür sogar eigene „Stufendidaktiken" (Kron 2008, 27) entwickelt. Ein Wechsel von einer niederen Schulart, z.B. der Hauptschule, zu einer höheren, z.B. dem Gymnasium, ist nur schwer möglich.

setting system

Unter einem setting system (Abb. 13) wird ein Bildungssystem verstanden, das in aufeinander folgenden Stufen organisiert ist. Die Inhalte und Ziele sind für jede Stufe definiert. Alle Schüler und Schülerinnen haben die Chance, die einzelnen Stufen mit dem jeweiligen Abschluss zu durchlaufen. Dieses gestufte System ist in allen angloamerikanischen und in vielen europäischen Ländern die Regel.

Das Stufensystem hat seinen gesellschaftlichen Bedingungs- und Begründungszusammenhang in der politischen Auffassung, dass in einer demokrati-

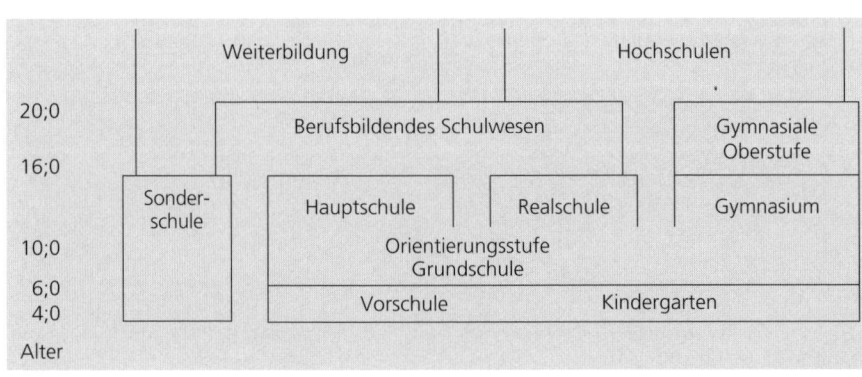

Abb. 12: Nach Schularten gegliedertes Bildungssystem (streaming system)

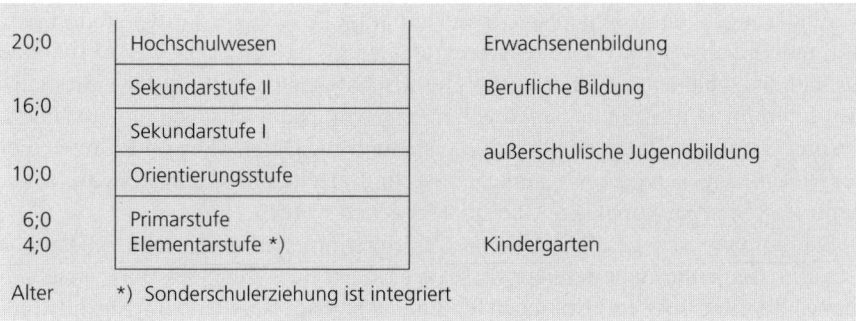

Abb. 13:
Nach Stufen geordnetes Bildungssystem (setting system)

schen Leistungsgesellschaft Bildung derart organisiert sein muss, dass es allen Heranwachsenden – und auch den Erwachsenen! – ermöglicht wird, die ihnen angemessene Bildung zu erwerben. Die organisatorische Umsetzung des im Grundgesetz Artikel 2 garantierten Rechts eines jeden Bürgers „auf die freie Entfaltung seiner Persönlichkeit" in schulische Chancengleichheit wurde zum ersten Mal 1969 im „Strukturplan für das Bildungswesen" (1971) vorgelegt. Es findet seinen Ausdruck in dem Modell eines gestuften und differenzierten gesamten Schul- und Bildungssystems, das vom Elementar- bis zum Erwachsenenbildungsbereich reicht und die klassischen Prinzipien der allgemeinen und beruflichen Bildung miteinander verbindet. Die Entwicklung von Stufendidaktiken ist als die zwingende Folge dieser Entwicklung anzusehen.

Zu 2) Die Kinder- und Jugendarbeit, auch außerschulische Jugend- oder Jugendsozialarbeit genannt, ist neben den Institutionen Familie, Kindergarten, Schule und berufliche Ausbildung ein offener Erziehungs- und Bildungsbereich. Er ergänzt die genannten Institutionen oder kooperiert mit ihnen.

Kinder- und Jugendarbeit

Primär ist er als klientorientiertes Erziehungs- und Bildungsangebot für die Heranwachsenden, in der Regel zwischen sechs und 27 Jahren, zu verstehen. Er unterstützt, fördert und stimuliert Jugendliche in allen Dimensionen ihrer Persönlichkeitsentwicklung (Deinet/Sturzenhecker 2005).

Klientorientierung

Die grundlegende Zielstellung orientiert sich u. a. an der Förderung der Kompetenzen von Jugendlichen:

Kompetenzförderung

- Selbstwertgefühl, Selbstvertrauen, Selbstbewusstsein, Selbstständigkeit (Kap. 3.4 u. 4.5),
- Verantwortungsbewusstsein und -fähigkeit, Gemeinschaftsfähigkeit, Handlungsfähigkeit (Kap. 4.5),
- Kommunikations-, Kooperations- und Konfliktbereitschaft und -fähigkeit (Kap. 4.5),
- Selbstorganisation, (Kap. 4.5.3),
- Wertbewusstsein (Kap. 4.5.4).

Die Kinder- und Jugendarbeit weist einen weitaus höheren Grad an Differenzierung als das Schulwesen bei gleichzeitiger Integration und Offenheit der einzelnen Organisationsformen nach innen und nach außen auf. Dadurch ist sie in einem hohen Maß sensibel gegenüber gesellschaftlichen oder gruppenspezifischen

Veränderungen, kann dementsprechend auf aktuelle Anlässe, Gruppeninteressen und individuelle Bedürfnisse reagieren und auch von sich selbst aus Aktivitäten auf den verschiedensten Ebenen der Gesellschaft entwickeln. In der einschlägigen Literatur wird denn auch sinnvollerweise von pädagogischen Arbeitsfeldern gesprochen. Diese Tatsache lässt eine systematische Darstellung im Rahmen dieser Einführung wenig sinnvoll erscheinen. Im Folgenden soll daher ein allgemeiner und schwerpunktmäßiger Überblick gegeben werden.

Die humane und gesellschaftliche Legitimation wird durch eine gesetzliche Legitimation untermauert. Diese findet u. a. in der Schaffung des Bundesjugendplanes ab 1950 sowie entsprechender Landesjugendpläne, in dem Jugendwohlfahrtsgesetz von 1961 mit verschiedenen Neufassungen in den nachfolgenden Jahren sowie in einer Reihe weiterer Gesetze, z. B. dem Kinder- und Jugendhilfegesetz (KJHG) vom 26.6.1990 (Sozialgesetzbuch VIII), ihren Niederschlag. In den Gesetzen verpflichtet sich der Staat als öffentlicher Träger – neben freien und privaten Trägern wie z. B. die freien Wohlfahrtsverbände, die Kirchen, Kommunen und Vereine –, sich um die Erziehungs- und Bildungsbelange der jungen Generation im Ganzen und im Speziellen zu kümmern, wenn private Träger oder die Grundbereiche der Gesellschaft, z. B. Familie und Schule, die ihnen als erste gestellten Aufgaben an den Heranwachsenden nicht mehr nachkommen bzw. sie erfüllen können. Es kann daher – rechtlich gesehen – zwischen öffentlichen, freien und privaten Trägern organisierter sozialpädagogischer Arbeit unterschieden werden.

Auch die Bezeichnung der einzelnen Organisationsformen wird gesetzlich bestimmt. So sind im Jugendwohlfahrtsgesetz drei Gruppen von Organisationsformen festgeschrieben (Abb. 14).

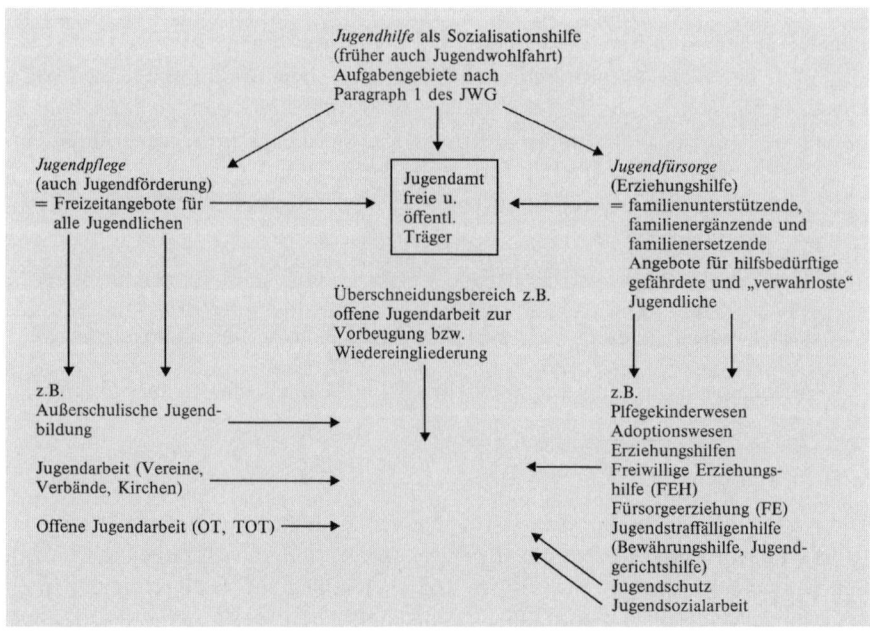

Abb. 14: Institutionen der Kinder- und Jugendarbeit (Belardi u. a. 1980, 147)

1. Die Jugendhilfe. Sie beteiligt sich an der Verbesserung von Sozialisationsbedingungen Jugendlicher und versucht, individuelle Notlagen und Fehlentwicklungen zu mindern und zu beheben (Wörterbuch der Pädagogik 2000, 277ff, Stichwort Jugendhilfe).
Sie konkretisiert sich u. a. in den folgenden mehr oder minder straff geordneten und kontrollierten Organisationsformen (Hederer/Köth 1974; Belardi u. a. 1980, 148ff):

Jugendhilfe

- Jugendgerichtshilfe, Beratungsdienst,
- Heime mit umfassender Erziehung,
- Kindergarten, Jugendarbeit, Ferienfreizeit,
- Tagesstätten, Jugendhäuser, Beratungsstellen,
- Bildungs-, Sport- und Freizeitstätten.

2. Die Jugendpflege. Sie kann als pädagogisch orientiertes Erziehungs- und Bildungsangebot außerhalb und neben der Schule bestimmt werden. Die pädagogische Orientierung ist als Begleitung und Unterstützung der Jugendlichen auf dem Weg ihrer Persönlichkeitsentwicklung, Selbstfindung und Integration in die Gesellschaft zu verstehen. Jugendpflege wird in folgenden Organisationsformen realisiert:

Jugendpflege

- Jugendfreizeiten,
- Jugendklubs,
- Heime der offenen Tür,
- Jugendarbeit, Jugendverbandsarbeit und außerschulische Jugendarbeit.

3. Die Jugendfürsorge. In ihr finden sich vorbeugende, helfende und schützende Maßnahmen für hilfsbedürftige, verwahrloste und gefährdete Kinder und Jugendliche. Sie kann als familienunterstützende, -ergänzende und/oder ersetzende Organisation angesehen werden. Ihre Konkretisierung findet sie in folgenden Organisationsformen:

Jugendfürsorge

- Jugendamt,
- Erziehungsheime,
- Jugendstraffälligenhilfe: Jugendgerichtshilfe, Jugendbewährungshilfe, Entlassenenhilfe,
- Jugendsozialarbeit: Jugendwohnheime, Offene Jugendgemeinschaftswerke, Berufsfördernde Maßnahmen.

Diese Vielfalt von Organisationsformen wird noch durch weitere Organisationen ergänzt und erweitert, die z. T. auch dem schulischen Bereich zugeordnet werden. Bei diesen Bereichen zeigt sich besonders die Überschneidung von Aufgaben der beiden großen Erziehungs- und Bildungsfelder. Es handelt sich dabei um die folgenden, z. T. selbstständigen Organisationen (Belardi u. a. 1980, 103ff):

- Kindergarten und Vorschule (Strukturplan 1971, 102ff) (Elementarbereich),
- Erwachsenenbildung (Strukturplan 1971, 197ff),
- Altenarbeit,
- Ausländerarbeit,
- Randgruppenarbeit,
- Behindertenarbeit.

Der einführende Überblick über das gesamte Erziehungs- und Bildungswesen der Bundesrepublik Deutschland lässt ein großes Ensemble von Institutionen und Organisationsformen erkennen. Bildlich gesprochen kann es als ein großes soziales Netz interpretiert werden, das auf vielen Stützpfeilern aufgehängt, die gesamte Gesellschaft überspannt. Einerseits stellt es ein hohes Maß an Sicherheit her, andererseits gewinnt es aber auch die Funktion weitreichender sozialer Kontrolle.

Fazit

Zusammenfassend und vergleichend lässt sich über die beiden Felder Folgendes sagen:

1. Aus organisationstheoretischer Perspektive gesehen kann das Bildungswesen als relativ geschlossenes und die Jugendarbeit als relativ offenes System begriffen werden (Kap. 5.2.1).
2. Das Durchlaufen des Bildungswesens ist obligatorisch für alle Bürger; die Inanspruchnahme der Kinder- und Jugendarbeit ist freiwillig.
3. Im Bildungswesen sind Strukturen, Funktionen, Inhalte und Ziele, Abschlüsse, Ausbildung usw. festgelegt. Die Kinder- und Jugendarbeit hingegen greift die Probleme der Heranwachsenden auf und versucht von diesen her Inhalte, Ziele, Methoden usw. in Bezug auf die Lösung von Problemen zu bestimmen.
4. Geht es im Bildungswesen primär um die Vermittlung von Wissen und den Erwerb von Qualifikationen, so geht es in der Kinder- und Jugendarbeit primär um die Entwicklungs- und Kompetenzförderung der Klientel.

5.1.3 Zur geschichtlichen Entwicklung einer Institution: Das Beispiel Schule

Zum Verständnis der derzeitigen Situation pädagogischer Institutionen ist ein geschichtlicher Rückblick hilfreich. Im Folgenden wird dieser Rückblick am Beispiel der Schule auf der makrosozialen Ebene gegeben.

Die Geschichte der Erziehung und Bildung ist reich an Beispielen in Bezug auf den Zusammenhang von gesellschaftlichen und gesetzgeberischen Kräften (Heckel/Avenarius 1986) und pädagogischen Institutionen von der Antike bis zur Gegenwart. Von besonderem Interesse für die Gegenwart sind die Ereignisse von der Zeit der Aufklärung an, denn sie betreffen die „Neuzeit" sowohl in ideengeschichtlicher (Russ 1968; Ballauff/Schaller 1969–1973) als auch in sozialgeschichtlicher Hinsicht (Blankertz 1992). Der geschichtlich-gesellschaftliche Zusammenhang steht nicht für sich. In pädagogischer Betrachtung muss auch seine pädagogisch-systematische Dimension herausgearbeitet werden. In Bezug auf die nachstehenden Erörterungen bietet sich eine sozialwissenschaftliche Orientierung an (Heintz 1959; Henecka/Wöhler 1978; Mühlbauer 1980; Fend 1980).

allgemeine Schulpflicht ab 1763

1. Die allgemeine Schulpflicht 1763. Das Schulwesen in seiner modernen Gestalt nimmt seinen rechtlichen Anfang mit einer Verordnung über die Unterrichtspflicht durch Friedrich Wilhelm I. im Jahre 1717. Die Verwirklichung der allgemeinen Schulpflicht kann auf das Jahr 1763 datiert werden, in welchem Friedrich II. das Preußische „General-Landschul-Reglement" erlässt. In diesem heißt es u. a.:

„Wir setzen daher hierdurch fest, daß alle Kinder der Einwohner der Städte sowohl als der Dörfer ohne Unterschied (die Eltern mögen das Schulgeld zu bezahlen im Stande sein oder nicht), sobald sie das 6. Jahr vollendet haben, zur Schule geschickt werden und solche bis zu Ende ihres 13. Jahres besuchen sollen" (Ballauff/Schaller Bd. II 1970, 385).

Mit diesem Akt wird es vor allem den Kindern aus den unteren Volksschichten ermöglicht, eine geordnete und grundlegende Schulbildung zu erwerben. Was bislang nur dem Adel und den reichen Bürgern vorbehalten war, nämlich ihre Kinder auf die traditionellen Gymnasien oder auf die neu entstehenden Bürger- oder Mittelschulen zu schicken, war jetzt auch den Kindern der Mehrheit der Bevölkerung Grundrecht und zugleich Grundpflicht: der Besuch der Schulen des „allgemeinen Volkes", also der „Niederen Schul" oder wie es vom 19. Jahrhundert an bis in die 1960er Jahre hinein heißt: der Volksschule (Dietrich/Klink 1964; Scheibe 1974). Das General-Landschul-Reglement von 1763 kann somit als die Legalisierung der Grundbildung für die Kinder der Mehrheit des Volkes und als die gesetzliche Grundlegung der Volksschule angesehen werden. Die Volksschule tritt somit neben die bereits bestehenden Gymnasien sowie die Bürger-, Mittel- und Realschulen. Das „Isolationssystem" ist Wirklichkeit. In den begüterten Schichten erhalten die Kinder durch Privatunterricht oder in entsprechenden Vorschulen ihre Grundbildung für den Besuch von Gymnasium und Mittelschule. Aber auch den Kindern der finanzschwachen und mittleren Schichten ist mit dem politischen Akt eine Grundbildung garantiert.

Es steht außer Frage, dass das General-Landschul-Reglement im Zusammenhang mit der Ideologie des aufgeklärten absolutistischen Staates und der „Sorgepflicht" seines höchsten Repräsentanten sowie mit den pädagogischen Ideen des Pietismus und insbesondere A. H. Franckes (Kap. 4) zu sehen ist (Ballauff/Schaller Bd. II 1970, 349ff). Es dürfen aber auch realpolitische Zusammenhänge zur Verteidigungs- und Außenpolitik nicht aus dem Auge gelassen werden (Blankertz 1992, 56ff).

2. Die Reform des Gymnasiums ab 1788. Als nächste wichtige Station auf dem geschichtlich-gesellschaftlichen Entwicklungsweg des Schulsystems kann die Reform des Gymnasiums um die Wende vom 17. zum 18. Jahrhundert und damit im Zusammenhang die Einrichtung der Universität Berlin im Jahre 1810 durch Wilhelm von Humboldt angesehen werden (Hülshoff/Reble 1967; Reble 1975). Angesichts der sich ausbreitenden Gedanken der Aufklärung und des Neuhumanismus sowie der Erstarkung des aufgeklärten absolutistischen Staates gegenüber der katholischen und protestantischen Kirche war die Reform des Gymnasiums längst überfällig. Sie betrifft u. a. den Abschluss, die Neuordnung der Inhalte durch Schwerpunktsetzung und die Ablösung der Kirchen in der Aufsicht durch den Staat. Letztere wurde durch das „Allgemeine Landrecht" 1794 de jure vollzogen, in dem alle Schulen und Hochschulen zu „Veranstaltungen des Staates" erklärt werden. Damit übernimmt der Staat die Kulturhoheit über das Schulwesen, und er erklärt sich zum alleinigen Träger. Damit hat der Staat ein Monopol über die Schule, das bis in die Gegenwart hinein Realität ist. Schulen sind staatliche

Reform des Gymnasiums ab 1788

Anstalten. Ein Gesetz von 1803 öffnet den Kindern aller Schichten und Konfessionen Schulen und Hochschulen.

Bereits 1787 jedoch wurde vom damaligen König von Preußen das so genannte Oberschulkollegium eingerichtet, das die Schulverwaltung zentralisiert. 1788 wird das Abitur als Abschlussexamen des Gymnasiums verbindlich gemacht und zur gleichen Zeit das erste „Philologische Seminar" für die einheitliche akademische Ausbildung der Gymnasiallehrer eingerichtet. Diese Einrichtung ist deshalb interessant, weil sie den Hauptimpuls für die Einrichtung von philologischen Studiengängen an der neuen Universität Berlin gab. Die bisherige Organisation der Universitäten wird damit überholt. Die alte Eingangsstufe zum Studium an einer Universität, die Artistenfakultät, in der das unterschiedliche Wissensniveau der Studienanfänger „homogenisiert" wurde, wird ersatzlos gestrichen.

Abitur als Studienvoraussetzung ab 1788

Anstelle individueller Vorbereitung auf das Studium tritt das Abitur als Eingangsvoraussetzung für das Studium. Damit ändern sich auch die Inhalte und der Anspruch des Gymnasiums. Es musste beginnen, wissenschaftspropädeutisch zu arbeiten. Sprachen und Mathematik treten als Hauptfelder der Bildung in den Vordergrund. Hinzu kommt die historische Ausrichtung der Inhalte insgesamt. Diese Anhebung des Niveaus der Gymnasien führte vielerorts zum Niedergang dieser „Anstalten" bzw. zu ihrer Überleitung in Real- oder Oberrealschulen.

Nachdem der Universität nun das Gymnasium auf wissenschaftspropädeutischem Niveau mit staatlich kontrollierter Attestierung der Studierfähigkeit vorgeschaltet war, konnte sie nicht nur ihre klassische Vorschule, die Artistenfakultät, aufgeben; sie konnte sich auch zu den bekannten Fakultäten organisieren, die bis in die 1970er Jahre hinein Geltung hatten bzw. in einigen Bundesländern noch heute anzutreffen sind. Die Philosophische Fakultät wurde zu einem Sammelbecken für alle Fächer, die u. a. auch für die Gymnasiallehrerausbildung von Bedeutung waren. Die Ausbildung der Philologen – beispielhaft für spätere Universitätsgründungen – wurde an der Universität Berlin zum ersten Mal durchgeführt. Man griff dabei auf die Erfahrung des „philologischen Seminars" zurück.

dreigliedriges Schulwesen ab 1788

Die Ankoppelung des Gymnasiums mit seiner höheren Bildung an die Universität hat zum Abdriften der beiden anderen allgemeinbildenden Schularten, der Volksschule und der Mittel- oder Realschule, und damit zur weiteren Säulenbildung des Schulwesens beigetragen. Hierzu ist auch die sich bereits abzeichnende Neuformierung der Schularten für die mittlere Bildung zu zählen.

neue Funktion der Realschule ab 1859

3. Die neue Funktion der Realschule 1859. Diese Neuformierung der mittleren Bildungsanstalten zeichnet sich bereits im letzten Drittel des 18. Jahrhunderts ab (Maskus 1966). Neben den politischen und wirtschaftlichen Kräften nehmen jetzt auch gesellschaftliche Gruppen Einfluss auf das Schulwesen. So war es das Bürgertum des 19. Jahrhunderts, das als informelle Großgruppe oder Schicht die damaligen Mittel- und Bürgerschulen sowie die nach der Reform des Universitäts- und Gymnasialwesens in Preußen z. T. niedergehenden Gymnasien als Chance ansah, seine Bildung und damit seinen gesellschaftlichen Aufstieg zu realisieren.

Die damaligen Mittel- und Bürgerschulen, inoffiziell z. T. auch schon Realschulen genannt, boten neben einer allgemeinen Bildung auch Ausbildungsgänge für Berufe in Gewerbe, Industrie, Handel, Land- und Forstwirtschaft, Verwaltung u. a. m. an. Sie öffneten sich auch für die Schulausbildung der Mädchen und kamen damit der zunächst noch behutsam vorgetragenen ersten Emanzipationsbewegung der Frau um die Jahrhundertwende entgegen. Diesem vielseitigen Druck folgend, wird in Preußen 1859 die „Prüfungsordnung für die Real- und höheren Bürgerschulen" erlassen.

> „Es werden drei Ordnungen unterschieden:
> a) Die Realschule 1. Ordnung mit neun Klassen, Latein als Pflichtfach, seit 1882 als Realgymnasium geführt.
> b) Die Realschule 2. Ordnung mit sieben Klassen, Latein als Wahlfach.
> c) Die höhere Bürgerschule mit sechs Klassen ohne Latein. 1882 entstehen aus der Realschule 2. Ordnung 9-klassige Realanstalten (ohne Latein), die Oberrealschulen" (Russ 1968, 113).

Die Realschule gewinnt nach 1945 bis in die Gegenwart mehr und mehr an Bedeutung, kommt sie doch den Wünschen und Vorstellungen des so genannten Mittelstandes, aber auch den entsprechenden „Abnehmern" aus Industrie, Wirtschaft, Handel und Gewerbe entgegen. Auf diesem gesellschafts-, gruppen- und wirtschaftspolitischen Hintergrund wird die „Vereinbarung der Kulturminister" von 1953 verständlich, in der es heißt: Realschulen sollen „auf die Aufgabe des praktischen Lebens mit erhöhter fachlicher, wissenschaftlicher und sozialer Verantwortung" vorbereiten (Russ 1968, 205).

die Realschule ab 1945

Die Absolventen der Realschulen haben in dem dualen System, das sie nach Realschulabschluss weiter besuchen können bzw. müssen, „Durchstiegs"- und Qualifikationsmöglichkeiten u. a. bis zur Hochschulreife.

4. Die allgemeine Grundschulpflicht 1920. Als ein Meilenstein auf dem Weg der weiteren Entwicklung des Schulwesens kann die Weimarer Reichsverfassung von 1919 angesehen werden. In ihr wird die allgemeine Schulpflicht in einem bis zur Gegenwart gültigen Sinn festgeschrieben. Fast gleichzeitig wird 1920 die Grundschulpflicht für alle Kinder des damaligen Deutschen Reiches eingeführt und damit eine Art erster vierjähriger Gesamtschule geschaffen. In ihr wurden die Privilegien der begüterten Schichten und die Unterprivilegierung der weniger und nicht begüterten Schichten aufgehoben. Begabung und Leistung sollten damit über die Schullaufbahnen der Kinder entscheiden und nicht die soziale Herkunft. Immerhin konnten drei weiterführende allgemeinbildende Schulen gewählt werden. Dieses „gegabelte" Grundsystem hat sich bis in die Gegenwart in vielfältigen Differenzierungen erhalten.

die allgemeine Grundschulpflicht 1920

5. Das Reichsschulpflichtgesetz 1938. Dieses Gesetz macht die Allmacht des Staates deutlich. Das NS-Regime bemächtigt sich des gesamten Erziehungs- und Bildungswesens und strukturiert es nach seinen Zielen (Kap. 4.2.2).

Zu den zentralen Weichenstellungen in diesem Gesetz gehört die Einführung des so genannten „dualen Systems", d. h. die Verbindung von Ausbildung und Besuch einer Berufsschule.

das Reichsschulpflichtgesetz 1938

duales System

der Strukturplan für das Bildungswesen 1969

6. Der „Strukturplan für das Bildungswesen" 1969. Diese Publikation hat eine gesamtgesellschaftliche Wirkung hervorgerufen, wie sie nur selten in der Geschichte der Erziehung und Bildung zu beobachten ist. Er wurde von der „Bildungskommission des Deutschen Bildungsrates" erarbeitet und 1969 herausgegeben. Ihm gehörten Vertreter aller Gesellschaftsbereiche an. Er wurde von Bund und Ländern ins Leben gerufen.

Der Strukturplan kann als eine Art Gutachten und Vorschlag zur Neuordnung des gesamten deutschen Bildungswesens von der Vorschule bis zur Erwachsenenbildung unter Einschluss eines modifizierten dualen Systems und in gewisser Abstimmung zum außerschulischen Jugendbereich angesehen werden. Er ist ein von allen Mitgliedern der Bildungskommission nach eigenen Aussagen „kollektiv erarbeiteter Text, der kollektiv verantwortet wird" (Strukturplan 1971, 13).

Der Strukturplan kann zu den außerordentlichen bildungspolitischen Dokumenten gezählt werden. Die in ihm enthaltenen Vorschläge sind einerseits vor dem Hintergrund einer Perspektiventwicklung der deutschen Gesellschaft in die 1980er Jahre hinein und andererseits auf dem gestiegenen Bedarf an qualifizierten Personen für alle Bereiche der Gesellschaft zu betrachten. Dabei sind auch politische Motive in Bezug auf Chancengleichheit im öffentlichen Erziehungs- und Bildungswesen, wissenschaftliche Erkenntnisse über die Optimierung von Lehr- und Lernprozessen sowie die Angleichung insbesondere des deutschen Schulwesens an den internationalen Standard mit zu sehen. Im Strukturplan wird daher das organisierte Erziehungs- und Bildungswesen als „Stufensystem" begriffen.

Am Strukturplan als einer gesellschaftlichen Tatsache lässt sich sehr gut ablesen, dass wirtschaftlicher Bedarf Anstoß und Treibkraft zur Einsetzung einer Kommission war, über die allgemeine Situation nachzudenken. Er ist aber auch ein Zeugnis dafür, dass wissenschaftliche Erkenntnisse bewusst in den Prozess des Nachdenkens hineingenommen worden sind, ebenso pädagogische und politische Ideen, und dass die Pluralität der Meinungsträger das Nachdenken befördern und sogar zu einem von der Kommission gemeinsam getragenen Ergebnis führen kann.

das Schulsystem der DDR nach 1945

7. Das Schulsystem der DDR nach 1945. In der ehemaligen DDR wurde nach 1945 die „sozialistische Einheitsschule" eingeführt. Ihr Kern war die zehnjährige „Polytechnische Oberschule" (POS). Ihr folgte entweder die zweijährige „Erweiterte Oberschule" (EOS) oder eine zwei- bis dreijährige Berufsausbildung mit dem verpflichtenden Besuch einer die praktische Ausbildung begleitenden Berufsschule, eine Doppelverpflichtung, die in der ehemaligen BRD „duales System" genannt wurde. Die EOS endete mit der Hochschulreife. Auch im berufsbildenden Sektor war die Hochschulreife zu erlangen; ca. 10–15% aller Schüler und Schülerinnen traten eine Hochschulausbildung an. Diesem Schulsystem lief die Sonderschule parallel. Ein dreijähriger Kindergarten ging dem Schuleintritt voraus.

die Wirkung pädagogischer Ideen

8. Die Wirkung pädagogischer Ideen. Nicht zuletzt wirken auch pädagogische Ideen auf das Schulwesen und sogar auf gesellschaftliche Gruppen, die Wirtschaft und den Staat ein. Zu den pädagogischen Ideen, die seit der ersten Veröffentlichung des „Emile" im Jahre 1762 am nachhaltigsten in den verschiedensten

Lebens- und Gesellschaftsbereichen gewirkt haben, können Rousseaus Gedanken von der „natürlichen Erziehung" gerechnet werden (Rousseau 1963). Das Bild der Erziehung als Wachsenlassen spiegelt diese Ideen in besonderer Weise wider (Kap. 4.1.1).

In der Idee der natürlichen Erziehung rechnet Rousseau mit den negativen Einflüssen der Gesellschaft auf die Entwicklung der Kinder ab, wie sie sich ihm in den Adelskreisen darstellten. Er betont demgegenüber die Natur des Kindes und bringt sie in Verbindung mit dem Schöpferwillen, durch den alle Menschenkinder von Geburt an „gut" seien. Soll dieses positive göttliche Erbe sinnentsprechend verwaltet werden, dann muss die alte Erziehungsauffassung einer neuen Platz machen. Diese neue Erziehung zeigt sich darin, dass „nichts getan" wird. Rein „negativ" ist also die neue Erziehung. Sie gibt dem Kinde Raum für seine natürliche Entwicklung. Kinder sollen die Welt entdecken, sich selbst und ihren Körper erfahren, in die Natur gehen und „vor Ort" ihre Naturerkenntnisse erwerben. Der gute Erzieher führt nicht, sondern er beobachtet die Entwicklung des Kindes und leitet aus der reflektierten Beobachtung Chancen zur Schaffung einer entwicklungsfördernden Umgebung ab.

Die pädagogische Idee der Orientierung der Erziehung an der Entwicklung hat u. a. auch eine Reihe von pädagogischen Reformbewegungen gefördert, die das gesamte Erziehungs- und Bildungswesen um die Jahrhundertwende bis in die 1920er Jahre hinein durchzogen haben. Sie werden in der Literatur unter dem Stichwort „Die deutsche Reformpädagogik" zusammengefasst (Flitner/Kudritzki 1962 und 1995). Es handelt sich dabei um folgende Bewegungen (Russ 1968, 133ff):

1. Die „Jugendbewegung" mit ihren eigenen Lebensformen und dem Anspruch auf Selbstbestimmung als „natürliche" Organisation (Seidelmann 1966);
2. die Jugendpflege und Jugendsozialarbeit als pädagogische, d. h. „rationale" und „natürliche" Organisationen (Belardi u. a. 1980);
3. die Volks- bzw. Erwachsenenbildung, die sich um eine Ausbreitung und Ausweitung der Bildung auf alle Bevölkerungsschichten bemüht (Pöggeler 1975);
4. die Frauenbewegung, die um die Gleichstellung von Frau und Mann kämpft (Dautzenroth 1964);
5. die „Landerziehungsheimbewegung", in der eine Schulreform in freier Trägerschaft versucht wird (Dietrich 1967a);
6. die „Kunsterziehungsbewegung", die sich einerseits als kulturkritisch und andererseits als Erneuerung des Kunstunterrichts versteht (Lorenzen 1966);
7. die Bewegung der „Pädagogik vom Kinde aus", die Erziehung und Unterricht als „Entwicklungshilfe" begreift (Dietrich 1967b);
8. die „Arbeitsschulbewegung", in der es um die Verwirklichung der pädagogischen Prinzipien der Selbsttätigkeit und des „Learning by Doing" geht (Reble 1969).

In der Gegenwart wird die Idee der Entwicklungsförderung z. B. in der Handlungsorientierung von Unterricht (Kron 2008, 134ff) oder in der Förderung der moralischen Urteilsbildung (Kap. 4.5.4) verwirklicht.

Der Einblick in die Geschichte des deutschen Schulwesens eröffnet eine Reihe systematischer Einsichten:

Fazit

1. Das Schulwesen ist eine Organisation im Großformat, die in eine Vielzahl von Schulorganisationen ausdifferenziert ist. Ihr Struktur- und Funktionszusammenhang erinnert an Parsons' Systemtheorie.
2. Das Schulwesen ist gesetzlich verankert. Damit unterliegt es politischen und i. e. S. bildungspolitischen Entscheidungen, deren Folgen bindend für alle in diesem Bereich tätigen Personen sind.
3. Im Schulwesen sind Enkulturations-, Sozialisations-, Unterrichts-, Erziehungs- und Lernprozesse wirksam und miteinander verknüpft.
4. Durch gesellschaftliche Einflüsse verschiedenster Art, z. B. durch Reformbewegungen und -vorschläge, staatliche Reformen in Teilbereichen der Schule, z. B. Überarbeitung von Lehrplänen, Differenzierung von Qualifikationen, Umorganisation von Bildungsgängen, steht das Schulwesen in einem ständigen Transformationsprozess.
5. Auch die Akteure bringen in den organisierten Kosmos der Schulen ihre eigenen Interessen, Bedürfnisse und Kompetenzen ein und schaffen damit einen Anspruch, der in der Regel nicht in dem Organisationsapparat der Schule vorgesehen ist und der darum mit diesem kollidiert.
6. Das Schulsystem unterliegt der strukturellen Ambivalenz, einerseits die Organisationsformen gegenüber den Ansprüchen der Akteure durchzusetzen und andererseits die Schülerinnen und Schüler in ihrer Persönlichkeitsentwicklung zu fördern, die gerade jenen Frei- und Spielraum braucht, der im System nicht vorgesehen ist.
7. Diese Ambivalenz gilt für alle pädagogischen Organisationen, deren Struktur und Funktion ohne Beteiligung der Akteure festgelegt sind und entsprechend kontrolliert werden. Konflikte sind also vorprogrammiert.

5.2 Pädagogische Institutionen in sozialwissenschaftlichen Perspektiven

Für die Pädagogik als erklärende und verstehende Sozialwissenschaft halten die Teil- und Nachbardisziplinen ein Arsenal von Forschungen, Theorienbildungen und Praxisanalysen bereit, die der Aufhellung von Strukturen und Funktionen pädagogischer Institutionen gelten (Kap. 1.1.2–1.1.4 u. 1.2.3). Sie selbst hat aber auch in der Regel unter Rückgriff auf die Nachbardisziplinen eigenständige Forschungsergebnisse erbracht. Im Folgenden werden einige Ergebnisse aus dem Arsenal vorgestellt. Sie werden als sozialwissenschaftliche Perspektiven bezeichnet.

5.2.1 Ansätze zur Analyse pädagogischer Institutionen

Die gesellschaftliche Organisation von Sozialisation und Erziehung ist in pädagogische Institutionen gefasst. Ziel der Forschungen ist es, Strukturen und Funktionen der in den Institutionen ablaufenden Prozesse aufzudecken (Rolff 1997, 122ff). Grundlagen hierfür bilden die verschiedenen Erklärungsansätze für Sozialisation (Kap. 3) und einige Modellvorstellung für Erziehung (Kap. 4).

Die einschlägigen Forschungen beruhen auf unterschiedlichen wissenschafts- und erkenntnistheoretischen Positionen. Im Horizont – kritischer Sozialforschung – stellt Klaus Hurrelmann drei Ansätze vor (1975, 12) vor. Diese sind:

1. Die gesellschaftstheoretische Analyse des Erziehungssystems. Sie wird unterteilt in:

   a) den Zusammenhang von Erziehungssystem und politischem System,
   b) den Zusammenhang von Erziehungssystem und ökonomischem System,
   c) den Zusammenhang von Erziehungssystem und Sozialstruktur.

Diese Analyse dient der Aufdeckung von inhaltsbestimmten Grundstrukturen auf der makrosozialen Ebene.

2. Die organisationstheoretische Analyse des Erziehungssystems. Sie erhellt in erster Linie die formalen Organisationsstrukturen eines sozialen Systems in ihrer Funktionalität zum Gesamtsystem.
3. Die interaktionstheoretische Analyse des Erziehungssystems. Hier wird nach Interaktionsstrukturen gesucht, die auf der institutionellen und mikrosozialen Ebene einem emanzipatorischen Interesse dienen oder dieses unterdrücken.

In Bezug auf die Institution Schule betont Klaus Ulich den interaktionstheoretischen Ansatz (1998). Helmut Fend arbeitet mit einem funktionalistischen Ansatz (1977 u. 1980). In einem ausdrücklich auf pädagogische Institutionen bezogenen Ansatz geht Hans Merkens vom pädagogischen Handeln aus (2006a), für das zwei Grundfiguren typisch sind: die Organisation des pädagogischen Verhältnisses (Kap. 4.3) bzw. des Lehr-Lern-Verhältnisses und die Organisation der Rollen bzw. der Rollenbeziehungen.

Vor diesem Hintergrund werden im Folgenden vier Perspektiven zur Analyse und Beurteilung pädagogischer Institutionen vorgestellt:

1. die organisationstheoretische,
2. die systemtheoretische,
3. die interaktionstheoretische und
4. die soziogenetische Perspektive.

5.2.2 Die organisationstheoretische Perspektive

Die Darstellung dieser Perspektive erfolgt in zwei Schritten:

1. Begriffe und Aufgabenstellungen der Organisationstheorie
2. Theoretische Erörterungen, die den organisationstheoretischen Fragestellungen zugrunde liegen. Dabei geht es zugleich um die Entwicklung einer organisationstheoretischen Perspektive in Bezug auf die Schule (Feldhoff 1978, Lohmann 1978, Scott 1986 u. Merkens 2006a).

Zu 1) Die Organisationstheorie fällt in das Gebiet der Organisationssoziologie. Ihr Interesse gilt der Aufklärung von Organisationen bzw. Institutionen, in die jeder Mensch in vielfältiger Weise eingebettet und eingebunden ist und aufgrund deren Struktur er handelt bzw. zum Handeln veranlasst oder gar gezwungen wird. Die Aufklärung als Globalprozess betrifft die

Organisationstheorie

„theoretische Analyse der durch soziale Beziehungen zwischen Menschen geprägten Struktur der Binnenverhältnisse und Außenverbindungen ihres Gegenstandes, d. h. der Organisation als soziales Gebilde oder System ... im einzelnen interessieren besonders der Zusammenhang zwischen den spezifischen Zielen und den inneren Strukturformen der Organisation; die Abhängigkeit der Leistung von Flexibilität oder Starrheit der binnen- und außenorganisatorischen Beziehungen; der hierbei immer bedeutsamer werdende Konflikt zwischen so genannter funktionaler (Sach-)Autorität und Amtsautorität als binnenstruktureller Herrschaftsbeziehungen oder zwischen hierarchischen und kooperativ aufgebauten Arbeitsverhältnissen; die Beziehungen zwischen geordneter Stabilität und dynamisch-anpassungsbereiter Flexibilität als Problem des Verhältnisses von Konservatismus und Innovationsfähigkeit; der Prozeß der Zielverschiebung in Organisationen, durch den die Verfahrens- und Verhaltensregeltreue der Mitglieder vom effizienten Mittel zum Selbstzweck und damit u. U. zur Grundlage von organisatorischer Eigenmächtigkeit (z. B. staatliche Bürokratie) degenerieren kann; schließlich auch die Abhängigkeit der Organisationsnormen und -strukturen von umgebenden (und sich im sozialen Wandel verändernden) gesamtgesellschaftlichen Wertsystemen und Handlungsnormen, deren Einfluß auf spontane und erzwungene Anpassungs- und Reaktionsprozesse bei Mitgliedern unterschiedlicher Persönlichkeitsstrukturen oder auf mögliche Diskrepanzen zwischen individuellen und organisatorisch fixierten Handlungszielen untersucht wird" (Wörterbuch der Soziologie 1982, 560, Stichwort Organisationssoziologie).

Dieses längere Zitat lässt erkennen, dass nahezu alle aufgeführten Forschungsinteressen auch auf das Erziehungs- und Bildungswesen und insbesondere auf die Schule zutreffen; denn die Schule gehört zu jenen pädagogischen Einrichtungen, die vom Gesetzgeber begründet und durch Verwaltungen kontrolliert werden. Die nachfolgenden Erörterungen werden aber zeigen, dass mit einem erweiterten und differenzierteren theoretischen Rahmen auch andere pädagogische Organisationen analysiert werden können.

Organisationsmodelle

Zu 2) Drei Modelle von Organisationen werden von dem US-amerikanischen Organisationssoziologen W. Richard Scott (1986, 92ff) vorgestellt:

1. Organisationen als rationale Systeme,
2. Organisationen als natürliche Systeme und
3. Organisationen als offene Systeme.

rationales System

Scott definiert Organisation als rationales System wie folgt: „Eine Organisation ist eine an der Verfolgung relativ spezifischer Ziele orientierte Kollektivität mit einer relativ stark formalisierten Sozialstruktur" (1986, 45).

An dieser Definition sind zwei strukturelle Merkmale von besonderer Bedeutung: 1. die Zielgerichtetheit der Tätigkeit und 2. die Formalisierung der sozialen Beziehungen (Tab. 6). Dementsprechend heißt es differenzierend:

„1. Organisationen sind Kollektivitäten, die an der Verfolgung relativ spezifischer Ziele orientiert sind. Sie sind ‚zweckgerichtet' in dem Sinne, daß die Aktivitäten und Interaktionen der Beteiligten im Hinblick auf genau benannte Ziele zentral koordiniert sind. Ziele sind in dem Maße spezifisch, indem sie ausdrücklich gemacht und klar definiert sind und indem sie eindeutige Kriterien zur Entscheidung zwischen alternativen Aktivitäten an die Hand geben. 2. Organisationen sind Kollektivitäten, die einen relativ hohen Formalisierungsgrad aufweisen. Die Kooperation zwischen ihren Mitgliedern ist ‚bewußt' und ‚beabsichtigt'; die Struktur der bestehenden Beziehungen wird explizit gemacht und kann ‚bewußt gebildet und umgebildet' werden. Wie bereits festgestellt, ist eine Struktur in dem Maße formalisiert, in dem die Regeln, die das Verhalten der Beteiligten steuern, präzise und expliziert formuliert sind und in den Rollen und Rollenbeziehungen unabhängig von den persönlichen Qualitäten derjenigen festgeschrieben sind, die Positionen dieser Struktur innehaben" (1986, 44).

Eine nähere Betrachtung der beiden Merkmale zeigt, dass diese auf alle pädagogischen Institutionen, aber in besonderer Weise auf die Institution Schule zutreffen.

Die Familie: Legt man die Merkmale an die Familie an, dann könnte gesagt werden, dass die Familie zwar eine starke Formalisierung in Bezug auf die Rollenbeziehungen zeigt, aber nur eine geringe Zielspezifität, d.h. Vorgegebenheit, von Zielen aufweist. Dabei wird unterstellt, dass die Eltern-Kind-Rollenbeziehung komplementär funktioniert, d.h., dass die Kinder bereits die Geschlechter- und Generationenrolle internalisiert haben. Sie müssen sich an diese halten, wenn das Familienleben relativ konfliktfrei – in Bezug auf die Rollen – ablaufen soll. Daher sind Kinder – z.B. im Unterschied zur Schule – weniger zielfixiert. Sie können im Spielalltag ihre Ziele relativ frei wählen, setzen und verfolgen. Sie können z.B. explorieren und experimentieren und auf diese Weise selbstbestimmtes und erfahrungsbezogenes Lernen realisieren. Die Grenze dieser Erfahrungsfelder liegt allerdings dort, wo die Eltern die selbst gewählten Zielstellungen der Kinder nicht teilen oder verbieten. Strukturell gesehen ist aber eine geringe Zielspezifität als Unterstellung möglich.

Familie

Die Jugendgruppe: Nimmt man demgegenüber soziale Bewegungen von Jugendlichen in den Blick, dann erkennt man, dass diese eher durch einen niedrigen Formalisierungsgrad als durch eine hohe Zielspezifität gekennzeichnet sind. Diese Signatur der Strukturen zeigt sich u.a. darin, dass Jugendgruppen, wenn sie z.B. von Jugendlichen betreut und unterstützt werden, die Komplementarität ihrer Rollen selbst festlegen können. Die Zielspezifität erscheint dann hoch, wenn die Ziele bedürfnisadäquat formuliert sind und von den Jugendlichen angenommen werden. Es kann aber auch der Fall eintreten, dass eine hohe Zielspezifität durch einen Selbstformulierungs- und Entscheidungsprozess der Jugendlichen selbst hergestellt wird, wie es z.B. bei selbst organisierten Jugendgruppen der Fall ist.

Jugendgruppe

Die Schule: Der Schule kommt sowohl ein hoher Grad an Formalisierung der Rollen als auch an Zielformulierung zu. Der hohe Grad an Formalisierung zeigt sich in mehreren Punkten: Zunächst in dem auf den Status von Lehrer und Schüler bezogenen Rollengefüge, sodann in der geringen Beachtung persönlicher Bedürfnisse, Interessen und Qualitäten der Beteiligten zugunsten von Äußerungen, die sich eher auf die Inhalte des Lehr- und Lernprozesses als auf den sozialen Bezug richten. Damit wird das Moment der individuellen Leistung in Bezug auf die Zielformulierungen in den Vordergrund gerückt. Das hat zur Folge, dass die Wertrationalität der Beziehungen, also die Wertgefühle der Beteiligten fürein-

Schule

ander, hinter die Zweckrationalität der sozialen Beziehungen zurückgedrängt wird.

Der hohe Grad an Zielformulierung zeigt sich auf vielen Ebenen: in der Vorgabe von Erziehungs- und Bildungszielen auf der Gesetzes- und Verordnungsebene, in der Zielorientierung der Lehrpläne und ihrer Inhalte sowie in der fachlichen Zielorientierung des Unterrichts.

Dieser hohe Grad an Formalisierung und Zielorientierung ist der Institution Schule extern vorgegeben und für alle Beteiligten unausweichlich. Zudem erhalten die beiden Merkmale ihr großes Gewicht durch ihre legale und traditionale Legitimation (Weber 1972). Die externe Vorgegebenheit und die beiden Legitimationsebenen der Strukturmerkmale lassen die Institution Schule wie eine bürokratische Organisation erscheinen und machen zugleich den Ursprung und die Realisierung von Herrschaft sowie die ungleiche Verteilung der Chancen zur Mitbestimmung von Rollenverhältnissen und Zielen fachlicher und sozialer Art möglich.

Schule

Aus der Perspektive der Organisation als rationalem System kann Schule als pädagogische Institution wie folgt bestimmt werden: Schule sei ein zweckrationaler Verband oder eine zweckrationale Veranstaltung mit nachwuchsformenden und -fördernden Zielsetzungen, die aus einem gesamtgesellschaftlichen Interesse abgeleitet sind.

Demzufolge kann Schule auch als Dienstleistungseinrichtung definiert werden. Der zweckrationale Charakter von Schule wird noch durch folgende strukturelle Merkmale verstärkt. Auf dem Sektor der „Leistungserbringung" kommen ähnliche Elemente wie im Produktionsbereich ins Spiel: rationale, z. B. finanzielle Kalkulation, Optimierung der Leistungen aller Beteiligten, Effektivität, „Produktkontrolle" (Scott 1986, 93). Diese Funktionen werden der Schule gerade in den letzten Jahren durch bildungspolitische Maßnahmen aufgezwungen.

Im Bereich des Verhaltens zeigen sich folgende Elemente: Steuerung und Kontrolle, Hierarchisierung der Position bzw. Ämter, Regelhaftigkeit des Handelns, Anordnungen, Vorschriften, Zwänge, Regeln, Autorität, geteilte Zuständigkeiten, Arbeitsprogramme und -soll, Koordination (Scott 1986, 93).

Kindergarten

Der Kindergarten: Der Kindergarten kann nur bedingt als rationales System betrachtet werden. Zwar bestimmt die jeweilige Trägerorganisation – z. B. Gemeinde, Kirche – die Grundsätze, die die Ziele und Beziehungsregeln festlegen, aber diese Vorgaben sind in Beziehung gesetzt zum Alter der Kinder und der Mittlerfunktion des Kindergartens zwischen Familie und Schule. Damit ist den Erziehern bzw. Erzieherinnen auf der Interaktionsebene Spielraum gegeben, ihr Handeln auch an der Entwicklung der Kinder auszurichten und in Bezug auf die Mittlerfunktion ihrer Institution auch die Eltern und die primäre Erfahrungswelt der Kinder, die Familie, ins Spiel zu bringen. Damit nähert sich der Kindergarten strukturell und aktuell an die Definition der Organisation als natürlichem System an. Die aktuelle Problematik liegt allerdings darin, dass durch finanzielle Restriktionen die Gruppengröße ständig erhöht und damit eine individuelle Entwicklungs- und Familienorientierung der Arbeit erschwert wird. Die Einrichtungen zwingen zur Aufrechterhaltung des sozialen Systems als rationale Regelung –

Klassifizierung / Kriterien	Rationales System	Natürliches System	Offenes System
1. Ziele	• definiert • systemspezifisch • ausdrücklich • verbindlich • prüfbar	• mitdefiniert • system- und gruppenspezifisch • ausdrücklich • verbindlich • prüfbar	gemeinsam • diskutiert • definiert • ausdrücklich • verbindlich • prüfbar gemacht • revidierbar zeitlich begrenzt
2. Beziehungen	Normen, Regeln • definiert • kontrolliert • hierarchisiert • autoritativ bis autoritär • formalisiert („Sie")	Normen, Regeln • mitdefiniert • verantwortet • hierarchisch bis egalitär • formalisiert („Sie") bis personalisiert („Du")	Normen, Regeln • gemeinsam • definiert • variabel • verantwortet individuell
3. Realisierungsfelder	• Verwaltung • Unternehmensführung • Armeen • Gefängnisse • Schulen	• kreatives Management • Familie • Jugendarbeit • z. T. Schulen	• Forschungsgruppen • Spontane Gruppen
4. Ressourcen	• vorgegeben • von innen • begrenzt	• z. T. vorgegeben • von innen und z. T. von außen	• einholbar • von innen und von außen • unbegrenzt

Tab. 6: Organisationen im Vergleich (nach Scott 1986)

Festlegung von Beziehungsregeln und Zielen. Hier zeigt sich ein gesellschaftspolitisch erzeugtes pädagogisches Dilemma.

Zu 2) Eine Organisation als natürliches System wird von Scott wie folgt beschrieben:

> „Eine Organisation ist eine Kollektivität, deren Mitglieder in ihrem Verhalten durch die formale Struktur oder die offiziellen Ziele kaum beeinflusst werden, jedoch ein gemeinsames Interesse am Fortbestehen des Systems haben und sich an informell strukturierten Kollektivitäten zugunsten seiner Erhaltung beteiligen" (Scott 1986, 47).

natürliches System

Wie aus der Definition unschwer hervorgeht, treten hier Zielstellungen und Formalisierung der sozialen Struktur als Grundmomente der Organisation zurück. Sie verschwinden nicht – aber die Mitglieder der Organisation sehen und behandeln sie anders. Diese „natürliche" Perspektive gegenüber der „rationalen" hat möglicherweise ihren Grund in dem primären Interesse der Individuen an ihren informellen Beziehungen. Dieses Interesse kann von den Mitgliedern der

Institution aber nur entwickelt und realisiert werden, wenn dies die gesetzlichen und sonstigen Rahmenbedingungen zulassen bzw. ermöglichen (Tab. 6). Dadurch nämlich treten die Beziehungen in ihrer Qualität und Gefühlshaftigkeit sowie die einzelnen Personen mit ihren Bedürfnissen, Ansichten, Erfahrungen usw. in einem positiven Sinn mehr in den Vordergrund. Die „menschlichen Ressourcen" werden auf diese Weise für das Kollektiv genützt.

Gleichviel ob die Legitimität der Institution auf Gesetzen beruht oder auf Vereinbarung und Tradition, die „gesatzten" und gesetzten Vorgaben werden eher als Rahmenbedingungen für das Handeln angesehen und mehr ihrem Sinne oder „Geiste" nach erfüllt denn als Vorschriften. Daher wird auch die Amtsautorität abgelehnt. Es wird versucht,

> „die Ausbreitung von Regeln und fixierten Verfahren so gering wie möglich zu halten ... Statusunterschiede zwischen den Beteiligten nicht aufkommen zu lassen ... Eine starke Betonung liegt auf dem Gleichheitsmoment, alle haben teil am Entscheidungsprozess; individuellen Unterschieden in den Interessen und Neigungen der Mitglieder wird große Bedeutung beigemessen" (Scott 1986, 46).

Die Übertragung dieser Gedanken auf pädagogische Institutionen lässt folgendes Bild entstehen:

Jugendhilfe und Jugendpflege

Jugendhilfe und Jugendpflege: Diese können am ehesten mit dem Modell der Organisation als natürlichem System erklärt werden. Dies gilt auch für Organisationen, die sich entweder als „offene" Arbeit verstehen oder die sich stark an den Interessen und Bedürfnissen der Teilnehmer orientieren. Hier sind u. a. zu nennen: Kindergarten, Erwachsenenbildung, Altenarbeit, Ausländerarbeit, Randgruppenarbeit, Behindertenarbeit.

Jugendfürsorge

Jugendfürsorge: Überschneidungen von „Teilmengen" des „rationalen" mit dem „natürlichen" System können in jenen Institutionen festgestellt werden, die ihre Arbeit an vorgegebenen Gesetzen ausrichten müssen. Dies gilt insbesondere für die Jugendfürsorge und jene Arbeitsfelder, die mit der Gerichtsbarkeit, dem Jugendamt oder mit dem Schulwesen in Beziehung stehen, z. B. Erziehungsheime, Jugendstraffälligenhilfe, Vorschule.

Schule

Die Schule: Auch im Schulbereich wirkt das „natürliche" System, insofern Lehrer und Schüler immer auch in informeller Beziehung zueinander stehen. Diese werden stets entweder aus pädagogischen Gründen oder aus persönlichen Bedürfnissen heraus hergestellt. Selbst dann, wenn sie von einem Lehrer unterdrückt werden, der auf seiner positionalen, d. h. formellen Bestimmung der Beziehungen und an den vorgegebenen Lern- und Erziehungszielen festhält, bleiben sie „in den Köpfen" der Schüler lebendig, obwohl sie – handlungsmäßig gesehen – verborgen bleiben. Die Wirklichkeit wird demnach von ihnen auf irgendeine Weise mitbestimmt.

Die gesetzlichen Grundlagen, insbesondere aber die Verordnungen, Erlasse und Verwaltungsvorschriften, zwingen die Schule zu einer Selbstrealisierung im

Sinne der Institution als rationalem System. Zu stark ist der Außen- und Binnendruck zur permanenten Organisation der Organisation und zur Legitimation dieses Prozesses. Dadurch entsteht eher Eingrenzung nach innen und Abgrenzung nach außen, nach dem Leben und der Gesellschaft sowie den anderen sozialen und kulturellen Institutionen hin. In der Perspektive des eher rationalen Systems Schule wird daher eher die Vorrangigkeit der Ordnung betont. Demgegenüber wird aus der Perspektive des natürlichen Systems eher Nichtfestgelegtheit der Inhalte und Ziele und die „Freiheit" betont, die alle Mitglieder haben, diese mit- oder selbst zu bestimmen und/oder auszuhandeln. Bedürfnisse und Interessen, Spontaneität und Kreativität sowie informelle Aktivitäten der Beteiligten kommen dabei zum Zuge. Diese Tendenz wird aus der Perspektive des rationalen Systems jedoch als Einbruch interpretiert und demzufolge zu verhindern versucht. Ein Gleiches gilt in Bezug auf die Betonung der Handlungsebene und der Persönlichkeitsmerkmale der handelnden Personen. „Das Modell des rationellen Systems betont die normative Struktur von Organisationen, und das Modell des natürlichen Systems legt den Akzent auf die Verhaltensstruktur" (Scott 1986, 147).

Pädagogische Forschung hätte demzufolge strukturelle Ansätze für ein natürliches System und dessen strukturelle Verhinderungen aufzudecken. Diese Forschungsarbeit hat aber nur dann einen Sinn, wenn auch die Strukturen des rationalen Systems erhellt werden. Nur in diesem Kontrast sind Differenzen festzustellen, auf deren Grundlage über eine mögliche Veränderung schulischen Handelns und seiner vielfältigen Bedingungen nachgedacht werden kann.

In der schulischen Praxis haben sich allerdings bereits Formen herausgebildet, die sich der Organisationsstruktur natürlicher Systeme annähern, wie z. B. Projektarbeit (Hänsel 1997), offener Unterricht (Jürgens 1995), Handlungsorientierung des Unterrichts (Kron 2008).

Zu 3) Organisation *als offenes System* bestimmt Scott folgendermaßen:

> „Eine Organisation ist eine Koalition wechselnder Interessengruppen, die ihre Ziele in Verhandlungen entwickelt; die Struktur dieser Koalition, ihre Aktivitäten und deren Resultate sind stark geprägt durch Umweltfaktoren" (1986, 47).

offenes System (Scott)

In dieser Bestimmung wird unterstellt, dass Organisationen als offene Systeme darauf angelegt und angewiesen sind, ihre Informationen, Ressourcen, Ideen, Mittel und Menschen von außen zu holen. Dies ist ein entscheidender Unterschied zu den Institutionen als rationale und natürliche Systeme (Tab. 6). Diese – besonders erstere – kapseln sich eher von der Außenwelt ab, um „ihre" Binnenkultur durchzusetzen und/oder zu pflegen – oft durch „Verteufelung" der Außenwelt, der „anderen", des „Fremden", u. Ä. (Adorno 1973b). Demgegenüber legen Institutionen als offene Systeme größten Wert auf den „Input" durch verschiedene Umwelten. Dadurch erhöhen sie ihre inhaltliche und soziale Vielfältigkeit, Variabilität, Dynamik des Austausches vielfältiger Interessen sowie die Kooperation bei der Festlegung von Zielen und Prozessen. Die Produkte sowie die rationale Planung ihrer Erstellung und/oder die Formalisierung oder Emotionalisierung der sozialen Beziehung treten in den Hintergrund. Ins Zentrum rücken der Prozess, die Veränderung durch aktive Anpassung und der Austausch „innen – außen". Anstelle der Organisation tritt das Organisieren (Scott 1986, 167ff), wie die nachfolgenden Beispiele zeigen.

Die Forschungs- und Projektgruppe: Eine typische Institution als offenes System ist z. B. die Forschungsgruppe. Die Ziele werden vereinbart, Ressourcen von innen und von außen flottgemacht und eingeholt. Das Ziel ist zunächst der Prozess: die Bewältigung der Problem- und Fragestellungen und der gemeinsame Wille, dass der Prozess auch mit einem objektivierten Produkt abgeschlossen wird. Strukturelles Merkmal einer Forschergruppe ist z. B. ein relativ gleicher Standard an Qualifikation, ein Merkmal, das in Gruppierungen mit erzieherischem oder Lehr-Lern-Gefälle nicht anzutreffen ist. Dennoch ist eine Gruppe als offenes System auch in der Praxis z. B. als Projektarbeit zu realisieren. Hierbei muss allerdings das Lehr-Lern-Gefälle für die Dauer der Projektarbeit relativiert werden. Das bedeutet, dass die Teilnehmer ein gemeinsames Interesse an Problemstellung und Lösungswegen entwickeln und für das gemeinsame Arbeiten verbindlich machen (Kap. 4.5.3). Mit dem Interesse kommt eine Qualität des gemeinsamen Wissenserwerbs ins Spiel, die als forschendes Lernen bezeichnet werden kann. Die Artikulierung und Realisierung dieses Interesses geht über das dem rationalen System immanenten instrumentellen Interesse hinaus und wird daher von rationalen und z. T. auch natürlichen Systemen als Gefährdung angesehen.

Die Gruppenarbeit: Im vorbeschriebenen Sinn ist die Projektgruppe als offenes System unter gleichrangigen und relativ gleich qualifizierten Personen zu realisieren, z. B. im Aus-, Fort- und Weiterbildungsbereich, aber auch in mittelständischen Multimedia-Unternehmen; in speziellen Gruppen in den gymnasialen Oberstufen, z. B. Niveaukursen, Leistungsgruppen oder in der freien Jugendarbeit.

5.2.3 Die systemtheoretische Perspektive

Die folgenden Ausführungen basieren auf dem rollen- und systemtheoretischen Erklärungsansatz für Sozialisation, insbesondere auf den theoretischen Annahmen von T. Parsons (Kap. 3.3). Als Beispiel wird die Schule ins Zentrum der Darlegungen gerückt. Der Grund liegt darin, dass die Schule als ein primär rationales System besonders geeignet ist, die systemtheoretische Perspektive offenzulegen, zumal Parsons seine Theorie in einer längeren Abhandlung am Beispiel der „Schulklasse als soziales System" (1979a) plausibel erklärt hat. Dies soll in drei Schritten geschehen:

1. wird eine Skizzierung des systemtheoretischen Ansatzes von Parsons mit der vorbereitenden Absicht der Übertragung auf die Schule vorgenommen.
2. werden drei Funktionen von Schule in Bezug auf das Gesellschaftssystem, wie sie von Fend erarbeitet wurden, vorgestellt. Sie dienen der systematischen Analyse.
3. werden Schlussfolgerungen für die Pädagogik gezogen.

Zu 1) Wie in Kapitel 3 dieses Buches gezeigt wurde, hängen für den Hauptvertreter der systemtheoretischen Betrachtungsweise sozialer Prozesse, T. Parsons, die sozialen Systeme systemimmanent zusammen. Dies zeigt sich in der Unterscheidung von vier Systemen – System des Organismus, System der Persönlichkeit des Individuums, soziales System, kulturelles System – und ihrem Zusammenhang hinsichtlich ihrer Funktionen. Das kulturelle System wird bei der Bestimmung und Zielsetzung der sozialen Prozesse sozusagen in die Vorhand gesetzt. Der „Durchsetzungsapparat", den jede Gesellschaft gegenüber ihren Subsystemen einsetzt, kann als Garant dafür angesehen werden, dass Sozialisations- und Erziehungsprozesse regelhaft verlaufen und die vorgegebenen Rollenmuster erlernt worden sind. In diesem Grundprozess zwischen Individuum und Gesellschaft setzt sich somit die Gesellschaft stets mit ihren Normen, Ordnungen, Regelwerken usw. dem Individuum gegenüber durch. Aus der psychoanalytisch-lerntheoretischen Sicht, die Parsons mit seinem Ansatz verbindet, um die Entwicklung von Systemen zu erklären, heißt dies, dass sich die Persönlichkeitsstruktur der Individuen einer Gesellschaft durch die Internalisierung der vorgegebenen Werte und Ordnungen der Gesellschaft herausbildet, in der das Individuum lernt. Die psychosexuelle Entwicklung bis zum 5./6. Lebensjahr kann als Beispiel angesehen werden, in welcher Weise das Kind die affektive Objektbeziehung, die Generalisierung und die erste Identifizierung mit der Leistung lernt. Lernort bzw. Sozialisationsinstanz hierfür ist die Institution Familie. Wenn das Kind in die Schule kommt, dann bringt es schon wichtige Sozialisationskenntnisse und -fertigkeiten mit: Es kennt seine Geschlechter- und Generationenrolle, es hat gelernt, in einem stabilen und affektiven Rollensystem und im dyadischen System sich zu verhalten, es kann in allgemeiner Weise gegebene Ziele verfolgen und in affektiver sozialer Einbindung auch gewisse Leistungen erbringen, die einen subjektiven Bezug zu ihm selbst haben. Diese Kenntnisse und Fertigkeiten, die das Kind in der familialen Sozialisation erworben hat, kann die Institution Schule voraussetzen bzw. auf diese aufbauen.

Nun unterstellt die systemtheoretische Perspektive die Funktionalität des Gesamtsystems Gesellschaft. Daher wird die Schule als ein Subsystem des Gesellschaftssystems begriffen. Unter diesem Verständnis konzentriert sich die systemtheoretische Perspektive auf den Zusammenhang von Gesellschaftssystem und Schulsystem bzw. auf den Sozialisationsprozess in der Schule.

Unter diesen Prämissen kann die Institution Schule als eine Sozialisationsinstanz begriffen werden. In ihrem Binnenraum sind ihr – systemtheoretisch gesehen – die Schulklassen, Kurse usw. als Subsysteme bzw. Organisationen des Sozialisationsprozesses untergeordnet. Auch sie werden von Parsons als Sozialisationsinstanzen bezeichnet. Im externen Raum geht dem Schulsystem mit seinen Subsystemen das Familiensystem voraus. Parallel dazu verläuft die Peergroup als System. Diesen sozialen Systemen folgen die Organisationen Beruf und Hochschule. Parsons stellt diesen Zusammenhang am Beispiel der Schulklasse dar (Parsons 1997, 161–193). In einem allgemeinen Sinn wird an dem Beitrag deutlich, dass die Schule im Schnittpunkt von drei Erwartungsrichtungen steht: der Familie, der Gleichaltrigen-Gruppe und den ihr zugeordneten Institutionen der Gesellschaft in Gestalt von Industrie- und Wirtschaftsunternehmen, Gewerbebetrieben, Kirchen usw.

Systemtheorie

Es sind aber auch die individuellen Interessen und Bedürfnisse aller Akteure in der Institution Schule zu sehen, die in diesem Ensemble von Anforderungen auch eine Rolle spielen, die allerdings im System nur bedingt zur Geltung kommen können. Den Individuen fehlt nach Parsons der „Durchsetzungsapparat", um ihre Interessen und Bedürfnisse ins Spiel zu bringen. Daher rücken aus systemtheoretischer Perspektive die systemimmanenten Funktionen der Institution Schule in den Vordergrund: 1. die Vermittlung fachlichen Wissens, 2. die Anpassung der Klientel an die formalisierten Rollenmuster der Institution und 3. die Selektion nach Leistungsstandards (Parsons 1997, 161 u. 179ff).

Funktionen der Schule

Zu 2) Fend (1977) bringt diese drei Funktionen, die das Schulsystem in Bezug auf das Gesellschaftssystem zu erfüllen hat, in eine plausible Systematik und spricht von: 1. Qualifikationsfunktion, 2. Selektions- oder Allokationsfunktion und 3. Integrations- oder Legitimationsfunktion (Abb. 15). Die Abbildung 15 verdeutlicht den Einfluss des „schulexternen Bereichs" auf das Schulsystem.

Dieser Einfluss wird auf drei Ebenen ausgeübt:

Auf der Ebene des Berufs- bzw. Beschäftigungssystems wird die Qualifikationsfunktion erzwungen, nämlich die für den Beruf wichtigen Kenntnisse und Fertigkeiten zu erwerben. Zuständig hierfür ist das Schulsystem, in Sonderheit die fachliche Seite – und z. T. auch die soziale Seite – des Unterrichts.

Auch auf der Ebene der sozialen Schichtung wird auf das Schulsystem Druck ausgeübt. Jede Sozialschicht erwartet von dem differenzierten Schulwesen für die junge Generation eine entsprechende Selektion und einen entsprechenden Schulabschluss, den die Schule durch Prüfungen garantieren und in Form von Zeugnissen dokumentieren muss.

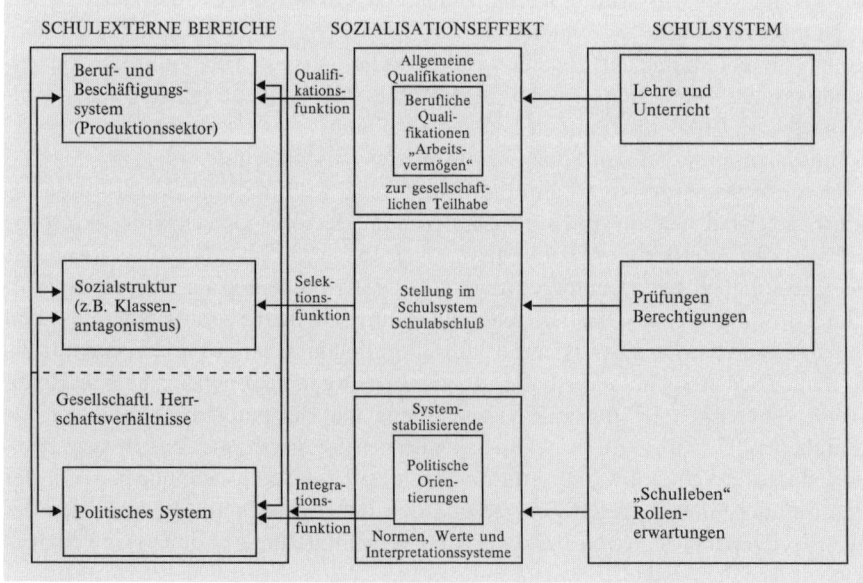

Abb. 15: Gesellschaftliche Funktionen der Institution Schule (Fend 1977, 67 u. 1980, 17)

Die Gesellschaft in ihrem moralischen und politischen Selbstverständnis erwartet schließlich, dass die Schule eine Integrationsfunktion erfüllt, in dem sie auch – offen oder verborgen – Meinungen, Einstellungen und Ideologien vermittelt, die den Schüler zur Identifikation mit der Gesellschaft führen, in der er lebt. Dieser Prozess vollzieht sich über entsprechendes Rollenlernen in Schule und Unterricht (Fend 1977, 65f u. Fend 1980, 16f).

Im Folgenden soll auf die drei Funktionen schulischer Sozialisation näher eingegangen werden, die auch mehr oder weniger für andere pädagogische Institutionen gelten. Dabei sind stets die verschiedenen Momente der Systemtheorie mitzudenken (Kap. 3).

a) Die Qualifikationsfunktion

Qualifikationsfunktion

„Unter Qualifizierung soll die Vermittlung von Fertigkeiten und Kenntnissen verstanden werden, die zur Ausübung ‚konkreter' Arbeit und Teilhabe am gesellschaftlichen Leben erforderlich sind" (Fend 1980, 16).

Aus diesem Zitat wird der systemtheoretische Zusammenhang von Ausbildungs- und Produktionsbereich sowie die mithilfe des Produktionssystems erwarteten, für erfolgreiches Arbeiten erforderlichen Qualifikationen bereits deutlich. Die Institution Schule erfüllt diese Erwartungen und Erfordernisse im organisierten Lehren und Lernen, also im Unterricht in den einzelnen Fächern und in ihrer inneren Organisation „vor Ort"; sie vermittelt Deutsch, Mathematik, Physik u. a. m.; des Weiteren greift sie auf extern gegebene Lehrpläne oder Curricula und Lehrbücher zurück, durch die das Qualifikationsniveau der einzelnen Fächer, Klassenstufen und Schularten festgeschrieben ist; außerdem ist sie in das Netz der Schulaufsicht eingespannt, das für die Funktionalität des Subsystems Schule im Gesamtsystem und für seine Untergliederungen zu sorgen hat, und sie kann auf jene Qualifikationen zurückgreifen, die die Schüler in der familialen Sozialisation erworben haben (Brinkmann 1980, 79ff).

Gerade die letztgenannten Bedingungen, die zwar durch Einzelne repräsentiert werden, die aber – systemtheoretisch gesehen – generalisierte Anforderungen darstellen, machen die Chancen aus, dass Schule überhaupt noch ihre Inhalte „vermitteln" kann oder konkreter formuliert, dass der Unterricht noch eine Chance bietet, zwischen den Motivationen, Bedürfnisdispositionen und Interessen der Schüler und dem soziokulturellen Anspruch der Fachinhalte und den sozialen Formen ihrer Präsentation zu vermitteln. Diese Vermittlungstätigkeit ist zugleich eine Vermittlungsproblematik. Dies gilt nicht nur für die Schule, sondern auch für alle anderen pädagogischen Organisationen. Die Chance zwischen den subjektiven Erwartungen der Schüler und ihren Qualifikationen einerseits und den objektiven Ansprüchen der fachlichen Lernziele, Prüfungen und Abschlüssen andererseits zu vermitteln, erhält aus systemtheoretischer Sicht eindeutig das „Prä" zugunsten der objektiven Ansprüche. Dadurch wird dem einzelnen Subjekt der Handlungs- und Interpretationsspielraum, das Erfahrungs- und Experimentierfeld entzogen bzw. verringert. So muss der Schüler lernen, die gesetzten Lernziele durch eine „objektiv" erbrachte Leistung anzustreben und über Prüfungen zu erreichen. Der Begriff „objektiv" soll in diesem Zusammenhang als das Schlüsselwort für jenen Tatbestand gelten, dass die Lernziele für jeden, also für alle Schüler gelten, und dass alle Schüler z. B. den gleichen Text oder das gleiche Thema für eine Prüfungsarbeit erhalten.

Und für die Lehrer bedeutet dies, die Inhalte der Lehrpläne als „objektiv" anzusehen, im Unterricht umzusetzen und abzuprüfen. Wenig Spielraum bleibt dann dem Lehrer, das formelle Curriculum zu interpretieren und in ein klassen- oder gruppenspezifisches Curriculum zu transformieren (Kron 2008, 218ff).

Grundschüler müssen lernen, neben ihrer personbezogenen Leistungsmotivation eine auf Noten bezogene Leistungsmotivation zu entwickeln. Dieser Prozess der Umstellung des Motivationssystems im Persönlichkeitssystem des einzelnen Schülers – von Parsons (1997) treffend beschrieben – bedeutet in der Latenzzeit eine große Herausforderung für Sechs- bis Zehnjährige und kann zum Erfolg oder zum Scheitern des Einzelnen führen, je nachdem auf welche Art und Weise es gelingt, den Übergang von der Familie zur Schule und die Transformation seines Motivationssystems zu „schaffen".

An dieser Problematik wird deutlich, dass fachliches und soziales Lernen nicht nur instrumentell zusammenhängen und auf methodischer Ebene „zusammengebracht" werden, sondern dass sie gleichursprünglich sind. Dabei kann eine übertriebene fachliche und damit kognitive Orientierung des Unterrichts zur Fixierung des Über-Ichs an die kognitiven und individuellen Leistungsanforderungen und damit zur Herausbildung einer Motivationsstruktur führen, die sich vorwiegend an diesen Zielen im Sinne „von Werten für die eigene Person" orientiert.

Aus interaktionistischer Sicht wird durch die ausschließliche oder vorwiegende Realisierung von Lernprozessen und Zielorientierungen dieser Art die Fähigkeit zur Sinnermittlung und damit zur Balancierung von Ich-Identität reduziert. Anthropologisch betrachtet heißt dies, dass dem Schüler die Basis entzogen wird, sinnstiftende Beziehungen zur Welt und im Rückbezug zu sich selbst herzustellen. Er wird daran gehindert, sich als „konstituierendes Subjekt" zu sehen, und muss sich stattdessen als konstituiertes und im System verzwecktes „Objekt" erfahren.

In konträrer Weise stellt sich die Argumentation aus lerntheoretisch-behavioristischer Sicht dar. Die Funktionalität des Gesamtsystems mit seinen Subsystemen sowie der jeweils vorgeordneten Systeme wird hier als de facto gegeben angesehen. Von dieser Basis her sind die jeweils vorgeordneten Systeme mit „Verstärkern" versehen, durch die das gezeigte aber nicht erwünschte Verhalten extingiert, das gezeigte und erwünschte Verhalten aber positiv verstärkt wird. Ein Gleiches gilt für spontan gezeigtes Verhalten. Auf diese Weise bildet sich ein Motivationssystem aus, das den Erwartungen aller Systeme entspricht, wenn die Systeme, die hier als Umwelt zu verstehen sind, in ihren Normen, Wertvorstellungen und Erwartungen möglichst konstant gehalten werden (Kap. 3.2 u. 4.4).

b) Die Selektions- oder Allokationsfunktion

Die längere Befassung mit der Qualifikationsfunktion hat die Darstellung der Selektions- oder Allokationsfunktion schon mehrfach tangiert und gedanklich vorbereitet.

Unter Selektion sei die auf Leistung beruhende Verteilung von Chancen auf verschiedene Schullaufbahnen verstanden, aufgrund derer eine Allokation, d. h. Zuordnung zu bestimmten Berufsfeldern, möglich wird. In einem sozialdarwinistisch verschärften Sinn kann auch formuliert werden: Selektion sei die auf Leistung beruhende Auslese von Schülern, aufgrund derer eine Allokation, d. h. Zuweisung zu bestimmten Berufspositionen, erfolgt. Wie immer die Definition lautet, im Grunde besagt sie, dass das Schulwesen auf unterschiedliche Schullaufbahnen mit entsprechenden Leistungsprofilen bezogen ist und dass diese als das Hauptinstrument anzusehen sind, mit denen Schüler auf entsprechende Berufsfelder und den mit diesen verbundenen Positionen ausgerichtet werden.

Selektions- oder Allokationsfunktion

Wenn das Beschäftigungssystem auf das Schulsystem einwirkt bzw. in dieses „eingeklinkt" ist, dann stimmt der Funktionszusammenhang. Das dreigliedrige Schulsystem, das bis in die Weimarer Zeit hinein der dreigliedrig gestuften Gesellschaftsordnung – Unter-, Mittel-, Oberschicht – entsprach, kann als ein Beispiel für diese Funktionalität von Ausbildungs- und Berufssystem angesehen werden. Dabei muss mitbedacht werden, dass auch der Grad an Ansehen des Einzelnen und seiner Bezugsgruppen in der Gesellschaft sowie seine Selbstinterpretation mit dieser Verteilung verbunden war (Brinkmann 1980, 118ff).

Aus Sicht einer demokratischen Leistungsgesellschaft und unter dem politischen Anspruch der Chancengleichheit erfuhr und erfährt die Selektions- und Allokationsfunktion des derzeitigen dreigliedrigen Schulsystems allerdings harte Kritik. Diese zielt darauf ab, dass in einer demokratischen Leistungsgesellschaft der erhöhte Bedarf an qualifizierten Kräften nicht durch ein System von drei Schullaufbahnen reguliert werden könne, die die klassische schichtenspezifische Selektion und Allokation z. T. in neuen Formen reproduziere. Daraus wurde und wird die Notwendigkeit abgeleitet, das dreigliedrige Schulsystem durch das Stufensystem zu ersetzen und z. B. allgemeine und berufliche Bildung aufeinander abzustimmen bzw. miteinander zu integrieren (Strukturplan 1971; Kap. 5.1.2 u. Kap. 5.1.3).

c) Die Integrations- oder Legitimationsfunktion

Unter Integration sei der Erwerb gesellschaftskonformer Wertorientierungen verstanden. In ihnen drückt sich die Loyalität des Einzelnen zu bestimmten gesellschaftlichen Gruppen, zu Institutionen und Organisationen aus, wie z. B. Politik und Parteien, sowie zur Gesamtgesellschaft.

Integrations- oder Legitimationsfunktion

Diese Wertorientierungen werden auch „normative Orientierungen" genannt oder „in der Sprache der Sozialisationstheorie Normen, Werte und Interpretationssysteme. Ihr Inhalt bezieht sich auf die sozialen Verhältnisse und auf die eigene Stellung im gesellschaftlichen Rahmen" (Fend 1977, 176). Dabei handelt es sich im umfassenden Makrokosmos der Gesellschaft um Ideen und/oder Ideologien oder Grundüberzeugungen wie z. B. Chancengleichheit, „Wohlstand für alle", „Leistung muss sein", Rechtsstaatlichkeit, Toleranz, Freiheit, Autorität usw. (Brinkmann 1980, 163ff).

Im Mikrokosmos sozialer Beziehungen, z. B. in der Schule, geht es dabei um Lernprozesse, die vordergründig oft als rein fachlich orientiertes Lernen angesehen werden. Jedes organisierte fachliche Lernen aber spielt sich im sozialen Kontext der Schulklasse ab und ist damit zugleich immer auch ein soziales Lernen. In schulisch organisierten Lernprozessen werden daher neben den fachlichen Inhalten immer zugleich auch sozial relevante Einstellungen gelernt, wie z. B. Sorgfalt beim Lesen eines Gedichts, Ordentlichkeit bei der Niederschrift mathematischer Aufgaben, Sparsamkeit im Umgang mit Papier, Pünktlichkeit beim Unterrichtsbeginn, soziale Fantasie zur Lösung von Konflikten in der Klasse, Anerkennung der Fach- und Personautorität des Lehrers usw. (Fend 1977, 17). Diese sozialen Einstellungen oder Tugenden werden neben vielen anderen offen oder versteckt in jedem Unterricht und Schulalltag gelernt. Daneben stehen noch Schulfächer, die diese oder andere Werthaltungen als Fachinhalte vermitteln, wie z. B. Geschichte, politische Gemeinschaftskunde, Deutsch.

Die Sozialisationsforschung zeigt, dass im Regelfall jene Wertorientierungen im Schulsystem gelernt werden, die auch im herrschenden politischen und wirtschaftlichen System geschätzt werden.

soziale Kontrolle

Damit übt die Schule eine soziale Kontrolle aus, die Integration bewirkt. Sie erzeugt damit eine Art Loyalitätsbonus bei der jungen Generation für das bestehende Herrschaftssystem und seine Interessen. Auf der subjektiven Seite erzeugt sie Bewusstseinsstrukturen und globalaffektive Identifikationen, „die für Stabilität oder Wandel schulinterner und schulexterner sozialer Verhältnisse relevant sind". Der Prozess kann – von Parsons her gesehen – als Identifikation bzw. Internalisierung zentraler und globaler Normen und Werte sowie als Stabilisierung des Gesamtsystems beschrieben werden (Fend 1977, 176ff).

Zu 3) Im Anschluss an diese Erörterungen ergeben sich folgende Einsichten:

1. Alle drei Funktionen sind in einem interdependenten Zusammenhang zu sehen, denn sie werden in der konkreten Interaktion „vor Ort" erzeugt.
2. Des Weiteren ist bemerkenswert, dass die Integrationsfunktion von den Betroffenen selbst sowie von den Außenstehenden und sogar von den Wissenschaftlern oft nicht gesehen oder gar geleugnet wird.
3. Dabei ist die Aufdeckung des integrativen Zusammenhangs von fachlichem und sozialem Lernen einschließlich der Herausbildung eines Selbstkonzepts von größter pädagogischer und didaktischer Bedeutung. Diese Trias muss als konstitutiv für Praxis und Theorienbildung angesehen werden.
4. Es kann nicht unerheblich sein, ob die Schule als eine Funktion von Gesellschaft erscheint, die nicht mehr hinterfragt wird bzw. werden darf, oder ob es ihr als gesellschaftliche Einrichtung ermöglicht wird, sich zu öffnen und eine neue innere Dynamik zu entfalten, in der neben den Anforderungen der Gesellschaft auch den Ansprüchen der Akteure Rechnung getragen werden kann. Dies ist allerdings nur mit Unterstützung der Gesellschaft selbst möglich, wenn sie nicht primär auf der Reproduktionsfunktion der Schule beharrt, sondern Wert auf die Vermittlerfunktion der Institution Schule zwischen den Ansprüchen der Gesellschaft und dem Eigenrecht der heranwachsenden Generation legt.
5. Das strukturfunktionalistische Erklärungsmodell für gesellschaftliche Zusammenhänge und Prozesse ist deskriptiv. Daher ist es zur Analyse von sozialen Systemen auf allen Erklärungsebenen sehr geeignet. Mit seiner Hilfe können sowohl Funktionen als auch Dysfunktionen eines Systems aufgedeckt werden.

Im Folgenden wird eine Situation dargestellt, die zur Diskussion anregen kann:
Am Dilthey-Gymnasium ist Leistungskurswoche. Der Leistungskurs Deutsch (13/1) schreibt seine Arbeit unter Abiturbedingungen, also vier Zeitstunden und in der Aula. Das Thema der Arbeit lautet: „Leistungsverweigerung – ein emanzipatorischer Akt?" Nach zwei Stunden gibt Peter Mertens seine Arbeit ab. Die Mitschüler/-innen reagieren erstaunt, denn Peter ist der Beste im Leistungskurs, aber schon nach zwei Stunden fertig. Auf Peters Blatt steht nur sein Name. Sonst nichts. Der Lehrer muss die Arbeit bewerten.

5.2.4 Die interaktionstheoretische Perspektive

In den vorangegangenen Kapiteln ist bereits mehrfach und vertieft von der Theorie des symbolischen Interaktionismus und den daraus zu ziehenden Schlussfolgerungen für Sozialisations- und Erziehungsprozesse die Rede gewesen, so dass im vorliegenden Zusammenhang darauf aufgebaut werden kann (Kap. 3.4 u. 4.5). Im Folgenden geht es um die Übertragung des interaktionstheoretischen Ansatzes auf pädagogische Institutionen, insbesondere auf die Schule. Dies soll in zwei Schritten geschehen:

1. werden Forschungen skizziert, die unter interaktionstheoretischer Fragestellung im Schulbereich durchgeführt worden sind;
2. wird die Frage nach der Umsetzung der Idee der symbolischen Interaktion im Kommunikationszusammenhang von Schule und Unterricht thematisiert.

Zu 1) Die Literatur zeigt, dass die Forschungen im Schulbereich an verschiedenen soziologischen Konzepten von Interaktion ausgerichtet sind. Dabei wird der Begriff Interaktion sehr weit gefasst. Die praxisorientierten Forschungen orientieren sich eher an einer instrumentellen Vorstellung von Interaktion im Sinne des Sender-Empfänger-Modells, also des Nachrichtenaustausches, als an einer Vermittlung von Informationen (Ulich, K. 1998; Minsel/Roth 1978). Diejenigen Forschungen, die dem Konzept des symbolischen Interaktionismus nach G. H. Mead verpflichtet sind, verbinden im Regelfall mit der Modellvorstellung einer repressionsarmen symbolischen Interaktion (Habermas 1968) den Wert der Chancengleichheit (Ulich, D. 1976; Hurrelmann 1975; Wellendorf 1975; Biermann 1985).

Interaktion

In den Forschungen wird nachgewiesen, dass die Schule Defizite hinsichtlich einer chancengleichen symbolischen Interaktion aufzuweisen hat. Im Klartext heißt dies, dass die an Schule und Unterricht Beteiligten nicht die gleiche Chance zur Identitätsdarstellung haben. Die Forschungsergebnisse zeigen im Großen und Ganzen, dass in Schule und Unterricht in ihrer derzeitigen Organisationsverfassung die Zielsetzungen des Gesellschaftssystems durchschlagen. Damit wird es besonders den Schülern unmöglich gemacht, ihre eigenen Perspektiven einzubringen. So „müssen die Möglichkeiten für die Darstellung persönlicher Identität automatisch schwinden". Eine Reihe struktureller, d. h. in der Organisationsform der Schule als „rationalem System" gründender Mechanismen verhindert eine gleichberechtigte Interaktion: z.B. das Machtübergewicht, das dem Lehrer zugestanden wird; die Leistung, „die in einer engen und rigiden Definition in die schulische Kultur Eingang" gefunden hat und die nicht als ein Medium persönlicher Selbstentfaltung gesehen wird; die Feinstrukturen des Miteinanders, die sich nicht in ausgehandelten Rollenbeziehungen, sondern primär in gegenseitigen Typisierungen ausdrücken; die Vorurteile, die Lehrer bestimmten Schülern oder Schülergruppen gegenüber realisieren (Hurrelmann 1975, 182ff; Heinze 1978 u. 1980; Petillon 1987); der Methodenschematismus, wie er sich im zweckrationalen Aufbau und Ablauf der meisten Unterrichtsstunden niederschlägt und in dem mögliche Ideen von Schülern zur Sache als störend abgewiesen werden.

Neben diesen internen sind auch externe Mechanismen zu nennen: z.B. die Steigerung formalisierter Leistungsanforderungen (Hurrelmann 1975, 193); die von den Kultusministerien festgelegten Lehrpläne, an deren Abfassung die Lehrer z.T. nur bedingt und die Schüler überhaupt nicht beteiligt sind. Selbst die Freiräume, die z.B. dem Lehrer für „pädagogische" Zwecke oder den Schülern in der Schülermitverwaltung (SMV) zugestanden werden, sind bereits zweckrational verfügt; die einen dienen der „Wiederholung", die anderen instrumentalisierten Tätigkeiten, wie z.B. der Vorbereitung von Schulfeiern, nicht aber der Mitbestimmung an den Curricula. Tätigkeiten dieser Art sind zu Ritualen im Sinne des Systems umfunktioniert (Wellendorf 1975, 153). Die Schule lässt sich somit als ein

> „szenisches Arrangement auffassen: als zeitliche Organisation von Szenen bzw. Szenenfolgen. Dabei bezeichnet ‚Szene' einen raum-zeitlich strukturierten und von einem Horizont von Mitgegebenheiten begrenzten Interaktionszusammenhang, der in Prozessen gemeinsamer Kommunikation und gemeinsamen Handelns interpretiert und definiert wird ... Im szenischen Arrangement der Schule findet – in enger Verknüpfung subjektiver und objektiver Momente – kontinuierlich eine Vorstrukturierung der Selbstdarstellung der Interaktionspartner durch institutionalisierte Interpretationsmuster ihrer Identität statt" (Wellendorf 1975, 65).

Die Forschungen und Erfahrungen zeigen aber auch die versteckten Gefühle, Bedürfnisse und Interessen, die unausgelebten Fähigkeiten und Motivationen der Akteure, die nach Realisierung drängen, aber in der rationalen Organisation von Schule und Unterricht in der Regel nicht kontinuierlich eingebracht werden können, sondern auf Projekttage eingegrenzt sind. Aus interaktionistischer Sicht schrumpft hier ein ungenutztes Potenzial, das es in einer modernen Schule zu heben gilt. Die Medienforschung zeigt neuerdings, dass z.B. die Arbeit mit interaktiven Medien für Schüler/-innen und Lehrer Chancen eröffnet, Interaktionen einzugehen, in denen das bisher kaum genutzte Potenzial an Fähigkeiten, kulturellem Wissen, Interessen und Motivationen zum Tragen kommen kann (Gogolin/Lenzen 1999).

Handlungsebene **Zu 2)** Nun wird in der Theorie des symbolischen Interaktionismus unterstellt, dass von den handelnden Individuen selbst dann Interpretationen und Sinnermittlungen geleistet werden, wenn diese nicht an die Oberfläche der Situation durchdringen, also Handlung werden (Habermas 1973c; Henecka/Wöhler 1978, 97ff). Wiewohl es plausibel ist, dass bei soziologischer oder sozialpsychologischer Betrachtung die sozialen Mechanismen aufgedeckt werden, die eine im Handeln sichtbare Identitätsdarstellung verhindern – dies ist der positive und kritische Anspruch dieser Disziplinen – und wiewohl ein aus diesen Erkenntnissen abgeleitetes „pädagogisches" Plädoyer zur Veränderung von Schule und Gesellschaft zu verstehen ist, so muss die pädagogische Betrachtungsweise an der systematischen Unterstellung des symbolischen Interaktionismus festhalten und die versteckten oder unterdrückten Interpretationsleistungen und Intentionen der Individuen miteinbeziehen.

Damit rückt die Problematik der Vermittlung ins Zentrum der Diskussion. Unter Vermittlung wird im Alltagsverständnis von Schule und Unterricht üblicherweise die Weitergabe von Wissen und Fertigkeiten verstanden. „Jemandem etwas vermitteln" bedeutet dabei so viel wie „jemandem etwas beibringen" oder – in der Sprache einer instrumentalisierten Kommunikationstheorie (Kap. 4.5.2) – jemandem oder sich gegenseitig Informationen vermitteln oder Informationen austauschen. In diesem Verständnis von Vermittlung wird der Symbolzusammenhang allerdings verdinglicht; Wissen und Fertigkeiten sind quantifiziert und quantifizierbar. Die deutsche Sprache kennt aber noch einen zweiten Sinn des Wortes Vermittlung. Dieser bedeutet so viel wie „zwischen etwas vermitteln", z. B. zwischen zwei Menschen und ihren Auffassungen oder Standpunkten vermitteln; zwischen zwei Anforderungen, wie z. B. den Bedürfnissen und Interessen von Schülern und den Anforderungen von Kultur und Gesellschaft in Gestalt der Fächer und Curricula, zu vermitteln.

Vermittlung

Diese Form der Vermittlung ist als ein Prozess aufzufassen, an dem alle Betroffenen beteiligt sind. Dabei müssen ihre jeweiligen Intentionen voll zum Tragen kommen, damit Vermittlung ins Werk gesetzt werden kann. Ein Vermittler, z. B. der Lehrer, hat die Aufgabe, zwischen Schülern und Sachverhalten, Bedürfnissen und Fachansprüchen zu vermitteln. Er muss Vermittlungsprozesse vorbereiten, einleiten, in Gang halten und sie beratend begleiten. Er muss auch Hilfestellung leisten, die Vielfalt der Intentionen und Anforderungen zu ordnen. Der Vermittlungsprozess ist also ein sozialer Prozess, eine positive Form des sozialen Lernens (Kap. 2.7.2), der Lehrer, ein „Mediator". Strukturell gesehen eröffnet der Lehrer einen Spielraum, in dem der Schüler sich selbstständig mit der Sache auseinandersetzen kann. Hierbei kann der Schüler seine Vorerfahrungen und sein Vorwissen, seine Vorstellungen und Intentionen einbringen. Dieser Prozess kann als „verständiges Lernen" bezeichnet werden (Dewey 1993, 204).

Der Vermittlungsbegriff scheint geeignet zu sein, die pädagogischen Aufgaben zu fassen, die aus der Idee der symbolischen Interaktion abgeleitet werden können; denn Vermittlung ist symbolische Interaktion „vor Ort". In der Schule sind die kulturellen „Gegenstände" – die sozialen machen dabei nur eine bestimmte Klasse aus – vorgegeben. Trotz ihrer Vorgegebenheit und Starrheit können sie im Vermittlungsprozess „aufgelöst" oder „mediatisiert" werden. Die Bedeutung, die der Gegenstand und der Vermittlungsprozess dabei erhalten, kann als ein Baustein in dem fortlaufenden Prozess der kognitiven und sozialen Bildung – im günstigsten Fall – der Identitätsbildung angesehen werden. Identitätsbildung ist daher nicht „subjektiv", sondern sie muss sich immer wieder neu an den in den Vermittlungsprozessen gegebenen Gegenständen bewähren. Nur unter dieser Voraussetzung können Bedeutungen als Elemente der Persönlichkeitsentwicklung angesehen werden.

5.2.5 Die soziogenetische Perspektive

Diese Perspektive gründet in den Forschungen und Theorienbildungen, deren erkenntnisleitendes Interesse auf das Zusammenwirken von Individuum und Umwelt gerichtet ist, und daher auf interaktionistischen und konstruktivistischen Theorien beruht (Kap. 2.9.2). Die Entwicklung dieser Perspektive geschieht in drei Schritten:

1. Zunächst werden einige Ideenträger vorgestellt, deren Publikationen maßgeblich zur Erarbeitung der soziogenetischen Betrachtung von Institutionen beigetragen haben.
2. Sodann wird die entwicklungspädagogische Position von H. Roth skizziert und
3. schließlich auf die soziogenetische Perspektive im engeren Sinn eingegangen (Kap. 2.9.4, 3.5.5 u. 4.5).

Entwicklungskonzepte

Zu 1) Das klassische Konzept für eine kindliche Entwicklung als „natürliche Entfaltung aller Kräfte" in Kombination mit einem entwicklungsfördernden kulturellen und sozialen Angebot durch die Erzieher wurde von J. J. Rousseau entwickelt. In Bezug auf die Angebote sollten diese von „negativen" gesellschaftlichen Einflüssen befreit sein. Dieses Konzept wird in der „pädagogischen Bewegung vom Kinde aus" und in den pädagogischen Reformbewegungen der 1920er Jahre aktualisiert und in vielfältige Praxis umgesetzt. Der Grundtenor der Idee und Praxis „vom Kinde aus" lautet, dass Kinder und Heranwachsende von „Natur" aus Tatkraft, Fantasie, Unvoreingenommenheit und Neugier mitbringen, um die Welt selbstständig zu erobern und sich Kultur und soziale Regeln selbst anzueignen. Die Aufgabe der Erwachsenen besteht lediglich darin, eine „vorbereitete Umgebung" (M. Montessori) zu schaffen, die die Heranwachsenden zu diesen eigenständigen Lebenstätigkeiten herausfordert. Das Bild von der Erziehung als Wachsenlassen (Kap. 4.1.1) wird leitend; Pipi Langstrumpf zur modernen Leitfigur dieses Bildes.

Die antiautoritäre Erziehungsbewegung der 1960er Jahre (Kron 1973) gesteht dem Kind und Jugendlichen zudem soziale Fantasie zu, Konflikte eigenständig zu regulieren und sich gegen die übermächtigen Erziehungseinflüsse der Eltern, Lehrer, Lehrherren und Vorgesetzten aktiv zu wehren. Kinder werden als Akteure gesehen, die ihre Erziehung und ihre Bildung selbst in die Hand nehmen können: Individualisierung statt Sozialisierung; Sensibilisierung statt Einordnung, Selbstbestimmung statt Unterwerfung. Das Kind wird zur produktiven Stelle im System erklärt. Diese gesellschaftskritische Sichtweise ist bis in die Gegenwart wirksam.

Ihr zur Seite stehen klassische bildungstheoretische Auffassungen einer Pädagogik vom Kinde aus. Das Kind ist von Geburt an in die Medien von Kultur, sozialer Welt und Geschichte eingebettet. Es ist daher von Anfang an Person. Was ein Kind sei und wie es zu erziehen sei, kann daher nur vom kindlichen In-der-Welt-Sein, also vom Kindsein her erschlossen und dieses wiederum nur vom Erwachsensein her interpretiert werden. Bildung wird damit zur Haupttätigkeit des Kindes. Erziehung soll diesen Prozess einleiten und begleiten. Im Prozess der Bildung wird das Kind erschlossen für die Welt und für sich selbst und weiß sich verantwortlich (Drechsler 1967, 339; Langeveld 1964, 70 u. Ballauff 1982, 431 u. Kap. 4.1.2).

Erst die sozialwissenschaftlichen Forschungen liefern Erkenntnisse über Kind und kindliche Lebenstätigkeit sowie über Heranwachsende, die weder normativer noch spekulativer Natur sind. Hier sind Forschungsergebnisse, Theorien, Modelle und Konzepte zu nennen, die u. a. in den vorangegangenen Kapiteln 3 und 4 dargestellt worden sind:

Entwicklungstheorien

- die Entwicklungstheorien (Kap. 2.9), insbesondere von Erikson, Freud und Piaget,
- die Lerntheorien, insbesondere von Freud, Piaget und Skinner,
- die Verbindung von Entwicklungs- und Lerntheorien, insbesondere bei Gehlen und Portmann,
- die Handlungstheorien und die Theorien der symbolischen Interaktion, insbesondere von Piaget und Mead,
- die Identitätstheorien von Mead und Erikson,
- die Bildungstheorie in einem modernen Verständnis (Kap. 2.8).

Zu 2) Die weitere Entwicklung zu einer soziogenetischen Perspektive zur Beurteilung pädagogischer Institutionen geht von den sozialwissenschaftlichen Forschungen und Erkenntnissen aus.

Entwicklung und Lernen werden als Grundphänomen einer modernen Anthropologie in pädagogischer Absicht bestimmt. Darauf hat zum ersten Mal H. Roth (1906–1983) im zweiten Band „Entwicklung und Erziehung" seiner pädagogischen Anthropologie hingewiesen (1971, 34). Der Zusammenhang ist in den vorangegangenen Kapiteln mehrfach angesprochen worden. Er besagt in pädagogischer Hinsicht, dass die Heranwachsenden „angemessener Herausforderungen" (Roth) durch die Mitglieder aller Institutionen bedürfen, die sie durchlaufen: Familie, Hort, Krippe, Kindergarten, Schule usw. Für die darin tätigen Personen bedeutet dies, „Entwicklungsförderung" zu betreiben, indem sie den Heranwachsenden „Entwicklungsaufgaben" stellen, „die die junge Generation nicht nur befähigen, die Kultur zu übernehmen, sondern sie produktiv fortzusetzen" (Roth 1976, 34). Erziehung und Unterricht werden daher als Entwicklungsaufgabe begriffen (Kap. 2.9.4 u. 4.5.4). Im Klartext bedeutet dies:

Entwicklung und Lernen

- Die Erwachsenen und Pädagogen müssen beobachten, welche Anforderungen das Kind im Laufe seiner Entwicklung an die kulturelle und soziale Umwelt und ihre Repräsentanten stellt.
- Die Erwachsenen und Pädagogen müssen die gesellschaftlich objektivierten Aufträge, die Kinder erfüllen sollen, mit ihren Beobachtungen der Lebensäußerungen der Kinder in Beziehung setzen.
- Sie müssen lernen, beide Anforderungen – die Entwicklungsäußerungen und -bedürfnisse – mit den Entwicklungsaufgaben zu verbinden.
- Sie müssen lernen, die Wechselbeziehung so zu realisieren, dass das Kind in der Lage ist, die Aufgabe aktiv zu lösen. Roth nennt dies eine „angemessene Herausforderung", und er belegt die pädagogische Entwicklungs- und Lernförderung mit dem Begriff der „Passung" (Roth 1976, 35).

In seinen Darlegungen gibt Roth viele und treffende Beispiele für eine gelungene Passung:

„Auf einem Flug von den USA nach Europa erlebte ich, wie eine Mutter mit zwei Kindern von drei und fünf Jahren in das Flugzeug stieg. Die Stewardeß wußte schon, was sie zu tun hatte. Sie richtete zwischen den Sitzreihen eine Spielecke ein, in der die Kinder sofort ihre Spielwelt aufbauten" (Roth 1976, 35).

Passung

Der Begriff der Passung weist auf eine zentrale pädagogische Aufgabe hin: Pädagogisches Handeln vollzieht sich nicht linear und monokausal, sondern hat sich immer an mindestens zwei Grundfaktoren zu orientieren und zwischen diesen zu vermitteln: Entwicklung des Kindes als Herausforderung und Anforderung an die Kultur und Gesellschaft. Eine Konstante, die Hinweise oder Anweisungen zur Lösung bieten könnte, gibt es nicht – so Roth. Das bedeutet, dass weder das Kind noch die Kultur absolut gesetzt werden können. Die Konstante ist das Wechselverhältnis zwischen beiden, die immer wieder neue Aufgabe, in den unterschiedlichsten Situationen abzuwägen und die „angemessene Herausforderung" für das Kind zu finden. Die angemessene Herausforderung bedeutet für die Heranwachsenden ins Handeln und mit diesem ins Denken zu kommen und ihre Erfahrungen und Erkenntnisse aussprechen zu lernen. Mit Piagets Entwicklungs- und Lerntheorie lässt sich dieser Zusammenhang plausibel erklären.

Entwicklungspädagogik

Als phänomenaler Zusammenhang bietet er für Roth den Ausgangspunkt zur Erarbeitung einer „Entwicklungspädagogik". Diese ist Ausgangspunkt einer Theorie von der menschlichen Person oder des menschlichen Handelns. Daher gilt die soziogenetische Perspektive in erster Linie der Beobachtung von Entwicklungsäußerungen der Kinder oder der anvertrauten Klientel. Aus der Abwägung mit den Anforderungen der Organisationen und Institutionen erwächst die Entwicklungsaufgabe und das Handlungskonzept für die jeweils angemessene Herausforderung des Heranwachsenden in sein Lernen.

Soziogenese

Zu 3) Im Anschluss an Roths grundlegende Arbeiten und angeregt auch durch die Forschungsarbeiten von D. Garz (1984 u. 2006) geht Aufenanger in seinem Buch „Entwicklungspädagogik. Die soziogenetische Perspektive" (1992) u. a. auch auf den Zusammenhang von Entwicklung und Lernen ein. Er weist dabei nachdrücklich auf die Untersuchungen von Piaget und Kohlberg hin und hebt die große Bedeutung des sozialen und kulturellen Umfelds als Anregungspotenzial für die Heranwachsenden hervor. Den symbolischen Interaktionen wird dabei eine stimulierende Wirkung in Bezug auf das Lernen z. B. im Umgang mit den Gesten eingeräumt. Aufenanger geht soweit zu sagen, dass „das Kind als rekonstruktiver Hermeneut" (1992, 180) tätig wird und dass es dabei seine soziale und kulturelle Umwelt aktiv verändert – und sich selbst in seiner Entwicklung auf den verschiedensten Ebenen voranbringt.

5.3 Pädagogisch relevante Struktur- und Funktionsmerkmale

Im Folgenden werden drei Struktur- und Funktionsmerkmale pädagogischer Institutionen vorgestellt. Sie sind insofern von Bedeutung, als sie von den Individuen einer Institution erbracht werden, aber zu den Bedingungen gehören, auf den die Institutionen gründen. Sie sind in der Regel durch Tradition, Konvention oder Gesetze und Verordnungen legitimiert und drängen daher auf Realisierung durch die Akteure. Nicht immer gelingt dies, weil die Akteure auch individuelle Vorstellungen entwickeln, die institutionellen Vorgaben zu interpretieren. Dadurch entsteht ein internes institutionelles Spannungsfeld zwischen den Anforderungen der Institution und den Interpretationen der Akteure.

5.3.1 Rolleninterpretation

Der Rollenübernahme und –interpretation legt die strukturfunktionalistische Sozialisationstheorie (Kap. 3.3) drei Annahmen (= Theoreme) zugrunde:

1. das Integrations-,
2. das Identitäts- und
3. das Konformitätstheorem.

Die im Horizont des symbolischen Interaktionismus entstandenen Theorien zur Rollenübernahme und –interpretation gehen davon aus, dass die Individuen diese Vorgaben der Institution interpretieren. Die Interpretationen stimmen aber nicht immer mit den Norminterpretationen überein, die die Rollenvorschriften erlassen oder durchsetzen. Insbesondere J. Habermas hat auf dieses sehr bedeutsame Phänomen in seiner Abhandlung „Stichworte zur Theorie der Sozialisation" (1973b, 118–194) hingewiesen. Er stellt den drei oben genannten Theoremen die individuellen und z. T. neuen Fähigkeiten und Leistungen der Subjekte gegenüber:

- die Frustrationstoleranz, d. h. die Fähigkeit, Rollenwidersprüche, die z. B. zwischen Kindern und Eltern, Schüler und Lehrern entstehen, auszuhalten,
- die Ambiguitätstoleranz, d. h. die Fähigkeit, Rollenwidersprüche aufzuweichen bzw. auszugleichen, und
- die Rollendistanz, d. h. die Fähigkeit, Rollen zu interpretieren.

Die Tabelle 7 verdeutlicht den gesamten Zusammenhang, der auch im Folgenden in drei Schritten näher erörtert wird:

Zu 1) Als die erste Annahme der strukturfunktionalistischen Rollentheorie ist die der Kongruenz zwischen der Wertorientierung, die von außen – vom Sozialsystem bzw. Institution – an den Rollenträger herangetragen wird, und der Bedürfnisdisposition des Subjekts – des Persönlichkeitssystems! – anzusehen. Die Kongruenz zwischen Rollenerwartung und Bedürfnisposition führt – vom System her gesehen! – zur Integration des Subjekts in das soziale System. Dieser Vorgang wird daher auch als Integrationstheorem bezeichnet (Parsons). Habermas argumentiert

Integrationstheorem

Tab. 7:
Institutionelle Rollenvorgaben und Interpretationsleistungen der Akteure (nach Habermas 1973b)

Begriff	Definition	Neue Leistung des Subjekts
① Integration(-stheorem) ↓	Kongruenz zwischen Rollenanforderung (System) und Bedürfnisdisposition (Subjekt) • Komplementarität der Erwartungen (Vertreter des Systems) und des tatsächlichen Verhaltens (Subjekt) • Reziprozität der Bedürfnisbefriedigungen der Rollenträger (System und Subjekt)	
Repression(-stheorem) ↑	Maß für Einwirkung des Systems auf das Subjekt	
Rollenambivalenz	Maß für Empfinden des handelnden Subjekts ⟶	Frustrationstoleranz = Fähigkeit Rollenwidersprüche auszuhalten
② Identität(-stheorem) ↓	Kongruenz zwischen Rollendefinition (System) und Rolleninterpretation (Subjekte)	
Diskrepanz(-theorem) ↑	Maß für rigide Einwirkung des Systems bzw. dessen Vertreter auf Subjekt	
Rollenambiguität	Maß für Spielraum des handelnden Subjekts ⟶	Ambiguitätstoleranz = Fähigkeit Rollenwidersprüche auszugleichen (aufzuweichen)
③ Konformität (-stheorem) ↓	Kongruenz zwischen geltenden Normen und Selbstkontrolle des internalisierten Verhaltens	
Verhaltenskontrolle ↑	Maß für Einwirkung des Systems auf Subjekt	
Flexibles-Über-Ich	Maß für Fähigkeit zur Rollendistanz ⟶	Rollendistanz = Fähigkeit Rollen (neu) zu interpretieren

nun in folgender Weise dagegen: Das Integrationstheorem stimmt nur dann, wenn 1. das System total auf die Individuen einwirkt und 2. wenn ein Subjekt unterstellt wird, das lediglich auf ein Verhalten durch Außensteuerung reduziert ist, wie dies vom behavioristischen Ansatz her bekannt ist (Kap. 3.2 u. 4.4).

Auf der individuellen Seite besteht nach Annahme der strukturfunktionalistischen Rollentheorie eine Komplementarität der Erwartungen und der tatsächlichen Handlungen (Habermas). Zudem entspricht diese Komplementarität auch der Bedürfnisbefriedigung des einzelnen Rollenträgers und zwar sowohl dessen, der die Erwartungen hegt, als auch dessen, der das erwartete Handeln oder Verhalten zeigen muss; mit anderen Worten: Es wird die Reziprozität oder Wechselseitigkeit der Bedürfnisbefriedigungen der einzelnen Rollenträger unterstellt. Dabei muss gesehen werden, dass diese Unterstellungen primär für die kognitive Ebene des Rollenaustauschprozesses gelten. Außerdem muss in Rechnung gestellt werden, dass ja nicht nur einzelne Rollen gelernt werden, sondern ganze Rollensets und Rollensysteme und dass dabei nicht nur die einzelnen Personen ihre eigenen Rollen, sondern auch zugleich die der Rollenpartner, ja des gesamten Ensembles derer, die in einem Rollensystem tätig sind, zu lernen haben.

Habermas erklärt nun die vorgetragenen Annahmen für unzutreffend und argumentiert demgegenüber: Es bestehe sehr wohl eine Differenz in der Lebenswirklichkeit der handelnden Akteure zwischen der Komplementarität der Erwartungen, z. B. eines Vaters, und des faktischen Handelns, z. B. seines Sohnes. Und es bestehe durchaus eine Differenz im Grad der Reziprozität der Bedürfnisbefriedigungen auf beiden Seiten der Vater-Sohn-Beziehung; denn es komme auf die jeweiligen Positionen an, d. h. auf die institutionelle Bewertung der einzelnen Rollen, z. B. auf die Rollenausstattung oder den Rollenvorsprung bzw. die Chancen zur Intervention, Befehle zu erteilen, kurzum, auf den Grad an Repression, den ein Rollenträger A, z. B. der Vater, kraft seiner vorherrschenden Position auf einen Rollenträger B, z. B. den Sohn, ausüben kann. Die Chance, dem Sohn Befehle erteilen zu können, fasst Habermas mit dem Begriff der Repression bzw. mit dem Begriff Repressionstheorem. Damit ist gemeint, dass der Grad an Repressivität, der von A auf B ausgeübt wird, als ein Maß für den Grad an Institutionalisierung von Herrschaft bzw. Unterdrückung oder Einflussnahme anzusehen ist. Mit anderen Worten: Repressivität kann als das Maß für den Einfluss, die die Institution durch bestimmte Personen auf andere Personen und ihr Handeln ausübt, angesehen werden. Hier können nicht nur Personen in bestimmten Positionen ins Spiel gebracht werden, wie z. B. der Vater oder der Schulleiter, sondern auch symbolische Ordnungen, wie z. B. die Schulordnung und deren Handhabung. Entscheidend für den Argumentationszusammenhang ist aber schließlich, dass das Maß an Repression auch empirisch ermittelt werden kann (Habermas). Vom Standpunkt einer interaktionistischen Sozialisationstheorie her, die das Ich nicht nur als theoretisches Konstrukt in einem Theoriekonzept annimmt, sondern das Ich als eine lebendige Kategorie ansieht und kraft einer kritischen Gesellschafts- und Sozialwissenschaft auch in die Praxis umsetzen will, kommt man in Bezug auf die handelnden Subjekte sozusagen aus der Sicht der Subjekte selbst zu dem Schluss:

- dass die Komplementarität der Rollen und die Reziprozität der Bedürfnisbefriedigung stets durchbrochen werden, z. B. durch die Spontaneität des Ichs, und
- dass die Subjekte angesichts der bestehenden Repressionen lernen müssen, sich nicht einfach anzupassen, sondern lernen, sich aktiv einzuordnen, d. h. Komplementarität und Reziprozität aktiv auszuhalten und die durch die

Spontaneität des Ichs erzeugten Konflikte aktiv zugunsten einer Ich-Identität zu lösen (Habermas). Die Fähigkeit hierzu nennt Habermas Rollenambivalenz oder auch Frustrationstoleranz. Hier ist ein Maß für das handelnde Subjekt gegeben, nämlich Rollen auszuhalten, Konflikte rational und emotional befriedigend zu lösen, also ein Maß, mit dem man die handelnden Subjekte in einem für sie befriedigenden Handeln in der Lebenswirklichkeit nicht nur beobachten, sondern auch begleiten kann (Kap. 4.5).

Identitätstheorem

Zu 2) Die zweite Annahme der strukturfunktionalistischen Rollentheorie besteht in der Kongruenz zwischen der Rollendefinition, wie sie einerseits vom System bzw. der Institution vorgegeben ist, und der Rolleninterpretation der handelnden Subjekte andererseits (Habermas); oder in der Terminologie von Parsons ausgedrückt, zwischen den Anforderungen des Sozialsystems auf der einen und den Aktivitäten des Persönlichkeitssystems inklusive des Organsystems auf der anderen Seite.

Die Kongruenzannahme besagt eine definite Rollenstruktur. Diese bedeutet, dass die Rollen und ihre Erwartungen gegenseitig festgelegt sind, z. B. dass ein Lehrer primär über die Schulordnung seine Erwartungen an die Schüler heranträgt und die Rollen entsprechend definiert und die Schüler sich rollenkonform zu verhalten haben, wenn der Lehrer seine Alphaposition ausspielt. Abgesehen davon, dass diese definite Rollenstruktur nur sehr selten in der Wirklichkeit anzutreffen ist, sei sie dennoch einmal hier im Argumentationszusammenhang unterstellt. An ihr wird nämlich deutlich, was Habermas das Identitätstheorem nennt, d. h., dass Rollendefinition und Rolleninterpretation identisch sind oder sich entsprechen.

Habermas beginnt nun wieder mit der Gegenargumentation. In der Realität sei diese Identität bzw. Übereinstimmung zwischen Rollendefinition und Rolleninterpretation überhaupt nur selten anzutreffen. Vielmehr bestehe in der Realität eine Differenz zwischen beiden Momenten. Er nennt diese Differenz Diskrepanztheorem. Damit ist ein Maß für die Abweichungen zwischen Rollendefinition und Rolleninterpretation gegeben. Mit diesem Maß kann der Grad an Rigidität gemessen werden, den ein System oder dessen Vertreter an den Tag legen oder legen müssen, um Kongruenz zwischen Rollendefinition und Rolleninterpretation zu erzwingen; denn es gilt ja die Alltagsregel der Diskrepanz. Der Grund hierfür ist darin zu suchen, dass alle Individuen spontane Ich-Leistungen erbringen und dass sie in Interaktionen stehen, die zu Mehrdeutigkeiten von Rolleninterpretationen und damit auch zu Umdefinitionen oder Neudefinitionen führen. Auf dem Hintergrund der freudschen Trieblehre wird dies plausibel (Kap. 3.3.5).

Rollenambiguität

Nun kann diese Mehrdeutigkeit als eine Chance des Subjekts definiert werden, sich gegen totale Systeme durchzusetzen oder auch sich gegen die übermäßigen Ansprüche bestimmter Rollen- und Positionsinhaber zur Wehr zu setzen. Habermas nennt dies die Rollenambiguität oder auch die kontrollierte Selbstdarstellung als Maß für den Anteil spontaner Ich-Leistungen am Prozess der Sozialisation bzw. als Maß für den Spielraum, den sich ein handelndes Subjekt im Sozialisationsprozess und im Zusammenspiel der einzelnen Systeme zu verschaffen in der Lage ist. Auch hier gilt wieder, dass dieses Maß und dieser Spielraum empirisch ermittelt werden können.

Zu 3) Die dritte Annahme der Rollentheorie beruht auf der Kongruenz zwischen einerseits den geltenden Normen, also dem Außensystem, und andererseits den wirksamen Verhaltenskontrollen, und zwar des internalisierten Verhaltens, d.h. der Innenkontrolle durch das Über-Ich (Kap. 3.3.5). Nach Habermas sind die Verhaltens- und Handlungskontrollen nicht nur von außen festgelegt, sondern sie sind auch bereits internalisiert. Wie vorher gezeigt werden konnte, lernt das Kind bereits sehr früh das Sozialsystem in sich aufzunehmen und zu generalisieren, d.h. sein Verhalten oder sein Handeln im Sinne der bestehenden Handlungsnormen und Regeln bzw. der Wertorientierungen zu organisieren. Die hierfür im Subjekt anzusetzende Instanz ist das Über-Ich oder in der Alltagssprache ausgedrückt, das Gewissen. Wenn es gut funktioniert, dann ist das Außensystem auch gut internalisiert. Kontrollen von außen werden nur noch bedingt oder überhaupt nicht mehr nötig, denn das Individuum handelt in einer Art von Freiheit und Quasi-Autonomie. Es handelt systemkonform. Die Rollenstruktur ist also durch das konforme Verhalten oder Handeln der Subjekte gekennzeichnet. Habermas belegt diesen Zusammenhang mit dem Ausdruck Konformitätstheorem.

Konformitätstheorem

Unter Rollendistanz wird demgegenüber die Fähigkeit verstanden, mit der sich das Individuum aus der Konformität des Rollendrucks herausheben kann. Rollendistanz kann aber auch als das Maß für die Fähigkeit angesehen werden, eine eigenständige autonome Verhaltenskontrolle und Handlungsperspektiven aufzubauen oder, in der Konzeption des symbolischen Interaktionismus ausgedrückt, nach Prinzipien für ein Handeln zu suchen und sich nicht durch vorgegebene Normen oder Reize zu Handlungen bzw. Verhaltensweisen bestimmen zu lassen. Zur Realisierung von Rollendistanz ist aber ein flexibler Aufbau des Über-Ichs vonnöten, d.h. die Fähigkeit, sich von Rollen zu distanzieren und autonomes Handeln zu realisieren. Diese von Habermas als flexible Über-Ich-Formation bezeichnete Struktur der Persönlichkeit kann als Maß für die Fähigkeit, Rollendistanz zu üben, angesehen werden; wie umgekehrt ein rigides Über-Ich lediglich konformes Handeln und konformes Verhandeln zulässt.

Der flexible Aufbau des Über-Ichs setzt aber andere Qualitäten des Lernens und andere Lernprozesse voraus, als sie üblicherweise realisiert werden, z.B. dass in Lernprozessen auch nach dem Sinn der Inhalte gefragt werden darf und wird (Kap. 3.5 u. Kron 2008, 170–196). Gerade hier setzt wieder der ideologiekritische Impetus der Kritik von Habermas an. Tabelle 7 veranschaulicht noch einmal den differenzierten Argumentationszusammenhang:

flexibles Über-Ich

Habermas plädiert für ein Ich oder eine Ich-Identität, die sich in folgenden Fähigkeiten ausdrückt: 1. in der Frustrationstoleranz als Fähigkeit, Rollenwidersprüche auszuhalten, 2. in der Ambiguitätstoleranz, d.h. in der Fähigkeit, Rollenwidersprüche aufzuweichen, und 3. in der Rollendistanz, d.h. in der Fähigkeit, Rollen zu interpretieren. Er sieht das Ich oder die Ich-Identität als jene aktive Instanz im Ensemble aller Faktoren im Sozialisationsprozess an, auf der die Chance beruht, dass das Individuum nicht nur in einem organismischen Sinne lustvoll oder erfolgreich handeln kann, sondern dass es auch in einem geistigen Sinne sich selbst, sein Handeln und die Welt an Prinzipien, z.B. der Freiheit, der Verantwortung, der Chancengleichheit, der allgemeinen Bildung u.a.m. orientiert. Er plädiert damit auch für ein aktives Es und für eine Aktivierung des Über-Ich.

Ich-Identität

Im Zentrum seiner Vorstellungen einer flexiblen Persönlichkeitsstruktur und -genese stehen aber das Ich bzw. die Ich-Identität. Er arbeitet in diesem Sinn einen Zusammenhang heraus, der in den Arbeiten von Parsons vernachlässigt worden ist, den aber die Forscher, die sich um die Theorie vom symbolischen Interaktionismus scharen, wieder aufgreifen und der – pädagogisch gesehen – von zentraler und herausragender Bedeutung ist. „Die unter 1–3 aufgeführten Kategorien eignen sich für einen soziologischen Begriff von Ich-Identität, die sich an dem bewährt, was die Psychoanalyse ‚Ich-Stärke' nennt" (Habermas 1973b, 129).

Die Kritik von Habermas hat gezeigt, dass Sozialisationsprozesse nicht als totale Anpassungsprozesse anzusehen sind, obwohl sie – von der Systemtheorie her gesehen – als solche aufgefasst werden können. Ohne die Sozialisation kann keine Persönlichkeit aufgebaut werden. Die ursprüngliche Offenheit der Menschenkinder wird durch Sozialisations- und Enkulturationsprozesse um jenen Preis eingeengt, der gesellschaftliche Handlungsfähigkeit genannt wird. Doch diese Prozesse müssen nicht total ablaufen. Es kann plausibel dargetan werden, dass das Individuum mit seiner wachsenden Identität eine Kraft besitzt, die es ihm ermöglicht, sich aktiv in die Sozialisationsprozesse einzuschalten. Um die Identität zur Entwicklung kommen zu lassen, bedarf der Heranwachsende allerdings der Unterstützung. Sie kann Erziehung sein, wenn sie sich als Intervention für den Heranwachsenden im Prozess einer Sozialisation als Anpassung versteht.

Um dem Anspruch der Identitätsentwicklung besser Rechnung tragen zu können, wird man Sozialisationsprozesse treffender mit dem Begriff Interaktion oder symbolische Interaktion belegen müssen. Damit ist der Blick allerdings von den gesellschaftlichen Zusammenhängen eher abgewendet und mehr auf die mikrosozialen und interaktiven Zusammenhänge hingelenkt, in denen das Individuum vielleicht eher die Chance hat, die kreative Stelle im System zu sein.

5.3.2 Leistung

Das Phänomen der Leistung gehört zu den viel diskutierten und breit gefächerten Themen, gleichviel ob es sich dabei um den Zusammenhang von Leistungsgesellschaft, Leistungsideologie und Leistungsschule, das Problem der Leistungsmessung, den Zusammenhang von Leistungsmotivation und Schulerfolg oder um allgemeine Lernbedingungen handelt. Dabei wird von verschiedenen sozialisationstheoretischen Ansätzen aus der Zusammenhang von Sozialisation und Leistung, insbesondere im Schulbereich, aufzuhellen versucht (Fend 1971 u. 1977 u. Kap. 5.2.3).

Die Leistung ist strukturell in den Institutionen verankert, sie wird auf der Handlungsebene aber individuell erbracht. Hierin liegt die pädagogische Problematik. So zeigt sich Leistung einerseits als gesellschaftliche und institutionelle Norm und Anforderung an die Individuen und andererseits als innere oder äußere Tätigkeit jedes Einzelnen, die geforderte Leistung auch dem persönlichen Anspruch eines Gütemaßstabes entsprechend zu erbringen. Hierzu gehört auch eine Leistung ohne gesellschaftliche Aufforderung, also selbst geplant oder spontan zu erbringen.

Zunächst gilt es den Begriff zu bestimmen. Einen plausiblen Zugang liefert der angelsächsische Gebrauch der Begriffe performance und achivement (Wörterbuch Psychologie 2000, 281, Stichwort Leistung).

Performance sei eine „allgemeine Bezeichnung für den Grad, in dem ein Individuum eine Reihe von standardisierten Aufgaben (Tests) mit Erfolg zu lösen vermag".

Achivement kommt die gleiche Bedeutung zu

Performance

Achivement

> „jedoch mit deutlicher Betonung des erfolgreichen Abschlusses. Im Englischen besonders häufig im Zusammenhang mit Leistungen in speziellen und umschriebenen Fähigkeitsbereichen verwendet. ... Die Verfahren sind meist darauf abgestimmt, den relativen Grad der Güte einer durch *Lernen bzw. Üben* erworbenen Fertigkeit zu bestimmen."

Die beiden Auffassungen weisen auf die Differenzierung zwischen Leistung als objektiv messbaren Produkt und Leistung als einer Fähigkeit hin, die sich im Handeln – im Zitat als Fertigkeit bezeichnet – ausdrückt. Die erste Auffassung rückt in die Nähe des Qualifikationsbegriffs, wie er für Tätigkeiten in Organisationen definiert ist; die zweite Auffassung steht dem Kompetenzbegriff nah. Die Unterscheidung erleichtert die nachfolgenden Darlegungen.

Aus der Vielfalt der in der deutschsprachigen pädagogischen Literatur vorfindbaren Bestimmungen von Leistung lassen sich vier Auffassungen herausfiltern (Wörterbuch der Erziehung 1989, 382ff, Stichwort Leistung). Dabei handelt es sich um:

1. Leistung als gesellschaftliche Norm,
2. Leistung als Anforderung,
3. Leistung als Prozess,
4. Leistung als Produkt.

Zu 1) Leistung als gesellschaftliche Norm wird in Institutionen gefordert und erbracht und kann somit auch als institutionelle Norm verstanden werden. Die Sozialisationsforschungen zeigen, dass Schule als Funktion von Gesellschaft zentral über die Leistung mit der Reproduktion der Systeme und politischer Herrschaftsverhältnisse verknüpft ist (Kap. 5.2.3). In dieser Auffassung von Leistung spielen die Interessen, Bedürfnisse, Vorerfahrungen der Individuen keine Rolle (Kap. 5.3.1), obwohl die individuellen Potenziale vorhanden sind, werden sie in institutionellen Leistungszusammenhängen nicht berücksichtigt; es sei denn, dass die Individuen ihre Potenziale in Handlung umsetzen, wenn sich die Institutionen dafür öffnen, wie dies z. B. im offenen Unterricht oder in Projekten geschieht (Kron 2008, 114ff).

Leistung als gesellschaftliche Norm

Zu 2) Leistung als Anforderung an ein Individuum oder an eine Gruppe von Menschen ist typisch für pädagogische Institutionen. In dieser Auffassung wird die gesellschaftlich normative Verankerung verdeckt und als institutionelle Vermittlungsangelegenheit, z. B. zwischen Eltern und Kindern, Erziehern/Erzieherinnen und Kindern, Lehrenden und Studierenden, personalisiert. Diese „Pädagogisierung" von Leistung auf der Mikroebene führt zu der selbstverständlichen Auffassung, dass Leistung in einer bestimmten Zeiteinheit unter bestimmten in-

Leistung als Anforderung

haltlichen und sozialen Vorgaben und Zielen sowie mit bestimmten Bewertungen versehen zu erbringen ist: z. B. die Erledigung der Hausaufgaben, Klassenarbeiten, Tests. Physikalisch gesehen ist Leistung hier: Kraft mal Weg in der Zeit. Vom Individuum wird sie als Norm erlebt. Sie wird z. B. in Schule und Betrieb durch Personen, z. B. Lehrer und Vorgesetzte, gefordert und abgeprüft.

Diese Tatsache birgt ein pädagogisch-didaktisches Problem in sich. So wollen Schüler z. B. in der Regel eine emotional-positive soziale Beziehung zu ihren Lehrern herstellen. Diese sozial bedeutsame Absicht wird aber gerade durch den Verordnungscharakter, den der Lehrer seiner Leistungsanforderung beilegen muss, gebrochen. Das soziale und individuelle Dilemma, das hier entsteht, lässt sich als ein Rollen- und somit auch als ein Norm- und Wertkonflikt beschreiben, in dem Lehrer und Schüler immer stehen. Wie ist dieses Dilemma zu lösen?

Leistung als Prozess

Zu 3) Leistung als Prozess ist aus vielen Lebensbereichen bekannt. Als das zentrale Problem in dieser Auffassung von Leistung ist der Zeitfaktor anzusehen. Einmal kann Zeit gegeben sein im objektiven Zeitmaß und Takt der Uhr, wie etwa beim Schreiben einer Examensarbeit. Zum anderen kann Zeit als ein Faktor verstanden werden, der implizit jeden Arbeits- und Spielprozess mitbedingt. Leistung als Prozess im Messtakt der Uhr wird vom Individuum im Regelfall als Fremdbestimmung erlebt. Im Gegensatz dazu wird der prozessuale Charakter der Leistung positiv erlebt, wenn es dem Individuum gestattet ist, seine Person in den Arbeits- und Leistungsprozess einzubringen und damit auch die Leistungsanforderung und das Ergebnis mitzubestimmen. Leistung als Prozess könnte auch mit dem Slogan beschrieben werden: Der Weg ist das Ziel. Diese Form der Leistung kommt der Auffassung von Achivement sehr nahe. So können Jugendliche z. B. an einem Projekt ihre spezifischen Fähigkeiten zeigen und entwickeln, neue entdecken und üben (J. Dewey).

Leistung als Produkt

Zu 4) Unter Leistung kann das Ergebnis von Lern- und Arbeitsprozessen verstanden werden. Leaistung erscheint dann in Form etwa einer schriftlichen Hausarbeit, eines Vortrages, Referates oder eines Produktes einschließlich der Bewertung. Das pädagogische Problem bei dieser Auffassung von Leistung ist das ihrer Bewertung. Die Bewertung einer Leistung wird in den bekannten Institutionen ausschließlich von außen, also durch Dritte vorgenommen und geschieht mittels so genannter objektiver Güte- oder Bewertungskriterien: durch Punkte- und Notenskalen, Funktionskataloge, Lohn und Gehalt. Hier ist die Übereinstimmung mit dem Begriff Performance greifbar. Dabei wird die Bewertung der Leistung als Prozess bzw. die Bewertung des Zustandekommens eines Produktes oder der aufgewendeten Gedanken nur bedingt oder überhaupt nicht in Rechnung gestellt. Bewertet wird im Regelfall einzig und allein das Produkt.

Die Leistung einer Schülerin z. B., die einen neuen Weg zur Lösung einer Physikaufgabe gefunden hat, wird an dem Maßstab des Normalverfahrens gemessen, das zur Lösung und Bewertung dieser Aufgabe vorgeschrieben ist. Da der von der Schülerin gefundene neue Weg zwar zum richtigen Ergebnis, aber über eine Reihe methodischer Zwischenschritte – sprich Umwege – führt, kann der Lehrer nicht die volle Punktzahl für die erbrachte Leistung geben.

Auch hier entsteht ein pädagogisches Problem. Wenn es für die Beurteilung des Produkts unerheblich ist, unter welcher persönlichen Beteiligung und Anteilnahme die Arbeit zustande kommt, dann muss nicht nur die Leistungsmotivation absinken, sondern dann wird das Individuum auch daran gehindert, sich selbst als leistungsstiftende Person zu erleben. Damit erfährt das Individuum auch nur bedingt seine Fähigkeit, einen persönlichen Gütemaßstab für seine Arbeit und Leistung zu entwickeln.

Dieser subjektive Gütemaßstab – das zeigt die Sozialisationsforschung – wird bereits in der frühen Kindheit, also in der familialen Sozialisation erworben. Gelernt wird also nicht, so kann man sagen, die Motivation; oder: gelernt wird nicht, etwas zu leisten, sondern gelernt werden in erster Linie Werthaltungen, die zum Maßstab für das eigene Handeln und für die eigene Tätigkeit werden. Sie werden damit auch zum eigenen Beurteilungskriterium für die Leistung, die der Handelnde selbst erbringt, sowie für das eigene Selbstkonzept, das der lernende und arbeitende Mensch von sich selbst entwickelt.

Gütemaßstab

Daraus erhellt sich: Das Leistungsverhalten, das Leistungsniveau und der Leistungsanspruch eines Individuums leiten sich nicht allein aus den von außen gesetzten Normen ab, sondern sie entwickeln sich über ein Wertkonzept, das das Individuum entwickelt und das es in erster Linie in Bezug auf seine Selbsteinschätzung entwickelt, wie es etwas und was es von sich selbst verlangt. Hier ist zu beobachten, dass gerade Kinder und Jugendliche im Regelfall das Höchste von sich selbst verlangen. Aber sie wollen diese Vorstellungen und Werthaltungen auch realisieren. Diese intrinsische Motivation wird allerdings durch schulische und berufliche Normen, in denen nicht nur die Ziele, sondern auch die Wege schon vorgeschrieben sind, gebrochen. Sie wird aber auch durch keine noch so schön gemachte extrinsische Motivation initiiert.

Es wird deutlich, dass die Ursache für Leistungsversagen und gebrochene Leistungsmotivation offenbar darin zu suchen ist, dass in den institutionellen Rahmenbedingungen bis hin zu der Rolle des Lehrers und des Vorgesetzten für die Entwicklung von individuellen Wert- und Handlungskonzepten in Bezug auf die Leistung zu wenig Spielraum gegeben wird.

Nach diesen Erörterungen tritt das pädagogische und didaktische Problem der Leistung noch schärfer hervor: Wenn es dem Individuum nicht mehr gelingt oder gestattet wird, seine persönliche Perspektive und Intention in die Leistung einzubringen und in ihr wiederzuerkennen, dann wird Leistung veräußerlicht. In veräußerlichter Leistung aber erlebt insbesondere der Schüler in einer schmerzhaften Weise die eigene Entfremdung von der Schularbeit und von der Schule.

5.3.3 Kompetenz

Die vorangegangenen Erörterungen haben gezeigt, dass pädagogisches Handeln in Institutionen vielfältigen Einflüssen ausgesetzt ist. In jeder pädagogischen Institution sind Regelwerke vorgegeben, an denen Pädagogen und Lehrer ihr Handeln zu orientieren haben. Es gibt aber auch die Interessen, Bedürfnisse, Entwicklungs- und Persönlichkeitsanforderungen der Klientel, die häufig nicht mit den Vorschriften der Organisation übereinstimmen und nicht selten zu Dilemma- und Konfliktsituationen führen. Dieses Spannungsfeld ist für das pädagogische Handeln konstitutiv. Es erfordert von denjenigen Personen, die erziehen, unterrichten, beraten, beurteilen und innovieren sollen – und wollen – (Kap. 1.1.1 u. Strukturplan 1971, 217ff), Kompetenzen. Im Folgenden wird darüber in drei Schritten gesprochen:

1. Klärung des Begriffs,
2. kommunikative Kompetenz,
3. pädagogische Kompetenz.

Zu 1) Das Wort Kompetenz unterliegt unterschiedlichen begrifflichen Bestimmungen (Wörterbuch der Pädagogik 2000, 309 Stichwort Kompetenz). Es kann u. a. bedeuten:

- Eine angeborene Fähigkeit (Chomsky 1971); dem Kompetenzbegriff wird der Begriff der Performanz gegenübergestellt. Beide Begriffe sind in der Linguistik angesiedelt. In pädagogischer Absicht könnte in Anlehnung an konstruktivistische Theorien, z. B. Piaget, unter Kompetenz ein Konstrukt oder Konzept verstanden werden, das allen Handlungen strukturell zugrunde liegt.
- Die gelernte Fähigkeit zum eigenverantwortlichen Handeln (H. Roth 1983); dieses Begriffsverständnis ist in der Interaktionstheorie, z. B. G. H. Mead, zu finden und für pädagogisches Handeln bedeutsam.
- Die Zuständigkeit für bestimmte Aufgaben; in Anlehnung an die klassische Rollentheorie, z. B. Parsons, können hier Positionen in Institutionen gemeint sein, die von Personen besetzt werden, die für definierte Zuständigkeiten qualifiziert sind. Kompetenz- und Qualifikationsbegriff werden hier synonym gebraucht.

Für pädagogische Verstehens- und Erklärungsarbeit erscheinen die ersten beiden Bestimmungen brauchbar. In beiden Definitionen wird unterstellt, dass sie im Zusammenhang von Handeln und Denken entstehen und die Reflexion von Handeln in Konstrukte fasst, mit deren Hilfe wiederum Handeln in Form von Handlungskonzepten voraufgebaut werden kann. Der Kompetenzbegriff wird also auf die Fähigkeiten einer Person bezogen. Demgegenüber kann der Qualifikationsbegriff für definierte Funktionen eines Systems verwendet werden, die Personen zu erfüllen haben.

So schreibt z. B. ein Arbeitgeber vor, dass die Mitarbeiterin in einem Internet-Café die Qualifikation „besitzt", die Arbeit mit dem PC und im Internet zu „beherrschen". Die Mitarbeiterin arbeitet mit jungen Leuten zusammen, denen sie die Arbeit mit dem PC und im Internet „vermittelt".

Vermittlungsprozess

Dieser Vermittlungsprozess ist ein Interaktionsprozess und hat verschiedene Dimensionen, z. B. eine kommunikative Dimension, sich auf die Interessen und Intentionen der jungen Leute einzulassen, diese aufzugreifen und umzusetzen. Dabei kommen weitere Dimensionen, wie z. B. fachliche, technische, didaktische, ins Spiel. Das Beispiel zeigt, dass mit dem Kompetenzbegriff die Fähigkeit einer Person in Interaktions- und Kommunikationsprozessen bezeichnet werden kann, anderen Menschen etwas zu vermitteln – genauer gesagt: pädagogische Kompetenz. In diesem Prozess ist die Mitarbeiterin mit ihrer ganzen Person eingebunden. Die vom Arbeitgeber geforderte quasi objektive Qualifikation muss sie in der Interaktion mit anderen Personen umsetzen, genauer gesagt: transformieren. Es ist daher dieser Transformationsprozess, in dem sich die Kompetenz überhaupt erst entwickeln und zeigen kann – oder auch nicht.

Zu 2) D. Baacke weist in vielen Beiträgen darauf hin, dass Menschen immer schon über kommunikative Kompetenz verfügen, weil sie in einen kommunikativen Lebensraum hinein geboren werden und von Geburt an diese Grundkompetenz lernen. „Kommunikative Kompetenz meint, dass Menschen durch Sprechen und andere Ausdrucksgebärden sich Wirklichkeit aneignen und gestaltend verändern können" (Baacke 1999a, 19). Das Zitat macht auf eine sozialanthropologische Grundtatsache aufmerksam: Der Mensch ist ein soziales Wesen, oder – um es mit Watzlawicks erstem pragmatischen Axiom zur Kommunikationstheorie zu sagen –: Man kann nicht nicht kommunizieren (Watzlawick u. a. 1972, 50).

Eine sozialisationstheoretische Begründung dieser sozialanthropologischen Grundtatsache nimmt ihren Ausgang von den sozialisations- und erziehungstheoretischen Forschungen Piagets, dass Menschen ihre Welt in kulturellen und sozialen Interaktions- und Kommunikationsprozessen konstituieren. Sie erwerben in diesen Lern- und Entwicklungsprozessen Fähigkeiten, sich selbstständig Wissen anzueignen, diese in Szene zu setzen und zu bewerten. Sie sind als sich bildende Subjekte – um mit Oevermann (1979, 157) zu sprechen – ihre „eigenen Kompetenztheoretiker".

Mit dieser soziogenetischen und -anthropologischen Ausgangslage ist eine theoretische Position markiert, die als „interaktiver Konstruktivismus" bezeichnet werden kann (Oevermann 1979, 159). Dabei ist impliziert, dass die Bedingungen zur Erzeugung von Interaktionen und Handlungen zwar außerhalb des Individuums, also in den Strukturen und Funktionen der Organisationsformen und der Institutionen, z. B. in den Interaktionsbedingungen der Kinder mit ihren Eltern liegen, dass es aber gerade diese Bedingungen sind, die die konstruktiven Leistungen des Individuums überhaupt erst stimulieren. Die individuellen Leistungen liegen aber nicht darin, das, was außen ist, im Inneren abzubilden, sondern die Anforderungen von außen in einem konstruktiven kognitiven Strukturierungs- und Interpretationsprozess individuell hervorzubringen. Das hat zur Folge, dass zwar die Codes und Standards gelernt werden, dass aber zugleich eigenständige Interpretationen und Abweichungen erfunden werden, die nur aus der Sozialisationsbiografie zu erklären sind, die jedes Individuum selbst schreibt. Damit ist das Prinzip der Rolleninterpretation angesprochen, die die grundsätzliche Flexibilität des Individuums in seiner Lern- und Entwicklungsarbeit ausmacht (Kap. 5.3.1). Der Erwerb und die Anwendung dieser Fähigkeit – die gelernt wird! – kann als Kompetenz definiert werden.

interaktiver Konstruktivismus

Zu 3) Damit ist eine Reihe spezifischer Fähigkeiten angesprochen, die in Erziehung und Unterricht, in Aus-, Fort- und Weiterbildung von Pädagogen und Lehrern gelernt und verwirklicht werden. Dabei kann es auch darum gehen, die kommunikative Kompetenz oder andere Dimensionen der Persönlichkeitsentwicklung zu fördern.

Pädagogische Kompetenz gründet in der kommunikativen Kompetenz. Sie wird durch eine Ausbildung bzw. ein Studium eingeleitet, ihre Entwicklung vollzieht sich in der Vielfalt beruflicher Anforderungen und Tätigkeiten. Sie ist weder abgeschlossen noch zur höchsten Vollkommenheit zu bringen; sie ist mit neuen Aufgaben immer wieder neu zu lernen oder zu transformieren; daher zeigt sich auf neuen Gebieten oder bei mangelhafter Entwicklung auch Inkompetenz oder nur geringe Kompetenz. Pädagogische Kompetenz ist daher immer relativ zu etwas, auch wenn sie als professionelle Kompetenz bezeichnet werden kann.

Zur professionellen Kompetenz können eine Reihe von Dimensionen oder „Teilkompetenzen" gerechnet werden, die von Pädagogen und Lehrern in ihrer Praxis erwartet werden. Im Folgenden werden einige dieser Kompetenzen vorgestellt:

- die „fachliche Kompetenz". Sie wird in der fachlichen Aus-, Fort- und Weiterbildung eingeleitet und gefördert und findet ihren Ausdruck in dem fachlichen Wissen und Können sowie in der Fähigkeit zur Einordnung fachlicher Inhalte und Fragen in umfassendere, z. B. philosophische, wissenschaftsgeschichtliche, gesellschaftspolitische Zusammenhänge.
- Mit dieser verbindet sich häufig die „didaktische Kompetenz", d. h. die Beherrschung der Fähigkeit, das Fachwissen auch präsent zu haben und in Erziehungs-, Unterrichts- und Vermittlungsprozessen praktisch umsetzen zu können.
- Diesen Dimensionen zur Seite steht die „reflexive Kompetenz". Sie ist durch die Fähigkeit gekennzeichnet, das eigene Handeln zu reflektieren und dabei neben den fachlichen und didaktischen Bezügen auch den eigenen biografischen Bezug und die gesellschaftlichen und politischen Bezüge herzustellen. Diese Dimension der Kompetenz löst auch jene „Selbstbetroffenheit" (Schülein 1977, 85–100) aus, die die Handelnden nicht nur in ihre pädagogische Freiheit und Verantwortung vom Ganzen her stellt, sondern auch in ihrer Existenz herausfordert.
- Unter „sozialer Kompetenz" sei die Fähigkeit verstanden, das pädagogische und organisatorische Handeln auch von dem Klientel her zu begreifen. Sie drückt sich darin aus, dass Lehrer ihren Unterricht auch an den Interessen, Bedürfnissen und Entwicklungstendenzen der Schüler orientieren. Subjektiv heißt dies für sie, Empathie und Rollendistanz zu lernen, das Über-Ich flexibel zu halten (Kap. 3.3.5) und sich trotz der organisatorischen Vorgegebenheiten und Zwänge auch als Anwälte der jungen Generation einzusetzen und zu intervenieren.
- Die „metakommunikative Kompetenz". Mit ihr ist in Anlehnung an Habermas (Habermas 1968) die Fähigkeit gemeint, die im Alltag ablaufenden Rollenbeziehungen und Interaktionen hinsichtlich aller Probleme zur Sprache zu bringen; also statt Diskussion einen herrschaftsarmen Diskurs in Gang zu bringen und zu führen.
- In den letzten Jahren wird verstärkt die Medienkompetenz eingefordert.

Zum Schluss muss noch darauf hingewiesen werden, dass diese Vielzahl von Kompetenzen nicht hierarchisch geordnet und gelernt werden kann. Sie steht vielmehr in der Praxis und in der Lernsituation in einem interdependenten und funktionalen Zusammenhang. Ihre Realisierung hängt von dem jeweiligen Handlungskontext ab, in dem bestimmte Kompetenzen gewünscht, gefordert oder erforderlich sind. Daher besteht auch ein direkter Zusammenhang zwischen Handlungsnormen und pädagogischer Kompetenz, die auch häufig als pädagogische Handlungskompetenz bezeichnet wird.

6.0 Wissenschaftstheoretische Ansätze

> In den vorangegangenen Kapiteln waren zentrale pädagogische Phänomene und deren Erforschung und Systematisierung Gegenstand der Darstellung. In diesem Kapitel werden wissenschaftstheoretische Ansätze vorgestellt, die den Forschungen und Theorienbildungen zugrunde liegen. Es geht dabei um die Klärung unterschiedlicher Auffassungen von Wissenschaft und der wissenschaftlichen Erkenntnistätigkeit überhaupt. Dies führt zur Herausarbeitung von zwei Paradigmen, d.h. Grundmustern wissenschaftlicher Aktivitäten, die die Pädagogik zurzeit bestimmen.

6.1 Einführung in den Gegenstandsbereich

Die Befassung mit Wissenschaftstheorie in einer Einzelwissenschaft führt unweigerlich zur Philosophie. Der Grund hierfür ist darin zu sehen, dass sich die Philosophie als erste von allen Wissenschaften mit der Frage nach der Begründung systematischer Erkenntnis befasst hat. Die Ergebnisse dieses Fragens hat die Philosophie schon sehr früh geordnet und auch anderen Wissenschaften zur Verfügung gestellt.

Die verschiedenen Einzelwissenschaften sind im Zuge ihrer Entwicklung auf analoge Grundfragen wie die Philosophie gestoßen. Sie konnten dabei auf die in der Philosophie bereits vorliegenden Systeme der Verfahren und Begründung systematischer Erkenntnis zurückgreifen bzw. sich mit diesen auseinandersetzen und ihre eigenen Systeme entwickeln. In der Gegenwart ist eine aktive Auseinandersetzung mit Wissenschaftstheorie und Philosophie für jede Einzelwissenschaft noch interessant und hilfreich. Dies gilt auch für die Pädagogik.

Wissenschaftstheorie als Thema ist allerdings sehr komplex. Die Komplexität hat ihren Grund in der Vielfalt und in dem Abstraktionsniveau von Auffassungen und Bestimmungen. Es erscheint daher sinnvoll, den Einstieg in die Thematik mit der Präsentation verschiedener Auffassungen von Konzepten und Begriffen vorzunehmen.

Das Thema legt es nahe, mit der Skizzierung des Begriffs Wissenschaftstheorie zu beginnen. Es folgen Kurzdarstellungen der beiden Begriffe Theorie und Wissenschaft, die den Begriff Wissenschaftstheorie konstituieren.

In der Literatur werden die Begriffe Wissenschaftstheorie und Erkenntnistheorie nicht selten in einem Atemzug genannt. Ein Grund hierfür ist darin zu sehen, dass alles wissenschaftliche und wissenschaftstheoretische Arbeiten auf systematischer Erkenntnis beruht, die selbst wiederum Gegenstand einer theo-

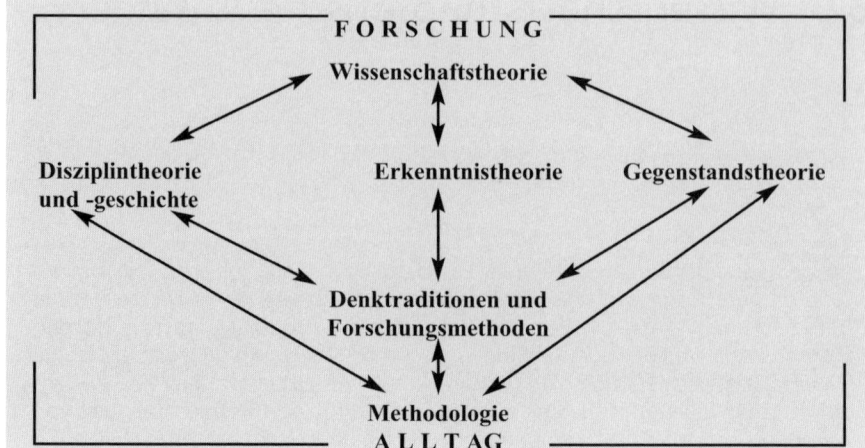

Abb. 16: Zusammenhang zentraler Begriffs- und Themenfelder zur Wissenschaftstheorie

retischen Auseinandersetzung ist. Daher folgen Einführungen in verschiedene Auffassungen von Erkenntnistheorie und Konzepte von Erkenntnis.

Wissenschaft und systematische Erkenntnis sowie ihre entsprechenden Theorien sind nicht Selbstzweck. Sie sind menschliche und gesellschaftliche Konstruktionen, und sie haben eine gesellschaftliche Funktion. Dieser Tatbestand hat zur Herausbildung der Frage nach der Entstehung und der Vermittlung wissenschaftlichen und menschlichen Wissens überhaupt geführt. Fragestellungen dieser Art versammeln sich in den Forschungsrichtungen Wissenssoziologie und Wissenschaftssoziologie (Berger/Luckmann 1977).

Auf den Begriff der Forschung wird in diesem Zusammenhang nicht ausdrücklich eingegangen, denn Forschung ist eine Grundtätigkeit, die den Alltag einer jeden Wissenschaft bestimmt. Es mag an dieser Selbstverständlichkeit liegen, dass in vielen sozialwissenschaftlichen und philosophischen Handbüchern und Lexika keine ausdrücklichen Definitionen von Forschung zu finden sind. An entsprechenden Stellen im Text wird aber auf das jeweilige Forschungsverständnis eingegangen.

Abbildung 16 soll eine erste Orientierung über den Zusammenhang der wichtigsten Themenfelder ermöglichen.

Arbeitsdefinitionen der in der Abbildung 16 verwendeten Begriffe:

- Wissenschaftstheorie: Theorie von Theorien (Metatheorien)
- Erkenntnistheorie (Epistemologie, Theory of knowledge): Theorien über Bedingungen, Möglichkeiten und Grenzen menschlicher und wissenschaftlicher Erkenntnis
- Denktraditionen und Forschungsmethoden: Erkenntniswege: planmäßige Vorgehensweisen zur Erlangung oder Begründung von Wissen; z. B. die beiden Großgruppen der induktiven und deduktiven Vorgehensweise; in der Pädagogik z. B. Empirie, Phänomenologie, Hermeneutik, Dialektik (Kap. 7)
- Methodologie (Methodik, Methodentheorie): Lehre von den Erkenntniswegen in den einzelnen Wissenschaften

- Disziplintheorie und -geschichte: Theorien zur Begründung der einzelnen Wissenschaften als Wissenschaft und Hochschuldisziplin in Geschichte und Gegenwart; in der Pädagogik z. B. Theorien und Modelle der Pädagogik
- Gegenstandstheorien: Theorien über Sachverhalte bzw. Phänomene einer Wissenschaft; in der Pädagogik z. B. die Theorie des pädagogischen Bezugs, der Erziehung als symbolischer Interaktion

6.2 Begriffliche Bestimmungen

6.2.1 Wissenschaftstheorie

Wissenschaftstheorie ist ein modernes Unterfangen. Sie hat ihre erkenntnisleitenden Ursprünge im 19. Jahrhundert in der französischen Schule der Epistemologie (Rombach 1974, Bd. 1, 20ff). In einer gewissen Vorbereitung hierzu sind die grundlegenden Arbeiten von Kant in seinen drei „Kritiken" und von Hegel in seinem Werk „Phänomenologie des Geistes" zu sehen. Der Begriff selbst wurde zum ersten Mal 1794 von Fichte verwendet. Von da an hat er viele Bestimmungen gefunden, die z. T. auch heute noch gelten.

Vier Auffassungen von Wissenschaftstheorie werden skizziert.

1) Wissenschaftstheorie als Grundlegung der Wissenschaften,
2) Wissenschaftstheorie als Theorie von Theorien,
3) Wissenschaftstheorie als Analyse der Wissenschaft,
4) Wissenschaftstheorie als Methodologie.

Zu 1) Der Begriff „Wissenschaftstheorie" ist eine Zusammenziehung des Ausdrucks „Theorie der Wissenschaft". Ihrem Ursprung nach wurde die Wissenschaftstheorie von der Philosophie entwickelt. Ihr kam eine doppelte Funktion zu. Sie diente und dient z. T. auch heute noch der Analyse und Legitimation, also der wissenschaftlichen Grundlegung der Philosophie selbst. Zugleich bot die Philosophie in ihrem klassischen Selbstverständnis als Grundlagenwissenschaft allen anderen Disziplinen ihre eigenen wissenschaftstheoretischen Grundlegungen an. Zwischen diesen und der Philosophie entwickelte sich bald eine Kooperation, an der z. B. die Theologie und die Anthropologie, aber auch die Pädagogik teilnahmen.

Als wissenschaftstheoretische Grundlegung für alle Wissenschaften konnte die Philosophie den interessierten Disziplinen ein klassisches und interessantes Repertoire zur Verfügung stellen. Dieses Repertoire enthält zwei große Aufgabenbereiche: zum einen den Aufgabenbereich, in dem die verschiedenen Gegenstandsbereiche einer Wissenschaft erforscht und systematisch geordnet werden, und zum anderen den Aufgabenbereich, in dem die Reflexion der Bedingungen wissenschaftlicher Erkenntnis, also die Theorien einer Wissenschaft (= Wissenschaftstheorie) systematisch dargestellt werden.

Zu 2) Diese Auffassung von Wissenschaftstheorie hat ihren Ursprung in der philosophischen Grundlegung wissenschaftstheoretischer Aufgabenstellungen. Es gehört zu den Hauptaufgaben philosophischer Erkenntnisgewinnung, ihre Erkenntnisse in Theorien zu komprimieren und auszudrücken. Hier setzt die Auffassung von Wissenschaftstheorie als Theorie von Theorien an:

Abb. 17:
Der Zusammenhang von Wissenschaftstheorien und Gegenstandstheorien am Beispiel des pädagogischen Bezugs

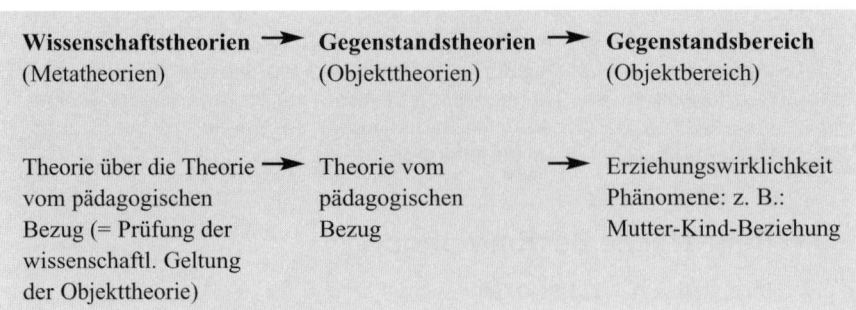

Wissenschaftstheorie wird als Metatheorie (griech. meta = nach, hinter) aufgefasst, mithin als eine Theorie, die nach oder hinter gegebenen Theorien steht oder entwickelt wird. Zweck dieser Metatheorienbildung ist es, die bestehenden Gegenstandstheorien auf ihre Aussagekraft und wissenschaftliche Tragfähigkeit zu überprüfen und nach bestandener Prüfung ihre Geltung zu attestieren, also die Theorien zu legitimieren.

Für die Pädagogik bedeutet dies z. B., dass die Theorie des pädagogischen Bezugs als Gegenstandstheorie erst allgemeine Anerkennung und Anwendung erfährt, wenn sie durch eine Metatheorie, z. B. die Theorie der Bildung, gestützt wird.

Gegenstandstheorien

In einem allgemeinen Sinn kann also gesagt werden, dass Theorien, in denen Phänomene der erzieherischen Wirklichkeit auf Begriffe und auf einen systematischen Zusammenhang gebracht werden, Gegenstandstheorien heißen. Theorien, die Gegenstandstheorien auf Begriffe und Systeme bringen, werden ihrer Funktion entsprechend Metatheorien genannt. Abbildung 17 zeigt den Sachverhalt am Beispiel des pädagogischen Bezugs.

Im Zuge dieser Aussage taucht die Frage auf, warum denn Theorien von Theorien erarbeitet werden müssen? Die Antwort lautet: Für die Gegenstandstheorien, die ja Produkt oder Voraussetzung von Forschungs- und Erkenntnisprozessen sind und die mithin einen hohen Stellenwert für wissenschaftliche Erkenntnis, Systembildung und Anwendung haben, dient die Metatheorie bzw. diese Auffassung von Wissenschaftstheorie der wissenschaftlichen Kontrolle und Qualitätssicherung.

Zu 3) In dieser Auffassung geht es in der Wissenschaftstheorie darum, die eigene Disziplin als Wissenschaft zu analysieren. Diese Arbeit setzt voraus, dass jede Disziplin ihre eigene Wissenschaftstheorie entwickelt hat bzw. entwickelt und dass die Grundlagenfunktion der Philosophie für die Einzeldisziplinen aufgegeben worden ist.

Die Wissenschaftstheorie der Pädagogik z. B. analysiert die Pädagogik als Wissenschaft. In einem modernen Verständnis, insbesondere in Bezug auf die Sozialwissenschaften, wird unter Wissenschaftstheorie die Analyse der logischen Strukturen der Wissenschaft verstanden. Wissenschaftstheorie wird daher auch Logik der Forschung genannt. Sie untersucht eine Reihe von Dimensionen. Hierzu sind u. a. zu zählen:

- Begriffs-, Hypothesen- und Theorienbildung in der Forschung der jeweiligen Wissenschaft,
- Probleme der Empirizität, d.h. der logischen Begründung der Grundsätze empirischer Forschung und Methoden,
- Probleme der Bestätigung und Falsifizierbarkeit von Aussagesystemen und
- Kriterien des Erkenntnisfortschritts (Hillmann 1994, 943ff, Stichwort Wissenschaftstheorie der Sozialwissenschaften).

Die verschiedenen Aufgabenstellungen erhellen, dass die Methodologie ins Zentrum dieser Auffassung von Wissenschaftstheorie rückt und dass die methodologischen Implikationen, die in den Aufgabenstellungen erkennbar sind, an dem Wissenschaftsverständnis der Naturwissenschaften orientiert sind.

Zu 4) Diese Auffassung von Wissenschaftstheorie kann als eine Verschärfung der vorbeschriebenen Position angesehen werden.

Dabei ist ein bestimmtes Theorieverständnis vorausgesetzt. Theorie heißt in dieser Definition von Wissenschaftstheorie als Methodologie:

Theorie

> „Analyse der Wissenschaften, und zwar in dem engeren Sinne, daß sie letztere vorgegeben findet als ein *System von Aussagen*, die in bestimmten wissenschaftlich begründbaren Zusammenhängen stehen und dadurch ihren Systemcharakter erlangen. Arten und Formen solcher Aussagen und der in ihnen verwendeten Begriffe, die ihnen entsprechenden Formen der Argumentation, die Verfahrensregeln der Prüfung und Rechtfertigung wissenschaftlicher Aussagen bilden den Gegenstandsbereich der Wissenschaftstheorie" (Ströker 1987, 4).

Hier befasst sich Wissenschaftstheorie in erster Linie mit der Analyse der wissenschaftlichen Verfahren und Methoden, steckt die Grenzen des wissenschaftlichen Arbeitens ab und bildet Theorien über diese. Diese Tätigkeit und die systematische Darlegung ihrer Ergebnisse werden mit dem Begriff Methodologie belegt. Die Bezeichnungen Wissenschaftstheorie und Methodologie werden hier also synonym gebraucht.

Diese Auffassung wird vorwiegend in Naturwissenschaften und in Sozialwissenschaften dann vertreten, wenn sie nach Theorie- und Methodenprinzipien arbeiten, die primär in den Naturwissenschaften gelten. Dies ist durchaus auch in Soziologie, Psychologie und Pädagogik der Fall. In der angelsächsischen Wissenschaftstradition wird diese Richtung von Wissenschaftstheorie als „Theory of Science" bezeichnet.

Im Rahmen dieser Bestimmung von Wissenschaftstheorie erscheint es sinnvoll, noch auf drei gebräuchliche Auffassungen von Methodologie hinzuweisen:

Methodologie

- Methodologie als Lehre von den Prinzipien, Regelwerken und Methoden wissenschaftlichen Arbeitens,
- Methodologie als Metatheorie, d.h. als Theorie über Theorien und als Logik der Forschung; hier stimmt Methodologie weitgehend mit jener Auffassung von Wissenschaftstheorie überein, die sich den gleichen Zielen verpflichtet weiß,
- Methodologie als grundlegende Untersuchung von wissenschaftlichen Methoden und den Rahmenbedingungen für das wissenschaftliche Arbeiten (Hillmann 1994, 550, Stichwort Methodologie).

Seiffert, H. (1991 u. 1992): Einführung in die Wissenschaftstheorie. 3 Bde.
Ströker, E. (1987): Einführung in die Wissenschaftstheorie
Seiffert, H., Radnitzky, G. (Hrsg.) (1994): Handlexikon zur Wissenschaftstheorie
König, E., Zedler, P. (1983): Einführung in die Wissenschaftstheorie der Erziehungswissenschaft
Harding, S. (1991): Feministische Wissenschaftstheorie

6.2.2 Theorie

Der Begriff Theorie ist etymologisch von dem griechischen Verb „theorein = schauen, durchschauen" abgeleitet. Das griechische Substantiv theoria bedeutet in diesem Zusammenhang: 1. Durchschau eines Zusammenhangs bis zum Grund, bis zu seiner Idee, die ihm zugrunde liegt, 2. reine Erkenntnis ohne Rücksicht darauf, ob diese auch lebenspraktisch umgesetzt werden kann, 3. wissenschaftliche Lehre, die der Forschung und der Entwicklung wissenschaftlich begründeter Praxis dient.

In den einzelnen Wissenschaften haben sich im Zuge ihrer Wissenschaftsgeschichte vielfältige Auffassungen und Definitionen von Theorie herausgebildet. Im Folgenden werden zunächst drei Grundauffassungen skizziert. Danach geht es um die Abgrenzungen der Begriffe Theorie, Modell und Konzept. Die Erörterung der Funktionen von Theorien in pädagogischen Zusammenhängen bildet den Abschluss. Die genannten Themen werden unter folgenden Überschriften vorgestellt:

1) Theorie als Durchschau,
2) Theorie als Ergebnis von Forschung,
3) Theorie als Basis von Forschung,
4) Abgrenzungen: Theorie – Modell – Konzept,
5) Funktionen pädagogischer Theorien.

Zu 1) In dieser Auffassung ist menschliche Erkenntnis grundsätzlich beschrieben. Erkenntnis trachtet danach, eine Gewissheit zu erlangen, wie die Dinge, Symbole und Vorgänge in und außerhalb dieser Welt, die als Phänomene bestimmt werden können, wirklich sind, und welche Eigenschaften sie haben. In diesem Kontext sind Phänomene (griech. phainómenon = das, was sich zeigt, das sinnlich Gegebene), z. B. Dinge, das gesprochene und geschriebene Wort, eine Handlung, eine Situation, zu sehen.

Die Theorie als das Durchschauen der Phänomene kann als eine systematische Tätigkeit beschrieben werden, z. B. Gewissheit über den Aufbau eines Textes oder über Aufbau und Ablauf einer pädagogischen Situation zu gewinnen. Diese Tätigkeit vollzieht sich z. B. im Beschreiben, Vergleichen und Ordnen von erkannten Eigenschaften einer Sache, aber auch von erkannten Ursachen, Bedingungen, Motiven, Rolleninterpretationen; also in dem Erkennen von systematischen Zusammenhängen, die der pädagogischen Situation – über die sichtbaren und die beobachtbaren Fakten hinaus – zugrunde liegen. Diese werden in der sozialwissenschaftlichen Literatur als Struktur (lat. = Ordnung, Aufbau) bezeichnet.

Unter Struktur sei in diesem Zusammenhang

„ein relativ stabiles, bestimmten Gesetzmäßigkeiten unterliegendes Gefüge im Aufbau u. Ablauf der Beziehungen zw. theoret. unterscheidbaren Elementen eines aufgrund dieser Beziehungen nach ‚außen' hin abgrenzbaren Systems" verstanden (Hillmann 1994, 846, Stichwort Struktur).

Struktur

So zeigt z. B. die pädagogische Situation, in welcher eine Mutter ihrem dreijährigen Sohn in strengem Ton erklärt, warum er nicht bei rotem Ampellicht die Straße überqueren darf, unterschiedliche Rolleninterpretationen, die auf unterschiedliche Motivationen bzw. Motiven beruhen. Die Rollenbeziehung zwischen Mutter und Sohn in dieser Situation ist kontrovers. Aufgrund ihrer höheren Position, die mit ihrem Alter und ihrer Erfahrung begründet werden kann, versucht die Mutter, auf ihr Kind derart einzuwirken, dass es – auch wenn es den Sinn der Darlegungen seiner Mutter noch nicht teilt! – sich wenigstens verkehrsgerecht verhält. Sie nimmt Einfluss auf das Verhalten des Kindes – auch gegen dessen Widerstreben; sie wendet Macht an.

Das Beispiel lässt erkennen: Theorie als Durchschau setzt bei der gemeinsam gestalteten Wirklichkeit an und versucht, dem Phänomen auf den Grund zu gehen: Dem äußeren Verhalten liegen Rollenbeziehungen zugrunde und diesen wiederum Rolleninterpretationen, die gelernt und aufeinander abgestimmt werden müssen, damit gemeinsames Handeln oder gewünschtes Verhalten realisiert werden kann. Die Rollenbeziehungen und ihre Interpretationen oder Definitionen sowie deren gegenseitige Abstimmung machen die Struktur aus, aufgrund derer soziales Handeln oder situatives Verhalten überhaupt erst erklärt und verstanden werden kann. Diese Erkenntnis und die Bestimmung der Strukturelemente machen dann jene Form der Theorie aus, die als Durchschau bezeichnet werden kann.

Einer Theorie als Durchschau kommt ein wissenschaftlicher Status insofern zu, als sie das Verhalten von Mutter und Kind in dieser Situation auf einen systematisch erklärbaren und verstehbaren Zusammenhang gebracht hat. Hierbei sind die Begriffe von Rolle und Position, Interpretation und Vereinbarung jene Elemente, die die Theorie als Durchschau bilden. In diesem Zusammenhang ist noch zu beachten, dass die Theorie nicht identisch mit jener Wirklichkeit ist, aufgrund derer Mutter und Sohn in der beschriebenen Situation handeln. Mutter und Sohn handeln in dieser Situation, ohne die vorgenannte Theorie zu kennen. Die Theorie ist nur denjenigen Personen bewusst, die die Situation durchschauen.

Theorien dieser Art sind notwendige Voraussetzung dafür, dass von der Vielzahl von Einzelfällen, z. B. hier von der Mutter-Kind-Beziehung bei dem Überqueren der Straße, auf ein Grundmuster oder eine Grundstruktur geschlossen werden kann, die allen vergleichbaren Situationen, die sich beobachten lassen, als Hypothese, d. h. als Grundannahme und Vermutung, unterstellt werden kann. Ob diese Unterstellung mit der Wirklichkeit übereinstimmt oder von dieser abweicht, zeigt sich im Forschungsprozess. Für wissenschaftliches Arbeiten, das die Welt auf Grundstrukturen hin ordnen will und das demzufolge Einzelfälle auf gemeinsame Strukturen hin untersuchen muss, um Ordnungen (z. B. Klassifizierungen) vornehmen zu können, ist die Arbeit mit Theorien unerlässlich.

Zu 2) Am Ende eines Forschungsprozesses stehen immer Erkenntnisse, die auf Begriffe gebracht werden müssen. Diese wiederum können in der Regel – wie bei Parsons (Kap. 3.3) – zu einer Theorie, z. B. der strukturfunktionalistischen, zusammengeschlossen werden, gleichviel welche Methoden im Forschungsprozess angewendet werden, ob erklärende oder verstehende Verfahren (Kap. 7). Als Theorie kann hier definiert werden,

Theorien

> „Theorien sind *das* Substrat menschlicher Erkenntnis, dessen sich der Mensch zu allen Zeiten und in allen Kulturen bedient, um ‚die Welt' – einschließlich seiner selbst – kritisch zu verstehen und kognitive Kontrolle über seine Umgebung zu gewinnen" (Spinner 1974, 1486).

Unter einer Theorie kann demgemäß ein nach wissenschaftlichen Regeln entstandenes Ergebnis oder Produkt theoretischer und/oder empirischer Erkenntnis verstanden werden, das in Begriffen und Sätzen ausgedrückt wird. Dabei werden die einzelnen Erkenntnisse als Elemente definiert. In Theorien ist also wissenschaftliche Erkenntnis systematisch zusammengefasst.

Oftmals sind die Theorien sehr komplex. Dies gilt insbesondere für Theorien in den Sozialwissenschaften, wie sie z. B. in der Sozialisations- und Enkulturationsforschung und mithin auch in der Pädagogik vorkommen. Bei aller Komplexität der Theorien sind aber doch Strukturen und Beziehungen von Elementen untereinander zu erkennen, die in einem logischen Zusammenhang stehen und die dadurch einen Erkenntnis- bzw. Aussagezusammenhang bilden, der als systematisch kontrolliertes und bewährtes Wissen angesehen werden und der den Anspruch der Allgemeingültigkeit erheben kann. Theorien als Ergebnis von Forschung werden auch als Basis von Forschung verwendet. Sie werden dann als Hypothesen angesehen oder als Basis zur Hypothesenbildung herangezogen, die den Forschungsvorhaben zugrunde gelegt werden.

Zu 3) Diese moderne Art von Theorie geht von der Setzung aus, dass alle Forschung mit einer Theorie bzw. mit einer Problemstellung oder einer Hypothese beginnt. Die Begriffe Problemstellung und Hypothese werden in diesem Erörterungskontext synonym gebraucht.

Theorien als Basis von Forschung zielen auf den rationalen Begründungszusammenhang der Konstitution des Gegenstandes. Sie machen dabei die Verfahren, Regeln und Regelwerke der formalen Logik verbindlich, um das wissenschaftliche Zustandekommen eines Phänomens, z. B. des pädagogischen Bezugs, der Identitätsentwicklung, des Lehrer-Schüler-Verhaltens, in bestimmten Situationen zu prüfen. Prüfkriterien sind dabei die Regeln der formalen Logik. Sie werden normativ verwendet. Dabei wird nach dem Grundsatz verfahren: Je mehr die formulierte Theorie in ihrem Begründungszusammenhang der Logik entspricht, um so eher ist sie für die Forschung zu gebrauchen.

Logik

Unter der formalen oder reinen Logik werden in der Philosophie die Gesetzmäßigkeiten des Denkens verstanden: das Bilden von Begriffen als kleinste Einheit logischer Operationen (z. B. Hans, groß, gehen, Schule), das Bilden von Urteilen durch Verbindung von mindestens zwei Begriffen zu einer Aussage (z. B. Hans ist groß) und das Bilden eines Schlusses aus mehreren Urteilen, um zu einem neuen

Urteil zu kommen (z. B. Hans geht zur Schule). In der philosophischen Tradition haben sich mehrere Typen von Schlüssen herausgebildet. Der bekannteste ist der Syllogismus, in dem vom Allgemeinen (Höheren) auf das Besondere (Niedere) geschlossen wird. Diese Form des Schließens wird als Deduktion bezeichnet und ist vom Rationalismus an bis zum kritischen Rationalismus in der Gegenwart gebräuchlich. Das folgende Beispiel veranschaulicht das Gesagte: Alle Kinder müssen zur Grundschule gehen. – Hans ist ein Kind. – Also muss Hans in die Grundschule gehen.

Theorien gewinnen hier den logischen Status von Prüfinstrumenten, die bei definierter Anwendung den Forschungsprozess und die Aussagen rational, d. h. hier hinsichtlich ihrer Begründung in der Logik überprüfbar, kritisierbar und überholbar machen.

Popper hat in seiner Abhandlung „Logik der Forschung" diesen wissenschafts- und erkenntnistheoretischen Ansatz als *Wissenschaftslogik* bezeichnet (1966, 6). Dieser Ansatz erhält seinen methodologisch endgültig gesicherten Geltungsanspruch aber nicht allein durch die logische Konsistenz der von ihm bevorzugten Theorie, sondern auch durch ein forschungsmethodisch wichtiges Strategieelement. In den klassischen Forschungen werden gestellte Hypothesen stets zu bewähren versucht, um eine Theorie aufzubauen. Das lange verfolgte Ziel, Theorien sogar zu verifizieren, kann bei empirischen Theorien prinzipiell nicht erreicht werden. Der Grund ist darin zu sehen, dass die allgemeinen Aussagen der Theorie sich nicht durch Beobachtung von Einzelfällen beweisen (verifizieren) lassen. In dem hier skizzierten wissenschaftstheoretisch-analytischen Ansatz wird deshalb eine Theorie zu falsifizieren versucht.

Das methodische Prinzip der *Falsifikation* wurde von Popper eingeführt (1966, 8ff). Es besagt, dass Hypothesen, die ja den logischen Status einer Theorie haben, an der Überprüfung mit der Wirklichkeit, z. B. einer Situation oder einem Fall, scheitern können. Tun sie dies, dann fällt die Theorie zusammen, denn in ihr wird ja behauptet, dass sie für alle Fälle in Zeit und Raum gilt. Dieser totale Anspruch kann durch einen einzigen Fall, der empirisch ermittelt wird, aufgehoben werden. In diesem Punkt zeigt sich die ganze Strenge und Schärfe dieser wissenschaftstheoretischen Position.

Falsifikation

Zu 4) Bisher wurde ausschließlich über Theorien gesprochen. In der pädagogischen und didaktischen Literatur werden sehr häufig im Zusammenhang mit dem Theoriebegriff die Begriffe Modell und Konzept gebraucht. Der Klärung dieses Zusammenhangs und der beiden Begriffe dienen die nachfolgenden Darlegungen.

    1. Modell
In einem längeren Beitrag über „‚Modelle' in Erziehungstheorien" hat Brezinka auf den vielfältigen Gebrauch des Modellbegriffs in der Pädagogik – und er bezieht hier die Didaktik mit ein – hingewiesen (1984, 835ff). Brezinka führt 15 verschiedene Begriffsbestimmungen auf. Drei davon werden hier vorgestellt.

    ■ Modell als Plan: Hierunter versteht Brezinka Stundenmodelle, Unterrichtsmodelle oder Modelle zur Unterrichtsvorbereitung; aber auch so genannte

Modell als Plan

Stundenbilder, Planungsschemata, Unterrichtsentwürfe, in angelsächsischen Ländern „lesson-plans" genannt.

Modell als Kategorie
- Modell als Kategorie: Der Modellbegriff wird hier als eine bestimmte Position pädagogischer und didaktischer Theorienbildung angesehen. Vor dem Hintergrund der über den Theoriebegriff gemachten Ausführungen kann unter Modell als Kategorie eine regionale Theorie verstanden werden. Diese hat lediglich eine bestimmte Reichweite, und sie ist in übergreifendere Theorien eingebettet. Die Gleichsetzung des Modellbegriffs mit dem Begriff der Kategorie sollte daher aufgegeben werden, zumal die erstgenannte Bestimmung von Modell als Plan plausibel erscheint.

Modell als Theorie
- Modell als Theorie: Brezinka weist ausdrücklich darauf hin, dass diese Bestimmung u. a. bei Blankertz (1975) zu finden ist. Vor dem Hintergrund der Theoriediskussion und der ersten Bestimmung von Modell als Plan sowie aus Gründen der begrifflichen Eindeutigkeit erscheint es ebenfalls angebracht, diese Bestimmung aufzugeben.

Modell

Die kurzen Darlegungen lassen es sinnvoll erscheinen, den Modellbegriff als Prototyp für ganz bestimmte Interaktions- oder Handlungszusammenhänge zu verwenden. Modelle machen dann komplexe – theoretische oder praktische – Zusammenhänge anschaulich.

Unter einem Modell (model) kann somit verstanden werden:

„graphische, räumliche oder symbolische ... Darstellung von Beziehungen von vorwiegend empirisch erfassten oder erfüllbaren Eigenschaften, Merkmalen oder Variablen zum Zwecke der Veranschaulichung oder Ableitung damit zusammenhängender Fragestellungen (Hypothesen)" (Fröhlich 2005, 322, Stichwort Modell).

Daraus ergeben sich Schlussfolgerungen, wie Abbildung 18 zeigt.

Modelle beziehen sich auf Theorien. Sie können daher als eine Art Vorform von Theorie angesehen werden. Sie enthalten Elemente, die noch nicht zu einer Theorie verknüpft, die aber zur Hypothesenbildung herangezogen werden können.

Modelle beziehen sich auf Handlungen. Sie reduzieren die Komplexität der Handlungszusammenhänge auf einige bedeutsame Elemente, die es in Bezug auf die Konzeptbildung im Auge zu behalten gilt. Sie vereinfachen also, oder sie elementarisieren die Wirklichkeit. Modelle können Handeln vorbereiten, m. a. W. sie dienen der Konzeptbildung.

Modellen kommt somit sowohl in Bezug auf die Theorienbildung als auch im Hinblick auf die Praxis eine Mittlerrolle zu. Sie haben – für Theorie und Praxis – eine heuristische Funktion (Knecht-von Martial 1986, 13f).

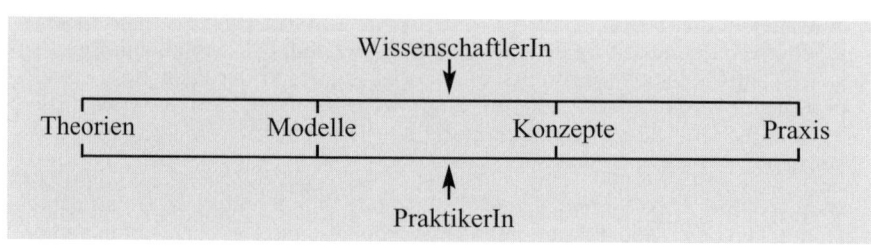

Abb. 18: Der Zusammenhang von Theorie, Modell, Konzept und Praxis

2. Konzept

Dieser Begriff wird in der Literatur unterschiedlich gebraucht. In Bezug auf die vorliegenden Erörterungen ist eine Bestimmung des Begriffs im Handbuch „Introduction to Psychology" von R. L. Atkinson u. a. hilfreich.

Dort werden Konzepte wie folgt definiert: „Konzepte sind unsere gedanklichen Werkzeuge, mit deren Hilfe wir in der Welt sinnfällig handeln können" (1990, 321; Übersetzung Kron). Der Begriff Konzept wird hier im Fortgang der Ausführungen als eine Art Handlungsentwurf betrachtet, den sich Menschen von allen kulturellen Dingen, Prozessen und Beziehungen machen, ja geradezu machen müssen, um situationsadäquat und erfolgreich agieren und interagieren zu können.

Konzept

Konzept bedeutet daher immer ein Doppeltes: auf der einen Seite sich gedankliche Klarheit und – wenn es geht – auch begriffliche Klarheit von der Welt und den Beziehungen zur Welt und den damit verbundenen Handlungen zu machen, andererseits eine Art Antizipation, d. i. Entwurf für zukünftiges Handeln, zu entwickeln, mit welchem das betreffende Individuum eine Situation für sich selbst und für andere sinnvoll bewältigen kann.

In der praxisbezogenen Literatur spielt der Konzeptbegriff daher eine besondere Rolle. Dort werden mit diesem Begriff eigene Vorstellungen von Unterricht bezeichnet, die für die Tätigkeit von Lehrern und Lehrerinnen leitend sind. Ein Konzept kann also als ein symbolisch repräsentierter Zusammenhang interpretiert werden, den alle Lehrer und Lehrerinnen entwickeln, um überhaupt situationsadäquat unterrichten zu können. In den Naturwissenschaften gilt ein analoges Verständnis. Modelle werden als Teile einer Theorie angesehen. Insofern verbinden Theorien häufig mehrere Modelle. Konzepte sind Ableitungen von Modellen für die Praxis. So ist z. B. die Quantenmechanik eine Theorie, die u. a. das bohrsche Atommodell umfasst. Daraus können Konzepte, z. B. für Laser bzw. stimulierte Emissionen, abgeleitet werden.

Abbildung 18 visualisiert den Zusammenhang von Theorie – Modell – Konzept und verbindet diese mit der Praxis.

Zu 5) In einem bemerkenswerten Beitrag über den Begriff „Theorie" im „Handbuch philosophischer Grundbegriffe" gibt Spinner eine Übersicht über verschiedene Funktionen von Theorien (1974, Bd. 5, 1490). Unter Berücksichtigung pädagogischer Fragestellungen können die von Spinner aufgeführten Funktionen wie folgt weitergedacht werden:

- Pädagogische Theorien können zum Verstehen und zum Erklären sowohl individueller als auch allgemeiner sozialer Tatbestände bzw. Gegebenheiten angewendet werden.
- Pädagogische Theorien können bei Prognosen mit gesetzmäßigem Charakter über individuelle Ereignisse oder allgemeine Prozesse Anwendung finden.
- Pädagogische Theorien können zur Prüfung ihrer eigenen kognitiven Qualität dienen, auch um ihren Anwendungs- und Geltungsbereich systematisch und kritisch auszuloten.
- Pädagogische Theorien können zur Kritik an anderen Theorien eingesetzt werden. Sie können dadurch zu Metatheorien werden, d. h. zu Theorien, die andere Theorien wiederum wissenschaftlich prüfen.
- Pädagogische Theorien können zur Produktion neuer Theorien verwendet werden; desgleichen zur Planung, Durchführung und Evaluation, d. h. Aus-

wertung von Forschungsprogrammen. Sie können auch hier wiederum andere Theorien oder gar Metatheorien kritisch beleuchten und im Rahmen dieser Funktion zu neuen Einsichten, d.h. zu einer Heuristik führen, oder aber die Methodologie, d.h. die wissenschaftliche Vorgehensweise, verbessern oder gar Ansätze zu einer Theorie des Erkenntnisfortschrittes selbst liefern.

- Pädagogische Theorien können zur kritischen Analyse und regelgeleiteten Veränderung sozialer Wirklichkeit, also der Praxis dienen. Sie können bei der Aufdeckung von impliziten Wert- und Normorientierungen und/oder ideologischen Fixierungen, also zur Ideologiekritik, herangezogen werden. In diesem Zusammenhang führen Theorien zu Antizipationen einer besseren Praxis oder zur programmatischen Herausarbeitung konkreter Utopien.
- Pädagogische Theorien können in Modelle transformiert werden. Dabei werden tragende Elemente der Grundstruktur eines Zusammenhangs, der in einer Theorie repräsentiert wird, sichtbar gemacht. Pädagogische Modelle können zur Lösung praktischer Forschungsprobleme Verwendung finden. Sie dienen in erster Linie aber als grundlegender Bezugsrahmen für alle in der pädagogischen Praxis tätigen Personen bei der Entwicklung von Konzepten für ihr konkretes Handeln.

Popper, K. (1966): Logik der Forschung
Spinner, H. F. (1974): Theorie
Bollnow, O. F. (1981): Philosophie der Erkenntnis

6.2.3 Wissenschaft

Das Wort Wissenschaft taucht zum ersten Mal im „Studium Generale" der Universität Erfurt im Jahre 1392 auf. Dort ist von „Wizzentschaft" die Rede. Im 17. Jahrhundert wird der Begriff allgemein verwendet und bedeutet dem Sinne nach eine einzelne Erkenntnis. Vom 19. Jahrhundert an beginnt die moderne Fassung des Begriffs. Dabei haben sich bis zur Gegenwart unterschiedliche Begriffsbestimmungen herausgebildet. Vier werden im Folgenden skizziert. Außerdem wird auf den Begriff Wissen eingegangen, der dem Wissenschaftsbegriff strukturell zugrunde liegt.

1) Wissenschaft als globales Konzept,
2) Wissenschaft als Disziplin,
3) Wissenschaft als kulturelle Tätigkeit,
4) Wissenschaft als System von Aussagen,
5) Der Begriff des Wissens.

Zu 1) Eine Kurzdefinition könnte lauten: Wissenschaft sei die gedachte und/oder reale Gesamtheit aller Wissenschaften oder des wissenschaftlichen Wissens. Hier wird davon ausgegangen, dass Wissenschaft eine Einrichtung ist, die das Gesamte der Welt oder des Lebens erfasst und erklärt. Im Alltag sind solche Auffassungen zu finden, wenn z. B. gesagt wird, „ohne die Wissenschaft säßen die Menschen heute noch auf den Bäumen", denn damit soll die Bedeutung der verschiedenen

Wissenschaften auf den verschiedenen Gebieten für die positive Entwicklung der Menschheit oder der Lebensverhältnisse zum Ausdruck gebracht werden. Der Begriff wird hier in einem globalen Sinn verwendet.

Zu 2) Wissenschaft wird hier als Hochschuldisziplin verstanden. Diese Bestimmung hebt den organisatorischen Charakter und die gesellschaftliche Funktion von Wissenschaft hervor. Dies zeigt sich daran, dass nahezu alle Wissenschaften zugleich auch eine Disziplin (lat. disciplina = Lehre, Lehrgang, System, Einrichtung) an Hochschulen sind. Dieser Status sichert den Wissenschaften gesellschaftliche Funktion und Bedeutung.

Mit dem Status als Hochschuldisziplin versichern sich die Gesellschaften der Forschungsergebnisse und der Dienstleistungen der Wissenschaften in Bezug auf ihren Fortbestand und Fortschritt. Daher werden den Wissenschaften und der wissenschaftlichen Tätigkeit z. B. in Deutschland im Grundgesetz sowie in den Länderverfassungen auch eigene Artikel zugestanden, die die Wissenschaften unter den Schutz des Staates stellen. So heißt es im Grundgesetz für die Bundesrepublik Deutschland in Artikel 5 (3): „Kunst und Wissenschaft, Forschung und Lehre sind frei."

Zu 3) Im vorliegenden Diskussionszusammenhang wird Wissenschaft als kulturelle Tätigkeit eher als etwas kulturell Gegebenes aufgefasst. Wissenschaft als kulturelle Tätigkeit wird daher in einem objektiven Sinn zum Gegenstand wissenschaftstheoretischer Erörterungen gemacht. Sie kann als eine Art kulturelles Ideal bestimmt werden, das seinen Legitimationsgrund u. a. im Grundgesetz hat. Eine Reihe von Grundelementen macht diese Auffassung aus. Diese sind u. a.

- die rationale Begründetheit des Wissens,
- die regelgeleitete Erkenntnistätigkeit bzw. die methodengeleitete Forschung,
- die systematische Ordnung der Erkenntnisse und Forschungsergebnisse,
- die Veröffentlichung des Wissens,
- die Verpflichtung zur Selbstoptimierung.

Zu 4) Wissenschaft ist hier ein System von Aussagen über einen Gegenstandsbereich; oder: Wissenschaft ist ein geordnetes, folgerichtig aufgebautes zusammenhängendes Gebiet von Erkenntnissen (Wahrig 1991, 1441, Stichwort Wissenschaft). Mit dieser Definition ist die innere Systematik der Wissenschaft angesprochen. Von konstitutiver Bedeutung für diese innere Systematik sind u. a. folgende Anforderungen:

- Das System von Aussagen bzw. Erkenntnissen muss logisch sein. Diesem Zweck dienen 1. die formale Logik als Teildisziplin der klassischen Philosophie, in der die Grundformen und Regeln wissenschaftlichen Erkennens festgelegt sind, und 2. die verschiedenen Formen der Logik in der analytischen Philosophie sowie die Wissenschafts- bzw. Methodenlehren der einzelnen Wissenschaften bzw. Disziplinen.
- Das System von Aussagen bzw. Erkenntnissen muss zusammenhängend sein. Das bedeutet, dass die einzelnen Elemente des Aussagesystems logisch aufeinander bezogen sind.

Logik

- Das System von Aussagen muss überprüfbar und damit kritisierbar sein. Dies bedeutet in der Regel – die vorgenannten Kriterien vorausgesetzt – 1. Klarheit der Sprache und 2. Öffentlichmachung der Forschungsergebnisse, z. B. in Form von Lehre und/oder Publikationen.

Zu 5) Der Begriff Wissen ist konstitutiver Bestandteil des Begriffs Wissenschaft. Zu den verschiedenen Definitionen von Wissenschaft ist daher stets eine bestimmte Bedeutung des Wissensbegriffs mitgedacht.

In der Literatur wird in der Regel von der Unterscheidung zwischen Alltags- und Wissenschaftswelt ausgegangen. Diese Unterscheidung betrifft auch den Wissensbegriff.

In der Alltagssprache wird der Begriff u. a. in zwei Bedeutungen verwendet:

1. Wissen wird als Besitz einer Erkenntnis, mithin als Kenntnis verstanden. Wissen in diesem Sinne wird dem einzelnen Menschen zugesprochen. Es kann daher individuell erworben und in Lernprozessen vermittelt und angeeignet werden. In dieser Bestimmung steht Wissen jedem Menschen zur Verfügung. Mit dieser Art von Wissen können Menschen erfolgreich arbeiten und Leistungen erbringen, aber auch Macht ausüben („Wissen ist Macht").

2. Wissen wird als gedachtes kulturelles Potenzial angesehen, das der Gesellschaft Nutzen bringt. Diese globale Begriffsverwendung steht der vorgenannten individuellen Begriffszuweisung zur Seite. Sie beschreibt die gesellschaftliche Funktion von Wissen, die sich z. B. in dem Satz ausdrückt: „Wissen ist eine Garantie für den Fortschritt der Menschheit."

Wissen

In der Wissenschaft muss der Wissensbegriff klar definiert sein. Als klassische Definition kann gelten: Wissen ist begründete Erkenntnis. In dieser Definition muss das Wissen z. B. durch Darlegung der einzelnen Elemente der Erkenntnis, des Erkenntnisweges (also der Methode der Erkenntnisgewinnung), des erkenntnisleitenden Interesses, der Fragestellung, des sachlichen und/oder fachlichen Kontextes, in dem das Wissen eine Rolle spielt, begründet werden. Damit wird es für andere prüfbar und kritisierbar. Es muss sich argumentativ, rational und begrifflich klar und präzise darstellen.

Wissen im wissenschaftlichen Sinn ist also von den Formen des Alltagswissens, aber auch von der subjektiven oder allgemeinen Meinung über etwas oder vom persönlichen Glauben zu unterscheiden. Dennoch gibt es Überschneidungen von Alltagswissen und wissenschaftlich gesichertem Wissen. Diese Überschneidungen werden unter einem phänomenologischen Wissenschaftsverständnis gesehen und in die Definition von Wissen mit aufgenommen. Dementsprechend steht neben der klassischen eine moderne, hier phänomenologische Definition:

> „‚Wissen' definieren wir als die Gewißheit, daß Phänomene wirklich sind und bestimmbare Eigenschaften haben. In diesem (freilich vereinfachenden) Sinn (Kron: ist der Begriff) für den Mann auf der Straße und für den Philosophen relevant" (Berger/Luckmann 1977, 1).

Diese Definition von Wissen erscheint griffig und plausibel. Sie unterstellt eine ungeteilte Wirklichkeit menschlicher Lebenstätigkeit, in welcher dem Alltagshandeln und der wissenschaftlichen Tätigkeit der gleiche Rang zugesprochen wird.

In der einschlägigen Literatur wird aber in der Regel von der Trennung von Alltags- und Wissenschaftswelt ausgegangen. Dabei wird dem wissenschaftlichen Begriffsgebrauch der höhere Rang in Bezug auf logische Präzision und rationale Begründung eingeräumt.

Simon-Schäfer, R., Zimmerli, W. Ch. (1975): Wissenschaftstheorie der Geisteswissenschaften
Berger, P. L., Luckmann, Th. (1977): Die gesellschaftliche Konstruktion der Wirklichkeit
Kamlah, W., Lorenzen, P. (1996): Logische Propädeutik

6.2.4 Erkenntnistheorie

Erkenntnistheorie wird auch Epistemologie [griech. epistemé = Verstehen, das (theoretische) Wissen, die Erkenntnis, Einsicht, Geschicklichkeit] genannt. Beide Begriffe werden synonym gebraucht. Der Begriff Epistemologie wird im Unterschied zum Begriff Erkenntnistheorie primär in angelsächsischen Ländern und in Frankreich verwendet.

Vielfältige Konzepte lassen sich in der Literatur finden. Diese Vielfalt hängt ursächlich mit der Vielfältigkeit der Auffassungen von menschlicher Erkenntnis zusammen. Im Folgenden werden vier Bestimmungen skizziert:

1) Erkenntnistheorie als Analyse von Prüfmethoden wissenschaftlicher Aussagen,
2) Erkenntnistheorie als kritische Rechtfertigung der Bedingungen möglicher Erkenntnis,
3) Erkenntnistheorie als Philosophie der Erkenntnis,
4) Erkenntnistheorie als Erklärung der Genese und Konstruktion neuer Erkenntnisse.

Zu 1) In dieser Auffassung ist Erkenntnistheorie grundlegend an die Anwendung der formalen Logik gebunden. In seiner bekannten Abhandlung „Traktat über kritische Vernunft" bestimmt Hans Albert daher, dass das Ziel der erkenntnistheoretischen Analyse darin bestehe, „Gesichtspunkte für die Förderung der Rationalität unseres Problemlöseverhaltens im Erkenntnisbereich zu entwickeln" (1969, 61). Erkenntnistheorie in diesem Verständnis wird daher auch Wissenschaftslogik genannt.

In dieser Definition von Erkenntnistheorie wird eine positivistische Auffassung von Erkenntnis vorausgesetzt. Positivistisch meint in diesem Zusammenhang, dass positive, d. h. faktisch ermittelte Erkenntnis über Wirklichkeit gewonnen werden kann. Wolfgang Brezinka ist in der Pädagogik als ein Hauptvertreter dieser erkenntnistheoretischen Position bekannt. Er formuliert:

> „Damit ist jene ... Auffassung gemeint, nach der die Erkenntnis der Wirklichkeit weder allein aus Beobachtungsergebnissen (Induktivismus, Klassischer Neopositivismus) noch allein aus erfahrungsunabhängigen Vernunfteinsichten (Apriorismus, Klassischer Rationalismus), sondern nur durch ‚konstruktive Hypothesen' gewonnen werden kann, die empirisch zu prüfen sind. Dieser wissenschafts-

theoretische Standpunkt kann als eine Synthese aus dem Rationalismus, dem Empirismus und dem Pragmatismus angesehen werden. ... In den Naturwissenschaften ist schon lange (danach) verfahren worden" (1972, 23).

In dieser Auffassung von Erkenntnistheorie wird Erkenntnis als eine Art von Instrument begriffen, mit dessen Hilfe ein erkennendes Subjekt ein zu erkennendes Objekt rational und faktisch zu bestimmen in der Lage ist. Dieser Ansatz wird in der Literatur auch als Scientismus bezeichnet. Hier wird der Begriff Erkenntnis ausschließlich zur Bezeichnung wissenschaftlicher Erkenntnis als Grundform der Erkenntnis verwendet. Alle anderen Formen der Erkenntnis, z. B. hermeneutische, anthropologische, ganzheitliche, Alltagserkenntnis, sind – gemessen an der Definition dieser scientistischen Form von Erkenntnis – als nicht-wissenschaftliche Erkenntnis zu bestimmen. In dieser Auffassung wird Erkenntnistheorie Teil der Wissenschaftstheorie.

Zu 2) Erkenntnistheorie ist hier die „kritische Rechtfertigung der Bedingungen möglicher Erkenntnis überhaupt" (Habermas 1973a, 15). In dieser Bestimmung wird Erkenntnistheorie nicht primär als Produkt, sondern als Prozess aufgefasst. Erkenntnistheorie begreift sich hier als ein Philosophieren, d. h. als ein radikales Fragen, das immer auf die Erkenntnis im Ganzen zielt. Mit diesem Unterfangen ist gemeint, dass – im Unterschied zur scientistischen Auffassung von Erkenntnistheorie – diese ganzheitliche Auffassung von Erkenntnistheorie nicht primär den methodischen Zweifel und/oder die Verfeinerung der Methoden und ihrer Theorie, sondern die kritische Einstellung ins Zentrum rückt. Ganzheitlich meint in diesem Zusammenhang nicht spekulativ oder diffus. Die Begriffsbezeichnung zielt vielmehr darauf ab, dass neben den Methoden auch

1. die subjektiven, die gesellschaftlichen, die wissenschaftshistorischen und die organisatorischen Voraussetzungen und Bedingungen der Erkenntnis radikal und kritisch untersucht werden,
2. die Erkenntnis selbst als ein Grundphänomen menschlichen Daseins – und nicht nur die Form wissenschaftlicher Erkenntnis – bedacht wird, und
3. das Interesse und die Intentionen der Erkenntnis (Erkenntnisinteressen und Erkenntnisintentionen), die Konstituierung des Gegenstandes, die Ergebnisse der Erkenntnis und deren Verwertung erkundet werden (Kap. 4.5.3).

Erkenntnistheorie in dieser Auffassung radikalisiert das ursprüngliche Fragen und thematisiert damit zugleich das ursprüngliche Anliegen der Philosophie: das Philosophieren selbst.

Philosophie
An dieser Stelle ist eine Erklärung zum Wort „Philosophie" angebracht. In der Wortbedeutung heißt Philosophie „Liebe zur Wahrheit" (griech. philosophia; philos = Freund; sophia = Weisheit; später: sophistes = Wissen des Wissenden). Philosophie ist ihrem Ursprung nach das radikale und unaufhörliche Fragen nach dem Grund, Sinn und Sein alles Seienden, ein Ringen um die Erkenntnis des Ganzen der Wirklichkeit überhaupt, die Leidenschaft zur Wahrheit und zur Selbstbesinnung (Halder/Müller 1996, 234ff, Stichwort Philosophie).

Hier zeigt sich Erkenntnistheorie als das Zentrum und als Kopf aller wissenschaftlichen Tätigkeit. Dieser Auffassung von Erkenntnistheorie sind u. a. Wissenschaftstheorie, Methodologie und Wissenschaftssoziologie untergeordnet.

Zu 3) Diese Bestimmung rückt der Philosoph und Pädagoge Otto Friedrich Bollnow in seinem Werk „Philosophie der Erkenntnis" (1981) ins Zentrum. Grundlage der Auffassung von Erkenntnistheorie ist der Ausgang von der Erfahrung vom grundsätzlichen In-der-Welt-Sein des Menschen und damit von der Lebenseingebundenheit aller menschlichen Erkenntnis. In diesem Sinn sind Erkenntnistheorie und Lebenstheorie oder auch wissenschaftliche Erkenntnis und Lebenserkenntnis nicht voneinander zu trennen. Sie bilden ein Kontinuum, oder sie können als dialektisch miteinander verknüpft erfahren, gesehen und zur Sprache gebracht werden. Philosophie der Erkenntnis

> „hat die Aufgabe, Wesen und Funktion der Erkenntnis im Gesamtzusammenhang des menschlichen Lebens zu begreifen ... (und) von der Tatsache der ausgebildeten Erkenntnis her den Menschen selber tiefer zu verstehen" (Bollnow 1981, 28).

Diese Ausrichtung der Erkenntnis auf das tiefere Verstehen des Menschen in seinen Lebenszusammenhängen überhaupt – und nicht nur auf die Ausrichtung der Erkenntnis auf die wissenschaftliche Tätigkeit! – hat ihren Ursprung – wie in der vorher skizzierten Auffassung – in der Radikalisierung der Frage nach den Bedingungen möglicher menschlicher Erkenntnis überhaupt.

Der Ausgang vom Leben thematisiert in radikaler Weise den Menschen und schließt damit auch die Menschen ein, die wissenschaftliche Erkenntnis betreiben. Wissenschaftler werden aus dieser Perspektive nicht in ihrer Funktion, sondern in ihrem Menschsein gesehen und ihre Aufgabenstellung von dieser grundlegenden anthropologischen Bestimmung her verstanden. Damit treten Methodenfragen eher in den Hintergrund; ethische Fragen, wie z. B. die Frage nach der Verantwortung der Wissenschaftler für die globale Gesundheit der Menschheit, also die Wissenschaftsethik, hingegen in den Vordergrund.

Ausgehend von einem bestimmten Phänomen menschlicher Tätigkeit, z. B. dem Spiel, der Erziehung, bringt der Erkenntnisprozess selbst das Phänomen immer mehr in seiner Differenziertheit und Komplexität hervor und zur Sprache. In diesem Prozess zeigt sich Erkenntnis als Verstehen, das zirkelhaft die Erkenntnis eines Gegenstandes oder Problems im Erkenntnisprozess bzw. im Verstehensprozess vertieft. Philosophie der Erkenntnis ist für Bollnow immer „hermeneutische Erkenntnislehre" (1981, 25). Und da ihr Interesse bzw. ihre Intentionalität auf den einzelnen Menschen im Ganzen der Menschheit bzw. der menschlichen Lebenstätigkeit überhaupt gesehen wird, ist Philosophie der Erkenntnis stets anthropologisch begründet.

Zu 4) Die grundlegenden Forschungen für diese Auffassung von Erkenntnistheorie wurden bereits vorgestellt (Kap. 2.7.3 u. 3.5). Dort sind Hinweise auf eine „genetische Erkenntnistheorie" (Piaget 1973a) gegeben worden. Vor diesem Hintergrund kann im vorliegenden Diskussionszusammenhang daher formuliert werden:

Erkenntnistheorie sei „Erklärung der Konstruktion neuer Erkenntnisse". In dieser Bestimmung von Erkenntnistheorie ist das erkenntnisleitende Interesse zentral, das Denken selbst zu untersuchen. Damit kommen zwei Interessensrichtungen ins Spiel: 1. die Logik als philosophische und mathematische Teildisziplin

Erkenntnistheorie

Erkennen

und 2. die Psychologie, insofern sie sich mit der Entwicklung des Denkens bzw. der Kognition befasst.

Erkennen ist daher als ein Prozess zu begreifen. Das bedeutet:

- Erkennen ist ein individueller Prozess.
- Erkennen entwickelt sich im Laufe des Lebens eines Menschen von einfachen zu komplexen logischen Strukturen.
- Erkennen beruht auf Handlungen bzw. auf Erfahrungen, d. h. auf der Einwirkung von Menschen auf Objekte.
- Erkennen heißt, Erfahrungen in logische Strukturen zu transformieren; m. a. W.: Transformationssysteme zu bilden und an und mit Transformationssystemen zu operieren.

Leinfellner, W. (1967): Einführung in die Erkenntnis- und Wissenschaftstheorie
Stegmüller, W. (1974): Das ABC der modernen Logik und Semantik
Charpa, U. (1996): Grundprobleme der Wissenschaftsphilosophie

6.2.5 Konzepte von Erkenntnis

Der Begriff Erkenntnis wird in der Literatur in der Regel als Substantiv verwendet. Es findet sich aber auch die Auffassung, dass Erkenntnis im Sinne von „erkennen", also verbal gebraucht wird. Im Folgenden werden fünf Konzepte von Erkenntnis vorgestellt.

1) Erkenntnis als Erlangen einer Kenntnis,
2) Erkenntnis als Weg wissenschaftlicher Tätigkeit,
3) Erkenntnis als kritische Einstellung zum Ganzen,
4) Erkenntnis als Verstehen,
5) Erkenntnis als Ausbildung logischer Strukturen.

Zu 1) In diesem Verständnis ist Erkenntnis als Prozess und Ergebnis dieses Prozesses im Alltag bekannt. Im Suchen und Finden, z. B. eines bestimmten, bisher dem Sinn nach unbekannten Wortes im Lexikon, wird der Sinn des betreffenden Wortes erkannt.

Erkenntnis wird im Alltag, z. B. in Bezug auf die Bestimmung von sozialen Beziehungen oder von Verhaltensweisen, formuliert. Wenn eine Mutter ihre Beziehung zu ihrem 16-jährigen Sohn als gebrochen bezeichnet, dann formuliert sie hier reflektierte Erfahrung, also eine Erkenntnis.

Die Form der Erkenntnis im Medium alltäglicher Tätigkeiten kann als ein Grundphänomen menschlichen Daseins begriffen werden. In dieser Auffassung ist der einzelne Mensch als unmittelbarer Produzent von Erkenntnis ins Zentrum gerückt. Von dieser Zentrierung her gewinnt die Erkenntnis überhaupt ihre Bedeutung und ihren Rang.

Zu 2) Mit dieser Definition sind eine Reihe von Implikationen verbunden, die nachstehend skizziert werden:

- Erkenntnis unterliegt einem System von Regeln, die die Geltung der Erkenntnisaussage sicherstellen sollen.

- Erkenntnis ist an wissenschafts- bzw. erkenntnistheoretisch bestimmte Tätigkeiten bzw. Verfahren gebunden, wie z. B. Beobachtung von Wirklichkeit, Sammeln und Ordnen von Fakten über Wirklichkeit.
- Erkenntnis wird als Methode angesehen, durch welche ein erkennendes Subjekt und ein zu erkennendes Objekt miteinander in Beziehung gebracht werden. Ziel dieses Verfahrens ist es, mittels der Erkenntnis als Methode positive Kenntnisse über ein Objekt oder Objektfeld zu gewinnen.
- Erkenntnis muss als System von Kenntnissen bzw. Wissen über Objektwelt gemäß den Regeln der positivistischen Wissenschaftsauffassung systematisiert werden.

In der Wissenschaftstradition wird diese Form der Erkenntnis als Organon (griech. = Werkzeug), d. h. als ein Instrument oder Mittel des systematischen, d. i. des wissenschaftlichen Denkens bezeichnet. In der Gegenwart ist diese Erkenntnisform an Hypothesen und analytische Setzungen gebunden.

Zu 3) Mit dieser Auffassung verbindet sich eine Form der Erfahrung bzw. der Betrachtung von Welt, die als radikales Fragen mit dem Begriff Phänomenologie belegt wird. Phänomenologie (griech. phainomenon = das sich Zeigende; logos = Lehre) kann in einem weiten Sinn als ein Erkenntnisweg beschrieben werden, auf dem versucht wird, allem auf den Grund zu gehen. In dieser alltagssprachlichen Formulierung kommen zwei bedeutsame Momente ins Spiel: 1. der Vorsatz oder das erkenntnisleitende Interesse, die Grundlagen, z. B. das Wesen, die Strukturen von Dingen und symbolischen Ausdrucksformen systematisch zu erfassen und zur Sprache zu bringen, und 2. die durch diesen Vorsatz gerichtete oder eingestellte Erkenntnistätigkeit, die in der Literatur Intentionalität genannt wird (Kap. 7.3.1).

Zu 4) Erkenntnis kann als Prozess und Ergebnis von Verstehen aufgefasst werden. In dieser Bestimmung ist Erkenntnis mit Verstehen gleichgesetzt. Verstehen in einem grundlegenden Verständnis kommt allen Menschen zu, insofern jeder Mensch sich selbst und sein Verhältnis zur Welt en détail und im Ganzen zu verstehen sucht. Verstehen wird mithin als grundlegende Lebenstätigkeit des Menschen angesehen, da der Mensch immer schon „in einer verstandenen Welt" lebt (Bollnow 1981, 23).

Im Kontext dieser anthropologischen Grundlegung von Verstehen und der Gleichsetzung mit Erkenntnis sagt Bollnow, ein Hauptvertreter dieser Form von Erkenntnis:

> „Es ist mit dem Erkennen nicht anders als mit dem Leben überhaupt: Wir finden uns immer schon in unserem Leben vor, ‚hineingeworfen' in unsere Welt, und so weit wir auch zurückgehen, es gibt keine Möglichkeit, diesem ‚schon immer' zu entgehen" (1981, 22).

Erkenntnis in diesem Sinn geht daher von den konkreten Lebenszusammenhängen aus und bringt diese im Fortgang des Erkenntnisprozesses zu immer größerer Bestimmung und Bewusstheit. Die Erkenntnis ist dabei als Auslegung von kultureller Wirklichkeit zirkelhaft tätig. Menschliche Erkenntnis bzw. menschliches Erkennen können daher als Auslegung von Welt begriffen werden.

„Alle menschliche Erkenntnis wäre dann ihrem Wesen nach hermeneutisch. Indem wir diesen Tatbestand als grundlegend festhalten, sprechen wir von einer hermeneutischen Erkenntnislehre" (1981, 25).

Da Erkenntnis grundlegend vom konkreten Menschen ausgeht, hat sie ein Fundament, das als anthropologisch bezeichnet werden kann.

Zu 5) In dieser Definition ist vorausgesetzt, dass das Konzept von der Entwicklung kognitiver Strukturen (Piaget 1948 u. 1976), wie es in der kognitiven Psychologie erforscht worden ist, mit erkenntnistheoretischen Grundlegungen der Philosophie verknüpft werden kann. Dabei wird Denken und die intentionale Form von Denken, das Erkennen bzw. die Erkenntnis, als Operation definiert. Operation in diesem Zusammenhang bedeutet, dass der einzelne Mensch – von den ersten Lebenswochen an bis zu seinem klinischen Tod – kognitive Operationen durchführt. Er verbindet bzw. verknüpft in diesen kognitiven Operationen stets zwei oder mehrere Aspekte eines dinglichen oder symbolischen Sachverhalts miteinander. In diesem Prozess werden kognitive Tätigkeiten vollzogen, z. B. Vergleichen und Ordnen. Entscheidend in diesen Operationen ist 1. ihre Reversibilität, also ihre Umkehrbarkeit, und 2. ihre Repräsentation, d. h. die gedankliche Vorstellung von konkreten Handlungen. In diesem Sinne können Handeln und Denken als gleichursprünglich und als Erkenntnisvorgang angesehen werden (Kap. 4.2.1).

6.2.6 Der archimedische Punkt der Erkenntnis

In der Diskussion über Bedeutung und Funktion wissenschaftlicher Erkenntnis taucht immer wieder die Frage nach einem letzten, gesicherten Ausgangspunkt auf, auf den systematisches Erkennen aufbauen und möglichen Relativierungen entgehen kann. Bollnow hat sich in seinem Werk „Philosophie der Erkenntnis" mit dieser grundsätzlichen Frage auseinandergesetzt. Er zeigt, dass es in der Geschichte der Wissenschaften zahlreiche Versuche gegeben hat, diesen „archimedischen Punkt in der Erkenntnis" zu finden (Bollnow 1981, 12–23).

Als Beispiel führt er u. a. Descartes an:

„Descartes setzt in seinen ‚Meditationen' bekanntlich folgendermaßen ein: ‚Schon vor einer Reihe von Jahren habe ich bemerkt, wieviel Falsches ich in meiner Jugend habe gelten lassen und wie zweifelhaft alles ist, was ich hernach darauf aufgebaut, daß ich daher einmal im Leben alles von Grund aus umstoßen und von den ersten Grundlagen an neu beginnen müsse, wenn ich jemals für etwas Unerschütterliches oder Bleibendes in den Wissenschaften festen Halt schaffen wollte.' In der zweiten Meditation wiederholt er: ‚Ich bin wie bei einem unvorhergesehenen Sturz in einen tiefen Strudel so verwirrt, daß ich weder auf dem Grunde festen Fuß fassen, noch zur Oberfläche empor schwimmen kann'. Aus diesen Zweifeln will er sich ‚herausarbeiten'. Wie aber ist das möglich? Descartes antwortet: Ich will ‚alles von mir fernhalten, was auch nur den geringsten Zweifel läßt', um dahinter etwas unbedingt Gewisses zu finden, von dem her er dann ‚etwas Festes und Bleibendes in den Wissenschaften' ausmachen kann. Er spricht selber ausdrücklich von einem archimedischen Punkt: ‚Nichts als einen festen und unbeweglichen Punkt verlangte Archimedes, um die ganze

Erde von ihrer Stelle zu bewegen, und so darf auch ich Großes hoffen, wenn ich nur das Geringste finde, das sicher und unerschütterlich ist'. ... Es handelt sich bei Descartes darum, erst einmal einen Punkt von unerschütterlicher Gewißheit zu finden, auf den dann in schrittweisem Aufbau sein weiteres System errichtet werden kann. Das ist der Descartische Ansatz, das ist aber darüber hinaus der Ansatz der neuzeitlichen Erkenntnistheorie überhaupt: Es gilt, um in der Erkenntnis sicher zu sein, zunächst von allem Erkannten und Vermeinten abzusehen, um von Grund aus neu zu beginnen. Es gilt, erst einmal die gesicherten Grundlagen zu legen, und dann schrittweise darauf aufzubauen" (Bollnow 1981, 13).

Unschwer ist in dieser Darstellung der klassische Weg wissenschaftlicher Erkenntnis und Theorienbildung zu erkennen, der von Bollnow als rationalistischer Weg bezeichnet wird. Aber auch der empiristische Weg wissenschaftlicher Erkenntnis zeigt die gleiche Grundstruktur. Er unterscheidet sich von ersterem dadurch, dass er als archimedischer Punkt aller Erkenntnis nicht das Denken oder einen Denkakt – bei Descartes das „cogito ergo sum" – zum Ausgangspunkt aller Erkenntnis macht, sondern die Sinneswahrnehmung oder die methodisch gesicherte Datenerhebung. Bollnow nennt diesen Weg den „empiristischen". Nun kann noch der Weg der analytischen Theorie hinzugefügt werden, dessen archimedischer Punkt in der Basistheorie angenommen wird. Nicht zuletzt sind normative Sätze oder Aussagen methodologischer, wissenschaftlicher und weltanschaulicher Art zu nennen, wenn sie als Ausgangspunkte von wissenschaftlicher Erkenntnis oder von Deduktion gesetzt werden, gleichviel ob sie eine formale Logik zugrunde legen oder nicht. Ihre Funktion im Forschungsprozess ist die einer Hypothese.

Der Argumentationsfortgang bei Bollnow zeigt, dass es unmöglich ist, einen archimedischen Punkt für wissenschaftliche Erkenntnis anzusetzen, da Erkennen grundsätzlich eine menschliche Tätigkeit ist, die bei jedem Menschen neu beginnt und beginnen muss (Bollnow 1981, 22f). Diese anthropologische Sichtweise befreit wissenschaftliche Erkenntnis vom Zwang, nach einem archimedischen Punkt zu suchen und stattdessen sich in die Vielfalt vorliegender Erkenntnisse und Systeme hineinzubegeben, diese aufzugreifen, zu prüfen, zu ordnen und gegenstands- und fragestellungsadäquat anzuwenden. In diesem Verständnishorizont haben dann Einzelforschungen, z. B. empirische Forschungen, einen relativen archimedischen Punkt, der allerdings als Hypothese (griech. hypó-thesis = Unterstellung, vorläufige Annahme) formuliert ist. In diesem Sinn sind Hypothesen stets Arbeitshypothesen, also Hilfsmittel für die Forschung. In dieser Funktion stehen sie auch am Anfang von Forschungsprozessen. Aber einen archimedischen Punkt bilden auch sie nicht.

6.3 Wissenschaftstheoretische Positionen

6.3.1 Einführung in den Gegenstandsbereich

Im Vergleich zur Tradition anderer Wissenschaften, z. B. der Philosophie, Theologie, Physik, Medizin, Psychologie und Soziologie, ist die Pädagogik als eine junge Wissenschaft zu bezeichnen. Bis vor ca. 200 Jahren und vielerorts sogar noch bis in die ersten Jahrzehnte des 20. Jahrhunderts hinein wurden pädagogische Fragestellungen in erster Linie von der Philosophie als „Kunstlehre" mitbearbeitet, d. h. als systematische Sammlung und Darstellung von Erziehungs- und Unterrichtsratschlägen. In einzelnen Fällen wurden Fragen der Erziehungspraxis auch mit Fragestellungen der Anthropologie, der Ethik und der Metaphysik in Verbindung gebracht und damit erste Systematisierungsversuche pädagogischer Themen vorgenommen. Kant gehört zu diesen Ausnahmen. Pädagogik als eigenständige Wissenschaft und Disziplin war nicht ausgebildet.

Die Mitversorgung pädagogisch praktischer Fragestellungen durch die Philosophie hatte keinen fachlichen oder systematischen, sondern einen politischen Grund. In Preußen wie in anderen Ländern musste nach der Einführung der allgemeinen Schulpflicht in der ersten Hälfte des 18. Jahrhunderts die Ausbildung der Lehrer verstärkt werden. Die damaligen Landesherren sahen die pädagogisch praktische Ausbildung der Lehrer als eine wichtige fachliche und politische Maßnahme an, das neu gegründete staatliche Schulwesen zu stabilisieren und zu konsolidieren.

Aufgrund ministerieller Erlasse wurden daher vom 18. Jahrhundert an die Professoren für Philosophie an den Universitäten verpflichtet, im Wechsel auch Lehrveranstaltungen für Pädagogik abzuhalten. Die Philosophen Kant, Herbart, Dilthey, Frischeisen-Köhler, Hönigswald und Willmann stehen hier für viele. Den Lehrveranstaltungen in Pädagogik legten die Philosophieprofessoren in der Regel Publikationen zugrunde, die ihnen von ihren jeweiligen Ministern empfohlen oder gar verordnet worden waren. Diese Bücher waren Ratgeber für Eltern und Privaterzieher bzw. -lehrer. Sie enthielten praktische Erziehungsregeln, Handlungsanleitungen und -normen. Ihre implizite Ethik und Anthropologie bzw. ihre ausdrückliche Moral entsprach dem jeweiligen Zeitgeist. Das bedeutete in der damaligen Zeit, dass die Moral des Bürgertums im Zentrum der Anweisungen stand. Kant ist in diesem Zusammenhang mit seiner Vorlesung „Über Pädagogik" im Jahre 1776 und Herbart mit seinen Veröffentlichungen „Allgemeine Pädagogik aus dem Zweck der Erziehung" (1806) und „Umriß pädagogischer Vorlesungen" (1835) bekannt geworden (Paulsen 1960).

Die Entwicklung der Pädagogik als universitäre Disziplin wurde durch das steigende politische Interesse an der Lösung pädagogisch gesellschaftlicher Probleme gefördert. Dies hat zur Einrichtung erster eigenständiger Lehrstühle für Pädagogik geführt. So wurde an der Universität Halle 1779 die erste Professur für Pädagogik mit dem Aufklärer Christian Trapp besetzt.

Obwohl sich die Pädagogik in der Folge als Hochschuldisziplin mehr und mehr etablierte und obgleich sie sich durch eigenständige Forschungen und Theorienbildungen schon sehr bald ein wissenschaftliches Profil zu geben verstand, so blieb ihre wissenschaftstheoretische Fundierung und Legitimation durch die Philosophie weiterhin erhalten. Dieser Beziehungszusammenhang ist bis in die Gegenwart hinein bedeutsam. Er wird aber stark relativiert und ergänzt durch neue wissenschaftstheoretische Fundierungen und Begründungen, die die Pädagogik in Kooperation mit den Sozialwissenschaften entwickelt hat (Kap. 1.1.4), so dass sie in der Gegenwart eine ganze Reihe von wissenschaftstheoretischen Positionen versammelt.

6.3.2 Klassische Ansätze

Nachstehend werden Aussagen über das Selbstverständnis bzw. die Begründung der Pädagogik als Wissenschaft wiedergeben. Aussagen dieser Art werden in der Regel universalistisch formuliert, z. B. als transzendentalkritische Pädagogik oder als empirische Erziehungswissenschaft, obwohl mit dieser Formulierung kein Anspruch auf Allgemeingültigkeit in der Sache erhoben wird. In den meisten Fällen sind mit diesen Formulierungen lediglich Ansätze, Richtungen oder Positionen innerhalb der Pädagogik bzw. Erziehungswissenschaft gemeint, die die Disziplin mitbestimmen. Sie können als disziplinbestimmende Ansätze bezeichnet werden. Im Folgenden wird daher nur noch von wissenschaftlichen Ansätzen, kurz von Ansätzen in der Pädagogik gesprochen. Mit dieser Regelung

Tab. 8: Wissenschaftstheoretische Ansätze im geisteswissenschaftlichen Wissenschaftsverständnis der Pädagogik

Ansatz	Autor	Hauptschrift zum Thema (Ersterscheinungen)
Pädagogik als eine der Ethik verpflichtete und der Politik koordinierte Wissenschaft	Friedrich Ernst Daniel Schleiermacher	„Pädagogische Schriften" (1826/1848)
„Die Wissenschaft von der Erziehung muß zunächst die Analyse des Zweckzusammenhangs der Erziehung" sein, sodann „Deskription des Erziehers in seinem Verhältnis zum Zögling"	Wilhelm Dilthey	„Über die Möglichkeit einer allgemeingültigen pädagogischen Wissenschaft" (1888); „Pädagogik. Geschichte und Grundlinien des Systems" (1894)
Die kantische, d. i. transzendentale Fundierung der Philosophie und zugleich der Pädagogik	Paul Natorp	„Allgemeine Pädagogik in Leitsätzen zu akademischen Vorlesungen" (1905); „Pädagogik und Philosophie" (1964)
Pädagogik ist strenge Prinzipienwissenschaft und insofern philosophische Theorie einer spezifischen Praxis	Richard Hönigswald	„Über die Grundlagen der Pädagogik" (1918)
Pädagogik als „geistes"-wissenschaftlich-dialektische Disziplin (Sein und Sollen)	Theodor Litt	„Möglichkeiten und Grenzen der Pädagogik" (1926); „Das Bildungsideal der deutschen Klassik und die moderne Arbeitswelt" (1955)
Pädagogik ist eine Verbindung von Tatsachen- und prinzipienwissenschaftlicher Forschung und Theorienbildung	Max Frischeisen-Köhler	„Philosophie und Pädagogik" (1931)

Ansatz	Autor	Hauptschrift zum Thema (Ersterscheinungen)
Pädagogik ist wissenschaftliche (hermeneutische) Auslegung „der Erziehungswirklichkeit in ihrer Doppelseitigkeit von pädagogischem Erlebnis und pädagogischen Objektivationen"	Herman Nohl	„Die pädagogische Bewegung in Deutschland und ihre Theorie" (1935)
Pädagogik ist (phänomenologische) Erfahrungswissenschaft (Erziehungssituation), Geisteswissenschaft (Kultur) und normative Wissenschaft (Förderung der Heranwachsenden)	Martinus Jan Langeveld	„Einführung in die theoretische Pädagogik" (1949)
Pädagogik als hermeneutisch-pragmatische Wissenschaft und réflexion engagée	Wilhelm Flitner	„Allgemeine Pädagogik" (1950)
Pädagogik ist „jene Wissenschaft, die die Prinzipien des gültigen Vollzugs der Relationen sucht, durch die der Mensch seinem Wesen nach bestimmt ist" (z.B. die Prinzipien des Wahren und Guten)	Alfred Petzelt	„Pädagogik und Philosophie" (1961)
Pädagogik als hermeneutisch-anthropologische „wissenschaftliche Durchleuchtung eines Phänomenbereichs, nämlich der Erziehung"	Otto Friedrich Bollnow	„Der Wissenschaftscharakter der Pädagogik" (1969)
Pädagogik als „dialektisch-reflexive" und „praxeologische" Wissenschaft	Josef Derbolav	„Grundriß einer Gesamtpädagogik" (1987)
Pädagogik ist ideen-geschichtlich-phänomenologisch begründete Theorie der Bildung	Theodor Ballauff	„Pädagogik als Bildungslehre" (1986)
Allgemeine Pädagogik als „systematisch-problemgeschichtliche Vergewisserung unter die Grundstruktur pädagogischen Denkens und Handelns"	Dietrich Benner	„Allgemeine Pädagogik" (1987)

Fortsetzung von Tabelle 8

wird sowohl dem gemeinten Sinn der meisten Ansätze als auch ihrem Status und ihrer Funktion innerhalb eines Paradigmas entsprochen.

In der Literatur sind zwei Trends festzustellen, die als Orientierung am geisteswissenschaftlichen und am sozialwissenschaftlichen Wissenschaftsverständnis bezeichnet werden können. Beide Trends entwickeln sich vom 19. Jahrhundert an parallel, aber mit unterschiedlicher Gewichtung.

Im Folgenden werden in der Form von zwei Tabellen (Tab. 8 u. Tab. 9) diese Trends konkretisiert. Die Konkretisierung erfolgt durch die Nennung des wissenschaftlichen Ansatzes in der Pädagogik, des betreffenden Autors und der Hauptschrift, in der der Ansatz zum ersten Mal vorgestellt wird. Schlussfolgerungen in Bezug auf das Thema werden im Anschluss an die Tabellen gezogen.

Bis zur Entwicklung und Konsolidierung einer geisteswissenschaftlichen Wissenschaftsauffassung in der Pädagogik waren normative Ansätze die Regel. Normative Ansätze der Pädagogik als Wissenschaft gründen in der Regel auf der Ethik und der philosophischen Anthropologie und auf weltanschaulichen Positionen. Drei Positionen normativer Pädagogik werden in Tabelle 9 zur Information vorgestellt.

Bereits vom 18. Jahrhundert an werden Stimmen laut, die auf eine auf empirischen Methoden gründende Erforschung der erzieherischen und unterrichtlichen Wirklichkeit drängen, um ein empirisches begründetes Wissen über diese Wirklichkeiten zu erhalten, das das spekulative Wissen über Erziehung und Unterricht ergänzen oder ersetzen soll. Bei diesen Forderungen geht es um die Brechung des absoluten Geltungsanspruchs zunächst der normativen Positionen und später – vom 19. Jahrhundert an – der geisteswissenschaftlichen Ansätze. Trapp wird zu den ersten Pädagogen gezählt, die eine empirisch begründete Forschung in der Pädagogik fordern und auch entsprechende Vorschläge machen. Von der Wende vom 19. zum 20. Jahrhundert und insbesondere von den 1920er Jahren an formiert

Ansatz	Autor	Hauptschrift zum Thema (Ersterscheinungen)
Pädagogik beruht auf Ethik (theoretische Begründung) und auf Psychologie (Anwendung auf die Praxis)	Johann Friedrich Herbart	„Allgemeine Pädagogik" (1806) „Umriß pädagogischer Vorlesungen" (1835)
Normative Fundierung der systematischen Pädagogik; sie gründet sich auf religiös-transzendentales Weltbild und theologisch-philosophische Anthropologie	Otto Willmann	„Didaktik als Bildungslehre nach ihren Beziehungen zur Sozialforschung und zur Geschichte der Bildung" (1882-1889)
Pädagogik ist „selbständiger Zweig der Philosophie" mit den fundamentalen (axiomatischen) Begriffen: Bildung, Interesse, Wert	Georg Kerschensteiner	„Theorie der Bildung" (1926)

Tab. 9: Beispiele für Positionen normativer Pädagogik

sich eine empirische Bewegung in der Pädagogik, die erste Leistungen im sozialwissenschaftlichen Wissenschaftsverständnis erbringt, insofern sie sich an psychologischen und soziologischen Forschungen orientieren. Hierzu gehören zunächst u. a. die Vertreter einer experimentellen, deskriptiven oder empirischen Pädagogik bzw. Erziehungswissenschaft, der pädagogischen Tatsachenforschung und der Feldforschung. In den 1950er Jahren erfolgt die Wiederaufnahme der empirischen Programmatik und führt von der „realistischen Wendung" an bis in die Gegenwart hinein zur Entwicklung einer Reihe von Ansätzen und Leistungen, die sich ausdrücklich im sozialwissenschaftlichen Wissenschaftsverständnis begründen.

Neben der empirischen Diskussion, in der die Forschungsmethoden im Vordergrund stehen, bestimmen aber auch noch weitere Diskussionsstränge diese Entwicklung. Dabei handelt es sich um die Folgenden:

1. Die in der Soziologie geführte Grundlagendiskussion über den Status und die Funktion erfahrungswissenschaftlicher Erkenntnis.
2. Die Diskussion, die in den 1920er Jahren von den Vertretern des „Wiener Kreises" und die von den 1960er Jahren an insbesondere von den Vertretern des kritischen Rationalismus geführt wurde. Brezinka hat diesen Diskussionsstrang für die Pädagogik fruchtbar gemacht (Kap. 6.2.5).
3. Der dritte Diskussionsstrang hat seine Wurzeln in der Gesellschafts- sowie Wissenschaftskritik, die von K. Marx an über die Vertreter der „kritischen Theorie" bis in die Gegenwart hinein geführt wird (Kap. 2.8.4). Hierzu zählen die marxistischen bzw. marxistisch-psychoanalytisch orientierten Pädagogen der 1920er Jahre wie z. B. Bernfeld, Hoernle und Kanitz.
4. Der letzte Diskussionsstrang ist durch die Rezeption der Theorien und Methoden im Umkreis des „symbolischen Interaktionismus" bestimmt (Kap. 3.4 u. 4.5).

In den Tabellen 8, 9 und 10 sind diese Diskussionsstränge gut zu erkennen. Gleichzeitig zeigen die exemplarisch aufgeführten Ansätze die Entwicklung und Konsolidierung der sozialwissenschaftlichen Orientierung der Pädagogik, wie Tabelle 10 zeigt.

Tab. 10: Wissenschaftstheoretische Ansätze im sozialwissenschaftlichen Wissenschaftsverständnis der Pädagogik

Ansatz	Autor	Hauptschrift zum Thema (Ersterscheinungen)
Empirische Erforschung pädagogischer Wirklichkeit zum Zweck der Verbesserung pädagogischer Praxis	Ernst Christian Trapp	„Versuch einer Pädagogik" (1780)
Pädagogik ist eine experimentelle Wissenschaft i. w. S., die eine theoretische Pädagogik überhaupt erst fundiert	Wilhelm August Lay	„Experimentelle Pädagogik mit besonderer Rücksicht auf die Erziehung durch die Tat" (1908)
Pädagogik als empirische Wissenschaft (Beobachtung und Experiment)	Ernst Meumann	„Abriß der experimentellen Pädagogik" (1914)

Ansatz	Autor	Hauptschrift zum Thema (Ersterscheinungen)
Pädagogik als exakte (empirisch begründete) und philosophisch begründete Wissenschaft	Aloys Fischer	„Deskriptive Pädagogik" (1914)
Pädagogik als Wissenschaft ist pragmatisch, sie gründet im Zusammenhang von Erkennen und Handeln	John Dewey	„Demokratie und Erziehung" (1916)
Marxismus und Psychoanalyse als Grundlagen einer Pädagogik als Erziehungswissenschaft	Siegfried Bernfeld	„Sisyphos oder die Grenzen der Erziehung" (1925)
Erziehungswissenschaft als kritisch-konstruktive Theorie	Wolfgang Klafki	„Erziehungswissenschaft als kritisch-konstruktive Theorie: Hermeneutik, Empirie, Ideologiekritik" (1971)
Erziehungswissenschaft als Aussagesystem wissenschaftlicher Tätigkeit	Wolfgang Brezinka	„Von der Pädagogik zur Erziehungswissenschaft" (1971)
Erziehungswissenschaft als Beschreibung interpersoneller Ereignisse in Beziehung zu ihrer gesellschaftlichen Genese (auf der Grundlage eines interaktionistischen Paradigmas)	Klaus Mollenhauer	„Theorien zum Erziehungsprozeß" (1972)
Pädagogik als „kontroverser Argumentationsbereich" für wissenschaftstheoretische Positionen	Hans-Jochen Gamm	„Einführung in das Studium der Erziehungswissenschaft" (1974)
Pädagogik als erfahrungskritische Sozialwissenschaft	Dieter Ulich	„Probleme und Möglichkeiten erziehungswissenschaftlicher Theorienbildung" (1972)
„Reflexive Erziehungswissenschaft"	Dieter Lenzen	„Handlung und Reflexion" (1996)

Fortsetzung von Tabelle 10

Der gesamte Überblick lässt eine Reihe von Gesichtspunkten erkennen, die von wissenschaftstheoretischer Bedeutung für die weitere Diskussion sind:

1. *Die Wissenschaftsorientierung*
Die vielfältigen Ansätze der Bestimmung der Disziplin als Wissenschaft machen eine deutliche Orientierung am geistes- und sozialwissenschaftlichen Wissenschaftsverständnis sichtbar. Daher kann hier die Schlussfolgerung gezogen werden, dass der Überblick über diese Leistungen das Vorhandensein von zwei Paradigmen, nämlich einem geistes- und einem sozialwissenschaftlichen Para-

digma, in der Pädagogik zeigt. Die vorgestellten Kurzdefinitionen von Pädagogik geben nämlich Aspekte frei, die das eine oder das andere Paradigma mitbestimmen. Es sind aber auch Definitionen erkennbar, die Elemente aus beiden Paradigmen oder aus der Praxis oder aus dem gesellschaftlichen Bedingungszusammenhang herausgreifen und miteinander verbinden. Dies gilt für die normativen Ansätze.

2. *Die Forschungsmethoden*
Es werden Hermeneutik, Phänomenologie, Dialektik und Empirie genannt. Dabei ist der zunehmende Stellenwert, der der Empirie zugemessen wird, von besonderer Bedeutung.

Zu beachten ist, dass die Beobachtung und das Experiment sowie die Analyse und die Erkenntnis als Instrumente wissenschaftlicher Tätigkeit ausdrücklich genannt werden.

3. *Der Gegenstand pädagogischer Erkenntnis*
Wann immer in den Kurzdefinitionen davon geredet wird, ist damit die Erziehungswirklichkeit gemeint. Auch wird von Kultur gesprochen. Im Einzelnen werden u. a. Erziehung und Bildung oder erzieherisch bedeutsame Relationen oder Interaktionen genannt. In diesem Zusammenhang werden auch Kategorien vorgestellt, die für die Theorienbildung als konstitutiv angesehen werden, wie z. B. Bildung, Interesse. Auch pädagogische Ziele, wie z. B. die Förderung der Heranwachsenden, sind in diesem Kontext zu nennen.

4. *Der Wissenschaftscharakter der Pädagogik*
Definitionen zu diesem Punkt sind durchgehend anzutreffen. Aber es ist bereits eine Reihe unterschiedlicher Ansätze und Positionen zu erkennen. Es wird davon gesprochen, dass Tatsachen das wissenschaftliche Fundament pädagogischer Forschung bilden. Dabei ist die Nähe zur Erziehungswirklichkeit als Objektbereich der Empirie unverkennbar. Der Wissenschaftscharakter der Pädagogik wird aber auch damit begründet, dass sich pädagogische Erkenntnis von Prinzipien leiten lässt. Hier ist die Anlehnung an die Philosophie unschwer zu erkennen. Pädagogik wird als kritisch-konstruktive Wissenschaft oder als Aussagesystem wissenschaftlicher Tätigkeit bzw. Erkenntnis oder als kontroverser Argumentationsbereich bestimmt. Nicht zuletzt wird der Wissenschaftsanspruch in der Praxeologie behauptet.

Mit der Frage nach der wissenschaftlichen Begründung der Pädagogik verbindet sich in der Regel die Frage nach ihrem Gegenstandsfeld. Dieses wird stets als Erziehungswirklichkeit bezeichnet. Erziehungswirklichkeit wird als Feld aktiver pädagogischer Tätigkeit angesehen, in welchem theoretische Erkenntnisse und Forschungsergebnisse zur Anwendung kommen sollen. In diesen Fällen ist von Praxis die Rede. In der doppelten Funktion der Erziehungswirklichkeit als Forschungsgegenstand und als Handlungsfeld ist ein eigenständiger Gegenstandsbereich erwachsen, der in der Literatur zentral angesehen wird und der als Theorie-Praxis-Verhältnis bestimmt ist.

5. *Die sozialen Normen und Regeln*
Immer wieder werden Religionen, Weltanschauungen und Weltbilder, wie z. B. Christentum und Marxismus, oder Moralen zur wissenschaftlichen Legitimation der Pädagogik herangezogen. Grundsätzlich ist hier die Legitimationsproblematik einer Wissenschaft durch Sinn-Normen angesprochen. Die Darlegungen von Blankertz (1975, 19) machen klar, dass in einem modernen Wissenschaftsverständnis Sinn-Normen nicht zur wissenschaftlichen Begründung einer Wissenschaft und insbesondere der Pädagogik herangezogen werden können. Insofern ist die Einbeziehung von Sinn-Normen in die Begründung einer Wissenschaft problematisch. Anders verhält es sich allerdings mit der

rational begründeten Einbeziehung einer Sinn-Norm in die Definition einer Theorie zum Zweck ihrer empirischen Prüfung. Hier erhält die Sinn-Norm einen methodischen Status und eine methodische Funktion.

6. *Die Beziehung zu Nachbardisziplinen*
Gleichviel ob diese Beziehung als Kooperation, Interdisziplinarität oder als Deduktionszusammenhang beschrieben wird, es werden in der Regel immer dieselben Nachbardisziplinen genannt: die Philosophie – und hier insbesondere die Ethik und die Anthropologie – oder eine bestimmte Auffassung von Philosophie, wie z. B. die Transzendentalphilosophie, des Weiteren: die Psychologie und die Soziologie.

In den Fällen, in denen der Beziehungszusammenhang als Deduktion beschrieben ist, dienen die Nachbardisziplinen als Grundlagenwissenschaft, von der aus sich die Pädagogik definieren kann. In der Regel handelt es sich dabei um die Ethik und die philosophische Anthropologie. Es werden aber auch Deduktionen aus Psychologie und Soziologie vorgenommen. In diesen Fällen handelt es sich in der Regel um Übernahme von Forschungsmethoden. Dies geschieht nicht selten, ohne nach der Konstituierung des pädagogisch relevanten Gegenstandes oder Gegenstandsfeldes zu fragen. In der Gegenwart versteht sich die Pädagogik jedoch ausschließlich als interdisziplinär arbeitende Sozialwissenschaft.

7. *Die Vielfalt der Ansätze*
Diese ist nicht in einer eng geführten scientistischen Auffassung als Verwirrung, sondern als ein fruchtbares Potenzial anzusehen, das die Pädagogik in Bezug auf die Vielfältigkeit und Differenziertheit der Phänomene spezifisch einzusetzen vermag, wenn ihr sowohl die sozialwissenschaftliche Analyse als auch die Entwicklung von Handlungskonzepten gelingen soll. Die Pädagogik befindet sich hier in einer analogen Situation zur Medizin, die in Bezug auf Diagnostik und Therapie schon lange auf ein vielfältiges und differenziertes Arsenal erkenntnis- und wissenschaftstheoretischer Ansätze bauen kann.

Scheuerl, H. (Hrsg.) (1979): Klassiker der Pädagogik. 2 Bde.
Blankertz, H. (1992): Die Geschichte der Pädagogik von der Aufklärung bis zur Gegenwart

6.3.3 Aktuelle Ansätze

Die klassische Diskussion um die Begründung der Pädagogik als Wissenschaft hat seit Ende der 1990er Jahre ihren vorläufigen Abschluss gefunden. Dafür spricht die Tatsache, dass zwei Paradigmen von der Wissenschaftsgemeinschaft anerkannt sind, dass die Pädagogik somit – im Sinn Kuhns – eine „normale" Disziplin geworden ist, die nicht mehr ständig nach ihrer Legitimation als Wissenschaft fragt, sondern die Wissenschaft betreibt. Diese Funktionalität hat – wie die vorangegangenen Darlegungen bereits angezeigt haben – zu einer Reihe von Übereinstimmungen des für die Disziplin grundlegenden Wissens geführt, die sich zum ersten Mal in der Erstellung der Rahmenordnung für die Diplomprüfung in Erziehungswissenschaft (1989) gezeigt hat. Dies gilt für die „Kerncurricula" (Kap. 1.1.1), die heute für das Studium gelten. In besonderer Weise finden sie aber ihren Niederschlag in den pädagogischen Lehrbüchern, die von den 1970er Jahren an entstanden sind und noch entstehen.

Lehrbücher stellen in einer Wissenschaft ein wichtiges Element dar, denn in ihnen ist das von der Wissenschaftsgemeinschaft in der Regel geteilte Grundwissen versammelt. Die im Folgenden exemplarisch vorgestellten Werke belegen dies in Bezug auf aktuelle wissenschaftstheoretische Ansätze:

Die Klassiker: Benner, D. (1973): Hauptströmungen der Erziehungswissenschaft
König, E. (1975): Theorie der Erziehungswissenschaft. Bd. 1. Wissenschaftstheoretische Richtungen der Pädagogik
Wulf, C. (1983): Theorien und Konzepte der Erziehungswissenschaft
Lenzen, D., Mollenhauer, K. (1998): Enzyklopädie Erziehungswissenschaft. Bd. 1. Theorien und Grundbegriffe der Erziehung und Bildung
Gudjons, H. u. a. (Hrsg.) (1994): Erziehungswissenschaftliche Theorien
Tschamler, H. (1996): Wissenschaftstheorie
Krüger, H.-H. (1997): Einführung in Theorien und Methoden der Erziehungswissenschaft
Plöger, W. (2003): Grundkurs Wissenschaftstheorie für Pädagogen
Frost, U., Böhm, W., Koch, L. (2007): Handbuch der Erziehungswissenschaft. Bd. 1. Grundlagendiskurs Erziehungswissenschaft
Chalmers, A. F. (2007): Wege der Wissenschaft
Schülein, J. A., Reize, S. (2008): Wissenschaftstheorie für Einsteiger

In diesen Lehrbüchern werden u. a. über 40 wissenschaftstheoretische Ansätze, Richtungen oder Positionen der Pädagogik bzw. der Erziehungswissenschaft verglichen und kritisiert. Die Tatsache, dass die meisten Ansätze in allen Lehrbüchern behandelt werden, legt den Schluss nahe, dass die in den einzelnen Richtungen in Forschung, Theorienbildung, Methodenentwicklung usw. erbrachten wissenschaftlichen Leistungen von der Wissenschaftsgemeinschaft für wissenschaftlich bedeutsam angesehen werden. Dabei ist allerdings auffallend, dass die vielen disziplinbegründenden Elemente bis auf wenige Ausnahmen als „Pädagogik" oder „Erziehungswissenschaft" bezeichnet werden, obwohl sie nicht das ganze Fach repräsentieren – und diesen Anspruch auch nicht stellen –, sondern lediglich einen Ansatz. Daher wird im Folgenden in allen diesen Fällen – wie bereits dargelegt – nur noch von Ansätzen, Richtungen und Positionen in der Pädagogik, denen sie zugeordnet werden können, gesprochen.

Die gefundenen Ansätze, Richtungen und Positionen lassen sich auf drei Ebenen ansiedeln. Dies geschieht auf der Grundlage der in den Lehrbüchern vorgestellten wissenschaftlichen Orientierung der einzelnen Ansätze. Dabei wird unterstellt, dass jede dieser Richtungen noch implizit andere wissenschaftliche Orientierungen und Interessen verfolgt als die dargestellten. Die drei Ebenen zeigen jeweils folgende Orientierung:

1. die Orientierung an meta- und erkenntnistheoretischen Fragestellungen,
2. die Orientierung an Denktraditionen und Forschungsmethoden,
3. die Orientierung an gegenstandstheoretischer Arbeit.

Die verschiedenen Ansätze sind in den Tabellen 8, 9 und 10 dargestellt.

Zu 1) Auf der ersten Ebene werden folgende Ansätze genannt:

- die geisteswissenschaftliche Pädagogik bzw. Erziehungswissenschaft
- die phänomenologische Pädagogik
- die hermeneutisch-existenzphilosophische Pädagogik
- die transzendentalphilosophische bzw. -kritische Pädagogik bzw. Erziehungswissenschaft
- die kritisch-rationale Erziehungswissenschaft
- die kritische bzw. gesellschaftskritische Erziehungswissenschaft
- die praxeologische Pädagogik
- die reflexive Erziehungswissenschaft
- die prinzipienwissenschaftliche Pädagogik

Zu 2) Auf der zweiten Ebene sind die nachstehenden Ansätze zu finden:

- empirische Erziehungswissenschaft (einschließlich: experimentelle Pädagogik, pädagogische Tatsachenforschung, deskriptive Pädagogik, Erziehungswissenschaft als Integrationswissenschaft, kritisch-rationale Erziehungswissenschaft)
- dialektische Pädagogik
- phänomenologische Pädagogik bzw. Erziehungswissenschaft
- hermeneutische Pädagogik
- deskriptive Erziehungswissenschaft
- hermeneutisch-phänomenologische Pädagogik
- dialektisch-hermeneutische Pädagogik
- phänomenologisch-deskriptive Pädagogik

Zu 3) Auf der dritten Ebene finden diese Ansätze Beachtung:

- materialistische Pädagogik
- historisch-materialistische Pädagogik
- neomarxistische Erziehungswissenschaft
- humanistische Erziehungswissenschaft
- pragmatische Pädagogik
- interaktionistische Pädagogik
- systemtheoretische Erziehungswissenschaft
- systemische Pädagogik
- handlungsorientierte Erziehungswissenschaft
- kommunikative Pädagogik
- kritisch-kommunikative Pädagogik
- reflexive Erziehungswissenschaft
- normativ-deskriptive Erziehungswissenschaft
- emanzipatorische Pädagogik
- Kultur- und Wertpädagogik
- feministische Erziehungswissenschaft
- historische Erziehungswissenschaft
- psychoanalytische Pädagogik bzw. Erziehungswissenschaft
- Entwicklungspädagogik

Die nachstehend aufgeführten Ansätze zeigen neue Entwicklungen. Von ihren Vertretern oder Vertreterinnen selbst werden sie ausdrücklich als „Ansätze" bezeichnet und auch in der Sekundärliteratur in dieser Bestimmung übernommen:

- strukturalistische Ansätze in der Erziehungswissenschaft,
- ökologische Ansätze in der Erziehungswissenschaft,
- evolutionstheoretisch orientierte Ansätze in der Erziehungswissenschaft,
- handlungstheoretisch orientierte Ansätze in der Erziehungswissenschaft.

Die Ergebnisse sind in mehrfacher Hinsicht von Bedeutung:

1. Durchgehend werden alle Ansätze mit dem Begriff Pädagogik oder Erziehungswissenschaft gekennzeichnet. Einige Ausnahmen bestätigen die Regel. Es kann unterstellt werden, dass die jeweiligen Autoren die beiden Fachbezeichnungen im Sinn von Ansatz, Position, Konzept oder Theorie verstehen oder verstanden wissen wollen. Von der Tradition her werden die Begriffe Pädagogik und Erziehungswissenschaft aber zur Bezeichnung des Faches – und in der Regel pragmatisch synonym – verwendet.
2. Es herrscht ganz offenbar in der Wissenschaftsgemeinschaft Einigkeit darüber, dass den empirischen, geisteswissenschaftlichen und gesellschaftskritischen Ansätzen eine gewisse Grundfunktion in der Pädagogik zugesprochen wird, denn sie werden in nahezu allen Werken eingehend vorgestellt und diskutiert. Sie können als zentrale Ressourcen und Themenfelder für Forschung und Lehre angesehen werden. Die transzendentalkritischen, die kritisch-rationalen Positionen sowie die normativen Ansätze nehmen in diesem Zusammenhang eine Mittelstellung ein.
3. In einigen Werken, insbesondere bei Tschamler (1996), ist eine Zuordnung von allgemeiner wissenschaftstheoretischer Diskussion und der in der Pädagogik geführten Theoriediskussion festzustellen. Eine besondere Betonung liegt dabei auf der wissenschaftstheoretischen Position des kritischen Rationalismus.
4. Krüger (1997) räumt jenen Positionen, die eine deutliche Praxisorientierung zeigen, wie z. B. die Montessori-, Waldorf- und Freinet-Pädagogik, eine besondere Stellung ein. Er bezeichnet diese Positionen als pädagogische Lehren.
5. In der aktuellen Diskussion werden die klassischen Richtungen differenziert und präzisiert und neue Konzepte vorgestellt (Krüger 1997), wie z. B. die transzendental-philosophische, die psychoanalytische, die phänomenologische Pädagogik, die systemtheoretische Erziehungswissenschaft, ökologische, feministische oder postmoderne Ansätze. Die Präzisierung klassischer Konzepte gilt insbesondere in Bezug auf die empirische Erziehungswissenschaft und die kritische Pädagogik. Auch werden einerseits Konzepte der analytischen Philosophie ins Spiel gebracht und andererseits der Begriff „kritisch" hinsichtlich seines Gesellschafts-, Methoden- oder Erkenntnisbezugs differenziert.
6. Die Darstellungen zeigen, dass die verschiedenen Positionen an unterschiedlichen Kriterien orientiert bzw. von unterschiedlichen Erkenntnisinteressen geleitet sind. Einige Richtungen zeigen eine Orientierung an philosophischen Denktraditionen, andere an Forschungsmethoden und wieder andere an Weltanschauungen bzw. Gegenstandsfeldern und Gegenstandstheorien.

6.3.4 Schlussfolgerungen

Die Betrachtung der Ansätze, die in den Lehrbüchern angeboten werden, zeigt eine auffällige Konzentrierung der Themen um das geistes- und sozialwissenschaftliche Wissenschaftsverständnis. Daraus können zwei Wissenschaftsparadigmen abgeleitet werden, die aktuell die Pädagogik bzw. Erziehungswissenschaft bestimmen: das geisteswissenschaftliche und das sozialwissenschaftliche Paradigma.

Geisteswissenschaftliches Paradigma	Sozialwissenschaftliches Paradigma
• phänomenologische Ansätze • transzendentalphilosophische Ansätze • hermeneutische Ansätze • dialektisch-hermeneutische Ansätze • humanistische Ansätze • kommunikative Ansätze • normativ-deskriptive Ansätze • kultur- und wertpädagogische Ansätze	• kritisch-rational orientierte Ansätze • deskriptive Ansätze • phänomenologisch-deskriptive Ansätze • pragmatische Ansätze • interaktionistische Ansätze • systemtheoretische orientierte Ansätze • feministische Ansätze • psychoanalytisch orientierte Ansätze • ökologische Ansätze • handlungstheoretische orientierte Ansätze

Tab. 11: Zuordnung ausgewählter Ansätze zum geisteswissenschaftlichen und sozialwissenschaftlichen Paradigma

Daher können die einzelnen Ansätze, Richtungen und Positionen den beiden Paradigmen zugeordnet werden (Tab. 11), obwohl die Zuordnung einiger Ansätze nicht immer eindeutig vorgenommen werden kann. Diese Tatsache ist darin begründet, dass in vielen Ansätzen neue Probleme noch experimentell bearbeitet werden müssen. Auch sind Überschneidungen unverkennbar; m. a. W. es gibt Elemente, die in beiden Paradigmen in einer jeweils anderen Konstellation eine Rolle spielen.

Die Vielfalt der aufgefundenen Ansätze zeigt an, dass in der Wissenschaftsgemeinschaft eine differenzierte Diskussion geführt wird, die sich auf verschiedenen Ebenen und unter unterschiedlichen Fragestellungen abspielt. Diese Diskussion ist – wie auch die Themen der wichtigsten wissenschaftlichen Zeitschriften in der Pädagogik zeigen – seit etwa zwölf Jahren im Gange (Hoffmann 1996). Die dabei angesprochenen Ebenen sind wissenschafts- und erkenntnistheoretischer, methodologischer und methodischer sowie gegenstandstheoretischer Natur. Die Fragestellungen sind in ihrer Unterschiedlichkeit kaum noch zu bündeln oder zu klassifizieren. Aber das Vorhandensein der beiden Paradigmen ist unverkennbar.

Vielfalt der Ansätze

In struktureller und funktionaler Hinsicht verdeutlicht die Diskussion, dass die beiden Paradigmen einerseits einen Kern besitzen bzw. herausgebildet haben, dessen Wissen in der Diskussion allgemein vorausgesetzt wird, und dass andererseits neue Fragestellungen entstanden sind, die mithilfe des bereits etablierten Wissens nicht gelöst werden können. Daher sind Versuche, neue Theorien zu bilden und Forschungen durchzuführen, in vollem Gang, ist die Suche nach Ressourcen von außen, z. B. aus den Nachbardisziplinen, aus den gesellschaftlichen Problemstellungen und aus der pädagogischen Praxis erforderlich und die wissenschaftliche Diskussion zwingend. Die Diskussion kann zur Herausbildung eines neuen Paradigmas führen. Sie zeigt aber in jedem Fall, dass die beiden Paradigmen zurzeit ihre wissenschaftliche Funktion erfüllen.

In thematischer Hinsicht ist dabei von besonderer Bedeutung, dass das erkenntnisleitende Interesse nicht mehr auf die Legitimation der Pädagogik als Wissenschaft oder auf die philosophische Begründung der Pädagogik abzielt, wie dies in den Diskussionen im Horizont der geisteswissenschaftlichen Pädagogik seit Dilthey häufig der Fall war. Vielmehr ist das Erkenntnisinteresse auf die Gewinnung positiven Wissens über die vielfältigen Gegenstandsbereiche der Pädagogik und auf die Methodendiskussion gerichtet.

6.4 Paradigmen in der Pädagogik/Erziehungswissenschaft

Wissenschaftstheoretisches Arbeiten ist ein Diskurs, der nicht nur in der Forschergemeinschaft stattfindet, sondern den auch der Einzelne mit sich selbst in der Form eines inneren Dialogs führt. In diesem persönlichen Diskurs haben die in den vorangegangenen Kapiteln vorgetragenen Erörterungen zur Aufdeckung einer Vielfalt von Gemeinsamkeiten geführt. Diese zeigen sich in den verschiedensten Bereichen: z. B. im Begrifflichen bzw. in den mit den Begriffen gemeinten Sachverhalten, in den erkenntnisleitenden Interessen, in den Theorien und Konzepten, die ihren Niederschlag in Veröffentlichungen gefunden haben. Insofern sind sie wie Tatsachen anzusehen, und sie sollen allen Personen bekannt sein, die in dem Fach tätig sind oder die ein fundiertes Interesse an der Pädagogik haben.

Paradigma

Ein von allen Vertretern eines Faches geteiltes Grundwissen wird Paradigma genannt.

Das in einem Paradigma versammelte Wissen darf allerdings nicht darüber hinwegtäuschen, dass im laufenden Diskurs der Disziplin durchaus unterschiedliche, oft heterogene und widersprüchliche Auffassungen kontrovers diskutiert werden. Dabei bietet dieser Diskurs nicht selten das Bild einer undurchschaubaren Komplexität, die häufig zu der – auch in Lehrbüchern und Nachschlagewerken publizierten – Auffassung führt, dass in der Pädagogik keine oder wenig Einigkeit über Grundbegriffe und Forschungsmethoden herrsche und dass es – im Unterschied zu anderen Disziplinen – sehr schwer sei, die Forschungsgegenstände näher zu bestimmen. Vom Standpunkt eines Paradigmas her gesehen, sind diese Aussagen nur bedingt richtig. Sie betreffen die Randzonen eines Paradigmas, in denen noch über wissenschaftliche Ansätze und Begriffe diskutiert wird. Demgegenüber gibt es in einem Paradigma durchaus wissenschaftliche Leistungen, die von allen anerkannt sind und allgemeine Geltung haben. Diese Zusammenhänge und ihre wissenschaftstheoretische Bedeutung sollen im Folgenden näher beleuchtet werden.

6.4.1 Begriffsbestimmung und -gebrauch

Wie viele Begriffe in den Geistes-, Kultur- und Sozialwissenschaften so wird auch der Begriff Paradigma zur Bestimmung unterschiedlicher Sachverhalte benutzt. Daher muss bei der Benutzung eines vielfach verwendeten Begriffs stets der Kontext mitgesehen werden, in dem der Begriff benutzt wird.

In etymologischer Hinsicht heißt Paradigma (griech. para – deigma = Beispiel) in wörtlicher Übersetzung: Beispiel, Muster, Modell (Kap. 6.2.2). In vielen Kulturen ist es üblich, Beispiele oder Modelle für menschliches Grundverhalten in bestimmten Situationen in Märchen, Mythen, Erzählungen und Geschichten einzubetten, z. B. das Märchen vom Hans im Glück, das Modell eines Menschen, der durch die Welt kommt und glücklich ist, weil er sein Herz nicht an einen materiellen Wert verliert. In den Sprachwissenschaften wird unter Paradigma ein Muster für eine bestimmte Deklinations- oder Konjugationsklasse, z. B. ein Flexionsmuster, verstanden. Schließlich kann Paradigma auch als Denkmuster verstanden werden, das das Weltbild, die kulturelle Tätigkeit oder gar die Wissenschaftsauffassung einer bestimmten Zeit oder Epoche bestimmt, wie z. B. die Renaissance, das Barock, die geisteswissenschaftliche Pädagogik.

Der Begriff Paradigma wurde durch Thomas S. Kuhn in seiner Veröffentlichung „The Structure of Scientific Revolutions" 1962 in die wissenschaftstheoretische Diskussion eingeführt. Im Jahre 1973 erschien das Buch unter dem Titel „Die Struktur wissenschaftlicher Revolutionen" zum ersten Mal in deutscher Sprache. Als Physiker befasst sich Kuhn seit vielen Jahren mit Wissenschaftsgeschichte und Wissenschaftstheorie, insbesondere der Naturwissenschaften. Seine Veröffentlichungen sind aber auch in Bezug auf die Geistes- und Sozialwissenschaften von Bedeutung.

Paradigma (Th. S. Kuhn)

In dem für die zweite Auflage geschriebenen Postskriptum des oben genannten Buches schreibt Kuhn, dass er den Begriff Paradigma in zwei unterschiedlichen Bedeutungen verwende:

> „Einerseits steht er für die ganze Konstellation von Meinungen, Werten, Methoden usw., die von den Mitgliedern einer gegebenen Gemeinschaft geteilt werden. Andererseits bezeichnet er ein Element in dieser Konstellation, die konkreten Problemlösungen, die, als Vorbilder oder Beispiele gebraucht, explizite Regeln als Basis für die Lösung der übrigen Probleme der ‚normalen Wissenschaft' ersetzen können" (Kuhn 1976, 186).

Da die Definition – zumindest im ersten Teil – soziologisch zu verstehen ist, kann in einem allgemeinen Sinn gesagt werden, dass ein Paradigma das ist,

> „was den Mitgliedern einer wissenschaftlichen Gemeinschaft gemeinsam ist, und umgekehrt besteht eine wissenschaftliche Gemeinschaft aus Menschen, die ein Paradigma teilen" (Kuhn 1976, 187).

Diese trivial anmutende zirkelhafte Interpretation von wissenschaftlicher Gemeinschaft eröffnet eine pragmatische Sicht der Funktion von Wissenschaft in der Gesellschaft. Das bedeutet: Wissenschaft wird von einer speziellen gesellschaftlichen Gruppe produziert, diskutiert, systematisiert und zur gesellschaftlichen Verwertung bereitgestellt. Kuhn nennt diese Gruppe „wissenschaftliche Gemeinschaft"(Wissenschaftsgemeinschaft).

Im soziologischen Sinn ist darunter – der Tätigkeit und Funktion entsprechend – eine Interessengruppe zu verstehen, die aus Fachleuten besteht, die ein spezifisches Gegenstandsfeld bearbeiten, Studierende unterrichten, wissenschaftliche Schulen gründen, in einer wissenschaftlichen Vereinigung tätig sind, Gutachten verfassen, Forschungsergebnisse publizieren, sich auf Kongressen treffen und Forschungsergebnisse – durchaus kontrovers – diskutieren, und die bei aller Konkurrenz innerhalb ihrer Gemeinschaft diese ohne triftigen wissenschaftlichen Grund nicht verlassen.

Kuhn hat bei dem Gebrauch des Begriffs der wissenschaftlichen Gemeinschaft in erster Linie Naturwissenschaftler im Sinn und spricht daher auch von „Fachleuten eines wissenschaftlichen Spezialgebiets" (Kuhn 1976, 188). Daher könnte die Annahme naheliegen, dass Paradigmen sich nur auf Spezialgebiete, nicht aber auf größere Bereiche eines Faches beziehen. Am Anfang seines Buches bringt Kuhn Beispiele aus der Physik, aus denen jedoch geschlossen werden kann, dass Paradigmen in einem Fach in größeren Teilgebieten entstehen. Die Darlegungen lassen indes offen, welchen Umfang die wissenschaftliche Gemeinschaft und das Fachgebiet haben. Der Begriff Paradigma wird von Kuhn in zwei unterschiedlichen Bedeutungen verwendet.

Die eine Bedeutung bezieht sich auf die Konstellation von allgemein anerkannten wissenschaftlichen Leistungen eines Faches (Kuhn 1976, 10). Hierzu zählen der Definition zufolge: Meinungen, Werke, Methoden. Es können hinzugefügt werden: Auffassungen von der Disziplin als Wissenschaft, Regelwerke wissenschaftlicher Erkenntnis, sprachliche Regelungen, Interessensvereinbarungen und „konkrete Problemlösungen". Dieser Leistungskatalog ließe sich sicher noch erweitern. Er zeigt, dass die aufgezählten Leistungen zusammengenommen die Grundlage und das Grundwissen eines Paradigmas innerhalb einer Disziplin bilden und ausmachen. Dies gilt aber nur dann, wenn die Konstellation der einzelnen Leistungen von der Wissenschaftsgemeinschaft im Großen und Ganzen anerkannt wird. Gerade durch diesen Tatbestand ist das jeweilige Paradigma definiert.

Die zweite Bedeutung betrifft ein besonderes Element in der Konstellation der allgemein anerkannten wissenschaftlichen Leistungen eines Faches. Es handelt sich dabei um die „konkreten Problemlösungen" eines Paradigmas. Unter konkreten Problemlösungen können Gesetze, Theorien, Modelle, Konzepte verstanden werden, die sich in der wissenschaftlichen Arbeit und Forschung bewährt haben. Auch hier können hinzugefügt werden: Begriffe, Kategorien. Sie sind – aufgrund ihrer Bewährung – aber immer noch „neuartig" genug, um als Problemlösepotenzial für Forschungsvorhaben gelten zu können; aus der Perspektive der Wissenschaftsgemeinschaft gesehen: um Forscher anzuziehen und sie zu „Anhängern" zu machen, ein Faktum, das zur Konstituierung der wissenschaftlichen Gemeinschaft und damit eines Paradigmas von Kuhn als notwendige Voraussetzung angesehen wird. Die Konstellation der Leistungen ist noch „offen" genug, um den neu hinzukommenden Wissenschaftlern Frage- und Problemstellungen anzubieten, aus denen neue Forschungen erwachsen können. Neuartigkeit und Offenheit der Konstellation von Problemlösungsangeboten sind zwei wichtige Merkmale, die für ein Paradigma kennzeichnend sind und die ein Paradigma attraktiv machen (Kuhn 1976, 25).

Paradigmen haben einen Kern und einen Rand bzw. Randzonen und Peripherien. Der Kern besteht aus jenen Elementen, die resistent gegenüber Transformationen sind. Daher rührt ihr besonderer wissenschaftlicher Status. Sie sind erfolgreicher bei der Lösung – oder Legitimierung! – von Problemen, sie haben einen geringeren Grad an Komplexität und Materialumfang als die konkurrierenden Elemente, kurzum sie sind elementar (Kuhn 1976, 37ff). Die nachfolgenden Zonen bis hin zu den Rändern eines Paradigmas halten der Elementarität weniger Stand und werden zu neuen Forschungen transformiert, m. a. W. sie haben noch eine gewisse Offenheit, die neue Problemstellungen und Forschungen begünstigt.

Ein Beispiel soll das Gesagte verdeutlichen. Klafki hat mit dem Begriff „Pädagogisches Verhältnis" ein gegenstandstheoretisches Paradigma belegt, als dessen Kern der „Pädagogische Bezug", wie er von Nohl beschrieben worden ist, angesehen werden kann. Von diesem Kern zum Rande hin erstrecken sich weitere Bestimmungen, z. B. „pädagogisches Verhältnis", „erzieherisches Verhältnis", „Dyade", „soziale Beziehung", „pädagogische Interaktion" (Kron 1986 u. Kap. 4.5). Die letztgenannten Begriffe kennzeichnen bereits Sachverhalte und Erkenntnisse, die nicht mehr in elementarer Interdependenz zum Kern stehen. Die sich mit ihnen verbindenden Theorien, Ansätze, Konzepte haben sich vom Kern des Paradigmas weg entwickelt. Durch ihre Transformation verliert dieses Paradigma seine Potenziale an Neuartigkeit und Offenheit. Es bleibt aber als klassisches oder „reifes" Paradigma in seinem Kern bestehen, gehört also zum Grundkanon des Wissens einer Disziplin, aber es hat seine „Natur" bzw. Grundstruktur verändert (Kuhn 1976, 190) und damit seine Anziehungskraft für neue Forschungen verloren; für Lehre und Studium müssen oder können sie als Grundwissen bezeichnet werden.

6.4.2 Funktionen eines Paradigmas

Das vorbeschriebene Beispiel illustriert sehr gut, was nach Kuhn die wissenschaftliche Grundfunktion eines Paradigmas oder mehrerer konkurrierender Paradigmen innerhalb einer Disziplin ausmacht: Sie konstituieren den alltäglichen, „normalen" Wissenschaftsbetrieb. Kuhn leitet das zweite Kapitel seines Buches mit einem entsprechenden Satz ein:

> „In diesem Essay bedeutet ‚normale Wissenschaft' eine Forschung, die fest auf einer oder mehreren wissenschaftlichen Leistungen der Vergangenheit beruht, Leistungen, die von einer bestimmten wissenschaftlichen Gemeinschaft eine Zeitlang als Grundlagen für ihre weitere Arbeit anerkannt werden" (Kuhn 1976, 25).

Leistungen, d. h. Erkenntnisse, Theorien, Methoden usw., die ein Paradigma bestimmen, haben weitere Funktionen, die vor dem Hintergrund der Grundfunktion auch als Teilfunktionen bezeichnet werden können. Folgende Teilfunktionen können im Anschluss an Kuhn genannt werden:

Die curriculare Funktion: Sie entsteht dadurch, dass die Leistungen innerhalb eines Paradigmas in einem Theoriengebäude zusammengefasst und mit Anwendungsmöglichkeiten versehen werden. Diese finden ihren Niederschlag in Lehrbüchern, die von der Wissenschaftsgemeinschaft einer Disziplin anerkannt werden. In diesem Zusammenhang weist Kuhn darauf hin, dass diese Teilfunktion erst zustande kommen kann, wenn eine Wissenschaft als Hochschuldisziplin etabliert ist. Aus dieser Perspektive wird deutlich, wie wichtig es in der Entwicklung der Pädagogik als Wissenschaft war, Universitätsdisziplin zu werden und dies – unter allen politischen Bedingungen – auch zu bleiben; denn Lehrbücher haben ihre Funktion nur in Verbindung mit einem organisierten Abnehmerkreis und entsprechenden Ausbildungsgängen. So ist es wissenschaftsgeschichtlich interessant, dass in der Pädagogik vor ihrer vollen organisatorischen Akzeptanz in den Universitäten ausschließlich Einzelschriften als Lehr- und Lernmaterial benutzt wurden. Hierzu zählten u. a. die „Didactica Magna" von Comenius (1960), der „Emile" von Rous-

Die curriculare Funktion

seau, das Buch „Wie Gertrud ihre Kinder lehrt" oder der „Stanser Brief" von Pestalozzi. Sie galten lange Zeit als „pädagogische Klassiker". Erst die pädagogisch-systematischen Abhandlungen von Herbart, Schleiermacher, Willmann, Weniger u. a. läuten eine Wende ein. Das „Handbuch der Pädagogik", von H. Nohl und L. Pallat zwischen 1928 und 1933 herausgegeben, kann in diesem Zusammenhang als das erste Lehrbuch bezeichnet werden, in dem das pädagogische Wissen dieser Zeit, systematisch geordnet, publiziert worden war. Auch haben die Publikationen zur Geschichte der Pädagogik oder Erziehung von der Wende vom 19. zum 20. Jahrhundert diese Wende mitherbeigeführt. In der Gegenwart erfüllen die folgenden Werke die curriculare Funktion der beiden Paradigmen:

Lenzen, D. (Hrsg.) (1998): Enzyklopädie Erziehungswissenschaft
Hurrelmann, K., Ulich, D. (Hrsg.) (1998): Handbuch Sozialisationsforschung
Frost, U., Böhm, W., Koch, L. (Hrsg.) (2007): Handbuch der Erziehungswissenschaft
Bach, H. u. a. (Hrsg.) (1978–1991): Handbuch Sonderpädagogik
Mittelstraß, J. (Hrsg.) (2004): Enzyklopädie Philosophie und Wissenschaftstheorie

Die Vorbildfunktion Die Vorbildfunktion: Die in einem Paradigma versammelten Elemente üben einzeln oder in bestimmten Gruppierungen auf die Wissenschaftler einer Disziplin den Einfluss aus, sich ihrer zu bedienen, weil ihre Realisierung in Theorienbildung oder Forschung Erfolg verspricht. So können herausragende Publikationen dazu anregen, das gleiche Vokabular zu benutzen, an der vorgestellten und imponierenden Theorie weiterzuarbeiten, die erfolgreiche Methode weiterzuverwenden. Elemente eines Paradigmas können daher zu Modellen für die „normale" Forschung werden. In diesem Zusammenhang lernen Forscher im wahrsten Sinn des Wortes „am Modell" (Kap. 6.2.2): Dadurch entsteht eine gewisse Bindung, so Kuhn, der Forscher an das Paradigma, eine Bindung, die rational nicht aufgelöst zu werden vermag. Sie kann als Grundüberzeugung der Forscher bezeichnet werden, die als ein zentrales Element mit zum Kern eines Paradigmas gehört. Im Forschungsprozess kann sie – auf einer Metaebene – zur Sprache gebracht werden.

Die traditionsstiftende Funktion Die traditionsstiftende Funktion: Mehrfach wurde bereits auf diese Teilfunktion hingewiesen. Sie besagt in ihrem Kern etwas Positives, dass nämlich für wissenschaftliches Arbeiten und Forschen ein für die Wissenschaftler und die Forschenden verlässliches Grundrepertoire an Begriffen, Theorien, Methoden, Instrumenten, Systemen, Problemstellungen usw. vorhanden ist. „Normale Wissenschaft" arbeitet im Alltag aufgrund dieser Materialbasis von eingespieltem Wissen und eingespielter Routine. Daher sind der Erwerb von Grundwissen und grundlegenden Routinen für alle erforderlich, die zu einer Disziplin gehören wollen. Wissen und Routine sparen Zeit und Konflikte und ermöglichen den Forschenden den zweckrationalen Weg wissenschaftlicher Erkenntnis. Diese Auffassung macht die instrumentelle Basis von Forschung deutlich.

Kuhn kann aber auch in einem weiteren Sinn verstanden werden, dass nämlich Wissen und Routine notwendige Voraussetzungen für die Entwicklung von Fähigkeiten sind, um wertrational, pragmatisch oder kritisch orientierte Frage- und Problemstellungen entwickeln zu können.

Die Entwicklungsfunktion:

Die Entwicklungsfunktion

„Wissenschaftliche Entwicklung ist ... der schrittweise sich vollziehende Prozeß, durch den ... Einzelheiten (Kron: Elemente eines Paradigmas), isoliert oder kombiniert, zu einem immerwährend wachsenden Bestand zusammengefügt worden sind, der die wissenschaftliche Methode und Erkenntnis bildet" (Kuhn 1976, 16).

Damit ist die Entwicklung der „normalen Wissenschaft" beschrieben. Sie vollzieht sich in drei Tätigkeitsbereichen: 1. als „Bestimmung bedeutsamer Tatsachen", 2. als „gegenseitige Anpassung von Fakten und Theorie" und 3. als „Artikulierung der Theorie" (Kuhn 1976, 47). Diese drei Bereiche werden von Kuhn an anderer Stelle als „Brennpunkte" normaler wissenschaftlicher Tätigkeit bezeichnet. Mit dieser Bezeichnung (Kuhn 1976, 39) verbindet sich in erster Linie die Sicherung des wissenschaftlichen Bestands. Dies schließt immer die Möglichkeit ein, dass anerkannte Elemente zur Lösung neuer Probleme benutzt werden, die hierfür tauglich sind, und damit in die Diskussion und in die Infragestellung in Bezug auf ihre Kernfunktion geraten. Letztere entsteht in der Regel durch kritische Stellungnahmen auf Publikationen, also von außen. Kritik als Ressource, die von außen kommt, fordert – die Offenheit der Wissenschaftsgemeinschaft vorausgesetzt – zur Modifizierung der Theorie und zu erneuter Forschung auf. Daher ist eine „normale Wissenschaft" auch immer in Bewegung. Hierzu gehört ihre interdisziplinäre Eingebundenheit in den Diskurs mit anderen Disziplinen. Die Wissenschaftsgemeinschaft steht ohnehin in ständiger fachlicher Konkurrenz und unter prinzipieller Binnenkritik, die insbesondere von jenen Zonen ausgehen, die nicht zum harten Kern des Paradigmas zählen. Beispiele hierfür sind u. a. die feministische und humanistische Erziehungswissenschaft oder die strukturalistischen und ökologischen Ansätze.

Die disziplinbegründende Funktion: Sie wurde bereits auf der ersten Bedeutungsebene des Begriffsgebrauchs von Kuhn erwähnt. Sie entsteht im Zuge jener wissenschaftlichen Leistung, in der die Leistungen innerhalb eines Paradigmas auf das Selbstverständnis der Forschergruppe bezogen werden. In diesem Bezug wird nach der Bedeutung der verschiedenen Leistungen für das wissenschaftliche Selbstverständnis der Wissenschaftsgemeinschaft gefragt. Diese Tätigkeit kann als Metaleistung aufgefasst werden. Sie ist notwendig und sinnvoll, um die Leistungen, die im normalen Wissenschaftsbetrieb eine primär instrumentelle Funktion haben, auf der Ebene der Pragmatik auf einen gemeinsamen Nenner oder Begriff zu bringen. Damit wird eine Bedeutungsebene eröffnet, die über oder neben der instrumentellen Ebene angesiedelt ist und auf der eine Verständigung über die Sinnhaftigkeit des Tuns herbeigeführt wird (Kap. 4.5.3).

Die disziplinbegründende Funktion

Die wissenschaftlichen Leistungen, die auf dieser Ebene erbracht werden, haben also die Funktionen der Selbstvergewisserung über den Sinn des wissenschaftlichen Arbeitens im Forschungsalltag. Sie dienen der Begründung der Sinnhaftigkeit dieses Tuns und damit im Zusammenhang der Begründung der Disziplin als Wissenschaft, der die Forschungsgemeinschaft angehört. Außerdem fördert diese Funktion die anderen Funktionen, insofern sie Legitimationswissen für die in diesen erbrachten Leistungen bereitstellt. Die Thematisierung dieser Metaleistung ist in besonderer Weise in der Entwicklung der Pädagogik als Wissenschaft zu beobachten.

Fazit Die geschilderten Auffassungen müssen im Horizont eines modernen Wissenschaftsverständnisses stets im gesellschaftlichen Bedingungszusammenhang gesehen werden. Kuhn unterstellt in seinen Darlegungen eine demokratische, strukturierte, offene Leistungsgesellschaft, in der Chancengleichheit und damit Vielfalt und Konkurrenz von Paradigmen möglich ist und die sowohl die Wissenschaft als auch die gesellschaftlichen Gruppierungen belebt und dynamisiert. Aus gesellschaftskritischer Perspektive ist allerdings anzumerken, dass es nicht nur in der Wirtschaft, sondern auch in der Wissenschaft organisierte Monopole gibt. Ein Paradigma kann – unter bestimmten gesellschaftlichen sowie wissenschafts- und hochschulpolitischen Voraussetzungen – zur Monopolisierung einer Wissenschaftsauffassung benutzt werden, die bis in die Besetzung von Stellen hinein wirksam werden kann. Von daher ist es stets notwendig, Paradigmen auch analytisch-kritisch und gesellschaftskritisch zu beobachten.

6.4.3 Der Paradigmenwechsel

Neuentwicklung und Weiterentwicklung eines Paradigmas vollziehen sich nach Kuhn schrittweise und führen zu einem immer mehr anwachsenden Bestand an Wissen über die verschiedensten Bereiche einer Wissenschaft. Diese Prozesse dürfen aber nicht als stetig angesehen werden. Sie verlaufen zwar schrittweise, aber die Längen und Abfolgen der Schritte sind unterschiedlich, und sie bedingen daher die Unstetigkeit der Entwicklung eines Paradigmas. Erkenntnis- und Systemerweiterung z. B. sind Ergebnisse von Prozessen, die aus neuen Problemstellungen erwachsen sind, die in der Regel in kontroverser Diskussion Lösungen zugeführt werden können. Sie spielen in der Entwicklung der Paradigmen, insbesondere bei einem „Paradigmenwechsel" (Kuhn 1976, 80), eine große Rolle.

Positivismusstreit In der Geschichte der Wissenschaften sind sie als „Streite" bekannt. Dies zeigt z. B. der „Positivismusstreit". Kuhn belegt diesen Sachverhalt emphatisch mit dem Begriff der „wissenschaftlichen Revolution". Diese Bezeichnung mag für Entwicklungssprünge in den Naturwissenschaften und in der Technik von Zeit zu Zeit zutreffen. Für die Sozialwissenschaften erscheint der Begriff des Paradigmenwechsels angebrachter, um „Wendungen" zu markieren, wie dies z. B. die „Realistische Wendung" in der Pädagogik zeigt, in der neben das geisteswissenschaftliche Wissenschaftsverständnis das empirische, genauer gesagt: die sozialwissenschaftliche Wissenschaftsauffassung getreten ist (H. Roth 1962). Für einen Paradigmenwechsel nennt Kuhn drei Merkmale (Kuhn 1976, 21ff).

- Die Wissenschaftsgemeinschaft gibt eine Theorie auf und ersetzt sie durch eine neue, weil neu auftretende Phänomene mit der alten Theorie nicht mehr zureichend erklärt werden können.
- Neue Impulse aus der empirischen Forschung machen die Modifizierung von Problemlösungsstrategien, z. B. im Methodenbereich, notwendig, wie dies in den Sozialwissenschaften beim Wechsel vom normativen zum interpretativen Paradigma der Fall war (Wilson 1976).

▪ Die wissenschaftliche Betrachtung der Welt hat sich derart gewandelt, dass die Forschung nicht mehr „greift", ein Phänomen, das z. B. bei der Medienwirkungsforschung festzustellen ist, wo kausaldeterministische Annahmen über das Verhältnis von Ursache und Wirkung in der medialen Rezeptionstätigkeit von Jugendlichen nicht mehr mit der multimedialen Sozialisationsituation der Jugendlichen übereinstimmen (Kron/Sofos 2003, 95).

Systematisch gesehen entwickelt sich ein neues Paradigma aus den Randzonen des alten Paradigmas heraus und stellt in diesem Vollzug neue konkrete Problemlösungen vor, z. B. in Form und Gestalt einer neuen Theorie oder eines neuen Konzepts. Durch diesen krisenhaften Prozess wird auch das Selbstverständnis einer Wissenschaft revolutioniert, insofern – wie sich Kuhn ausdrückt – der Geltungsanspruch des alten Paradigmas auf jene Elemente reduziert wird, die der neuen Theorie oder dem neuen Konzept standhalten. Das bedeutet, dass ihr Potenzial eingehend geprüft, aber zur Lösung der neu gestellten Probleme als nicht hilfreich erachtet wird. Damit wird ihr Geltungsanspruch für die Lösung neuer Probleme zwar reduziert, aber sie bleiben im bestehenden Paradigma als eine Leistung bestehen, die zum Kern gehört. Das bestehende Paradigma mit seinen Kernleistungen bleibt also dann bestehen, wenn sich ein neues Paradigma zu bilden beginnt oder gar an seine Seite tritt.

Kuhn macht diesen Prozess u. a. am Beispiel der newtonschen Physik und dem Auftauchen der Relativitätstheorie deutlich (Kuhn 1976, 85). In diesem Zusammenhang weist er darauf hin, dass sich ein Paradigmenwechsel nicht schlagartig vollzieht, sondern dass er sich durch Publikationen einzelner Forscher bereits lange Zeit vorher andeutet. Diese können aber erst im Zuge der Entwicklung eines neuen Paradigmas erkannt werden, nämlich dann, wenn in den Forschungen auch nach bereits vorliegenden Erkenntnissen zum gestellten Themenfeld gesucht wird. Daher bleibt das alte Paradigma unter veränderten inneren und äußeren Bedingungen bestehen und ein neues Paradigma tritt an seine Seite und in Konkurrenz.

6.4.4 Das geisteswissenschaftliche Paradigma und seine wissenschaftlichen Leistungen

Galten die Ausführungen in dem vorangegangenen Unterkapitel primär der Zuordnung der unterschiedlichen wissenschaftstheoretischen Ansätze der Pädagogik/Erziehungswissenschaft zu einer der beiden paradigmatischen Auffassungen von Pädagogik, so geht es hier primär darum, Leistungen zu beschreiben, die die Gegenstände sowie die Methoden des Faches betreffen. Dabei ist zu erkennen, dass die einzelnen Leistungen dem geisteswissenschaftlichen oder dem sozialwissenschaftlichen Paradigma zugeordnet werden können oder in diesen entstanden sind. Es zeigt sich auch, dass sich diese Leistungen ergänzen und dass sich in diesem Funktionszusammenhang das Fach im innerdisziplinären und interdisziplinären Diskurs gefestigt hat. Es kann daher angenommen werden, dass die skizzierten Leistungen als Kerne des Faches von der Wissenschaftsgemeinschaft akzeptiert oder toleriert werden. Es handelt sich u. a. um die folgenden Kernleistungen:

1) Erziehungswirklichkeit als Ausgang pädagogischer Erkenntnis,
2) die Theorie des pädagogischen Bezugs und die Theorie der Bildung,
3) die Kategorie der Geschichtlichkeit,
4) das Theorie-Praxis-Verhältnis,
5) die Grundlagenfunktion der Hermeneutik,
6) die relative Autonomie der Pädagogik.

Zu 1) Erziehungswirklichkeit als Ausgang pädagogischer Erkenntnis
In fast allen grundlegenden wissenschaftlichen Arbeiten wird die Erziehungswirklichkeit als Ausgang pädagogischer Theorienbildung und -forschung angesehen. Begründet wird dieses erkenntnisleitende Interesse von Wilhelm Dilthey (1833–1911), der auch als Mitbegründer der geisteswissenschaftlichen und verstehend arbeitenden Pädagogik angesehen wird. In dieser Denktradition liegen die Arbeiten von Wilhelm Flitner, Martinus Jan Langeveld und der jüngeren Forschergeneration, in der phänomenologisch oder hermeneutisch gearbeitet wird (Kap. 7.3 u. 7.4).

Lebens- und Erziehungswirklichkeit

Diltheys Forschungen haben ihren Grund in der Denktradition, die Lebensphilosophie genannt wird (Hügli/Lübcke 1994, 67ff). Ausgang aller Forschung in diesem Horizont ist die menschliche Lebenswirklichkeit in der Vielfalt der menschlichen Lebenstätigkeiten und Beziehungen. Teil der Lebenswirklichkeit ist die Erziehungswirklichkeit (Dilthey 1961, IX. Bd., 190f).

„Leben ist der Zusammenhang der unter den Bedingungen der äußeren Welt bestehenden Wechselwirkungen zwischen Personen, aufgefaßt in der Unabhängigkeit dieses Zusammenhangs von den wechselnden Zeiten und Orten. Ich gebrauche den Ausdruck Leben in den Geisteswissenschaften in der Einschränkung auf die Menschenwelt; er ist hier durch das Gebiet, in dem er gebraucht wird, bestimmt und keinem Mißverständnis ausgesetzt" (VII. Bd. 1979, 228).

Die adäquate wissenschaftliche Erforschung des Lebens geschieht unter dem Denkansatz und der Methode der Hermeneutik. Ihr zentrales erkenntnisleitendes Interesse gilt der Aufdeckung der Strukturen der Wechselwirkungen der Akteure und des Sinns ihrer Lebensäußerungen. In dieser Tätigkeit geht es in einem weiten Verständnis um das Verstehen des allen menschlichen Lebenstätigkeiten zugrunde liegenden Sinns; um Sinnverstehen.

Der Ausgang von der menschlichen Lebenswirklichkeit gilt für Dilthey für alle die Wissenschaften, die sich mit Gegebenheiten des menschlichen Lebens und der menschlichen Geschichte befassen, wie z. B. die Geschichtswissenschaften, die Sprachwissenschaften, Politik, Soziologie, Psychologie und Pädagogik. Dilthey belegt diese Wissenschaften mit dem Oberbegriff Geisteswissenschaften.

Erleben

Auf der Suche nach Grundbegriffen bzw. Kategorien, die diesen Wissenschaften zugrunde liegen, geht Dilthey des Näheren von der menschlichen Beziehung aus. Grundlage der Beziehung ist das Erleben als erste und ursprüngliche Lebenstätigkeit des Menschen.

Die Frage, wie das Erleben begrifflich oder kategorial gefasst werden kann, beantwortet Dilthey damit, dass das Erleben eine grundlegende geistige Tätigkeit im Menschen ist, die dem Erlebnisinhalt und der Erlebnisform überhaupt erst eine Fassung gibt. Diese begriffliche Fassung des Erlebens nennt Dilthey Bedeutung, Bedeutungsverleihung oder Sinngebung.

Dilthey gibt dem Begriff „Bedeutung" den Status einer Kategorie, mit der nun wissenschaftlich gearbeitet werden kann. „Bedeutung ist die umfassende Kategorie, unter welcher das Leben auffaßbar wird" ..., denn „Die Kategorie der Bedeutung bezeichnet das Verhältnis von Teilen des Lebens zum Ganzen, das im Wesen des Lebens gegründet ist" (VII. Bd. 1979, 323 u. 233).

Nach Dilthey gibt es aber – im Unterschied zur traditionellen Philosophie – für die Geisteswissenschaften kein vorgegebenes Kategorienschema. Vielmehr müssen die Einzelwissenschaften ihre Kategorien selbst bestimmen, und sie müssen diesen Bestimmungsprozess immer wieder neu vollziehen, weil die Gegenstände einem ständigen geschichtlichen und gesellschaftlichen Wandel unterliegen. Daraus resultiert für alle diese Wissenschaften die Notwendigkeit der immer neuen Konstituierung ihrer Gegenstände. In seinem Beitrag „Erleben, Ausdruck und Verstehen" arbeitet Dilthey eine Reihe von Kategorien heraus. So treten neben die Kategorie der Bedeutung die Kategorien: Handlung, Struktur, Verstehen, Sprache (VII. Bd. 1979, 228–251).

Es ist zu erkennen, dass im Phänomen der Erziehungswirklichkeit bereits weitere zentrale Momente zu erkennen sind, die als Leistungen in das geisteswissenschaftliche Paradigma aufgenommen sind: die Beziehung (pädagogischer Bezug), die Sinngebung (Bildung) und das Verstehen (Hermeneutik).

Zu 2) Die Theorie des pädagogischen Bezugs und die Theorie der Bildung
An vielen Stellen und insbesondere in zwei längeren Passagen ist über diese beiden wissenschaftlichen Leistungen bereits gesprochen worden (Kap. 4.3 u. 2.8). Daher kann an dieser Stelle auf weitere Erörterungen verzichtet werden. Die Darlegungen zu diesen beiden Theorien machen klar, dass sie zu den Kernelementen des geisteswissenschaftlichen Paradigmas zu zählen sind. Sie tragen alle Merkmale eines Kernelements: Sie sind theoretisch in vielfältiger Weise geprüft, in Frage gestellt und kritisiert worden. In den Diskussionen über den pädagogischen Bezug wird immer wieder der systematische Sinn-Kern bestätigt, auch wenn die Theorie nicht empirisch verifiziert oder falsifiziert werden kann. Anders gesagt: Alle Transformationen, die sich z.B. in neuen Begriffsbildungen, wie z.B. in den Begriffen erzieherisches oder dialogisches Verhältnis, erzieherische Relation oder Rollenbeziehung, zeigen, haben zwar neue Bezugsdimensionen aufweisen können, zugleich den systematischen Kern der Theorien vom pädagogischen Bezug nicht erschüttern können.

Selbst die sozialwissenschaftlich und empirisch begründete Fragestellung hat die Theorien des pädagogischen Bezugs und der Bildung nicht erschüttern können. Aber die Auseinandersetzung mit diesen „resistenten" Theorien hat zur Präzisierung der pädagogischen Fragestellung auf diesem Gebiet geführt. Als ein klassisches Beispiel hierfür kann Klafkis epochemachender Beitrag über „Erziehungswissenschaft als kritisch-konstruktive Theorie: Hermeneutik – Empirie – Ideologiekritik" aus dem Jahre 1971 angesehen werden. Die Diskussion dieser Zeit zeigt deutlich die Entstehung des sozialwissenschaftlichen Paradigmas und damit die Entwicklung einer neuen Fragestellung. Diese hat wieder zu neuen Ansätzen der Konstituierung des Gegenstands geführt.

So eröffnen z. B. die empirischen Untersuchungen zum Hospitalismusphänomen von R. Spitz (1970a, b, c), dass das Grundphänomen erzieherischer, d. h. entwicklungsfördernder Beziehungen zwischen Kindern und Erwachsenen mit dem Begriff der Dyade belegt wird. Mit diesem Begriff werden Beziehungsabläufe unter bestimmten institutionellen Bedingungen belegt, wobei die Beziehungsabläufe klar definiert sind, um sie gemäß den empirischen Erkenntnisinteressen messbar zu machen.

Auch in der qualitativen Sozialforschung werden neue Phänomene, wie z. B. das soziale Handeln, entdeckt, und sie tragen damit zu neuen Formen der Gegenstandskonstituierung und Begriffsbildung bei. Diese Forschungen haben einerseits zur Entwicklung eines neuen, aber auch zur Bestätigung von Leistungen des alten Paradigmas beigetragen. Damit haben die beiden klassischen Theorien ihre Funktion im Konstituierungsprozess von Forschung erfüllt.

Zu 3) Die Kategorie der Geschichtlichkeit
Mit der Entdeckung der Lebenswirklichkeit sowie der Erziehungswirklichkeit als Ausgang allen Nachdenkens, aller Theorienbildung und Forschung in der sich als Geisteswissenschaft verstehenden Pädagogik wird die Geschichte und die sich mit der Reflexion verbindende Kategorie der Geschichtlichkeit bedeutsam. Der Begriff Geschichtlichkeit hängt eng mit dem Begriff der Geschichte zusammen. Geschichte bedeutet dem Wortsinn nach: Ereignis, Geschehen, Erzählung; aber auch Erkundung und Kunde sowie Wissen. Der Wortsinn erschließt in diesem Fall die grundsätzliche Lebenssituation des Menschen: Menschen erschaffen von der Geburt bis zu ihrem Tod in allen ihren Lebenstätigkeiten ihre Geschichte. Sie leben ihre Geschichte und erleben sie in den verschiedensten zeitlich nacheinander verlaufenden Lebenssituationen. Diese Erfahrungen bilden die Grundlage für die Entwicklung eines Geschichtsbewusstseins, das als „Erfahren und Verstehen der Existenz einer Mehrheit verschiedenartiger Lebenssituationen" (Seiffert 1994, 106) bezeichnet werden kann.

Geschichtlichkeit

Die Fähigkeit und die Tatsache, dass Menschen auch in der Lage sind, das ganze Leben im Einzelnen und im Ganzen zu verstehen und zu „historischen Einheiten" zu ordnen und zu verantworten, kann als Geschichtlichkeit bezeichnet werden. Geschichtlichkeit geht somit über das Einzelverstehen im Sinn Diltheys hinaus; es übersteigt das Anliegen einer phänomenologischen Reduktion im Sinn Husserls, insofern Menschen, die aus der Geschichtlichkeit heraus denken und handeln, die Vielfalt der eigenen und der fremden Lebenswelten akzeptieren und bejahen. Am ehesten kann an die Auffassung Gadamers von der hermeneutischen Situation des Interpreten gedacht werden, in der die Geschichtlichkeit zur Lebenstätigkeit eines jeden Menschen gehört. Im Horizont von Gadamers Darlegungen fällt damit die Erfahrung der Geschichtlichkeit mit der Erfahrung der konkreten geschichtlichen Situation als hermeneutischer Situation zusammen.

Horizontverschmelzung

Gadamer (1975) belegt diese Grunderfahrung mit dem Begriff der Horizontverschmelzung. Von dieser Auffassung her gesehen, ist die Kategorie der Geschichtlichkeit u. a. eng mit den Kategorien der Bildung, der Bildungstheorie, der Hermeneutik verknüpft. Dabei muss Geschichtlichkeit als ein Geschichtsbewusstsein aufgefasst werden, das sich aus der Verantwortung für das Vergangene heraus ausdrücklich mit den gesellschaftlichen Problemzusammenhängen in Gegenwart und Zukunft kritisch befasst (Kap. 6.4.5). Auf diese Verknüpfungsnotwendigkeit, die in modernen Bildungsprozessen zu leisten ist, hat Klafki in besonderer Weise hingewiesen (Klafki/Braun 2007).

In wissenschaftstheoretischer Hinsicht ist von Belang, dass das skizzierte Verständnis von Geschichtlichkeit auf eine wissenschaftliche Forschungsrichtung übertragen und mit dem Begriff „Historismus" belegt worden ist.

> „‚Historismus' ist die konsequent auf alle Sachgebiete und Lebensbereiche angewendete Überzeugung, daß alle untereinander vergleichbaren historischen Einheiten nicht nur *verschiedenartig*, sondern auch *gleichwertig* sind" (Seiffert 1994, 107).

Historismus

Damit ist eine weltanschauliche Grundüberzeugung angeschnitten, die z. B. den Prinzipien der gegenseitigen Achtung und der Toleranz verpflichtet ist, wie sie in den Grundgesetzen und Verfassungen von Demokratien niedergelegt sind. Daher verbinden sich wissenschafts- und erkenntnistheoretische Reflexionen mit der entsprechenden Grundhaltung der Forschenden in Bezug auf die Bestimmung der Objektwelt, die Akzeptanz von Problemstellungen und die Methodenwahl. Daraus hat sich die Wissenschaftsethik der offenen, demokratischen Gesellschaft entwickelt, auf die u. a. Dewey und Popper hingewiesen haben.

Die Grundlagenfunktion der Kategorie der Geschichtlichkeit hat in der Disziplingeschichte der Pädagogik zu einer Vielfalt von geschichtlich orientierten Theorie- und Forschungsansätzen geführt. Hier sind u. a. zu nennen: die klassische historisch-systematische Forschung, die Erforschung der Geschichte der Erziehung und Bildung in ideen-, wirkungs- und sozialgeschichtlicher Hinsicht, die biografische Forschung, die Erforschung autobiografischer Texte im Bereich qualitativer Sozialforschung, Forschungen zur Disziplingeschichte und zur historischen Pädagogik als Teildisziplin der Pädagogik. Für alle diese Forschungen gilt die Maxime, die sich aus dem kategorialen Anspruch der Geschichtlichkeit ergibt und auf die Nohl bereits hingewiesen hat, dass geschichtliche Forschung in der Pädagogik nicht als Historiografie (Brezinka 1972) betrieben werden kann, sondern dass sie der Herausarbeitung der der Geschichte zugrunde liegenden Ideen in Bezug auf ihre erzieherische Wirksamkeit dient. Damit ist der Kreis zu den vorgenannten Kategorien, insbesondere zur Kategorie der Erziehungswirklichkeit, wieder geschlossen.

Aus sozialwissenschaftlicher Sicht erfährt die Geschichtlichkeit in der verantworteten Prognose ihren Niederschlag. Sie zeigt sich z. B. in der Erforschung von Strukturen, von „Patterns" wie bei Parsons (Kap. 3.3), von Gesetzmäßigkeiten und Trends und deren Funktionen.

Zu 4) Das Theorie-Praxis-Verhältnis
Dieses Verhältnis kann als Konstrukt bezeichnet werden. Ausgang ist die Erziehungswirklichkeit und die darin Sinn verstehend handelnden Akteure, von denen mindestens einer erzieherische Intentionen und Reflexionen in die Beziehungen einbringt. Diese Unterstellung gilt allerdings auch für die „Zu-Erziehenden"; die-

se bringen jedoch persönliche Intentionen und Reflexionen sowie Interessen und Bedürfnisse in die Beziehungen ein.

Theorie – Praxis

Für den Erzieher wird in der Literatur vorgetragen, dass er aufgrund pädagogischer Intentionen und Reflexionen die Erziehungswirklichkeit immer schon als eine spezifisch pädagogisch bestimmte wahrnimmt und definiert. Wahrnehmung und Definition werden als „Praxis" bezeichnet, und es kann gemäß der Kategorie der Bedeutungsverleihung angenommen werden, dass die betreffenden Personen auch eine „Theorie" entwickelt haben, auf der ihre Praxis „aufruht". In der Moderne wird in diesem Zusammenhang von Handlungskonzepten und Modellvorstellungen gesprochen, die das Theorie-Praxis-Verhältnis mit konstituieren (Kap. 6.2.2).

Pädagogische Theorienbildung

Mit dem Begriff der Praxis ist ein bereits durch pädagogische Interpretation vorbestimmter Ausschnitt von Erziehungswirklichkeit gemeint. Dieser Ausschnitt ist immer schon theoretisch – auch im alltagswissenschaftlichen Sinn – besetzt. Auf diesen Begriff von Praxis bezieht sich Erich Weniger 1929 in der Strukturbeschreibung des Theorie-Praxis-Verhältnisses, wenn er auf drei Grade pädagogischer Theorienbildung hinweist (1964, 7ff), die in der gegenwärtigen Diskussion noch akzeptiert werden (Kramp 1978, 154ff; Merkens 1991, 21). Diese drei Grade von Theorie entsprechen – dem Zirkelverhältnis von Theorie-Praxis folgend – drei Bewusstseins- oder Einstellungsebenen der Erzieher zur Praxis. Der erste Grad pädagogischer Theorie kann als Alltagstheorie und der zweite Grad als reflektiertes Handlungswissen bezeichnet werden. Die Theorie dritten Grades kann als Gegenstandstheorie verstanden werden, in der wissenschafts- und erkenntnistheoretische Reflexionen enthalten sind. Dieser dritte Grad der Theorie ist die pädagogische Theorie im eigentlichen Sinn. Jedem Grad der Theorie entspricht der dialektischen Verschränkung zufolge ein entsprechender Grad der Praxis. Pädagogische Theorie im Verständnis einer Theorie dritten Grades besteht unabhängig von der Praxis, die sie erforscht. Und umgekehrt besteht die Praxis auf dieser Erkenntnisebene unabhängig von der Forschung und der damit sich verbindenden Theorienbildung. Ein Theorie-Praxis-Verhältnis, in dem Theorie und Praxis in einen gegenseitigen Verweisungszusammenhang stehen oder gar in einem gemeinsamen Entstehungszusammenhang liegen, kann also nur in Theorien und Praxen ersten und zweiten Grades unterstellt und durch Forschung auf der Ebene drei sichtbar gemacht werden. Insofern sind die Theorie-Praxis-Verhältnisse auf den Ebenen eins und zwei auch Gegenstand der Forschung.

Die Theorien ersten und zweiten Grades gehören mithin zur Grundstruktur aller Erziehungs- und Unterrichtspraxis. Hier ist auf eine Unterstellung hinzuweisen, die im Vorverständnis strukturell gegeben ist und auf die Edmund Husserl in besonderer Weise hingewiesen hat. Es handelt sich dabei um die Intentionalität des Bewusstseins (Kap. 7.3.2), verallgemeinert gesprochen und auf das Vorverständnis bezogen, um die Gerichtetheit des Vorverständnisses und des Verstehens. Erzieherische Praxis ist daher immer schon intentional gerichtet.

Zu 5) Die Grundlagenfunktion der Hermeneutik
Die Hermeneutik kann im geisteswissenschaftlichen Paradigma als das attraktivste Kernelement angesehen werden. Ihre Wirkung zielt sowohl auf die anderen

Elemente innerhalb des Paradigmas als auch auf wissenschaftliche Anstrengungen außerhalb des eigenen Paradigmas ab. Sie hat also einen dynamisierenden Binnen- und Außeneffekt. Die Attraktivität liegt an der vielgestaltigen Ausformung der Hermeneutik (Kap. 7.4). Im Folgenden sollen einige Dimensionen dieser dynamischen Funktion der Hermeneutik nach innen und außen skizziert werden:

- Die Hermeneutik als Methode und Regelwerk wissenschaftlicher Erkenntnis
  Diese pragmatische und instrumentelle Funktion wird an den Anfang gestellt, um darzutun, dass Hermeneutik nicht nur als Denktradition zu sehen ist, sondern auch als Instrument jeder Erkenntnis, insbesondere der wissenschaftlichen Erkenntnis. Dies zeigen die vielfältigen Ausformungen hermeneutischer Verfahren in Vergangenheit und Gegenwart in den verschiedenen Wissenschaften (Danner 1994, Bollnow 1982).
- Hermeneutik als Textwissenschaft
  Mit der ersten Funktion verbindet sich die zweite. Als Methode benötigt die Hermeneutik ein Objekt. Dieses ist in der klassischen Form von Texten gegeben. Vom hermeneutischen Grundverständnis aus ist der Text eine Wirklichkeit sui generis, also eigenständiger und besonderer Art. Die Besonderheit des Textes ist durch die Tatsache gegeben, dass der Text eine andere Wirklichkeit, z. B. Ausschnitte aus der Lebens- oder der Erziehungswirklichkeit, repräsentiert. Auf die Erschließung der Repräsentationen einer bestimmten lebendigen Wirklichkeit, die im Text vermittelt ist, zielt daher das methodische Bemühen der Hermeneutik, also die Textinterpretation, ab. Dabei werden in den verschiedenen Verfahren unterschiedliche Annahmen in Bezug auf die Bestimmung der Wirklichkeit gemacht. Diese Unterschiede sind z. B. in den Verfahren der klassischen Textinterpretation, der Inhaltsanalyse oder der objektiven Hermeneutik gut zu erkennen (Kap. 7.4).
- Die Verbindung mit der qualitativen Sozialforschung
  Ein anderer Diskussionsstrang hat sich durch den Rückgriff der empirischen Sozialforschung auf die Hermeneutik ergeben. Dabei hat die Hermeneutik durch die Vielfalt ihrer Dimensionen wesentlich zur Entwicklung der qualitativen Sozialforschung auf dem Gebiet der Gegenstandskonstituierung beigetragen, wie dies z. B. die ethnografisch orientierte Forschung zeigt (Arbeitsgruppe Bielefelder Soziologen 1976).
- Der erkenntnistheoretische Beitrag
  Zu der Bedeutung in gegenstandstheoretischer Hinsicht hat die Hermeneutik einen wesentlichen Beitrag in Bezug auf die erkenntnistheoretische Entwicklung der qualitativen Sozialforschung geleistet. Diese Leistung kommt u. a. in dem von Wilson beschriebenen Paradigmenwechsel der Sozialwissenschaft vom normativen zum interpretativen Forschungsparadigma zum Ausdruck (Wilson 1976).

Interpretatives und normatives Paradigma

  Neben diesem für die Forschung bedeutsamen Beitrag haben Popper und Habermas von unterschiedlichen kritischen Positionen her betont, dass keine empirische Sozialforschung ohne Voraussetzung arbeiten kann. So werden im kritischen Rationalismus die Theorie bzw. die Hypothesen als Voraussetzungen für die empirische Vorgehensweise angesehen: In der Sicht der kritischen Theorie wird die gesellschaftliche Bedingtheit aller Forschung und in der Hermeneutik das Vorverständnis als Voraussetzung aller Erkenntnis betont. Es kann sogar die These gewagt werden, dass den vorher genannten Voraussetzungen ein jeweils eigenes Vorverständnis von Wirklichkeit implizit ist, so dass die Hermeneutik in diesem Sinn als eine Grundbedingung wissenschaftlicher Erkenntnis überhaupt angesehen werden kann. Gadamer nennt dies die „hermeneutische Situation" des Interpreten (Gadamer 1975, 307).

- Der ontologische Status der Hermeneutik
Hier hat insbesondere Gadamer darauf hingewiesen, dass die hermeneutische Situation, die für alle Menschen gilt, auch für die Forschenden in ihrer wissenschaftlichen Tätigkeit zutrifft. In Bezug auf den Forschungsprozess selbst vermag der einzelne Forscher aufgrund der Zweckorientiertheit des Forschungsprozesses aus der ontologischen Grundbefindlichkeit temporär und partiell heraustreten. Die grundsätzliche Betroffenheit in der hermeneutischen Situation geht aber zumindest in die Arbeit im Rahmen der Konstituierung des Gegenstandes und bei der Formulierung der erkenntnisleitenden Interessen ein. Dies zeigt sich in besonderer Schärfe, wenn die Frage nach der Forschungsethik aufgeworfen wird.

- Die anthropologische Bedeutung
Aus der vorgenannten Dimension haben u.a. Gadamer und Bollnow die anthropologische Bedeutung der Hermeneutik herausgearbeitet. Bollnow betont die besondere Rolle des Vorverständnisses, mit dem die Interpreten in der hermeneutischen Situation stehen und aus der sie sich nicht entlassen können. Aus heutiger Sicht kann das Vorverständnis thematisch gemacht und damit in den Diskurs der Forschenden eingebracht werden. Gadamer verschärft in gewisser Weise diesen Ansatz. In der hermeneutischen Situation erfährt der Interpret, dass er in einem übergreifenden Sinnzusammenhang steht, in dem sein Vorverständnis gebrochen wird. Er erfährt Neues, das er an seinem bisherigen Wissen messen und für zukünftiges Handeln sinnvoll nutzen kann. Gadamer bezeichnet diesen Prozess als „Horizontverschmelzung" (1975, 289f).

Vorverständnis

- Hermeneutik und Geschichtlichkeit
Wie bereits vorher dargestellt, ist die Geschichtlichkeit als eine Kategorie im geisteswissenschaftlichen Paradigma anzusehen. Alle Auffassungen der Hermeneutik zeigen ein Wirklichkeitsverständnis, das die menschliche, d.h. gesellschaftlich, kulturell und sozial strukturierte Wirklichkeit als eine geschichtlich sich entwickelnde begreift. Darin sind sowohl die Entwicklung des Einzelnen als auch der Gesellschaft eingeschlossen. Diese Auffassung gibt die Sicht auf die Dynamik der Hermeneutik frei, die sich sowohl nach innen als auch nach außen entfaltet. Daher rührt die Attraktivität der Hermeneutik sowohl für die Denktraditionen der Phänomenologie und der Dialektik, die ihr nahestehen, als auch für die Empirie. Dies gilt sowohl in Bezug auf die verschiedenen Ausformungen empirischer Methoden und Instrumente als auch für die Verbindung von Hermeneutik und Empirie im Bereich der qualitativen Sozialforschung.

Nicht zuletzt zeigen die Forschungen im Bereich von Phänomenologie und Dialektik, dass sie auf die Hermeneutik in den vorgenannten Dimensionen nicht verzichten können.

Zu 6) Die relative Autonomie der Pädagogik

Auch über dieses Leistungselement im geisteswissenschaftlichen Paradigma herrscht Einigkeit in der Forschergemeinschaft. Es wird in den Lehrbüchern immer wieder vorgestellt. Die Herausarbeitung dieser Phänomene und des Begriffs kann zu den Verdiensten jener Pädagogen gezählt werden, die sich ausdrücklich um die geisteswissenschaftliche Begründung der Pädagogik bemüht haben. Mit dem Begriff relative Autonomie ist gemeint, dass die Aufgaben der Pädagogik als Wissenschaft und als Disziplin nur interdisziplinär zu lösen sind (Kap. 1.1.4). Drei Dimensionen können in diesem Zusammenhang genannt werden:

1. Das Autonomiepostulat bezieht sich zunächst auf die Entwicklung der Pädagogik als Hochschuldisziplin in Bezug auf ihre Emanzipation von der Philosophie und den normativen Positionen. Daher befassen sich auch viele Autoren im geisteswissenschaftlichen Paradigma mit dem Problem der Begründung der Pädagogik als Wissenschaft, genauer gesagt: als autonome Wissenschaft im Kreis der universitären Nachbardisziplinen, zu denen auch die Philosophie zählt. Seit den 1970er Jahren ist das Autonomieproblem der Pädagogik als Wissenschaft gelöst.
2. Das zweite Autonomiepostulat betrifft den Gegenstand pädagogischer Reflexion und Forschung, nämlich das Kind bzw. den Heranwachsenden. Von Schleiermacher an wird – auf den Ideen Rousseaus aufbauend – das Autonomiepostulat auf dieser Ebene mit dem Eigenrecht des Kindes auf Entwicklung, Selbstverantwortung und Selbstbestimmung im Erziehungsprozess begründet. Das Autonomiepostulat wird in verschiedenen Gegenstandsparadigmen gefasst, wie z. B. Entwicklung und Selbstbestimmung. Der pädagogische Bezug kann als das erste gegenstandstheoretische Paradigma angesehen werden, in dem die Idee von der Autonomie des Kindes zum Ausdruck kommt. In diesem Zusammenhang ist zu betonen, dass gemäß dem hermeneutischen Grundverständnis die Idee von der Autonomie des Kindes an der Idee von der Autonomie des Menschen und der Menschheit insgesamt gemessen werden muss. Umgekehrt findet letztere ihre Konkretion nur dann, wenn in der Gesellschaft mit der Autonomie des Kindes ernst gemacht wird.
3. Die Forderung nach dem Eigenrecht des Kindes hat auch eine tiefe gesellschaftspolitische Wurzel. Sie verbindet sich in dieser Zeit u. a. mit der Kritik an der Kinderarbeit, an Chancenlosigkeit vieler Kinder auf Ausbildung und an der Unterdrückung des Kindes in Familie und Gesellschaft. Anders gesagt: Die Forderung nach der Autonomie des Kindes ist die Einforderung des Rechts auf Selbstentfaltung der Persönlichkeit aller Menschen einer Gesellschaft, ein Recht, das erst seit 1919 in Deutschland gesetzmäßig verankert ist. Die Forderung nach dem Eigenrecht des Kindes ist die Übertragung dieser Grundrechte auf die Pädagogik in ihrer Theorie und in ihrer Praxis. In der Gegenwart gehört dazu auch das Recht auf Bildung.

Aus der heutigen Sicht ist das Autonomiepostulat der Pädagogik, wie bereits erwähnt, als überholt anzusehen. Die Pädagogik hat sich als eine verstehende und erklärende Sozialwissenschaft etabliert und steht in Kooperation mit ihren Nachbardisziplinen. Dennoch ist es sinnvoll, sich des Autonomiepostulats immer wieder zu vergewissern.

6.4.5 Das sozialwissenschaftliche Paradigma und seine wissenschaftlichen Leistungen

Wenn das sozialwissenschaftliche Paradigma in der Pädagogik angesprochen ist, dann muss zunächst nach der Bestimmung der Sozialwissenschaft gefragt werden. In der Literatur wird nicht im Singular, sondern im Plural, nämlich von Sozialwissenschaften gesprochen. In einem allgemeinen Sinn seien unter Sozialwissenschaften jene Disziplinen oder Teildisziplinen verstanden,

Sozialwissenschaften

„die die menschliche Gesellschaft, gesellschaftliche Gruppen, einzelne Individuen in ihren Beziehungen zu anderen oder Einrichtungen und Institutionen von Gesellschaften sowie materielle und kulturelle ‚Güter' als Ausdruck des Zusammenlebens von Menschen zum Gegenstand haben" (Bayer/Stölting 1994, 302).

Die Definition zeigt, dass sich die Sozialwissenschaften keineswegs als ein homogenes Feld von Disziplinen darstellen. Als sozialwissenschaftliche Disziplinen in einem engeren Sinn gelten die Soziologie, die Politikwissenschaft, die Wirtschaftswissenschaften und die Nationalökonomie, in einem weiteren Sinn die Ethnologie und die Pädagogik und Teildisziplinen klassischer Fächer, wie z. B. die Sozialpsychologie, die Sozialmedizin und die Sozialpädagogik. Aus dieser Tatsache kann geschlossen werden, dass es ein sozialwissenschaftliches Paradigma nicht geben kann, das für alle Disziplinen gilt. Aus diesem Grund erscheint es sinnvoll, nach dem sozialwissenschaftlichen Paradigma in jeder einzelnen Disziplin, im vorliegenden Kontext nach dem sozialwissenschaftlichen Paradigma in der Pädagogik, zu fragen. Sechs wissenschaftliche Leistungen sind u. a. in diesem Paradigma zu erkennen:

1) die analytisch-philosophische Begründung sozialwissenschaftlicher Erkenntnis,
2) pädagogische Wirklichkeit als Objekt,
3) die Grundlagenfunktion der Empirie,
4) die Kategorie des sozialen Handelns,
5) symbolische Interaktion als Gegenstand der Forschung,
6) die Grundlagenfunktion der Kritik.

Zu 1) Die analytisch-philosophische Begründung sozialwissenschaftlicher Erkenntnis

Es ist festzuhalten, dass dieses Kernelement auch für die Erziehungswissenschaft bzw. Pädagogik gilt. Auf der wissenschafts- und erkenntnistheoretischen Basis des sozialwissenschaftlichen Paradigmas sind u. a. drei Strömungen zu erkennen. Es handelt sich dabei um die Folgenden:

1. die analytische Philosophie,
2. das nomologische Wissenschaftsverständnis und
3. der kritische Rationalismus.

analytische Philosophie

1. Unter analytischer Philosophie wird eine Form der Philosophie verstanden, in der – im Unterschied zu klassischen Formen der Philosophie – nicht Dinge, Ereignisse oder Sachverhalte als solche untersucht werden, sondern Aussagen, Prinzipien, Begriffe und Axiome aus den Einzelwissenschaften. Als eine der Grundmethoden wird die formale Logik bzw. Logistik angewendet. Dabei werden neue Interpretationen gefunden. Diese analytische Arbeit wird als notwendige Voraussetzung angesehen, um Probleme, die sich in Wissenschaft und Forschung stellen, auf eine Art und Weise formulieren zu können, dass der rationale Kern der Problemstellung möglichst objektiv in Bezug auf die Sache und zugleich intersubjektiv für die Wissenschaftsgemeinschaft prüfbar zur Sprache kommen kann. Damit ist das Problem der Objektivität der Wissenschaftssprache angesprochen. Das wissenschaftliche Interesse wendet sich in dieser Frage

der logischen Analyse der Bedeutungen von Aussagen, Prinzipien, Begriffen und Axiomen zu, denn sie sind wichtige Elemente der Problemformulierungen. Diese logische rationalistische Grundarbeit erfährt ihre logische Fortsetzung in der Regel in der empirischen Bewährung im Forschungszusammenhang, der ähnlich strengen Regeln unterworfen ist (Kap. 7.2). Mit diesen Anstrengungen verbindet sich die wissenschaftliche Absicht, auch in den Geistes-, Kultur-, Geschichts- und Sozialwissenschaften als Einzelwissenschaften nomologisch, d. i. auf Naturgesetzen, begründete Erfahrungserkenntnis, wie sie in den Naturwissenschaften üblich ist, zu erlangen. Zu diesem Zweck werden auf drei Ebenen neue Methodologien und Methoden entwickelt.

- Es werden künstliche, d. h. formalisierte Sprachen entwickelt, wie dies in der Mathematik bereits üblich ist, um die geforderte Prägnanz der Problemformulierung zu erreichen.
- Dabei wird ein Rückgriff auf elementare sprachliche Inhalte von Sätzen bedeutsam, wie sie in der Alltagssprache vorzufinden sind, um komplexe wissenschaftliche Sätze und Aussagen elementar zu gestalten; eine Aufgabe, die sich u. a. Ryle und Austin in England gestellt hatten.
- Beide Verfahren können kombiniert zur Anwendung kommen, um den höchsten logischen Effekt zu erzielen, wie dies u. a. von L. Wittgenstein (1995a) gezeigt worden ist (Schischkoff 1991, 24, Stichwort Analytische Philosophie).

Die Darlegungen zeigen, dass sich analytische Philosophie als eine in besonderer Weise wissenschafts- und erkenntnistheoretisch orientierte Richtung darstellt. Sie umfasst eine Vielfalt von Vertretern mit unterschiedlichen Interessen (Hügli/Lübcke 1993, Bd. 2, 61–496). Zu den bedeutendsten Vertretern in Deutschland gehört zurzeit Wolfgang Stegmüller.

Stegmülllers vierbändiges Werk „Hauptströmungen der Gegenwartsphilosophie" (1987–1989) präsentiert einen differenzierten Überblick über die analytisch-philosophischen Grundlagen moderner Wissenschaften. Ein von allen Vertretern geteiltes Ziel ist nicht zu erkennen, wohl aber ein Grundmuster: ein rational begründetes logisches System der Wissenschaftssprache zu erarbeiten.

2. Das nomologische Wissenschaftsverständnis hat sich vor dem 1. Weltkrieg im Zusammenwirken mehrerer philosophischer Denkrichtungen als eine Strömung entwickelt, die als logischer Positivismus bezeichnet wird. Synonym zu diesem Begriff werden auch die Bezeichnungen logischer Empirismus, Neopositivismus oder wissenschaftlicher Empirismus verwendet. Das Zentrum dieser wissenschaftsphilosophischen Strömung bildete der „Wiener Kreis".

nomologisches Wissenschaftsverständnis

Der *Wiener Kreis* war eine Gruppierung von Wissenschaftlern, insbesondere von Vertretern der Physik, Mathematik und Philosophie, die sich zwischen 1920 und 1938 zusammengefunden hatten, um die Philosophie zu erneuern. Das erkenntnisleitende Grundinteresse der Vertreter des Wiener Kreises bestand im Wesentlichen darin, das Wissenschaftsverständnis der Naturwissenschaften, also der nomologischen Wissenschaften, auch auf die Lösung philosophischer Fragestellungen anzuwenden. Konkret bedeutete dies, dass sie den traditionell ontologischen und metaphysischen Begründungszusammenhang wissenschaftlicher

Wiener Kreis

Aussagen und Systeme durch rational begründete Verfahren und Regelwerke zu ersetzen suchten.

In Bezug auf die Sozialwissenschaften bedeutete diese strenge Orientierung des Wissenschafts- und Methodenverständnisses an den Naturwissenschaften, der mathematischen und formalen Logik zunächst eine Verunsicherung. Das Gegenstandsfeld der Sozialwissenschaften sind im weitesten Sinn die Gesellschaft und die aufgrund von Werten und Sinn-Normen handelnden und interagierenden Individuen, Gruppen und die Institutionen (Kap. 3 u. 5). Die Diskussion führte zu der Erkenntnis, dass naturwissenschaftliche Methoden nicht einfach auf soziale Sachverhalte übertragen werden können, sondern dass lediglich eine modifizierte nomologische Vorgehensweise für die Sozialwissenschaften Geltung haben kann. Die Modifizierung wird darin gesehen, dass der hohe Grad an Vorhersagbarkeit des Eintretens von Gesetzen bei gesellschaftlichen Prozessen nicht wie in den Naturwissenschaften gegeben ist; vielmehr ist der Grad an Vorhersagbarkeit aufgrund der Veränderbarkeit des Gegenstandsfeldes probabilistisch, d. h. unter angebbaren Bedingungen wahrscheinlich. Hierin liegt die Grundlage für die empirische Sozialforschung.

Vor dem Hintergrund der wissenschafts- und erkenntnistheoretischen Anstrengungen des „Wiener Kreises" ist der Hinweis angebracht, dass es zur gleichen Zeit in den USA eine Bewegung gab, die in die gleiche Richtung zielt und die sich insbesondere mit dem Namen John Dewey (1859–1952) verbindet. Hierfür sprechen seine Arbeiten:

Dewey, J. (1920): Reconstruction of Philosophy
Dewey, J. (1922): Human Nature and Conduct
Dewey, J. (1925): Experience and Nature
Dewey, J. (1929): The Quest of Certainty
Dewey, J. (1938): Logic: The Theory of Inquiry

kritischer Rationalismus

3. Als kritischer Rationalismus wird jene bereits angesprochene Modifizierung des neopositivistischen Ansatzes bezeichnet, von dem in der neueren Zeit die Sozialwissenschaften in ihrer wissenschafts- und erkenntnistheoretischen Entwicklung maßgeblich beeinflusst worden sind. Dafür stehen die Lebenswerke von Sir Karl Popper (1966) und Hans Albert (1971).

Zunächst ist von dem positivistischen Grundpostulat auszugehen, dass die Gegenstände der Sozialwissenschaften als soziale Tatsachen angesehen werden, mithin als gesellschaftliche Phänomene, die dem gesellschaftlichen Wandel unterworfen sind. Für die Forschung folgt daraus, dass an die Stelle der Erforschung von Gesetzen die Erforschung von Gesetzmäßigkeiten und Aussagen tritt, die Prognosen für gesellschaftliche Veränderungen bzw. soziales Handeln liefern. Damit ist der Allgemeingültigkeitsanspruch der naturwissenschaftlichen Aussagen und Systeme zurückgenommen, die Aussagen bleiben auf die jeweilige Untersuchung und deren Methoden sowie der impliziten Regelwerke bezogen (Kap. 6.2.4). Aus diesem Grund wird aus forschungslogischer und erkenntnistheoretischer Sicht das Prinzip der Falsifikation erforderlich. Denn nur in der Übertragung dieses Prinzips auf ein regelgeleitetes Forschungshandeln kann es zur Kritik der angewendeten Methoden und der durch sie erzielten Ergebnisse kommen, kann also ein neues Forschungsdesign unter methodischen Variationen entwickelt werden.

Diese Auffassung hat Konsequenzen in Bezug auf die Aussagen. Sie stehen stets unter dem Vorbehalt weiterer Forschung. Dadurch wird die kritische Rationalität erfüllt. Sie realisiert sich in dem Aufweis der „Mangelhaftigkeit" der Theorien oder der Hypothesen, die der Empirie vorausgehen. Die Forschungen haben also nicht den Zweck, die Theorie zu bestätigen und sie damit modifizierend zu erweitern, sondern die Theorie abändernd in Bezug auf die empirisch begründete erweiterte Erkenntnis zu revidieren. Die durch das Falsifikationspostulat herbeigeführte Revision des Wechsel- und Zusammenspiels von Theorie und Methode bzw. Erfahrung erhöht die Differenzierung der Erkenntnisse über die Strukturen der Gegenstände der Welt. Dies gilt auch für die Urteile: In ihnen werden durch die kritisch rationale Erkenntnis Apodiktik und Standpunktverhaftetheit reduziert und das Geltenlassen anderer Urteile gefördert. Daher ist es nicht sinnvoll, den Fortschritt der Erkenntnis durch immer neue Zusätze retten zu wollen, sondern ihn dem Risiko zu scheitern auszusetzen.

Das Grundprinzip des Zusammenhangs von Erkenntnis und Erfahrung ist aus dem Alltag durchaus bekannt. Daher kann vermutet werden, dass das Modell der kritischen Prüfung von Theorie in der Erfahrung, das Scheitern der Theorie an der Erfahrung und die Revision der Theorie sowie die Modifizierung der Konzepte die Grundlage menschlichen Handelns bildet.

Es ist das Lernen durch Forschen (Kap. 3.5). Auf diesen Zusammenhang hat Albert 1971 in seinem „Plädoyer für kritischen Rationalismus" an mehreren Stellen aufmerksam gemacht:

Lernen durch Forschen

> „Die *Idee der kritischen Prüfung* ist eine methodische Idee, die darauf zurückgeht, daß unser Denken und Handeln der Irrtumsmöglichkeit unterworfen ist, so daß derjenige, der ein echtes Interesse an der Wahrheit hat, daran interessiert sein muß, die Schwächen und Schwierigkeiten seiner Denkresultate und Problemlösungen kennenzulernen, Gegenargumente zu hören und seine Ideen mit Alternativen konfrontiert zu sehen, um sie vergleichen, modifizieren und revidieren zu können" (Albert 1971, 16).

An anderer Stelle weist Albert aber auch mit Nachdruck darauf hin, dass diese kritisch-rationale Haltung in der Gesellschaft im Allgemeinen und in der Wissenschaftsgemeinschaft im Besonderen immer noch nicht voll entwickelt ist und dass sie daher der Förderung durch alle Kräfte der Gesellschaft bedarf, um eine neue Tradition, nämlich die „Tradition des kritischen Denkens" einzuleiten (Albert 1971, 44).

Zu 2) Pädagogische Wirklichkeit als Objekt
Pädagogik als eine Wissenschaft, die erzieherisch bedeutsames Handeln in seinem Ablauf verstehen und erklären will, muss ihr Gegenstandsfeld konstituieren. Sie kann in sozialwissenschaftlicher Perspektive ihr Gegenstandsfeld nicht als quasi natürlich oder als empirisch in einem naiven Sinn als gegeben ansehen. Sie kann aber auch nicht allein auf ein Vorverständnis bauen, das im hermeneutisch bestimmten Erkenntnisprozess zwar modifiziert wird, das aber den

Zweck verfolgt, das jeweils antizipierte Erkenntnisganze in inhaltlicher Hinsicht zu erweitern und positiv zu bekräftigen. Eine konstruktivistische Bestimmung des Erkenntnisprozesses, wie sie in den Konstrukttheorien empirisch aufgezeigt ist oder wie sie vom erkenntnistheoretischen Ansatz des Konstruktivismus der Erlanger Schule her vorgetragen wird (Kambartel 1979), kann als Möglichkeiten angesehen werden, die erkenntnistheoretische Leistung zu bestimmen, die bei der Konstituierung des Gegenstandsfeldes stattfindet.

Diese mehr erkenntnistheoretischen Erwägungen weisen auf die Notwendigkeit einer Methode der Erkenntnis hin. Im vorliegenden Zusammenhang ist dies die Empirie (Kap. 7.2). Empirisch begründete Erkenntnis geht von Theorien und Hypothesen (Fragestellungen) aus und untersucht damit die pädagogisch bedeutsame Wirklichkeit. Aufgrund der in den Theorien und Hypothesen vorgegebenen Rastern sucht sie die soziale Wirklichkeit nach Strukturen und Funktionen ab. Sie macht damit die aus hermeneutischer Sicht unmittelbar erlebte Erziehungswirklichkeit zum Forschungsobjekt. Sie spannt zwischen das erkennende Subjekt und das zu erkennende Objekt die Methode, z. B. ein empirisches Verfahren und die entsprechenden Instrumente (Kap. 7.2.3). Ihre Forschungsergebnisse sind in diesem Sinne „objektiv".

Erklären und Verstehen

Diese Erkenntnisweise wird Erklärung genannt im Unterschied zum Verstehen. Die eine bestimmt die sozialwissenschaftliche, die andere die geisteswissenschaftliche Dimension der Erziehungswissenschaft bzw. Pädagogik. Beide Erkenntnisweisen ergänzen sich bzw. integrieren Elemente der anderen Position in die eigene (Kap. 7).

Zu 3) Die Grundlagenfunktion der Empirie
Vor dem Hintergrund der vorangegangenen Erörterungen ist Empirie eine grundlegende Erkenntnisweise einschließlich ihrer verschiedenen Ausrichtungen (Kap. 7.2.4) und Methoden (Kap. 7.2.5). In der empirischen Denk- und Forschungstradition gehen die Forschenden mit präzise formulierten Fragestellungen und klaren Instrumenten an die Objekte heran. In diesem Verfahren spielen Theorien und Hypothesen als rationale Grundmuster, z. B. die Begriffe und Sätze, eine große Rolle. Sie bilden sozusagen das Raster, mit dem die Objekte untersucht werden. So wird z. B. in einer Forschungsfrage begrifflich genau festgelegt, wie die Eltern die Beziehungen zu ihren Kindern „definieren". Die Definitionen sind auf einer Skala vorgegeben oder werden im Interview eruiert (Kap. 7.2.5). Die Forschenden tragen ihre Interpretationen also nicht in ihre Klientel hinein, sondern bieten dieser im Gegenteil Auffassungen von Erziehungsdefinitionen zur Einschätzung an. Sie spannen also die Methode zwischen sich und ihre Klientel. Diese Situation ähnelt z. B. der von Biologen, die zwischen sich und ihrem Objekt ein Elektronenmikroskop spannen, um ihre Fragestellung verifiziert oder falsifiziert zu sehen. Dieses Forschungsinteresse ist rational begründet, selektiv und effizient und fordert in jedem Fall zu neuen Forschungen heraus. In diesem progressiven Prozess ist die Grundlagenfunktion der Empirie für wissenschaftliche Erkenntnis zu sehen (Kap. 7).

Zu 4) Die Kategorie des sozialen Handelns
Der Handlungsbegriff hat eine grundlegende Funktion in den Sozialwissenschaften, weshalb ihm der Status einer Kategorie zugeschrieben wird. Er wurde von M. Weber zur Grundlegung der Soziologie herangezogen, und er spielt in vielen Bereichen der qualitativen Sozialforschung sowie seit den Arbeiten von Mollenhauer in der Pädagogik eine zentrale Rolle (Kap. 2.5.).

Der Begriff des sozialen Handelns wird zur Beschreibung jener pädagogisch relevanten Prozesse verwendet, die als Interaktion begriffen werden und in denen den handelnden Subjekten eine Sinnauslegung ihres Tuns unterstellt wird. Erziehungs- und Bildungsprozesse sind zu jenen Interaktionen zu zählen. Demzufolge soll unter Handeln in Anlehnung an M. Weber ein gegenseitig sinnfällig aufeinander bezogenes „Sich-Verhalten" verstanden werden, wobei die Rückbezüglichkeit des Verhaltens auf den sinnhaften, d.h. sozialen Bezug des Handelns hinweist.

Handeln (M. Weber)

In dieser Auffassung wird unterstellt, dass Menschen – auch in Sozialisations- und Erziehungsprozessen – auf der Grundlage von Bedeutungen anderer Menschen, von Dingen, Institutionen, Normen usw. sozial handeln. Mit dem Begriff des sozialen Handelns verbindet sich somit auch der Begriff der Bedeutung. Damit ist die Perspektive klar:

> „Menschen handeln nämlich nicht stimuliert durch bloße ‚Dinge', sondern durch ‚soziale Objekte', das können Gegenstände, Personen, Einrichtungen, Normen oder Situationen sein – also in Ansehung der Bedeutung, die Dinge für diese Menschen haben. Diese Bedeutungen entstehen und ändern sich in sozialen Handlungsprozessen, die diese Menschen vereinigen, weil gemeinsames Handeln davon abhängt, daß die Beteiligten zu miteinander verträglichen Interpretationen von sozialen Objekten gelangen. In dieser Sicht ist soziale Interaktion nicht nur ein Wirkungsfeld, auf dem sich vorformulierte Erwartungen der anderen und festgelegte Dispositionen der Beteiligten treffen und in ihrem Wechselspiel ein Handlungsresultat hervorbringen, sondern erst in sozialer Interaktion werden durch die Aktivität der Interaktionsteilnehmer gemeinsame Handlungspläne erarbeitet. Auch individuelles Verhalten wird in ihr erst geformt" (Krappmann 1974, 14).

Der Handlungsbegriff kann somit als Kategorie zur Erklärung zwischenmenschlicher und menschlich-sozial bedeutsamer Tätigkeiten benutzt werden. Handlungen sind auch Gegenstand empirischer Forschungen. Empirische Forschung kann aus beobachtbaren Tatsachen aufzeigen, dass sinnverstehende Tätigkeiten in Interaktionen vorgenommen werden, dass sie aber auch institutionell und organisatorisch unterdrückt oder verhindert werden.

Zu 5) Symbolische Interaktion als Gegenstand der Forschung
Aus den vielfältigen Erörterungen zum Thema „symbolische Interaktion" und den impliziten Momenten, wie z.B. Handeln, Kommunikation, Sprache (Kap. 3.4, 4.5 u. 5.2.4) ist bereits erkannt worden, dass dieses Phänomen zu den zentralen Kernelementen des sozialwissenschaftlichen Paradigmas gezählt werden kann. Obwohl Interaktionen, in welchen Formen auch immer, von Individuen erbracht werden, so gründen diese doch in gesellschaftlichen, kulturellen, politischen und institutionellen Struktur- und Funktionszusammenhängen. Gleich-

wohl zeigen die Forschungen, dass die Individuen auch eine Chance haben, sich selbst in Szene zu setzen. In dieser Auffassung sind symbolische Interaktionen Gegenstand sozialwissenschaftlicher Forschung.

Situation, Feld

Für diese Forschungen werden zwei soziale Bereiche von Bedeutung, in denen die Struktur- und Funktionszusammenhänge von Interaktionen z. B. in Familie, Kindergarten, Jugendgruppe, Unterricht untersucht werden können. Es handelt sich dabei um die Situation und das Feld.

Alle Formen symbolischer Interaktion können in ihrem Ablauf als Folge von Situationen bestimmt und definiert und zum Gegenstand der Forschung gemacht werden. Pädagogische Situationen können daher auch als Forschungseinheit definiert werden (Friedrichs 1974).

Geht es in der Situation als Forschungseinheit um die Aufdeckung von Strukturen und Funktionen in Face-to-face-Beziehungen, so sind im Feld als Untersuchungseinheit auch institutionelle und makrosoziale Momente von Interesse (Mollenhauer 1976, 30ff). In der Verbindung von Erforschung einer pädagogischen Situation mit der des pädagogischen Feldes kann eruiert werden, auf welche Art und Weise individuelle Beziehungen durch gesellschaftliche Regelungen bedingt und bestimmt sind (Kap. 3.3).

Zu 6) Die Grundlagenfunktion der Kritik

Seit Kants Gedanken von der aufklärenden, d.h. kritischen Funktion der Wissenschaft in der Gesellschaft hat sich auch die Wissenschaft selbst der ständigen Kritik unterzogen. Im Laufe der modernen Wissenschaftsentwicklung lassen sich insbesondere in Bezug auf die Sozialwissenschaften und die pädagogische Tradition vier Richtungen der Wissenschafts- bzw. Erkenntniskritik feststellen:

- a) die transzendentalkritische,
- b) die kritisch-rationale,
- c) die gesellschaftskritische und
- d) die wissenschaftskritische Richtung.

Alle vier Richtungen sind noch wirksam und müssen in positiver Konkurrenz gesehen werden, denn ihre Realisierung stärkt den wissenschafts- und erkenntnistheoretischen Anspruch wissenschaftlicher Aussagen. Auf keine der vier Funktionen kann also in der aktuellen wissenschaftstheoretischen Diskussion verzichtet werden.

Zu a) Die Funktion transzendentalkritischer Reflexion (Kant) lässt in erster Linie die Grenzen der Begründung und Rechtfertigung von Forschung und Theoriebildung erkennen. In transzendentalkritischer Hinsicht kann deutlich werden, dass eine absolute Begründung wissenschaftlicher Erkenntnis in Bezug auf das im Denk- oder Forschungsprozess hervorgebrachte positive Wissen nur bedingt gegeben werden kann. Die transzendentalkritische Position weist also wissenschaftstheoretische Erörterungen und Anschauungen darauf hin, dass sie in radikaler Hinterfragung ihrer selbst auf ihr Erkenntnisvermögen zurückgeführt werden. Damit stellt sich für jede Wissenschaft immer wieder neu die Frage nach den Bedingungen der Möglichkeit ihrer wissenschaftlichen Erkenntnis überhaupt.

Zu b) In der kritisch-rationalen Position wird das Denken auf die Schärfung der impliziten Regeln gerichtet, die den Erkenntnisprozess vorantreiben (Popper 1966). Sie nimmt damit eher eine methodenkritische und – gegenüber der transzendentalkritischen Position – eine bescheidenere wissenschaftliche Funktion ein. Gemäß dem kritisch-analytischen Wissenschaftsinteresse an der ständigen methodischen Verbesserung der Erkenntnis in Bezug auf die Gewinnung positiven Wissens leistet die Methodenkritik aber einen wichtigen Beitrag im Forschungsprozess. Wissenschaftstheorie wird dabei als Analyse von Wissenschaft verstanden, Wissenschaft als System von Aussagen, die Erkenntnistheorie als Analyse von Prüfmethoden wissenschaftlicher Aussagen und Wissenschaft als System von Aussagen (Kap. 6.2).

Zu c) In der gesellschaftskritischen Richtung (Horkheimer, Adorno, Habermas) wird die ausschließlich idealistische Betrachtung (Hegel, Litt) und Begründung von Wissenschaft durch die Auffassung der gesellschaftlichen Bedingtheit von Wissenschaft ergänzt. Dieser Ergänzungszusammenhang wird insbesondere in der Dialektik deutlich (Kap. 7.5). Sie besagt, dass die Wissenschaft durch ihre gesellschaftliche Bedingtheit den gleichen Mechanismen unterworfen ist wie die Gesellschaft selbst. Im Horizont einer materialistischen Dialektik von Marx bedeutet dies z. B., dass Wissenschaft auch dem Effekt der Entfremdung bzw. der Festigung herrschender Verhältnisse unterliegt. Wenn dies geschieht, dann verliert Wissenschaft die Funktion der Aufklärung, wie sie Kant gefordert hatte. Um diese Funktion wieder zu erreichen, wird im Diskussionszusammenhang der Kritischen Theorie die Emanzipation der Wissenschaft und im Anschluss an Habermas der öffentliche wissenschaftliche Diskurs gefordert. Im Kontext des hier vorgetragenen Argumentationszusammenhangs sind – wissenschafts- und erkenntnistheoretisch gesehen – transzendental- und methodenkritische Erörterungen daher immer wieder notwendig, um die gesellschaftskritische Funktion wissenschaftlicher Erkenntnis aufrechterhalten zu können.

Zu d) Die wissenschaftskritische Richtung ist in besonderer Weise im Werk von Feyerabend (1978) repräsentiert. Aus wissenschaftshistorischer Sicht heraus warnt Feyerabend vor der Überschätzung wissenschaftlicher Leistungen und der Rolle der Wissenschaft in der Gesellschaft. Dies bezieht er auch auf Kuhns Paradigmenverständnis von Wissenschaft. In Bezug auf die Wissenschaft selbst kritisiert Feyerabend den naiven, d.h. unreflektierten Umgang vieler Wissenschaftler mit der Methodologie und der in ihr vorgegebenen normativen Funktion der Logik. Er empfiehlt – ganz im kantischen Sinn –, den Gebrauch der eigenen Vernunft zu verstärken und mehr Mut und Fantasie in Bezug auf Forschungsmethoden und -regeln zu zeigen. Diese kritische Auffassung fasst er in die schlagwortartige Empfehlung „anything goes" (1980, 97). Damit wird seine Wissenschaftskritik nicht nur Methoden- und Methodologiekritik, sondern auch Gesellschaftskritik. Die gesellschaftliche Anforderung an die Wissenschaft liegt daher im Vernunftgebrauch aller, die in Wissenschaft und Forschung tätig sind.

7.0 Forschungsmethodische Grundlagen

> In diesem Kapitel werden zentrale forschungsmethodische Ansätze skizziert. Dabei geht es in erster Linie um die Darstellung von Regelwerken, die in vier Denktraditionen entstanden sind. Die Regelwerke werden vor dem Hintergrund erkenntnistheoretischer Erörterungen dargestellt.

7.1 Einführung in den Gegenstandsbereich

In der Entwicklung der Sozialwissenschaften vom 17. Jahrhundert an haben sich vier Denktraditionen mit ihren jeweils spezifischen Forschungsmethoden herausgebildet:

1. die *Empirie*, in der Erkenntnisse und Aussagen über die Welt und insbesondere über wissenschaftliche Gegenstände auf der Grundlage regelgeleiteter Erfahrung gewonnen werden;
2. die *Phänomenologie*, in der intendiert wird, Lebenswelt und ihre Phänomene sowie wissenschaftlich relevante Sachverhalte in ihren Grundstrukturen zu erkennen;
3. die *Hermeneutik*, in der versucht wird, Repräsentationen und Objektivationen von Welt im Einzelnen und im Ganzen sowie wissenschaftliche Problemstellungen in ihrem Sinnzusammenhang zu verstehen;
4. die *Dialektik*, in der Problemstellungen von Welt und Wissenschaft im Ganzen sowie wissenschaftliche Problemstellungen im Einzelnen in spezifischen Erkenntnisschritten auf ihren Anspruch auf Wahrheit geprüft werden.

Im Folgenden werden zunächst die Denktraditionen skizziert; danach die einzelnen Methoden.

7.1.1 Denktraditionen und Forschungsmethoden

Ein Blick in die Denktraditionen und in die Entwicklung der Forschungsmethoden führt unweigerlich zu der Frage nach den Bedingungen wissenschaftlicher Erkenntnis überhaupt. In der modernen Wissenschaftsgeschichte, die mit dem 17. Jahrhundert beginnt, werden zwei zentrale Antworten gegeben.

René Descartes Die eine Antwort stammt von René Descartes (1596–1650) und lautet: Die Bedingung aller Erkenntnis ist das Denken.

John Locke Die andere Antwort von John Locke (1632–1704) lautet: Alle Erkenntnis geht von der Erfahrung durch die Sinne aus. Diese beiden Antworten waren von grundlegender Bedeutung und haben zu zwei Grundpositionen geführt, die die folgenden Jahrhunderte bis in die Gegenwart hinein bestimmt haben: der *Rationalismus* und der *Empirismus*. In beiden Positionen haben sich – oft in Konfrontation – verschiedene Spielarten entwickelt. Die gesamte Diskussion hat dabei wie eine Triebfeder gewirkt, neue erkenntnistheoretische Positionen und Forschungsmethoden herauszubilden und neue Forschungsinstrumente zu entwickeln (Abb. 20).

Bereits vom 17. Jahrhundert an haben sich die Naturwissenschaften (Physik, Chemie, Biologie), die Mathematik (als Grundlagenwissenschaft) sowie die Medizin wissenschafts- und disziplintheoretisch derart organisiert, dass sie sich – disziplingeschichtlich gesehen – von allen Wissenschaften am weitesten entwickelt haben. Sie besaßen ihre eigenen Fakultäten, ein ausgebautes Wissenschaftsverständnis, das auch gesellschaftlich und politisch akzeptiert wurde, sie haben ihr eigenständiges Gegenstandsfeld und ihre gegenstandsspezifischen Forschungsmethoden entwickelt. Sie gewinnen vom 18. Jahrhundert an eine Vorbildfunktion in dem Kosmos der neuen, aufstrebenden Einzelwissenschaften und in den Diskussionen in der Philosophie. Dabei verliert die Philosophie mehr und mehr ihre Grundlagenfunktion für die Einzelwissenschaften und gerät selbst in die Rolle einer Einzelwissenschaft, die sich neu formieren bzw. transformieren muss.

In dieser Situation, von der Mitte des 19. Jahrhunderts an, beginnen sich die verschiedenen neu entstandenen an Geschichte und Gesellschaft orientierten Wissenschaften, wie z. B. die Philologien bzw. die Sprachwissenschaften, die Geschichtswissenschaften, die aus speziellen Bereichen der Philosophie entstehenden Sozialwissenschaften, Soziologie, Psychologie und Ökonomie sowie einige Teildisziplinen der Philosophie selbst, wie Anthropologie und Ethik, zu formieren und eigenständig zu begründen und zu organisieren. Dabei spielt die Frage nach der Bestimmung des disziplinspezifischen Gegenstandes und der entsprechenden Forschungsmethoden eine entscheidende Rolle.

Es beginnt die Phase der Diskussion um die Begründung dieser neuen Forschungsfelder als Wissenschaft, die insbesondere von Windelband, Rickert und Dilthey (Kap. 6.4.4) geführt worden ist. Die Antwort war die Aufteilung des wissenschaftlichen Kosmos in Natur- und Geistes- bzw. Geschichts- und Kulturwissenschaften. Es kann als das besondere Verdienst Diltheys angesehen werden, dass er in dieser Diskussion auch auf den Entsprechungszusammenhang von Gegenstand und Methode hingewiesen und damit zu einem differenzierteren Gegenstands- und Methodenverständnis beigetragen hat.

So formieren sich um die Wende vom 19. zum 20. Jahrhundert einerseits die Geschichts-, Kultur- und/oder Geisteswissenschaften, die sich in erster Linie auf die Denktraditionen und Methoden der Phänomenologie, Hermeneutik und Dialektik berufen. Sie können dabei ebenso auf die Tradition des Rationalismus, des Neuhumanismus und des deutschen Idealismus, des Historismus und auch des Pragmatismus zurückgreifen und für ihre Fragestellungen fruchtbar machen. Andererseits entwickeln sich von der Soziologie ausgehend die Sozialwissenschaften, die sich primär auf die Denktradition des Rationalismus, des Empirismus und des Positivismus und auf die Empirie als Forschungsmethode berufen. Dabei werden bereits Übergänge zum Pragmatismus und insbesondere zur Phänomenologie markiert, die zu einem differenzierten Methoden- und Wissenschaftsverständnis führen, das nach M. Weber sowohl das Erklären als auch das Verstehen einschließt.

Zu Beginn des 21. Jahrhunderts stehen Naturwissenschaften, Geistes- und Sozialwissenschaften gleichrangig nebeneinander. Rationalismus und Empirismus haben zu einer Reihe von Ergänzungen, insbesondere im Bereich der quantitativen Sozialforschung, geführt. Die Geistes- und Sozialwissenschaften zeichnen sich durch ein umfangreiches und differenziertes Methodenrepertoire aus. Die Abbildung 20 veranschaulicht diese Entwicklungen.

7.1.2 Der Zusammenhang von Gegenstand und Methode

Als grundlegendes Moment bei der Konstituierung des Gegenstandes ist die Methode anzusehen. Diese Tatsache verwundert nicht, denn die Erkenntnisweisen und die Forschungsmethoden sowie die sich mit diesen verbindenden Instrumente garantieren die Regelhaftigkeit und Gültigkeit des wissenschaftlichen Arbeitens. Aufgrund der Erfahrungstatsache, dass wissenschaftliche Erkenntnis und Forschung die Wirklichkeit verändern, weil sie den Gegenstand hervorbringen, eröffnet jede Methode auch eine spezifische Sicht von Wirklichkeit.

Sehr anschaulich ist dies an dem Phänomen der Beziehung einer Mutter zu ihrem Kind zu erkennen. Die Beziehung, die sich in der Lebenswirklichkeit der beiden in den vielfältigsten Ausformungen zeigt, wird unter der jeweils spezifischen methodischen Betrachtung zum unterschiedlich bezeichneten Gegenstand: Dyade, Mutter-Kind-Verhältnis, dialogisches Verhältnis, pädagogischer Bezug, erzieherisches Verhältnis, symbolische Interaktion usw.

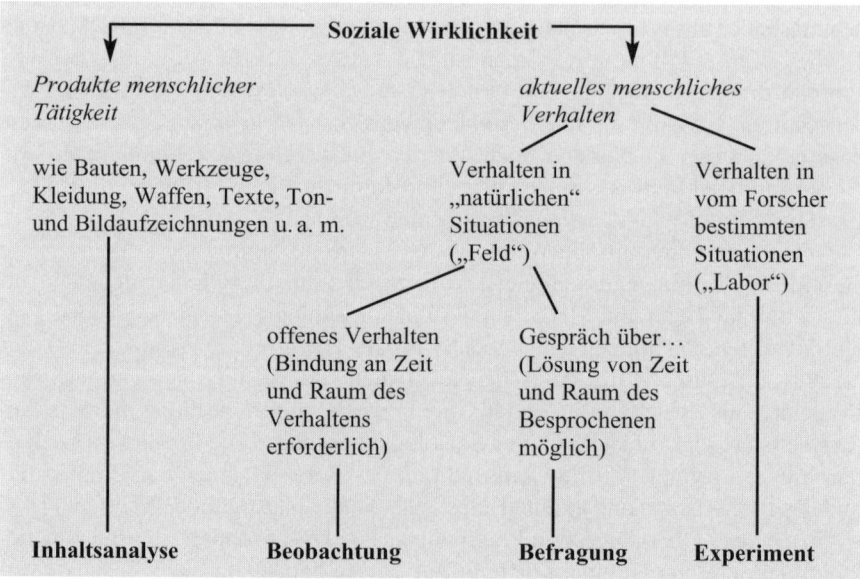

Abb. 19: Der Zusammenhang von Gegenstand und Methode am Beispiel der empirischen Sozialforschung (Atteslander 1991, 81)

Eine besondere Rolle spielt der Zusammenhang von Gegenstand und Methode bei den empirischen Vorgehensweisen. Hier muss bei der Konstituierung des Gegenstands die Fragestellung geklärt und klar formuliert sein. Dabei müssen auch schon präzise Vorstellungen von der Forschungsmethode und den Instrumenten entwickelt werden, die der Fragestellung angemessen sind. So sind z. B. für die wissenschaftliche Auswertung von Schülerzeichnungen und Bildbeschreibungen angemessene Methoden der Inhaltsanalyse notwendig oder zur Beobachtung von bestimmten Verhaltensweisen von Schülern im Unterricht müssen entsprechende Verfahren und Kriterien festgelegt werden. Ein Gleiches gilt für die Befragung und das Experiment. Abbildung 19 zeigt diesen Zusammenhang auf (Kap. 7.2).

Auf den „systemischen" Zusammenhang von Gegenstand und Methode hat Rudolf Lassahn in seinem Aufsatz „Gegenstand und Methode" (1979) in besonderer Weise hingewiesen.

Rudolf Lassahn

Lassahn legt in seinem Beitrag dar, dass sich durch die neueren Untersuchungen in der Physik sowohl die klassische, von Descartes vorgenommene Trennung der Objektwelt in res extensa und res cogitans als auch die klassische ganzheitliche Auffassung des Verhältnisses von Forscher und Gegenstand als Einheit und die damit einhergehende Anthropologisierung der Forschungssituation geändert habe. In Bezug auf die cartesianische Trennung schreibt Lassahn:

> „Dieser Wechsel in der Betrachtungsweise wurde unter anderem auch dadurch herbeigeführt, daß ‚die Natur' nicht mehr ‚an sich' betrachtet wurde, sondern der Mensch in das Geschehen, in den Aufbau, in die Struktur, ja, in die kleinsten bekannten Bausteine *eingriff*, mit der *Absicht*, *Veränderungen* herbeizuführen" (Lassahn 1979, 68).

Die Natur wird also nicht mehr wie bei Descartes als eine res extensa bestimmt, in der die Objekte unabhängig von der menschlichen Erkenntnis quasi objektiv gegeben sind. Der Mensch muss sich vielmehr mittels der Instrumente und seiner erkenntnisleitenden Interessen und Fragestellungen in ein Wechselverhältnis mit den Objekten begeben. Dadurch verändert sich aber die Auffassung dessen, was ein Objekt sei. Es wird zu einem Gegenstand innerhalb eines Feldes oder einer Situation, in der durch die Methode überhaupt erst der Gegenstand ans Licht oder zur Erkenntnis gebracht werden kann.

Mit dieser Erkenntnis werden Objekt, Methode und Forscher in einem Interaktionszusammenhang gesehen; sie erhalten ein neues Gewicht. Lassahn weist in diesem Punkt unter Berufung auf Robert Oppenheimer darauf hin, dass sogar ein Elektron nicht unabhängig von den Untersuchungsmethoden erfasst werden kann. Damit ist gesagt, dass wissenschaftliche Erkenntnis in den Naturwissenschaften ohne eine Dynamisierung der Methode gar nicht gewonnen werden kann. Anders ausgedrückt heißt das: Die Kenntnis über die Objekte der Natur wird erst durch einen dynamischen Einsatz von Methoden möglich, in dem das Gesamt der Forschungssituation einschließlich der Person des Forschers die grundlegende Rolle spielt. Das gilt auch für die Geistes-, Kultur- und Sozialwissenschaften. Diese Einsicht heißt in Bezug auf die Methoden, dass in allen Disziplinen grundsätzlich und primär an Methoden und ihrer Differenzierung gefeilt und gearbeitet werden muss, um überhaupt neue Objekte erkennen und bekannte weiterdifferenzieren zu können.

Zugleich wird deutlich, dass über die Person des Forschers eine Reihe von Faktoren in das Forschungsunternehmen eingehen: das erkenntnisleitende Interesse, die Sprache, die gewählten Regelwerke usw. Daher kann der Forschungsprozess nicht mehr allein auf ein einzelnes Objekt gerichtet werden; er ist auf den Zusammenhang aller vorgenannten Faktoren bezogen.

Mit anderen Worten: Ein einzelnes Objekt wird immer in einem situativen Zusammenhang gesehen oder in einem Feld. Die Situation oder das Feld werden damit zur grundlegenden Forschungseinheit. Daher gilt für die Sozialwissenschaften, dass eine Vielzahl von Forschungsmethoden zur Anwendung kommt. Die jeweils zu benutzenden Methoden ergeben sich im Prozess der Konstituierung des Gegenstandes. Dabei sind die erkenntnisleitenden Interessen und das Vorverständnis der Forschenden ebenso zu berücksichtigen wie die geschichtlich-gesellschaftliche Bedingtheit des Forschungsgegenstandes.

7.2 Die Empirie

Das Wort Empirie stammt von dem Griechischen „Empeiria" und bedeutet im ursprünglichen Wortverständnis Erfahrung durch die Sinne. Erkenntnis gründet demgemäß auf Erfahrung. Diese Aussage gilt uneingeschränkt auch für die Alltagserkenntnis. In Bezug auf die wissenschaftliche Erkenntnis muss jedoch geklärt werden, welcher erkenntnistheoretische und methodologische Status der Erfahrung durch die Sinneswahrnehmung, die Bearbeitung im Denken und die Darstellung in der Sprache zugesprochen werden kann; denn die Erfahrung ist vielfältig. Darauf ist im Folgenden zu achten.

7.2.1 Empirie als Denktradition

Die Empirie hat ihren modernen Ursprung in der gesellschaftlichen Bewegung der Renaissance und in der damit einhergehenden neuen Interpretation des Verhältnisses von Mensch und Welt. Die Welt wird als Natur bestimmt, die eigenen Gesetzmäßigkeiten folgt. Dem Menschen werden Kräfte zugesprochen, die ihn befähigen, einerseits durch Erfahrung die Gesetzmäßigkeiten der Natur aufzudecken und andererseits durch Denken die Gesetzmäßigkeiten der Natur darzustellen. Drei Namen verbinden sich mit dieser Neubestimmung des Verhältnisses von Mensch und Welt: Paracelsus, der Arzt aus Hohenheim, und die Philosophen Michel de Montaigne und Giordano Bruno. Sie rücken den einzelnen Menschen und seine Erkenntnistätigkeit ins Zentrum der Wissenschaft, und sie bestimmen die individuelle Erfahrung als Grundlage aller Erkenntnis, die durch das eigene Denken verallgemeinert, systematisiert und zur Sprache gebracht werden kann.

Vor dem Hintergrund dieser gesellschaftlichen und kulturellen Rahmenbedingungen wird der Weg für ein neues Wissenschaftsverständnis frei. Es entstehen die Naturwissenschaften in einem modernen Sinn. Astronomen, Physiker, Mediziner, Biologen und Pharmazeuten, die alle zugleich auch Philosophen waren, beginnen ihre Arbeit unter diesem neuen Paradigma, das mit dem Begriff Empirie belegt wird.

Experiment, Beobachtung und Vergleich werden als neue Forschungsmethoden entdeckt, variiert und präzisiert, um das Prinzip der Induktion zur Gewinnung wissenschaftlicher Erkenntnisse durch methodisierte Erfahrung zu realisieren. Unter Anwendung des Induktionsprinzips werden die Gesetzmäßigkeiten der Natur, z. B. die Schwerkraft, der freie Fall, aufgedeckt und die formale Sprache der Mathematik als Hilfsmittel benutzt, um die Erkenntnisse allgemeingültig zum Ausdruck zu bringen. Stellvertretend für viele Naturwissenschaftler dieser Epoche, die die Denktradition der Empirie mitbegründet haben, stehen die Namen Galileo Galilei und Isaac Newton. Die Naturwissenschaftler dieser Zeit waren – wie bereits erwähnt – alle philosophisch ausgebildet. Und sie mussten der damaligen kirchlichen Rechtslage und der damit einhergehenden Wissenschaftstradition entsprechend ihre naturwissenschaftlichen Erkenntnisse philosophisch bzw. der Philosophie des kanonischen Rechts entsprechend legitimieren bzw. begründen. Dies galt insbesondere bei Veröffentlichungen von Forschungsergebnissen, sei es in Wort oder Schrift.

Experiment, Beobachtung, Vergleich

Bertolt Brechts „Leben des Galilei" gibt über diese Situation beredt Auskunft.

Als ein positives Nebenprodukt dieses gesellschaftlichen Zwangs kann allerdings die Entstehung eines gegenstands- und methodenspezifischen Nachdenkens angesehen werden: Die Philosophie der Naturwissenschaft nimmt ihren Anfang (Hennemann 1975). Und sie zeigt sich in erster Linie als Philosophie der Methode naturwissenschaftlicher Erkenntnis überhaupt und im Zusammenspiel mit dieser als Philosophie der naturwissenschaftlichen Methoden. Dieses neue Wissenschaftsverständnis beruht auf einer Reihe von grundlegenden Einsichten:

- Die Natur wird einer quantitativen experimentellen Betrachtung unterzogen, die neben die scholastische Naturbetrachtung tritt. Dies gilt insbesondere für die Physik, die sich damit aus der Metaphysik herauslöst und zu einer eigenständigen Disziplin wird.
- Es beginnt ein neues Nachdenken über den Begründungszusammenhang der Natur, der sich gemäß der neuen Forschungsmethoden in Gesetzmäßigkeiten zeigt, die in der Form der Mathematik dargestellt werden. Neben die klassische Logik tritt vom 19. Jahrhundert an die moderne Logik (Stegmüller 1989).
- Quantität und Relation erfahren im Kreis der üblichen Kategorien Zeit, Raum, Relation, Qualität und Quantität eine besondere Betonung (Seiffert 1991).
- Neben den Begriff der Substanz tritt der Begriff der Funktion; neben die Auffassung, dass allem Seienden eine Idee zugrunde liegt, tritt die Auffassung, dass alles Seiende durch Gesetze und Strukturen bestimmt ist.
- Das Prinzip der Induktion, das sich im Experiment, in der exakten Beobachtung, in der Beschreibung und im Vergleich zeigt, tritt neben das klassische Prinzip der Deduktion.
- Mit der Induktion werden Messverfahren notwendig, die auf mathematische Verfahren gegründet werden. Diese neuen Methoden treten neben die klassischen hermeneutischen Verfahren.

- Das erkenntnisleitende Interesse wendet sich von der Bestimmung der Gegenstände in Bezug auf ihre Substanz und Qualität weg und hin zur Beschreibung von Relationen und Funktionen der Gegenstände untereinander, die als Gesetzmäßigkeiten formuliert werden können. Den Gesetzmäßigkeiten wird in der Folgezeit der logische Status von Hypothesen zugesprochen, aufgrund derer neue empirische Untersuchungen durchgeführt werden können, die die wissenschaftliche Erkenntnis erweitern und Prognosen ermöglichen.
- Das Erkenntnisinteresse richtet sich ebenso intensiv auf die Fortentwicklung der neuen Methoden: Beobachtung, Experiment und Vergleich.
- Schließlich führen die neuen Methoden und Interessen auch zur Entwicklung und Verbesserung neuer Forschungsinstrumente.
- Es entwickelt sich der Anwendungsbezug der Wissenschaft, der neben die Legitimationstätigkeit tritt. Der Anwendungsbezug der Wissenschaften wird zum ersten Mal von Francis Bacon hervorgehoben. Aus ihm entwickelt sich später die Technik, die vom 19. Jahrhundert an zu einem eigenen Forschungsbereich wird.

Abbildung 20 gibt einen Überblick über diese Entwicklung, mit der vier Forscherpersönlichkeiten verbunden sind:

1. John Locke (1632–1704),
2. James Stuart Mill (1806–1873),
3. Auguste Comte (1798–1857) und
4. Herbert Spencer (1820–1903).

John Locke

Zu 1) Der erste große Schritt auf die Neuzeit hin wird von Locke mit seinem 1690 veröffentlichten Werk „Essay concerning human understanding" gemacht. Locke mischt sich in dieser Schrift in die von Descartes in seinem „Discours de la méthode" von 1637 ausgelöste Diskussion über die Grundlagen der Erkenntnis an einer entscheidenden Stelle ein: Die Grundlage der Erkenntnis sei die Erfahrung.

Locke unterscheidet zwei Formen oder Weisen der Erfahrung: die äußere, also die Sinneserfahrung (sensation), z. B. die Erfahrung durch das Sehen, und die innere, die Selbsterfahrung (reflection), z. B. die Erfahrung des eigenen Willens oder der eigenen Vorstellungen, die auf Sinneserfahrung beruhen. Reflection setzt aber sensation voraus. Damit wird die Sinneserfahrung zur Grundlage menschlicher und wissenschaftlicher Erkenntnis erhoben.

Das erkenntnistheoretisch interessante Moment in dieser angedeuteten Argumentation ist die Annahme von der Abbild- und Synthetisierungsfunktion der Vorstellungen: In Vorstellungen wird Wirklichkeit abgebildet, denn die Vielfältigkeit der Wirklichkeit bedingt die Vielfalt der Vorstellungen. Locke teilt die Vorstellungen in zwei Grundarten: in einfache und zusammengesetzte Vorstellungen (simple ideas und complex ideas), die wiederum mehrfach unterteilt sind. Die Synthetisierung der Vorstellungen führt zur Bündelung bzw. zur Gruppen-, Klassen- und Kategorienbildung, also zu jener in der klassischen Philosophie üblichen rational organisierten und definierten Systembildung, in der wissenschaftliche Erkenntnis erzeugt und bewahrt wird (Breuer 1991).

In der Psychologie wird diese Auffassung der Gewinnung und Speicherung von Vorstellungen als assoziationistisch bezeichnet.

Die Beschreibung des Weges von der Klassifizierung der Vorstellungen bis zur Kategorienbildung beruht auf den Regelwerken der Logik. Dabei wird die klassisch-rationale Methode der Systembildung angewendet, so dass die Begehung dieses Weges als klassischer Prozess wissenschaftlicher Erkenntnis angesehen werden kann.

In der Literatur wird die von Locke vorgetragene Auffassung als *naiver Empirismus* bezeichnet. Diese Bezeichnung entstammt dem Differenzierungsvorschlag von Empirie, der in Positionen des kritischen Rationalismus vertreten wird. Danach ist Lockes Auffassung von Empirie noch nicht durch die Einbettung in einen forschungslogisch begründeten Gesamtzusammenhang bestimmt.

Zu 2) Im Rahmen dieser Entwicklung kann Mill als ein weiterer Schrittmacher angesehen werden. Mill wird wie Locke zum englischen Empirismus gezählt. In England wurde im Unterschied zur Entwicklung in Deutschland die empirische Denktradition sehr gepflegt. Zwei Momente sind in Mills Bemühungen zur Begründung der Empirie von Bedeutung: **James Stuart Mill**

- Mill macht die Wahrnehmung zur Grundlage des Denkprozesses. In der Wahrnehmung wird die Wirklichkeit als ein Faktum angesehen, das den gleichen logischen Status wie die Wirklichkeit selbst hat. Empirie beruht auf systematischer Wahrnehmung (d. i. Beobachtung) und ist damit die Grundlage aller Erkenntnis bis heute.
- Daher entwickelt Mill eine induktive Logik, in der er Gedanken in methodisch geordneten Schritten darlegt, mit deren Hilfe die einzelnen Beobachtungen bzw. Fakten oder Daten geordnet, d. h. klassifiziert und begrifflich gefasst werden können. Ziel dieses regelgeleiteten logischen Ordnens ist die Aufstellung von Gesetzen über die Wirklichkeit. Mill kann dabei davon ausgehen, dass die Natur – und dies gilt später auch für die Geschichte, die Gesellschaft und das menschliche Verhalten oder Handeln strukturell, d. h. grundsätzlich – durch Regeln bestimmt ist. Dies gilt bis zur Gegenwart.

In seinem Werk „System der Logik" aus dem Jahr 1843 entwickelt er daher bereits eine Erkenntnistheorie und eine Wissenschaftslehre, in der die Erhebung empirischer Daten mit dem rationalen Regelwerk der klassischen Logik verknüpft und in einer Art Theorie zusammengefasst wird. Partikuläre Gegebenheiten werden auf logischem Weg in generelle Sätze überführt. Damit hat Mill einen entscheidenden Schritt auf eine moderne Auffassung von Empirie und Logik hin getan. Er kann daher neben den anderen englischen Empiristen wie David Hume und Herbert Spencer zu den Vertretern eines *klassischen Empirismus* gerechnet werden (Ruprecht 1975 u. 1978).

Zu 3) Comte, der als Begründer der Soziologie angesehen wird, hat den klassischen Empirismus in seinem Werk „Die Soziologie. Die positive Philosophie im Auszug" auf eine griffige Formel gebracht: **Auguste Comte**

> „… auf der einen Seite muß jede positive Theorie sich auf Beobachtungen stützen, und auf der anderen Seite bedarf unser Geist einer Theorie, um sich der Beobachtung hingeben zu können. Wenn wir die Erscheinungen nicht an ein Prinzip heften können, so können wir unsere Beobachtungen nicht miteinander verbinden, ja sie nicht einmal festhalten" (1974, 3f).

Mit dem klassischen Empirismus ist der Ansatz für eine moderne sozialwissenschaftliche Auffassung von Empirie gegeben.

Herbert Spencer

Zu 4) Zur Entwicklungsgeschichte der Empirie gehört auch die Transformation des englischen Empirismus in den *amerikanischen Pragmatismus*. Diese verbindet sich mit dem Namen Spencer. In Bezug auf das Erkenntnisproblem interessierte Spencer in besonderer Weise die Entwicklung des Menschen als Gattungs- und Einzelwesen. Entwicklung, in der Tradition noch als Idee verstanden, wird von Spencer – der empiristischen und positivistischen Denktradition entsprechend – als eine real geltende Gesetzmäßigkeit definiert, die die gesamte Natur sowie die Menschheitsgeschichte, also die Phylogenese und die Ontogenese des einzelnen Menschen grundlegend bestimmt. Entwicklung ist also im Unterschied zu Hegel keine Folge von Ideen und Gesetzen, sondern sie wird als Realität, die Gesetzmäßigkeiten unterliegt, definiert.

Damit ist ein entscheidender Schritt zur naturwissenschaftlich-adäquaten Betrachtungsweise von Geschichte, Gesellschaft und Mensch getan. Die einzelnen Wissenschaften, wie z. B. Soziologie, Psychologie, Anthropologie, Pädagogik, können jetzt mit empirischen Methoden ihre neuen Gegenstände nach Funktion und Relation, nach Formen und Begriffen hin untersuchen. Es können Klassifizierungen, Regeln und Gesetzmäßigkeiten wie in den Naturwissenschaften aufgedeckt werden, die jetzt auch für Wissenschaften von der Gesellschaft, von der Geschichte und vom Menschen gelten.

Spencers Ideen, die insbesondere auf Darwin zurückgehen, wurden im amerikanischen Pragmatismus u. a. von William James, Charles Sanders Peirce und insbesondere von John Dewey übernommen und weitergeführt.

Empirie

Unter Empirie wird sowohl die menschliche Erfahrung im Allgemeinen als auch die wissenschaftlich begründete Erfahrung verstanden. Erfahrung verknüpft sich hier mit der Entwicklung als phylo- und ontogenetische Realität sowie mit der Idee eines besseren Lebens. Die Idee des besseren Lebens ist pragmatisch in der gelebten Idee der Demokratie zu sehen. In der philosophischen Selbstbetrachtung der Sozialwissenschaften tritt daher an die Stelle eines substanziellen Wahrheitsbegriffs (truth) das Suchen und Forschen des Einzelnen (inquiry). Die Philosophie der Erfahrung nimmt ihren Anfang. In ihr stehen Erfahrung und Denken, Empirie und Theorie in einem gegenseitigen Verweisungszusammenhang. Aus dieser Perspektive ist der klassische Dualismus von Erfahrung und Denken sowie von Empirismus und Rationalismus überholt (Dewey 1989).

Zum vorläufigen Abschluss dieses Überblicks über die Empirie als Denktradition werden noch einige Werke aufgeführt, die bei der vertiefenden Arbeit an diesem Thema hilfreich sein können:

Ulich, D. (Hrsg.) (1974): Theorie und Methode der Erziehungswissenschaft
Ruprecht, H. (1975): Die modernen empirischen Methoden und die Pädagogik
Mollenhauer, H., Rittelmeyer, C. (1977): Methoden der Erziehungswissenschaft
Kern, H. (1982): Empirische Sozialforschung. Ursprünge, Ansätze und Entwicklungslinien
Dieterich, J. (2007): Zur zentralen Frage einer wissenschaftlichen Pädagogik

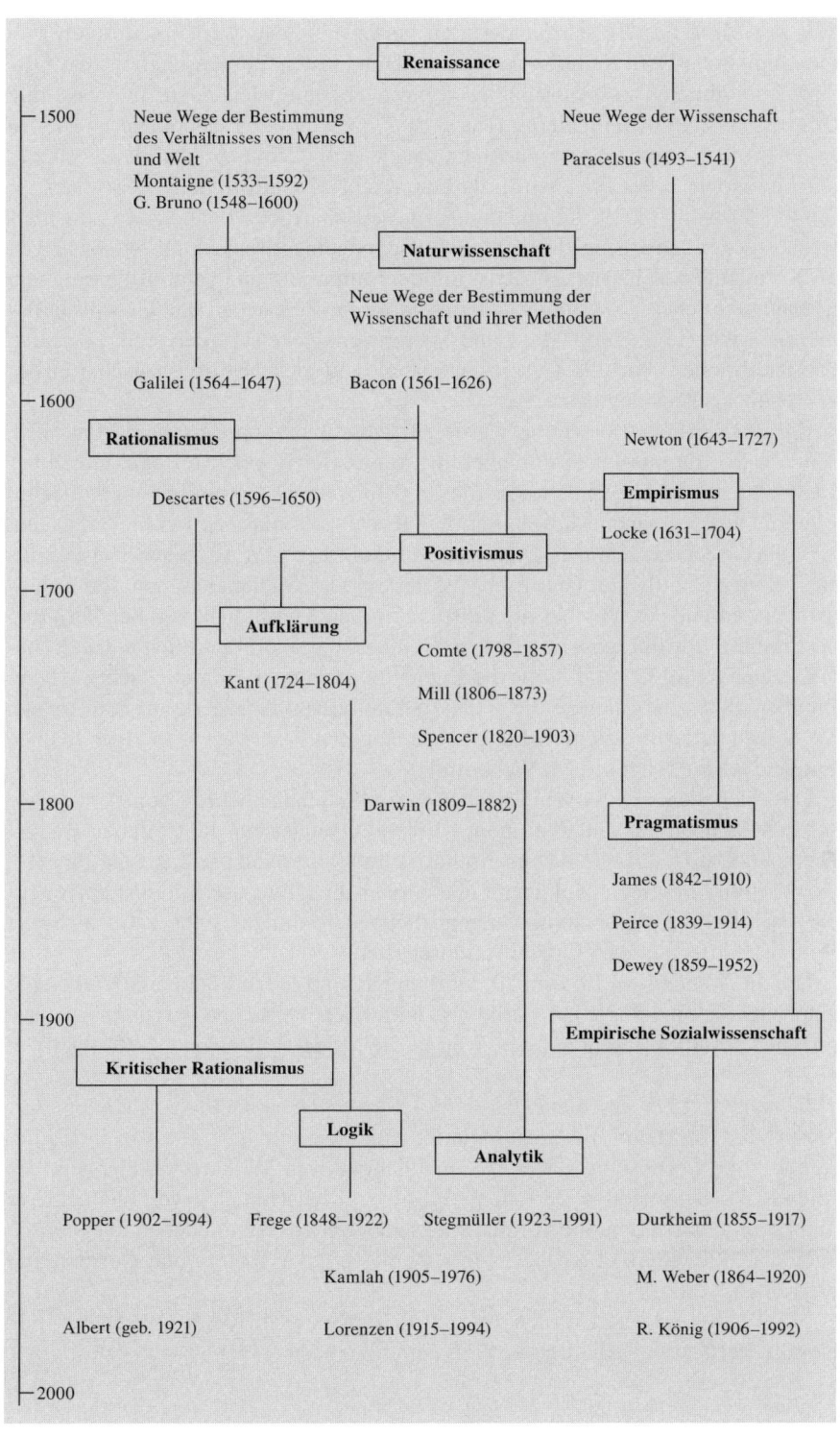

Abb. 20:
Die Entwicklung der empirischen Denktradition

Von der Mitte des 19. Jahrhunderts an bis in die Gegenwart hinein kann sich die empirische Denktradition in den verschiedensten Wissenschaften und Disziplinen etablieren und substanziell je nach erkenntnisleitendem Interesse und Gegenstandsfeld differenzieren (Kern 1982). Neben der Psychologie ist hier in erster Linie die Soziologie zu nennen, die sich von Comte an, der als Begründer der Soziologie bezeichnet wird, als empirische Sozialforschung begründet. In ihr werden vom 18./19. Jahrhundert an gesellschaftliche Phänomene zum Forschungsgegenstand. Empirische Sozialforschung begreift sich in ihren Anfängen als Sozialanalyse, die sich zunächst mit der Sammlung und Quantifizierung von Sozialdaten befasst. Sie entwickelt sich in dieser Zeit neben den Gesellschaftstheorien, wie sie u.a. von Marx und Spencer entwickelt worden sind. In beiden Denktraditionen wird die Gesellschaft analog zu den Naturwissenschaften als Forschungsgegenstand betrachtet.

Empirische Sozialforschung wurde zunächst nicht von einzelnen Forschern, sondern in Kommissionen durchgeführt, die in der Regel von Regierungen bestellt wurden. In England waren dies z.B. die Royal Commissions, auf deren Material sich u.a. auch Marx berief. Die Royal Commissions sammelten Daten, z.B. über Lebenslagen, d.h. finanzielle Einkommen und Ausgaben von Familien in unterschiedlichen Gesellschaftsklassen oder Stellungnahmen von Schulinspektoren und Ärzten über die Leistung und die Gesundheit von Schülern und bestimmten Bevölkerungsgruppen. In Deutschland und Frankreich wurden analog zu den Royal Commissions die Enqueten gegründet. So untersuchte z.B. in Preußen 1848 eine Enquete die soziale Situation von Arbeitern auf dem Lande. Sie verwendete zur Datenerhebung u.a. schon den Fragebogen. In einer solchen Enquete wirkte u.a. auch M. Weber mit.

empirische Sozialforschung

Das Ziel dieser ersten empirischen Sozialforschung wurde von dem belgischen Mathematiker und Astronom Adolphe Quetelet auf die treffende Formel gebracht: Die Untersuchung gesellschaftlicher Tatbestände sei „soziale Physik". Comte greift diesen Gedanken auf und entwickelt daraus den Entwurf einer neuen Disziplin, die er „Sociology" nennt (Seiffert/Radnitzki 1994, 444, Stichwort Wissenschaftsgeschichte/Sozialwissenschaften).

Um die Wende vom 19. zum 20. Jahrhundert sind es Durkheim und Weber, die einerseits die Soziologie kategorial und empirisch begründen und damit die empirische Sozialforschung auf den Weg in die Moderne bringen (R. König 1973, 1–20).

In seinem 1895 erschienenen Werk „Règles de la méthode sociologique" bezeichnet Durkheim die Soziologie als eine Wissenschaft, die soziale Tatbestände zum Gegenstand habe, die unabhängig vom Willen und/oder von der Intention des Einzelnen bestehen, die also gesellschaftlich verallgemeinerte Tatbestände darstellen, die auf den Menschen einwirken und denen der Mensch auch als Individuum unterliegt, wie z.B. die sozialen Regeln und Normen und die Rollen.

Max Weber erweitert diesen Ansatz. Er eröffnet sein Werk „Wirtschaft und Gesellschaft" aus dem Jahre 1922 mit dem folgenden Satz:

„Soziologie (im hier verstandenen Sinn dieses sehr vieldeutig gebrauchten Wortes) soll heißen: eine Wissenschaft, welche soziales Handeln deutend verstehen und dadurch in seinem Ablauf und seinen Wirkungen ursächlich erklären will." (1972, 1).

Soziologie (M. Weber)

In seiner Einleitung zum Band 1 des Handbuchs der empirischen Sozialforschung unterstreicht R. König die kategoriale Bedeutung des Begriffs soziales Handeln (Kap. 2.5, 3.3.4 u. 4.5), aber auch anderer Begriffe, wie z. B. den Begriff der Rolle und der Gruppe, für die Soziologie. Dabei legt R. König die wissenschaftliche Bedeutung und Funktion der Begriffe offen:

„Aus ihnen allein folgt keinerlei spezifische Erkenntnis, sondern sie repräsentieren einzig die analytische Umschreibung der Dimension des sozialen Daseins, die erkannt werden soll, also die Möglichkeit von ‚Gegenständen' überhaupt" (1973, 3).

In diesem Zusammenhang weist er ausdrücklich auf Comtes transzendental begründete Kategorienlehre hin. Zugleich verknüpft er die soziologischen Kategorien in erkenntnistheoretischer Absicht mit den empirischen Methoden:

„Der eigentliche Prozeß der Erkenntnis beginnt erst, wenn diese Begriffe (Kron: Kategorien) in Verbindung mit spezifischen Hypothesen an die Wirklichkeit herangebracht werden, wenn Daten sie nach einheitlichen Prinzipien zu ordnen erlauben, so daß das entsteht, was wir als soziologische Theorie bezeichnen. Das alles bedeutet aber ganz eindeutig, daß selbst in einer durch und durch empirischen Wissenschaft rein begrifflich-analytische Elemente enthalten und sogar erforderlich sind, bevor noch einzelne Hypothesen ausgesprochen und an der Wirklichkeit überprüft werden können" (1973, 3).

Neben dieser modernen Richtung der empirischen Sozialforschung hat sich im kritischen Rationalismus eine Position entwickelt, die insbesondere von Popper und Albert vertreten wird (Kap. 6.4.5). Darin wird das Grundkriterium empirischer Sozialforschung, nämlich das Prinzip der Verifikation wissenschaftlicher Erkenntnis durch Falsifikation ergänzt. Damit werden empirische Methodologie und Methode kritisch rational verstärkt.

Schließlich haben sich bereits vom 19. Jahrhundert an parallel zu den oben genannten Entwicklungen im Rahmen der analytischen Philosophie verschiedene Richtungen empirischer Forschungen herausgebildet. Diese gründen sich auf eine strenge formalisierte Logik. Im Zentrum stehen die Erforschung der Logik sprachlicher Äußerungen und der Aufbau entsprechender Instrumente. Diese Forschungsrichtung wird u. a. von Frege und Peirce begründet. In der Gegenwart wird sie von Stegmüller, Kamlah und Lorenzen vertreten.

Stegmüller, W. (1974): Das ABC der modernen Logik und Semantik
Kamlah, W., Lorenzen, P. (1996): Logische Propädeutik oder Vorschule des vernünftigen Redens
König, R. (Hrsg.) (1973ff): Handbuch der empirischen Sozialforschung. 5 Bde.
  Bd. 1 Geschichte und Probleme der empirischen Sozialforschung

7.2.2 Die Rezeption der Empirie in der Pädagogik

Siegfried Oppolzer In seinem Quellentext „Denkformen und Forschungsmethoden der Erziehungswissenschaft" nennt Siegfried Oppolzer drei Phasen der Rezeption der empirischen Forschung in der Pädagogik:

1. die Pädagogik der Philanthropen in der 2. Hälfte des 18. Jahrhunderts,
2. die experimentelle Pädagogik um die Wende vom 19. zum 20. Jahrhundert und
3. die pädagogische Forschung nach der „realistischen Wendung" (H. Roth 1962) ab 1945 (Oppolzer 1969, 7).

Zu 1) Für die *erste Phase* stehen insbesondere die Arbeiten von Christian Trapp (1745–1818). Trapp zählte zu den führenden Pädagogen der Aufklärung. Er hatte den ersten Lehrstuhl für Pädagogik an der Universität Halle von 1779 bis 1783 inne und forderte in seinem Werk „Versuch einer Pädagogik" (1780), dass pädagogische Empirie ihren Ausgang von der Erziehungswirklichkeit nehmen und dass die Empirie die grundlegende „Erkenntnisquelle" der Pädagogen sein muss – und nicht die Metaphysik, die Ethik oder die philosophische Anthropologie.

Zu 2) Die *zweite Phase* wird durch die Vertreter jener Richtung bestimmt, die unter dem Sammelbegriff „deskriptive Pädagogik" firmiert, ein Begriff, der von Ernst Meumann eingeführt worden ist. Die hauptsächlichen Vertreter dieser Richtung sind P. und E. Petersen, die Psychologen Meumann, Lay, Fischer und Lochner, dessen wissenschaftliche Tätigkeit mit der Publikation „Deutsche Erziehungswissenschaft" im Jahre 1963 abgeschlossen wird, ein Werk, das die systematische Arbeit über seine deskriptive Pädagogik aus dem Jahre 1927 abrundet (Ruprecht 1975 u. 1978). Um die Jahrhundertwende ist der Ausdruck „experimentelle Pädagogik" programmatisch. Damit orientiert sich pädagogische Theorienbildung und Forschung an der experimentellen Psychologie, vornehmlich an der zeitgenössischen Kinder- und Jugendpsychologie.

Zu 3) Die *dritte Phase* wird ab 1945 datiert. In ihr hat sich die pädagogische Forschung bis heute maßgeblich entwickelt. Hieran waren in erster Linie die Rezeption der US-amerikanischen Forschung in Westdeutschland und die der sowjetrussischen Forschungen in Ostdeutschland beteiligt. Außerdem ist die Einrichtung empirischer Forschungszentren 1951 in Frankfurt und 1962 in Berlin zu nennen.

realistische Wendung

Heinrich Roth

Daher konnte H. Roth ab 1962 in mehreren Publikationen von der „realistischen Wendung in der pädagogischen Forschung" sprechen (1962, 481–490).

Einen guten Überblick über diese Entwicklung geben die Publikationen von Ruprecht (1974, 1975, 1978) und von Ingenkamp u. a. (1992).

Zur exemplarischen Kennzeichnung dieser Entwicklung kommen im Folgenden drei Pädagogen zu Wort: H. Roth, W. Klafki und W. Brezinka.

H. Roth geht in seinem 1958 erschienen Beitrag „Die Bedeutung der empirischen Forschung für die Pädagogik" (1969, 15–62) auf die damals herrschenden Einwände gegen die empirische pädagogische Forschung ein. Hierin trägt Roth eine Reihe von positiven Argumenten für die Notwendigkeit und Sinnhaftigkeit empirischer pädagogischer Forschung vor:

- Durch empirische Forschung werden die Erkenntnisse, die die geisteswissenschaftliche Pädagogik hervorgebracht hat, wesentlich erweitert. Es entsteht ein Kontinuum pädagogischer Erkenntnis.
- Der klassische Gegensatz von Geistes- und Naturwissenschaften ist als überholt anzusehen, denn naturwissenschaftliche Forschung überschreitet längst ihre klassische Auffassung von Natur, wie u. a. die Arbeiten von Heisenberg zeigen.
- Pädagogische Fragestellungen entstehen in der Gegenwart in komplexen Situationen, die mit spekulativen Theorien nicht mehr gelöst werden können. Der Einsatz empirischer Verfahren ist unabdingbar, um rational begründete Erkenntnisse zu gewinnen.
- Empirisch ermitteltes Wissen kann als ein Problemlösepotenzial angesehen werden, das zur Verbesserung pädagogischer Praxis eingesetzt werden kann.
- Es muss als Vorurteil angesehen werden, dass mit der empirischen Forschung die Würde des Menschen verletzt und die dem erzieherischen Akt oder der pädagogischen Situation unterstellte Teleologie gebrochen werde. Die Differenziertheit der empirischen Forschung macht es möglich, auf unterschiedlichen Ebenen unterschiedliche Methoden anzusetzen. Daher sind auf allen Gegenstandsebenen humane und verantwortungsvolle Forschungen möglich.

Wolfgang Klafki

Klafki veröffentlicht im Jahr 1971 in der Zeitschrift für Pädagogik den Beitrag „Erziehungswissenschaft als kritisch-konstruktive Theorie: Hermeneutik – Empirie – Ideologiekritik". Der Aufsatz zeigt bereits die volle Akzeptanz pädagogisch empirischer Forschung. Klafki führt hierfür nicht nur eine Reihe namhafter Pädagogen an, wie z. B. Erich Hylla, Eugen Lemberg, Walter Schultze, Wolfgang Brezinka und Karl-Heinz Flechsig, sondern er spricht auch positive Beispiele für empirische pädagogische Forschung sowie die Einrichtung des Deutschen Instituts für empirische pädagogische Forschung 1951 in Frankfurt/Main und die des Max-Planck-Instituts für Bildungsforschung 1962 in Berlin an.

Hauptziel der Argumentation Klafkis ist es, einerseits die Bedeutung der doch differenzierten hermeneutischen Denktradition und ihrer Methoden in den neuen empirisch bestimmten Horizont pädagogischer Forschung einzubringen und andererseits die gesellschaftskritische Wende, die die Wissenschaftsdiskussion unter Führung der so genannten „68er" in der Bundesrepublik bestimmt hat, für empirisches und hermeneutisches Arbeiten fruchtbar zu machen.

erkenntnisleitendes Interesse

Mit der Hervorhebung des erkenntnisleitenden Interesses der gesellschaftskritischen Wissenschaftsdiskussion an Demokratisierung, Emanzipation, Mündigkeit und Selbstbestimmung, wie sie von Kant an als regulative Ideen für pädagogisches Handeln und Normenbestimmung immer wieder diskutiert und insbesondere von J. Dewey und H. von Hentig verwirklicht worden sind, verdeutlicht Klafki, dass empirische Forschung als ein gesellschaftlicher Prozess zu begreifen ist. Demnach hat sich empirische pädagogische Forschung selbst historisch- und gesellschaftskritisch zu verstehen und dieses Selbstverständnis auch in ihrem Forschungsinteresse zu praktizieren. Klafki schließt seinen Aufsatz daher:

> „Im Rahmen eines so verstandenen kritischen Horizonts behalten denn auch die Methoden der geisteswissenschaftlichen Pädagogik und die der erfahrungswissenschaftlichen Erziehungsforschung ihren Ort oder besser: Sie entfalten in diesem Horizont erst ihre wahren Möglichkeiten ... Die drei großen Ansätze der Erziehungswissenschaft seit 1945 – die geisteswissenschaftliche Position, die erfahrungswissenschaftliche Position und die gesellschaftskritische Position – sind nicht einander notwendigerweise auszuschließende Wissenschaftsrichtungen. Jede dieser Richtung erhält erst in der Zuordnung zu den beiden anderen ihre wissenschaftliche Funktion" (1971, 385).

Wolfgang Brezinka Brezinka hält das erste große Plädoyer für eine empirisch begründete Erziehungswissenschaft in seinem 1970 erschienen Werk „Von der Pädagogik zur Erziehungswissenschaft". Er setzt seine Argumentationsfolge an der Position des kritischen Rationalismus und des kritischen Empirismus an, wie sie von Popper und Albert formuliert wurde. Danach beginnt pädagogische Forschung mit der Hypothesenbildung, die sich im empirischen Forschungsprozess bewähren muss. Auf der Grundlage der so gewonnenen Erkenntnisse ist die Formulierung von pädagogischen Theorien überhaupt erst möglich. Diese können aber nicht mehr wie im klassischen pädagogischen Theorieverständnis, das an der klassischen Philosophie orientiert ist, als Alltheorien aufgefasst werden, mit denen erzieherische Wirklichkeit erklärt oder interpretiert werden kann. Die Art analytisch-empirisch begründeter Theorien hat einen viel bescheideneren logischen Status als die klassischen Theorien. Sie sind zunächst Theorien mit geringer Reichweite, wie z. B. Theorien über das Schülerverhalten in Ermahnungssituationen. Weitere Forschungen in Bezug auf das Verhalten von Straf- und Beratungssituationen können dann zu Theorien mittlerer Reichweite führen. Mithilfe einer Theorie mittlerer Reichweite kann dann Schülerverhalten in spezifischen Unterrichtssituationen, die die vorgenannten Dimensionen beinhalten, erklärt werden. Der Durchstoß zu einer komplexen Theorie vom Unterricht ist also ein langer Weg und bedarf einer Vielfalt von Forschungen (R. König 1973, 1–20). Der Anspruch dieser Art analytisch-empirisch begründeter Theorien zielt auf Erklärung sozialen Handelns bzw. Verhaltens ab.

Der kurze Überblick zeigt, dass in der Gegenwart von einem Methodenpluralismus ausgegangen werden kann. Die Methodendiskussion eröffnet auch die Einsicht, dass die Formen der Konstituierung des Gegenstands bzw. der Gegenstandsfelder vielfältiger geworden sind. Dabei ist nicht nur eine Interdependenz der verschiedenen Forschungsmethoden oder der unterschiedlichen forschungsmethodischen Ansätze zu sehen, sondern ein differenzierter Einsatz der verschiedenen Forschungsmethoden aufgrund unterschiedlicher Fragestellungen, Gegenstandsebenen und Erkenntnisinteressen.

Vor allem sind in der gegenwärtigen sozialwissenschaftlichen Diskussion keine extremen Positionen von Empirismus, Rationalismus und/oder Positivismus zu erkennen, wie sie aus der Geschichte der Wissenschaften her bekannt sind. Die Einsichten in die Relativität naturwissenschaftlicher und rationalistischer Erkenntnis hat ein modernes Wissenschaftsverständnis hervorgebracht, in dem die Vielschichtigkeit und Mehrdimensionalität wissenschaftlicher Erkenntnis und Empirie konstitutiv ist. Sie besteht u. a. in der Akzeptanz der Wechselwirkung, die zwischen erkennendem Subjekt und zu erkennendem Objekt und zwischen dem Einzelnen und seinem offenen Ganzen bzw. Gesamtsystem angenommen wird, sowie in der klaren Herausarbeitung und Kennzeichnung der unterschiedlichen Positionen, um einen rationalen Diskurs zu ermöglichen (Pohl 1986, 104–123).

7.2.3 Quantitative und qualitative Sozialforschung

Im Zuge der Entwicklung der empirischen Sozialforschung haben sich zwei große Forschungsparadigmen (Kap. 6.4) herausgebildet: 1. die quantitativen und 2. die qualitativen Forschungsmethoden.

In beiden Paradigmen konkurrieren eine Vielzahl von Verfahren miteinander und/oder ergänzen sich. Die nachstehende Literatur gibt einen guten Überblick über die beiden Paradigmen.

> Atteslander, P. u. a. (1991): Methoden der empirischen Sozialforschung
> Flick, U. U. a. (1995): Handbuch Qualitative Sozialforschung
> Friebertshäuser, B., Prengel, A. (Hrsg.) (1997): Handbuch Qualitative Forschungsmethoden in der Erziehungswissenschaft
> Hopf, Ch., Weingarten, E. (Hrsg.) (1979): Qualitative Sozialforschung
> König, R. (Hrsg.) (1973ff): Handbuch der empirischen Sozialforschung. Bd. 2–4
> Tippelt, R. (Hrsg.) (2002): Bildungsforschung
> Bohnsack, R. u. a. (2003): Hauptbegriffe qualitativer Sozialforschung
> Diekmann, A. (2008): Empirische Sozialforschung

In einem allgemeinen Sinn können die beiden Forschungsbereiche wie folgt bestimmt werden. Unter quantitativer Sozialforschung sei verstanden: die

quantitative Sozialforschung

> „systematische, methodenorientierte Erhebung und Interpretation von Daten über Gegebenheiten und Vorgänge im soziokulturellen Bereich. Die Forschungsergebnisse dienen der Überprüfung von Hypothesen und Theorien, der Gewinnung von neuen Erkenntnissen und Hypothesen, der möglichst frühzeitigen Aufdeckung neuer Problementwicklungen, der Fundierung von rationalen Planungs- und Entscheidungsprozessen sowie der Bewältigung von praktischen Problemen. Erforschte Tatbestände sind: 1) objektive Gegebenheiten (Einkommensverteilung, Herrschaftsbefugnisse, Familiengröße u. a.), 2) subjektive Faktoren (Wertvorstellungen, Meinungen, Motive u. a.), 3) reale Verhaltensweisen. Der empirischen Sozialforschung liegt die moderne Wissenschaftstheorie zugrunde, insbesondere der kritische Rationalismus von K. Popper und H. Albert. Die Forschung soll prinzipiell unabhängig von der Subjektivität des Forschers ablaufen (Prinzip der Intersubjektivität). Die jeweils eingesetzten Methoden bzw. Verfahren, Instrumente oder Forschungstechniken … sollten an einer Theorie bzw. an Forschungshypothesen orientiert sein. Sie sollten ebenso wie die verwendeten Begriffe klar und präzis umschrieben sein, um zu Überprüfungs- und Kontrollzwecken gleichartige Wiederholungen zu garantieren" (Hillmann 1994, 180, Stichwort Empirische Sozialforschung).

qualitative Sozialforschung

Qualitative Sozialforschung

„hat ihren Ausgangspunkt im Versuch eines vorrangig deutenden und sinn-verstehenden Zugangs zu der interaktiv ‚hergestellt' und in sprachlichen wie nicht-sprachlichen Symbolen repräsentiert gedachten sozialen Wirklichkeit. Sie bemüht sich dabei, ein möglichst detailliertes und vollständiges Bild der zu erschließenden Wirklichkeitsausschnitte zu liefern. Dabei vermeidet sie so weit wie möglich, bereits durch rein methodische Vorentscheidungen den Bereich möglicher Erfahrung einzuschränken oder rationalistisch zu ‚halbieren' (Habermas, 1964). Die bewußte Wahrnehmung und Einbeziehung des Forschers und der Kommunikation mit den ‚Beforschten' als konstitutives Element des Erkenntnisprozesses ist eine zusätzliche, allen qualitativen Ansätzen gemeinsame Eigenschaft: Die Interaktion des Forschers mit seinen ‚Gegenständen' wird systematisch als Moment der ‚Herstellung' des ‚Gegenstandes' selbst reflektiert (Habermas 1964; Devereux 1973)" (Flick u. a. 1995, 4).

In Bezug auf die Pädagogik sind in diesem einleitenden Zusammenhang einige spezifische Akzente zu setzen. Unter der Voraussetzung, dass Pädagogik als eine erklärende und verstehende Sozialwissenschaft aufgefasst wird, liegt die folgende Unterscheidung von quantitativer und qualitativer Sozialforschung nahe:

„‚Quantitativ-empirisch' werden solche Forschungsprojekte genannt, die ihre Fragestellungen zu einem System von Hypothesen ausarbeiten, diesen Hypothesen dann Variablen (veränderliche Größen) zuordnen und schließlich Instrumente der Datenerhebung einsetzen, die die jeweilige Ausprägung eines Merkmals möglichst quantitativ (numerisch) abbilden. Das so gewonnene Zahlenmaterial kann dann statistisch ausgewertet werden (Verteilungen, Zusammenhänge, Faktoren etc.); diese Auswertung erfolgt zum Zweck der Überprüfung der vorab definierten Hypothesen, die schließlich widerlegt oder (vorläufig) bestätigt werden.

Als ‚qualitativ-empirisch' werden demgegenüber solche Forschungsprojekte gekennzeichnet, die zwar auch von Fragestellungen ausgehen, jedoch darauf ausgerichtet sind, durch einen möglichst (!) unvoreingenommenen, unmittelbaren Zugang zum jeweiligen sozialen Feld und unter Berücksichtigung der Weltsicht der dort Handelnden ausgehend von dieser unmittelbaren Erfahrung Beschreibungen, Rekonstruktionen, Strukturgeneralisierungen vorzunehmen. Entscheidend ist, daß das *jedem* Erkenntnisakt zugrunde liegende Verhältnis von Wirklichkeit und Abstraktion, von Erfahrung und Theorie *sowohl* für quantitative wie für qualitative Forschung konstitutiv ist, jedoch unterschiedlich akzentuiert wird: In quantitativ-empirischer Forschung ein streng theorie- und hypothesengeleitetes Verfahren bzw. Instrumentarium auf die Wirklichkeit gerichtet, die – derartig zubereitet – dann nur noch im Rahmen der vorab erfolgten Kanalisierung des Blicks auf die Abstraktionsebene zurückgreifen kann. In qualitativ-empirischer Forschung wird umgekehrt versucht, Abstraktionen aus der Erfahrung zu generieren und dabei einen RückBezug auf die Erfahrungsbasis kontinuierlich aufrechtzuerhalten" (Terhart 1997, 28).

In der modernen pädagogischen Forschung stehen die beiden Methoden in fruchtbarer Konkurrenz und Ergänzung. Sie sind auf einem Kontinuum zu sehen. Ihre jeweils spezifische oder sich ergänzende Anwendung hängt von der Bestimmung des jeweiligen Forschungsgegenstands sowie von den Forschungsinteressen und

-zielen ab. Demzufolge ist auch eine Verbindung der beiden Methoden möglich und in bestimmten Projekten sogar zwingend (Oswald 1997, 71–87).

In den weiteren Erörterungen werden zwei Zugänge zu dem komplexen Methodenrepertoire der beiden Bereiche vorgestellt.

7.2.4 Drei Kernmethoden quantitativer und qualitativer Sozialforschung

Die Analyse der Literatur lässt in beiden Paradigmen durchgängig drei Methodenkomplexe erkennen, die in pragmatischer Hinsicht als „Kernmethoden" (Kuckartz 1994, 546) angesehen werden können. Auf sie wird im Folgenden näher eingegangen. Als vierte Kernmethode muss noch das Experiment genannt werden, das in seiner klassischen naturwissenschaftlichen Form allerdings nicht oder nur bedingt auf die Sozialwissenschaften zu übertragen ist. Daher wird in den Sozialwissenschaften seit Mitte der 1990er Jahre eine sozialwissenschaftliche Form des Experiments, das so genannte qualitative Experiment eingeführt (Lamnek 1993, Bd. 2, 318–328). Die drei Kernmethoden sind:

1. die Beobachtung,
2. die Befragung,
3. die Inhaltsanalyse.

Zu 1) Die Beobachtung kann als die grundlegendste Form wissenschaftlicher Erkenntnisgewinnung angesehen werden. Jeder Mensch beobachtet und zieht aus seinen Beobachtungen Schlussfolgerungen, bildet Theorien, konstruiert und antizipiert eigenes Handeln. Daher wird in den Sozialwissenschaften auch in sinnvoller Weise zwischen Alltagsbeobachtung und wissenschaftlicher Beobachtung unterschieden; beide Formen der Beobachtung werden aber auch aufeinander bezogen und forschungsstrategisch fruchtbar gemacht. Abbildung 21 verdeutlicht diesen Sachverhalt. Aus der Abbildung sind auch bereits Kriterien zu entnehmen, die für eine Definition von Beobachtung herangezogen werden können.

Beobachtung

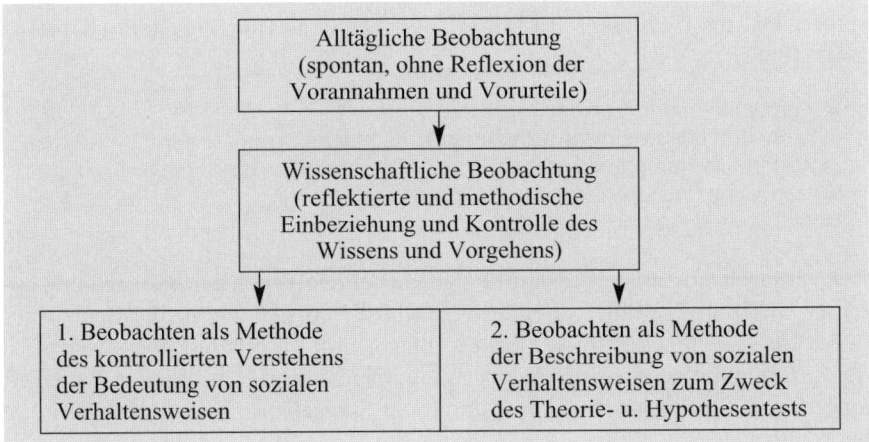

Abb. 21: Der Zusammenhang von alltäglicher und wissenschaftlicher Beobachtung (Atteslander 1991, 99)

Beobachtung

Dementsprechend kann unter Beobachtung verstanden werden: eine zielgerichtete, methodisch kontrollierte, systematische Wahrnehmung von bestimmten Objekten, z. T. unter Verwendung von technischen Hilfsmitteln. Die jeweils angewendete Beobachtungsmethode muss in ihren Elementen so definiert und klar sein, dass sie von Dritten wiederholt werden kann. Damit soll der Grad intersubjektiver Überprüfbarkeit des gesamten Forschungsvorhabens gewährleistet werden. Die Ergebnisse wissenschaftlicher Beobachtungen werden in Sätze bzw. Aussagen gefasst (Kap. 6.2). Sie geben die systematische Beobachtung gewonnener Erkenntnis wieder. Von wissenschaftstheoretischer Bedeutung sind diese in der Form von Aussagen gefassten wissenschaftlichen Erkenntnisse, insofern sie zunächst positives Wissen über Wirklichkeit darstellen. Aus der Sicht des klassischen logischen Positivismus (Kap. 6.4.5 u. 7.1.1) stellen die in sprachlicher Form gefassten Erkenntnisse der so genannten wissenschaftlichen Beobachtung die Protokollsätze dar, aus denen Hypothesen, Regeln und/oder Gesetze abgeleitet werden können.

Die vorgestellte Definition von Beobachtung zeigt, dass Beobachtung auf Wahrnehmung gründet bzw. eine spezielle Form menschlicher Wahrnehmung – sei es im Alltag oder in der Wissenschaft – ist.

Wahrnehmung

Unter Wahrnehmung kann eine Tätigkeit verstanden werden, in der der Mensch über seine fünf Sinnesorgane und ihre Interdependenz zu intrapsychischen pluralen Prozessen mit seiner Umwelt interagiert und kommuniziert und die darin gewonnenen Erfahrungen zu Einsichten und Erkenntnissen transformiert. Die Wahrnehmung zählt zu den Bedingungsfaktoren von Erfahrung und Erkenntnisgewinnung und damit auch der Beobachtung.

In den Sozialwissenschaften ist die Beobachtung das klassische Instrument zur Erlangung von Wissen über spezifische Gegenstände und Zusammenhänge der kulturellen und sozialen Welt. Damit umfasst das Feld der Beobachtung alles, was den Beobachter als Umwelt umgibt. In der systematischen Beobachtung werden jeweils Ausschnitte der Umwelt zum Gegenstandsfeld gemacht. Beobachtung in den Sozialwissenschaften richtet sich dabei in der Regel auf soziale Prozesse, Interaktionen, Verhaltensweisen und Handlungen in einem spezifischen sozialen Feld – im engeren Sinn auf eine soziale Situation, z. B. auf ein Unterrichtsgespräch. Die Beobachtung wird in fünf Beobachtungstypen eingeteilt (Kromrey 1990, 188f):

- verdeckte und offene Beobachtung,
- teilnehmende und nicht teilnehmende Beobachtung,
- systematische und unsystematische Beobachtung,
- natürliche und künstliche Beobachtung,
- Selbst- und Fremdbeobachtung.

Zur Veranschaulichung werden im Folgenden einige Typen der Beobachtung herausgegriffen und skizziert: Bei der verdeckten Beobachtung ist der Beobachter in der Untersuchungssituation nicht erkennbar. Eine verdeckte Beobachtung findet z. B. durch eine einseitig durchsichtige Spiegelwand statt, um das Verhalten einer freien Spielgruppe in einem durch die Spiegelwand getrennten Raum zu beobachten.

Bei der teilnehmenden Beobachtung nimmt der Beobachter an den Aktionen im Feld, z. B. an einer Spielsituation im Kindergarten, teil. Systematische Beobachtungen basieren auf einem standardisierten Verfahren, z. B. auf der Grundlage einer Strichliste für Verhaltenskategorien, in die in bestimmten Zeiteinheiten unterschiedliche Verhaltensweisen eines Lehrers eingetragen werden. Die künstliche Beobachtung ist z. B. durch eine Laborsituation bestimmt, in der ein bestimmtes wiederholbares Verhalten von den Probanden provoziert wird. Die Fremdbeobachtung ist die Regel bei der Erhebung von Daten. Die Selbstbeobachtung dient der Gewinnung subjektiver Aussagen.

Die Typen der Beobachtung lassen erkennen, dass die Verwendung von quantitativen oder qualitativen Methoden von der jeweiligen Fragestellung, dem erkenntnisleitenden Interesse und von der Gegenstandsebene, aber auch von der Forschungstradition, in der die Forschenden stehen, und von forschungsökonomischen Rahmenbedingungen her bestimmt ist.

Die Beobachtungen bedürfen der Dokumentation. Hierfür gibt es eine Reihe von Möglichkeiten, z. B. eine Niederschrift, ein Protokoll sowie Audio- und Videoverfahren. Im Forschungsprozess haben die Dokumentationen die Funktion von Datenträgern bzw. von Quellen für den Auswertungsprozess.

Zu 2) Die Befragung gehört zu den gebräuchlichsten und differenziertesten Methoden bzw. Instrumenten zur Datenerhebung in der empirischen Sozialforschung. Die Vielfalt der Formen wird in einer Übersicht deutlich, die Kromrey in seinem Buch „Empirische Sozialforschung" vorstellt (Abb. 22).

Befragung

Die Planung und die einzelnen Planungsschritte für die verschiedenen Formen der Befragung gleichen denen der Beobachtung. Auch hier muss der Ausgangspunkt klargelegt werden, eine Analyse der Dimensionen und der Semantik vorgenommen sowie die Begriffe präzisiert und die Hypothesen gebildet werden. Ein besonderes Problem stellt in der Befragung der Zusammenhang von Wissenschaftssprache und Alltagssprache dar. Entscheidend ist, dass die für die Probanden formulierten Fragen sprachlich so formuliert sind, dass der gemeinte Sinn der Frage von ihnen verstanden wird. Für den Forscher bedeutet dies, dass der in der Frage angesprochene Sinn auch den im Forschungsdesign vorgenommenen Definitionen und Hypothesen entspricht. Die Fragen sollten auch möglichst nicht suggestiv sein.

Zu 3) Die Inhaltsanalyse ist ein systematisches Verfahren zur Beschreibung von Strukturen menschlicher Kommunikation. Sie setzt in allen Fällen Texte voraus, gleichviel ob diese Texte bereits vorliegen, wie z. B. in Form von Dokumentationen, Biografien, Zeitungen, Filmmaterial, oder ob sie durch Beobachtung und Befragung im Forschungsprozess erstellt werden. Die Inhaltsanalyse ist im Unterschied zu Beobachtung und Befragung ein eher qualitatives empirisches Verfahren, in dem methodisch offen und mit hermeneutischen Elementen gearbeitet wird. Im Anwendungsfeld quantitativer Sozialforschung dagegen beruht die Inhaltsanalyse eher auf der Anwendung eines rational definierten Schemas, das u. a. folgende Forderungen erfüllen muss (Kromrey 1990, 168–185):

Inhaltsanalyse

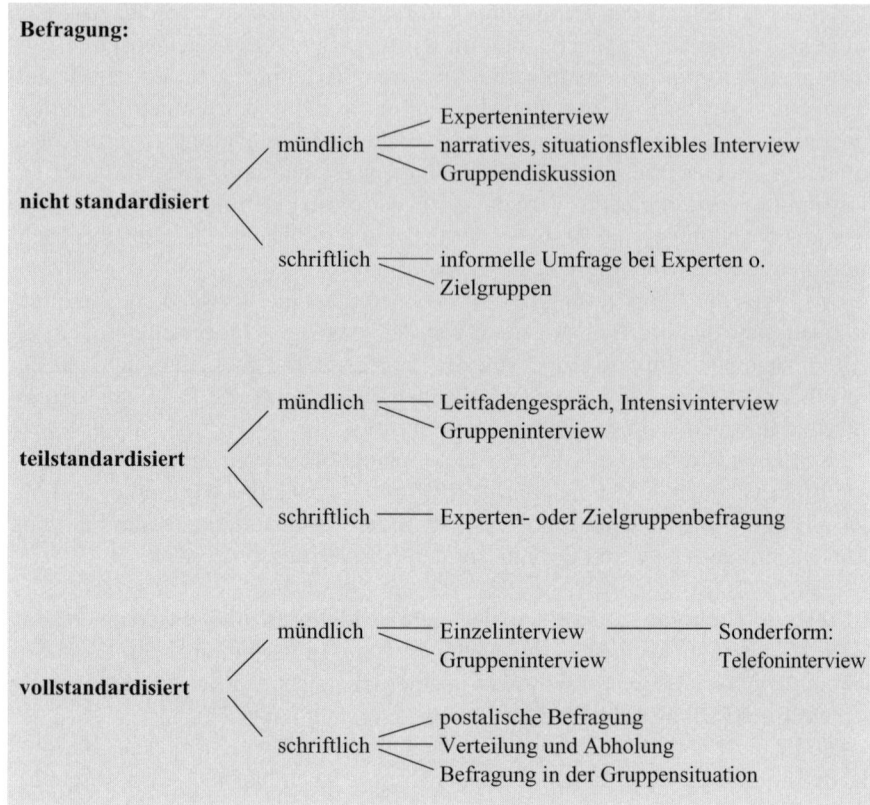

Abb. 22:
Formen der Befragung
(Kromrey 1990, 212)

1. Die Analyse des Textes verläuft nach vorher festgelegten Kategorien,
2. die Kategorien müssen personunabhängig, d.h. intersubjektiv prüfbar gemacht werden,
3. es werden Textschritte festgelegt, die als Zähleinheiten bezeichnet werden.

In der qualitativen Inhaltsanalyse wird auf die Schematisierung des Analyseverfahrens weitgehend verzichtet. Die qualitative Inhaltsanalyse wird zu einer Gruppe von Methoden gezählt, die als „Analyse erhobener Daten" bezeichnet wird (Flick u. a. 1995, 209–248). Hierzu gehören neben der qualitativen Inhaltsanalyse u. a. die Analyse von Gesprächen, Fotografien, Videos, Filmen und Statistiken sowie die „objektive Hermeneutik". Es können aber auch komplexere Methoden, wie z. B. die Biografieanalyse, die Rekonstruktion von Fällen oder auch die Handlungsforschung und die Ethnomethodologie, dazu gezählt werden.

7.2.5 Vier Planungsmodelle für quantitative und qualitative Sozialforschung

Im Folgenden werden vier Strukturmodelle für die Planung von Forschungsvorhaben vorgestellt:

1. ein formales Modell,
2. ein Modell, das sich am Erkenntnisprozess orientiert,
3. ein Modell, das den Ablauf eines quantitativen Forschungsprozess wiedergibt,
4. ein Modell, das das methodische Vorgehen in der qualitativen Sozialforschung skizziert.

Zu 1) In formaler Hinsicht unterliegen alle Forschungsmethoden einer rational begründeten, d. h. definierten Grundstruktur, die sich in vier Hauptphasen gliedert (Kuckartz 1994, 554).

- Planungsphase. Hier werden die Forschungsfragen präzisiert, aktuelle Forschungstrends ermittelt sowie die Literatur gesichtet und bewertet. Daraus ergibt sich die Formulierung des Theorierahmens, des Forschungsplans und die Herausarbeitung des zu untersuchenden Gegenstandes.
- Durchführungsphase. In ihr muss zunächst das Forschungsinstrumentarium entwickelt und in einem Vortest geprüft werden. Sodann ist das Probandenfeld zu bestimmen und die Forscher sind auf ihre Aufgabe vorzubereiten. Schließlich folgt die Haupterhebung.
- Auswertungsphase. Hier geht es um die Bearbeitung der Daten, die sich in der Regel mithilfe statistischer, linguistischer oder inhaltsanalytischer Verfahren vollzieht. Zugleich wird die Interpretation der Ergebnisse vorgenommen und schriftlich formuliert.
- Die Phase der Publikation.

Zu 2) Eine auf den Erkenntnisprozess bezogene Gliederung des Forschungsablaufs von Atteslander zeigt fünf Phasen (Abb. 23). In dieser Form gilt der Ablauf in erster Linie für die quantitative Forschung.

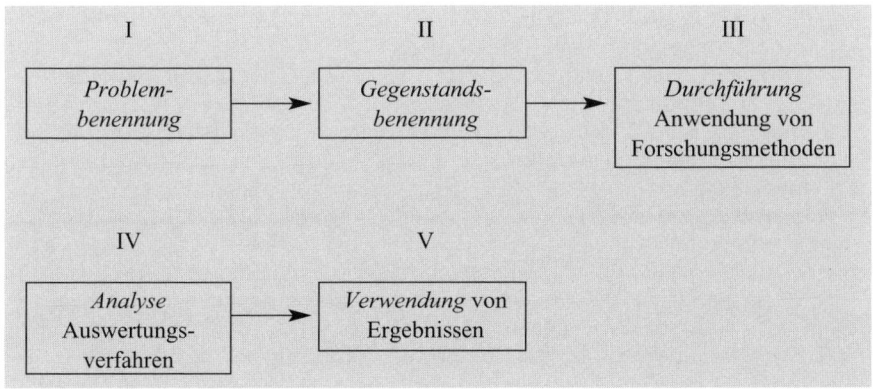

Abb. 23: Gliederung des Forschungsablaufs (Atteslander 1991, 34)

Zu 3) Eine analoge, aber differenzierte Beschreibung des Forschungsablaufs im Rahmen einer quantitativen Sozialforschung bietet Kromrey an. Er gliedert den Forschungsprozess in zehn Schritte. Bei jedem Schritt müssen zentrale Fragen gestellt werden, um den Ablauf zu differenzieren und neue Ideen zu integrieren (Kromrey 1990, 33–36).

1. **Schritt:** „Klärung des ‚Entdeckungs-‘, und des ‚Verwertungszusammenhangs‘"
2. **Schritt:** „Präzisierung der Problemformulierung, ‚dimensionale Analyse‘"
   - „Welche Bereiche (‚Dimensionen‘) der Realität sind durch die Problemstellung explizit angesprochen?
   - Welche Dimensionen werden berührt, ohne direkt angesprochen zu sein?
   - Können die als relevant angenommenen Dimensionen zusammengefasst werden, oder müssen sie differenziert betrachtet werden?"
3. **Schritt:** „Zuordnung von sozialwissenschaftlichen (per Definition eingeführten oder zum Grundvokabular gehörenden) Begriffen zu den als relevant angenommenen Dimensionen (= Abbildung der Realität durch Symbole, im allgemeinen durch sprachliche Symbole)".
4. **Schritt:** „Hypothesenbildung unter Verwendung der definierten Begriffe:
   - Welche Kenntnisse sind über Beziehungen zwischen den durch die Problemstellung angesprochenen Dimensionen bereits vorhanden? Welche Vermutungen können zusätzlich formuliert werden?
   - Welche Untersuchungsanlage (z. B. sample survey, Experiment, Sekundäranalyse) ist dem Forschungsproblem angemessen?"
5. **Schritt:** „Auswahl von ‚Indikatoren‘ für die verwendeten Begriffe (falls erforderlich):
   - Haben die Begriffe einen direkten empirischen Bezug (d. h. sind sie direkt beobachtbar/messbar)?
   - Faßt der Begriff mehrere Dimensionen der Realität zusammen, so daß von einzelnen Aspekten auf den Gesamtbegriff (auf das sprachliche Konstrukt) geschlossen werden muss?
   - Ist das mit dem Begriff bezeichnete orale Phänomen ... prinzipiell beobachtbar?"
6. **Schritt:** „Operationalisierung der Begriffe" in Messinstrumente
7. **Schritt:** „Auswahl der Objekte (Merkmalsträger), bei denen die Variablenausprägungen gemessen werden sollen:
   - Wer sind die Merkmalsträger (z. B. Personen, Gebiete, Zeitschriftenartikel, Zeitpunkte)?"
8. **Schritt:** „Erhebung der Daten (Protokollierung der beobachtbaren Merkmalsausprägungen je Untersuchungsobjekt; ‚Feldarbeit‘ und Aufbereitung der Daten."
9. **Schritt:** „Verdichtung von Informationen (Anwendung statistischer Modelle und Verfahren):
   - Sollen die erhobenen Daten quantitativ ausgewertet werden?
   - Existieren geeignete statistische Modelle, die bei gegebenem Meßniveau der Struktur der Realität angemessen sind?"
10. **Schritt:** „Interpretation der Ergebnisse". Rückbezug auf die Schritte 1–9.

Das Beispiel zeigt zwei zentrale Momente, die den Prozess strukturieren: die Sprache und die Bemühungen um die Konstituierung des Gegenstandes.

Die Sprache stellt in der empirischen Forschung ein viel diskutiertes Phänomen dar. Hierfür gibt es eine Reihe von Gründen. In diesem Beispiel ist das Bemühen um eine klare Sprache zu erkennen. Dieses Bemühen ist an das Ziel der Forschungen gekoppelt. Ziel aller empirischen sozialwissenschaftlichen Forschung ist es, möglichst zu objektiven, d. h. intersubjektiv nachprüfbaren, Ergebnissen zu kommen. Als optimale Ausdrucksformen werden dabei die Sprache der Mathematik oder die der formalen Logik angesehen.

Sprache

Nun spielen in den Prüfverfahren aber die Gütekriterien der Validität, Reliabilität und Objektivität eine große Rolle. Die Gütekriterien sind sprachlich ausgedrückt, und sie betreffen sprachlich formulierte Daten. Dies gilt insbesondere für den qualitativen Forschungsbereich. Sprache muss aber im klassischen Empirieverständnis klar und distinkt sein, damit mehrdeutige Interpretationen vermieden werden, d. h., dass eindeutige Aussagen möglich sind. Das empirische Forschungsideal muss daher auf eine Logik der Sprache drängen, die die Eindeutigkeit der Aussage ermöglicht (Kap. 6.2 u. 6.4.5).

Gütekriterien

Die Konstituierung des Gegenstandes spielt eine weitere Rolle. Der Forschungsprozess ist ein Entscheidungsprozess. Diese besagt, dass von der Planung bis zur Publikation eine Vielzahl von Entscheidungen zu treffen ist. Dabei müssen immer wieder Entscheidungen in Bezug auf das methodische Vorgehen getroffen werden, um eine präzise Annäherung an den Gegenstand zu ermöglichen. Der Gegenstand wird in diesem Vorgang Zug um Zug durch Differenzierung der Forschungsaufgaben konstituiert und konstruiert. Der Forschungsgegenstand besteht also nicht für sich selbst, sozusagen als Objekt außerhalb des Forschungsprozesses, und er wird auch nicht als ein externes Objekt in den Forschungsprozess hineingenommen. Diese Annahme ist dem naiven Empirismus zuzurechnen. Im Horizont einer kritisch-rational begründeten Sozialforschung werden mit der methodisch geleiteten Konstituierung des Gegenstandes zugleich die Theorien oder Hypothesen modifiziert, die den Forschungsprozess von Anbeginn leiten. Er spielt sich daher als Konstruktionsprozess im Denken des Forschers oder in der Interaktionsgemeinschaft der Forschergruppe ab.

Gegenstandskonstitution

Zu 4) In der qualitativen Sozialforschung kann das methodische Vorgehen nicht so streng formuliert und rationalisiert werden wie in der quantitativen Forschung. Dennoch sind Schritte notwendig, die die Forschungs- und Projektarbeiten mit theoretischem Erkenntnisinteresse leiten, wie der folgende Vorschlag zeigt:

> „Schritte qualitativer Forschung in der Erziehungswissenschaft …
> 1. **Schritt:** Entwicklung einer präzisen Fragestellung
> 2. **Schritt:** Übersicht über den Forschungsstand
> 3. **Schritt:** Festlegung des theoretischen Begriffsrahmens
> 4. **Schritt:** Festlegung der Forschungsmethode und Durchführung der Untersuchung
> 5. **Schritt:** Darstellung und Interpretation der Ergebnisse
> 6. **Schritt:** Pädagogische Konsequenzen" (König/Bentler 1997, 90).

Lebenswelt als Ausgang der Forschung

Die Schrittfolge ist nicht formal zu erfüllen. Die inhaltliche Füllung ist als das zentrale Anliegen anzusehen. Und diese hängt in erster Linie von der Konstituierung des Gegenstandes als Phänomen im Forschungsfeld, das in der Regel ein Alltagsfeld ist, ab. Damit verbindet sich das erkenntnisleitende Grundinteresse, die Lebenswelt als Interaktionsfeld von Akteuren aufzufassen. In einer strengen Auslegung dieses Erkenntnisinteresses zielt qualitative Forschung darauf ab, die Interpretationen und Sichtweisen der Akteure in ihrer Lebenswelt zu eruieren, wie dies z. B. in der Ethnomethodologie geschieht. Lamnek charakterisiert das Forschungsinteresse mit den Leitbegriffen:

- „Kommunikation,
- Verstehen,
- Subjekt,
- Lebenswelt" (Lamnek 1995, Bd. 1, 21).

Forschungs-kompetenzen

Die Forschungsinteressen gründen auf einer gewandelten Einstellung der Forscher in Bezug auf die Auffassung von der sozialen Welt und auf einer neuen Differenzierung der Methoden. Die neue Einstellung der Forscher kann auf Prinzipien zurückgeführt werden, die auch den Forschungsablauf begründen. Qualitative Sozialforschung verlangt:

- „*Offenheit* des Forschers gegenüber den Untersuchungspersonen, den Untersuchungssituationen und den Untersuchungsmethoden …
- Empirische Forschung ist immer auch *Kommunikation*, weshalb die alltäglichen Regeln der Kommunikation im Forschungsproceß zu beachten sind.
- Empirische Forschung ist *prozeßhaft* und damit in ihrem Ablauf veränderbar.
- Empirische Forschung ist *reflexiv* in Gegenstand und Analyse, in der Sinnzuweisung von Handlungen, also auch im Analyseprozeß.
- Die einzelnen Untersuchungsschritte sollen *expliziert* werden, um den kommunikativen Nachvollzug zu ermöglichen.
- Empirische Forschung muß *flexibel* im gesamten Forschungsprozeß auf die Situation und die Relation zwischen Forscher und Beforschten (auch im Instrumentarium) reagieren, sich an veränderte Bedingungen und Konstellationen anpassen" (Lamnek 1995, Bd. 1, 29f).

Kernmethoden

Die Umsetzung der Prinzipien hat zur methodischen Differenzierung einerseits und zur Herausbildung einer Reihe praktizierter Kernmethoden geführt. Im 2. Band seines Werkes „Qualitative Sozialforschung. Methoden und Techniken" werden diese von Lamnek eingehend diskutiert. Dabei handelt es sich um die folgenden Kernmethoden:

1. die Einzelfallstudie,
2. das qualitative Interview,
3. die Gruppendiskussion,
4. die Inhaltsanalyse,
5. die teilnehmende Beobachtung,
6. das qualitative Experiment,
7. die biografische Methode.

In der Diskussion der einzelnen Kernmethoden stellt Lamnek exemplarisch auch Teilmethoden, Instrumente und Techniken dar.

7.3 Die Phänomenologie
7.3.1 Phänomenologie als Denktradition

Mit dem Begriff Phänomenologie wird eine Denktradition bezeichnet, in der unterschiedliche wissenschaftliche Arbeitsprogramme zusammengefasst werden. Grundrichtung aller Arbeitsprogramme ist die methodische und theoretische Präzisierung wissenschaftlicher Erfahrung. Ausgang aller Bemühungen ist daher die Welt; in der Sprache der Phänomenologie ausgedrückt: die Lebenswelt.

Das Wort Phänomen (= phainomenon) kommt aus dem Griechischen. Es bedeutet: das Erscheinende. In dem Wort phainomenon steckt das Stammwort „phos" = Licht. Der Begriff Phänomen wird in der Alltags- und Wissenschaftssprache in vielfältiger Weise benutzt, z. B. zur Bezeichnung von Erscheinungen der Natur wie etwa Blitz und Donner. Im Bereich sozialer Beziehungen werden z. B. Autorität, Herrschaft oder Persönlichkeit als Phänomene bezeichnet. Als Phänomene gelten aber auch intrapsychische Ausdrucksformen wie Trauer und Freude.

Mit dem Begriff Phänomen werden also komplexe Zusammenhänge gegenständlicher oder symbolischer Art bezeichnet, deren Aufklärung noch bevorsteht. In dieser Aussage ist das Programm der gesamten Phänomenologie gut zu erkennen: die wissenschaftliche Untersuchung komplexer Gegebenheiten, also von Phänomenen der Lebenswelt in Bezug auf das, was ihnen in ihren vielfältigen Erscheinungsformen zugrunde liegt. Damit treten die inhaltlichen Fragestellungen der Wissenschaften gegenüber der Methodendiskussion in den Vordergrund.

Phänomen

Phänomenologie als wissenschaftliches Programm wird sowohl auf die Naturwissenschaften als auch auf die Geisteswissenschaften bezogen. Diese Zweiteilung der Phänomenologie wird auch von dem akademischen Lehrer Husserls, Franz Brentano, vertreten. Brentano, der den Begriff Phänomen von dem französischen Geschichts- und Sozialtheoretiker Auguste Comte übernimmt, unterscheidet zwischen physischen und psychischen Phänomenen, die er als Klassen bezeichnet und mit deren Hilfe die Lebenswelt in eine natur- und in eine geisteswissenschaftlich relevante eingeteilt werden kann.

Die Geschichte der Philosophie eröffnet, dass die Phänomenologie als ein wissenschaftlicher Vorstoß anzusehen ist, in dem Naturwissenschaftler mit philosophischem Interesse an der Begründung ihrer Forschungsmethoden und naturwissenschaftlich geschulte Philosophen versucht haben, die Wissenschaften und insbesondere die Philosophie „von den Dingen selbst her", also auf der Grundlage von Erfahrung bzw. in Anlehnung an naturwissenschaftliche Forschungsmethoden zu begründen. Phänomenologie verstand sich daher als ein Programm zur Erneuerung des philosophischen und des wissenschaftlichen Denkens und Forschens überhaupt (Lübcke 1994, 111–118).

Bereits hier ist der weit gespannte Horizont der phänomenologischen Denktradition zu erkennen, nämlich eine Wissenschaft zu sein, die sowohl von den Naturwissenschaften als auch von den Geistes-, Sozial- und Kulturwissenschaften reklamiert werden kann. Dementsprechend vielfältig und variantenreich haben sich bis in die Gegenwart hinein die Denktradition und ihre Forschungsmethoden entwickelt. Phänomenologie kann als Wissenschaft mit einem offenen Horizont bezeichnet werden.

1. Generation

Als Begründer der Phänomenologie als Denktradition und Forschungsmethode wird Edmund Husserl angesehen. Ihm zur Seite, aber mit anderen Akzentsetzungen, stehen der Soziologe und Philosoph Scheler, der Psychologe und Philosoph Pfänder, die Philosophen Hartmann, Heidegger und Merleau-Ponty, aber auch die Pädagogen Lochner, A. Fischer und P. und E. Petersen. Dieser Kreis von Wissenschaftlern kann als die erste Forschergeneration angesehen werden (Abb. 24).

An der Aufzählung der Wissenschaftler und der Wissenschaftlerinnen ist bereits zu erkennen, dass Phänomenologie sowohl für die Soziologie und die empirische Sozialforschung als auch für die Psychologie und nicht zuletzt für die Pädagogik von Bedeutung war und für unterschiedliche erkenntnisleitende Interessen in Anspruch genommen wurde. Darauf weist Danner in seinem Buch „Methoden geisteswissenschaftlicher Pädagogik" (2006) ausdrücklich hin. Einen guten Überblick über die Phänomenologie, aber auch über Hermeneutik und Dialektik als Denktraditionen geben die folgenden Werke:

Der Klassiker: Oppolzer, S. (Hrsg.) (1966 u. 1969): Denkformen und Forschungsmethoden der Erziehungswissenschaft. Bd. 1. Hermeneutik, Phänomenologie, Dialektik, Methodenkritik

Danner, H. (2006): Methoden geisteswissenschaftlicher Pädagogik

2. Generation

Dieser ersten Generation von Phänomenologen folgt eine zweite, die eine weitere fachliche und Interessensdifferenzierung zeigt. Zu ihnen zählen u. a. die Philosophen und Pädagogen Langeveld und Strasser aus den Niederlanden, Bollnow, Kanning, W. Flitner und Ballauff. Ihr phänomenologischer Standort ist in der Nähe von Husserl, Merleau-Ponty, Hartmann und Heidegger zu suchen. Ihnen zur Seite können aber auch noch jene Pädagogen der ersten Generation gestellt werden, die – von Psychologie und Soziologie beeinflusst – ihre phänomenologische Auffassung mit der Empirie verknüpft haben und die unter dem Schlagwort „Deskriptive Pädagogik" bzw. „Pädagogische Tatsachenforschung" bekannt geworden sind: Fischer, Lochner und Petersen.

Zugleich hat sich in den USA von A. Schütz ausgehend über G. H. Mead, Blumer, Th. D. Wilson und insbesondere Luckmann eine phänomenologische Richtung herausgebildet, deren Interesse auf die Erforschung von individuellen und gesellschaftlichen Handlungs- und Interaktionsstrukturen abzielt und in der primär im Horizont der qualitativen Sozialforschung gearbeitet wird. Von der Mitte der 1960er Jahre an haben u. a. Veröffentlichungen von Habermas diese große phänomenologische Richtung ebenso maßgeblich beeinflusst wie das Werk von Berger/Luckmann zur Entstehung gesellschaftlichen Wissens und die Arbeiten von Waldenfels zum Zusammenhang von Phänomenologie und Marxismus. Als Pädagoge ist hier Mollenhauer zu nennen, der zur nachfolgenden Generation zu zählen ist (Abb. 24).

3. Generation

In der dritten Generation haben sich die phänomenologischen Variationen weiter differenziert (Abb. 24). Auf der eher anthropologisch und existenzialphilosophisch ausgerichteten pädagogischen Forschung finden sich u. a. Loch, Schaller, Ruhloff, Rumpf, Lippitz, Meyer-Drawe, Beekmann als Nachfolger Langevelds an der Universität Utrecht sowie Coenen in den Niederlanden, von Manen in Kanada, Polakow und Barrit in den USA. Zu dieser Generation können aber auch wiederum Habermas, Waldenfels, Luckmann und Berger gerechnet werden (Danner 1994, 143–145).

Die Differenzierung nach Generationen zeigt eine Reihe von Forschern und Forscherinnen aus den verschiedensten Disziplinen. Die Spannweite reicht von der verstehenden Soziologie mit den Richtungen Pragmatismus und symbolischer Interaktionismus über den dialektischen Materialismus und die Wertphilosophie hin zur transzendentalen Phänomenologie und von dort über die Lebensphilosophie, Psychologie und den Existenzialismus hin zur Ontologie. In dieser Spannweite verbinden sich die einzelnen Richtungen je nach erkenntnisleitenden Interessen und Gegenstandslage mit den Denktraditionen und Forschungsmethoden der Empirie, insbesondere der qualitativen Sozialforschung, der Ethnotheorie, Ethnomethodologie und Hermeneutik bis hin zur Dialektik. Sehr häufig verbinden sich Phänomenologie, Anthropologie und Hermeneutik. Immer aber ist die Dialektik implizit, sei es in materialer oder formaler Hinsicht, z.B. in Bezug auf die Logik (Landgrebe 1963; Seiffert/Radnitzky 1994; Danner 2006; Hügli/Lübcke 1994, Bd. 1).

Die folgende Abbildung 24 zeigt drei Generationen phänomenologisch arbeitender Wissenschaftler und Wissenschaftlerinnen (Auswahl). Die kursiv gedruckten Namen sind Pädagogen.

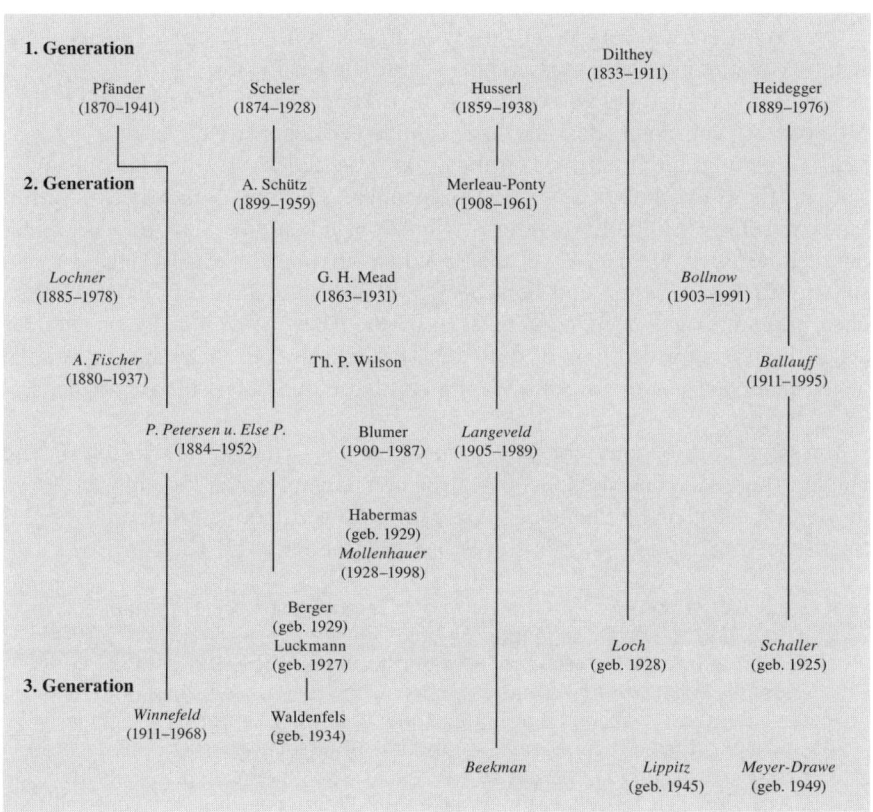

Abb. 24: Die Entwicklung der Phänomenologie

7.3.2 Das klassische Konzept: E. Husserl

Grundlegend für die phänomenologische Forschung Husserls (1859–1938) ist der Ausgang von der Erfahrung der Lebenswelt. Die grundlegende Bedeutung der Lebenswelt für seine Philosophie legt Husserl im ersten Buch der „Ideen zu einer reinen Phänomenologie und phänomenologischen Philosophie" dar:

> „In dieser Weise finde ich mich im wachen Bewußtsein, allzeit und ohne es je ändern zu können, in Beziehung auf die eine und selbe, obschon dem inhaltlichen Bestande nach wechselnde Welt. Sie ist immerfort für mich ‚vorhanden', und ich selbst bin ihr Mitglied. Dabei ist diese Welt für mich nicht da als eine bloße *Sachenwelt*, sondern in derselben Unmittelbarkeit als *Wertewelt, Güterwelt, praktische Welt*. Ohne weiteres finde ich die Dinge vor mir ausgestattet, wie mit Sachbeschaffenheiten, so mit Wertcharakteren, als schön und häßlich, als gefällig und mißfällig, als angenehm und unangenehm u. dgl. ... Dasselbe gilt natürlich ebensowohl ... auch für Menschen und Tiere meiner Umgebung hinsichtlich ihres sozialen Charakters. Sie sind meine ‚Freunde' oder ‚Feinde', meine ‚Diener' oder ‚Vorgesetzte', ‚Fremde' oder ‚Verwandte' usw." (Husserl 1950ffb, Bd. III, 59).

Lebenswelt ist selbstverständlich und alltäglich. Husserl macht die Lebenswelt über die Erfahrung hinaus für philosophische Reflexion und wissenschaftliche Forschung bedeutsam.

Dieser Ansatz hat Folgen für das Verständnis von Philosophie und Wissenschaft. Wenn er gilt, dann muss Wissenschaft von der Erfahrung der Lebenswelt ausgehen und dann muss wissenschaftliche Erkenntnis ihre Regelwerke und ihre Methoden so einrichten, dass die Gegenstände der Lebenswelt über ihre Erscheinungsformen hindurch in ihrer Grundstruktur aufgedeckt werden können. Wissenschaftliche Erkenntnis ist also eine Leistung des Forschers als Subjekt. Mithin kann wissenschaftliche Erkenntnis – wie Alltagserkenntnis – als Bewusstseinstätigkeit definiert werden. Unter dieser Voraussetzung findet nach Husserl wissenschaftliches Arbeiten und Forschen statt. Will man also zur wissenschaftlichen Erkenntnis gelangen, dann muss das Alltagsbewusstsein überwunden oder ausgeklammert werden, und es muss eine Erkenntnis- oder Forschungsmethode angewendet werden, die dies leistet und zu klaren und überprüfbaren Ergebnissen gelangt.

Edmund Husserl

Husserls Philosophieren bleibt also nicht bei der Grundlagenreflexion stehen. Husserl fragt nach der Methode, d. h. nach dem Ablauf der Erkenntnis, aufgrund dessen transzendentale Phänomenologie ihren Gegenstand konstituiert. Der methodische Weg vollzieht sich in vier Schritten (Danner 1994, 122ff):

1. Zunächst ist von der Intentionalität des Bewusstseins des Forschers auszugehen und die darin liegenden Bewusstseinsinhalte festzustellen, insofern sie sich auf den zu erkennenden Gegenstand beziehen. Diese haben in der Regel die Form von Alltagsauffassungen, Vorurteilen, theoretischem Wissen über den zu erforschenden Gegenstand, z. B. eine Lehrer- und Schülertypologie, mit deren Hilfe eine Schulklasse untersucht werden soll. Husserl nennt diese Ebene „theoretische Welt" oder „theoretische Einstellung". Sie ist zunächst ausdrücklich zu machen. Dabei gilt es, von den Vorurteilen

und Meinungen über den zu erkennenden Gegenstand abzusehen. Hierzu ist der Bewusstseins- und Erkenntnisprozess anzuhalten, also zu stoppen. Husserl nennt diesen Stopp „Epoché" (griech. epoché = anhalten, an sich halten). Das Anhalten dient dazu, den angezielten Gegenstand mehr und mehr herauszuarbeiten, indem die Meinungen und Vorurteile über ihn zurückgenommen werden. Dieser Prozess ist dialektisch zu sehen, denn das Zurücknehmen des Vorurteils über den Gegenstand geht mit der Exploration des Gegenstandes einher. Die Exploration geschieht durch behutsame, aber klare und distinkte Beschreibung, d. h. Deskription. Epoché ist daher ein Schritt zur Annäherung des Bewusstseins an den Gegenstand, so wie er – phänomenologisch gesehen – wirklich oder in Wahrheit oder in seiner strukturellen Gegebenheit sich im Bewusstsein des Forschers allmählich konstituiert. Dabei erwirbt der Forscher nach Husserl eine „natürliche Einstellung". Mit diesem in der Sprache der Psychologie formulierten Ausdruck will Husserl sagen, dass die Intentionalität des Bewusstseins den Gegenstand zunehmend „natürlich", d. h. so wie er wirklich ist, also sachangemessen, sieht. Dieser Vorgang wird von Husserl als Wahrnehmung – auch als innere Wahrnehmung – bezeichnet. Wahrnehmung bezieht sich ausschließlich auf die angestrebte Erkenntnis des Gegenstands als Bewusstseinsinhalt, und sie ist nicht mit der Sinneswahrnehmung zu verwechseln.

2. Im zweiten Schritt gilt es, die natürliche Einstellung abzubauen und eine weitere substanziellere Intentionalität des Bewusstseins auf den Gegenstand zu erreichen, um den Gegenstand in seiner Sachlichkeit tiefer zur inneren Wahrnehmung zu bringen. Das bedeutet, dass das Phänomen gedanklich und sprachlich präziser gefasst werden muss. Zugleich müssen die Reste des Alltagsbewusstseins und die natürliche Einstellung reduziert werden. Husserl nennt diesen Prozess „phänomenologische Reduktion", an dessen Ende eine „phänomenologische Einstellung" steht.

3. Im dritten Schritt richtet sich die Intentionalität auf den Kern, die Grundstruktur, das Wesentliche oder das Wesen des Gegenstandes, im Griechischen Eidos = Urbild, Gestalt, Begriff, Idee. Nach Husserl leistet die Intentionalität des Bewusstseins diesen Schritt, um die Idee des Gegenstandes aufzudecken. Der Prozess wird von Husserl „eidetische Reduktion" genannt. Dabei wird das Wesen der Sache eingekreist oder eingeklammert unter gleichzeitiger Ausklammerung aller anderen und vorangegangenen Einstellungen. Das Wesen des Gegenstandes erscheint. Es ist das Phänomen. Dieser Vorgang wird von Husserl „Wesensschau" genannt. In der Wesensschau wird von dem Einzelding und seinen Besonderheiten und Zufälligkeiten im Erscheinungsbild abgesehen, das Allgemeingültige herausgestellt und in seiner inhaltlichen Gegebenheit für die Erkenntnis verbindlich gemacht. Bis zu diesem Punkt kann die phänomenologische Methode Husserls auch von Wissenschaftlern nachvollzogen werden, deren erkenntnisleitendes Interesse nicht auf eine neue Begründung der Philosophie, sondern auf wissenschaftsmethodisch einwandfreie Gewinnung fachlicher Erkenntnis abzielt.

4. Husserl verknüpft mit der eidetischen Reduktion noch einen letzten Schritt, den er „transzendentale Reduktion" nennt und die zur „transzendentalen Subjektivität" als einer Letztkategorie führt, mit der die Philosophie erneuert werden soll. Abbildung 25 veranschaulicht den gesamten Prozess.

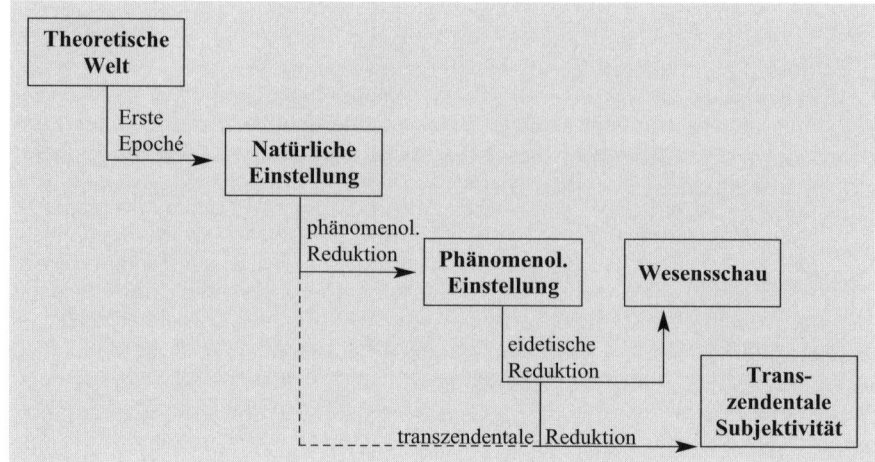

Abb. 25:
Methodische
Schrittfolge der
Phänomenologie
Husserls (Danner
1994, 122)

7.3.3 Phänomenologie in sozialwissenschaftlicher Perspektive

Die vorangegangenen Ausführungen haben erkennen lassen, dass der Begriff der Intentionalität – neben den Begriffen Bewusstsein und Lebenswelt – eine zentrale Rolle in Husserls phänomenologischer Methode spielt. Dieser methodische Ansatz wird von zwei Sozialwissenschaftlern weitergedacht und -entwickelt. Es waren Alfred Schütz (1899–1959) und Maurice Merleau-Ponty (1908–1961).

Alfred Schütz

Schütz hat die philosophischen Einsichten Husserls der sozial- und gesellschaftswissenschaftlichen Perspektive unterzogen und damit die sozialphilosophische und empirische Grundlegung der Phänomenologie auf den Weg gebracht. Schütz emigrierte 1939 aus Österreich in die USA. Unter dem weiteren Einfluss der Werke von Max Weber, Henri Bergson und Max Scheler begründete Schütz in den USA eine phänomenologische Ausrichtung der Sozialwissenschaften, insbesondere der Soziologie als empirischer und verstehender Sozialwissenschaft. Zielrichtung seiner Arbeiten war die Erforschung von objektiven, d. h. gesellschaftlich manifesten Sinnstrukturen menschlichen Alltagshandelns und menschlicher Lebenswelt. Dabei werden aber auch intrapsychische Momente wie z. B. Bewusstseinsstrukturen und Strukturen des Unterbewusstseins sowie Strukturen der symbolischen Interaktion thematisch gemacht (Schütz 1974; Schütz/Luckmann 1979).

Eine grundlegende Fortführung der Forschungen von Schütz findet sich in den Arbeiten von G. H. Mead und Berger/Luckmann sowie in den Theorien und Methoden, die in der Ethnowissenschaft und in der Ethnomethodologie entwickelt worden sind (Arbeitsgruppe Bielefelder Soziologen 1976). Eine weitere Differenzierung dieser Ausrichtung der Phänomenologie an der gesellschaftlichen Realität ist in der gesellschafts- und historisch-kritischen Aufarbeitung der phänomenologischen Tradition durch Jürgen Habermas (1977) und Bernhard Waldenfels (1977 u. 1985) zu sehen.

In seinem Hauptwerk „Der sinnhafte Aufbau der sozialen Welt", das zum ersten Mal 1932 erschienen ist, legt Schütz die Grundlagen für eine soziologische phänomenologische Analyse der allen Individuen gesellschaftlich vermittelten Lebenswelt. Er setzt sich dabei eingehend mit M. Webers Auffassung einer verstehenden Soziologie, die durch Phänomen und Begriff des sozialen Handelns mitbestimmt ist (Weber 1972), auseinander und hebt sich von der transzendental phänomenologischen Position Husserls damit entschieden ab. Schütz beschreibt sein Vorhaben wie folgt:

> „Die vorliegenden Untersuchungen machen den Versuch, von der Fragestellung Max Webers ausgehend ... mit Hilfe der Konstitutionsanalyse das *Sinnphänomen* exakt zu bestimmen. Erst wenn wir uns dieses Fundamentalbegriffes versichert haben, werden wir in der Lage sein, in schrittweisen Analysen die Sinnstruktur der Sozialwelt zu untersuchen und auf diese Weise den methodischen Apparat der verstehenden Soziologie in einer tieferen Schicht, als dies durch Max Weber geschehen ist, zu verankern" (1974, 21).

Zwei Phänomene bzw. Begriffe spielen hierbei und in Bezug auf den vorliegenden Diskussionszusammenhang eine konstitutive Rolle: 1. das soziale Handeln und 2. der Sinn.

Zu 1) In seiner Konstitutionsanalyse geht es Schütz um die grundlegende Arbeit einer jeden Wissenschaft, nämlich um die Konstituierung des Gegenstandes, in diesem Fall einer verstehenden Soziologie.

Unter Hinweis auf M. Weber geht er davon aus, dass das soziale Handeln als **das soziale Handeln** ein Grundphänomen anzusehen ist, an dem diese Arbeit zu leisten ist (Kap. 3.4 u. 4.5). Dabei versucht er eine Antwort auf die Frage zu finden, auf welche Art und Weise sich das soziale Handeln eines einzelnen Menschen gesellschaftlich konstituiert. Gemäß den soziologischen Erkenntnisinteressen fragt er nicht nach den subjektiven, z. B. psychischen, kognitiven oder physischen Bedingungen, sondern nach den sozialen Bedingungen der Entstehung individuellen sozialen Handelns. In einer ausgefeilten Analyse der lebensweltlichen Befindlichkeit des Menschen kommt Schütz zu der Aussage, dass das Ich (Ego) sich nur von einem anderen Ich (Alter Ego) her bestimmen kann (1974, 24ff). Das individuelle Bewusstsein vom sozialen Handeln wird durch das individuelle Bewusstsein vom konkreten Dasein anderer Menschen sowie von den gesellschaftlich gegebenen Objekten, Symbolen, Bedeutungen, Rollen, Sprachregelungen usw. her bestimmt. Mithin ist das individuelle Bewusstsein vom sozialen Handeln immer schon gesellschaftlich ausgelegt, vermittelt und z. T. vorbestimmt; und zwar durch jene außerhalb des jeweiligen individuellen Bewusstseins liegenden, von allen Individuen aber repräsentierten Sinn-Normen, die das soziale Handeln bestimmen. Im Klartext bedeutet dies, dass soziales Handeln als individuelles Handeln nur von der interaktiven Struktur gemeinsamen Handelns her begriffen und definiert werden kann.

Die Leistung des Subjekts im sozialen Handeln liegt nun darin, dass es die Fähigkeit entwickeln kann und muss, sich die Bedeutungen spezifischer Handlungen bzw. Handlungssequenzen in bestimmten Situationen selbst „anzuzeigen" und sich somit auf die zu erwartenden Handlungen der anderen einzustellen bzw. die an den erwarteten Handlungen orientierten eigenen Perspektiven für die zukünftigen Handlungen zu entwerfen (1974, 79). Schütz belegt diese Tätigkeiten im Anschluss an Husserl mit dem Begriff Intentionalität, die durch sich auch Handeln von Verhalten unterscheidet (Kap. 2.5).

der Sinn

Zu 2) Phänomen und Begriff des *Sinns* verlieren in dieser Konstitutionsanalyse von Handeln in der „mundanen Sozialität" (Schütz 1974, 56) ihren subjektiven und gesellschaftlichen Status. Dementsprechend argumentiert Schütz:

> „Phänomene der äußeren Welt haben nicht nur Sinn für mich oder für dich, für B oder C, sondern für uns alle, die wir gemeinsam in dieser Welt leben und denen nur eine einzige äußere Welt, die Welt jedermanns, vorgegeben ist. Es weist daher jede Sinngebung dieser Welt durch mich zurück auf die Sinngebung, die diese Welt durch dich in deinem Erleben erfährt, und so konstituiert sich Sinn als intersubjektives Phänomen" (1974, 43).

Dieser skizzierte Ansatz hat Folgen für das phänomenologische Vorgehen. Ins Zentrum der Forschung rücken die Interaktionen und die in ihnen strukturell gegebenen objektiven Sinngebilde. Als grundlegende Methode entwickelt sich die qualitative Sozialforschung (Kap. 7.2.3 u. 7.2.4). Dabei gilt es, den subjektiven Sinn der symbolischen Interaktionen objektivierbar, d. h. methodisch sichtbar zu machen, um die gesellschaftlichen Konstruktionen in der subjektiven Lebenswelt aufzudecken. Schütz selbst gibt in seinem Werk einen anschaulichen Nachweis für die filigrane methodische Arbeit qualitativer Forschung am Beispiel von Konstitutionsanalysen. Er zeigt dies u. a. am Beispiel für das Verstehen der Handlungen bzw. Tätigkeiten eines Holzfällers (1974, 152ff). Luckmann spricht daher mit Recht davon, dass Schütz

> „über die Erfahrung der Beteiligten an einer ‚face-to-face' Situation ... schrittweise jene elementaren Strukturen des Alltagslebens (aufdeckte), die sozialer Erfahrung, Sprache, soziales Handeln und somit auch der komplexen historischen Welt menschlichen Lebens zugrunde liegen" (Schütz/Luckmann 1979, 15).

Maurice Merleau-Ponty

Merleau-Ponty war französischer Philosoph, der Ideen des Existenzialismus mit sozialwissenschaftlichen Erkenntnissen verbunden hat. Für ihn hat der Mensch sowohl Existenz, die sich als alles umfassende innere Wirklichkeit zeigt, als auch einen inneren Ort, an dem sich die vitalen, die physischen, die psychischen und die sozialen Ordnungen konstituieren. Er nennt diese Ordnungen „Bedeutungseinheiten". Sie bilden die Perspektiven eines jeden Subjekts, und sie sind die Bedingungen von Handlungskonzepten. Auf ihre Erforschung kommt es in der Phänomenologie seiner Auffassung nach an.

Lebenswelt

Er setzt in seinem Werk „Phänomenologie der Wahrnehmung" (1966) ebenfalls an dem Begriff der Lebenswelt von Husserl an. Dabei ist Husserls Spätwerk über „Die Krisis der europäischen Wissenschaften und die transzendentale Phänomenologie" (Husserl 1954) leitend, in der Husserl noch einmal die Bedeutung der alltäglichen Lebenswelt als Sinnesfundament der Wissenschaft – genauer gesagt: der Sozial-, Kultur- und Geisteswissenschaften hervorhebt. Dieses Sinnesfundament liegt noch vor aller, insbesondere der kognitiven Erfahrung. Es ist

„primordial", d. h. von erster Ordnung, also ursprünglich seiend. Das bedeutet, dass Lebenswelt grundlegend durch den menschlichen Körper erfahren wird. Körperlichkeit wird als Fundament aller Erfahrung verstanden.

Dieser Ansatz hat Folgen in Bezug auf die Auffassung von Intentionalität. Die Intentionalität des Bewusstseins ist vorreflexiv zu verstehen. Mithin ist die Intentionalität des Bewusstseins keine rationale oder kognitive Kategorie, sondern sie ist existenzielle Erfahrung.

Daher gehört die Wahrnehmung des eigenen Körpers zur grundlegenden Erfahrung. Sie macht die Intentionalität des Bewusstseins aus. Merleau-Ponty bezeichnet sie als Körperlichkeit. Körperlichkeit ist als Vorgang, Erfahrung und Erlebnis zu begreifen. Sie „ist ein Knotenpunkt lebendiger Bedeutungen". Merleau-Ponty macht dies am Phänomen des Blinden mit seinem Stock deutlich: „der Stock ist kein Gegenstand mehr, den der Blinde wahrnähme, sondern ein Instrument" (1966, 182).

Geht die traditionelle Auffassung von Wahrnehmung davon aus, dass ein Einzelding wahrgenommen wird, so setzt Wahrnehmung im Sinn Merleau-Pontys biografische Vergangenheit und Körperlichkeit, Sprachlichkeit und lebensweltliche Interaktion voraus. Damit ist Lebenswelt immer schon Bedeutungswelt und ihre Gegenstände im wissenschaftlichen Sinn sind von dieser Einsicht her, die auf phänomenologische Erfahrung gründet, zu begreifen. Die Methode hat dieser Einsicht zu entsprechen. Davon bleibt die innere Logik, der die phänomenologische Methode zu folgen hat, unberührt. Von daher sind auch die vielfältigen Variationen im Methodenbereich zu verstehen, die durch die jeweils neu entstehenden Interessen an der Subjektkonstitution in der Lebenswelt mitbestimmt ist.

Für die pädagogische Forschung ist dieser Ansatz in besonderer Weise attraktiv, weil er Forschungen auf der intraindividuellen und auf der mikrosozialen Ebene in den Vordergrund rückt. Phänomenologie muss aus den Perspektiven der Einzelnen und von den Interaktionen der Akteure her betrieben werden.

7.3.4 Phänomenologie in pädagogischer Orientierung

Die Arbeiten von Husserl, Schütz und Merleau-Ponty bilden die Grundlagen für die Entwicklung von Konzepten einer pädagogischen Phänomenologie. Im Folgenden werden die Auffassungen einiger Pädagogen vorgestellt:

Theodor Ballauff (1911–1995) hat einen Ansatz entwickelt, der dem Werk von Husserl am nächsten steht. In seinem Grundlagenwerk „Systematische Pädagogik" (1970) setzt Ballauff zwar ausdrücklich an der Ontologie und Phänomenologie Heideggers an; seine Gedankenführung über den Konstituierungszusammenhang von Erziehung und Bildung ist aber von der Intentionalität des Forscherbewusstseins getragen, zu der Sache selbst durchzustoßen, was denn Erziehung und Bildung in Wahrheit seien und für den Menschen und die Menschheit bedeuten. Im Zuge der Entfaltung seiner zehn Fundamentalthesen zum obigen Themenzusammenhang (1970, 13–62) geht Ballauff von der Lebenswirklichkeit und ihrer Wahrnehmung, Beobachtung und Beschreibung aus. Er verfährt dabei

Theodor Ballauff

in der von Husserl vorgeschlagenen methodischen Schrittfolge, in der Epoché und Reduktion als Grundstrukturen der Erkenntnistätigkeit zu erkennen sind. Am Ende der Gedankenführung bildet sich die Einsicht heraus, dass Erziehung und Bildung einer Intentionalität unterliegen, die durch ihre Gegenstandsorientierung das Wesen von Erziehung und Bildung nie erreichen kann. Daher fordert Ballauff eine Zurücknahme der Intentionalität, um das Bewusstsein freizumachen für den Anspruch der Wahrheit (Kap. 2.8.2).

Otto Friedrich Bollnow

Otto Friedrich Bollnow (1903–1991) liefert einen Beitrag, der sich von Ballauffs Konzept wesentlich unterscheidet. In diesem recht differenzierten Ansatz kommen drei grundlegende Ideen zum Tragen: 1. die Idee der Lebenswirklichkeit. Mit dieser verbindet sich 2. die Existenzphilosophie. Die 3. Idee erwächst aus der phänomenologischen Bewegung selbst. In dem von ihm herausgegebenen Sammelband „Erziehung in anthropologischer Sicht" (1969b) wird deutlich gemacht, dass phänomenologische Forschung, insofern sie den Menschen und seine Existenz zum Gegenstand hat, anthropologisch werden muss. Insofern ist pädagogische Phänomenologie immer auch pädagogische Anthropologie.

In seinem Aufsatz „Der Wissenschaftscharakter der Pädagogik" (1969a, 15–56) beschreibt Bollnow das phänomenologische Vorgehen. Dieses ist in drei Schritte aufgeteilt.

Im ersten Schritt hält er es für notwendig, sich des Sprachgebrauchs zu vergewissern, in dem das Phänomen hervorgebracht und sichtbar gemacht wird. Diese Arbeit ist eine grundlegend hermeneutische (vgl. Kap. 7.4).

> „Das in der Sprache enthaltene Verständnis der Welt ist darum die erste unüberspringbare Voraussetzung aller Erkenntnis, und so auch in der Pädagogik. ... Je reicher und differenzierter die sprachliche Auslegung durchgeführt wird, um so reicher und differenzierter wird damit zugleich die Sache ergriffen" (1969a, 38).

In diesem Zitat wird das methodische Zusammenspiel von Hermeneutik als Arbeit an der Sprache und phänomenologischem Erkenntnisinteresse, die Sache selbst angemessen zur Sprache zu bringen, erkennbar.

Im zweiten Schritt wird die Umkehrung des ersten Schrittes dargestellt. Dabei macht Bollnow deutlich, dass in diesem dialektischen Zusammenhang die Konstituierung des Gegenstandes bzw. die Erkenntnis der Sache selbst allein in der Sprache hervorgebracht werden kann. Das eine bedingt das andere und umgekehrt.

> „Und so entwickelt sich aus der Analyse des Sprachgebrauchs die phänomenologische Beschreibung der Sache. Hermeneutische Pädagogik ist in dieser Beziehung Phänomenologie, nämlich Sichtbarmachen der pädagogischen Grundphänomene. Was die phänomenologische Schule als Kunst der alle konstruktiven Vorgriffe vermeidende, behutsam differenzierenden Beschreibung entwickelt hat, wird hier in der Grundlegung der Pädagogik wichtig" (1969a, 39).

Im dritten Schritt muss die phänomenologische Beschreibung „zur scharfen Herausarbeitung der allgemeinen begrifflichen Strukturen führen, mit denen die einzelnen pädagogischen Phänomene angemessen erfasst werden können" (1969a,

39). Diese wissenschaftliche Arbeit betrifft in zentraler Weise den Zusammenhang von Strukturerkenntnis und sprachlicher Präzisierung. Liegt der Akzent auf der Präzisierung des sprachlichen Ausdrucks, dann bedeutet dies die Arbeit am Begriff, deren Ziel die Herausarbeitung von Kategorien ist. Dilthey hat dieses Grundanliegen hermeneutischer Erkenntnistätigkeit grundlegend beschrieben (Kap. 6.4.4 u. 7.4.2). Aus erkenntnistheoretischer Sicht wird hier deutlich, dass unterschiedliche Phänomene unterschiedliche Strukturen aufweisen und damit auch mit unterschiedlichen Begriffen bezeichnet werden müssen. So muss z. B. das Phänomen der Bildung begrifflich und in der Beschreibung der Grundstruktur anders formuliert werden als die Phänomene des Lehrens und Lernens, des Gewissens, der Krise, der Ermahnung und Beratung. Bollnow stellt hierfür eine Fülle von Beispielen vor (Bollnow 1963, 1965, 1969b).

Martinus Jan Langevelds (1905–1989) Ansatz unterscheidet sich von den Ansätzen Bollnows und Ballauffs in dreifacher Weise. Zum einen greift Langeveld auf die pragmatisch orientierte Phänomenologie in den Niederlanden zurück. Zum anderen orientiert er sich an der anthropologisch-pädagogischen Grundlagendiskussion, die nach dem Zweiten Weltkrieg eingesetzt hat und z. T. noch heute geführt wird, und er begreift drittens Pädagogik als eigenständige Wissenschaft. In seinem pädagogischen Hauptwerk „Einführung in die theoretische Pädagogik", das im Jahre 1949 in deutscher Übersetzung erschien, liefert Langeveld einen anschaulichen Nachweis seines Ansatzes. Langeveld leitet sein Werk wie folgt ein:

Martinus Jan Langeveld

> „Wir fangen eher phänomenologisch an. Vorläufig verdeutlichen wir diesen Ausdruck damit, indem wir sagen, daß wir das Phänomen in seiner für jeden zugänglichen Erscheinungsform betrachten. ... Eine phänomenologische Arbeitsmethode erfordert, daß man – auch da wo man eine andere, tiefere Gewißheit hat – dem Mit-Untersucher in dem Bereiche, über den man mit ihm zu diskutieren wünscht, begegnet und nirgendwo sonst. Wir nehmen also gar nicht ‚einen allgemeinen Begriff oder ein Axiom' zum Ausgangspunkt, sondern das Phänomen selbst, so wie man es vorfindet in jener Erfahrung, an der wir alle teilhaben können, wenn wir nur bereit und imstande sind, diese Erfahrung gelten zu lassen" (1965b, 26).

Langevelds Phänomenologie eröffnet die lebensweltliche Eingebundenheit und Grundlegung der Erziehung bzw. den Zusammenhang von Erziehung, Gesellschaft und Interaktion. Mit diesem Ansatz wird der Weg für phänomenologische Forschungen frei gemacht, die die Lebenswelt in ihrer Wirklichkeit noch stärker in den Vordergrund rücken.

Wolfgang Lippitz und Käte Meyer-Drawe können zu einer international und interdisziplinär arbeitenden Gruppe von Forschern gezählt werden, die den Ansätzen von Merleau-Ponty und Langeveld nahestehen. Sie sind aber auch mit den Konzeptionen von Ballauff und Bollnow und selbstverständlich mit der philosophischen Phänomenologie Husserls vertraut. Sie verbinden phänomenologische mit hermeneutischen Studien, beziehen auch realanthropologische Forschungen von Ton Beekman und Forschern aus den Niederlanden mit ein, und sie orientieren ihre phänomenologischen Studien u. a. auch an Prinzipien qualitativer So-

Wolfgang Lippitz, Käte Meyer-Drawe

zialforschung (Meyer-Drawe 1984, 53–61). Insbesondere Lippitz hat die Phänomenologie in der Pädagogik in theoretischer und praktischer Hinsicht fruchtbar gemacht (Lippitz 1980, 1993 u. 1994). Im Folgenden wird die Forschungsperspektive dieser beiden Autoren skizziert (Lippitz/Meyer-Drawe 1984a u. 1984b; Lippitz 1984a; Meyer-Drawe 1984 u. 1996)

Die philosophisch-anthropologische Grundposition von Lippitz und Meyer-Drawe ist durch das phänomenologische Erkenntnisinteresse bestimmt, von der Erfahrung der kindlichen Lebenswelt selbst auszugehen. Das bedeutet, die Perspektiven des Kindes in seiner Lebenswelt aufzudecken. Phänomenologie in diesem Sinn „ist Aufklärung der leiblich-sinnlichen Strukturen menschlicher Existenz, ob sie sich nun anschauend, reflektierend oder handelnd mit der Welt auseinandersetzt" (Lippitz 1984a, 110).

Die Aufdeckung existenzbedingter Strukturen vollzieht sich in der konkreten Erfahrung des Forschers mit dem Akteur oder den Akteuren in einer bestimmten Situation. Dabei richtet sich die Intentionalität des Forschers darauf aus, die Perspektive der zu beschreibenden Personen zu gewinnen. Hier kann der Forscher auf seine eigenen Vorerfahrungen als möglicher Kontext zurückgreifen. Die Perspektive der Akteure, die der Forscher sich stellvertretend eröffnet, ist auch in zwei weitere Kontexte eingebunden. Zum einen muss die Sache selbst, z. B. das handelnde oder interagierende Kind in seiner situativen Existenz, zur Sprache gebracht werden und zum anderen muss die Erforschung der Perspektive des einzelnen Kindes immer im umfassenderen Horizont seines zukünftigen Erwachsenseins bedacht werden. Die Beschreibung der situativen Existenz eines Akteurs oder mehrerer interagierender Personen bewegt sich methodisch gesehen auf zwei Ebenen: Phänomenologisch betrachtet wird der Versuch der Reduktion unternommen, die in der methodischen Abfolge hermeneutisch und unter ständiger Orientierung an der Wirklichkeit abgewickelt wird. Dabei steht die phänomenologische Erfassung der Situation des einzelnen Individuums für das Verstehen des Phänomens im Ganzen. Lippitz bezeichnet diese Variation der phänomenologischen Methode als „exemplarische Deskription" (1984a, 116).

Die vielfältigen Studien, die Lippitz und Meyer-Drawe in ihren Veröffentlichungen, z. B. über das Zeitverständnis des Kindes (Lippitz 1984a, 117ff), anbieten, sind vor dem Hintergrund dieser anthropologisch-phänomenologischen Grundstruktur zu sehen. Hinzu tritt ein leitendes Interesse an der Gesamtbefindlichkeit des Kindes, die auch seine Körperlichkeit mit einbezieht. Hier zeigt sich der Einfluss von Merleau-Ponty, und mit ihm kommt die „vorreflexive" Erfahrung und Wahrnehmung ins Spiel, die durch die Sinne und insbesondere durch den Körper bzw. den Leib bestimmt ist (Lippitz/Plaum 1981). Daher werden auch insbesondere körperbehinderte Kinder in das Zentrum phänomenologischer Studien gerückt (Beekman 1984; Bleeker/Mulderij 1984; Coenen 1984). Ein Beispiel und seine Interpretation sollen den Ansatz verdeutlichen:

Das erschöpfte Kind

Laura, 7;6 Jahre alt, sitzt an ihren Hausaufgaben am Küchentisch. Es ist gegen vier Uhr am Nachmittag. Die Mutter sitzt neben Laura und liest ein Buch. Von Zeit zu Zeit senkt sie das Buch und wendet den Blick zu Laura. Dem Mädchen sind die Augen zugefallen, der Kopf liegt auf ihrem linken Arm. Die Mutter steht auf, geht auf Laura zu, nimmt Laura behutsam auf ihre Arme, trägt sie zum Sofa, legt Laura sanft hin, deckt sie mit einer Decke zu und geht auf Zehenspitzen auf ihren Platz zurück. Sie nimmt nicht sofort das Buch zur Hand, um weiterzulesen, sondern schaut Laura eine Weile an.

Dieses nach der miterlebten Situation sofort erstellte Protokoll wurde der Mutter am Abend vorgelegt. Die Mutter liest es und äußert dazu eine Reihe von Gedanken:

- Laura war müde, heute Morgen schon, als sie in die Schule ging.
- Das passiert öfters seit einiger Zeit.
- Vielleicht hat sie auch keine Lust zum Arbeiten?
- Nein, das glaube ich eigentlich nicht.
- Sie ist auch nicht faul.
- Sie ist langsam, ja.
- Heute hatte sie in der fünften Stunde Sport. Da will sie immer alles gut machen. Weil sie langsam ist, strengt sie sich besonders an. Das macht sie so müde. Neulich war das ganz genauso.
- Da schlief sie auch vor Erschöpfung ein. Deshalb lasse ich sie schlafen.
- Wenn sie sich erholt hat, geht's wieder weiter.

Das Beispiel zeigt die phänomenologischen Anstrengungen einer Mutter. Sie benutzt dabei den Rückgriff auf vorangegangene Erfahrungen mit Laura und mit Lauras Körperlichkeit. Sie weiß, dass Laura ein pummeliges Kind ist, das sich

Alltäglich (= vortheoret. Einstellung)	1. Beobachtung des Kindes durch die Mutter 2. Innere Wahrnehmung 3. Erste Begriffsbildung: Müdigkeit = Bezug zur körperlichen Verfassung des Kindes 4. Sprachliche Darstellung der Wahrnehmung	Tab. 12: Phänomenologische Analyse des Beispiels „das erschöpfte Kind"
Theoretische Einstellung	5. Erster Rückgriff auf Erfahrungen mit Laura in den letzten Tagen: innere Wahrnehmung und Vergleich mit dem ersten Begriff	
1. Enthaltung oder Reduktion	6. Zweite Begriffsbildung: Lustlosigkeit = Bezug zur motivationalen Befindlichkeit des Kindes	
Deskription von Bewusstseinsinhalten	7. Zweiter Rückgriff auf Erfahrungen mit Laura in bezug auf ihre Motivation: innere Wahrnehmung und Vergleich mit den ersten beiden Begriffen	
2. Enthaltung oder Reduktion	8. Dritte Begriffsbildung: Faulheit = Bezug zur normativen Erwartungswelt der Erwachsenen und der Gesellschaft	
Deskription von Bewusstseins inhalten	9. Dritter Rückgriff auf Erfahrungen mit Laura und ihrer Körperlichkeit: innere Wahrnehmung und Vergleich mit den drei vorgenannten Begriffen	
3. Enthaltung oder Reduktion	10. Vierte Begriffsbildung: Langsamkeit = Bezug zur körperlichen Befindlichkeit des Kindes	
Deskription von Bewusstseinsinhalten	11. Vergleich der vier auf Begriffe gebrachten Phänomene: Müdigkeit, Lustlosigkeit, Faulheit, Langsamkeit. Herausarbeitung eines fünften Phänomens	
Wesenserfassung	12. Fünfte Begriffsbildung: Erschöpfung = innere Wahrnehmung des Kindes in der Gesamtheit seiner persönlichen und situativen Befindlichkeit (Körper, Seele, Geist/Psychomotorik, Emotionalität, Kognition, Motivation)	

mit seiner kleinen Körperfülle schwer tut. Sie weiß aber auch, dass Laura gern in die Schule geht und auch gern Hausaufgaben macht, also nicht faul ist. Die reflektierten Erfahrungen der vergangenen Woche machen sie darauf aufmerksam, dass das Phänomen der Müdigkeit nicht andere Phänomene und Erklärungen ausschließt, z. B. dass Laura keine Lust zum Arbeiten hat, ihr also die Motivation fehlt, oder dass Laura faul sein könnte. Die Mutter stellt im Vergleich dieser Phänomene abschließend fest, dass Laura erschöpft sei. Mit dem Phänomen der Erschöpfung hat die Mutter die Gesamtbefindlichkeit ihres Kindes in dieser Situation treffend beschrieben.

In methodischer Hinsicht zeigt das Beispiel einige interessante Variationen des von Danner aufgezeigten Schemas phänomenologischer Schritte, wie die Tabelle 12 zeigt.

Eine schematisierte Fassung phänomenologischer Schritte ist von Danner (1994, 147) entwickelt worden.

7.3.5 Methodische Grundregeln zur Erarbeitung einer phänomenologischen Studie

Im Folgenden wird das Konzept einer pädagogischen Phänomenologie in ein Regelwerk transformiert, das in der Praxis angewendet werden kann. Es wurde in Anlehnung an den „Weg der phänomenologischen Reduktion" in sechs Schritten von Banki und Rothe (1979, 31–34) entwickelt.

1. Formuliere Dein erkenntnisleitendes Interesse:
   - Ich will ein komplexes Phänomen, z. B. eine pädagogische Situation, in seiner Grundstruktur untersuchen und verstehen. Beispiel: eine Spielsituation zwischen Vater und seinem 12-jährigen Sohn.
   - Ich will ein pädagogisch bedeutsames Einzelphänomen, z. B. die Nachahmung, in seiner Grundstruktur untersuchen und verstehen. Beispiel: ein 8-jähriges Mädchen ahmt seine Tante nach.

2. Erkunde die Etymologie (= Herkunft, Geschichte, Wortbedeutung) des Begriffs, mit dem das Phänomen bezeichnet wird: z. B. den Begriff Situation oder das Wort Nachahmung.
   - Wann und wo, z. B. in welcher kulturellen und/oder gesellschaftlichen Situation, ist Wort/Begriff entstanden?
   - Ist Wort/Begriff doppeldeutig?
   - Stammt Wort/Begriff aus einer anderen Sprache, z. B. Latein? Wenn ja, wie wird das Wort übersetzt, wie ist es eingedeutscht?
   - Worin liegt der Unterschied zwischen der ursprünglichen und der heutigen Bedeutung?

   Anm.: Versuche die etymologische Erkundung einmal mit dem Begriff „Pädagoge" oder „Pädagogin".

3. Beschreibe das Phänomen so genau Du kannst:
   a) Wenn Du ein komplexes Phänomen, z. B. eine Spielsituation zwischen Vater und 12-jährigem Sohn beobachtest und beschreibst:

- Lege Wert auf *Details*! Werden bestimmte Wörter häufig verwendet? Werden bestimmte Gesten, bestimmte Verhaltensweisen gezeigt?
- Beschreibe den *Ablauf* genau! Notiere z. B. Uhrzeit und/oder Dauer der Situation; markiere markante Teilsituationen und/oder Handlungssequenzen.
- Mache Dir *Notizen* über Aussehen, Kleidung u. ä. der Akteure und/oder über das räumliche Ambiente, in dem die Situation abläuft.

  Anm.: Schreibe Deine Beobachtungen sofort nieder! Erstelle also einen *Text!*

  b) Wenn Du ein Einzelphänomen, z. B. eine Geste und/oder Abfolge von Gesten (etwa das Phänomen der ‚Nachahmung') beobachtest, verfahre wie unter a).

  Anm.: Du kannst Dir das Einzelphänomen aufgrund Deiner eigenen Erfahrung auch selbst „anzeigen" und niederschreiben! Verfahre dabei analog zu a).

  Du kannst auch das Einzelphänomen aus einem und/oder mehreren Texten, z. B. einem Roman, Bericht, Protokoll, herauslösen bzw. herausarbeiten! Verfahre dabei analog zu a).

4. Unterscheide das Phänomen von anderen Phänomenen:

   Anm.: Unterscheiden geschieht methodisch immer durch Abgrenzung des einen Phänomens vom anderen Phänomen und umgekehrt durch Ausgrenzung des anderen Phänomens von dem zu bestimmenden Phänomen. Dabei erfolgt das gedankliche und sprachliche Präzisieren des Phänomens. Die Grundlage für diesen Prozess bildet das Vergleichen. In diesen Prozess kann etymologisches Wissen einfließen.

- Bestimme die unterschiedlichen Merkmale der Phänomene sehr genau!
- Präzisiere Deine Erkenntnisse!
- Sei präzise in der Bildung von Begriffen und in den Aussagen (Sätzen) über das zu bestimmende Phänomen!

  Anm.: Versuche Dich an zwei Beispielen:

  a) Nimm das komplexe Phänomen der Spielsituation des Vaters mit seinem 12-jährigen Sohn und stelle dieses Phänomen einer Arbeitssituation – z. B. Hausaufgaben erledigen – gegenüber, in der sich der Vater mit seinem 12-jährigen Sohn befindet!

  b) Nimm das Einzelphänomen der „Nachahmung" und stelle es dem Phänomen der „Imitation" gegenüber!

5. Arbeite die Bedeutung der Interaktionen und deren Grundstrukturen für die Akteure selbst heraus:

- Fasse verschiedene Dimensionen der Persönlichkeit/Persönlichkeitsstruktur ins Auge! Z. B. das Konzept der Selbstachtung, das der gegenseitigen Achtung oder des persönlichen Angenommenseins oder des Spielens.
- Gehe verschiedenen Dimensionen der Persönlichkeits- und/oder Identitätsentwicklung nach! Z. B. der sensiblen Phasen, Krisen und Merkmalen ihrer Bewältigung oder des Scheiterns, des Erreichens einer differenzierteren Entwicklungsstufe.
- Erkunde auch Triebäußerungen, Gefühle und Kognitionen! Versuche, sie zu differenzieren und zu präzisieren! Beziehe sie auf Grundstrukturen der Persönlichkeit und/oder der Persönlichkeitsentwicklung!

  Anm.: Diese Arbeit bezieht sich auf die anthropologische Grundlegung des Phänomens. Hier kann auch mit anthropologisch relevanten Modellen der Sozialanthropologie und/oder der Sozialisationstheorien gearbeitet werden.

> **6.** Eruiere die gesellschaftlichen Bedingungszusammenhänge des Phänomens:
> - In welcher Institution spielt sich das Phänomen ab? In der Familie, im Kindergarten, in der Schule?
> - Haben Organisationsfaktoren Einfluß auf die Interaktionen der Akteure? Z.B. welche Positionen nehmen die Akteure ein? Welche vorgegebenen Normen und/oder Regeln werden realisiert?
> - Wie ist die Beziehungsebene definiert?
> - Sind gesellschaftlich kulturelle, wirtschaftliche, politische Tendenzen, Strömungen, Wirkkräfte zu erkennen und zu markieren? Z.B. aufgrund von Zeitungen, Zeitschriften, Medien, die als Kontext zum Phänomen (= Text) bestimmt werden können?
> - Sind Einflüsse dieser Bedingungszusammenhänge auf die anthropologische Ebene zu erkennen? Wenn ja: Welche? Und warum? Wenn nein: Warum nicht?
>
> **7.** Rekonstruiere die geschichtlichen Zusammenhänge des Phänomens!
> - Gab es das Phänomen schon einmal?
> - Wie wurde es beschrieben?
> - Erkunde, ob es eine geschichtliche Entwicklung des Phänomens gibt: Beschreibe sie!
> - Vergleiche die geschichtlichen Aussagen über das Phänomen mit Deiner Gegenwartsdeutung!
> - Sind Einflüsse auf die anthropologischen Grundlegungen und auf die gesellschaftlichen Bedingungszusammenhänge erkennbar?

Die einzelnen Forschungsschritte dienen auf den verschiedenen Ebenen der „Reduktion", d.h. der Ausklammerung von Zufälligkeiten und/oder Nebensächlichkeiten, die den Prozess der gedanklichen und sprachlichen Präzisierung des Phänomens verhindern bzw. das Wesentliche, Strukturelle des Phänomens „verstellen". Der Erfolg des phänomenologischen Forschens liegt in der geduldigen und beharrlichen Arbeit des Unterscheidens und Vergleichens, um das Phänomen mehr und mehr gedanklich und sprachlich herauszuarbeiten und auf einen Punkt zu bringen.

7.4 Die Hermeneutik

In diesem Kapitel wird der Hermeneutik eine Mittelstellung zwischen Empirie und Phänomenologie einerseits und der Dialektik andererseits eingeräumt.

7.4.1 Verschiedene Formen von Hermeneutik

Das Wort Hermeneutik leitet sich aus dem griechischen hermeneutiké (téchne) = die Kunst der Auslegung von Texten (lateinisch: ars interpretandi) ab. Das entsprechende griechische Verb heißt: hermeneuein = erklären (lateinisch: interpretare).

Die Geschichte der Wissenschaften lässt zahlreiche Formen der Hermeneutik erkennen (Lay 1973, 2. Bd. 73–102; Seiffert/Radnitzky 1994, 127ff, Stichwort Hermeneutik), von denen im Folgenden vier vorgestellt werden:

1. die zetetische (= skeptische) oder auch forschende Hermeneutik,
2. die dogmatische oder auch methodische Hermeneutik,
3. die Hermeneutik als Textanalytik,
4. die Hermeneutik als Übersetzen von Texten.

Zu 1) Die zetetische oder forschende Hermeneutik wird als skeptisches (zweifelndes und forschendes) Philosophieren angesehen; anders gesagt: Sie ist eine Form des Philosophierens, in der allen sprachlichen und zeichenhaften Dokumenten ein überzeitlicher oder ein ideeller Sinn unterstellt wird, der als eine selbstständige Realität, also als ein Seiendes angesehen wird. Mit ihr verbindet sich die klassische Logik. Platon und die Neuplatoniker können als erste Vertreter dieser Richtung angesehen werden. Im Horizont der forschenden Hermeneutik wurden verschiedene und unterschiedliche Ansätze entwickelt. Schleiermacher spricht von „höherem Verstehen", das ist eine Kunst des Philosophierens, in der das Erkennen auf einen letztbegründenden Sinn abzielt. Dilthey geht es in der philosophierenden Hermeneutik darum, aus individuellen Dokumenten und Quellen das jeweils Allgemein-Menschliche, also den objektiven Geist zu erkennen. Die Philosophen Heidegger, Gadamer und Bollnow fassen die Hermeneutik als grundlegende Existenz- und Daseinsweise des Menschen auf, aus der sich niemand entlassen kann und die daher auch als die Grundlegung aller wissenschaftlichen Erkenntnis anzusehen ist. Der zetetischen Hermeneutik gehören aber auch die Sinn- und Bedeutungslehren der Logizisten an. Hier sind u. a. zu nennen: Bolzano, Frege und Russell, „die auf diese Weise die Absolutheit logischer und mathematischer Gebilde und sprachlich zu fassender wahrer Gedanken und Sätze sichern wollten" (Seiffert/Radnitzky 1994, 129).

zetetische oder forschende Hermeneutik

Zu 2) Die dogmatische oder methodische Hermeneutik kann als die methodisch organisierte sowie methodologisch reflektierte Disziplin des Umgangs mit Dokumenten in Form von Texten verstanden werden. Dogmatisch heißt diese Ausformung der Hermeneutik, weil sie auf einem festgelegten und anerkannten Regelwerk beruht. Die dogmatische Hermeneutik wurde in erster Linie von der Theologie und der Jurisprudenz entwickelt und von späteren, sich aus der Philosophie ausdifferenzierenden Einzelwissenschaften, wie z. B. den Philologien, der verstehenden Soziologie oder der verstehenden Psychologie und der Pädagogik, übernommen und disziplinspezifisch modifiziert.

dogmatische oder methodische Hermeneutik

Hermeneutik als eine Disziplin des Umgangs mit Dokumenten ist somit als Methode für jene Einzelwissenschaften von Bedeutung, die mit Texten jeder Art (z. B. Bibel, Gesetze, Gedichte, Biografien) arbeiten. Bei den Texten wird eine zweifache Unterstellung gemacht. Die erste ist, dass Texten, die schon alt sind, oder Gesetzen Objektivität zugestanden wird. Die andere Unterstellung ist, dass Texte aktuelle Wirklichkeit darstellen (Beschreibung von Erziehungssituationen). In der Pädagogik werden beide Formen praktiziert, und beide Formen stehen in einem systematischen und forschungslogischen Zusammenhang mit der

Erfahrung bzw. mit der Empirie. Im ersten Fall gründet die Methodisierung der Hermeneutik in der rationalistischen Grundannahme, aus Texten positives und vergleichbares Wissen zu gewinnen, das den Anspruch auf eine gewisse Objektivität erheben kann. In der zweiten Form wird Erfahrung von Wirklichkeit zur Gewinnung von Texten vorausgesetzt, die dann mittels hermeneutischer Verfahren ausgelegt, d. h. analysiert werden können. Auch hier liegt das forschungslogische Ziel in der Herausarbeitung eines Sinns, der von anderen Interpreten geteilt werden kann, wenn sie sich des gleichen hermeneutischen Regelwerks bedienen. Die empirische Grundlegung und die Verschränkung der hermeneutischen Methode mit der Erfahrung ist unverkennbar; ihre Übergänge sind fließend.

Vom 17. Jahrhundert an entwickeln die einzelnen Disziplinen jeweils ihr fachspezifisches Regelwerk, das durch die jeweilige Spezifität des Gegenstandes bestimmt ist. In der Gegenwart geschieht dies im Rahmen der qualitativen Sozialforschung und dort des Näheren in der Interpretation von Texten als „objektive Hermeneutik".

Viele Disziplinen haben ihre Regelwerke bis zur höchsten technischen Perfektion gesteigert. Interessant ist dabei zu beobachten, dass alle diese Regelwerke nicht auf die philosophischen Grundlagenfragen des jeweiligen Faches wie in der zetetischen Hermeneutik zurückgeführt werden, sondern dass sie sich in erster Linie auf die Lösung fachspezifischer und praktischer Probleme beziehen. Schleiermacher hat diese Form der Hermeneutik daher auch als niedere Hermeneutik im Unterschied zur höheren, nämlich der zetetischen Hermeneutik bezeichnet.

Nicht selten werden die beiden Formen vermischt. Dies geschieht dann, wenn sich zwischen die Arbeit an der Differenzierung der Methode Fragen nach dem Gegenstand und seinen „Seinsgrundlagen" schieben. Dadurch wird das methodische Vorgehen oft von den Gegenstandserörterungen verdeckt bzw. in den Hintergrund gedrängt.

Paul Ricoeur hat auf diesen grundlegenden inneren Spannungszusammenhang der Hermeneutik hingewiesen. Er vergleicht dieses innere Spannungsverhältnis mit zwei Wegen des Verstehens. Den einen Weg nennt er „Verstehen als Modus des Seins" und den anderen „Verstehen als Modus der Erkenntnis" (1973, 14). Der eine Weg führt zur Philosophie und des Näheren zu einer Ontologie des Verstehens, der andere Weg ist durch die Schritte gekennzeichnet, die Forschung gehen muss, um zur Erkenntnis zu gelangen. Auf dem ersten Weg wird die Frage nach „der Erscheinung des Seins für ein Seiendes, das im Verständnis des Seins existiert" gestellt, auf dem anderen Weg stellt sich die Frage nach der Wahrheit „als ein Problem der Methode" (1973, 19). Ricoeur zeigt in seinem Werk „Hermeneutik und Strukturalismus" einen neuen Weg auf, der die Einsichten und Erkenntnisse, die auf den beiden anderen Wegen gewonnen wurden, aufgegriffen und neu geprüft werden können. Es ist der Weg der Sprache und ihrer wissenschaftlichen Bearbeitung (Kap. 6.4.5).

Hermeneutik als Textanalytik

Zu 3) In der Hermeneutik als Textanalytik geht es darum, an bestimmten Texten Grundstrukturen herauszuarbeiten, d. h., den genuinen oder latenten Sinn eines Textes zu sichern. Der Hermeneutik als Analytik geht es im Unterschied zu den vorangegangenen Sinnermittlungsverfahren darum, insbesondere mit den Mitteln der Logik Strukturen eines Textes zu identifizieren. Daher muss in dieser Form der Hermeneutik großes Gewicht auf die logischen Strukturen des Regelwerkes gelegt werden. In der qualitativen Sozialforschung ist diese Form der Hermeneutik aktualisiert und modernisiert und als Text- bzw. Inhaltsanalyse bekannt (Kap. 7.2.4 u. 7.2.5).

Zu 4) In der Hermeneutik als Übersetzen von Texten ist das Erkenntnisinteresse darauf gerichtet, einen Text von einer Sprache in eine andere Sprache zu transformieren. Der Transformationsprozess ist ein differenzierter Verstehensvorgang. Er beruht sowohl auf Regeln, die den professionellen Grad der Übersetzung mitbestimmen, als auch auf einem umfassenden lebenshermeneutischen Zusammenhang, in dem die jeweiligen Übersetzer als Person stehen. So umfasst die fachliche Kompetenz des Übersetzers u. a. die instrumentelle Beherrschung von zwei Sprachen; mit dieser in Verbindung stehend Kenntnisse über die lebenspraktische Bedeutung der Sprachen in ihrem jeweiligen kulturellen Kontext; darüber hinaus die vortheoretische Erfahrung, die in der Sprach- und Sprechpraxis des Alltagshandelns und -verstehens des Übersetzers ihren Grund hat. Schleiermacher spricht hier von „elementarem Verstehen", Gadamer von der „hermeneutischen Situation", aus der sich der Übersetzer als Person nicht entlassen kann.

Hermeneutik als Übersetzen von Texten

7.4.2 Das klassische Konzept: W. Dilthey

Das auch heute noch gültige klassische Konzept der Hermeneutik wurde von Wilhelm Dilthey (1833–1911) entwickelt. Es ist sehr komplex. In ihm werden verschiedene Gedanken und Begriffe verknüpft. In den folgenden Darlegungen werden die Grundstrukturen der Hermeneutik und ihre werkimmanenten Beziehungen zu wissenschaftstheoretischen und -historischen Erörterungen sowie ihr Zusammenhang zur Genese hermeneutischer Erkenntnis verfolgt (Dilthey 1982, 1979; Danner 1994, 31–116).

Die Schwerpunkte der Hermeneutik bei Dilthey sind insbesondere in der zetetischen und dogmatischen Hermeneutik zu suchen. Im Prozess der Präzisierung seiner Auffassung von Hermeneutik verbindet Dilthey in den verschiedenen Texten u. a. immer wieder Grundlagenreflexionen, Auseinandersetzungen mit anderen Positionen und Methoden, Methodenvorschläge, Hinweise auf wissenschaftsmethodische Regelwerke und das Grundinteresse, Wissenschaft vom Leben bzw. der Lebenswirklichkeit her zu erforschen und zu begründen. Die Basis seines Konzepts von Hermeneutik liegt in der menschlichen Lebenswirklichkeit und den damit verbundenen Denktraditionen und Lebenstätigkeiten, zu denen auch die Erziehung gehört. Die Erziehungswirklichkeit ist daher auch für Dilthey der Ausgang aller pädagogischer Reflexion (Kap. 6.4.4).

Der Schlüssel für die hermeneutische Arbeit ist das Verstehen. Dies gilt auch für das nach Regeln geleitete wissenschaftliche Verstehen und die damit verbundenen Methoden. Das Verstehen kann als grundlegende Strukturdimension der Hermeneutik angesehen werden (Coreth 1969). In den „Zusätzen aus den Handschriften" sagt Dilthey:

Verstehen

> *„Verstehen, in den nun anzugebenden weiten Umfang genommen, ist das grundlegende Verfahren für alle weiteren Operationen der Geisteswissenschaften … Ist nun das Verstehen grundlegend für die Geisteswissenschaften, so ist die erkenntnistheoretische, logische und methodische Analysis des Verstehens für die Grundlegung der Geisteswissenschaften eine der Hauptaufgaben.* Die Bedeutung dieser Aufgabe tritt aber erst ganz hervor, wenn man die Schwierigkeiten, welche die Natur des Verstehens in bezug auf die Ausübung einer allgemeingültigen Wissenschaft enthält, sich zum Bewußtsein bringt" (1982, 333).

In analytischer Betrachtung hat das Verstehen nach Dilthey drei Grade, die von unterschiedlichen Erkenntnisinteressen bestimmt sind. Die Grade, die auch als Dimensionen oder Ebenen bezeichnet werden können, sind:

1. das Verstehen von Lebensäußerungen im Sinne eines Alltagsverstehens,
2. das Verstehen nach Regeln, das Dilthey das kunstgemäße oder wissenschaftliche Verstehen nennt und
3. die Lehre oder Theorie vom Verstehen, das Alltags- und Wissenschaftsverstehen einschließt, die Dilthey die Hermeneutik nennt (1982, 319ff).

Mit den Graden des Verstehens verbinden sich die Dimensionen „Erleben, Ausdruck und Verstehen" – letzter im Sinn von „kunstgemäßem", d. h. wissenschaftlichem Verstehen (1979, 191–220).

elementares Verstehen

Zu 1) Das Alltagsverstehen wird von Dilthey im Anschluss an Schleiermacher auch als „elementares Verstehen" bezeichnet. Es ist strukturell mit dem Erleben des einzelnen Menschen in den Situationen verknüpft. Das Erleben muss aber vom einzelnen Menschen bewusst gemacht werden, um in Handlung oder in Sprache zum Ausdruck zu kommen. Dilthey behauptet nun im Unterschied zu dem psychophysischen Parallelismus seiner Zeit, dass sich das Erlebnis oder die Erlebnisinhalte nicht im Bewusstsein einfach abbilden und dass das Bewusstsein daher eine kausale Folgetätigkeit des Erlebens sei, sondern er behauptet, dass das Bewusstsein selbst ein aktives Zentrum ist, in dem das Erlebnis seinem Inhalt und seiner Form nach hervorgebracht wird; mit anderen Worten: erkenntnismäßig gefasst wird (1979, 196). Mit dieser Fassung kann das Erlebnis überhaupt erst im Handeln oder in der Sprache anderen mitgeteilt, also zum Ausdruck gebracht werden.

„Jede Lebensäußerung hat eine Bedeutung, sofern sie als ein Zeichen etwas ausdrückt, als ein Ausdruck auf etwas hinweist, das dem Leben angehört" (1979, 234). Verstehen ersten Grades, das Dilthey in Anlehnung an Schleiermacher auch elementares Verstehen nennt, beruht auf dem Erlebnis und seiner Bedeutungsverleihung als gedanklicher Tätigkeit, die in Gestik und Mimik und in der Regel in Handlungen und Sprache ihren symbolischen, d. h. zeichenhaften Ausdruck findet. Dieser Verstehensprozess ist als ein unmittelbarer, d. h. noch durch keine wissenschaftlichen Regeln bestimmter Ausdruck menschlich-alltäglicher Lebenstätigkeit zu interpretieren.

Zu 2) Das Verstehen nach Regeln ist als die Transformation des Alltagsverstehens in ein Verstehen, das mit Kategorien und mit Regeln der Logik arbeitet, anzusehen. Dilthey behauptet nun, dass die in der ersten Stufe vorgestellte Form des Alltagsverstehens eine Vorform des Verstehens nach Regeln, also des wissenschaftlichen Bewusstseins sei.

Von besonderer Bedeutung auf dieser Stufe wird das „Nacherleben" bzw. das „Fremdverstehen". Dilthey sagt hierzu:

Fremdverstehen

> „Auf der Grundlage des Erlebens und des Verstehens seiner selbst, und in beständiger Wechselwirkung beider miteinander, bildet sich das Verstehen fremder Lebensäußerungen und Personen aus. Auch hier handelt es sich nicht um logische Konstruktion oder psychologische Zergliederung, sondern um Analysis in wissenstheoretischer Absicht. Es soll der Ertrag des Verstehens anderer für das historische Wissen festgestellt werden" (1979, 205).

Ist das Erleben mittelbar zur Wirklichkeit, so steht im Nacherleben das Individuum immer einem Text gegenüber, den es sich „vergegenwärtigen" muss. Das hat zur Voraussetzung, dass sich der Betreffende in die interagierenden Sinnmuster und -strukturen hineinversetzen muss. Der Interpret muss also eine Art Empathie, d.h. Einfühlungsvermögen, in den Text und die darin dargestellten Handlungen, Akteure usw. entwickeln. Dem geübten Interpreten wird es dabei gelingen, im Nacherleben den Sinn des Textes zu erfassen, sich bewusst zu machen und zur Sprache zu bringen. Dilthey erläutert diesen Vorgang im Rückgriff auf eine Äußerung Schleiermachers, dass der Interpret dabei versuche, den Autor besser zu verstehen als er selbst (1979, 217). Die Äußerung zeigt den hohen Anspruch, der an die Interpretationsleistung von Interpreten gestellt wird. Dieser Anspruch muss auch im hermeneutischen Regelwerk und in der hermeneutischen Praxis angestrebt werden. Er kann durchaus mit den Voraussetzungen verglichen werden, die in der Theorie des symbolischen Interaktionismus oder in der Kommunikationstheorie gemacht werden, um die Handlungen der Akteure erklären zu können. Hier werden allerdings auch die negativen Ausformungen erforscht (Kap. 3.4, 4.5 u. 5.2.4)

Erleben

Zu 3) Die Hermeneutik ist die Lehre oder Theorie, in der die Formen des Verstehens, insbesondere des regelgeleiteten Verstehens, ihre wissenschaftliche Bearbeitung finden.

Hermeneutik

> „Das kunstgemäße Verstehen dauernd fixierter Lebensäußerungen nennen wir *Auslegung*. Da nun das geistige Leben nur in der Sprache seinen vollständigen, erschöpfenden und darum eine objektive Auffassung ermöglichenden Ausdruck findet, so vollendet sich die Auslegung in der Interpretation der in der *Schrift* enthaltenen Reste menschlichen Daseins. Diese Kunst ist die Grundlage der Philologie. Und die Wissenschaft dieser Kunst ist die Hermeneutik" (1979, 217).

Dem Zitat ist zu entnehmen, dass in der Hermeneutik in erkenntnistheoretischer Hinsicht sowohl die Erkenntnisweisen und -methoden erforscht und verbessert als auch die Konstituierung des Gegenstandes betrieben wird. Die beiden Grundweisen des Verstehens, das elementare und das regelgeleitete Verstehen, werden dabei in gleicher Weise relevant. Dabei ist zu beachten, dass das elementare Verstehen auch Gegenstand des regelgeleiteten Verstehens sein kann und muss, dass es selbst aber keine wissenschaftsbegründende Funktion hat. Daher kann die Hermeneutik subjektive Interpretationen von Wirklichkeit und Texten, die Dilthey als „persönliche Genialität" bezeichnet, nicht zulassen. An ihre Stelle muss wissenschaftsmethodisches Regelwerk treten. Daher sind Instrumentalisierung und Methodik der Hermeneutik wissenschaftlich ebenso notwendig wie die Reflexion und die Bestimmung von Begriffen bzw. Kategorien, auf die die Forschung gründen kann.

Dilthey erkennt dabei sehr wohl, dass eine Interdependenz der beiden Verstehensweisen in der Person eines jeden Forschers gegeben ist und dass bei genetischer Betrachtung des Verstehens das elementare Verstehen dem regelgeleiteten Verstehen vorausgeht. Aus der Perspektive des wissenschaftlichen Verstehens wird das Alltagsverstehen als Vorverständnis bezeichnet (Kap. 6.4.4).

In logischer Hinsicht weist Dilthey auf ein weiteres Problem hin.

> „Die Auflösung dieser erkenntnistheoretischen Frage (Anm. Kron: d. i. die analytische Betrachtung des Verstehens) führt auf das *logische Problem* der Hermeneutik. Auch dieses ist natürlich überall dasselbe (Anm. Kron: in allen Wissenschaften). Es sind selbstverständlich ... dieselben elementaren logischen Operationen, die in den Geistes- und Naturwissenschaften auftreten, Induktion, Analysis, Konstruktion, Vergleichung. Aber darum handelt es sich nun, welche besondere Form sie innerhalb des Erfahrungsgebiets der Geisteswissenschaften annehmen" (1982, 334).

Im Fortgang der Argumentation gibt Dilthey einige Erläuterungen hierzu, u. a. zur Induktion. So bleibt nach Dilthey die Induktion in den Geisteswissenschaften immer auf das Wissen vom Zusammenhang des Einzelnen zum Ganzen bezogen. Dieser Zusammenhang wird als Struktur begriffen. Daher zählt Struktur auch zu den Kategorien, die Dilthey an anderer Stelle aufstellt. Die Lebens- und Erlebniszusammenhänge, in welchen sich die einzelnen Personen äußern, beruhen auf Strukturen. Als die grundlegende Struktur des Erlebens wird von Dilthey – wie bereits dargestellt – die Bedeutung angesehen. In dem hier entwickelten Zusammenhang geht Dilthey noch einer anderen Struktur nach. Die einzelnen Lebensäußerungen der Individuen sind selbstverständlich subjektiv. Sie erhalten ihren wissenschaftlichen brauchbaren Status in der Regel durch die Sprache. Die sprachliche Fassung kann mit wissenschaftlichem Regelwerk untersucht werden, weil auch ihr eine Struktur, also ein allgemeingültiges, unterstellt werden kann. Dilthey nennt hier u. a. die grammatische und syntaktische Struktur sprachlicher Äußerungen. Daher bieten die schriftlich fixierten Lebensäußerungen, also die Texte, die Basis aller hermeneutischen Forschung. Dieser Ansatz wird auch im sozialwissenschaftlichen Paradigma akzeptiert, allerdings mit modifizierten Methoden der Interpretation.

Das obige Zitat zeigt, dass für die Hermeneutik wie für alle Wissenschaften selbstverständlich das Regelwerk der Logik gilt. Das Verstehen kann daher auch als ein Verfahren begriffen werden, das methodisierbar gemacht werden kann. In Bezug auf die Hermeneutik als Kunstlehre ist daher die Ausarbeitung eines Instrumentariums unerlässlich.

7.4.3 Grundstrukturen der Hermeneutik

Der Übergang von den Grundlagenreflexionen zur Methodenpraxis wird durch den Text markiert. Dilthey weist mehrfach darauf hin, dass nicht die gesprochene Sprache Gegenstand der Hermeneutik sein kann, sondern die schriftliche Form der Sprache. Der Grund liegt in der erkenntnistheoretischen und logischen Dimension der Hermeneutik und am Gegenstand.

Ein Text ist ein Forschungsgegenstand, insofern er „dauernd fixierte Lebensäußerungen" repräsentiert. Der Text bildet somit die Grundlage für die hermeneutische Tätigkeit. Text wird hier als schriftlich fixierte menschliche Lebensäußerung verstanden. Der eigentliche Gegenstand der Hermeneutik ist aber nicht der Text, sondern der in dem Text latente und über Sprache symbolisch vermittelte Sinn. Der Text selbst stellt lediglich den Referenzrahmen bzw. die Darbietungsform von latenten Sinnstrukturen dar. Um die Herausarbeitung, d. h. die Objektivierung dieses latenten Sinnes geht es in der Auslegung, gleichviel in welche Form ein Text gefasst ist, z. B. als Prosa, Gedicht, wissenschaftliche Abhandlung, Referat. In der Praxis der Textauslegung konkretisieren sich immer wieder drei Strukturmerkmale:

Textinterpretation

1. der hermeneutische Zirkel,
2. die hermeneutische Differenz und
3. das hermeneutische Regelwerk.

Zu 1) Die Praxis zeigt, dass sich die Interpretation in einer Zirkelbewegung vollzieht, in der sich das Verstehen von einfachen zu immer höheren Formen hinaufarbeitet. In der Literatur wird daher auch von der hermeneutischen Spirale gesprochen. In diesem Prozess wird unterstellt, dass in der Textinterpretation von einem Einzelfall auf das Allgemeine und dass von diesem Allgemeinen wieder auf weitere Einzelfälle geschlossen wird. Als Erster hat Schleiermacher in der Einleitung zu „Hermeneutik und Kritik" 1838 auf den hermeneutischen Zirkel hingewiesen.

der hermeneutische Zirkel

> „Auch innerhalb einer einzelnen Schrift kann das Einzelne nur aus dem Ganzen verstanden werden, und es muß deshalb eine kursorische Lesung, um einen Überblick des Ganzen zu erhalten, der genaueren Auslegung vorausgehen. 1. Dies scheint ein Zirkel ..." (Schleiermacher 1957, 97).

In einem allgemeinen Sinn ist mit dem hermeneutischen Zirkel „das wechselseitige Verhältnis des Einzelnen und des Ganzen, dessen Teil es ist, oder des Besonderen und des Allgemeinen" (Coreth 1969, 94) gemeint. Dilthey bestimmt diesen Zirkel des Näheren als Kreislauf von objektivem Geist, der durch menschliche Erfahrung und menschliches Erlebnis im Bewusstsein aufgenommen und transformiert, also resubjektiviert und in einer neuen Form, d. h. auf höherer Ebene der Erkenntnis kognitiv und sprachlich objektiviert wird. Dabei wird die Vorform der jeweiligen Verstehensformen als Vorverständnis bezeichnet. Das Vorverständnis bringt jeder Textinterpret aus verschiedenen Interessenlagen heraus in seine Arbeit am Text ein. Es ist sinnvoll, dieses Vorverständnis, das in der Regel ungeordnet ist, in einem Selbstbefragungsprozess ausdrücklich zu machen. Dadurch

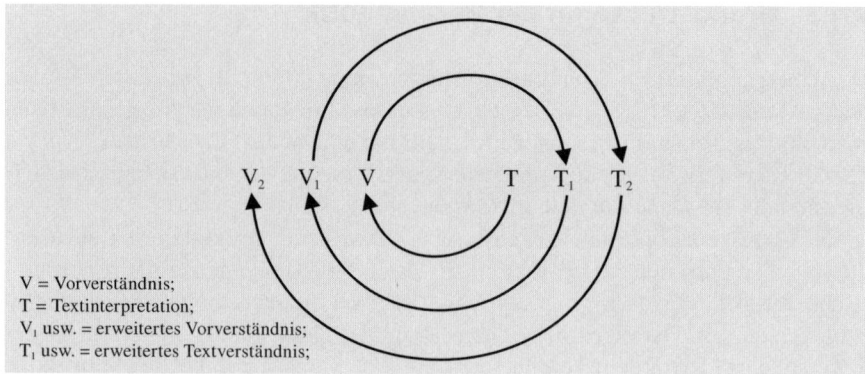

Abb. 26:
Hermeneutischer Zirkel (Danner 1994, 57)

erhält es eine definierte Form, mit der die Arbeit am Text durchgeführt und das Textverständnis differenziert und erweitert werden kann. Abbildung 26 soll diesen Prozess veranschaulichen.

Die hermeneutische Differenz

Zu 2) Bei der Auslegung von Texten unterliegen die Interpreten immer einer hermeneutischen Differenz. Diese hat im hermeneutischen Zirkel ihren Verursachungs- und Lösungszusammenhang. Der Interpret geht immer mit einem bestimmten Vorverständnis an die Erforschung seines Gegenstandes bzw. an die Interpretation seines Textes heran. Dieses Vorverständnis wird auch in einem eigenen Schritt in der Interpretationspraxis methodisiert. Das wissenschaftliche Vorverständnis kann dabei durchaus durch das Alltagsverstehen mitbestimmt sein.

Vorverständnis und Verstehen

Zu Beginn der hermeneutischen Arbeit besteht in der Regel eine große Differenz zwischen Vorverständnis und dem vom Autor gemeinten Sinn des Textes bzw. dem zu leistenden Verstehen des Interpreten. Durch den hermeneutischen Zirkel und die immer wieder erneute Orientierung an der Sache selbst, deren Sinn es zu erfassen gilt, wird die Differenz zwischen dem Vorverständnis und dem angezielten Verständnis immer geringer. Sie geht freilich nie auf Null, sondern es bleibt immer eine letzte Differenz; denn sowohl der Forscher und sein Erkenntnisinteresse als auch der Text und die Interpretation unterliegen der Zeitlichkeit; ihr Kontext verändert sich. Dadurch entstehen immer neue Situationen für den Interpreten, und die Differenz bleibt somit immer als eine relative bestehen.

Das hermeneutische Regelwerk

Zu 3) Das hermeneutische Regelwerk wird als eine Art Instrument eingesetzt, um Texte wissenschaftlich angemessen interpretieren zu können.

Im Rahmen eines Projekts über „Elternhaus und Schule" (1968) wurde ein Konzept zur Analyse von Texten von Oevermann entwickelt, das er mit „objektive Hermeneutik" bezeichnet hat. Das Verfahren wird auch „strukturelle Hermeneutik" genannt und ist im Rahmen der qualitativen Sozialforschung entwickelt worden.

In der Seminarpraxis mit Studierenden hat sich das nachfolgende Regelwerk bewährt.

7.4.4 Regeln zur Interpretation von Texten

Im Folgenden wird ein in der Praxis erprobtes Regelwerk zur Interpretation von Texten vorgestellt.

1. Formuliere Dein erkenntnisleitendes Interesse!
   - Ich habe ein systematisches Interesse, weil ich eine systematische Hausarbeit über „primäre Sozialisation" zu schreiben habe.

2. Formuliere Dein Vorverständnis vom Text!
   - Von „primärer Sozialisation" weiß ich … weiß ich nicht/will ich wissen/interessiert mich, weil …

3. Erforsche genau den Entstehungszusammenhang des Textes! (Quelle)
   - Wann und wo ist der Text geschrieben?
   - Aus welchem Anlass ist der Text geschrieben?
   - Wo und wann ist der Text veröffentlicht? Zum ersten Mal? Zum wiederholten Mal? Lassen sich hierfür Gründe finden?
   - Wer ist/war der Adressat? Die Adressaten?
   - Wie ist/war der genaue Titel des Textes?
   - Ist/wurde der Text verändert? Von wem? Wann? Warum?
   - Gibt es Unterschiede? Unterschiede klar herausarbeiten und benennen!
   - Mit welcher Auflage will, muss, soll ich arbeiten? Warum?

4. Skizziere die inhaltliche Gliederung des Textes!
   - Welche Themen werden angesprochen?
   - Welche Themen/Begriffe stechen hervor? … Spielen eine tragende Rolle? … Stehen im Mittelpunkt?
   - Sind die Themen in der Form einer Problemanzeige, Fragestellung, Hypothese, Vermutung, Behauptung, Verallgemeinerung u. Ä. dargestellt?

5. Arbeite klar heraus und schreibe auf, was Dich an den Themen interessiert oder nicht!
   - Fallen Themen mit dem erkenntnisleitenden Interesse zusammen?
   - Sind die Themen allgemein von Bedeutung? Z. B. für die Prüfung, für eine andere Arbeit? Für Dich persönlich?

6. Vergleiche das eigene Vorverständnis mit dem sich entwickelnden Verständnis vom Text!
   - Welche Unterschiede fallen Dir auf? Arbeite sie heraus und benenne sie!
   - Hat die eigene Erkenntnis einen Zuwachs, eine Differenzierung, Vertiefung, Bestätigung, Erweiterung u. Ä. erhalten? Formuliere sie!

7. Bearbeite einige formale Aspekte des Textes!
   - In welcher Zeitform ist der Text geschrieben? Vergangenheit, Gegenwart? Und warum?
   - Wann wird welche Zeitform benutzt? Gründe hierfür?
   - Welche Folgen haben diese Feststellungen für die weitere Interpretation des Textes? Aufschreiben!

- Sind die Zeitformen auch drucktechnisch zum Ausdruck gebracht? Wenn ja, dann hilft dies der formalen Gliederung des Textes. Beachte diese Gliederungen.
- Welche Bedeutung gibt der Autor bestimmten Wörtern und Begriffen (= semantischer Aspekt)? Entsprechen sie dem Zeitgeist? Sind sie gruppenspezifisch oder individuell gewählt? Markiere dies genau! Diese Kenntnis hilft bei der weiteren inhaltlichen Gliederung, Analyse und Interpretation des Textes!
- Wie verknüpft der Autor bestimmte Wörter, Begriffe, Sätze miteinander (z. B. Autoritätserziehung oder Autorität und Erziehung oder Autorität in der Erziehung) und welche Bedeutung ist daraus (vom Kontext her gesehen!) abzulesen (= syntaktischer Aspekt)? Schreibe Deine Erkenntnisse auf.
- Ist eine Beziehung zwischen einzelnen Sätzen, Aussagen im Text und Adressaten des Textes (einschließlich Dir selbst!) festzustellen (= pragmatischer oder kommunikativer Aspekt)? Schreibe Dir dies auf!

8. Versuche, den inneren, strukturellen Argumentationsablauf und -zusammenhang des Textes zu erkennen!
- Gibt es Sprünge in der Argumentation, z. B. Widersprüche, ein Abgleiten in die Polemik oder in andere Sachverhalte?
- Ist die Argumentation logisch? Z. B. im kausalen, finalen Ablauf stringent?
- Sind eine Hauptthese, Thesen, Hypothesen u. Ä. herausgearbeitet?
- Sind Begründungen, Erläuterungen, Beispiele u. Ä. gegeben?
- Werden Exkurse gemacht und tragen diese zum besseren Verstehen der Argumentation bei oder nicht? Warum?
- Sind Zusammenfassungen gemacht und sagen sie das Gleiche aus wie der Text oder Deine eigene Interpretation?

9. Stelle fest, welche Quellen der Autor bzw. die Autorin zusätzlich benutzt!
- Sind dies Bücher, Aufsätze, Zeitungsartikel, Beispiele aus der Praxis o. Ä.?
- Sind die Quellen genau angegeben? Mache Stichproben, ob die Quellenangabe stimmt!
- Welche Funktion haben die Quellen in Bezug auf den Argumentationsablauf und -zusammenhang? Erweiterung des Verstehens, Legitimation der Aussage, Hinführung zur Quelle, Kundgabe der Belesenheit oder der wissenschaftlichen Ausgewiesenheit von Autor bzw. Autorin?

10. Prüfe die Geltung des Textes in Bezug auf Deine Arbeit!
- Was trägt der Text in einem engen Sinn in Bezug auf Deine wissenschaftliche Arbeit bei, an der Du schreibst?
- Trägt der Text zum besseren Verständnis und zur beruflichen, gesellschaftlichen Praxis bei?
- Kann der Text auch zur Legitimation dieser Praxis dienen?

11. Prüfe Dich während und nach der Arbeit am Text, mit welchen wissenschaftsmethodischen Regelwerken und Regeln aus dem Alltag Du gearbeitet hast! Mache sie ausdrücklich! Dies erhöht Deine wissenschaftstheoretische Kompetenz!
- Hast Du inhaltliche Aussagen in einem Gedankengang auf einen Punkt gebracht? Z. B. in Form von Substanz- bzw. Qualitätsbestimmung?
- Hast Du den gedanklichen Umfang eines Textabschnittes oder des ganzen Textes bestimmt? Z. B. in Form der Quantitätsbestimmung?

> - Hast Du Textstellen bzw. Aussagen im Text miteinander verglichen, gedanklich bestimmt und auf einen Begriff gebracht?
> - Hast Du gedankliche Beziehungen zwischen Aussagen hergestellt? Z. B. Relationen zwischen zwei Begriffen?
> - Hast Du begriffliche Bestimmungen und Definitionen vorgenommen?
> - Hast Du Begriffe geordnet, z. B. in einer Hierarchie, in einem Netzwerk oder in einem System? Wo hast Du die Ordnungswerke her?
> - Hast Du Deine Erkenntnisse als Aussagen, Sätze und Schlussfolgerungen formuliert?

7.4.5 Ein aktuelles Konzept: Die „objektive Hermeneutik"

Das Verfahren wird hier vorgestellt, um die Übergänge zwischen Empirie und Hermeneutik anschaulich werden zu lassen. Die objektive Hermeneutik ist ein modernes Verfahren der Textanalyse (Handbuch qualitative Sozialforschung 1995, 223–228).

Jede Forschungsmethode ist in einen wissenschafts- und erkenntnistheoretischen Entstehungs- und Entwicklungszusammenhang eingebettet. Diese Zusammenhänge treten nicht selten hinter dem aktuellen Interesse, das Verfahren selbst zu verbessern, zurück; sie liegen den Verfahren aber strukturell zugrunde, und sie sind daher erschließbar.

In den grundlegenden Veröffentlichungen zur objektiven Hermeneutik, die in erster Linie als Methode zur Textanalyse verstanden wird (Oevermann 1979, 1986, 1996; Garz u. a. 1983a und b; Garz 1984; Aufenanger/Lenssen 1986; Garz/Kraimer 1994), lassen sich mindestens fünf grundlegende Dimensionen erkennen.

1. Aus der klassischen Hermeneutik Diltheys wird die Grundannahme übernommen, dass jeder menschlichen Lebensäußerung ein Sinn bzw. eine Bedeutung zugrunde liegt und dass diese wissenschaftsmethodisch nur auf der Grundlage eines Textes, in dem die Lebensäußerung festgehalten ist, erforscht bzw. erschlossen werden kann.
2. Aus der verstehenden Soziologie stammt die kategoriale Bestimmung menschlichen Verhaltens als soziales Handeln und des Näheren als symbolische Interaktion. Dabei wird unterstellt, dass soziale Interaktionen in Rollenbeziehungen sowie in entsprechenden Normen und Regeln gründen, deren Sinn und Bedeutung von allen Mitgliedern der Gesellschaft geteilt wird.
   Hier ist insbesondere die Theorie des symbolischen Interaktionismus als Erklärungsansatz für die Sozialisationsprozesse zu nennen (Kap. 3.4 u. 4.5). Daher zeigt sich auch eine enge Verbindung der objektiven Hermeneutik mit der Sozialisationsforschung insbesondere mit den Forschungen im Horizont des interpretativen Paradigmas (Wilson 1976).   *symbolischer Interaktionismus*
3. Die qualitative Sozialforschung kann als eine weitere Wurzel der objektiven Hermeneutik angesehen werden. Mit ihr verbindet sich das Interesse über die quantitativen Aussagen hinaus an der Erforschung des substanziellen Kerns von Untersuchungsgegenständen. Die Stoßrichtung dieses Erkenntnisinteresses erfordert neue Verfahren und Instrumente, wie sie u. a. in der Diskussion um die Erforschung von Alltagswissen, sozialer Wirklichkeit und

gesellschaftlicher Interaktion bereits um 1970 vorgestellt wurden (Arbeitsgruppe Bielefelder Soziologen 1976).
4. Die Entstehungsgeschichte der objektiven Hermeneutik zeigt auch die Auseinandersetzung Oevermanns mit der Sprachtheorie Noam Chomskys. In seiner Theorie der „generativen Grammatik" (Chomsky 1970) spricht Chomsky von Tiefenstruktur (Kompetenz) der menschlichen Sprache, die der Oberflächenstruktur der gesprochenen Sprache (Performanz) zugrunde liegt. Die Tiefenstruktur der Sprache wird als ein formelles System aufgefasst, in dem syntaktische und semantische Elemente der Sprache aufeinander bezogen sind und in der der Satz als linguistische Grundeinheit gilt. Die Textanalyse zielt daher auf die Rekonstruktion von Bedeutungsstrukturen ab, die in dem formalen Sprachsystem ihren Grund hat.
5. Der Rekonstruktionsprozess objektiver Sinnstrukturen spiegelt in seiner Struktur den Erkenntnisprozess wider, den die Forschenden zu leisten haben. Daher ist die Methode der objektiven Hermeneutik auch in erkenntnis- und im weitesten Sinn in wissenschaftstheoretischer Hinsicht von Bedeutung.

Fazit

Auf dem skizzierten Hintergrund ist die Methoden- und Erkenntnispraxis der objektiven Hermeneutik einschließlich der Schlüsselbegriffe zu sehen. Sie werden im Folgenden dargestellt:

1. Verfahren und Instrumente: Die objektive Hermeneutik ist ein Verfahren, das der inhaltsanalytischen Auswertung von Daten dient. Insofern ist es zu den Verfahren der qualitativen empirischen Sozialforschung zu zählen.

> „Die objektive Hermeneutik ist ein Verfahren, ... objektiv geltende Sinnstrukturen intersubjektiv überprüfbar je konkret an der les-, hör- und sichtbaren Ausdrucksgestalt zu entziffern" (Oevermann 1996, 1).

Als das grundlegende Instrument ist die Feinanalyse von Texten, die in Sequenzen durchgeführt wird, anzusehen.

Sinnstrukturen

2. Ziel des Verfahrens: In den inhaltsanalytischen Verfahren der objektiven Hermeneutik wird das Ziel verfolgt, latente, d.h. dauerhafte, Sinnstrukturen herauszuarbeiten, die allen menschlichen Einzelhandlungen und Lebensäußerungen zugrunde liegen. Oevermann bezeichnet die latenten Sinnstrukturen auch als objektive Bedeutungsmöglichkeiten oder -strukturen. Latenten Sinnstrukturen wird gemäß dem empiristischen Objektivitätspostulat eine eigene Realität zuerkannt, unabhängig davon, ob sie in den Einzelhandlungen und Lebensäußerungen der Individuen beabsichtigt oder intendiert waren oder nicht.

3. Zweck der Forschungen: In zweifacher Hinsicht wird ein Zweck verfolgt:

- Es sollen die hinter den offen gezeigten Verhaltensweisen, Erwartungen, Handlungen, Interaktionen, sprachlichen Äußerungen, kurzum den „Ausdrucksgestalten" der Mitglieder einer Gesellschaft oder Gruppe liegenden Bedeutungsstrukturen aufgedeckt und ihre Funktion in Bezug auf die Realität verstanden bzw. nach Regeln gedeutet werden. Das dabei erzeugte Wissen kann über Differenzen und/oder Übereinstimmungen zwischen gesellschaftlichen Grundstrukturen, die das individuelle Handeln geheim, versteckt, unbewusst oder latent determinieren, und über die Oberflächenwirkung eben dieses Handelns Auskunft geben. Dieses analytische Wissen kann in prognostisches Wissen überführt werden. In dieser Form kann es auch Ausgangspunkt für pädagogische Überlegungen sein, Oberflächen- und/oder Strukturen von symbolischen Interaktionen in Institutionen, wie z. B. Umgangsformen in einer Schulklasse, zu ändern. Die Norm, woraufhin verändert werden soll, bedarf der besonderen Diskussion.

- Es soll ein sozialwissenschaftliches Forschungsprogramm entwickelt werden, das qualitative und quantitative Verfahren umfasst und das von der theoretischen Grundannahme der gesellschaftlichen Konstruktion sozialer Wirklichkeit ausgeht. Diese aus der Sozialisationstheorie entstammende Annahme (Berger/Luckmann 1977) führt zu der theoretischen methodologischen und methodischen zentralen Unterscheidung von zwei Realitätsebenen menschlicher Lebensäußerungen: der Realitätsebene der latenten Sinnstrukturen und der Realitätsebene der subjektiv intentional repräsentierten Bedeutungen in der Wirklichkeit.

4. Der Strukturbegriff: Als die zentrale Kategorie der objektiven Hermeneutik kann die Struktur angesehen werden. Mit dem Begriff wird von Oevermann grundsätzlich die latente Sinnstruktur bzw. die synonym gebrauchte objektive Bedeutungsstruktur belegt. Die latente Bedeutungsstruktur erhält in Oevermanns methodologischem Konzept den logischen Status einer objektiven Gegebenheit bzw. einer Realität sui generis, d. h. einer Realität, die sich durch sich selbst begründet. Dadurch ist sie – logisch gesehen – objektiv.

Struktur

Im Unterschied zum klassisch-soziologischen und dem diltheyschen Strukturbegriff baut sich eine Sinnstruktur aus Elementen und ihren Relationen in der Zeitachse auf (Flick u. a. 1995, 224f). Damit gewinnt die Struktur eine innere Dynamik und Entwicklung. Strukturen können sich nach Oevermann also reproduzieren und transformieren. Ihre Reichweite ist groß. Sie reichen von universalen Strukturen (z. B. Grammatikalität, Logizität, Moralität, Vernünftigkeit) über epocheüberspannende historische Strukturen (z. B. Weltanschauungen) bis hin zu gruppenspezifischen und situativen Strukturen (z. B. gruppenspezifische Deutungs- und Handlungsmuster). Es gilt dabei die Annahme, dass universale Strukturen einen höheren Grad an Stabilität als situative Strukturen haben und dass die Reproduktions- und Transformationsprozesse selbst als Strukturen zu begreifen sind.

Die Verfahren und Instrumente der objektiven Hermeneutik zielen darauf ab, diese Strukturen zu rekonstruieren, d. h., diese aufgrund von Datensammlung und regelgeleiteter Analyse schrittweise aufzudecken. Die Schrittfolgen sind in diesem Prozess kanonisiert.

5. Ausdrucksgestalt, Text und Protokoll:

Ausdrucksgestalt

„Das Gesamt an Daten, in denen sich die erfahrbare Welt der Sozial-, Geistes- und Kulturwissenschaften präsentiert und streng methodisch – im Unterschied zu: praktisch – zugänglich wird, in denen also die sinnstrukturierte menschliche Praxis in allen ihren Ausprägungen erforschbar wird, fällt in die *Kategorie der Ausdrucksgestalt*" (Oevermann 1996, 2).

Ausdrucksgestalten können z. B. sprachliche Äußerungen und Texte jeder Art, Film- und Videomaterial, Fotografien sein. Sie alle müssen als schriftliche Texte fixiert werden. Das bedeutet z. B. für das Videomaterial, dass es transkribiert und in Sequenzen aufgeteilt werden muss, um analysierbar zu sein. In dieser Transformation ist bereits ein methodisch wichtiges Moment enthalten, nämlich die Sequenzierung, z. B. in Form der Bezifferung einzelner Sätze. Dieses Vorgehen ist in den Sprachwissenschaften üblich, und es stellt die notwendige Voraussetzung für die Bearbeitung der Texte dar. Dieser so eingerichtete Text wird Protokoll genannt.

> „Mit Hilfe dieser Kategorien von Ausdrucksgestalt, Text und Protokoll läßt sich eine vollständig veränderte, die gegenstandsabhängigen Unterschiede zwischen den Einzeldisziplinen in den Psycho-, Sozial-, Geistes- und Kulturwissenschaften auf ganz neue Weise vereinheitlichende Methodologie der Datenerhebung und Datenauswertung einrichten ..." (Oevermann 1996, 4).

Aufgrund der vorgestellten theoretischen, methodologischen und methodischen Setzungen erhebt die objektive Hermeneutik den Anspruch gegenstandsunabhängiger qualitativer empirischer Sozialforschung. In diesem Anspruch und den darin formulierten Setzungen unterscheidet sie sich von der gegenstandsorientierten Hermeneutik Diltheys. Sie unterscheidet sich auch von den Methodologien und Methoden von denjenigen Einzelwissenschaften, die die Konstituierung ihres Gegenstandes ins Zentrum wissenschafts- und erkenntnistheoretischer Tätigkeit rücken wie z. B. die Geschichte. Insofern stellt Oevermann die Position klar:

> „Die objektive Hermeneutik ist nicht eine Methode des Verstehens im Sinne eines Nachvollzugs subjektiver Dispositionen oder der Übernahme von subjektiven Perspektiven des Untersuchungsgegenstandes, erst recht nicht eine Methode des Sich-Einfühlens, sondern eine strikt analytische, in sich objektive Methode der lückenlosen Erschließung und Rekonstruktion von objektiven Sinn- und Bedeutungsstrukturen" (1996, 5).

6. Strategien des methodischen Vorgehens: Ausgehend von dem skizzierten Grundverständnis der objektiven Hermeneutik haben sich vielfältige Vorgehensweisen entwickelt (Aufenanger/Lenssen 1986; Garz/Kraimer 1994). Vier Basisstrategien sind aber allen Methodenvarianten gemeinsam, die auch von Oevermann immer wieder betont werden (Oevermann u. a. 1979, 352–434; Oevermann 1986, 19–83, Oevermann 1996) und auf die Jo Reicherts in seinem Artikel „Objektive Hermeneutik" im „Handbuch Qualitative Sozialforschung" (1994, 225) ausdrücklich hinweist:

- die Feinanalyse, die den äußeren Kontext und die Pragmatik der Interaktionstypen analysiert und für die weitere Analyse bereitstellt,
- die Sequenzanalyse, die jeden Interaktionsbeitrag schrittweise analysiert,
- die Analyse der Sozialdaten,
- die Klarheit der Begriffe.

7. Implizite Anthropologie: Nach dem Grundpostulat der objektiven Hermeneutik handeln alle Individuen auf der Grundlage objektiver Bedeutungsstrukturen. Mithilfe der objektiven Hermeneutik als Methode sind die Forscher in der Lage, ihre latenten Sinnstrukturen aufzudecken, also zu materialisieren, und die

Erkenntnisse reflexiv zu ihrem Handeln, also zu den Ausdrucksformen zu machen. Hier besteht die Chance für den Einzelnen

> „sich durch den bloßen Schein seiner Intentionen zur objektiven Bedeutung seiner Handlungen durchzuarbeiten. Je vollständiger ihm das gelingt, desto ‚autonomer' wird das Subjekt. Ein vollkommen über seine Handlungsbedeutungen bewußtes Subjekt wäre ein Grenzfall der Aufklärung" (Flick u. a. 1995, 225).

7.5 Die Dialektik

Die Dialektik ist ein großes Thema in der Philosophie von der Antike an bis in die Gegenwart hinein. In ihr haben sich vielfältige Auffassungen, Begründungen, Erkenntnisweisen und Denkmethoden herausgebildet. Wenn es – vereinfacht gesprochen – in der Empirie zentral um das Sammeln und Interpretieren von Daten geht, die Phänomenologie sich mit der Erschließung von Strukturen der sozialen Wirklichkeit befasst und die Hermeneutik den Sinn von Texten aller Art zu ergründen versucht, dann widmet sich die Dialektik immer wieder neu der Erkenntnis, also dem „Organon", d. h. dem Werkzeug menschlicher Wahrheitsfindung. Hierin ist einer der Gründe zu sehen, warum es sinnvoll erscheint, die Dialektik in einem Kapitel über forschungsmethodische Grundlegungen zur Sprache zu bringen. Ein weiterer Grund liegt darin, dass der Dialektik eine innovative Funktion in Bezug auf die Geistes-, Kultur- und Sozialwissenschaften einschließlich ihrer Erkenntnis- und Forschungsmethoden zugesprochen werden kann.

7.5.1 Begriffliche Klärungen

Das Wort Dialektik hat vielfältige etymologische Wurzeln und Bedeutungen:

- legein, ein indogermanisches Wort; es bedeutet so viel wie legen, sammeln, lesen, zählen, sagen, reden und auslegen.
- das griechische Wort logos, von dem fünf Bedeutungen bekannt sind: Wort, Rede, Rechenschaft, Sinn und Vernunft.
- Logik, d. i. der klassischen Bedeutung nach die Denkwissenschaft bzw. die Kunst des Denkens.
- dia-logos und dia-legesthai; das bedeutet im Griechischen das Gespräch. Die Vorsilbe dia meint dabei ein Doppeltes: zum einen das Gespräch, das zwischen zwei Personen als Rede und Gegenrede hin und her geht; zum anderen, dass eine Sache oder ein Sachverhalt zur Rede steht.
- In einem modernen Sinn kann Dialektik als Gespräch auch als eine besondere Form der Kommunikation bestimmt werden, die immer zwei Ebenen hat: eine Beziehungs- und eine Inhaltsebene.

Die Bestimmung des Begriffs zeigt ebenso viele Varianten wie die Etymologie. Dies liegt an den unterschiedlichen Grundauffassungen, Erkenntnisinteressen, wissenschafts- und erkenntnistheoretischen Positionen sowie an den weltanschaulichen Grundlagen, die sich in der Tradition der Dialektik entwickelt haben, aber auch an der Grundstruktur der Dialektik selbst. Es ist daher nicht einfach,

Dialektik

eine allgemeingültige Definition von Dialektik zu geben. Für wissenschaftliches Arbeiten ist aber eine Arbeitsdefinition angebracht, um ein Vorverständnis zu eröffnen, das bei der weiteren Befassung mit dem Phänomen hilfreich sein kann.

Dialektik kann einmal als Struktur von Lebenswirklichkeit und zum anderen als Methode aufgefasst werden. Beide Auffassungen sind in der Denktradition neben anderen Auffassungen durchgängig zu finden. Struktur und Methode der Dialektik sind dynamische Abläufe, die sich entwickeln. Diese Entwicklungen werden in der formelhaften Gesetzmäßigkeit von These – Negation der These (= Antithese) – Synthese beschrieben. Im Fortschreiten der Entwicklung dringt das Denken in eine immer differenziertere und zugleich optimaler integrierte Ebene oder Stufe der Erkenntnis vor. Daraus ist auch bereits die Struktur der Dialektik zu erkennen, nämlich aufgrund des Dreierschritts die individuelle Erkenntnistätigkeit zu entwickeln.

Die Dialektik als Methode eignet sich in erster Linie zur Darstellung von Problemen und Sachverhalten der sozialen Welt und nicht von naturwissenschaftlichen Objekten und Versuchen. Daher ist die dialektische Methode auch primär in den Geistes- und Geschichtswissenschaften zu finden, und sie verbindet sich dort mit der Hermeneutik und der Phänomenologie. Sie nimmt aber auch Ergebnisse der empirischen Sozialforschung zum Ausgang ihrer Erörterungen. Nicht selten wird die dialektische Struktur eines Gegenstandes, z. B. die bilinguale Erziehung von Kindern, zum Dreh- und Angelpunkt eines empirischen Forschungsdesigns.

7.5.2 Formen der Dialektik

Die dynamische Struktur der Dialektik hat zu Darstellungsformen geführt, deren begriffliche Fassung oft synonym zum klassischen Begriff der Dialektik gebraucht wird oder Elemente der Dialektik einschließt. Einige dieser Formen werden im Folgenden skizziert:

- Der Widerspruch (Antithetik). Er wird in der Formel: Position – Negation oder in der Sprache der formalen Logik: A – Nicht-A ausgedrückt. Er stellt den absoluten Gegensatz dar; es gilt entweder A oder Nicht-A; z. B. Erziehung ist Führen – Erziehung ist Nicht-Führen. Der Widerspruch kann an Begriffen, Elementen von Begriffen, Satzaussagen, Systemen oder Realitäten aufgezeigt werden. Es gilt also nur A oder Nicht-A.
- Der Gegensatz. Er ist dadurch bestimmt, dass der Position eine Aussage entgegengesetzt wird, die das in der Position Gemeinte aufgreift, prüft und widerlegt. So kann z. B. die These lauten: Erziehung ist Führen, und die Antithese kann heißen: Erziehung ist Wachsenlassen. Wenn es um die Geltung von These oder Antithese geht, gibt es nur ein Entweder – Oder.
- Die Polarität. Sie wird als ein Gegensatz verstanden, in dem These und Antithese einem Prozess der Prüfung unterzogen werden. Dabei wird die Geltung der einzelnen Elemente der jeweiligen Seite in Bezug auf den zur Rede stehenden Sachverhalt, z. B. die Erziehung, herausgearbeitet. Dieser Erkenntnistätigkeit liegen immer zwei dialektisch bezogene Momente zugrunde. Diese haben im Bereich der realen Erfahrung mit dem Gegenstand, der zur Rede steht, einerseits und im Bereich der idealen Vorstellung von

diesem Gegenstand andererseits ihre Wurzeln. So wird z. B. in der Position das Ziel der Erziehung als Entwicklungshilfe bestimmt. In der polaren Position wird formuliert, dass Erziehung als Entwicklungshilfe alles zu unterbinden habe, was dem vorgenannten Ziel zuwiderläuft. Daher drückt die Polarität strukturell gesehen das ‚sowohl als auch' aus. Schleiermacher hat in seinen pädagogischen Vorlesungen von 1826 hierfür treffende Beispiele gegeben.

- Die Antinomie. Sie wird nach Kant als ein Widerspruch im Vernunftdenken bezeichnet. Dieser Widerspruch entsteht, wenn im Denken der These ihre Negation entgegengestellt wird, die aber auf einer anderen Erkenntnisebene liegt. Kant nennt die eine Ebene Vernunftebene (reine Erkenntnis), die andere die Erfahrungsebene (Empirie). Kant greift nun beide Positionen auf und betrachtet sie auf einer höheren Ebene aus der Perspektive der reinen Ideen. Er nennt diese Ebene transzendentale Ebene. Aus dieser Perspektive ergibt sich, dass die These und ihre Antithese in einer erkenntnistheoretisch ausweglosen Situation stehen, weil sie sich auf zwei Ebenen bewegen, die für die wissenschaftliche Erkenntnis wichtig sind: im vernunftgeleiteten und im erfahrungsgeleiteten Denken. Diese Form der stehenden, ausweglosen Dialektik bezeichnet Kant als Antinomie (Kant 1968a, 409ff). Die erste von vier Antinomien, die in der „Kritik der reinen Vernunft" diskutiert wird, zeigt beispielhaft die Unauflösbarkeit der Antinomie:

„*Thesis*. Die Welt hat einen Anfang in der Zeit, und ist dem Raum nach auch in Grenzen eingeschlossen.
Antithesis. Die Welt hat keinen Anfang, und keine Grenzen im Raume, sondern ist, sowohl in Ansehung der Zeit, als des Raums unendlich" (Kant 1968a, 412 u. 413).

- Das Dilemma. Es besteht in der gedachten Annahme von zwei Positionen, Zielstellungen oder Handlungsmotiven in Bezug auf eine bestimmte Situation. Dabei können die jeweiligen Annahmen hinsichtlich ihrer Wirkung nicht abgeschätzt werden. Hinter den Annahmen stehen in der Regel entgegengesetzte Wertvorstellungen und ethische Positionen. In der qualitativen Sozialforschung haben sich insbesondere L. Kohlberg und F. Oser vorformulierter Dilemmasituationen bedient, um die moralische Beurteilung der Dilemmata durch Kinder, Jugendliche und Erwachsene zu testen (Kap. 4.5.4). Die Ergebnisse haben zur Aufstellung einer empirisch bewährten Theorie über die Entwicklung der moralischen Urteilsbildung geführt.
- Die Paradoxie. In ihr wird ein Sachverhalt ausgedrückt, der zunächst als widersprüchlich aufgefasst wird. Bei weiterem Nachdenken und unter Hinzunahme von Annahmen oder Hypothesen stellt sich dann heraus, dass das Denken im wahrsten Sinn des Wortes in dem zur Rede stehenden Problem stecken bleibt. Ein bekanntes Beispiel dafür ist die Paradoxie von Achilles und der Schildkröte.
- Die Aporie. Sie ist eine Ausweglosigkeit, in die ein Gespräch oder das Denken dann gerät, wenn zwei Argumente als gleichgewichtig angesehen werden. Eine Aporie kann nur durch ihre totale Negation oder durch ihre Beurteilung von einer höheren Ebene her – wie dies bei den Antinomien geschieht – überwunden werden.

Die Kenntnis der Formen der Dialektik erleichtert die Auseinandersetzung mit den verschiedenen Grundauffassungen von Dialektik, die sich in der Denktradition der klassischen Teildisziplin der Philosophie herausgebildet haben. Vier Grundauffassungen werden im Folgenden vorgestellt:

1. Dialektik als Gespräch und Gesprächsführung,
2. Dialektik als logisch begründete Erkenntnistätigkeit,
3. Dialektik als methodischer Schematismus und
4. Dialektik als Grundstruktur sozialer Wirklichkeit und ihrer Erkenntnis.

7.5.3 Dialektik als Gespräch und Gesprächsführung

Der Grundzug dieser Auffassung von Dialektik hat sich von der Antike an bis zur Gegenwart entwickelt. Er kann als Praxis vielfältiger Formen des Gesprächs und der Gesprächsführung, d. h. der Methode ein Gespräch zu führen, beschrieben werden.

Hinzu gehört die Reflexion dieser Praxis, die in der Tradition als „Lehre oder Kunst der Gesprächsführung" bezeichnet wird.

In der griechischen Antike bis Platon (427–347) mussten die jungen Männer aus der „Adelsschicht" über das Wiedergeben von Mythen, Erzählungen und Alltagswissen hinaus auch lernen, wie sie ihre Mitbürger von ihrem Wissen überzeugen können. Sie sollten dieses im Medium von Frage und Antwort, Rede und Gegenrede, Argument und Gegenargument tun. Das Erlernen dieser Fertigkeiten geschah hauptsächlich in der Form eines belehrenden Gesprächs, das ein erfahrener Bürger, in der Regel der Philosoph, mit einem jungen Mann führte. Das belehrende Gespräch oder Lehrgespräch und die Gesprächsführung wurden Dialektik genannt.

Schleiermacher

In einer modernen Form ist die Dialektik als „Kunst der Gesprächsführung" von F. D. E. Schleiermacher aktualisiert worden. Schleiermacher war evangelischer Theologe und als Weggefährte von W. von Humboldts mit dessen Bildungsidee (Kap. 2.8.2) und als Übersetzer der platonischen Dialoge mit der Dialektik gut vertraut. Er betrachtet die Kunst der Gesprächsführung unter erkenntnis- und gegenstandstheoretischen Gesichtspunkten. Die wissenschaftliche Gesprächsführung fasst er in Analogie zu Platons Dialogen als Erkenntnisprozess auf, der im Wechsel von Frage und Antwort verläuft. So entsteht eine Denkbewegung, in der durch dieses Wechselspiel sich allmählich eine inhaltliche, sprachliche und begriffliche Ordnung des zur Rede stehenden Sachverhalts als Ausdrucksform individueller Erkenntnis einstellt. Die Grundstruktur dieser Dialektik als Gesprächsführung besteht in der thetischen bzw. antithetischen Position der Gesprächspartner. In dem dialektischen Rollenspiel stehen beide in der gemeinsamen Erfahrung von Sache, Sprache und Denken und in der Formulierung ihrer Erkenntnis, kurzum in der „theoria" als Durchschau eines Problems (Kap 6.2.2), die die Synthese ausmacht.

Für Schleiermacher ist die gemeinsame Gesprächssituation von Bedeutung. Da in ihr die Gesprächspartner gemeinsam an der Lösung eines Problems arbeiten, erfahren sie sich zugleich in ihrem Denken. In dieser Erfahrung liegt der anthropologische Kern der Dialektik: die Gesprächssituation als gelebte und gestaltete Wirklichkeit. Sie ist wie das Denken dialektisch. Hier stößt Schleiermacher die Tür zur Metaphysik auf, hinter der seine religiös weltanschauliche Grundüberzeugung zu finden ist: die organisch, dialektisch strukturiere Welt als Schöpfung Gottes (Schleiermacher 1984, 191).

Einen realistischen Einblick in seine dialektische Methode gibt Schleiermacher in seinen Vorlesungen über Pädagogik aus dem Jahr 1826. Dort arbeitet er mit dem dialektischen Schematismus. An etwa 130 Beispielen aus Theorie und Praxis wendet er den Schematismus an. Stets beginnt er mit der Darstellung eines Gegensatzes strittiger Standpunkte, die er häufig „Differenz" nennt. Schleiermacher entwickelt seine Ausführungen im Wechselspiel von einer Seite der Differenz zur anderen und zwar so, dass er die beiden Positionen mehr und mehr ausdifferenziert und schließlich zu einer Schlussfolgerung, der Synthese, kommt. Er rückt dabei immer ein Argument in einen größeren Zusammenhang und entfaltet so ein implizites hermeneutisches Denken, das aus dem Wechselspiel von Text und Kontext lebt. Dieses Wechselspiel nennt Schleiermacher Dialektik und bezeichnet sie als neue Aufgabe (Schleiermacher 1942, 92). Ein gutes Beispiel gibt Schleiermacher über das Problem vom Anfang und Ende der Erziehung (Schleiermacher 1957, 140).

Danner, H. (2006): Methoden geisteswissenschaftlicher Pädagogik

Über Schleiermacher hinausgehend kann diese Auffassung von Dialektik als eine besondere Form von Kommunikation als Erziehungshandeln angesehen werden (Kap. 4.5.2).

7.5.4 Dialektik als logisch begründete Erkenntnistätigkeit

Diese Grundauffassung von Dialektik kann auch als Denkkunst oder Denkmethode verstanden werden, die durch richtiges Schließen, Urteilen und Bilden von Begriffen von der Antike an bis ins 19. Jahrhundert hinein zur Grundausbildung in der „facultas artium" der Universitäten gehörte. Dialektik wird hier mit Logik gleichgesetzt (Kap. 6.2 u. 6.4.4).

Bereits zur Zeit Platons wurde die Dialektik Teil eines entstandenen Lehrplans, der für die Ausbildung „der höheren Bürger" verbindlich wurde. Dieser Lehrplan, „Enkyklios Paideia" genannt, enthielt jenen Umkreis des Wissens und der Fertigkeiten, die ein junger Bürger der Polis lernen musste, um politisch, kulturell und sozial in der Polis tätig sein zu können und um die Zukunft der Polis zu sichern. Abbildung 27 veranschaulicht die Stellung der Dialektik in diesem ersten Lehrplan des Abendlandes (Dolch 1965, 26).

Die Dialektik gehörte in diesem Lehrplan zu den so genannten formalen Fächern, und sie bildete die Krönung der Ausbildung; denn neben dem Erlernen des belehrenden Gesprächs wurden auch die Regeln des Gesprächsführens gelernt

Jugendzeit	(Trivium) Dialektik Rhetorik Grammatik	(Quatrivium) Musiktheorie Astronomie Arithmetik Geometrie

Abb. 27: Enkyklios Paideia (Septem artes liberales) (nach Dolch 1965, 26)

und der „höhere Zweck" thematisiert, dem das Gespräch dienen sollte, nämlich der Erkenntnis der Wahrheit.

Aristoteles bestimmt die Erkenntnistätigkeit in Anlehnung an die Logik. Dementsprechend wird Dialektik als Regelwerk begriffen, das in der elementaren Logik, also in der Lehre von den Definitionen (Begriffen), Urteilen und Schlüssen (einschließlich Fehlschlüssen) gründet. Diese Auffassung galt insbesondere in den ersten Universitäten Europas im 12. und 13. Jahrhundert. Vom Mittelalter an zählt die Dialektik im Rahmen der Septem artes liberales zum Kerncurriculum der philosophischen Fakultät (facultas artium). Das Studium in dieser Fakultät schloss mit der Bacchalaureus Prüfung ab. Diese Ausbildungsfunktion, die der Dialektik als Logik zukam, galt bis zur Universitäts- und Gymnasialreform im 19. Jahrhundert durch W. von Humboldt.

Von da an übernehmen die Einzelwissenschaften die Dialektik als Logik. In den Sozialwissenschaften spielt die Logik in den Forschungsmethoden eine entscheidende Rolle, z. B. bei der Begriffsbildung und den damit verbundenen Definitionen von Merkmalen. In diesem Prozess geht es darum, zu einer Begriffsbestimmung – mittels der Definitionsregeln – zu kommen, die von allen Mitgliedern der Forschungsgemeinschaft dem Sprachsinn nach geteilt wird. Der gefundene Sprachsinn kann auch dem im Alltag gebräuchlichen Verständnis entsprechen, er muss aber alle Elemente enthalten, die für die Forschung als notwendig erachtet werden. Hierbei spielen die offengelegten und definierten Zielstellungen und Instrumente ebenso eine Rolle wie die erkenntnisleitenden Interessen. Eine solche Begriffsfestlegung wird konventionalistisch genannt; sie gilt als Arbeitsdefinition für ein Forschungsprojekt, eine Seminar- oder Hausarbeit, ist für jedermann nachprüfbar und macht es daher auch möglich, die Forschungen zu kritisieren. In diesem Faktorenzusammenhang liegt in einem modernen sozialwissenschaftlichen Verständnis der Zweck der Begriffsbildung.

Im Falle des Wortes Student können also z. B. folgende Vorstellungsinhalte zur Bestimmung des Begriffs „Student", der dann zu einem wissenschaftlichen Arbeiten verwendet werden kann, verbunden werden.

1. junger Mensch (18–28 Jahre),
2. Abschluss der höheren Schule,
3. Hochschulbesucher,
4. ein Fach lernend.

Damit wird das Wort Student zum Begriff Student. Die Regel, dass Merkmalsdimensionen anzugeben sind, um aus einem Wort einen Begriff werden zu lassen, ist also die Definition. Aufgrund der Definition geschieht die Substitution des Wortes Student durch die vier Vorstellungsinhalte. Daher wird diese Regel (= Definition) auch Substitutionsregel genannt (Prim/Tilmann 1973, 34). Die Definition steht für den Begriff und umgekehrt.

Bei der Bestimmung des Begriffs und der dabei eingesetzten Definition muss selbstverständlich auch auf die Klarheit der Vorstellungsinhalte in ihrer Begrifflichkeit geachtet werden. Insofern ist also der Vorgang der Definition und Begriffsbildung ein für den Prozessbeginn der Forschung und des wissenschaftlichen Arbeitens ganz entscheidender Schritt. Abbildung 28 verdeutlicht das Gesagte.

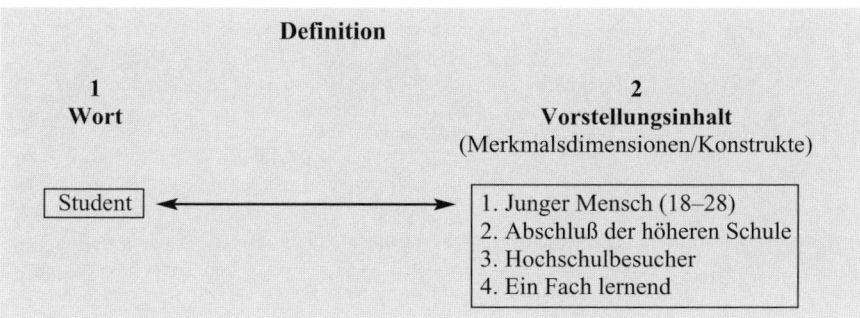

Abb. 28:
Definition eines Begriffs (nach Prim/Tilmann 1973, 33)

Bei der Begriffsbildung spielt die Sprache eine bedeutende Rolle. Darauf weisen die Vertreter der modernen Logik bzw. der analytischen Philosophie mit Nachdruck hin.

Stegmüller, W. (1987 u. 1989): Hauptströmungen der Gegenwartsphilosophie. 4 Bde.
Hügli, A., Lübcke, P. (Hrsg.) (1993/1994): Philosophie im 20. Jahrhundert
Seiffert, H. (1991 u. 1992): Einführung in die Wissenschaftstheorie. 3 Bde.

7.5.5 Dialektik als methodischer Schematismus

Dialektik als Methode umfasst das bekannte Methodenschema von These, Negation der These bzw. Antithese und Synthese, mit dessen Hilfe Phänomene der Lebenswirklichkeit aufgedeckt werden können. Mit dieser „Trias" oder diesem Dreierschritt wird der Erkenntnisprozess in einen Schematismus gespannt, der einerseits die Erkenntnis zu einer immer höheren Stufe führt und der andererseits den Erkenntnisprozess dynamisiert. Abbildung 29 veranschaulicht den dialektischen Schematismus.

In dieser Auffassung von Dialektik wird These und Antithese, die von ihnen repräsentierten Inhalte bzw. Aussagen auf die Spitze getrieben. Jede Seite erhebt für sich den Anspruch auf allgemeine Geltung ihrer Position. In der Pointierung von Behauptung und Gegenbehauptung liegt der Reiz zur weiteren Suche nach neuen Argumenten, die die eigene Position stärkt und die Gegenposition schwächt. Dabei kann es zur Dichotomie der beiden Seiten kommen, d.h. zur Unvereinbarkeit beider Positionen im realen Gesprächszusammenhang. Der dabei gezeigte absolute Geltungsanspruch führt oft zu einer Ideologisierung der betreffenden Position. Ideologisierte Standpunkte sind in vielen „Antipädagogiken" zu beobachten. Hier sind das dialektische Spiel und das Denken ausgesetzt. Die Erfahrung von der grundsätzlichen Unabgeschlossenheit von Erkenntnisgewinnung bzw. von ihrer grundsätzlichen Überholbarkeit wird unterbunden. Dabei wird auch die gemeinsame Orientierung an der Sache aufgegeben.

In der Dialektik als methodischer Schematismus findet also eine Formalisierung des Denkens statt. Der Vorteil scheint zu sein, dass der Dreierschritt auf alle

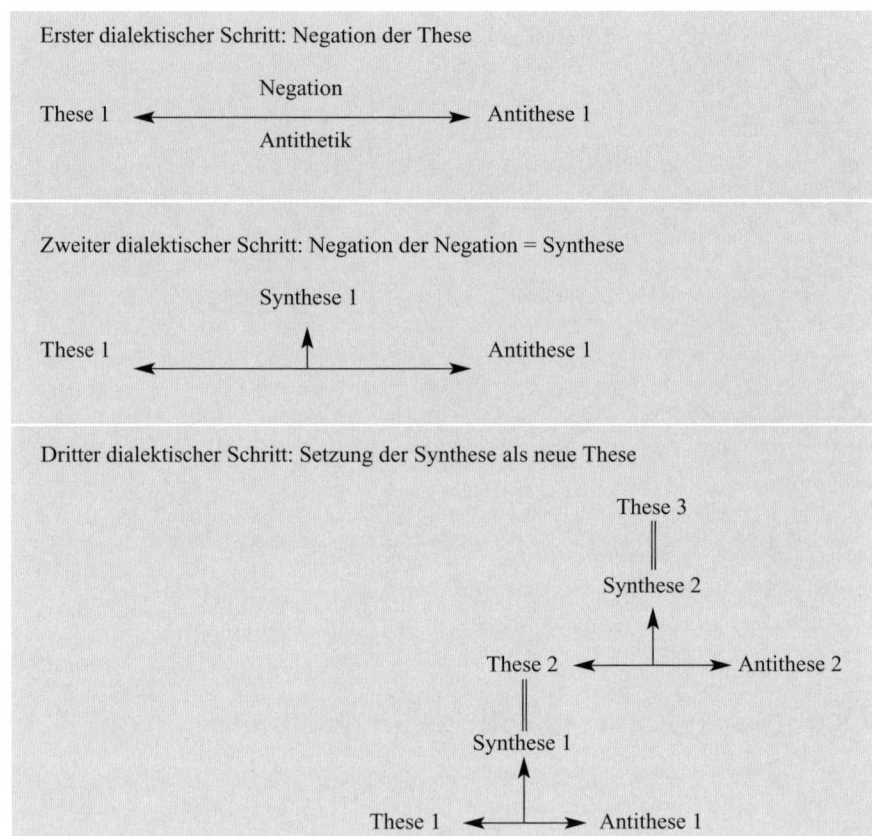

Abb. 29: Dialektischer Schematismus (nach Danner 1994, 182f)

Gegenstände angewendet werden kann. Die formalisierte Methode kommt aber an die Grenze angesichts der Vielfältigkeit und Vielgestaltigkeit der Gegenstände in der sozialen Welt. Sie muss daher dem jeweiligen Gegenstand und der Fragestellung sowie dem erkenntnisleitenden Interesse der Forschenden entsprechend modifiziert werden. Dies zeigen die verschiedenen Formen der Dialektik.

7.5.6 Dialektik als Grundstruktur sozialer Wirklichkeit und ihrer Erkenntnis

Dialektik als Grundstruktur von Lebenswirklichkeit bezieht sich auf Gegenstände, die in erster Linie den Geistes-, Geschichts- und Sozialwissenschaften im Unterschied zu den Naturwissenschaften eigen sind. Ausgehend von der klassischen Unterscheidung der Wissenschaften haben es die nicht-naturwissenschaftlichen Disziplinen mit Phänomenen zu tun, die – strukturell gesehen – Beziehungen oder Relationen wiedergeben. Hierzu zählen u. a. Herrschaft, Autorität, Gespräch, Kommunikation, Handeln, Verhalten, Erziehung, Pflege. Logisch gesehen werden diese Phänomene in Relationsbegriffen ausgedrückt.

Dialektik der Erziehungswirklichkeit

Da in der sozialen Wirklichkeit in Relationen bzw. Beziehungen gehandelt wird, sind sehr unterschiedliche, widersprüchliche, gegensätzliche, polare, antinomische, paradoxe oder aporetische Situationen möglich. Es tauchen sogar Dilemmata im Denken der Akteure auf (Kap. 4.5.4). Man könnte geradezu sagen: „So ist das Leben." Empirisch und phänomenologisch gesehen muss also mit dialektisch strukturierter Lebenswirklichkeit gerechnet werden.

Diese Auffassung von Dialektik setzt auch in der Erziehungswirklichkeit voraus, dass wissenschaftliches Denken sowie Erkenntnis und Erforschung des dialektisch strukturierten Gegenstandsfeldes auch dialektisch sind. Diese Behauptung findet sich u. a. bei Hegel und Fichte und in pädagogischer Hinsicht bei Schleiermacher in seiner Dialektik als Gespräch und Gesprächsführung.

Das dialektische Denken oder die dialektischen Methoden folgen dieser grundlegenden dialektischen Wirklichkeitsstruktur, weil sie selbst dieser Wirklichkeitsstruktur unterliegen. Diese Erkenntnis hat Klafki in seinem Aufsatz „Dialektisches Denken in der Pädagogik" in Bezug auf Bedeutung und Funktion der Dialektik für die geisteswissenschaftliche Pädagogik auf den Punkt gebracht:

> „Das Wesen dieser Wissenschaft schließt es aus, daß sie je zu einem Arsenal fertig bereitliegender, allgemeingültiger Rezepte und Regeln würde. Wohl aber hat sie eine Reihe von fundamentalen Erkenntnissen gewonnen, an denen niemand mehr vorbeigehen sollte, der heute zu pädagogischen Fragen Stellung nimmt. Zu ihnen gehört – und das ist die im folgenden zu erhärtende These – die Einsicht in die dialektische Struktur der Erziehungswirklichkeit und des ihr korrelativ verbundenen pädagogischen Denkens" (1966, 159).

Vor dem Hintergrund der Darlegungen von Klafki geht auch die Dialektik – wie die Empirie, die Phänomenologie und die Hermeneutik – von der erzieherisch bedeutsamen Wirklichkeit aus. Das hat zur Folge, dass sich die vier Methoden in der Forschungspraxis in der Regel ergänzen oder im Forschungsprozess gegenseitig ablösen (Danner 1994, 213–215; Linke 1966, 139–156).

In der Perspektive einer empirisch begründeten Erziehungswissenschaft ist die doppelte Dialektik der Erziehungswirklichkeit und der diese erschließenden Methoden jedoch nicht belegbar.

Literatur

Adorno, Th. W. (1973a): Erziehung zur Mündigkeit. Vorträge und Gespräche mit Hellmut Becker 1959–1969. Hrsg. v. G. Kadelbach. Frankfurt/M.
– (1973b): Studien zum autoritären Charakter. Frankfurt/M.
– (1984): Theorie der Halbbildung. In: Horkheimer, M., Adorno, Th. W.: Sociologica. Reden und Vorträge. Frankfurt/M., 168–204
Aebli, H. (1967): Psychologische Didaktik. Didaktische Auswertung der Psychologie von Jean Piaget. 6. Aufl., Stuttgart
Albert, H. (1969): Traktat über kritische Vernunft. 2. Aufl., Tübingen
– (1971): Plädoyer für kritischen Rationalismus. München
Alt, R. (1960–1965): Bilderatlas zur Schul- und Erziehungsgeschichte. 2 Bde. Berlin
Anweiler, O., Kuebart, F., Brinkmann, G. (1996): Bildungssysteme in Europa. Entwicklung und Struktur des Bildungswesens in zehn Ländern. 4. Aufl., Weinheim, Basel
Apel, H. J., Sacher, W. (2007): Einführung in die Schulpädagogik. 3. Aufl., Bad Heilbrunn
Arbeitsgruppe Bielefelder Soziologen (Hrsg.) (1976): Alltagswissen, Interaktion und gesellschaftliche Wirklichkeit. Bd. 1: Symbolischer Interaktionismus und Ethnomethodologie. Hamburg
Arnold, R., Gonon, Ph. (2006): Einführung in die Berufspädagogik. Opladen, Bloomfield Hills
Aselmeier, U. (1973): Biologische Anthropologie und Pädagogik. Eine Untersuchung über die pädagogische Relevanz der humanbiologischen Erkenntnisse. Weinheim, Basel
– (1974a): Entwicklungspsychologie I. In: Kamper, D. (Hrsg.): Sozialisationstheorie. Freiburg i. Br., 44–57
– (1974b): Humanbiologie, Verhaltensforschung. In: Kamper, D. (Hrsg.): Sozialisationstheorie. Freiburg i. Br., 32–43
Atkinson, R. L. u. a. (Hrsg.) (1990): Introduction to Psychology. 10. Aufl., Orlando
Atteslander, P. (1991): Methoden der empirischen Sozialforschung. 6. Aufl., Berlin
– (2008): Methoden der empirischen Sozialforschung. 10. Aufl., Berlin

Aufenanger, S. (1992): Entwicklungspädagogik. Die soziogenetische Perspektive. Weinheim
–, Garz, D., Zuvatern, M. (1981): Erziehung zur Gerechtigkeit. Unterrichtspraxis nach Lawrence Kohlberg. München
–, Lenssen, M. (Hrsg.) (1986): Handlung und Sinnstruktur. Bedeutung und Anwendung der objektiven Hermeneutik. München

Baacke, D. (1999): Was ist Medienkompetenz? In: Schell u. a. (Hrsg.): Medienkompetenz. Grundlagen und pädagogisches Handeln. Reihe Medienpädagogik. München, 19–20
Bach, H. u. a. (Hrsg.) (1978–1991): Handbuch der Sonderpädagogik. 12 Bde. Berlin
Baethge, M., Nevermann, K. (Hrsg.) (1995): Organisation, Recht und Ökonomie des Bildungswesens. Enzyklopädie Erziehungswissenschaft, Bd. 5. Stuttgart
Baldwin, A. L. (1974): Theorien primärer Sozialisationsprozesse. 2 Bde. Weinheim, Basel
Ballauff, Th. (1952): Die Idee der Paideia. Eine Studie zu Platons „Höhlengleichnis" und Parmenides' „Lehrgedicht". Meisenheim, Glan
– (1969): Pädagogik. Eine Geschichte der Bildung und Erziehung. Bd. I. Von der Antike bis zum Humanismus. Freiburg i. Br., München
– (1970): Systematische Pädagogik. Eine Grundlegung. 3. Aufl., Heidelberg
– (1982): Funktionen der Schule. Historisch-systematische Analysen zur Scolarisation. Frankfurt/M.
– (2000): Pädagogik als Bildungslehre. Hrsg. v. A. Poenitsch und J. Ruhloff. 3. weitgearbeitete Aufl. aus dem Nachlass. Baltmannsweiler
–, Schaller, K. (1970): Pädagogik. Eine Geschichte der Bildung und Erziehung. Bd. II: Vom 16. Jahrhundert bis zum 19. Jahrhundert. Freiburg i. Br., München
–, – (1973): Pädagogik. Eine Geschichte der Bildung und Erziehung. Bd. III: 19./20. Jahrhundert. Freiburg i. Br., München
Bandura, A. (1968): Principles of Behavior Modification. New York
–, Walters, R. H. (1963): Social Learning and Personality Development. New York

Banki, F., Rothe, F. K. (1979): Wege der pädagogischen Forschung. Eine Einführung. Bad Heilbrunn
Bannister, D., Fransella, F. (1981): Der Mensch als Forscher. Die Psychologie der persönlichen Konstrukte. Münster
Baumgart, F. (Hrsg.) (2007): Erziehungs- und Bildungstheorien. 3. Aufl., Bad Heilbrunn
Bayer, O., Stölting, E. (1994): Sozialwissenschaften. In: Seiffert/Radnitzky, 302–313
Bednorz, P., Schuster, M. (2002): Einführung in die Lernpsychologie. 3. Aufl., München, Basel
Beekman, T. (1984): Hand in Hand mit Sasha: Über Glühwürmchen, Grandma Millie und andere Raumgeschichten. Im Anhang: Teilnehmende Erfahrung. In: Lippitz/Meyer-Drawe (1984a), 11–25
Behnken, I., Zinnecker, J. (Hrsg.) (2001): Kinder, Kindheit, Lebensgeschichte. Ein Handbuch. Seelze-Velber
Belardi, N. u. a. (1980): Pädagogik. Sozialpädagogische Arbeitsfelder. Bd. I. Frankfurt/M., Berlin, München
Bellebaum, A. (1994): Soziologische Grundbegriffe. Eine Einführung für soziale Berufe. 12. Aufl., Stuttgart, Berlin, Köln, Mainz
Benner, D. (1973): Hauptströmungen der Erziehungswissenschaft. München
– (1987): Allgemeine Pädagogik. Weinheim, München
– (2008): Bildungstheorie und Bildungsforschung. Grundlagenreflexionen und Anwendungsfelder. Paderborn
Berger, P. L., Luckmann, Th. (1977): Die gesellschaftliche Konstruktion der Wirklichkeit. Eine Theorie der Wissenssoziologie. Frankfurt/M.
Bernfeld, S. (1970): Sisyphos oder die Grenzen der Erziehung (1925). 3. Aufl., Frankfurt/M.
Biermann, R. (Hrsg.) (1985): Interaktion, Unterricht, Schule. Darmstadt
Blankertz, H. (1975): Theorien und Modelle der Didaktik. 9. Aufl., München
– (1992): Die Geschichte der Pädagogik von der Aufklärung bis zur Gegenwart. Wetzlar
Bleeker, H., Mulderij, K. (1984): Im Rollstuhl sieht die Welt ganz anders aus. Wie körperbehinderte Kinder ihre Wohnung erfahren. In: Lippitz/Meyer-Drawe (1984a), 27–38
Blumer, H. (1976): Der methodologische Standort des symbolischen Interaktionismus. In: Arbeitsgruppe Bielefelder Soziologen (Hrsg.): Alltagswissen, Interaktion und gesellschaftliche Wirklichkeit, Bd. 1: Symbolischer Interaktionismus und Ethnomethodologie. Hamburg, 80–146

Böhm, W. (Hrsg.) (2000): Wörterbuch der Pädagogik. 15. Aufl., Stuttgart
Böhnisch, L., Schefold, W. (1998): Sozialisation durch sozialpädagogische Institutionen. In: Hurrelmann/Ulich, 443–466
Bönsch, M. (1994): Grundlegung sozialer Lernprozesse heute. Weinheim, Basel
Bohnsack, R., Marotzki, W., Meuser, M. (2003): Hauptbegriffe qualitativer Sozialforschung. Opladen
Bollnow, O. F. (1959): Existenzphilosophie und Pädagogik. Versuch über unstetige Formen der Erziehung. 3. Aufl., Stuttgart
– (1963): Mensch und Raum. Stuttgart
– (1965): Existenzphilosophie und Pädagogik. Versuch über unstetige Formen der Erziehung. 3. Aufl., Stuttgart, Berlin, Köln, Mainz
– (1969a): Der Wissenschaftscharakter der Pädagogik. In: Bollnow (1969b), 15–50
– (Hrsg.) (1969b): Erziehung in anthropologischer Sicht. Zürich
– (1981): Philosophie der Erkenntnis. Erster Teil. Das Vorverständnis und die Erfahrung des Neuen. 2. Aufl., Stuttgart, Berlin, Köln, Mainz
– (1982): Studien zur Hermeneutik. Bd. 1 Zur Philosophie der Geisteswissenschaften. Freiburg, München
Borelli, M., Ruhloff, J. (Hrsg.) (1996): Deutsche Gegenwartspädagogik. Bd. II. Baltmannsweiler
Bower, G. H., Hilgard, E. R. (1983 u. 1984): Theorien des Lernens. Bd. I. 5. Aufl., Bd. II. 3. Aufl., Stuttgart
Brandenburg, A. (1971): Systemzwang und Autonomie. Gesellschaft und Persönlichkeit in der soziologischen Theorie von T. Parsons. Darstellung und Kritik. Düsseldorf
Braunmühl, E. v. (1975): Antipädagogik. Studien zur Abschaffung der Erziehung. Weinheim, Basel
Brecht, B. (2007): Leben des Galilei. Frankfurt/M.
Bredenkamp, K. und J. (1974): Was ist Lernen? In: Funkkolleg Pädagogische Psychologie. Frankfurt/M.
Breuer, F. (1991): Wissenschaftstheorie für Psychologen. Eine Einführung. 5. Aufl., Münster
Brezinka, W. (1972): Von der Pädagogik zur Erziehungswissenschaft. Eine Einführung in die Metatheorie der Erziehung. 2. Aufl., Weinheim, Basel
– (1978): Metatheorie der Erziehung. Eine Einführung in die Grundlagen der Erziehungswissenschaft, der Philosophie der Erziehung und der Praktischen Pädagogik. 4. Aufl., München, Basel
– (1984): „Modelle" in Erziehungstheorien. Ein Beitrag zur Klärung der Begriffe. Zschr. f. Päd. 30, 4, 835–858

– (1990): Grundbegriffe der Erziehungswissenschaft. Analyse, Kritik, Vorschläge. 5. Aufl., München, Basel
Brinkmann, W. (Hrsg.) (1980): Erziehung – Schule – Gesellschaft. Bad Heilbrunn
Brocher, T. (1967): Schule ohne Sozialerziehung. Neue Sammlung 7, 429–435
Brock, C., Tulasiewicz, W. (Hrsg.) (2000): Education in a Single Europe. 2nd. Ed., London, New York
Bronfenbrenner, U. (1976): Ökologische Sozialisationsforschung. Stuttgart
Brumlik, M. (1973): Der symbolische Interaktionismus und seine pädagogische Bedeutung. Frankfurt/M.
Bruner, J. S. (1973): Relevanz der Erziehung. Ravensburg
– (1974): Entwurf einer Unterrichtstheorie. Düsseldorf, Berlin
– (1980): Der Prozeß der Erziehung. 5. Aufl., Berlin
Buber, M. (1956): Reden über Erziehung. Heidelberg
Bundschuh, K., Heimlich, U., Krawitz, R. (Hrsg.) (2007): Wörterbuch Heilpädagogik. Ein Nachschlagewerk für Studium und pädagogische Praxis. 3. Aufl., Bad Heilbrunn

Chalmers, A. F. (2007): Wege der Wissenschaft. Einführung in die Wissenschaftstheorie. 6. Aufl., Berlin
Charpa, U. (1996): Grundprobleme der Wissenschaftsphilosophie. Paderborn
Chassé, K. A., von Wensierski, H.-J. (Hrsg.) (1999): Praxisfelder der sozialen Arbeit. Eine Einführung. Weinheim, München
Chomsky, N. (1970): Aspekte der Syntax-Theorie. Frankfurt/M., Berlin
– (1971): Language and the Mind. In: Bar-Adon, A., Leopold, W. F. (Eds): Child Language. Englewood Cliffs, N. J., 424–432
Claessens, D. (1962): Familie und Wertsystem. Berlin
Coburn-Staege, U. (1973): Der Rollenbegriff. Ein Versuch der Vermittlung zwischen Gesellschaft und Individuum. Heidelberg
Coenen, H. (1984): Improvisierte Kontexte. Bewegung und Wahrnehmung in Interaktionen tauber Kinder. In: Lippitz/Meyer-Drawe (1984b), 39–61
Comenius, J. A. (1960): Große Didaktik. Hrsg. von A. Flitner. 2. Aufl., Düsseldorf
Comte, A. (1974): Die Soziologie. Die positive Philosophie im Auszug. Hrsg. v. F. Blaschke. 2. Aufl., Stuttgart

Coreth, E. (1969): Grundfragen der Hermeneutik. Ein philosophischer Beitrag. Freiburg, Basel, Wien
Correll, W. (1965): Einführung in die pädagogische Psychologie. Donauwörth
– (1974): Pädagogische Verhaltenspsychologie. Grundlagen, Methoden und Ergebnisse der neueren verhaltenspsychologischen Forschung. 5. Aufl., München, Basel
Cube, F. von (1968): Kybernetische Grundlagen des Lehrens und Lernens. 2. Aufl., Stuttgart
– (1977): Erziehungswissenschaft. Stuttgart

Danner, H. (1994): Methoden geisteswissenschaftlicher Pädagogik. Einführung in Hermeneutik, Phänomenologie und Dialektik. Mit 28 Abbildungen und 4 ausführlichen Textbeispielen. 3. Aufl., München, Basel
– (2006): Methoden geisteswissenschaftlicher Pädagogik. Einführung in Hermeneutik, Phänomenologie und Dialektik. 5., überarb. u. erw. Aufl., München, Basel
Danziger, K. (1974): Sozialisation. Konzeptionelle Probleme, Methodologie und Ergebnisse. Düsseldorf
Dautzenroth, E. (Hrsg.) (1964): Frauenbewegung und Frauenbildung. Aus den Schriften von H. Lange, G. Bäumer, E. Gnauck-Kühne. Bad Heilbrunn
Deinet, U., Sturzenhecker, B. (Hrsg.) (2005): Handbuch offene Kinder- und Jugendarbeit. 3. Aufl., Wiesbaden
Deutsches Wörterbuch. Siehe Wahrig
Deutsche Gesellschaft für Erziehungswissenschaft: 1. Kerncurriculum für das Hauptfachstudium Erziehungswissenschaft (2004), 2. Kerncurriculum für das Studium des Schulfaches Pädagogik im Bachelor/Bakkalaureus- und Master/Magister-System (2005), 3. Strukturmodell für die Lehrerbildung im Bachelor/Bakkalaureus- und Master/Magister-System (2005), 4. Standards für die Lehrerbildung: Bildungswissenschaften (KMK 20049. www.DGfE.de; Heft 29, 2004; Heft 31, 2005; Heft 32, 2006)
Dewey, J. (1920): Reconstruction in Philosophy. New York
– (1922): Human Nature and Conduct: An Introduction to Social Psychology. New York
– (1925): Experience and Nature. Chicago, London
– (1929): The Quest for Certainty: A Study of the Relation of Knowledge and Action. New York
– (1938): The Theory of Inquiry. New York
– (1951): Wie wir denken. Eine Untersuchung über die Beziehung des reflektiven Denkens zum Prozeß der Erziehung. Zürich

– (1986): Erziehung durch und für Erfahrung. Eingeleitet, ausgewählt und kommentiert von H. Schreier. Stuttgart
– (1989): Die Erneuerung der Philosophie. Hamburg
– (1993): Demokratie und Erziehung. Eine Einleitung in die philosophische Pädagogik. Deutsch von E. Hylla. 3. Aufl., Weinheim, Basel
Diekmann, A. (2008): Empirische Sozialforschung. Grundlagen, Methoden, Anwendungen. 19. Aufl., Reinbek
Dieterich, J. (2007): Zur zentralen Frage einer wissenschaftlichen Pädagogik. Geisteswissenschaftliche und empirische Überlegungen. Hamburg
Dietrich, Th. (Hrsg.) (1967a): Die Landerziehungsheimbewegung. Bad Heilbrunn
– (Hrsg.) (1967b): Die pädagogische Bewegung „vom Kinde aus". 2. Aufl., Bad Heilbrunn/Obb.
–, Klink, J. G. (Hrsg.) (1964): Zur Geschichte der Volksschule. Bd. I (Volksschulordnungen 16.–18. Jahrhundert). Bad Heilbrunn/Obb.
Dilthey, W. (1961): Gesammelte Schriften. IX. Bd. Pädagogik. Geschichte und Grundlinien des Systems. 3. Aufl., Stuttgart, Göttingen
– (1979): Gesammelte Schriften. VII. Bd. Der Aufbau der geschichtlichen Welt in den Geisteswissenschaften. 7. Aufl., Stuttgart, Göttingen
– (1982): Gesammelte Schriften. VI. Bd. Die geistige Welt. Einleitung in die Philosophie des Lebens. Erste Hälfte. Abhandlungen zur Grundlegung der Geisteswissenschaften. 7. Aufl. Stuttgart, Göttingen
Dörschel, A. (1971): Einführung in die Wirtschaftspädagogik. 3. Aufl., München
Dolch, J. (1965): Lehrplan des Abendlandes. Zweieinhalb Jahrtausende seiner Geschichte. 2. Aufl., Ratingen
– (1969): Worte der Erziehung in den Sprachen der Welt. In: Weber, E. (Hrsg.): Der Erziehungs- und Bildungsbegriff im 20. Jahrhundert. Bad Heilbrunn, 7–15
Drechsler, J. (1967): Anthropologie und Pädagogik. In: Röhrs, H. (Hrsg.): Erziehungswissenschaft und Erziehungswirklichkeit. 2. Aufl., Frankfurt/M., 333–345
Durkheim, E. (1973): Erziehung, Moral und Gesellschaft. Neuwied

Eberwein, H. (Hrsg.) (1994): Behinderte und Nichtbehinderte lernen gemeinsam. Handbuch der Integrationspädagogik. 3. Aufl., Weinheim, Basel
Eibl-Eibesfeld, J. (1972): Stammesgeschichtliche Anpassungen im Verhalten des Menschen. In: Gadamer/Vogler (1972a), 3–59
– (1999): Grundriss der vergleichenden Verhaltensforschung. Ethologie. 8. Aufl., München
Ellwein, Th. u. a. (Hrsg.) (1975): Erziehungswissenschaftliches Handbuch. Vierter Band: Pädagogik als Wissenschaft. Theorien und Methoden. Berlin
Emer, W., Lenzen, K.-D. (2005): Projektunterricht gestalten – Schule verändern. Projektunterricht als Beitrag zur Schulentwicklung. 2. Aufl., Baltmannsweiler
Endler, S. (2006): Projektmanagement in der Schule. Projekte erfolgreich planen und gestalten. 4. Aufl., Lichtenau
Enzyklopädie Erziehungswissenschaft. Siehe Lenzen
Enzyklopädie Philosophie und Wissenschaftstheorie. Siehe Mittelstraß
Erikson, E. H. (1997): Identität und Lebenszyklus. Drei Aufsätze. 16. Aufl., Frankfurt/M.
– (1998): Jugend und Krise. Die Psychodynamik im sozialen Wandel. 4. Aufl., Stuttgart
– (1999): Kindheit und Gesellschaft. 13. Aufl., Stuttgart
Erziehungswissenschaftliches Handbuch. Siehe Ellwein u. a.
Esser, H. (2000): Soziologie. Spezielle Grundlagen. Bd. 5 Institutionen. Frankfurt/M.
– (2002): Soziologie. Spezielle Grundlagen. Bd. 3 Soziales Handeln. Frankfurt/M.
–, u. a. (1977): Wissenschaftstheorie. 2 Bde. Bd. 1: Grundlagen und analytische Wissenschaftstheorie. Bd. 2: Funktionalanalyse und hermeneutisch-dialektische Ansätze. Stuttgart
Esterhues, J. (1962): Allgemeine Pädagogik im Grundriss. Paderborn

Fatke, R. (1977): Schulumwelt und Schülerverhalten. Adaptionsprozesse in der Schule. München
–, Merkens, H. (Hrsg.) (2006): Bildung über Lebenszeit. Wiesbaden
Faulstich-Wieland, H. (2000): Individuum und Gesellschaft: Sozialisationstheorien und Sozialisationsforschung. München
Feldhoff, J. (1978): Probleme einer organisationssoziologischen Analyse der Schule. In: Lohmann, 7–23
Fend, H. (1971): Sozialisierung und Erziehung. Eine Einführung in die Sozialisationsforschung. 4. Aufl., Weinheim, Berlin, Basel
– (1977): Gesellschaftliche Bedingungen schulischer Sozialisation. Soziologie der Schule I. 4. Aufl., Weinheim, Basel
– (1980): Theorie der Schule. München, Wien, Baltimore

– (2003): Entwicklungspsychologie des Jugendalters. Ein Lehrbuch für pädagogische und psychologische Berufe. 3. Aufl., Wiesbaden

Feyerabend, P. (1978): Der wissenschaftstheoretische Realismus und die Autorität der Wissenschaften. Braunschweig, Wiesbaden

Flick, U., von Kardorff, E., Keupp, H., von Rosenstiel, L., Wolff, S. (Hrsg.) (1995): Handbuch Qualitative Sozialforschung. Grundlagen, Konzepte, Methoden und Anwendungen. 2. Aufl., Weinheim

Flitner, W. (1974): Allgemeine Pädagogik. 14. Aufl., Stuttgart

–, Kudritzki, G. (Hrsg.) (1962): Die deutsche Reformpädagogik. Bd. 2: Ausbau und Selbstkritik. Düsseldorf, München

–, – (1995): Die deutsche Reformpädagogik. Bd. 1: Die Pioniere der pädagogischen Bewegung. Stuttgart

Fornefeld, B. (Hrsg.) (2008): Menschen mit komplexer Behinderung. Selbstverständnis und Aufgaben der Behindertenpädagogik. München, Basel

Freud, S. (1988a): Abriss der Psychoanalyse. Das Unbehagen in der Kultur. Frankfurt/M., Hamburg

– (1988b): Das Ich und das Es und andere metapsychologische Schriften. 6. Aufl., Frankfurt/M.

Frey, K. u. a. (Hrsg.) (1975): Curriculum-Handbuch. 3 Bde. München

Friebertshäuser, B., Prengel, A. (Hrsg.) (1997): Handbuch Qualitative Forschungsmethoden in der Erziehungswissenschaft. Weinheim, München

Friedrichs, J. (1974): Situation als soziologische Erhebungseinheit. Zschr. f. Soz. 3, 1, 44–53

– (1979): Methoden empirischer Sozialforschung. Hamburg

Fröhlich, W. D. (2000): Wörterbuch Psychologie. 23. Aufl., München

– (2005): Wörterbuch Psychologie. 25. Aufl., München

Frohn, H. (1972): Kooperation mit Eltern: Chance für einen demokratischen Unterricht. betrifft: erziehung 5, 1, 37–39

Fromm, E. (1988): Die Seele des Menschen. Ihre Fähigkeit zum Guten und zum Bösen. 2. Aufl., München

Frost, U., Böhm, W., Koch, L. (2007): Handbuch der Erziehungswissenschaft. Bd. 1: Grundlagendiskurs Allgemeine Erziehungswissenschaft. Paderborn, München, Wien, Zürich

Furth, H. G. (1972): Intelligenz und Erkennen. Die Grundlagen der genetischen Erkenntnistheorie Piagets. Frankfurt/M.

Gadamer, H.-G. (1975): Wahrheit und Methode. Grundzüge einer philosophischen Hermeneutik. 4. Aufl., Tübingen

–, Vogler, P. (Hrsg.) (1972a): Biologische Anthropologie. Bd. 2, Teil 2. Stuttgart

–, – (1972b): Sozialanthropologie. Stuttgart

Gagné, R. (1980): Die Bedingungen des menschlichen Lernens. 5. Aufl., Hannover

Garz, D. (1984): Strukturgenese und Moral. Rekonstruktive Sozialisationsforschung in den Sozial- und Erziehungswissenschaften. Opladen

– (1996): Lawrence Kohlberg. Zur Einführung. Hamburg

– (2006): Sozialpsychologische Entwicklungstheorien von Mead, Piaget und Kohlberg bis zur Gegenwart. 3. Aufl., Wiesbaden

–, Kraimer, K., Aufenanger, St. (1983a): Rekonstruktive Sozialforschung und objektive Hermeneutik. Annotationen zu einem Theorie- und Methodenprogramm. Zschr. f. Sozialisationsforschung u. Erziehungssoziologie 3, 1, 126–134

–, – (Hrsg.) (1983b): Brauchen wir andere Forschungsmethoden? Beiträge zur Diskussion interpretative Verfahren. Frankfurt/M.

–, – (Hrsg.) (1994): Die Welt als Text. Theorie, Kritik und Praxis der objektiven Hermeneutik. Frankfurt/M.

Gehlen, A. (1975): Anthropologische Forschung. Zur Selbstbegegnung und Selbstentdeckung des Menschen. Hamburg

– (1997): Der Mensch. Seine Natur und seine Stellung in der Welt. 13. Aufl., Frankfurt/M.

Geißler, E. E. (1973): Erziehungsmittel. 4. Aufl., Bad Heilbrunn

Gerner, B. (1974): Einführung in die pädagogische Anthropologie. Einführungen in Gegenstand, Methoden und Ergebnisse ihrer Teildisziplinen und Hilfswissenschaften. Darmstadt

Geulen, D. (1989): Das vergesellschaftete Subjekt. Zur Grundlegung der Sozialisationstheorie. Frankfurt/M.

– (1998): Die historische Entwicklung sozialisationstheoretischer Paradigmen. In: Hurrelmann/Ulich, 15–49

–, Hurrelmann, K. (1982): Zur Programmatik einer umfassenden Sozialisationstheorie. In: Hurrelmann/Ulich, 51–67

Ginsburg, H., Opper, S. (1975): Piagets Theorie der geistigen Entwicklung. Stuttgart

Goffman, E. (1973): Asyle. Über die soziale Situation psychiatrischer Patienten und anderer Insassen. Frankfurt/M.

Gogolin, I., Lenzen, D. (Hrsg.) (1999): Medien-Generation. Beiträge zum 16. Kongress der Deut-

schen Gesellschaft für Erziehungswissenschaft. Opladen
Greinert, W.-D. (1998): Das „deutsche System" der Berufsbildung. 3. Aufl., Baden-Baden
Griese, H. M. (1976): Soziologische Anthropologie und Sozialisationstheorie. Weinheim, Basel
Gudjons, H., Teske, R., Winkel, R. (Hrsg.) (1994): Erziehungswissenschaftliche Theorien. 4. Aufl., Hamburg

Habermas, J. (1968): Stichworte zur Theorie der Sozialisation. In: Habermas (1973b), 118–194
– (1973a): Erkenntnis und Interesse. Frankfurt/M.
– (1973b): Kultur und Kritik. Verstreute Aufsätze. Frankfurt/M.
– (1973c): Notizen zum Begriff der Rollenkompetenz. In: Habermas (1973b), 195–231
– (1987): Theorie des kommunikativen Handelns. Bd. 1. Handlungsrationalität und gesellschaftliche Rationalisierung. 4. Aufl., Frankfurt/M.
–, u. a. (Hrsg.) (1977): Theorie-Diskussion. Hermeneutik und Ideologiekritik. Frankfurt/M.
Haeberlin, U., Niklaus, E. (1978): Identitätskrisen. Theorie und Anwendung am Beispiel des sozialen Aufstiegs durch Bildung. Bern, Stuttgart
Haft, H., Kordes, H. (Hrsg.) (1995): Methoden der Erziehungs- und Bildungsforschung. Enzyklopädie Erziehungswissenschaft. Bd. 2. Stuttgart
Halder, A., Müller, M. (Hrsg.) (1996): Philosophisches Wörterbuch. 2. Aufl., Freiburg, Basel, Wien
Haller, H.-D., Meyer, H. (Hrsg.) (1995): Ziele und Inhalte der Erziehung und des Unterrichts. Enzyklopädie Erziehungswissenschaft. Bd. 3. Stuttgart
Hamann, B. (1998): Pädagogische Anthropologie. Theorien–Modelle–Strukturen. Eine Einführung. 3. Aufl., Bad Heilbrunn
Hamburger, F. (2008): Einführung in die Sozialpädagogik. 2. Aufl., Stuttgart
Handbuch der Erziehungswissenschaft. Siehe Frost u. a.
Handbuch der Integrationspädagogik. Siehe Eberwein
Handbuch der Sonderpädagogik. Siehe Bach
Handbuch der Sozialisationsforschung. Siehe Hurrelmann/Ulich
Handbuch offene Kinder- und Jugendarbeit. Siehe Deinet/Sturzenhecker
Handbuch Philosophischer Grundbegriffe. Siehe Krings
Handbuch Qualitative Sozialforschung. Siehe Flick
Handlexikon zur Wissenschaftstheorie. Siehe Seiffert/Radnitzky
Hänsel, D. (Hrsg.) (1997): Handbuch Projektunterricht. Weinheim

Harding, S. (1991): Feministische Wissenschaftstheorie. Zum Verhältnis von Wissenschaft und sozialem Geschlecht. 2. Aufl., Hamburg
Harney, K., Krüger, H.-H. (Hrsg.) (1997): Einführung in die Geschichte von Erziehungswissenschaft und Erziehungswirklichkeit. Opladen
Hartfiel, G., Hillmann, K.-H. (Hrsg.) (1982): Wörterbuch der Soziologie. 3. Aufl., Stuttgart
Hassenstein, B. (1972): Das spezifisch Menschliche nach den Resultaten der Verhaltensforschung. In: Gadamer/Vogler (1972a), 60–97
– (1973): Verhaltensbiologie des Kindes. München, Zürich
Heckel, H., Avenarius, H. (1986): Schulrechtskunde. 6. Aufl., Neuwied, Darmstadt
Hederer, J., Köth, M. (1974): Praxis- und Methodenlehre, Teil 1: Institutionskunde. 3. Aufl., München
Heidegger, M. (1954): Platons Lehre von der Wahrheit. 2. Aufl., Bern
Heintz, P. (Hrsg.) (1959): Soziologie der Schule. Kölner Zschr. f. Soziologie und Sozialpsychologie. Sonderheft 4
Heinz, W. R. (1998): Berufliche Sozialisation. In: Hurrelmann/Ulich, 397–416
Heinze, Th. (1978): Unterricht als soziale Situation. Zur Interaktion von Schülern und Lehrern. 2. Aufl., München
– (1980): Schülertaktiken. München, Wien, Baltimore
Heinze-Prause, R., Heinze, Th. (1980): Soziale Interaktion in der Schulklasse. Versuch einer Beschreibung, Interpretation und Konstruktion sozialer Lernprozesse. Lernziel: Soziale Kompetenz. In: Kron, 83–98
Helsper, W., Stelmaszyk, B. (2008): Grundriss der Pädagogik/Erziehungswissenschaft: Einführung in die Schulpädagogik. Bd. 22. Stuttgart
Henecka, H. P., Wöhler, K. (1978): Schulsoziologie. Eine Einführung in Funktionen, Strukturen und Prozesse schulischer Erziehung. Stuttgart, Berlin, Köln, Mainz
Hennemann, G. (1975): Grundzüge einer Geschichte der Naturphilosophie und ihrer Hauptprobleme. Berlin
Hentig, H. v. (1971): Cuernavaca oder: Alternativen zur Schule? München
Herbart, J. F. (1959): Allgemeine Pädagogik aus dem Zweck der Erziehung abgeleitet. Mit einem Vorwort von H. Nohl. 2. Aufl., Weinheim, Berlin
Herskovits, M. H. (1960): Man and His Works. The Science of Cultural Anthropology. New York
Hertz, H. (1932): Die Theorie des pädagogischen Bezugs. Langensalza

Heydorn, H.-J. (1972): Zu einer Neufassung des Bildungsbegriffs. Frankfurt/M.

Hielscher, H. (Hrsg.) (1977): Sozialerziehung konkret, Bd. 1: Grundlegung des Programms, Grundlagen der Sozialerziehung, Kinder lösen Konflikte, Entwicklung flexibler Gesellschaftsrollen, 244 Spiele. Zugleich Handbuch für Erzieher. Hannover, Dortmund, Darmstadt, Berlin

Hillmann, K.-H. (Hrsg.) (1994): Wörterbuch der Soziologie. 4. Aufl., Stuttgart

Höltershinken, D. (Hrsg.) (1976): Das Problem der pädagogischen Anthropologie im deutschsprachigen Raum. Darmstadt

Hoffmann, D. (Hrsg.) (1996): Bilanz der Paradigmendiskussion in der Erziehungswissenschaft. 2. Aufl., Weinheim

Holland, J. G., Skinner, B. F. (1971): Analyse des Verhaltens. München, Berlin, Wien

Homfeldt, H. G. (Hrsg.) (2003): Handlungsfelder der sozialen Arbeit. Baltmannsweiler

Hopf, Ch., Weingarten, E. (Hrsg.) (1979): Qualitative Sozialforschung. Stuttgart

Horkheimer, M. (1981): Gesellschaft im Übergang. Aufsätze, Reden und Vorträge. 1942–1970. Hrsg. v. W. Brede. 2. Aufl., Frankfurt/M.

Horn, K. (Hrsg.) (1967): Dressur oder Erziehung. Schlagrituale und ihre gesellschaftliche Funktion. Frankfurt/M.

Hügli, A., Lübcke, P. (Hrsg.) (1993/1994): Philosophie im 20. Jahrhundert. Bd. 1: Phänomenologie, Hermeneutik, Existenzphilosophie und kritische Theorie. Hamburg. Bd. 2: Wissenschaftstheorie und analytische Philosophie. Hamburg

Hülshoff, Th., Reble, A. (Hrsg.) (1967): Zur Geschichte der Höheren Schule, Bd. I (16.–18. Jahrhundert). Bad Heilbrunn

Hüther, J., Schorb, B., Brehm-Klotz, C. (Hrsg.) (1997): Grundbegriffe Medienpädagogik. 3. Aufl., München

Hufnagel, E. (1982): Pädagogische Theorien im 20. Jahrhundert. Frankfurt/M.

Humboldt, W. v. (1964): Bildung des Menschen in Schule und Universität. Besorgt und eingeleitet von K. Püllen. Heidelberg

Hurrelmann, K. (1975): Erziehungssystem und Gesellschaft. Hamburg

– (Hrsg.) (1976): Sozialisation und Lebenslauf. Empirie und Methodik sozialwissenschaftlicher Persönlichkeitsforschung. Hamburg

–, Ulich, D. (Hrsg.) (1998): Handbuch der Sozialisationsforschung. 5. Aufl., Weinheim, Basel

Husserl, E. (1950ffa): Gesammelte Werke. 12 Bde. Husserliana. Den Haag

– (1950ffb): Ideen zu einer reinen Phänomenologie und phänomenologischen Philosophie. Erstes Buch. Husserliana Bd. III. Den Haag

– (1954): Die Krisis der europäischen Wissenschaften und die transzendentale Phänomenologie III. Gesammelte Werke. Bd. VI. Den Haag, 105–276

Ingenkamp, K., Jäger, R. S., Petillon, H. (Hrsg.) (1992): Empirische Pädagogik 1970–1990. Eine Bestandsaufnahme der Forschung in der Bundesrepublik Deutschland. Bd. I u. II. Weinheim

Ingenkamp, K., Lissmann, U. (2008): Lehrbuch der pädagogischen Diagnostik. 5. Aufl., Weinheim, Basel

Jackson, Ph. W. (1973): Was macht die Schule? Die Lebenswelt des Schülers. In: betrifft: erziehung 6, 5, 18–22

Joas, H. (1998): Rollen- und Interaktionstheorien in der Sozialisationsforschung. In: Hurrelmann/ Ulich, 137–152

Jürgens, E. (1995): Die „neue" Reformpädagogik und die Bewegung offener Unterricht. St. Augustin

Kambartel, F. (Hrsg.) (1979): Praktische Philosophie und konstruktive Wissenschaftstheorie. Frankfurt/M.

Kamlah, W., Lorenzen, P. (1996): Logische Propädeutik oder Vorschule des vernünftigen Redens. 3. Aufl., Stuttgart, Weimar

Kant, I. (1968a): Werke in zehn Bänden. Hrsg. v. W. Weischedel. Bd. 4: Kritik der reinen Vernunft. Zweiter Teil. Darmstadt

– (1968b): Immanuel Kant über Pädagogik. Hrsg. v. D. Friedrich Theodor Rink. 1803. In Kant, I.: Werke in zehn Bänden. Hrsg. v. W. Weischedel. Bd. 10: Schriften zur Anthropologie, Geschichtsphilosophie, Politik und Pädagogik. 2. Teil. Darmstadt

– (1968c): Logik. In Kant, I.: Werke in zehn Bänden. Hrsg. v. W. Weischedel. Bd. 5: Schriften zur Metaphysik und Logik. Darmstadt

Keim, W. (Hrsg.) (1973): Gesamtschule. Bilanz ihrer Praxis. Hamburg

Kelly, G. A. (1986): Die Psychologie der persönlichen Konstrukte. Paderborn

Kerncurriculum Erziehungswissenschaft (2008): Empfehlungen der Deutschen Gesellschaft für Erziehungswissenschaft (DGfE). Erziehungswissenschaftliche Mitteilungen der Deutschen Gesellschaft für Erziehungswissenschaft (DGfE) Sonderband. Opladen, Farmington Hills

Kimble, G. A. (1961): Hilgard and Marquis' „conditioning and learning". New York

Klafki, W. (1966): Dialektisches Denken in der Päd-

agogik. In: Oppolzer, S. (Hrsg.): Denkformen und Forschungsmethoden der Erziehungswissenschaft. Bd. 1. Hermeneutik, Phänomenologie, Dialektik, Methodenkritik. München, 159–182
– (1971): Erziehungswissenschaft als kritisch-konstruktive Theorie: Hermeneutik – Empirie – Ideologiekritik. Zschr. f. Päd. 17, 351–385
– (1974): Studien zur Bildungstheorie und Didaktik. Weinheim, Basel
– (2007): Neue Studien zur Bildungstheorie und Didaktik. Zeitgemäße Allgemeinbildung und kritisch-konstruktive Didaktik. 5. Aufl., Weinheim, Basel
–, u. a. (1970): Erziehungswissenschaft. Eine Einführung. 3 Bde. Frankfurt/M.
–, Braun, K.-H. (2007): Wege des pädagogischen Denkens. Ein autobiografischer und erziehungswissenschaftlicher Dialog. München, Basel
Klimsa, P. (1998): Kognitions- und lernpsychologische Voraussetzungen zur Nutzung von Medien. In: Dichanz, H. (Hrsg.): Handbuch Medien: Medienforschung, Konzepte, Themen, Ergebnisse. Bonn, 73–100
Kluge, N. (Hrsg.) (1973): Das pädagogische Verhältnis. Darmstadt
KMK (Hrsg.) (2004): Standards für die Lehrerbildung: Bildungswissenschaften. In: Deutsche Gesellschaft für Erziehungswissenschaft 29, 36–47
Knecht-von Martial, J. (1986): Theorie allgemeindidaktischer Modelle. Köln, Wien
Köhler, W. (1947): Gestaltpsychologie. An Introduction to New Concepts in Modern Psychology. New York
König, E. (1975): Theorie der Erziehungswissenschaft. Bd. 1. Wissenschaftstheoretische Richtungen der Pädagogik
–, Zedler, P. (1983): Einführung in die Wissenschaftstheorie der Erziehungswissenschaft. Düsseldorf
–, Bentler, A. (1997): Arbeitsschritte im qualitativen Forschungsprozeß – ein Leitfaden. In: Friebertshäuser/Prengel, 88–96
König, R. (1973): Einleitung: Über den Begriff der ‚empirischen Soziologie'. In: König, R., Bd. 1, 1–14
– (Hrsg.) (1973ff): Handbuch der empirischen Sozialforschung. 5 Bde. Stuttgart 1973ff. Bd. 1: Geschichte und Grundprobleme der empirischen Sozialforschung. Bd. 2: Grundlegende Methoden und Techniken der empirischen Sozialforschung. Erster Teil. Bd. 3a: Grundlegende Methoden und Techniken der empirischen Sozialforschung. Zweiter Teil. Bd. 3b: Grundlegende Methoden und Techniken der empirischen Sozialforschung. Dritter Teil. Bd. 4: Komplexe Forschungsansätze.
Kohlberg, L. (1974): Zur kognitiven Entwicklung des Kindes. Drei Aufsätze. Frankfurt/M.
– (2000): Die Psychologie der Lebensspanne. Herausgegeben, bearbeitet und mit einer Einleitung versehen von Wolfgang Althof und Detlef Garz. Aus dem Amerikanischen übersetzt von Detlef Garz. Frankfurt/M.
Koroljow, F. F., Gmurman, W. J. (Hrsg.) (1973): Allgemeine Grundlagen der marxistischen Pädagogik. Pullach
Kossolapow, L. (1982): Sozialisation im Kindergarten. In: Hurrelmann/Ulich, 423–442
Kramp, W. (1978): Didaktik im Prozeß. In: Born, W., Otto, G. (Hrsg.): Didaktische Trends. Dialoge mit Allgemeindidaktikern und Fachdidaktikern. München, Wien, Baltimore, 151–192
Krappmann, L. (1974): Interaktion und Lernen. Vorwort zu McCall, G., Simmons, J. L.: Identität und Interaktion. Untersuchungen über zwischenmenschliche Beziehungen im Alltagsleben. Düsseldorf, 7–29
– (1998): Sozialisation in der Gruppe der Gleichaltrigen. In: Hurrelmann/Ulich, 335–376
– (2000): Soziologische Dimensionen der Identität. Strukturelle Bedingungen für die Teilnahme an Interaktionsprozessen. 9. Aufl., Stuttgart
Kreppner, K., Paulsen, S., Schütze, J. (1982): Kindliche Entwicklung und Familienstruktur. Zur Erforschung der frühkindlichen Sozialisation in der Familie. Zschr. f. Päd. 28, 2, 221–244
Krieck, E. (o. J.): Menschenformung. Grundzüge der vergleichenden Erziehungswissenschaft. Leipzig
– (1925): Philosophie der Erziehung. Jena
– (1927): Bildungssysteme der Kulturvölker. Leipzig
– (1932): Nationalpolitische Erziehung. Leipzig
Krings, H. u. a. (Hrsg.) (1974): Handbuch Philosophischer Grundbegriffe. München
Kromrey, H. (1990): Empirische Sozialforschung. Modelle und Methoden der Datenerhebung und Datenauswertung. 4. Aufl., Opladen
Kron, F. W. (Hrsg.) (1970): Das erzieherische Verhältnis. Bad Heilbrunn
– (1971): Theorie des erzieherischen Verhältnisses. Bad Heilbrunn
– (Hrsg.) (1973): Antiautoritäre Erziehung. Bad Heilbrunn
– (Hrsg.) (1980): Persönlichkeitsbildung und soziales Lernen. Bad Heilbrunn
– (1986a): Schülerorientierung in der Didaktik. (Pädagogik zeitgemäß. Schriftenreihe H. 2) Pädagogisches Zentrum des Landes Rheinland-Pfalz, Bad Kreuznach

– (1986b): Vom pädagogischen Bezug zur pädagogischen Interaktion. Päd. Rundschau 40, 545–558
– (1999): Wissenschaftstheorie für Pädagogen. München, Basel
– (2008): Grundwissen Didaktik. 5. Aufl., München, Basel
–, Sofos, A. (2003): Mediendidaktik. Neue Medien in Lehr- und Lernprozessen. München, Basel
Krüger, H.-H. (1997): Einführung in Theorien und Methoden der Erziehungswissenschaft. Opladen
–, – (Hrsg.) (2000): Einführung in die Arbeitsfelder der Erziehungswissenschaft. 3. Aufl., Opladen.
Kuhn, Th. S. (1976): Die Struktur wissenschaftlicher Revolutionen. 2. rev. u. um das Postskriptum von 1969 erg. Aufl., Frankfurt/M.
Kunczik, M., Zipfel, A. (2001): Publizistik. Ein Studienhandbuch. Köln, Weimar, Wien
Kunert, K. (Hrsg.) (1980): Studienreihe Schulpädagogik. 5 Bde. München

Lamnek, S. (1993): Qualitative Sozialforschung. Bd. 1: Methodologie. 3. Aufl., Weinheim. Bd. 2: Methoden und Techniken. Weinheim
Landgrebe, L. (1963): Der Weg der Phänomenologie. Das Problem einer ursprünglichen Erfahrung. Gütersloh
Langeveld, M. J. (1964): Studien zur Anthropologie des Kindes. 2. Aufl., Tübingen
– (1965a): Anthropologie und Psychologie des Erziehers. Anlauf und erster Sprung. Pädagogische Rundschau 19, 745–753
– (1965b): Einführung in die theoretische Pädagogik. 5. Aufl., Stuttgart
Langmaack, B. (2004): Einführung in die themenzentrierte Interaktion. TZI. Leben rund ums Dreieck. 3. Aufl., Weinheim, Basel
Lassahn, R. (1979): Gegenstand und Methode. In: Röhrs, H. (Hrsg.): Die Erziehungswissenschaft und die Pluralität ihrer Konzepte. Wiesbaden, 65–77
– (1983): Pädagogische Anthropologie. Eine historische Einführung. Heidelberg
– (2000): Einführung in die Pädagogik. 9. Aufl., Heidelberg
Lay, R. (1971/73): Grundzüge einer komplexen Wissenschaftstheorie. 2 Bde. Bd. 1: Grundlagen und Wissenschaftslogik. Bd. 2: Wissenschaftsmethodik und spezielle Wissenschaftstheorie. Frankfurt/M.
Lefrancois, G. R. (1994): Psychologie des Lernens. 3. Aufl., Berlin, Heidelberg
Leinfellner, W. (1967): Einführung in die Erkenntnis- und Wissenschaftstheorie. 2. Aufl., Mannheim
Lenzen, D. (Hrsg.) (1995 und 1998): Enzyklopädie Erziehungswissenschaft. Handbuch und Lexikon der Erziehung in 11 Bänden und einem Registerband. Stuttgart
–, Mollenhauer, K. (Hrsg.) (1983): Theorien und Grundbegriffe der Erziehung und Bildung. Enzyklopädie Erziehungswissenschaft, Bd. I. Stuttgart
Lewin, K. (1982): Werke. Kurt-Lewin-Werkausgabe. Hrsg. v. C.-F. Graumann. Bd. 4. Feldtheorie. Bern-Stuttgart
Lickona, T. (Ed.) (1976): Moral Development and Behavior. New York
Lindemann, H. (2006): Konstruktivismus und Pädagogik. Grundlagen, Modelle, Wege zur Praxis. München, Basel
Linke, W. (1966): Aussage und Deutung in der Pädagogik. Dialektische, hermeneutische und phänomenologische Methodenprobleme. Heidelberg
Lippitz, W. (1980): Lebenswelt oder die Rehabilitierung vorwissenschaftlicher Erfahrung. Ansätze eines phänomenologisch begründeten anthropologischen und sozialwissenschaftlichen Denkens in der Erziehungswissenschaft. Weinheim, Basel
– (1993): Phänomenologische Studien in der Pädagogik. Weinheim
– (1994): Phänomenologisch-hermeneutische Pädagogik. In: Gudjons, H. u. a. (Hrsg.), 3–11
–, Plaum, J. (1981): Tasten, Gestalten, Genießen. Einführung in konkret pädagogisch-anthropologisches Denken an Unterrichtsbeispielen aus der Grundschule. Königstein/Ts.
–, Meyer-Drawe, K. (Hrsg.) (1984a): Kind und Welt. Phänomenologische Studien zur Pädagogik. Meisenheim-Königstein/Ts.
–, – (Hrsg.) (1984b): Lernen und seine Horizonte. Phänomenologische Konzeptionen menschlichen Lernens – didaktische Konsequenzen. 2. Aufl., Frankfurt/M.
Litt, Th. (1972): Führen oder Wachsenlernen. Eine Erörterung des pädagogischen Grundproblems. 13. Aufl., Stuttgart
Loch, W. (1962): Beiträge zu einer Phänomenologie von Gespräch und Lehren. Bildung und Erziehung 15, 641–661
– (1969): Enkulturation als anthropologischer Grundbegriff der Pädagogik. In: Weber, E., 122–140
Löw, M. (2003): Einführung in die Soziologie der Bildung und Erziehung. Opladen
Lohmann, C. (Hrsg.) (1978): Schule als soziale Organisation. Bad Heilbrunn

Lorenzen, H. (1966): Die Kunsterziehungsbewegung. Bad Heilbrunn

Lorenzer, A. (1973): Zur Begründung einer materialistischen Sozialisationstheorie. Frankfurt/M.

Lübcke, P. (1994): Die phänomenologische Bewegung. In: Hügli/Lübcke (Hrsg.), 111–118

Lückert, H.-R. (1970): Die Autorität in der Erziehung. Formen, Fundierung, Funktion. In: Geißler, E. E. (Hrsg.): Autorität und Freiheit. 3. Aufl., Bad Heilbrunn, 74–86

Maskus, R. (Hrsg.) (1966): Zur Geschichte der Mittel- und Realschulen. Bad Heilbrunn

McCall, G. J., Simmons, J. L. (1974): Identität und Interaktion. Untersuchungen über zwischenmenschliche Beziehungen im Alltagsleben. Düsseldorf

Mead, G. H. (1969): Sozialpsychologie. Neuwied
– (1975): Geist, Identität und Gesellschaft. Aus der Sicht des Sozialbehaviorismus. 2. Aufl., Frankfurt/M.
– (1998): Geist, Identität und Gesellschaft aus der Sicht des Sozialbehaviorismus. 11. Aufl., Frankfurt/M.

Meltzer, B. N., Petras, J. W. (1970): The Chicago and Iowa Schools of Symbolic Interactionism. In: Shibutani, T. (Ed.): Human Natural and Collective Behavior. Englewood Cliffs, 3–17

Merkens, H. (1991): Wissenschaftstheorie. In: Pädagogik. Handbuch für Studium und Praxis. Hrsg. v. L. Roth. München, 19–31
– (2004): Zur Lage der Erziehungswissenschaft. In: Erziehungswissenschaft. 15. J., H 29, 11–29. Wiesbaden
– (2006a): Pädagogische Institutionen. Pädagogisches Handeln im Spannungsfeld von Individualisierung und Organisation. Wiesbaden
– (Hrsg.) (2006b): Erziehungswissenschaft und Bildungsforschung. Wiesbaden

Merleau-Ponty, M. (1966): Phänomenologie der Wahrnehmung. Berlin

Meyer-Drawe, K. (1984): Leiblichkeit und Sozialität. Phänomenologische Beiträge zu einer pädagogischen Theorie der Inter-Subjektivität. München
– (1996): Vom anderen lernen. Phänomenologische Betrachtungen in der Pädagogik. In: Borelli/Ruhloff, 85–98

Mieth, D. (2005): Kleine Ethikschule. Freiburg, Basel, Wien

Migge, B. (2007): Handbuch Coaching und Beratung. Weinheim, Basel

Miller, A. (1983): Das Drama des begabten Kindes. Frankfurt/M.

Minsel, B., Roth, K. (Hrsg.) (1978): Soziale Interaktion in der Schule. Studienprogramm Erziehungswissenschaft. Bd. 5. München, Wien, Baltimore

Mittelstraß, J. (Hrsg.) (2004): Enzyklopädie Philosophie und Wissenschaftstheorie. 4 Bde. Stuttgart, Weimar

Mitter, W. (1996): Pädagogik, vergleichende. In: Lenzen, Bd. 2, 1246–1260

Mollenhauer, K. (1976): Theorien zum Erziehungsprozess. Zur Einführung in erziehungswissenschaftliche Fragestellungen. 3. Aufl., München
–, Rittelmeier, C. (1977): Methoden der Erziehungswissenschaft. München

Montessori, M. (1978): Kinder sind anders. 10. Aufl., Stuttgart

Mühlbauer, K. R. (1980): Sozialisation. Eine Einführung in Theorien und Modelle. München

Neidhardt, F. (1979): Frühkindliche Sozialisation. Theorien und Analysen. 2. Aufl., Stuttgart

Netzer, H. (1972): Erziehungslehre. 10. Aufl., Bad Heilbrunn

Noack, W. (2007): Anthropologie der Lebensphasen: Grundlagen für Erziehung, soziales Handeln und Lebenspraxis. Berlin

Nohl, H. (1963): Die pädagogische Bewegung in Deutschland und ihre Theorie. 6. Aufl., Frankfurt/M.
–, Pallat, L. (Hrsg.) (1928–1932): Handbuch der Pädagogik. 5 Bde. Langensalza

Nosbüsch, J. (1977): Moderne Anthropologie und ihre Bedeutung für die Pädagogik. In: Becker, H. H. (Hrsg.): Anthropologie und Pädagogik. 3. Aufl., Bad Heilbrunn, 28–48

Oerter, R., Montada, L. (1982): Entwicklungspsychologie. München, Wien, Baltimore
– (1998): Entwicklungspsychologie. 4. Aufl., Weinheim

Oevermann, U. (1979): Sozialisationstheorie. Ansätze zu einer soziologischen Sozialisationstheorie und ihre Konsequenzen für eine allgemeine soziologische Analyse. In: Lüschen, G. (Hrsg.): Deutsche Soziologie seit 1945. Entwicklungsrichtungen und Praxisbezug. Kölner Zsch. f. Soziologie und Sozialpsychologie, 143–168
– (1986): Kontroversen über sinnverstehende Soziologie. Einige wiederkehrende Probleme u. Mißverständnisse in der Rezeption der „objektiven Hermeneutik". In: Aufenanger/Lenssen, 19–83
– (1996): Konzeptualisierung von Anwendungsmöglichkeiten und praktischen Arbeitsfeldern der objektiven Hermeneutik. (Manifest der

objektiv hermeneutischen Sozialforschung). Masch.Schr. 37 S.

O'Neill, J. (1977): Kann Phänomenologie kritisch sein? In: Waldenfels, B. u. a. (Hrsg.): Phänomenologie und Marxismus, Bd. 1: Konzepte und Methoden. Frankfurt/M., 234–251

Opp, G., Kulig, W., Puhr, K. (2006): Einführung in die Sonderpädagogik. 2. Aufl., Opladen, Bloomfield Hills

Oppolzer, S. (Hrsg.) (1966/1969): Denkformen und Forschungsmethoden der Erziehungswissenschaft. Bd. 1: Hermeneutik, Phänomenologie, Dialektik, Methodenkritik. München. Bd. 2: Empirische Forschungsmethoden. München

Oswald, H. (1997): Was heißt qualitativ forschen? In: Friebertshäuser/Prengel, 71–87

Otto, G., Schulz, W. (Hrsg.) (1995): Methoden und Medien der Erziehung und des Unterrichts. Enzyklopädie Erziehungswissenschaft. Bd. 4. Stuttgart

Ottomeyer, K. (1998): Gesellschaftstheorien in der Sozialisationsforschung. In: Hurrelmann/Ulich, 158–188

Parsons, T. (1973): Beiträge zur soziologischen Theorie. 3. Aufl., Neuwied
– (1980): Der Stellenwert des Identitätsbegriffs in der allgemeinen Handlungstheorie. In: Döbert, R., Habermas, J., Nunner-Winkler, G. (Hrsg.): Entwicklung des Ichs. 2. Aufl., Königstein/Ts.
– (1986): Gesellschaften. Evolutionäre und komparative Perspektiven. 2. Aufl., Frankfurt/M.
– (1997): Sozialstruktur und Persönlichkeit. 5. Aufl., Frankfurt/M.

Paulsen, F. (1960): Geschichte des gelehrten Unterrichts auf den deutschen Schulen und Universitäten vom Ausgang des Mittelalters bis zur Gegenwart. 2 Bde. Berlin

Pestalozzi, J. H. (1947): Wie Gertrud ihre Kinder lehrt. Ein Versuch, den Müttern Anleitung zu geben, ihre Kinder selbst zu unterrichten. Baden-Baden
– (1968): Stanser Brief. In: Dietrich, Th. (Hrsg.): Kleine Schriften zur Volkserziehung und Menschenbildung. 4. Aufl., Bad Heilbrunn

Petersen, P. (1963): Führungslehre des Unterrichts. 7. Aufl., Braunschweig

Peterßen, W. H. (1996): Lehrbuch der allgemeinen Didaktik. 5. Aufl., München

Petillon, H. (1987): Der Schüler. Rekonstruktion der Schule aus der Perspektive von Kindern und Jugendlichen. Darmstadt

Philosophielexikon. Siehe Hügli/Lübcke
Philosophisches Wörterbuch. Siehe Halder/Müller
Philosophisches Wörterbuch. Siehe Schischkoff

Piaget, J. (1948): Psychologie der Intelligenz. Frankfurt/M., Stuttgart
– (1954): Das moralische Urteil beim Kinde. Zürich
– (1972): Theorien und Methoden der modernen Erziehung. Wien, Zürich, München
– (1973a): Einführung in die genetische Erkenntnistheorie. Frankfurt/M.
– (1973b): Der Strukturalismus. Freiburg i. Br.
– (1974): Abriss der genetischen Epistemologie. Freiburg i. Br.
– (1975): Das Recht auf Erziehung. Die Zukunft unseres Bildungssystems. Zwei Essays. München
– (1976): Die Äquilibration der kognitiven Strukturen. Frankfurt/M.
– (1990): Das moralische Urteil beim Kinde. Zürich
– (1992): Einführung in die genetische Erkenntnistheorie. 5. Aufl., Frankfurt/M.

Platon (1958): Politeia. In: Sämtliche Werke, Bd. 3. Hamburg

Plöger, W. (2003): Grundkurs Wissenschaftstheorie für Pädagogen. München

Pöggeler, F. (Hrsg.) (1975): Handbuch der Erwachsenenbildung. Bd. 4. Geschichte der Erwachsenenbildung. Stuttgart, Berlin, Köln, Mainz

Pohl, K. (1986): Geschichte der Natur und geschichtliche Erfahrung. Bemerkungen zu Ilya Prigogines Versuch eines neuen Dialogs zwischen Natur- und Geisteswissenschaften. In: Altner, G. (Hrsg.): Die Welt als offenes System. Eine Kontroverse um das Werk von Ilya Prigogine. Frankfurt/M., 104–123

Popper, K. (1966): Logik der Forschung. 2. Aufl., Tübingen
– (1973): Objektive Erkenntnis. Ein evolutionärer Entwurf. Hamburg

Portmann, A. (1964): Die Menschengeburt im System der Biologie. In: Das Kind in unserer Zeit. Eine Vortragsreihe. Stuttgart, 7–19

Pressel, A. (1971): Sozialisation. In: Beck, J. u.a. (Hrsg.): Erziehung in der Klassengesellschaft. Einführung in die Soziologie der Erziehung. München, 124–151

Preyer, K. (1978): Berufs- und Betriebspädagogik. Einführung und Grundlegung. München, Basel

Prim, R., Tilmann, H. (1973): Grundlagen einer kritisch-rationalen Sozialwissenschaft. Studienbuch zur Wissenschaftstheorie. Heidelberg

Prior, H. (Hrsg.) (1976): Soziales Lernen. Düsseldorf

Rang, M. (1964): Erwachsener und Kind. Westermanns Päd. Beiträge 16, 10, 435–443

Rauschenbach, Th., Gänger, H. (Hrsg.) (1992): Soziale Arbeit und Erziehung in der Risikogesellschaft. Neuwied
Reble, A. (Hrsg.) (1969): Die Arbeitsschule. Texte zur Arbeitsschulbewegung. 3. Aufl., Bad Heilbrunn
– (Hrsg.) (1975): Zur Geschichte der Höheren Schule. Bd. II (19. u. 20. Jahrhundert). Bad Heilbrunn
Rebmann, K., Tenfelde, W., Uhde, E. (2003): Berufs- und Wirtschaftspädagogik. Eine Einführung in Strukturbegriffe. 2. Aufl., Wiesbaden
Reichwein, R. (1973): Hans Bohnenkamp zum 80. Geburtstag: Ein Plädoyer für die soziale Dimension der Bildung. Neue Sammlung 13, 4, 481–485
Ricoeur, P. (1973): Hermeneutik und Strukturalismus. Der Konflikt der Interpretationen I. München
Röhm, H. (1973): Aggressionen – ein Problem sozialer Erziehung. Westermanns Päd. Beiträge 25, 9, 476–481
Rolff, H.-G. (1997): Sozialisation und Auslese durch die Schule. 9. Aufl., Heidelberg
–, u. a. (Hrsg.) (1974): Strategisches Lernen in der Gesamtschule. Gesellschaftliche Perspektiven der Schulreform. Hamburg
–, Zimmermann, P. (1997): Kindheit im Wandel. Eine Einführung in die Sozialisation im Kindesalter. 5. Aufl., Weinheim, Basel
Rombach, Hrch. (Hrsg.) (1974): Wissenschaftstheorie. 2 Bde. Bd. 1: Probleme und Positionen der Wissenschaftstheorie. Bd. 2: Struktur und Methode der Wissenschaften. Freiburg, Basel, Wien
Roth, G. (1997): Das Gehirn und seine Wirklichkeit. Kognitive Neurobiologie und ihre philosophischen Konsequenzen. Frankfurt/M.
– (2001): Fühlen, Denken, Handeln. Wie das Gehirn unser Verhalten steuert. Frankfurt/M.
Roth, H. (1962): Die realistische Wendung in der pädagogischen Forschung. In: Neue Sammlung 2, 6, 481–490
– (1969): Die Bedeutung der empirischen Pädagogik. In: Oppolzer, Bd. 2, 15–62
– (1971): Pädagogische Anthropologie, Bd. 1: Bildsamkeit und Bestimmung. 3. Aufl., Berlin, Darmstadt, Dortmund
– (1976): Pädagogische Anthropologie, Bd. 2: Entwicklung und Erziehung. Grundlagen einer Entwicklungspädagogik. 2. Aufl., Berlin, Darmstadt, Dortmund
– (1983): Pädagogische Psychologie des Lehrens und Lernens. 16. Aufl., Hannover
Rousseau, J. J. (1963): Emile oder über die Erziehung (1762). Herausgegeben, eingeleitet und mit Anmerkungen versehen von M. Rang. Stuttgart
Rumpf, H. (1976): Unterricht und Identität. Perspektiven für ein humanes Lernen. München
Ruprecht, H. (1974): Einführung in die empirische pädagogische Forschung. Bad Heilbrunn
– (1975): Die modernen empirischen Methoden und die Pädagogik. In: Ellwein u. a. (Hrsg.), 295–366
– (1978): Die erfahrungswissenschaftliche Tradition der Erziehungswissenschaft. In: Thiersch, H. u. a.: Die Entwicklung der Erziehungswissenschaft. München, 109–171
Russ, W. (1968): Geschichte der Pädagogik. 8. Aufl. mit einem Anhang „Österreichisches Bildungswesen". Bad Heilbrunn

Sander, F. (1928): Experimentelle Ergebnisse der Gestaltpsychologie. In: Bericht über den 10. Kongress für Experimentelle Psychologie in Bonn vom 20.–23.4.1927
Scheibe, W. (Hrsg.) (1974): Zur Geschichte der Volksschule. Bd. II (19. u. 20. Jahrhundert bis zur Gegenwart). 2. erw. u. neubearb. Aufl., Bad Heilbrunn
Schell, F., Stolzenburg, E., Theunert, H. (Hrsg.) (1999): Medienkompetenz. Grundlagen und pädagogisches Handeln. Reihe Medienpädagogik. München
Scheuerl, H. (Hrsg.) (1979): Klassiker der Pädagogik, Bd. 2: Von Karl Marx bis Jean Piaget. München
Schischkoff, G. (Hrsg.) (1991): Philosophisches Wörterbuch. 22. Aufl., Stuttgart
Schleiermacher, F. D. E. (1942): Dialektik. Hrsg. v. R. Odebrecht im Auftrag der preußischen Akademie der Wissenschaften auf Grund bisher unveröffentlichten Materials. Leipzig
– (1957): Pädagogische Schriften. Hrsg. v. W. Weniger. 1. Bd. Die Vorlesungen aus dem Jahre 1826. Düsseldorf-München
– (1984): Über die Religion. Reden an die Gebildeten unter ihren Verächtern (1799). In: Schriften aus der Berliner Zeit 1796–1799. Hrsg. v. G. Meckenstock. Berlin, New York, 185–326
Schraml, W. J. (1974): Das soziale Verhalten in der Schule. In: Halbfas, H., Maurer, F., Popp, W. (Hrsg.): Neuorientierung des Primarbereichs. Bd. 2: Lernen und soziale Erfahrung. Stuttgart, 180–187
Schülein, J. A. (1977): Selbstbetroffenheit. Über Aneignung und Vermittlung sozialwissenschaftlicher Kompetenz. Frankfurt/M.
–, Reitze, S. (2008): Wissenschaftstheorie für Einsteiger. 2. Aufl., Wien
Schütz, A. (1974): Der sinnhafte Aufbau der so-

zialen Welt. Eine Einleitung in die verstehende Soziologie. Frankfurt/M.
–, Luckmann, Th. (1979): Strukturen der Lebenswelt. Frankfurt/M.
Schütze, Y. (1982): Psychoanalytische Theorien in der Sozialisationsforschung. In: Hurrelmann/ Ulich, 123–145
Schwäbisch, L., Siems, M. (1974): Anleitung zum sozialen Lernen für Paare, Gruppen und Erzieher. Hamburg
Schweizer, F. (1985): Identität und Erziehung. Was kann der Identitätsbegriff in der Pädagogik leisten? Weinheim, Basel
Scott, W. R. (1986): Grundlagen der Organisationstheorie. Frankfurt/M., New York
Seel, N. M. (2000): Psychologie des Lernens. Lehrbuch für Pädagogen und Psychologen. München, Basel
Seidelmann, K. (Hrsg.) (1966): Die Deutsche Jugendbewegung. Bad Heilbrunn
Seiffert, H. (1991/1992): Einführung in die Wissenschaftstheorie. 3 Bde. Bd. 1: Sprachanalyse – Deduktion – Induktion in Natur- und Sozialwissenschaften. 1. Aufl., München. Bd. 2: Geisteswissenschaftliche Methoden: Phänomenologie – Hermeneutik und historische Methode – Dialektik. 9. Aufl., München. Bd. 3: Handlungstheorie – Modallogik – Ethik – Systemtheorie. Literatur zu den Bänden 1–3. 2. Aufl., München
– (1994): Geschichtstheorie. In: Seiffert/Radnitzky, 106–112
–, Radnitzky, G. (Hrsg.) (1994): Handlexikon zur Wissenschaftstheorie. 2. Aufl., München
Seiler, Th. B. (1998): Entwicklungstheorien in der Sozialisationsforschung. In: Hurrelmann/Ulich, 99–120
Simon-Schaefer, R., Zimmerli, W. Ch. (Hrsg.) (1975): Wissenschaftstheorie der Geisteswissenschaften. Konzeptionen, Vorschläge, Entwürfe. Hamburg
Singer, W. (2002): Der Beobachter im Gehirn. Essays zur Hirnforschung. Frankfurt/M.
Skinner, B. F. (1938): The Behavior of Organisms. New York
– (1973): Wissenschaft und menschliches Verhalten. Science and Human Behavior. München
– (1985): Futurum zwei. „Walden Two". Die Vision einer aggressionsfreien Gesellschaft. Hamburg
Skowronek, H. (1975): Lernen und Lernfähigkeit. 6. Aufl., München
Sperr, M. u. M. (1970): Herr Bertolt Brecht sagt. München
Spinner, H. F. (1974): Theorie. In: Handbuch Philosophischer Grundbegriffe. Studienausgabe. Hrsg. v. H. Krings u. a. Bd. 5. München, 1486–1512
Spitz, R. (1970a): Hospitalismus I. Eine Untersuchung der Genese psychiatrischer Krankheitsbilder in der frühen Kindheit. Vorläufiger Bericht (1945). In: Bittner, G., Schmid-Cords, E. (Hrsg.): Erziehung in früher Kindheit. Pädagogische, psychologische und psychoanalytische Texte. München, 77–98
– (1970b): Hospitalismus II. Katamnese zur 1945 veröffentlichten Untersuchung (1946). In: Bittner, G., Schmid-Cords, E. (Hrsg.), 99–103
– (1970c): Die anaklitische Depression. Eine Untersuchung der Genese psychischer Störungen in der frühen Kindheit. (1946). In: Bittner, G., Schmid-Cords, E. (Hrsg.), 104–135
Spranger, E. (1928): Kultur und Erziehung. Leipzig
Stegmüller, W. (1974): Das ABC der modernen Logik und Semantik. Der Begriff der Erklärung und seine Spielarten. New York, Heidelberg, Berlin
– (1987/1989): Hauptströmungen der Gegenwartsphilosophie. 4 Bde. Bd. 1. 7. Aufl., Stuttgart. Bd. 2. 8. Aufl., Stuttgart. Bd. 3. 8. Aufl., Stuttgart. Bd. 4 Stuttgart
Steinert, H. (1977): Das Handlungsmodell des symbolischen Interaktionismus. In: Lenk, H. (Hrsg.): Handlungstheorien interdisziplinär IV. Sozialwissenschaftliche Handlungstheorien und spezielle systemwissenschaftliche Ansätze. München, 79–99
– (Hrsg.) (1973): Symbolische Interaktion. Arbeiten zu einer reflexiven Soziologie. Stuttgart
Ströker, E. (1987): Einführung in die Wissenschaftstheorie. 3. Aufl., Darmstadt
Strukturplan für das Bildungswesen. Empfehlungen der Bildungskommission. Hrsg. v. Deutschen Bildungsrat. 3. Aufl., Stuttgart 1971
Strzelewicz, W. (1972): Herrschaft ohne Zwang? Systeme und Interpretation der Autorität heute. In: Hartfiel, G. (Hrsg.): Die autoritäre Gesellschaft. 3. Aufl., Opladen, 21–53
Stubenrauch, H. (1973): „Chancengleichheit" – „Soziale Integration" – „Differenzierung": Dissonanzen auf der Reformorgel – Gesichtspunkte und Erfahrungen zur fächerübergreifenden thematischen Differenzierung. In: Keim, 258–276

Tausch, R., Tausch, A.-M. (1968): Erziehungspsychologie. Psychologische Vorgänge in Erziehung und Unterricht. 3. Aufl., Göttingen
– (1998): Erziehungspsychologie. Psychologische Vorgänge in Erziehung und Unterricht. 11. Aufl., Göttingen

Terhart, E. (1997): Entwicklung und Situation des qualitativen Forschungsansatzes in der Erziehungswissenschaft. In: Friebertshäuser/Prengel, 27–42

Theunert, H. (1999): Medienkompetenz: Eine pädagogische und altersspezifisch zu fassende Handlungsdimension. In: Schell u. a., 50–59

Thiersch, H., Ruprecht, H., Herrmann, U. (1978): Die Entwicklung der Erziehungswissenschaft. München

Thorndike, E. L. (1898): Animal Intelligence: An Experimental Study of the Associative Processes in Animals. Psychological Review Monograph Supplement, 2, 4, (Whole No8)

Tillmann, K.-J. (1993): Sozialisationstheorien. Eine Einführung in den Zusammenhang von Gesellschaft, Institution und Subjektwerdung. 4. Aufl., Reinbek
– (1999): Sozialisationstheorien. Eine Einführung in den Zusammenhang von Gesellschaft, Institution und Subjektwerdung. 9. Aufl., Hamburg

Tippelt, R. (2002): Handbuch Bildungsforschung. Wiesbaden
– (Hrsg.) (1994): Handbuch der Erwachsenenbildung/Weiterbildung. Opladen

Tschamler, H. (1996): Wissenschaftstheorie. Eine Einführung für Pädagogen. 3. Aufl., Bad Heilbrunn

Ulich, D. (Hrsg.) (1974): Theorie und Methode der Erziehungswissenschaft. Probleme einer sozialwissenschaftlichen Pädagogik. 2. Aufl., Weinheim, Basel
– (1976): Pädagogische Interaktion. Theorien erzieherischen Handelns und sozialen Lernens. Weinheim, Basel
– (1998): Zur Relevanz verhaltenstheoretischer Lern-Konzepte für die Sozialisationsforschung. In: Hurrelmann/Ulich, 57–76

Ulich, K. (1998): Schulische Sozialisation. In: Hurrelmann/Ulich, 377–396

Vaughan, T. R., Reynolds, L. T. (1968): Sociology of Symbolic Interactionism. American Sociologist. 3, 208–214

Voigt, W. (1975): Einführung in die Berufs- und Wirtschaftspädagogik. München

Wahrig, G. (Hrsg.) (1991): Deutsches Wörterbuch. Mit einem „Lexikon der deutschen Sprachlehre". Gütersloh, München

Waldenfels, B. (1985): In den Netzen der Lebenswelt. Frankfurt/M.
–, u. a. (Hrsg.) (1977): Phänomenologie und Marxismus. Bd. 1: Konzepte und Methoden. Bd. 2: Praktische Philosophie. Frankfurt/M.

Walter, H. (1982): Ökologische Ansätze in der Sozialisationsforschung. In: Hurrelmann/Ulich, 285–298
– (Hrsg.) (1973–1975): Sozialisationsforschung. 3 Bde. Bd. I: Erwartungen, Probleme, Theorieschwerpunkte. Bd. II: Sozialisationsinstanzen, Sozialisationseffekte. Bd. III: Sozialökologie – neue Wege in der Sozialisationsforschung. Stuttgart

Watzlawick, P. u. a. (1972): Menschliche Kommunikation. Formen, Störungen, Paradoxien. 3. Aufl., Bern, Stuttgart, Wien

Weber, E. (1995): Pädagogik. Eine Einführung. Bd. 1: Grundfragen und Grundbegriffe, Teil 1: Pädagogische Anthropologie – Phylogenetische (bio- und kulturevolutionäre) Voraussetzungen der Erziehung. 8. Aufl., Donauwörth

Weber, M. (1972): Wirtschaft und Gesellschaft. Grundriss der verstehenden Soziologie. 5. Aufl., Tübingen

Wellek, A. (1966): Die Polarität im Aufbau des Charakters. System der konkreten Charakterkunde. 3. Aufl., Bern, München

Wellendorf, F. (1975): Schulische Sozialisation und Identität. Zur Sozialpsychologie der Schule als Institution. 3. Aufl., Weinheim, Basel

Weniger, E. (1964): Theorie und Praxis in der Erziehung. In: Weniger, E.: Die Eigenständigkeit der Erziehung in Theorie und Praxis. 3. Aufl., Weinheim, 7–22

Wetzel, F. G. (1980): Kognitive Psychologie. Eine Einführung in die Psychologie der kognitiven Strukturen von Jean Piaget. Weinheim, Basel

Wilson, Th. P. (1976): Theorien der Interaktion und Modell soziologischer Erklärung. In: Arbeitsgruppe Bielefelder Soziologen (Hrsg.): Alltagswissen, Interaktion und gesellschaftliche Wirklichkeit, Bd. 1. Hamburg, 54–79

Winnefeld, F. (1970): Erziehungswissenschaft – Utopie oder Wirklichkeit. Päd. Rundschau 24, 1, 1–20, und 2, 77–89

Wittgenstein, L. (1995a): Tractatus logico-philosophicus. In: Wiehl, R. (Hrsg.): Geschichte der Philosophie in Text und Darstellung. Bd. 8. 20. Jahrhundert. Stuttgart, 412–425
– (1995b): Philosophische Untersuchungen. In: Wiehl, R. (Hrsg.): Geschichte der Philosophie in Text und Darstellung. Bd. 8. 20. Jahrhundert. Stuttgart, 292–325

Wittpoth, J. (2006): Einführung in die Erwachsenenbildung. Opladen

Wöll, G. (1998): Handeln: Lernen durch Erfahrung.

Handlungsorientierung und Projektunterricht. Baltmannsweiler
Wörterbuch der Erziehung. Siehe Wulf
Wörterbuch der Pädagogik. Siehe Böhm
Wörterbuch Psychologie. Siehe Fröhlich
Wörterbuch der Soziologie. Siehe Hartfiel
Wörterbuch der Soziologie. Siehe Hillmann
Wulf, Ch. (1989): Wörterbuch der Erziehung. 7. Aufl., München, Zürich
– (Hrsg.) (1983): Theorien und Konzepte der Erziehungswissenschaft. 3. Aufl., München
Wurzbacher, G. (1974): Der Mensch als soziales und personales Wesen. Bd. I: Beiträge zu Begriff und Theorie der Sozialisation aus der Sicht von Soziologie, Psychologie, Arbeitswissenschaft, Medizin, Pädagogik, Sozialarbeit, Kriminologie, Politologie. 3. Aufl., Stuttgart
– (Hrsg.) (1968): Die Familie als Sozialisationsfaktor. Der Mensch als soziales und personales Wesen. Bd. III. Stuttgart

Zdarzil, H. (1972): Pädagogische Anthropologie. Studien zur Kategorienanalyse der Erziehung und der Erziehungswissenschaft. Heidelberg
Ziehe, Th. (1979): Pubertät und Narzissmus. Sind Jugendliche entpolitisiert? 3. Aufl., Frankfurt/M., Köln
Zimmermann, P. (2000): Grundwissen Sozialisation. Opladen
Zinnecker, J. (Hrsg.) (1986): Der heimliche Lehrplan. Weinheim, Basel

Namensregister

Adorno, Th. W. 71, 231, 312
Aebli, H. 139, 152
Albert, H. 271, 308f, 323, 328f
Anweiler, O. 23
Apel, H. J. 24
Aselmeier, U. 14, 84, 166f
Atkinson, R. L. 267
Atteslander, P. 316, 329, 331, 335
Aufenanger, St. 61, 75, 77f, 152, 204, 207, 244, 365, 368
Avenarius, H. 218

Baacke, D. 255
Bach, H. 294
Bacon, F. 320, 323
Baethge, M. 21
Ballauff, Th. 23, 67, 69f, 72, 155, 171, 218f, 242, 280, 340f, 347ff
Bandura, A. 75, 79, 81, 189, 191f
Banki, F. 352
Bannister, D. 57
Baumgart, F. 47
Bayer, O. 306
Becker, H. 164
Beekman, T. 140f, 349f
Belardi, N. 211, 216f, 223
Bellebaum, A. 48, 50
Benner, D. 72, 280, 286
Bentler, A. 337
Berger, P. L. 113, 258, 270f, 340f, 344, 367
Bergson, H. 344
Bernfeld, S. 282f
Biermann, R. 239
Blankertz, H. 23, 218f, 266, 284f
Bleeker, H. 250
Blumer, H. 111f, 114, 117, 122, 196, 340f
Bodelschwingh, F. v. 162
Böhm, W. 286, 294
Böhnisch, L. 211
Bollnow, O. F. 94, 124, 179, 248f, 255, 268, 273, 275ff, 280, 303f, 340f
Bolzano, B. 255
Bower, G. H. 58
Brandenburg, A. 95, 212
Braunmühl, E. v. 160
Brecht, B. 157, 319
Brentano, F. 339
Breuer, F. 320
Brezinka, W. 44f, 47, 54, 180f, 265f, 271, 282f, 301, 326ff
Brinkmann, W. 235, 237
Brocher, T. 60
Brock, C. 23
Bronfenbrenner, U. 85

Brumlik, M. 113
Bruner, J. S. 56ff, 68, 140
Bruno, G. 318, 323
Buber, M. 173, 178

Chalmers, A. F. 286
Charpa, U. 274
Chassé, K.A. 25
Chomsky, N. 254, 366
Claessens, D. 37ff
Coburn-Staege, U. 99
Coenen, H. 340, 350
Comenius, J. A. 293
Comte, A. 320ff, 339
Coreth, E. 357, 361
Correll, W. 92, 180
Cube, F. v. 185

Danner, M. 303, 340ff, 352, 357, 362, 373, 376f
Danziger, K. 41
Darwin, Ch. 73, 322f
Dautzenroth, E. 223
Derbolav, J. 280
Descartes, R. 276f, 314, 317, 320, 323
Dewey, J. 61, 112, 135, 181, 241, 252, 283, 301, 308, 322f, 327
Diekmann, A. 329
Dieterich, J. 322
Dietrich, Th. 219, 223
Dilthey, W. 173f, 239, 278f, 289, 298ff, 315, 341, 349, 355, 357ff, 365, 367f
Dörschel, A. 25
Dolch, J. 44, 373
Don Bosco, G. 162
Drechsler, J. 242
Durkheim, E. 40, 46, 95, 204, 323f

Eberwein, H. 25
Eibl-Eibesfeld, I. 84, 87
Erikson, E. H. 39, 41, 78, 81, 84f, 123ff, 243
Esser, H. 50, 53
Esterhues, J. 168, 171

Fatke, R. 70, 85
Faulstich-Wieland, H. 85
Feldhoff, J. 225
Fend, H. 20, 37, 41, 44, 46, 74, 77, 210, 218, 225, 232, 234f, 237f, 250
Feyerabend, P. 313
Fichte, J. G. 201, 251, 377
Fischer, A. 283, 326, 340f
Flanagan, F. 162

Flechsig, K.-H. 327
Flick, U. 329f, 334, 367, 369
Flitner, W. 160, 169, 178, 223, 280, 298, 320
Francke, A. H. 159, 219
Fransella, F. 57
Frege, G. 323, 325, 355
Freud, S. 60, 78ff, 84, 92, 95, 101ff, 109, 120, 122f, 128, 130, 134, 243
Frey, K. 24
Friebertshäuser, B. 329
Friedrichs, J. 312
Frischeisen-Köhler, M. 278f
Fröhlich, W. D. 73, 76, 266
Frohn, H. 60
Fromm, E. 84, 109f
Furth, H. G. 82, 142, 145, 148

Gadamer, H.-G. 87, 300, 304, 355, 357
Gagné, R. B. 56, 183f, 186, 188ff
Galilei, G. 319, 323
Gamm, H.-J. 283
Garz, D. 75, 77f, 204, 207, 244, 365, 368
Gehlen, A. 48f, 243
Geißler, E. E. 156
Gerner, B. 164
Geulen, D. 20, 41ff, 113
Ginsburg, H. 144, 148
Gmurman, W. J. 44
Goffman, E. 50, 113, 123
Gogolin, I. 240
Greinert, W.-D. 25
Griese, H. M. 84, 166
Gudjons, H. 286

Habermas, J. 249f, 256, 272, 303, 313, 330, 340
Haeberlin, U. 114
Hänsel, D. 231
Halder, A. 272
Haller, H.-D. 24
Hamann, B. 20
Harding, S. 262
Harney, K. 23
Hartmann, N. 240
Hassenstein, B. 84, 87
Heckel, H. 218
Hederer, J. 217
Hegel, G. W. F. 137, 201, 259, 313, 322
Heidegger, M. 155, 340f, 347, 365
Heintz, P. 218
Heinze, Th. 240
Heinze-Prause, R. 60

Heisenberg, W. K. 327
Henecka, H. P. 218, 240
Hennemann, G. 319
Hentig, H. v. 59, 327
Herbart, J. F. 66, 158, 278, 281, 294
Herskovits, M. H. 37
Hertz, H. 172, 174
Heydorn, H.-J. 72
Hielscher, H. 60
Hilgard, E. R. 58
Hillmann, K.-H. 47, 49, 261, 263, 329
Höltershinken, D. 164
Hönigswald, R. 278f
Hoernle, E. 282
Hoffmann, D. 289
Holland, J. G. 94
Hopf, Ch. 329
Horkheimer, M. 71f, 313
Horn, K. 159
Horton-Cooley, Ch. 112
Hügli, A. 298, 307, 341, 375
Hülshoff, Th. 219
Hull, C. L. 87
Humboldt, W. v. 67, 174, 219, 372, 374
Hume, D. 321
Hurrelmann, K. 21, 41ff, 85, 210, 224, 239f, 294
Husserl, E. 34, 300, 302, 339ff
Hylla, E. 327

Ingenkamp, K.-H. 23, 326

Jackson, Ph. W. 60
James, W. 112, 124f, 320ff
Joas, H. 95, 111
Jürgens, E. 231

Kambartel, F. 310
Kamlah, W. 271, 323, 325
Kanitz, W. 282
Kanning, F. 340
Kant, I. 137, 155, 160, 201, 259, 278, 312f, 323, 327, 371
Keim, W. 60
Kelly, G. A. 57
Kern, H. 322
Kerschensteiner, G. 281
Key, E. 160
Klafki, W. 35, 68f, 71f, 283, 292, 299, 301, 326f, 377
Klink, J. G. 219
Kluge, N. 172
Knecht-von-Martial, I. 266
Köhler, W. 79, 82
König, E. 262, 286, 337
König, R. 323ff, 238f
Köth, M. 217
Kohlberg, L. 61, 75, 78, 135, 142, 152, 204ff, 244, 371

Kordes, H. 22
Koroljow, F. F. 44
Kossolapow, L. 210
Kraimer, K. 365, 368
Kramp, W. 302
Krappmann, L. 51, 85, 114, 210, 311
Kreppner, K. 209
Krieck, E. 167, 169ff
Kromrey, H. 332ff, 336
Kron, F. W. 17, 22ff, 34f, 39, 52, 60, 172, 179, 195, 293, 297
Krüger, H.-H. 22f, 30f, 286, 288
Kuckartz, U. 331
Kudritzki, G. 160, 223
Kuhn, Th. S. 285, 291ff, 313
Kunczik, M. 198
Kunert, K. 24

Lamnek, S. 331, 338
Landgrebe, L. 341
Langeveld, M. J. 34f, 178, 242, 280, 298, 340f, 349
Lassahn, R. 164, 317
Lay, R. 355
Lay, W. A. 282, 326
Leinfellner, W. 274
Lenssen, M. 365, 368
Lenzen, D. 19, 61, 240, 283, 286, 294
Lewin, K. 29f
Linke, W. 377
Lippitz, W. 340f, 349f
Litt, Th. 163, 279, 313
Loch, W. 34f, 37ff, 340f
Lochner, R. 326, 340f
Locke, J. 314, 320f, 323
Lohmann, Chr. 225
Lorenzen, H. 223
Lorenzen, P. 271, 323, 325
Lorenzer, A. 85
Luckmann, Th. 113, 258, 270f, 340f, 344, 346, 367
Lübcke, P. 298, 307, 339, 341, 375, 384, 386
Lückert, H.-R. 157

Manen, M. v. 340
Marx, K. 282, 313, 324
Maskus, R. 220
McCall, G. J. 113
Mead, G. H. 29, 51, 78, 85, 95, 112ff, 126, 135, 144, 196, 206, 239, 243, 254, 340f, 344
Meltzer, B. N. 113
Merkens, H. 32f, 50, 67, 70, 225, 302
Merleau-Ponty, M. 340f, 344, 346f, 349f
Meumann, E. 282, 326
Meyer, H. 24

Meyer-Drawe, K. 340f, 349f
Mill, J. S. 320f, 323
Miller, A. 109f, 192
Minsel, B. 239
Mitter, W. 23
Mollenhauer, K. 47, 60, 172, 192f, 195, 198, 283, 286, 311f, 322, 340f
Montada, L. 74, 77, 84, 129, 204
Montaigne, M. de 318, 323
Montessori, M. 77, 160, 242, 288
Mühlbauer, K. R. 85, 218
Müller, M. 272
Mulderij, K. 350

Natorp, P. 279
Neidhardt, F. 22
Netzer, H. 156, 167f
Nevermann, K. 21
Newton, I. 319, 323
Niklaus, E. 114
Nohl, H. 172, 174ff, 280, 292, 294, 301
Nosbüsch, J. 164

Oerter, R. 74, 77, 84, 129, 204
Oevermann, U. 255, 362, 365ff
O'Neill, J. 35
Opper, S. 144, 148
Oppolzer, S. 326, 340
Oswald, H. 331
Otto, G. 24
Ottomeyer, K. 86, 111

Pallat, L. 294
Paracelsus 318, 323
Park, R. E. 112
Parsons, T. 29, 48ff, 78, 80f, 85, 95ff, 113, 116, 122, 135, 144, 207, 224, 232ff, 236, 238, 245, 248, 250, 254, 264, 301
Paulsen, F. 278
Pavlov, J. P. 184
Peirce, Ch. S. 322f, 325
Pestalozzi, J.H. 162f, 294
Petersen, E. 326, 340f
Petersen, P. 157, 169, 341
Perterßen, W. 24
Petillon, H. 240
Petras, J.W. 113
Petzelt, A. 280
Pfänder, A. 340f
Piaget, J. 52, 57, 75f, 78f, 81f, 85, 108, 136ff, 204, 211, 243f, 254f, 273, 276
Platon 154f, 355, 372f
Plaum, J. 350
Pöggeler, F. 223
Pohl, K. 329
Popper, K. 265, 268, 301, 303, 308, 313, 323, 325, 328f

Portmann, A. 164ff, 243
Prengel, A. 329
Pressel, A. 85
Preyer, K. 25
Prim, R. 374f
Prior, H. 59

Quetelet, A. 324

Radnitzky, G. 262, 341, 355
Rauschenbach, Th. 25, 30f
Reble, A. 219, 223
Redfield, R. 112
Reicherts, J. 368
Reichwein, R. 60
Reynolds, L. T. 113
Rickert, H. 315
Ricoeur, P. 356
Rittelmeyer, Chr. 322
Röhm, H. 60
Rolff, H.-G. 60, 109f, 224
Rombach, H. 259
Roth, G. 61ff, 65
Roth, H. 20f, 40, 47, 55f, 59, 75, 77f, 129, 164, 242ff, 254, 296, 326
Roth, K. 239
Rothe, F. K. 352
Rousseau, J. J. 77, 159f, 223, 242, 305
Ruhloff, J. 340
Rumpf, H. 192, 210, 340
Ruprecht, H. 321f, 326
Russ, W. 169, 218, 221, 223
Russell, B. 355

Sander, F. 82
Schaller, K. 23, 67, 171, 218f, 340f
Schefold, W. 211
Scheibe, W. 219
Scheler, M. 340f, 344
Scheuerl, H. 285
Schischkoff, G. 307

Schleiermacher, F. D. E. 172, 178, 279, 294, 305, 355ff, 371ff, 377
Schraml, W. J. 60
Schülein, J. A. 22, 256, 286
Schütz, A. 340f, 344ff
Schütze, Y. 102
Schultze, W. 327
Schulz, W. 24
Schwäbisch, L. 60
Scott, R. W. 49, 225f, 228ff
Seel, N. M. 55, 65, 79
Seidelmann, K. 223
Seiffert, H. 262, 300f, 319, 324, 341, 355, 375
Seiler, Th. B. 137
Siems, M. 60
Simmons, J. L. 113
Simon-Schaefer, R. 271
Skinner, B. F. 53, 75, 79, 84, 86ff, 94, 144, 183f, 187, 243
Skowronek, H. 192
Sofos, A. 23, 195, 197
Spencer, H. 73, 320ff
Spinner, H. F. 264, 267f
Spitz, R. 133, 300
Spranger, E. 173
Stegmüller, W. 274, 307, 319, 323, 325, 375
Steinert, H. 112f
Stölting, E. 306
Strasser, St. 34, 340
Ströker, E. 261f
Stubenrauch, H. 59

Tausch, R. u. A.-M. 54, 60, 161, 180, 188ff
Terhart, E. 330
Thiersch, H. 23
Thomas, W. I. 112
Thorndike, E. L. 184
Tilmann, H. 374f
Tillmann, K.-J. 31f, 85
Tippelt, R. 25, 329
Tolman, E. C. 87

Trapp, E. Chr. 26, 278, 281f, 326
Tschamler, H. 286, 288
Tulasiewicz, W. 23

Ulich, D. 31ff, 41, 44, 85f, 192, 239, 283, 294, 322
Ulich, K. 210, 225, 239, 294

Vaughan, T. R. 113
Vogler, P. 87
Voigt, W. 25

Wahrig, G. 269
Waldenfels, B. 340f, 344
Walter, H. 44, 85
Walters, R. H. 75, 79, 81, 191f
Watson, J. B. 53, 86f
Watzlawick, P. 195ff, 255, 295
Weber, E. 20
Weber, M. 29, 36, 50ff, 95, 197, 199, 228, 311, 316, 323f, 344f
Weingarten, E. 329
Wellek, A. 82
Wellendorf, F. 239f
Weniger, E. 153f, 294, 302
Wensierski, H.-J. v. 25
Wetzel, F. G. 137, 139, 147
Willmann, O. 278, 281, 294
Wilson, Th. P. 112f, 296, 303, 340f, 365
Windelband, W. 315
Winnefeld, F. 180, 182f, 341
Wirth, L. 112
Wittgenstein, L. 307
Wöhler, K. 218, 240
Wulf, Chr. 286
Wurzbacher, G. 20, 37, 209

Zdarzil, H. 164
Zedler, P. 262
Zimmerli, W. Ch. 271
Zimmermann, P. 85, 109f
Zinnecker, J. 22, 60, 199

Sachwortregister

Aggression 103, 110
AGIL-Schema 98
Aktionsforschung s. Handlungsforschung
Aktualgenese 73, 82
Allokationsfunktion 234ff
Alltagshandeln 344
Ambiguitätstoleranz 245f
Amtsautorität 226
Analytische Philosophie 306f
Anthropologie 163ff
–, negative 159, 163, 176
anthropologische Differenz 157
Antiautoritäre Erziehungsbewegung 160, 242
Antinomie 371
Antipädagogik 375
Antithetik 370, 376
Aporie 371
Archimedischer Punkt der Erkenntnis 276f
Assimilation 145
Aussagesystem 269f, 283f, 313
Außerschulisches Erziehungs- und Bildungswesen 212ff
Autonomie
– Entwicklung der 133ff, 151, 249
– der Pädagogik 304ff
Autorität 148f, 157f
– als Relation 193f
–, pädagogische 177
Axiom 196ff, 307

Begriffsbestimmung 374
Begriffsbildung 374f
Behaviorismus 53, 86f
Berufspädagogik 25
Betriebspädagogik 25
Beziehung
–, soziale 293
– Mutter-Kind- 316
Bezugsperson 149
–, primäre 166f
Bildsamkeit 174f
Bildung 171ff
Bildungs- und Ausbildungssystem 212ff
Bildungsbegriff 66ff
Bildungsgemeinschaft 173f
Bildungsprozess 200

Code 97, 99, 255

Definition 15, 246, 270, 374f
– einer Situation 193, 195
Demokratisierung 59, 327

Denktraditionen 22, 258, 276f, 314ff, 326, 339, 341
Dialektik 314, 369f
– der Bildung 71f
–, Formen der 370ff
–, negative 71f
Dialektischer Schematismus 376
Dialogisches Verhältnis 173
Didaktik 24, 39, 55
Dilemma 67, 204ff, 371
Diskrepanztheorem 248
Dispositionen 181, 191, 204
Disziplin als Wissenschaft 283, 292
Duales System 213, 321f
Dyade 103, 108, 293, 300, 316

Ebenen wissenschaftlicher Betrachtung 31ff
Egozentrismus 148ff
Einstellungen 31, 33, 189ff, 235
Emanzipation 155, 327
Empathie 256
Empirie 314, 322
Empirie als Denktradition 318ff
Empirismus 321ff
Enkulturation 37ff, 42, 59, 169, 209, 224
Entwicklung 73f, 81, 146f,
– als Soziogenese 77f, 242ff
– als Strukturgenese 136ff
– der Persönlichkeit 135, 190, 203ff
–, kognitive 136ff
–, moralische 203ff
–, psychosexuelle 202ff
– von Identität 124ff, 130ff
Entwicklung und Lernen 21, 55, 243f
Entwicklungsabschnitte 76
Entwicklungskonzepte 242ff
Entwicklungsmodelle 74ff, 148ff
Entwicklungspädagogik 78, 244
Epigenese 130, 133, 135
Epistemologie 258f, 271
Erfahrung und Erkenntnis 273f, 307, 309, 314, 318ff, 332, 350ff
Erfahrung und Identität 130ff, 150
Erfahrung und Lernen 61, 78
Erkenntnis 137ff, 274ff
–, archimedischer Punkt der 276f
Erkenntnisinteressen 272, 358
Erkenntnistheorie 257f, 271ff, 313
–, genetische 140ff, 273
Erwachsenenbildung 25, 30, 211, 215
Erwartungen

Erzieherisches Verhältnis 172f, 178ff
Erziehung 44ff
– als Entwicklungshilfe 223, 371
– als Sozialmachung 46f
– als Steuerung von Verhalten 182f
– als Strukturierung von Situationen 193f
– als symbolische Interaktion 192ff
– als Verhaltensmodifikation 180ff
–, Formen der 153ff
– in früher Kindheit 19, 22
–, negative 160
Erziehungsbedürftigkeit 20, 164, 167
Erziehungshandeln 193, 195ff, 199ff, 203ff
Erziehungsmittel 156
Erziehungsnormen 27
Erziehungsprozess 153ff
Erziehungssituation 182f, 193
Erziehungstheorien 75, 265
Erziehungswirklichkeit 260, 280, 298ff
Erziehungsziele 46, 155f
Ethnomethodologie 338, 344
Ethologie 87
Evolution 73, 84f, 145, 287
Existenz 348, 350, 355
Existenzialismus 346
Experiment 316f, 319f, 331, 338

Face-to-Face-Beziehung 164, 172, 312
Falsifikation 265, 308, 325
Familie 209, 227ff
Feldforschung 282
Feldtheorie 29
Forschungsablauf 335f
Forschungsbereiche 22, 24, 329ff
Forschungskompetenzen 338
Forschungsmethoden 27, 284ff, 314ff, 319, 329ff
Forschungssituation 338f, 350
Frustrationstoleranz 201, 245f, 248f
Funktionale Autorität 256
Funktion 96ff, 101, 140, 161
– eines Paradigmas 293ff
– pädagogischer Theorien 267f
– von Schule 234ff
– von Sprache 202ff

Gedächtnis 63ff
Gegenstandskonstitution 316ff

Sachwortregister

Gegenstandstheorie 258ff
Gehorsam 177
Geisteswissenschaften 297ff, 310, 315
Generationenverhältnis 172
Gesamtschule 211ff
Geschichtlichkeit 172, 300f, 304
Geschlechterrolle 106
Geste 115, 196f
–, signifikante 116f
Gewalt 177ff
Grundschule 212ff
Gruppenarbeit 232
Gymnasium 212ff, 219f

Handeln 29, 38, 50ff
–, kommunikatives 47
–, soziales 50ff, 96ff, 99ff, 142, 325, 345f, 365
Handlungsfelder 29ff, 47f
Handlungsforschung 334
Handlungskompetenz 53, 256
Handlungskonzepte 52f, 75, 141, 195, 254
Handlungsnormen 27, 85, 194, 226, 249
Handlungspläne 51, 311
Handlungsstrukturen 141f
Handlungssystem 98f
Handlungstheorie 29, 139, 243, 287, 289
Handlungstypen 61
Hermeneutik
– als Textwissenschaft 361f
–, Formen der 354ff
–, Grundlagenfunktion der 302ff
–, Grundstrukturen der 361f
–, klassische 359f
–, objektive 365
Hermeneutische Differenz 362
Hermeneutischer Zirkel 362
Hermeneutisches Regelwerk 363f
Herrschaft 158, 247
– legale 199
Herrschaftsinteresse 199
Höhlengleichnis 154f
Hypothesenbildung 264, 328, 336

Ich-Identität 123, 126ff, 134, 248f
Ich-Stärke 50
Identität
–, Gruppen- 123, 125f, 128f
Identitätsbildung 85, 119, 122, 127, 241
Identitätsdiffusion 131ff
Identitätsentwicklung 124ff, 130ff, 135
Identitätskrise 126ff
Identitätstheorem 248
Identifikation 80f, 111, 134, 192, 238

Ideologiekritik 202, 283, 299
Imitation 81, 83, 188f
Inhaltsanalyse 316, 333f, 338
Institution 21, 31ff, 42f, 47ff, 98, 100, 199, 209ff, 212ff, 216, 230f
– Funktionen von 234ff, 245ff
– Perspektiven von 225ff
– Strukturmerkmale von 245ff
–, totale 50
Integrationsfunktion 100, 235, 238
Integrationstheorem 245f
Intelligenz 144ff
Interaktion
–, soziale 59f, 112, 183, 365
–, symbolische 47, 51, 116f, 192ff, 306, 311f, 365
Interaktionsstrukturen 33, 136, 225, 340
Interessen 199ff
Internalisierung 80f
Interpretation von Texten 361f
Interpunktion 196f

Jugendfürsorge 217, 230
Jugendhilfe 217, 230
Jugendpflege 217, 230
Jugendsozialarbeit 30, 215, 223

Kategorien 149, 250, 266, 299ff, 319ff, 334
Kerncurriculum 17f, 22, 29, 374
Kernfamilie 103, 106
Kettenbildung 183f, 186f
Kindergarten 210, 212ff, 222, 228
Kinder- und Jugendarbeit 211f, 215f
Kommunikation 195ff, 338
Kompetenz 253ff
–, didaktische 256
–, fachliche 256
–, kommunikative 255
–, metakommunikative 256
–, pädagogische 255f
–, reflexive 256
–, soziale 256
Kompetenzförderung 215
Konformitätstheorem 245, 249
Konstruktivismus 63, 310
– interaktiver 255
Kontrolle
–, soziale 120, 238
Konzept 265ff, 274ff, 292, 342, 357, 365
Krise 124, 126ff, 130, 132, 180, 349
Kritik 295, 312f
Kritischer Rationalismus 306, 308f, 323, 325, 328
Kultur 38f, 90, 97, 173f, 176f, 243, 284

Lebenswelt 314, 338f, 342, 346f, 349f

Legitimationsfunktion 163, 234, 237
Legitimation
– Ebenen der 228
Lehrplan
– des Abendlandes 373
–, heimlicher 60
Leistung 250ff
Leistungsformen 55f, 251ff
Leistungsmessung 250
Leistungsmotivation 236, 253
Lernen 55ff, 61ff, 78ff, 93
– Bedingungsfelder 56f
– Modell 188ff
Lernmodelle 79ff
Lernprogramme 94f
Logik 269f
Logik der Forschung 260f
Logik der Sprache 337

Medienarbeit 23
Metatheorie 258, 260, 267f
Methodenkritik 313
Methodenlehre 269
Modelle 265f
Modul 17f
Moral 230f
Moralische Entwicklung 108, 203ff
Moralisches Urteilen 148, 194, 204
Moralität 128, 134
Motivation 53, 91, 253, 350f
– extrinsische 92f, 253
– intrinsische 53, 92f, 253
Mündigkeit 178

Narzissmus 109ff
Neopositivismus 181, 307
Nestflüchter 165f
Nesthocker 165f

Objektbesetzung 106, 108f
Ontogenese 41, 73, 84, 322
Operationen 139ff, 276
– logische 264f
–, Stufen der 148, 151f
Ordnungsschema 186f
Organisationen 49ff
Organisationsformen 21, 28, 49f, 216ff
Organisationsmodelle 226ff
Orientierungsstufe 213ff
Organisationstheorie 225

Pädagogik
–, Gegenstandsbereiche der 18ff
–, Geschichte der 22f
–, Positionen der 277ff, 285ff, 289f
Pädagogische Anthropologie 163ff
Pädagogisches Feld 29, 312, 318
Pädagogische Situation 157, 263, 312, 352

Sachwortregister

Pädagogischer Bezug 173ff
Pädagogisches Verhältnis 172ff
Paradigma 290ff
–, Funktionen des 239ff
–, geisteswissenschaftliches 289, 297ff
–, interaktionistisches 283ff
–, interpretatives 113
–, normatives 113
–, sozialwissenschaftliches 289, 305ff
Paradigmenwechsel 296
Paradoxie 371
Passung 243
Peer-Group 152, 210
Persönlichkeit 101
Persönlichkeitsentwicklung 104ff, 190
Persönlichkeitsstruktur 102ff, 120f, 250
Persönlichkeitssystem 85, 97f, 99f
Personagenese 126
Personalisation 37f, 40
Phänomenologie 34f, 275, 284, 314, 339ff
–, Entwicklung der 341
– kritische 35
–, methodische Regeln der 351f
–, methodische Schritte der 342ff
–, pädagogische 347ff
Phänomenologische Analyse 351f
Philosophie 27, 257, 259f, 272
– analytische 306f, 325
– der Erfahrung 322f
– der Erkenntnis 273
Phylogenese 73, 84, 322
Physiologische Frühgeburt 165
Polarität 370
Positivismus 86, 92
Positivismusstreit 296
Pragmatismus 86, 125, 181, 204, 322f
Prinzipien 62, 64, 151, 223, 249
Projektarbeit 231f, 362
Prüfungsordnungen 32, 221
Psychischer Apparat 80, 83f, 102ff, 107
Psychoanalyse 92, 102, 109, 124
Psychosexuelle Entwicklung 81, 101ff

Rang 99
Rationalismus 323
Realistische Wendung 296, 326
Realschule 212ff, 220f
Reformpädagogik 223
Regeln des sozialen Handelns 40ff, 92, 100f, 103, 119, 148f, 229
Regeln des wissenschaftlichen Arbeitens 27, 261, 264, 269, 274f, 352f, 363

Reifung 76
Reiz-Reaktion 53, 184, 192
Repressionstheorem 247
Rolle 99ff
Rollenambiguität 246ff
Rollenambivalenz 246ff
Rollendefinition 246ff
Rollendistanz 201f, 246ff
Rollenhandeln 99ff
Rolleninterpretation 52, 245ff, 255
Rollenkomplementarität 141, 161
Rollenkonformität 248
Rollenspiel 192f
Rollenstruktur 248f
Rollensystem 85
Rollentheorie 80, 245ff
Rollenübernahme 80, 117, 205, 245

Sachautorität 226
Schulpflicht 212f, 218
Schulsystem 218ff, 222, 233ff
Selbst 119ff
Selbstbild 110, 190
Selbsterziehung 45
Selbstkontrolle 93, 246
Selbstkonzept 190
Selbstlernprogramm 94
Selbststeuerung 88, 92ff
Selbstverstärkung 92ff
Selbstvertrauen 215
Septem artes liberales 373f
Sinnstrukturen 344f, 366ff
Situation 193ff, 312, 316, 318
–, Definition der 195
Sonderpädagogik 25
Sonderschule 212ff, 222
Soziales Lernen 51ff
Sozialerziehung 59f
Sozialforschung 316, 329ff, 338
–, empirische 324f
– Planungsmodelle der 335ff
–, qualitative 330ff
–, quantitative 329ff
Sozialisation 40ff
–, Erklärungsansätze der 83ff
–, Phasen der 40
–, Strukturmodell der 42ff
– und Entwicklung 101ff, 124ff
– und Lernen 78ff
Sozialmachung 46f
Sozialpädagogik 25
Sozialstruktur 87, 104, 226
Sozialsystem 97ff, 245
Sozialwerdung 46
Sozialwissenschaften 35f, 163, 243, 282, 289, 305ff, 344ff
Soziogenese 77ff, 81, 119, 147, 244
Soziologie 29, 51, 95, 324f
– der Bildung 68, 70ff
Spiel 77ff, 118f, 142, 149f, 207

Spielalter 131ff
Sprachcode 42, 81
Sprache 41ff, 117ff, 138, 149, 196, 200, 202f, 337, 348, 358, 361ff
Sprachspiel 196
Sprachsymbole 200
Status 99ff, 106ff, 210, 227
Struktur 141, 143f, 367
Strukturalismus 204, 356
Strukturfunktionalismus 113
Strukturgenese 140f, 143, 147ff, 151
Strukturierungsprozess 193f
Strukturmodell 42f, 335
Strukturplan 222
Syllogismus 265
Symbole 91, 106, 115, 145, 198
–, signifikanate 116, 120
Symbolischer Interaktionismus 11f, 341, 365
Symbolische Repräsentation 140
System 95ff, 99ff, 139
–, Gesellschafts- 103, 232f
–, kulturelles 97
–, Organismus- 97
–, Regel- 45ff, 274f
Systemtheorie 96ff, 232ff

Textanalyse 365ff
Textanalytik 355f
Theoreme 245ff, 248f
Theorie 262ff
–, Alltags- 163, 302
Theorie-Praxis-Verhältnis 284, 298, 301f
Theory of Knowledge s. Erkenntnistheorie
Theory of Science s. Wissenschaftstheorie
Toleranz 245ff, 301
Transformationsprozess 139ff, 146
Transformationssystem 274
Triebenergie 109
Triebhandlung 105
Trieblehre 101ff

Über-Ich 80, 93, 102f, 107, 123, 133, 204
–, flexibles 246, 249
Umwelt 56, 58, 74ff, 78, 87ff, 104ff, 128ff, 147f, 152
– kulturelle 90, 232
– soziale 90, 133, 183
Umweltfaktoren 231
Urvertrauen 131ff

Verhalten 53f
– soziales 92
Verhaltensänderung 181ff
Verhaltenskontrolle 249
Verhaltensmodifikation 180ff

Verhaltenssteuerung 89f
Verhaltentheorien 86ff
Verinnerlichung s. Internalisierung
Verstärkung 90ff, 161, 185, 187ff
Verstehen 83, 200, 203, 271, 275, 299ff, 310, 338, 355ff
–, Alltags- 358
– Formen des 361ff
–, Fremd- 359
– nach Regeln 358f
Vorbild 83, 132, 291
Vorbildfunktion 294

Wahrnehmung 61ff, 73, 82, 302, 321, 331f, 343, 347, 350f
Wert 27, 174, 308
Wertbewusstsein 215
Wertgefühl 227
Werthaltung 253
Wertkonflikt 252
Wertorientierung 38, 98, 204, 206, 337f
Widerspruch 370f
Wiener Kreis 307f
Wirtschaftspädagogik 25

Wissenschaftsethik 301f
Wissenschaftsgemeinschaft 25f
Wissenschaftslehre 321
Wissenssoziologie 258
Wissenschaftssprache 306f, 333
Wissenschaftstheorie 22, 257ff, 277ff, 313, 329
Wissenschaftsverständnis 279, 281ff, 288, 306f

Zeichen s. Interpunktion

Friedrich W. Kron
Grundwissen Didaktik

5., überarb. Auflage 2008. 266 Seiten. 35 Abb. 18 Tab.
UTB-L (978-3-8252-8073-4) kt

Dieses Lehrbuch bietet eine verständlich geschriebene, wissenschaftliche Grundlegung der Didaktik für Schule und außerschulische Bildungsbereiche. Zentral sind die Kapitel über didaktische Theorien, Modelle und Konzepte sowie über Lerntheorien. Die vorliegende Auflage wurde erweitert um Hinweise auf Curricula und Standards für das Studium der Erziehungswissenschaft.
Das Lehrbuch eignet sich hervorragend als Informationsquelle und Nachschlagewerk für Prüfungsvorbereitungen.

www.reinhardt-verlag.de